KB201238

조르주 뒤메질,
인도-유럽 신화의
비교 연구

GEORGES
DUMÉZIL

그리스, 스칸디나비아,
인도, 로마의 신화들

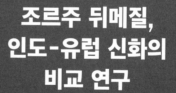

조르주 뒤메질,
인도-유럽 신화의
비교 연구

김현자

민음사

인류의 위대한 고전들에 다가가는
아리아드네의 실타래

7살인가 8살 때 소년의 아버지는 아들에게 독일어를 가르치기 위해 헤라클레스의 과업들과 아르고호의 항해에 관한 신화를 읽게 했다. 프랑스어 번역과 함께 헬라어나 라틴어 원문이 함께 실린 책이었다. 신화와의 최초의 만남이자 외국어에 흥미를 갖게 된 최초의 경험이었다. 소년 시절 어쩌다 그의 집 서가에 자리를 잡게 된 친척 할아버지의 책들 중에는 고대 인도의 서적들이 있었다. 그는 『마하바라타』와 산스크리트어에 호기심이 생겨 외국어를 담당했던 선생님께 넌지시 물어보았다. 『마하바라타』가 뭐예요? 산스크리트어가 뭐예요? 소년의 예상치 못한 질문에 당황스러웠는지 아니면 장차 꽃피우게 될 거목의 싹을 어렴풋이 감지했는지 아무튼 선생님은 예언적인 답변을 했다. "이다음에 크면 알게 될 거다." 고등학교에서 헬라어와 라틴어를 배웠고, 1차 세계대전이 발발하여 독일군이 파리 근처까지 쳐들어왔을 때에 헬라어와 라틴어 고전 문헌들에 몰두하며 프랑스 엘리트 고등 교육의 산실인 고등사범학교(École normal supérieure) 수험 준비를 했다. 파리 고등사범학교 입학 후 1916~1917년 겨울에 도서관에서 인도의 전설들과 함께 북유럽의 에다 시들을 발견하고 이들에 매료되었다. 이때부터 산스크리트어와 스칸디나비아어를 익히면서 학위 논문의 주제에 대해 깊이 생각했다. 그 후로도 예기치 않게 점점 더 많은 인도-유럽어족의 신화들과 조우하면서 그는 원문을 통째로 읽고 쓰기를 반복하며 시나브로 인도-유럽어들을 익혀 갔다. 우리의 아버지들, 그 아버지와 또 그 아버지들이 뜻도 모른 채 천자문을 외우고 또 외우고, 이어서 『명심보감』, 『대학』, 『중용』 등을 수도 없이 외우고 쓰면서 문리(文理)를 터득했듯이, 그는 인류의 가장 오래된 기록물인 신화들을 통째로 베껴 쓰고 또 베껴 쓰면서 이방인의 언어들을 익혔다. 우연들의 연속이 운명이 되었기에, 그는 신의 섭리가 삶의 길목 곳곳에서 그를 노리고 있었던 것 같은 느낌이 든다고 노년에 회고한다. 그는 인도-유럽어족의 언어들은 물론, 코카서스의 언어, 오세트어까지 수십 개의 언어를 습득하며 평생을 신화가 품고 있는 '거대한 신비'의 세계를 탐구하며 살다 삶을 마감했다.

비교신화학자이자 종교사가인 조르주 뒤메질(Georges Dumézil, 1898~1986, 프랑스)은 클로드 레비스트로스(Claude Lévi-Strausss), 미르치아 엘리아데(Mircea Eliade)와 함께 20세기의 가장 위대한 신화학자로 간주된다. 그러나 레비스트로스와 엘리아데의 저서들 중 상당수가 국역된 것과는 달리 무려 60권 가까이 되는 그의 저서들 중 어느 것도 국내에 번역되지 않았다. 단지 디디에 에리봉(Didier Eribon)과의 대담집만이 우리말로 번역되었을 뿐이다. 오늘날 '신화 열풍'이라고 불러도 될 문화 유행 탓에 여러 분야의 학자들은 물론 일반 대중들도 세계 신화의 스토리를 아는 정도에 만족하지 못하고 신화학자들의 연구서에 눈길을 돌리며 다양한 신화들을 보다 깊이 이해하려 한다. 이런 문화적 기류에서도 뒤메질의 학문적 결실이 국내에 알려지기 이전에 자전적 인터뷰가 먼저 번역된 것은 중요성과 활용성에서 선후가 뒤바뀐 것 같아 유감이지만, 거기에는 그럴 만한 이유가 있다.

30여 개 정도의 인도-유럽어를 습득한 뒤메질은 일차 자료를 직접 읽으면서 방대한 양의 인도-유럽 신화들을 비교 연구한 비교신화학자이다. 그래서 그의 저서들은 비교 분석의 대상이 되는 다양한 신화의 내용과 그 신화를 전달하는 언어를 알지 못하면 읽기가 쉽지 않다. 게다가 프랑스어로 쓴 것이라 그의 연구 작업에 직접 접근할 수 있는 국내 학자들의 수도 제한적일 수밖에 없다. 이와 같은 어려움들로 인해 국내의 신화 연구자들이나 고대 신화에 관심을 가진 인도-유럽 지역 학자들이나 문학자들은 대개 그에 관한 연구 논문들인 이차 자료들에 의존해 뒤메질을 접하고 있다. 이런 상황은 자칫 뒤메질에 대한 극히 단편적이고 피상적인 이해나 왜곡된 이해를 초래할 위험을 안고 있다. 그렇기 때문에 현재의 국내 신화 연구 상황에서는 뒤메질의 작업 전반에 대한 연구나 비판적 평가 이전에 선행되어야 할 단계가 있다.

20세기 후반부터 급격히 증대되어 온 신화에 대한 대중적, 학문적 관심, 신화학에서 인도-유럽 신화가 차지하는 비중, 그리고 인도-유럽 신화 및 문명의 이해에서 뒤메질의 신화 연구의 중요성과 그 공헌 등을 고려할 때 나는 국내에서도 그의 신화 연구에 대한 올바른 이해가 이루어져야 할 필요성을 오래전부터 느끼고 있었다. 이 필요성에 부응하기 위해서는 먼저 그가 행한 연구 작업들을 직접 접할 수 있도록 해 주는 글들이 있어야 한다. 이 책은 뒤메질의 연구 사례들 중 그가 자신의 대표작으로 꼽는 일부 작업들을 올바로 소개하고자 하는 소박한 목적에서 시작되었다. 하지만 얼핏 단순하게 느껴지는 이 소개 작업은 몇 가지 문제들로 인해 애초의 예상보다 많은 어려움에 직면했다. 학술서에 대한 뒤메질의 견해를 존중해야 했고, 또 그는 비교신화학자이므로 비교 연구 부분이 반드시 포함되어야 했다. 게다가 해당 분야에 대한 역사 문화적 지식이 없으면 그의 연구 내용을 이해하기 어렵다는 점에서 비롯된 난관들이었다.

뒤메질은 학자의 작업들을 요약한 글이나 개론서를 극히 싫어한다. 개요라는 것은 연구가 진행되는 과정은 생략하고 단지 그 결과만을 정리해 보여 주기 때문이다. 이는 연구자의 문제의식이 무엇이며 제기되는 물음들을 어떤 방식으로 해결해 나가는지, 그리고 그 과정에서 부딪히는 난제가 무엇인지를 보여 주는 지난한 탐구의 과정을 담은 저서 자체를 망각의 창고 속에 밀어 넣는 결과를 가져오기도 하기 때문이다. 학문적 연구 결과들이 요약 정리되어서라도 소개되는 것이 후학들에게 연구자의 작업들을 망각되지 않게 할 수도 있다는 반문에 대해, 그는 자신의 연구가 그런 식으로 알려질 바에야 차라리 망각되는 편이 낫다고 말할 정도이다. 그는 젊은 연구자들에게 영감을 주어 연구의 배아를 품게 하는 것은 모험들로 가득한 천착의 과정들이라 생각하기에 탐구 과정들 자체가 일종의 연구 방법이라 역설한다. 뒤메질은 자신의 유일한 연구 방법은 암중모색과 시행착오이며, 각 문제들은 늘 처음 접하는 것처럼 새로운 시각으로 다루어야 한다고 말한다. 그래서 그는 자신의 선행 연구를 다른 관점에서 재검토하거나 이전의 연구를 심화시키는 작업들을 계속 이어 간다. 지면의 제약이 있으나 이러한 그의 탐구 방식을 무시할 수는 없었음은 물론 나 자신도 이와 같은 학문적 태도를 높이 평가한다. 그래서 이 책에서는 방대한 양의 인도-유럽 신화 분석들 중에서 그리스, 스칸디나비아, 인도, 로마의 신화들에 대한 연구를 소개하는 것으로 범위를 제한했다.

뒤메질은 '3기능 이데올로기'를 인도-유럽족의 공통 유산으로 간주하므로 이 책의 구성은 이 틀로 통찰할 수 있는 여러 사건이나 상황들을 가능한 한 폭넓게 접해 볼 수 있도록 지역별, 주제별로 배치되었다. 뒤메질은 특정 지역의 신화를 분석하더라도 늘 타 지역 신화와 비교 고찰하는 작업을 행한다. 비교의 장점은 같은 듯이 보이는 것들에서 다름을 발견하고, 다른 듯 보이는 것들에서 동일함을 추출하기도 한다. 이런 과정들을 통해 개별 대상들의 특성이나 의미가 보다 큰 틀 속에서 조명되기도 한다. 이 저술의 각 장에서는 다루게 될 특정 주제나 인물에 따라 다른 지역 신화들과 비교하여 설명되기도 하고, 동일 지역 내에서의 신과 인간들의 특성들이 비교되기도 할 것이다. 이런 비교 작업은 내 능력 밖의 것들이라 대체로 뒤메질의 연구에서 그대로 발췌했다. 그러나 동일한 맥락에서 함께 검토되면 그 의미가 보다 선명하게 드러날 것이라 판단되는 신화가 있을 경우, 그의 연구에서는 비교 검토되지 않았던 내용들을 분석하여 추가했다. 그리스 부분을 제외하고 나머지 세 영역에서는 필자의 분석을 일부 추가했는데, 그 이유는 본문에서 밝혔다.

그리스 신화를 앞부분에 둔 이유는 인도-유럽 신화를 큰 틀에서 조망하는 여정의 첫 발자국을 편안하게 내딛기 위해서이다. 이 신화는 다른 지역 신화에 비해 국내 연구자나 일반인들에게 덜 낯설기 때문에 복잡한 신화 내용과 여러 명칭들을 접하면서 느낄 수 있을 독자들의 당혹감을 덜어 준다. 그럼에도 각 분야의 분량 및 구성의 통일성에 제약을 가하는 다른 문제가 있다. 고대 그리스 신화의 경우 자료들과 신들, 영웅들의 이름이 우리에게 비교적 익숙하게 느껴지므로, 신화 자료들과 그 문명에 대한 기본 지식들이 없이도 뒤메질의 신화 분석을 이해하는 데 별 어려움이 없다. 게다가 그리스인들은 인도-유럽족의 굴레를 비교적 일찍 벗어났다. 그리스인들은 자신들의 인도-유럽족 뿌리를 망각한 '배은망덕한 정부(情夫)들'이었다. 인도-유럽어족의 공통 유산들을 추적하고, 이것들이 다양한 문화 속에서 어떻게 변화, 발전되어 나가는가를 비교하는 것이 뒤메질의 주요 관심사였기에 그리스 신화에 대한 그의 연구는 상대적으로 적을 수밖에 없었다. 가장 화려하게 꽃피운 것으로 알려진 그리스 신화 연구의 분량이 이 책에서 다른 지역 신화들에 비해 적은 것은 이 때문이다.

그러나 나머지 세 지역의 신화들은 상황이 다르다. 북유럽 신화(북게르만 신화)의 주요 신들은 20세기 말부터 재해석되어 대중화된 문학들과 몇몇 영화들 덕분에 우리에게 아주 낯설지는 않다. 하지만 이것들은 고대 신화에서 이름과 소재들을 차용하여 현대적으로 재창조한 것들이라 스칸디나비아 신화와 신화 자료들 자체는 여전히 생경한 편이다. 예컨대『에다』라 불리는 두 종류의 신화집을 구성하는 여러 장들의 제목 자체가 이 분야 전문가들을 제외한 대다수의 독자들을 혼란스럽게 할 것이다. 인도의 신화도 낯설기는 마찬가지이다. 불교 덕분에 인도 문명의 일부가 우리에게 그다지 낯설지 않을 거라는 애초의 느낌은 그들의 신화를 좀 더 깊이 이해하려 작정하면 이 익숙함은 해변의 모래알 하나에 불과한 것이었다는 생각이 뇌리를 사로잡는다. 더구나 이 책에서 다루는『마하바라타』의 수많은 등장인물들은 그 이름을 기억하는 것조차 쉽지 않은 상황인데, 뒤메질은 이들의 특성을 그 이전의 베다 문헌의 신들과 비교하여 설명한다. 로마의 경우는 또 다른 문제가 있다. 뒤메질의 작업들 중 스칸디나비아 신화들의 연구는 그 분야 전문가들로부터 상당히 호의적인 평가를 받았으나, 가장 공격을 많이 받았던 분야는 로마의 건국 전설들과 관련된 연구이다. 앞으로 보겠지만 로마의 초기 문헌들은 거의 대부분 역사의 외양을 띤 신화 전설적 자료들이다. 이런 상황 탓에 그의 연구는 초기 로마의 역사적 사실들에 관한 연구로 착각한 일부 로마 역사학자들의 혹독한 비판에 직면했다. 그들은 뒤메질이 일차적 사실들을 통해 실제 사실을 구축하는 역사학자가 아니라, 로마의 가장 오래된 문헌들이 전해 주는 신화 전설적 실재들을 천착하고 성찰하여 그 기록들에 담겨 있는 어떤 생각들을 인도-유럽어족이라는 보다 큰 틀에서 이해하려는 비교신화학자라는 점을 이해하지 못했거나 무시했다.

가독성을 어렵게 만들 뿐 아니라 오해를 불러일으킬 수도 있는 이런 몇 가지 점을 고려하여 북유럽, 인도, 로마 신화의 경우에는 먼저 뒤메질이 활용하는 주요 자료들에 대한 정보와 신화의 이해를 위해 필요한 기본 지식들을 추가했다. 애초에 그가 행한 신화 분석의 작업을 가능한 한 굴절 없이 번역하여 정리해야겠다고 기획했으나, 과거에 뒤메질의 저서를 읽으면서 느꼈던 개인적 어려움을 상기하니 그의 연구를 소개하는 과정에서도 구체적인 신화 내용과 설명들을 추가하지 않을 수 없었다. 탐구 과정에서 그가 생략했던 신화의 내용들은 대개 유럽의 독자들에게는 굳이 다시 거론하지 않아도 될 정도로 잘 알려진 것들이다. 하지만 그중에는 국내 독자들이 잘 모르는 것들이 있었고, 또 역사 문화적 정황들을 파악한 후에야 비로소 뒤메질의 연구를 제대로 이해할 수 있었기에 그런 수고를 독자들의 몫으로 돌릴 수 없었기 때문이다. 이 책에서 그의 작업 내용을 소개하는 부분에서 출처만 밝히고 인용 표시를 생략한 것은 이 때문이다. 그러나 뒤메질의 문장을 그대로 번역한 경우에는 인용 표시를 했다.

이 글을 작성하면서 가장 많은 시간을 쏟아야 했으며 가장 큰 어려움을 겪은 부분은 여기에서 다루는 1차 자료들의 전반적인 내용을 파악하고 뒤메질이 인용한 원문을 확인하는 일이었다. 원전을 직접 읽을 고전어 해독 능력이 내게 없는 탓에 고전어 원문과 영역본, 불역본을 대조하면서 뒤메질이 활용한 자료들에 가장 근접한 번역본을 참조하여 해석을 했다. 경우에 따라 참조한 번역본이 달랐기에 여기에서 그것들을 명시하지 않았다. 고대 문헌들은 상이한 지역적 시대적 판본들에 따라 신과 영웅 및 지역의 이름들이 다양하게 또 달리 지칭되며, 동일한 이름도 다르게 표기된다. 그래서인지 아니면 번역의 과정에서 번역자가 중요하지 않다고 판단해서 일부 내용들을 생략해서인지는 알수 없으나 원문의 절 표시가 약간씩 차이를 드러냈다. 국역본의 경우는 고전 문헌 번역가들이 대개 문학이나 역사 전문가, 또는 언어학자들이라 고대인들의 정신세계를 엿볼 수 있는 내용들이 생략된 경우가 더러 있었고, 절이나 행이 표시되지 않은 것들도 많았다. 그럼에도 몇몇 국역본들을 통해 여기에서 거론되는 신화의 내용들 전체를 개략적으로 파악할 수 있었기에 고전 번역의 노고를 마다하지 않은 번역자들에게 이 지면을 빌려 감사의 마음을 전한다. 내가 참조한 여러 번역본 및 뒤메질의 번역과 내용상 별 차이가 없는 경우는 가능한 한 국역본을 인용했다.

차례

조르주 뒤메질의 비교신화학

문화적 실재로서의 신화의 변별적 특성들을 파악하고, 또 신화를 만들어 향유하는 인간의 독특한 사유 방식인 신화적 사고의 활동들을 이해하려는 본격적인 시도, 다시 말해 신화 자체를 체계적이고 종합적으로 이해하여 인간의 특정 존재 방식을 규명하려는 시도인 신화학은 언어학과 마찬가지로 서구에서 인도-유럽어족에 대한 관심이 비등했던 19세기에 탄생했다. 신화학과 언어학은 역사문헌학의 전통 속에서 인도-유럽이라는 연구 영역을 공유하면서 각각 비교신화학(Comparative Mythology)과 비교문법(Comparative Grammer)으로 출발했다. 그러나 이 두 학문은 20세기 초에 각기 서로 다른 문제들에 봉착하여 답보 상태에 빠지게 된다. 비교문법은 상대적으로 쉽게 새로운 진로를 모색해 나갔으나, 비교신화학은 문제 해결의 실마리를 찾지 못하고 존폐의 위기에 직면한다. 뒤메질은 숱한 시행착오 끝에 인도-유럽제족(諸族)의 공통 관념인 3기능 이데올로기를 발견하여 인도-유럽 신화 분석의 한 도구를 마련함으로써 초기 비교신화학에 그 돌파구를 열어 주었다. 따라서 뒤메질에 대한 올바른 이해와 정당한 평가는 비교문법 및 비교신화학의 탄생 배경과 20세기 초에 이들이 부딪혔던 문제들이 무엇이었는지를 점검하고, 뒤메질이 말하는 3기능 이데올로기란 무엇인가를 올바로 이해하는 작업에서부터 시작해야 할 것이다.

뒤메질은 1968년에 출판된『신화와 서사시 I(Mythe et épopée I)』의 서문에서 자신이 인도-유럽어족 신화에서 공통된 관념을 발견하기까지의 학문적 탐구 궤적을 간단히 진술한다. 그래서 먼저 초기 비교신화학의 한계와 오류들을 살펴본 후에,『신화와 서사시 I』의 서문 내용을 소개하겠다. 여기에서 우리는 뒤메질의 신화 분석 도구인 3기능 이데올로기의 발견이 초기 비교신화학에 어떤 길을 열어 주었는지와 뒤메질의 신화관, 그의 연구 방법을 알 수 있다. 또 그가 인도-유럽어족의 신화에서 발견한 공통 관념이 무엇인지, 그리고 그것을 발견하기까지의 시행착오의 과정들도 개략적으로나마 파악할 수 있다.

그러나 3기능 이데올로기 개념의 중요성은 그것이 인도-유럽 언어학자, 문헌학자, 역사학자, 신화학자들이 그토록 찾고자 했던 공통의 인도-유럽적 관념이라는 데 있는 것이 아니라, 그것을 통해 그 이전까지 분석해 내지 못했던 수많은 인도-유럽제족의 신화들을 분석하여 그 의미들을 적절히 설명해 냈다는 점에 있다. 그러므로 그 의의와 가치는 마땅히 그가 분석한 구체적 신화들 속에서 평가되어야 한다. 이 글에서는 뒤메질이 분석한 신화들을 그리스, 북유럽, 인도, 로마 편으로 나누어 소개하지만 각 지역마다 비교 연구의 항목을 두어 신화의 특정 주제나 소재를 인도-유럽어족의 신화라는 보다 큰 틀에서 관찰할 수 있도록 했다.

1   비교신화학의 탄생과 그 역사

고대 인도와 서남아시아, 그리고 유럽 문명 연구에 획기적인 전환을 가져다준 인도-유럽어의 발견은 학자가 아닌 윌리엄 존스(William Jones, 1746~1794)라는 한 영국인 판사에 의해 촉발되었다. 18세기에 영국이 인도에 진출했을 때, 그는 캘커타 대법원 판사로서 인도에 체류하면서 산스크리트어를 습득했다. 이미 그리스어와 라틴어, 아랍어 등 여러 언어들에 대한 해박한 지식을 갖고 있던 존스는 자신이 알고 있는 유럽과 서남아시아의 여러 언어들과 산스크리트어가 동일한 의미, 동일한 형태의 어휘를 공통적으로 지니고 있음을 깨달았다. 그는 이 언어들이 일찍이 태고에 있었던 어떤 언어에서 분파된 것이 아닌가라고 생각했으며, 이러한 생각을 아시아 학회의 기념 강연에서 발표했다. 그 후 이러한 생각을 바탕으로 하여 유럽의 몇몇 문헌학자들은 아랍어, 히브리어, 유럽 여러 지역의 다양한 언어들 및 산스크리트어에 대해 오랜 세월 동안 세밀한 연구를 진행했다. 그 결과 19세기에 인도, 서남아시아, 그리고 유럽에서 사용되는 대다수의 언어들이 동일한 뿌리에서 파생되어 나온 것으로 간주되었으며, 언어학자들은 이를 인도-유럽모어(Mother tongue of Indo-European Languages)로, 그리고 인도-유럽어에서 파생된 것으로 추정되는 인도-유럽 지역의 여러 언어들을 하나로 묶어 인도-유럽어족(印歐語族, Indo-European family)이라 불렀다. 오늘날 인도-유럽어족에 속하는 언어를 사용하는 민족들을 총칭하여 인도-유럽제족(Indo-European peoples)이라고 한다. 한때 인도-유럽제족의 조상을 아리아족(Aryan)[1]이라고도 불렀으나, 나치 독일하에서 사용된 이 단어의 오용으로 인해 오늘날에는 아리안이 종족을 지칭하는 언어로는 사용되지 않는다.

유럽에 베다서들이 알려지기 이전에 유럽인들은 기원전 8세기경의 것으로 추정되는 호메로스의 서사시들을 인류의 가장 오래된 문헌으로 간주했다. 호메로스의 서사시는 1348년 피렌체에서 처음 출판되어 유럽인들에게 알려졌는데, 이것이 알려지기 전에는 고대 게르만 문헌들이 가장 오래된 문학으로 간주되었다. 그러나 베다서들은 이들보다 앞선 기원전 10세기경의 기록으로 추정되었으며, 이 기록은 장구한 세월 동안의 전승에도 불구하고 호메로스의 서사시 못지않게 언어학적으로 매우 정확하며 인도-유럽어가 지니는 명사, 동사의 복잡한 굴절을 훌륭하게 보존하고 있었다. 19세기에 인도-유럽어족을 증명할 수 있었던 것은 풍부하고 정확한 이들 옛 베다 문헌 덕택이었으며, 이 자료들이 없었다면 현대 유럽의 여러 언어들만으로는 비교문법이나 비교신화학은 성립하지 못했을 것이다.

연대를 거슬러 올라갈수록 인도-유럽어들의 유사성이 현저해지므로, 초기 비교문법학자들은 이 언어들이 하나의 공통된 언어에서 파생했을 것이라는 확신을 굳히며 인도-유럽어의 본향인 공통기어(共通基語)를 찾기 위해 열심히 노력했다. 그러나 이러한 노력에도 불구하고 20세기 초까지 그들은 인도-유럽어들이 파생되어 나온 뿌리인 모어(母語)에 해당하는 언어가 무엇인지 밝혀내지 못했다. 연구가 계속될수록 비교문법학자들은 오히려 인도-유럽어족은 공통된 선사 시대 때부터 여러 다른 방언들이 있었음을 인정해야만 했다. 그리하여 비교문법은 관점과 연구 방법의 변화를 가져온다. 비교문법학자들은 그때부터 더 이상 인도-유럽어의 모어를 찾으려 시도하지 않고, 그 대신 알려진 부분들을 비교하여 설명하려 했다. 비교신화학자들의 관심은 비교

문법학자들의 그것과는 다른 방향으로 향했다.

초기 비교문법학자들과 비교신화학자들은 공히 인도-유럽제족의 신화들을 주로 연구했으나, 전자가 인도-유럽어족의 공통기어 찾기에 몰두한 반면, 후자는 인도-유럽제족의 종교에 보다 많은 관심을 기울였다. 언어학자이자 문헌학자였던 초기 비교신화학자들은 인도-유럽어들 간의 어떤 일치는 언어 그 자체 이상의 것을 증언해 줌을 인식했다. 언어 공동체는 인종적 일체성이나 정치적 일체성 없이도 분명 가능하지만, 최소한의 공통된 물질문명 및 최소한의 공통된 지적 정신적인 문명, 즉 본질적으로 종교적인 문명 없이는 생각할 수 없다는 사실이다. 그리하여 자연신화학자들이라 불리는 초기 비교신화학자들은 인도-유럽어족 신화들의 연구를 통해 인도-유럽제족의 공통된 종교문명을 찾으려 노력했으며, 이 학파의 대표자 막스 뮐러(Friedrich Max Müller, 1823~1900, 독일)는 여기에서 더 나아가 인류의 종교의 기원을 설명하려 했다.

사회학자 에밀 뒤르켐(Emile Durkheim, 1858~1917, 프랑스)은 『종교 생활의 원초적 형태들』에서 이들 자연신화학파의 연구와 문제점을 잘 정리해 보여 주는데,[2] 그 내용을 간단히 요약하면 이렇다. 자연신화학자들은 인도-유럽제족의 신화적 인물들은 그 명칭들은 다르나 동일한 관념들을 상징하며 동일한 기능을 수행하고 있다는 것을 깨달았다. 때로는 신들의 이름도 유사했는데, 그들은 특히 이 점에 주목했다. 예를 들면 인도의 아그니(Agni), 라틴어의 이그니스(Ignis), 리투아니아어의 우그니스(Ugnis), 고대 슬라브어의 오그니(Ogny), 이들은 유사하게 발음되면서 모두 불의 신을 일컫는 용어들이었다. 또 하늘을 뜻하는 산스크리트어의 디아우스(Dyaus), 그리스어의 제우스(Zeus), 라틴어의 조비스(Jovis), 고대 독일어의 지오(Zio)도 마찬가지이다. 이런 사실들은 이 서로 다른 말들이 각자 갈라져 나가기 전에 모두 동일한 한 신을 가리켰음을 말해 주는 증거가 된다고 자연신화학자들은 생각했다.

　게다가 인도의 주요 신들에 속하는 아그니는 먼저 불이라는 물질적 사실만을 뜻했다. 아그니는 베다 문헌에서도 물질적 불을 가리키면서 동시에 불의 신을 가리키는 말로 사용되었다. 이것은 그 의미가 아주 원시적임을 보여 주는 것으로, 이러한 현상은 다른 인도-유럽어에서도 발견되었다. 라틴어의 이그니스, 리투아니아어의 우그니스, 고대 슬라브어의 오그니도 아그니의 경우와 마찬가지로 물질적인 불을 가리키는 보통 명사이자 신들의 명칭이었다. 이처럼 인도-유럽어족에 나타나는 신들이 대부분 자연 현상이나 자연물에 내재해 있는 힘들이라는 사실을 인식한 막스 뮐러는 인도-유럽제족의 종교뿐 아니라 인류의 종교적 진화의 출발점을 자연물이나 그 힘들의 신격화라고 확고히 믿었다. 그가 보기에 자연이 제공하는 변화무쌍한 풍광들은 인간의 정신에게 종교적 관념을 불러일으키기에 필요한 모든 조건들을 다 갖추고 있었다. 자연은 놀라움, 공포, 경이의 대상이었으며, 이러한 느낌들이 종교적 사유와 종교적 언어들을 자극했다고 생각했다.

　다시 불을 예를 들면 이렇다. 불은 번개에서 왔을 수도 있고, 나뭇가지들이 서로 부딪혀 생겼을 수도 있으며, 아니면 돌 틈에서 반짝거렸을 수도 있다. 최초로 어떤 방식으로 자신을 현시했건, 그것은 움직이면서 진행하는 물질이었다. 불은 몸에 지니고 있으면 몸을 태워 파멸시키나 잘 보존하면 추위와 어두움으로부터 보호해 주기도 하므로, 공격적이면서도 방어적인 무기로 쓰였다. 불 덕분에 인간은 날고기를 익혀서 먹을 수 있었다. 또 불로 금속을 제련하여 도구와 무기들도 만들 수 있었다. 불은 그래서 예술적이고 기술적인 모든 진보의 불가결한 요인이 되었다. 막스 뮐러는 불뿐만 아니라 자연물이나 자연 현상 어느 것이건 우리를 감싸고 지배하는 무한한 존재라는 느낌을 우리에게 불러일으키지 않는 것은 없다고 했다.

그러나 이 자연의 힘들이 물질적 또는 추상적 형태로만 표현되면 인간의 정신에게 종교로 인식될 수 없다. 자연의 힘들이 살아 있으면서, 생각하고 영력을 소유한 신이라는 인격적 주체로 변해야 한다. 예컨대 아그니라는 불의 힘이 불의 신 아그니로 변환되어야 한다. 막스뮐러는 바로 언어가 사고에 작용하여 이러한 변형을 가능케 했다고 말한다. 뮐러가 설명하는 그 변형의 과정은 다음과 같이 요약될 수 있다.

번개는 '떨어지면서 땅을 가르거나 화재를 일으키는 어떤 것', 태양은 '사방에 황금 화살을 쏘는 어떤 것', 바람이란 '신음하거나 입김을 내뿜는 어떤 것', 강은 '흐르는 어떤 것'으로 불린다. 이처럼 언어는 자연 현상을 인간의 행위와 동일하게 표현한다. 이 단계까지만 해도 자연의 무한성에 대해 경탄하고 두려워하는 인간의 느낌이나 감정은 언어속에 고스란히 보존되어 있다. 그러나 문제는 그다음 단계에서 생긴다. 이 '어떤 것'들이 인간의 행위와 유사한 방식으로 표현되면서 인격적인주체로, 인간과 다소 유사한 주체의 형태를 지닌 것으로 여겨진다. 그리하여 인격적 수식어로 표현되었던 자연 현상이 이제 인격적 존재 자체로 이해되기 시작한다.

이와 같이 언어는 우리의 감각이 지각하는 물질세계에 영적 존재들로 가득 찬 새로운 세계를 추가하는데, 이 영적 존재들의 세계는 전적으로 언어가 만든 세계이지만 물리적 현상들의 결정 원인들로 간주된다. 언어의 작용은 여기에서 그치지 않는다. 인간의 상상력이 사물들의 배후에 놓았던 인격체들은 인간 상상력의 산물이지만, 이들을 가리키는 새로운 말들이 만들어진다. 낱말들이 생겨나면 여기에 성찰이 적용되고, 성찰이 적용된 말들은 또 온갖 종류의 불가사의들을 상정한다. 바로 이 문제들을 해결하기 위해 신화들이 만들어지기 시작한다.

동일한 대상이 여러 이름을 갖는 경우가 있는데, 이것은 한 대상이 인간의 경험 속에서 여러 면모들을 드러내기 때문에 생기는 현상이다. 베다에서 태양을 가리키는 말이 12개가 넘는 것은 바로 이렇게 해서 이루어졌다는 것이다. 그런데 이 12개가 넘는 말들은 각기 다른 말들이므로 사람들은 이것들을 그만한 수만큼의 다른 인격체에 해당된다고 믿는다. 그러면서도 그들 간에 친근한 유사성을 느낀다. 이 유사성을 설명하기 위해 이들이 한 가족을 이루고 있다고 상상한다. 그리하여 사람들은 이번에는 신의 계보를 만들어 내고, 그 신들의 이야기를 꾸며 낸다.

각기 다른 사물들이 동일한 용어로 지칭되는 경우, 동의어를 설명하기 위해 해당되는 사물들이 각기 다른 것들의 변형이라고 받아들인다. 그러고는 이 변모를 설명하기 위해 또 새로운 이야기를 꾸며 내 새로운 사물들을 만들어 내고, 그런 다음 이들을 또 새로운 인격체들로 변형시키는 사유의 계속되는 착각에 의해 점점 많은 신화들이 끊임없이 만들어진다.

이러한 뮐러의 설명에 따르면 결국 신이란 자연 현상을 인간의 행위처럼 표현한 메타포에서 탄생된 셈인데, 그는 이러한 메타포의 사용을 '언어의 질병'이라 불렀다. 그는 언어와 사유를 불가분리의 것으로 보았다. 따라서 그의 논리를 좇으면 신화는 병든 사유의 산물이며, 종교 역시 병든 사유가 만들어 낸 허구 체계 외에 다름 아니게 된다. 이 당혹스러운 귀결에서 벗어나기 위해 막스 뮐러는 신화와 종교를 구별했다. 그는 건전한 도덕의 규칙들과 신학의 가르침에 합치하는 믿음들만을 종교로, 신화는 종교들에 이식되어 종교를 왜곡시키는 기생적 존재들로 간주했다. 이런 구분에 따르면 그리스인들에게 올림포스의 최고신, 인류의 아버지, 법의 수호자, 죄의 응징자로서의 제우스의 이미지들은 종교에 속한다. 반면 거짓과 모험을 일삼으며, 여러 다양한 모습으로 변신하여 여신 및 여인들을 유혹하여 사랑을 나누어 자식을 낳는 제우스의 방탕한 모험담들을 이야기하는 신화는 종교에 빌붙어 그 숙주들을 망가뜨리는 유해한 기생물이 되어 버린다.[3]

이런 식으로 신화와 종교를 구별하는 뮐러의 분류 기준에 대해 뒤르켐은 이렇게 비판한다. "종교적 믿음들 중 올바르고 건전해 보이는 것들만을 취하고 우리를 당혹스럽게 하고 기분을 망치는 것들은 종교라 부를 만한 가치가 없는 것으로 내몰지 않도록 조심하자. 신화는 아무리 비합리적인 듯이 보여도 모두 신앙의 대상이다."[4]

인간의 메타포 사용 능력을 언어의 질병으로 간주한 점, 종교의 기원을 자연 현상의 인격화로만 설명하고 종교를 인간의 계속되는 지적 착각의 결과로 생긴 산물로 간주한 점 등, 우리는 신화의 기원에 대한 뮐러의 설명이 지닌 문제점이 무엇인지를 잘 알고 있다.

고대 이집트인들은 동쪽에서 생명의 빛을 퍼뜨리며 떠오르는 아침 해를 케프리(Kephri), 이글거리는 한낮의 태양을 라(Ra 혹은 Re), 밝은 햇살을 거두어들이며 수평선 아래로 떨어지는 저녁 해를 아툼(Atum)이라 불렀다. 고대 이집트인들과 인도인들이 태양신을 다양한 용어로 지칭했던 까닭은 그들이 태양의 다채로운 모습과 그 상이한 위력이 인간 사회에 자연계에 끼치는 영향의 차이를 인식했기 때문이다.

신화를 만드는 정신에게 자연은 인간이 마음껏 이용하기만 하면 되는 천연자원, 감정도 없고 감각도 없는 물질적 대상이 아니다. 자연의 움직임과 변화는 인간의 삶 전체에 영향을 끼치며, 오늘날의 생태 환경 및 기후 변화가 말해 주듯이 그 역도 마찬가지이다. 자연과 인간은 서로의 삶에 영향을 주고받으며 교감하는 동일 유기체의 부분들임을 인간의 정신은 일찍부터 깨달았다. 이 거대 유기체의 움직임과 변화, 그리고 통합적 부분들 간의 상호 작용 원리와 그 결과를 현대 과학은 여러 개념들을 사용하여 설명한다. 자연계의 모든 현상과 존재들을 개념적 입자들로 구성된 물질로 환원시켜 버린 그 설명에는 어떠한 외경심, 매혹, 신비감도 없고, 개별 구성체들의 다채롭고 변화무쌍한 일상적 삶도 정감적 교류도 보이지 않는다.

현대인들이 운명, 우연, 필연이라 부르는 것을 고대인들은 신들의 뜻, 신들의 활동이나 상호 작용의 결과라고 생각했다. 보이지 않는 곳에서 우주와 사회를 움직이고 인간의 감정과 정신에 개입하여 삶을 좌우하는 신들의 마음과 행동들은 인간의 눈으로 볼 수도, 만질 수도, 이해하기도 어려운 불가지의 영역이다. 형언하기 어려운 이 초월의 세계는 가장 풍부하고 자유분방한 상상의 힘으로도 구석구석 온전히 가닿기 어려운 무궁, 무한의 세계이다. 연약하고 불완전한 인간이 어떻게 언어라는 것을 만들어 사용하게 되었으며, 마침내 그 언어들로써 사상을 만들어 내고 불가지의 세계를 그토록 심오하고 경이롭게 표현할 수 있었는지가 불가사의하다. 신화는 착각과 혼란에 빠진 병든 정신이 만들어 낸 이야기가 결코 아니다. 그래서 뒤메질은 신화를 '거대한 신비(grand mystère)'에 얼추 근접하는 생동감 있는 표현들이라 말한다.[5] 언어로써 보이지 않는 실재들을 표현하고 이야기 속에 사상을 담아 전하는 인간의 정신이 궁극적으로 어디까지 진화하게 될지는 가늠하기조차 어렵다. 우리는 단지 태고의 조상들이 남겨 놓은 다채로운 표현들을 더듬어 인간 정신의 기나긴 진화 여정의 일부를 희미하게 그려 볼 수 있을 뿐이다.

그러나 뒤메질이 지적했듯이, 신화를 언어의 질병으로 간주한 것보다 더 심각한 문제는 초기 비교신화학자들의 신화 자체에 대한 몰이해와 잘못된 연구 방법이다. 그들은 자신들의 주된 임무가 인도-유럽 신들의 목록을 작성하는 것이라 생각했다. 그리하여 예컨대 하늘을 뜻하는 베다의 디아우스, 그리스의 제우스, 로마의 조비스, 독일의 지오를 동일 성격을 지니며 동일 기능을 수행하는 신들로 간주하여 동일 범주 속에 두었다.

그런데 뒤메질의 신화 분석에서 보겠지만, 베다 신화 체계에서 하늘 신 디아우스는 그리스의 제우스나 로마의 유피테르(조비스)와는 다른 위치를 점하고 있다. 유사한 이름을 가진 신들이나 동일한 의미를 지닌 신들을 동일 성격이나 동일 기능의 신으로 간주했던 초기 비교신화학자들의 방법론적 오류는 근본적으로 여러 공동체의 신화를 그들 공동체 구성원들의 삶과 정신세계로부터 분리했다는 것이다. 그들은 고대 사회에서의 신화의 가치나 중요성을 제대로 파악하지 못한 결과 신화들을 살았던 공동체의 삶 속에서 신화의 역할과 그 의미들을 파악했던 것이 아니라 겉으로 보기에 유사해 보이는, 그러나 실제로는 상이한 기능과 의미를 지닐 수도 있는 여러 지역의 신화들을 한데 묶어 설명하려 했다.

신화는 그 신화를 만든 공동체 구성원들의 삶, 사상, 믿음, 제도, 의례 등을 담고 있는 사회 문화적 실재이다. 뒤메질이 강조하듯이 "신화들은 그 신화를 이야기하는 사람들의 삶과 단절되어서는 이해될 수 없다. 그리스에서 신화들은 정치 조직이나 사회 조직과 무관한, 의례나 법률, 관습들과 무관한, 무연(無緣)의 극적 또는 서사적 창조물이 아니다. 신화의 역할은 반대로 이 모든 것들의 근거를 대고, 이것들을 조직하고 유지하는 거대 관념들을 이미지로 표현하는 것이다."[6]

신화에 대한 뒤메질의 이런 인식은 기존의 신화 연구자들의 신화 해석 방법에 대한 비판과 신화 연구자가 신화 자료들을 접했을 때 취해야 할 올바른 태도의 권고로 이어진다. "신화를 삶과 절연시켜, 그들의 자연적 바탕들을 떨쳐 낸 채 해석하는 것은 신화를 선험적 체계들에 따라서 해석하는 것이다. 우리는 신화 자료군 앞에서 보다 겸손해야 한다. 그들의 풍부함, 다채로움, 게다가 모순들까지도 존중해야 한다."[7]

이 권고는 "신화 체계들을 그 신화를 실행했던 민족들의 종교적, 사회적, 철학적 삶의 총체 속에 위치시켜야 한다."라는 타당한 신화 연구 방법의 제시로 연결된다. "고립되고 불확실한 사실들 대신, 관찰자는 보다 큰 틀인 일반적 구조를 보아야 하며, 그 속에서 개별 문제들이 그들의 정확하고 제한된 위치를 찾게 된다."라고 그는 역설한다.[8]

그러나 뒤메질 자신도 신화 연구 초기부터 위의 사실들을 인식하고 신화 분석 작업을 시작한 것은 아니었다. 그렇기 때문에 그의 신화 연구가 처음부터 19세기 비교신화학자들의 오류를 극복한 상태에서 이루어졌던 것은 아니었으며, 또 그만이 그 오류들을 의식하고 거기에서 벗어나고자 노력했던 것은 아니었다. 19세기 말에서 20세기 초에 이미 비교신화학자들은 초기 연구의 오류와 한계들을 인식하여 그것을 극복하고자 노력했으나 구체적인 방법을 찾지 못했다. 그 결과 인도-유럽 신화 연구는 깊은 침체의 늪에 빠져 들어간다. 뒤메질이 1938

년 발견한 3구분 이데올로기(l'idéologie tripartite)는 비교신화학이 활기를 되찾아 정체의 늪에서 벗어날 수 있는 계기를 마련해 주었다. 이제 뒤메질의 3구분 이데올로기란 무엇인지 그리고 그는 어떤 과정을 통해 이 개념을 발견했는지 알아보자.

2   3구분 이데올로기의 발견

비록 초기 비교신화학자들이 많은 심각한 오류들을 범했으나, 언어 공동체는 적어도 최소한의 공통된 물질적 정신적 문명을 전제한다는 그들의 첫 성찰은 여전히 활력을 지니고 있었다. "이동의 기간이 아무리 길고, 또 아무리 다양하게 변화되었더라도, 공통 인도-유럽어는 관념들의 저장고이자 운반체였다. 공통 인도-유럽어에서 나온 언어를 사용하는 민족들이 이런 관념들을 그들의 가장 오래된 문헌 속에 전혀 보존, 기록하지 않았다는 것은 있을 수 없는 일이다. 그렇기 때문에 20세기 초에 소수의 사람들이 이론적으로는 논란의 여지가 없으나 실제로는 접근이 불가능했던 이 연구 영역을 새로이 탐색하려고 시도했다."라고 뒤메질은 회고한다.[9]

1920년부터 1935년까지 그는 제임스 프레이저(James Frazer)의 『황금 가지(Golden Boughs)』처럼 이전의 문제들을 새로이 조명하면 중요한 사실들을 밝힐 수 있으리라고 생각했다. 그래서 1세기 전부터 비교신화학자들의 주목을 끌었던 네 가지 문제, 즉 암브로시아-암리타(ambrosia-amṛta, 1924), 켄타우로스-간다르바(Centauros-Gandharva, 1929), 우라노스-바루나(Ouranos-Varuṇa, 1934), 플라멘-브라만

(flamen-brahman, 1935)에 전념했다. 그는 암브로시아는 봄 축제 쪽으로, 켄타우로스는 해〔年〕가 교체되는 때 행해지는 가장(假裝) 쪽으로, 우라노스는 생산력을 증식시키는 왕권 쪽으로, 로마의 제관(祭官) 플라멘과 인도의 브라만은 속죄양 쪽으로 방향을 잡으면서 연구를 진행했다. 뒤메질은 이들 연구를 통해 오래전부터 신화학자들이 매달렸던 문제들의 해결을 기대함과 동시에, 인도-유럽어족 중에서 가장 풍부한 두 신화 체계인 그리스 신화 체계와 인도 신화 체계를 대조할 수 있으리라는 희망을 가졌다.

그러나 이 당시까지만 해도 19세기 비교신화학자들이 그랬듯이 뒤메질도 비교신화학의 소재들은 비록 밀접한 관계가 있으나 그들 간에 위계질서는 없는, 모두 자율적인 일련의 문제들로 환원된다고 생각했다. 게다가 그는 얼마 후에 신화는 자율적 영역이 아니라 보다 심오한 사회 문화적 실재들을 표현한다는 사실을 깨달았지만, 이 실재들이 도대체 어떤 것들이며, 어떻게 그 실재들에 도달할 수 있는지 그 구체적인 방법을 몰랐다. 결국 그 해석의 틀을 프레이저에게서 빌려 와 행한 1920~1935년 사이의 그의 신화 연구는 숱한 반박들에 부딪힌다. 우리는 학문적 비판이 성찰로 이어질 때 의외의 곳에서 돌파구를 찾는 경우를 종종 보는데, 뒤메질은 그 당시 프랑스 사회학파들의 연구 방법에서 그 실마리를 찾게 된다.

뒤메질은 이전의 연구들을 중단하고 자신의 오류들을 반성하면서 1934년부터 3년간 파리 고등실천연구원 종교학 분과(École Pratique des Hautes Études: Section des Sciences Religieuses)에서 중국학자 마르셀 그라네(Marcel Granet, 1884~1940, 프랑스)의 강의를 듣는다. 중국학 연구자들이었던 막심 칼텐마르크(Maxime Kaltenmark), 롤프 슈타인(Rolf Stein), 니콜 방디에(Nicole Vandier)도 참여했던 그 강의를 통해 그는 "30년의 연구 후에 텍스트 해석이라는 것이 어떠해야 하는지를 이해하게 되었다."라고 고백한다.[10]

신화 연구자는 선험적 체계들에 따라 해석할 것이 아니라 신화 자료의 풍부함, 다채로움, 심지어 모순들까지도 존중해야 한다. 또 신화 체계를 그 신화를 실행했던 민족들의 종교적, 사회적, 철학적 삶의 총체 속에 위치시켜야 한다. 자료를 내하는 연구자의 태도와 연구 방법에 대한 이런 주장은 바로 그라네의 강의가 열어 준 개안과 자신이 행한 연구들에 대한 비판적 성찰, 암중모색의 지난한 탐구 과정들이 있었기에 가능했다. 젠체하기를 싫어했던 뒤메질은 이를 겸허하게 고백한다. "외부로부터의 비판과 자기비판, 그라네라는 비할 바 없이 훌륭한 거장이 보여 준 모범, 서툴지만 끊임없이 재료들을 다루면서 그에 익숙해지는 과정, 이 모든 것들이 상호 침투하여 1938년 봄에 홀연히 비교신화학의 새 공식의 첫 윤곽들이 드러났다."[11]

"1937~1938년 학기 동안 고등실천연구원 종교학 분과의 강의에서 베다의 두 주신 미트라(Mitra)와 바루나(Varuṇa)를 연결하면서 나는 플라멘-브라만의 문제에 마지막으로 다시 접근해 보고 싶었다. 그러자 내가 그때까지 고려하지 않았던 문제가 홀연히 떠올랐다. 렉스(le rex, 왕)와 플라멘 디알리스(flamen Dialis)[12]가 형성하는 이중 유기체 옆에 또 다른 집단이 있었다. 렉스 아래에 그리고 폰티펙스 막시무스(pontifex maximus, 대제사장) 위에 세 집단의 주 제관(flamines maiores)의 위계 조직, 따라서 그들이 섬기는 세 신 유피테르(Juppiter), 마르스(Mars), 퀴리누스(Quirinus)의 위계 조직이 있었다.[13] 움브리아족[14] 신학의 구조(Juu-, Mart-, Vofiono-)와 동일하므로 그것의 전(前) 로마적 성격이 확인되기는 하나, 아직 설명되지도 않았고 등한시되었던 이 신학 구조는 인도의 사회 계급 바르나(varna)의 구조와 유사해 보였다. 전쟁 신 마르스 위에 있는 권력과 징표의 수여자인 하늘 신 유피테르는 성(聖)의 가장 높은 부분을 다스리며, 마르스 아래에 있는 퀴리누스는 플라멘 퀴리날리스(flamen Quirinalis)의 알려진 모든 직분이 그가 곡물 경작의 신임을 보여 준다."[15]

1938년 이후로 인도-유럽어족 신화 분석의 도구로 사용되었던 뒤메질의 3구분 이데올로기는 이렇게 하여 도출되었다.

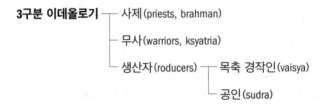

로마 주 사제의 3구분 서열 체계와 이 체계의 각 플라멘이 섬기는 신은 다음과 같이 도식화된다.

유피테르, 마르스, 퀴리누스: 사제(sacerdotes), 무사(milites), 생산자(quirites)

그라네의 강의를 듣기 전 1930년에 발표한 한 논문에서 뒤메질은 인도의 사회 계급 체계인 바르나, 즉 사제-브라만, 무사-크샤트리아, 목축 경작인-바이샤로 귀착된 사회 개념은 이미 인도-이란적 개념이며, 이 개념은 아시아의 이란인들에게서뿐 아니라 유럽의 스키타이족에게서, 스키타이족의 후손인 북오세티아족에게서까지 관찰됨을 밝힌 바 있다. 2년 후 언어학자 에밀 벵베니스트(Emile Benveniste, 1902~1972)는 새로운 논증들을 추가하여 사회적 3구분 개념의 인도-이란적 성격을 확인했다.

스키타이족의 시조는 리폭사이스로 전해진다. 헤로도토스는 삼형제 중 막내인 리폭사이스가 어떻게 왕이 되었는지를 이야기하는 전설을 기록했다.[16] 그 전설에 따르면 제우스와 보리스테네스강의 딸 사이에서 타르기타오스가 탄생했고, 그에게서 세 명의 자식 아르폭사이스, 콜록사이스, 리폭사이스가 태어났다. 이 세 사람이 공동으로 지배하고 있을 때, 하늘로부터 황금 기물 세 개가 스키타이 땅에 떨어져 내려왔다. 농민들이 사용하는 쟁기의 멍에, 무사들의 무기인 전쟁용 도끼, 그리고 사제 계급을 상징하는 술잔이었다. 맏형이 제일 먼저 이 기물들을 발견하고 그것을 집으려고 가까이 다가갔다. 그러자 그 황금 기물들이 불길에 휩싸였다. 맏형이 물러난 후 둘째 형이 접근했지만 황금은 조금 전과 마찬가지로 불길에 휩싸였다. 마지막으로 막내 동생이 황금 기물에 다가갔을 때에는 불길이 잠잠해져 막내는 그 기물들을 자기 집으로 가지고 돌아갔다. 두 형은 이를 하늘의 뜻으로 받아들이고 왕권을 막내 동생에게 양도했다고 한다. 오세티아족에게서는 3기능 도식을 찾아보기 어렵지만 민중 서사에서 그들의 조상인 나르트인들은 크게 세 집단으로 나뉘어 있었다. 가축을 많이 가진 보라테(Boratæ) 집단, 지능이 뛰어난 알레가테족(Alægatæ) 집단, 강력한 힘을 가진 엑제르텍카테(Æxsertagkatæ) 집단이다.[17] 이란에서는 인도처럼 제도화된 계급 체제는 없었으나 『아베스타』는 사제(atharvan)와 무사(rathaestar, '마차를 타고 싸우는'), 그리고 목축 경작자(vastryo, fsuyant)를 구분하며, 사산 왕조 시대(226~651)에는 이들을 대표하는 불을 각기 다른 명칭으로 불렀다.[18] 켈트인들도 사회 구성원들을 사제나 법률가인 드루이드(druid), 군사 귀족 플에이드(flaith, 산스크리트의 크샤트리아와 마찬가지로 문자 그대로 '힘'을 의미함), 소를 소유한 자유민(bo airig)으로 구분한다.[19] 이러한 일련의 확인들에 로마의 주 제관들의 서열 체계에 대한 통찰이 추가되어 3구분 이데올로기가 인도-유럽인들의 공통된 관념으로 간주되었다.

그러나 이 3구분 이데올로기가 실제로 사회가 크게 세 부류로 구분되어 조직되어 있지 않았던 인도-유럽 여러 지역의 신화에서도 계속 발견되었다. 그뿐 아니라 사회 조직이나 종교 조직을 반영하는 3구분 이데올로기 도식은 상이한 지역 신화의 비교 연구에서 자칫 문제를 잘못 보게 할 싹을 지니고 있었다. 실제로 뒤메질은 잘못 대응된 문제를 해결하기 위해 많은 시간을 낭비했다고 고백한다. 그 문제들은 결국 1950년 3기능 구조(la structure des trois fonctions) 또는 3기능 이데올로기(l'idéologie trifonctionelle)라는 다소 완화된 개념을 채택함으로써 해결되며, 이후 그의 신화 연구는 획기적인 진전을 보게 된다.

3   3구분 이데올로기에서 3기능 구조로

비교신화학의 소재들은 서로 밀접한 관계가 있으나 그들 사이에 위계질서가 없는, 그래서 모두 자율적인 일련의 문제들로 환원된다는 생각은 초기 비교신화학자들이 가졌던 환상이다. 앞에서 말했듯이 이는 1920~1935년 사이에 뒤메질이 가졌던 환상이기도 했다. 뒤메질의 3구분 이데올로기라는 분석 수단의 발견은 바로 이 환상을 깨뜨렸다.

이제 비교신화학자들은 더 이상 신화들을 그 신화를 향유했던 민족들의 삶에서 단절시켜 고립된 별개의 사실들로 연구할 수 없게 되었다.

3구분 이데올로기의 발견과 이 발견에 이르기까지의 자신의 오류들에 대한 뒤메질의 엄격하고 비판적인 성찰은 초기 비교신화학자들의 왜곡된 신화관을 바로잡아 주고, 자의적인 비교 방법이 아닌 보다 엄격하고 타당한 방법을 모색하게 함으로써 비교신화학이 올바른 길로 접어들 수 있도록 해 주었다. 그러나 신화는 사회 조직과 같은 경험적 실재를 반영하는 여러 종류의 분류 체계를 포함하고 있기도 하나, 때로는 경험과는 반대되는 실재나 구성원들의 의식 저 아래에 있는 관념적 실재들도 함축하고 있다. 그렇기 때문에 3구분 이데올로기 도식에 기계적으로 충실히 따를 경우 실재를 제대로 설명해 내지 못할 뿐 아니라, 앞에서 말했듯이 잘못된 문제의식을 가질 수도 있다. 예를 들면 인도의 바르나 구조에서 브라만들은 최상위 계층에서만 나타나며 그들만이 첫 번째 계층을 점하고 있는데, 왜 세 계층의 로마의 신들은 각기 저마다 특정 플라멘을 가지고 있는가? 이 문제를 해결하기 위해 뒤메질은 많은 시간을 바쳤다. 이러한 문제의식은 3구분 이데올로기 도식 속에서 동일 계층에 해당되는 것들을 대응시켜 비교한 데서 생긴 것으로, 이것은 잘못 제기된 문제이다. 비록 잘못된 문제의식이기는 했지만 뒤메질은 이를 해결하기 위해 노력하는 과정에서 본질적인 것을 통찰했다.

"가장 오래된 로마인인 움브리아족이 인도-이란인들이 알고 있던 것과 동일한 개념을 이탈리아로 가지고 왔으며, 특히 인도인들은 이 개념을 토대로 하여 그들의 사회 질서를 확립했다. 따라서 이 개념은 인도-유럽족 시대로 가져가야만 하며, 그 결과 인도-유럽어족의 다른 민족들에게서도 그 관념의 잔존이나 흔적을 탐구해야 할 필요가 있었다. 이러한 결론은 스칸디나비아 신화 체계를 검토함으로써 정당화되었다. 스칸디나비아 신화 체계에서 신들은 크게 아스 신(Ass)과 바니르 신(Vanir)의 두 부류로 나뉘어 있다. 오딘(Odin)과 토르(Thor)는 전자에 속해 있으며, 풍요의 신 프레이르(Freyr)는 후자에 속한 신들 중 가장 대중적인 신이다."[20]

다시 말해서 뒤메질은 인도 베다와 로마의 신들이 제각각 사제, 무사, 생산자의 역할들과 관련되어 구분된다면, 그것은 신화들이 그들의 사회 조직을 반영하고 있기 때문이 아니라는 것을 알게 되었다. 오히려 그 반대로 이 신화들은 그 사회 조직들이 생겨나기 훨씬 전에, 그들의 공통된 인도-유럽 시대에 이미 있던 어떤 관념을 담고 있으며, 인도의 계급 조직과 로마의 사제 조직은 바로 이 관념이 구체화되어, 이 관념을 토대로 하여 생겨난 것임을 깨달았던 것이다.

"3구분 이데올로기는 인도의 모델처럼 반드시 한 사회의 삶 속에서 그 사회의 실제적인 3구분을 수반하지는 않는다. 이러한 3구분 이데올로기가 확인되는 곳에서 그것은 하나의 이상에 불과하며,(과거에는 사회 조직의 실제 3분법이었으나 이제는 더 이상 3분법적 사회 조직이 아니거나, 아니면 3분법적 사회 조직이었던 적이 한 번도 없었거나) 또 동시에 세계의 운행과 인간의 삶을 보장해 주는 힘들을 분석하고 설명하는 하나의 수단일 뿐이다. 이리하여 인도의 바르나가 그 특권을 잃게 되고 3구분 이데올로기 개념이 파생시켰던 잘못된 문제들이 사라졌다. 예컨대 로마의 주 제관들은 브라마나(brāhmaṇa) 계급과 대응되는 것이 아니다. 그 말의 일차적이고 엄밀한 의미에서의 브라만(brahmán, 모든 제사 의식을 집전하는 세 명의 주요 사제 중 한 명)과 플라멘이라 부르는 사제 유

36

형(그가 어떤 유형의 신과 관계를 맺건)이 비교되어야만 한다."[21] 베다의 사제단들은 저마다 특정 신들과 결부되어 있으므로 브라마나 계급의 사제들은 저마다 그가 교감하는 신이 누구냐에 따라 각기 다른 이름으로 불린다. 브라만은 베다의 사제단을 이끄는 제사장으로, 제식에서 어떤 문제가 발생하면 그는 해결사로 개입한다.

뒤메질은 사제, 무사, 생산자의 배후에서 그 구분보다 더 본질적인 주술적이고 법률적인 지배권, 물리적인 힘(특히 무사의 힘), 편안하고 비옥한 풍요라는 위계적 기능들이 분명히 드러남을 보았다. 그래서 그는 1950년 이후 3구분 이데올로기라는 개념보다 더 포괄적인 개념인 3기능 구조 개념을 사용하며, "이 개념 속에서 사회적 구분은 여러 다른 구분들 가운데 한 적용일 뿐이며, 다른 구분들이 있을 때는 이 구분이 없는 경우가 종종 있다."라고 역설한다.

3기능 구조 — 주술적이고 법률적인 지배권 또는 성(聖)의 관리[22]
　　　　　　　 — 물리적인, 특히 무사(武士)의 힘 또는 방어
　　　　　　　 — 편안하고 비옥한 풍요 또는 부

여기에서 뒤메질은 구조라는 표현을 사용한다. 각각은 별개의 사실로서 의미를 지니는 것이 아니라 전체 체계의 일부로서 자신에게 제한된 위치에 자리 잡을 때 비로소 그 의미를 지니기 때문이다.[23] 제3기능인 부(富, 또는 식량)에는 농경 목축과 관련된 부, 성적 특질(sexuality), 다산(fecundity), 사회적 자산, 평화 등 온갖 형태의 풍요와 풍요의 조건들이 포함된다. 따라서 세 기능의 요소들은 인간 집단이 생존하기 위해 충족시켜야 할 필요 요소들의 총체이며, 이 기본 기능들의 조화는 한 사회가 질서 있고 행복한 삶을 누리도록 보장한다. 그렇기 때문에 1950년 이후 뒤메질이 사용하는 분류들, 예를 들어 로마 신학의 유피테르·마르스·퀴리누스, 인도-이란 신학의 미트라-바루나·인드라(Indra), 쌍둥이 나사트야(Nasatya) 또는 아슈빈(Asvins), 그리스 신화의 헤라(Hera)·아테나(Athena)·아프로디테(Aphrodite), 스칸디나비아의 오딘·토르, 프레이르 트리아드는 3기능 구조 개념에 바탕을 둔 분류이므로, 특정 위계의 신들만을 따로 떼어 내어 비교해서는 안 된다. 그뿐 아니라 제1계층의 신은 제1기능의 역할만을 하는 것으로 이해해서도 안 된다. 한 신이 지니는 주요 특징들이 그 신을 전체 신학 체계에서 세 기능 중 어느 한 기능의 신으로 위치시킨다 하더라도, 특정 신화에서는 그 신이 세 기능에 해당하는 역할을 모두 수행하는 경우도 많기 때문이다. 그리스의 아폴론 신이 바로 그러한 경우에 해당된다.

3기능 이데올로기 개념이 비록 초기 비교문법학자들이 그토록 찾기를 갈망했던 인도-유럽어족의 공통기어는 아니라 할지라도 인도-유럽족의 관념적 일체성을 확인해 주었다. 그리하여 뒤메질의 3기능 이데올로기의 발견은 여러 지평에서 적지 않은 파장을 불러일으킨다. 물론 이 파장이 늘 긍정적으로 작용했던 것은 아니다.

가장 자의적이고 표피적으로 오용되면서 예기치 않았던 결과를 초래한 곳이 정치적 영역에서 나타난 인종 차별주의이다. 오늘날에도 세계 곳곳의 극우주의자들이 맹목적으로 신봉하는 인종 차별주의는 4요소로 요약할 수 있다. 유전 형질, 지적 자질, 도덕적 성향 사이에는 상호 연관성이 있다. 유전 형질이 지적 자질은 물론 도덕적 성향을 좌우하며, 그것은 특정 집단의 모든 구성원에게 공통된 것이다. 종족(race)이라 불리는 이 집단은 그 유전 형질의 특성에 따라 위계질서

화될 수 있다. 이러한 차이들은 '고등 종족들'이 다른 종족들을 명령하고 착취하고, 경우에 따라서는 전멸시키는 것도 용납된다. 주지하듯이 2차 세계대전 때 히틀러는 '우수한 아리아족'의 혈통 보존이라는 미명 아래 대규모 유대인 학살이라는 가공할 반인간죄를 자행했다. 이러한 대량 학살을 정당화하는 이념적 토대가 인종 차별주의에 근거한 게르만족＝우수한 아리아족의 순수한 혈통 보존이었다. 아리아족의 존재 자체를 정립한 것이 바로 인도-유럽어의 발견으로 인해 생긴 인도-유럽학의 활발한 연구들이었다. 인도-유럽어족의 본향을 찾으려는 초기 비교문법학자들의 시도가 실패로 돌아가고, 따라서 원시 인도-유럽족의 존재는 오늘날의 학자들에게는 단지 개연성 높은 가설에 불과하다. 하지만 인종 차별주의자들에게 원시 인도-유럽족으로서의 아리아족의 존재는 더할 나위 없이 '확고한 사실'이다. 여기에다 뒤메질이 고대의 인도-유럽어족 사회나 신화에서 발견한 위계적인 3기능 이데올로기는 본의 아니게 인종주의자들로 하여금 아리아족을 최상위 기능의 집단으로 자의적으로 해석하게 만들 빌미를 제공했던 것이다. 종교학자 브루스 링컨(Bruce Lincoln, 1948~)의 연구가 보여 주듯이, 실제로 뒤메질의 3기능 이데올로기 개념은 오늘날 구미(歐美)의 인종주의적 지식인과 완고한 신나치주의자, 인종주의자들이 자신들의 입장을 정당화하기 위해 끌어들이는 가장 확고한 이념적 정초다. 이들은 조잡한 자료들을 활용하면서 아무렇게나 각주를 달거나 각주를 전혀 달지 않았다. 그러면서 자신들의 학자적 성실성을 확고히 하기 위해《인도-유럽 연구》와《인도-유럽 학회지》의 논문들을 빼놓지 않고 인용한다. 이두 간행물이 학문적 권위와 명성이 높았기 때문이다. 인도-유럽어족의 신화와 종교 분야의 간행물이나 저작들에서 뒤메질의 저술은 모든 것

의 바탕이 되고 또 어떤 도전으로부터도 안전하게 지켜 줄 든든한 버팀목이었다.[24]

이런 상황과 또 다른 이유들로 인해[25] 뒤메질에게 나치즘 혹은 파시즘과의 연계에 의혹의 눈길이 던져지면서 오늘날 논란거리가 되기도 한다. 학자가 자신의 학문적 가설이나 이론이 가져다주는 예기치 않은 결과를 다 책임질 수는 없다. 그렇다고 해서 이런 종류의 논란들이 뒤메질의 연구 성과와는 전적으로 무관하다거나 무의미하다는 것은 아니다. 단지 이것은 다른 차원에서 논의되어야 할 문제이므로 여기에서는 더 이상 거론하지 않겠다. 프랑스가 나치의 지배를 받은 시기를 살면서 2차 세계대전에 참전했기에 그가 나치즘보다는 파시즘을 덜 혐오했던 것은 사실이다. 뒤메질은 자신을 우파 성향의 인물로 여겼으나 미셸 푸코 같은 좌파 인물이 그를 평생지기이자 지지자, 멘토로 생각했다. 어느 학자건 객관적 학문의 영역에서조차도 자신의 개인적 신념이나 사상적 편향으로부터 완전히 자유로울 수 없으나 뒤메질은 이념적 성향과는 별개로 자료들을 가능한 한 객관적으로 탐구하려 노력하는 정직하고 성실한 학자였기 때문이다. 링컨은 그를 '고도로 지적이며 품위 있고, 조야하지도 않으며 극우 인종 차별주의자들과는 전혀 다른 부류의 사람'이라고 옹호한다.[26]

3기능 이데올로기의 발견이 가장 큰 영향을 끼친 영역은 다른 곳이 아닌 비교신화학 또는 비교종교학의 영역이다. 오늘날 학자들은 인도-유럽어족의 신들은 사회적 성격을 띠고 있다는 주장을 정설로 받아들이는데, 이는 뒤메질의 3기능 이데올로기의 발견이 가져다준 결과이다. 이뿐만 아니라 방법론적 시행착오들 및 구체적 비교 분석 도구의 결여로 인해 제대로 결실을 맺지 못하고 있던 인도-유럽제족 신화 연구들이 뒤메질의 3기능 이데올로기 발견 이후 본격적으로 활기를 띠기 시작한다. 그리하여 그때까지 침묵의 늪에 빠져 있던 수많은 신화들이 담고 있던 의미 있는 발언들이 해독되면서 인도-유럽제족의 종교적, 문화적 삶들이 다양한 면모들을 드러낸다. 뒤메질 이후 인도-유럽 여러 지역의 신화 연구자들이 그의 3기능 이데올로기 개념을 차용하여 수많은 신화들을 분석했기 때문이다.

3구분 이데올로기에서 3기능 구조 또는 3기능 이데올로기로의 전환은 사회 조직에 근거한 분류 틀 외에도 다양한 사회 문화적 분류 틀의 적용을 허용하고 있다. 이것은 인도-유럽 신화 연구자들에게 인도-유럽 신화들의 비교 연구에서 벗어나 특정 지역에 적합한 분석 틀을 발견하도록 고무시켜 준다. 그 반면 성(聖)의 관리, 방어, 부(富) 세 가지는 인간 집단이 생존하기 위해 반드시 갖추어져야 할 필요 요소들이라는 주장은 3기능 구조라는 인도-유럽 신화의 분석 틀이 세계 전 지역의 신화를 분석할 수 있는 보편적 도구로 확대될 소지를 마련해 준다. 실제로 인도-유럽 지역이 아닌 여타 지역의 신화학자들이 때로는 3기능 구조의 도식을 특정 지역의 신화들을 분석하는 도구로 차용하기도 한다. 하지만 그들은 때로 뒤메질의 3기능 이데올로기가 함축하고 있는 의미를 정확히 이해하지 못하고 그것을 3구분 이데올로기와 동일한 뜻으로 받아들인다. 그 결과 한편에서는 뒤메질의 3기능 이데올로기는 자신들의 연구 영역에 적절한 신화 분석 도구가 될 수 없다고 비판하는 이들이 있는가 하면, 또 다른 한편에서는 신화는 사회 문화적 실재인데 뒤메질은 너무 보편적인 분석 틀을 고안하여 신화 연구에 적용한다고 비판하는 이들도 있다. 그들은 자신들의 연구 지역에 적합한 분석 틀을 찾으려는 노력을 하지 않았을뿐더러, 뒤메질이 3기능 이데올로기를 어떻게 발견했는지, 그리고 이 분석 도구가 구체적인 신화 분석에서 어떻게 적용되는지도 제대로 확인해 보지 않고 단지 3기능 이데올로기 자체만을 가지고 뒤메질을 비판한다.

보편적 적용이 가능한 이 개념은 그를 비판하는 학자들이 생각하듯 뒤메질이 구체적인 신화들을 도외시하고 선험적으로 머릿속에서 구상한 것이 아니며, 기계적으로 그 틀에 맞춰 신화를 설명하는 것도 아니다. 앞에서 보았듯이 뒤메질의 3구분 이데올로기와 3기능 이데올로기는 구체적인 신화 자체들을 오랜 기간 동안 치밀하게 탐구한 결과 발견한 것들이다. 그의 말대로 "새로운 해석 수단들은 프레이저나 다른 기존의 이론들에서 차용된 것이 아니라 사실들에서 나온 것이므로, 해석자의 임무는 사실들의 전 범위, 그것의 명시적 및 함축적인 온갖 교시들, 그 결과까지도 고찰해야 한다. 이제는 더 이상 비교신화학의 문제가 아니다." 그래서 「비교신화학(Mythologie comparé)」이라는 파리 종교학 고등연구원에서의 그의 강의는 1938년에 「인도-유럽제족 종교들의 비교 연구(Etude comparative des religions des peuples indo-européen)」로 바뀐다. 1948년에 콜레주 드 프랑스에 개설된 강좌명은 「인도-유럽어족의 문명(Civilization indo-européens)」이다. 물론 인도-유럽제족 종교들의 비교 연구라는 타이틀을 사용하지 못했던 저간의 사정이 있었지만, 이 강좌명은 특정 공동체의 신화 연구는 특정 문명에 대한 연구이므로 문명들의 교류가 있었던 곳에서는 신화들의 비교 연구가 불가피함을 시사하고 있다.

3기능 이데올로기가 뒤메질이 인도-유럽어족의 신화들을 분석하는 여러 도구 중 하나라면, 우리는 이 분석 수단 자체를 가지고 왈가왈부할 것이 아니라 그가 이 수단을 가지고 복합적인 사회 문화적 실재인 신화를 지나치게 단순화시키지 않으면서 어느 정도로 설득력 있게 해석해 내느냐를 따져 봐야 한다. 그리고 비판은 그의 구체적인 신화 해석과 관련되어 이루어져야 한다. "뒤메질의 모든 책은 독보적인 명석함과 창의성, 엄밀함과 지성이 넘쳐 난다. 그의 업적은 문헌학자, 종교사학자, 인류학자들 사이에서 널리 갈채를 받았다."[27] 이제 그의 연구를 직접 접하면서 해당 분야의 전문가나 명철한 독자들이 스콧 리틀톤(Scott Littleton, 1933~2010, 인류학자)의 이런 평가의 타당성 여부를 판단하길 바란다.

1부

그리스 신화

1 트로이 전쟁의 신화적 원인: 세 기능의 부조화

트로이 전쟁은 신화적 허구가 아니라 실제로 일어났던 역사적 사건이다. 트로이, 즉 일리온(Illion) 혹은 일리오스(Illios)라 불리는 이 도시는 메소포타미아 북동쪽 에게 해안가에 위치해 있었으나 같은 그리스 민족이 세운 도시였다. 이 도시는 아나톨리아 북부 내륙 지방에 있던 히타이트 제국은 물론 지중해 연안의 항구 도시와 긴밀한 교역 관계를 맺고서 눈부시게 번영을 이루고 있었다. 당시 그리스 본토의 상인들은 자기 지역의 생산품들을 지고 페르시아로 가서 판 후에 다시 그곳 물품들을 사서 되돌아왔다. 해로로 그리스 본토와 페르시아를 왕복하려면 흑해를 통과해야 하는데, 트로이는 흑해 입구에서 통행세를 챙겨 부자가 되었다. 흑해로 진입하는 좁고 긴 해협은 물살이 너무 세서 배를 타고 통과하려면 전복의 위험을 감수해야 했다. 이를 피하려는 그리스 본토의 상인들은 배와 물건을 지고 육로를 이용해야 했다. 이때에도 상인들은 트로이인들에게 통행세를 지불해야 했고, 때로는 약탈의 대상이 되었다. 본토의 그리스인들은 지나치게 높은 통행료와 약탈을 견디다 못해 기원전 12세기 초, 대략 기원전 1180년경에 트로이 성에 침입해 성 전체를 불살랐다. 이렇듯 전쟁의 원인은 순전히 경제적인 것으로, 같은 그리스 민족인 아이올리스인과 이오니아인들을 본토의 아카이아인이 짓밟은 약탈 전쟁이었다.[1]

그런데 그리스 신화는 트로이 전쟁의 발발 원인을 트로이의 왕자 파리스가 스파르타의 왕비 헬레네를 납치해 갔기 때문이라고 이야기한다. 그리스 본토의 전사들을 가족과 헤어져 10년이나 전장을 누비게 했던 기나긴 골육상잔의 전쟁이 한 여인의 납치에서 비롯되었다는 것이 과연 있음직한 일일까? 유부남이었던 파리스는 왜 메넬라오스의 아내 헬레네를 납치하여 자신의 조국을 몰락하게 만들었던 것일까? 고대 그리스인들의 신화에 따르면 트로이 전쟁의 원인, 즉 '파리스가 헬레네를 납치'하게 된 까닭은 세 여신 헤라, 아테나, 아프로디테의 갈등 때문이다.

그리스인들이 전하는 트로이 전쟁의 신화적 원인은 '파리스의 심판'이라고 불리는 신화에서 이야기되므로, 먼저 이 신화를 간단히 소개하겠다.

1   에리스의 황금 사과, 세 여신의 갈등, 파리스의 심판

트로이 전쟁의 불씨는 프티아의 왕 펠레우스(Peleus)와 요정 테티스(Thetis)의 결혼 연회에 나타난 불청객, 불화의 여신 에리스(Eris)가 던진 황금 사과 하나였다. 제우스는 바다의 요정 테티스를 사랑했으나,

그녀가 아버지보다 더 강한 아들을 낳을 것이라는 예언을 듣고는 그녀를 아이아코스(Aiakos)의 아들 펠레우스와 결혼시킨다. 펠리온 산에서 거행되는 이 결혼식에 다른 신들은 모두 초대되었으나 불화의 여신 에리스만이 초대받지 못했다. 그녀는 서쪽 끝 헤스페리데스의 정원에서 자라는 황금 사과를 들고 결혼식장에 불청객으로 등장하여 야무지게 자신의 몫을 한다. 여신은 모든 신들이 참석한 축제 한가운데에 불멸을 가져다준다는 그 매혹적인 선물을 던졌다. 그 사과에는 "가장 아름다운 이(Kallistēi)에게!"라는 글귀가 쓰여 있었다. 사과 한 알이야 대수로운 것이 아니었으나 "가장 아름다운 이"라는 글귀가 세 여신의 마음을 사로잡았다. 헤라와 아테나, 그리고 아프로디테가 그 황금 사과를 갖기 위해 서로 경쟁했다. 원래 이런 일의 해결은 제우스가 해야 할 터이나, 뒷감당이 귀찮았던 제우스는 그 판결을 다른 이에게 떠맡겼다. 그리하여 당시 이다산에서 양을 치고 있던 트로이의 왕자 파리스가 그 일을 맡게 되었다.

세 여신은 파리스의 환심을 사기 위해 저마다 구미가 당기는 약속들로 파리스를 유혹했다. 헤라는 이렇게 선언했다. "만일 네가 날 선택한다면 난 네가 왕위를 얻을 수 있도록 해 주겠다. 넌 유럽과 아시아의 군주가 될 것이다. 내 남편 제우스처럼 내 침대 속에는 왕위가 등록되니 말이다." 아테나는 "만일 네가 날 선택한다면, 모든 전투에서 승리하게 해 주고 온 세상이 부러워할 지혜를 주겠어."라고 말했다. 한편 아프로디테는 이렇게 약속했다. "만일 네가 날 고른다면 넌 완벽한 유혹자가 될 것이다. 넌 모든 여인들 중에서 가장 아름다운 여인을 얻게 될 것이다. 그 명성이 사방에 널리 퍼져 있는 아름다운 헬레네를 네게 주마. 그녀가 널 보게 되면 너에게 저항하지 못할 것이고, 너는 그 아름다운 헬레네의 여인이자 남편이 되는 거지." 파리스는 마지막 제안을 받아들여 황금 사과는 결국 아프로디테의 차지가 되었다.

그런데 당시 천하제일의 미인 헬레네는 이미 스파르타의 왕 메넬라오스의 왕비가 되어 있었다. 파리스는 이에 개의치 않고 아프로디테의 약속을 믿고서 스파르타로 출항했다. 메넬라오스는 예전에 그가 트로이를 여행했을 때 파리스가 자신을 환대해 주었기 때문에 그에 대한 보답으로 파리스를 극진히 대접했다. 그러던 어느 날 메넬라오스가 친척의 장례식에 참석해야 할 일이 생겼다. 그는 헬레네에게 자기 대신 파리스를 정성껏 접대해 줄 것을 부탁하며 떠났다. 파리스는 이 틈을 이용하여 헬레네를 유혹하여 아프로디테의 도움을 받아 트로이로 납치해 데리고 가 버렸다.

문제는 헬레네가 그리스 최고의 미녀였다는 것이다. 헬레네가 미혼이었을 때, 그녀의 남편을 선택하는 경연장에 수많은 구혼자들이 몰려들었다. 헬레네의 아버지 틴다레오스는 만일의 경우 생길 수 있는 불상사에 대비해 구혼자들에게 서약을 받은 후 경연 참석을 허락했다. 헬레네의 남편으로 선택된 사람의 생명과 권리를 반드시 존중하며, 헬레네가 누구를 남편으로 선택하든 그 선택을 받아들이고 모두 결혼식에 참석하겠다는 것, 그리고 결혼 후에라도 헬레네의 신변에 이상이 생기면 경연 참석자 모두가 그녀를 구하는 일에 나서야 한다는 것이다. 그런 까닭에 헬레네가 납치되자 메넬라오스는 그의 형인 아가멤논을 찾아가 호소하고, 아가멤논은 예전의 구혼자들을 찾아가 과거의 맹세를 일깨웠다. 그리하여 아가멤논을 총사령관으로 하여 그리스 여러 왕국들이 연합군을 형성하고, 트로이를 쳐서 헬레네를 되찾기 위한 복수의 대장정에 나섰다.

이 내용들은 오늘날 '서사시권(Epis Cycle)'이라 불리는 8편의 서사시들 중 첫 번째인 『키프리아(*Kypria*)』에 실려 있는 내용이다. 이 서사시는 망실되어 그 전모를 파악할 수 없으나, 트로이 전쟁이 발발하게 된 최초의 도화선인 파리스의 심판을 비롯해 일부 내용이 고대 문헌 곳곳에서 단편적으로 이야기된다. 그 두 번째가 『일리아드』, 일곱 번째가 『오디세이아』이며, 나머지 5편은 호메로스 사후의 작품들임에도 불구하고 이 서사시권 8권의 내용들은 일맥상통한다. 모두 트로이 전쟁과 관련된 이야기들이라 '트로이 서사시권'이라고 불린다.

뒤메질은 비록 호메로스가 파리스의 심판에 대해서는 거의 언급하지 않았으나, 『키프리아』에서 이야기하는 트로이 불행의 기원을 알았음에 틀림없다고 주장한다. 호메로스는 『일리아드』의 3~5권에서 트로이의 운명은 세 여신의 갈등의 결과, 다시 말해 세 여신의 갈등을 통해 드러나는 세 기능의 불화의 결과라는 사실을 드러내고 있다는 것이다. 뒤메질은 『인간의 망각과 신들의 명예(*L'oublie de l'homme et l'honneur des dieux*)』에서 『일리아드』의 3~5권의 내용을 해석한다. 그 작업의 결론을 먼저 요약하면, 호메로스는 트로이의 멸망을 초래한 세 기능의 부조화를 세 기능을 대표하는 신들의 기능 트리오와 인간들의 기능 트리오를 등장시켜 보여 주려 했음을 알 수 있다는 것이다.[2]

2   트로이의 불행: 세 기능의 불균형

트로이 전쟁의 신화적 원인인 세 여신의 경쟁과 파리스의 심판은 그리스 밖에서도 확인되는 3기능 민담의 도식을 독창적이고 충실하게 연장한다. 파리스는 세 대상들, 세 행위, 또는 세 운명 중에서 하나를 선택해야만 했으며, 그의 선택은 각자 최고 지배력, 무력, 그리고 번영이라는 세 기능들 중의 한 기능의 행운과 위기를 내포하고 있다.

아킬레우스와 헥토르의 결전에서 헥토르가 죽음을 맞는 21권의 장면은 하나의 절정일 뿐이다. 시의 처음부터 끝까지 세 여신들 각각은 다른 여신들과 관련이 있는 것으로 등장한다. 이 전쟁에서 신들도 트로이를 지지하는 편과 그리스 동맹군을 지지하는 편으로 갈라진다. 예컨대 포세이돈은 그리스 편에, 아폴론과 아레스는 트로이 편에 선다. 세 여신의 경우 파리스의 선택을 받은 아프로디테는 당연히 트로이를 위해 활약하고, 헤라와 아테나는 그 반대편인 그리스 동맹군의 승리를 위해 분주히 활동한다.

제우스의 누이이자 아내인 헤라는 자신의 최고 반열을 끊임없이 현시하며, 아테나는 제2 기능이 제1 기능에 종속되어 연결되듯이 계속 헤라에게 종속된다. 헤라가 아테나에게 무사의 임무를 맡기고 명령을 내리면, 아테나는 군말 없이 그것을 수행한다. 트로이인들에 대항하는 아르고스인들을 도우러 헤라와 아테나가 그리스 동맹군의 진영에 나타난다. 이들이 함께 전장에 나타난 유일한 장면에서 두 여신의 행동은 현저한 차이를 보여 준다. 헤라는 "다른 사람 쉰 명만큼이나 크다는 스텐토르의 목소리와 모습을 취하고서" 용기 꺾인 그리스 진영의 전사들이 수치심을 느끼도록 만드는 데 그친다. 반면 아테나는 몸소 전장에 뛰어든다. 행여 전장에 개입한 신을 공격하는 불경죄를 지을까 조심하며 싸우는 디오메데스에게 그녀는 직접 말을 걸어 그를 신중함에서 벗어나게 한다. 그러고는 자신이 직접 전차를 몰아 디오메데스를 싸움터로 이끌어 아레스에게 상처를 입히게 만든다. (『일리아드』 5권, 778~863

행) 게다가 두 여신의 대조되는 역할은 이 에피소드 이전에 제우스에 의해 공식화되었다.

헥토르와 전쟁의 신 아레스가 그리스 진영의 뛰어난 무장들을 닥치는 대로 죽이자 헤라는 올림포스 상봉에 있는 제우스를 찾아가 다음과 같이 말한다.

"아버지 제우스여, 아레스가 저토록 잔인한 짓을 해도 노엽지 않으십니까? 그는 아무런 목적도 질서도 없이 저토록 훌륭한 아카이아 백성들을 얼마나 많이 죽였습니까. 그래서 나는 마음이 아파 죽겠는데도, 키프리스[3]와 은궁의 아폴론은 아무런 법도도 모르는 저 미치광이를 부추겨 놓고는 태평스럽게 즐기고 있습니다. 아버지 제우스여, 내가 만일 아레스를 심히 쳐서 싸움터에서 내쫓아 버린다면 노하시겠나이까?"

그러자 구름을 모으는 제우스가 그녀에게 대답했다. "그렇다면 전리품을 실어다 주는 아테나를 부추겨 그를 치게 하라. 누구보다도 그녀가 늘 그에게 따끔한 맛을 보여 주곤 했으니까."

이렇게 말하자 흰 팔의 여신 헤라는 거역하지 않고 채찍으로 말들을 쳤다.(5권, 748~768행)

이처럼 헤라가 결정하고 지휘하면, 아테나는 전차를 타고 지체 없이 그것을 수행한다. 아프로디테에 대한 두 여신의 감정은 난폭한 경멸과 증오로 귀착된다. 헤라는 아프로디테를 모욕하며, 아테나는 헤라보다 더 심하게 군다.

디오메데스는 자신이 아레스를 공격하지 않고 머뭇거리고 있는 것을 변명하기 위해 아테나에게 "그대는 나더러 축복받은 다른 신들과는 맞서 싸우지 말 것이나, 다만 제우스의 딸 아프로디테가 싸움터로 들어오면, 그때는 날카로운 창으로 그녀를 찔러 주라고 명령하셨습니다."라고 말한다.

디오메데스는 바로 전에 일어난 장면을 암시하고 있다. 아프로디테가 트로이인들을 구하기 위해 싸움터에 뛰어들자, 아테나의 위임장에 힘을 얻은 그는 아프로디테에게 돌진했다. "디오메데스는 무자비한 청동을 들고 키프리스에게 덤벼들었으니, 그녀는 힘없는 여신이며, 전사들의 전쟁을 주관하는 여신들 축에 끼지도 못하며, 아테나도 아니며, 마을의 파괴자 에니오도[4] 아님을 그가 알고 있었기 때문이다."라고 호메로스는 이야기한다.(3권, 331~333행)

디오메데스가 아프로디테에게 덤벼들자, 그의 무자비한 청동 창에 팔을 다친 아프로디테는 어쩔 줄을 몰라 하며 도망쳤다.

"제우스의 따님이여, 전쟁과 싸움터에서 물러서시오. 연약한 여자들을 속이는 것만으로도 충분하지 않습니까? 만일 그대가 앞으로도 싸움터에 끼어들 생각이라면, 이제는 아마 멀리서 전쟁이라는 말만 들어도 무서워 떨게 될 것입니다."
이렇게 말하자 그녀는 놀라 떠나갔고 몹시 괴로웠다.(3권, 348~351행)

1권과 2권에서는, 2권의 마지막 양쪽 진영의 군대 목록을 제외하고는 모든 것이 이 시의 제한된 진짜 주제, 즉 아킬레우스의 분노, 그 원인과 아킬레우스의 죽음에 이르기까지 그 분노의 초기 결과들을 꾸준히 준비한다. 그러나 호메로스가 분노의 배후에, 개인적인 행위와 감정 저편에 일리온의 운명이라는 거대한 소재를 어떻게 환기시키지 않을 수 있었겠는가? 이 운명은 세 여신의 갈등의 결과이며 이 세 여신을 통해 보여 주는 세 기능(이 세 기능의 조화가 사회의 지속을 보장한다.)의 불화의 결과이다. 따라서 호메로스는 아킬레우스의 분노로 도입부를 펼쳐 놓은 뒤, 그다음에 여신들의 내기를 발견한 시들을 위치시킨다. 이 여신들 중 한편은 지배자와 무사를 옹호하고 다른 한편은 호색가를 옹호한다. 물론 호메로스가 기능 이론을 내세우는 것은 아니다. 시인인 그가 무엇 때문에 정치적 도구나 신학적 도구들을 취하겠는가? 구전되던 신화를 차용하면서 그는 세 기능 해체의 스캔들 속에 3기능 이데올로기를 두 단계로 등장시킨다. 세 기능을 구현하는 신적 인물들 속에, 그리고 그 성격과 사회 속에서의 각자의 위치가 세 기능의 도구인 인간들 속에 등장시키는 것이다. 천상에 있는 배우들은 세 여신이며, 지상의 배우들은 지배자, 무사, 호색가이다.

세 기능을 대변하는 인간 트리오를 제공하는 것은 온전하고 정상적인 사회인 트로이이다. 종교적 행위에만 개입하는 프리아모스 왕과 양 진영에게 군대의 지휘자로 알려진 헥토르, 그리고 여신의 손에 놀아나는 꼭두각시 파리스라는 세 인물이다. 그리스 진영은 야전의 군대이지 사회가 아니다. 따라서 이 군대는 총사령관과 무사라는 두 기능만을 활용한다. 제3기능에서 농경의 형태는 존재하지 않으며 부의 형태는 전리품의 형태로 환원된다. 또 쾌락의 형태는 사용되지 않고 있으며, 단지 건강의 영역(의사 마카온과 포달리우스)에서만 등장한다. 두 상위 기능 자체는 아트레우스가(家)의 두 남자로 표상되는데, 그 기원은 동등하나 그들을 수식하는 수식어들로 판단해 볼 때 서로 구별된다. 1권과 2권에서는 물론 그 뒤에서도 전반적으로 볼 수 있듯이 아가멤논은 본질적으로 거대한 권력을 가진 통치자, 인간의 왕, 백성들의 목자이다. 단 한 번만 주권자의 자질과 전사의 자질이 결합되어 있다. 헬레네가 아가멤논에 대해 프리아모스 왕에게 한 말인 "훌륭한 왕인 동시에 강력한 창수"(3권, 179행)라고 말하는 대목에서이다. 메넬라오스는 '아레스의 벗',[5] '호전적인'과 같은 아레스의 기질들로 규정되는 경우가 아주 많으며, 또 간혹 '힘찬 전투의 함성을 지르는', '뛰어난 창수'로도 수식되는데, 딱 한 번 '아카이아인들의 우두머리'로 규정된다.

이제 3권에서 세 여신과 인간들, 즉 세 기능이 다 갖추어진 트로이 진영의 트리오와 불완전한 그리스 진영의 트리오가 어떻게 서로 연결되는지를 보자.

파리스가 트로이인들의 선두에 나서서 아르고스인의 장수들 중 누구라도 좋으니 자기와 일대일로 사생결단의 결투를 하자고 나섰다. 양 진영의 군대가 동요할 때, 두 주역이 전열에서 나왔다. 먼저, 표범 가죽을 걸친 어깨에 활과 칼을 메고 청동 날이 달린 두 자루의 창(槍)을 휘두르며 사이비 무사 파리스가 아카이아인들 중의 가장 용감한 장수들에게 도전하자, 메넬라오스는 좋은 먹잇감을 발견한 사자처럼 전차에서 뛰어내렸다. 당연히 파리스는 간담이 서늘해져 트로이 군대의 전우들 속으로 물러서고 말았다. 이것은 전주곡에 불과하다.

이때 진짜 용사 헥토르가 개입한다. 그는 파리스를 조롱하는데, 이 조롱은 파리스라는 인물이 보유하고 있는 기능, 그가 구현하고 있는 쾌락의 기능을 잘 규정한다.

"못난 파리스여, 외모만 멀쩡하지 계집에 미친 유혹자여, 너는 차라리 태어나지 말았거나, 아니면 장가들기 전에 죽었어야 했을 것이다.

그것이 더 바람직한 일이었다. 이렇게 모든 사람들 앞에서 창피를 당하고 멸시를 받느니보다는 그편이 훨씬 나았을 테니까. 아마 장발의 아카이아인들은 멀쩡한 네 외모만 보고 너를 우리의 선봉장인 줄 알고 있다가, 네 마음속에 아무런 힘과 용기가 없음을 보고는 웃음을 터뜨리고 있을 것이다. 그런 주제에 감히 충실한 전우들을 모아 가지고, 바다를 여행하는 배를 타고 대해(大海)를 건너가 이방인들과 사귀다가, 머나먼 나라에서 창수들의 며느리인 미인을 데리고 옴으로써, 너의 아버지와 도시와 모든 백성들에게는 큰 고통이, 적에게는 기쁨이, 그리고 너 자신에게는 굴욕이 되게 했더란 말이냐? 그러고도 아레스의 사랑을 받는 메넬라오스와 맞서지 못하겠단 말이냐? 그러면 어떤 전사의 아내를 네가 빼앗아 왔는지 알았으리라. 네가 먼지 속에 나뒹구는 날에는 너의 키타리스도 아프로디테의 선물도, 그리고 너의 머리털과 외모도 아무런 도움이 되지 못할 테니까. 하나 트로이인들은 모두 겁쟁이들이다. 그렇지 않았던들 너는 그들에게 끼친 수많은 해악으로 말미암아 벌써 돌옷을 입었으리라."(3권, 38~57행)

파리스는 전사인 형의 비난을 받아들인다. 하지만 그는 겸손하게 자신의 기능을 옹호한다.

"헥토르여, 그대가 나를 꾸짖는 것은 당연하며, 결코 부당하지 않습니다. 그대의 마음은 언제나 도끼처럼 굽힐 줄 모르오. 선재(船材)를 솜씨 있게 다듬는 목수의 손에 들려 그의 팔 힘을 올려 주며 나무를 뚫고 나가는 도끼처럼 말이오. 그만큼 그대의 가슴속 마음은 겁을 모르오. 하나 황금의 아프로디테의 사랑스러운 선물을 비방하지는 마십시오. 신들이 손수 내리신 영광스러운 선물은 절대로 물리쳐서는 안 되며, 또 원한다고 해서 얻을 수 있는 것도 아닙니다."(3권, 58~66행)

그리하여 조금 전의 허풍은 자신의 본성을 수용하고 그의 운명을 받아들이는 당당한 희생이 된다. 파리스는 헥토르에게 메넬라오스와 자신이 일대일로 결투를 벌이게 해 달라고 한다.

"그건 그렇고 지금 내가 싸우기를 그대가 진심으로 원한다면, 다른 트로이인들과 아카이아인들은 모두 앉게 하고, 그 가운데에서 아레스 의 사랑을 받는 메넬라오스와 내가 헬레네와 그녀의 모든 보물을 걸 고 싸우게 하십시오. 그리고 둘 중에서 누가 이기고 우세하든, 마땅 히 그로 하여금 보물과 여인을 집으로 가져가게 하고, 다른 사람들은 모두 우의와 굳은 맹약을 맺어, 그대들은 기름진 트로이 땅에서 살고, 그들은 말을 먹이는 아르고스와 미인의 고장인 아카이아로 돌아가게 하십시오."(3권, 67~75행)

아가멤논이 총사령관의 권위로써 양 진영에게 헥토르의 말에 귀 기울일 것을 명하자, 적과 동료 모두에게 그 무훈이 알려진 헥토르가 위엄 있게 파리스의 제안을 전달했다. 메넬라오스는 이 제안을 수락하 면서 계약 당사자들을 위대한 우주의 증인과 특히 제우스의 보증 아래 묶어 둘 정정당당한 맹약을 맺자고 했다.

"그대들은 대지와 태양에게 바칠 흰 숫양 한 마리와 검은 암양 한 마 리를 가져오도록 하라. 우리도 제우스에게 바칠 것을 따로 한 마리 가져오겠다. 그리고 그대들은 위대한 프리아모스를 데려와 그가 몸소 맹약을 맺게 하라. 그의 자식들은 교만하고 믿을 수 없는 자들이니까. 이는 누가 오만불손하게도 제우스의 맹약을 파기하는 일이 없도록 하기 위함이다. 젊은이들의 마음은 항상 들떠 있지만 노인은 무슨 일에 개입하든 앞뒤를 재는 법이므로 쌍방에 최선의 결과를 가져오게 마련이다."(3권, 103~110행)

최고 지도자들이 등장할 때이다. 멀리 탑 위에서 헬레네로부터 아카이아인들의 장수들에 관해 듣고 있던 프리아모스 왕은 지체 없이 두 마리의 양을 끌고 간다. 그가 안테노르를 데리고 수레를 타고 전장에 도착했을 때, 아가멤논은 그 옆에 있던 율리시스(오디세우스)와 함께 일어섰다. 전령들이 맹약 의식의 희생물인 세 마리의 양을 모으자, 아가멤논은 아버지 제우스와, 모든 것을 내려다보는 태양, 강들과 대지, 그리고 지옥의 정령들을 증인으로 내세우며 서약했다.

"이데산에서 다스리시는 가장 영광스럽고 가장 위대하신 아버지 제우스여, 만물을 굽어보시고 만사를 들으시는 태양이여, 여러 강의 신들과 대지의 여신이여, 그리고 하계(下界)에서 거짓 맹세한 자들을 사후에 벌하시는 이들이여, 그대들은 증인이 되어 이 굳은 맹약을 지켜주소서. 만일 알렉산드로스⁶가 메넬라오스를 죽이거든 그로 하여금 헬레네와 그녀의 모든 보물을 차지하게 하소서. 우리는 바다를 여행하는 배를 타고 떠나겠나이다. 그러나 만일 금발의 메넬라오스가 알렉산드로스를 죽이거든 그대는 트로이인들로 하여금 헬레네와 그녀의 모든 보물을 돌려주게 하시고, 후세에까지 길이 남을 알맞은 보상을 아르고스인들에게 지불하게 하소서. 그러나 알렉산드로스가 쓰러졌는데도 그의 아들들이 보상을 지불하기를 거절한다면 나는 죗값을 받아내기 위하여 앞으로도 계속 싸울 것이며, 전쟁이 끝날 때까지 이곳에 머물러 있을 것입니다."(3권, 276~291행)

맹약이 체결되어 프리아모스 왕이 그의 도시로 되돌아가자, 이제는 더 이상 아가멤논이 관여할 일이 아니었다. 헥토르와 율리시스가 결투장을 정비하고, 두 결투자는 무기를 갖추었다. 제비를 뽑자 파리스의 제비가 먼저 튀어나왔다. 그는 긴 창을 먼저 던졌으나 메넬라오스의 방패를 뚫지 못했다.

이어서 메넬라오스가 반격을 가해 그의 긴 창이 파리스의 가슴받이를 뚫고 들어갔으나 파리스는 잽싸게 몸을 틀어 예리한 창날을 피했다. 이어서 메넬라오스가 칼을 번쩍 쳐들어 파리스의 투구를 내려쳤으나 칼만 산산조각 박살이 났다. 그러자 메넬라오스는 파리스의 투구의 말총 장식을 거머쥐고 목줄기를 죄어 그를 트로이의 진영에서 끌어내려고 애썼다. 그러자 이를 지켜보고 있던 아프로디테가 가죽띠를 풀고, 메넬라오스는 빈 투구를 파리스 뒤로 던졌다. 아프로디테 여신은 짙은 구름으로 감싸 파리스를 가로채어 구해 주는 것으로 만족하지 않고, 그를 헬레네의 방으로 데려다 놓는다.

이제 드라마틱한 희극의 트로이의 대단원이 전개된다. 헬레네는 늘 그렇듯이 높은 탑 위에 있으므로, 아프로디테는 그녀의 하인의 모습을 하고 그녀에게 이상한 소식을 전해 준다.

"나랑 같이 가셔요. 알렉산드로스가 그대더러 집으로 오시래요. 그이는 지금 침실의 화려한 침상 위에서 쉬고 있는데, 얼굴과 옷이 아름다움에 빛나고 있어요. 그대는 아마 그이가 적과 싸우다가 온 사람이 아니라, 무도회에 나가려는 사람이거나, 아니면 막 춤을 추고 나서 앉아 있는 사람이라고 생각하실 거예요."(3권, 390~394행)

헬레네는 망설이며, 자신이 아프로디테와 그녀가 꾀하는 계략의 희생자인 듯한 태도를 취한다. 아프로디테는 헬레네를 위협하면서 그녀의 존재 이유를 환기시켰다. 아프로디테가 말했다. "나를 화나게 하지 말라. 분별없는 여인이여, 내가 화를 내는 날에는 그대를 저버릴 것이다. 그리고 지금 그대를 몹시 사랑하고 있는 그만큼 그대를 미워하게 될 것이며, 트로이인들과 아키아이인들 사이에 무서운 적의를 불러일으킬 것이다. 그러면 그대는 비참한 죽음을 당하게 되리라."[7] 겁먹은 헬레네는 결국 아프로디테를 따라 파리스가 있는 곳으로 갔다. 그러나 그녀는 먼저 파리스가 자신의 패배에 치욕을 느끼게 하고, 다시 메넬라오스와의 결투에 나서라고 부추겼다.

"싸움터에서 돌아오셨군요. 그대는 거기에서 내 전남편이었던 강력한 전사의 손에 쓰러져 죽었어야 마땅해요. 그대는 전에 완력으로나 창으로나 아레스의 벗인 메넬라오스보다 더 강하다고 자랑했어요. 그러니 자, 가서 아레스의 벗인 메넬라오스를 불러내어 다시 그와 일대일로 싸워 보세요."(3권, 428~429행)

그러자 파리스는 현명하게 응답한다.

"부인이여, 그렇게 심한 욕설로 내 마음을 괴롭히지 마시오. 이번에는 메넬라오스가 아테나의 도움으로 나를 이겼지만, 다음에는 내가 그를 이길 것이오. 우리 편에도 신들이 계시니까."(3권, 438~440행)

그러고 나서 파리스는 자신의 본성을 되찾는다.

"그러니 자, 둘이서 잠자리에 누워 사랑이나 즐깁시다. 일찍이 욕망이 이토록 내 마음을 사로잡은 적은 없었소. 바다를 여행하는 배에 태워 오던 길에 크라나에섬에서 그대와 사랑을 나누고 잠자리를 같이 했을 때도 이렇지는 않았소. 그만큼 나는 지금 그대를 사랑하며, 달콤한 욕망이 나를 사로잡는구려."(3권, 441~446행)

헬레네가 무엇을 할 수 있었겠는가? 그녀는 결국 침대로 가 그와 결합했다. 전쟁의 와중에도 잊지 않고 자신의 기능에 충실한 아프로디테, 그 모의(謀議)의 결론은 그리스 진영에 있다. 메넬라오스는 야수처럼 구름이 그에게서 훔쳐 간 먹이를 찾으러 다녔으나 헛수고였다. 그리고 맹약의 보증인 아가멤논은 트로이인들에게 말했다.

"트로이인들과 다르다니아인들과 동맹군들은 내 말을 들어라. 승리는 분명히 아레스의 사랑을 받는 메넬라오스의 것이다. 그러니 그대들은 아르고스의 헬레네와 함께 그녀의 보물을 돌려보내고, 후세에까지 길이 남을 알맞은 보상을 지불하도록 하라."(3권, 456~460행)

4권에서는 헤라와 아테나에게 주도권이 넘어가는데, 그 처음은 아프로디테가 승리한 3권의 마지막에 대응한다. 이 앞부분은 우리가 조금 전에 보았던 인간과 신들 사이에서 작동하는 관계들을 신학의 용어로 공식화하여 제시하며, 때맞추어 헤라의 위치를 여신 트리오에서 가장 높은 본연의 자리로 되돌린다. 제우스는 그의 누이이자 아내인 헤라를 빈정대며 즐거워한다.

> "메넬라오스는 아르고스의 헤라와 아랄코메나이의 아테나, 이렇게 두 여신을 후원자로 갖고 있으나, 그들은 멀리 떨어져 앉아 그저 구경하기만을 즐기는데, 웃기 좋아하는 아프로디테는 늘 알렉산드로스의 곁에 지켜 서서 죽음의 운명을 막아 주는구나. 이번에도 죽는다고 생각하고 있을 때 그를 구해 주었지."(4권, 7~12행)

테티스에게 한 약속, 헤라와 아테나의 뜻, 속임수로 파리스를 결투의 장에서 빼낸 아프로디테, 이 모든 것에도 불구하고 여러 신들이 그의 아래에서 행사하는 여러 기능들보다 우월한 제우스는 세계를 다스리는 통치자답게 위에서 사건들을 관찰한다. 그는 여신들에게 이 갈등의 명예로운 결말, 즉 프리아모스의 도시가 무사히 구원되고 메넬라오스는 헬레네를 되찾을 방도를 마련할 것을 제안한다. 그러나 제우스가 원한 것은 오로지 아프로디테에게 복수하기 위해 그리스인들을 선동한 두 여신에게 적합한 방도는 아니었다. 제우스는 헤라의 뜻을 꺾으려고 애쓴다. 그녀가 계속 고집한다면 트로이를 굴복시키겠지만, 그러나 그때는 제우스 자신이 헤라에게 소중한 그리스의 한 도시를 마음대로 파괴할 거라고 그녀에게 말한다. 아프로디테와 파리스에 대한 복수에 눈먼 헤라는 이것을 수락하고, 자신이 세 도시를 제공하기까지 한다.

"정말이지 내가 가장 사랑하는 세 도시는 아르고스와 스파르타와 길이 넓은 미케네입니다. 이 도시들이 미워지시거든 언제든지 파괴해 버리십시오. 나는 이들을 위해 나서지도 않을 것이며, 그대에게 거절하지도 않을 것입니다."(4권, 51~54행)

그리고 헤라는 제우스에게 부탁한다. 아테나를 전장으로 내려보내 트로이인들을 부추겨 그들이 맹약을 먼저 파기하여 스스로 잘못에 빠질 행동을 하게 해 달라고. 제우스의 허락을 받은 헤라는 아테나에게 그것을 알려 주니, 직접 전장에 뛰어들어 아프로디테에게 복수하기를 갈망했던 아테나에게 이는 그야말로 불감청 고소원(不敢請固所願)이다. 그녀는 지체 없이 자신의 임무를 수행한다. 아테나는 멋진 활을 가진 리카온의 아들 판다로스에게 메넬라오스를 향해 활을 쏘아 알렉산드로스의 총애와 영광을 얻으라고 암시한다. 메넬라오스는 이렇게 해서 배에 가벼운 상처를 입게 되며, 이것은 시인에게 그리스 군대의 조건에 맞춰 조절된 축약된 기능 트리오[8]를 개략적으로 그릴 기회를 제공한다. 이는 3권에서 묘사된 프리아모스, 헥토르, 파리스라는 온전한 기능적 위계질서에 상응하는 것이다. 요시다 아쓰히코(吉田敦彦, 1934~ , 신화학자)가 연구한 공식에 따르면 이 축약된 기능 트리오는 왕들의 '왕' 아가멤논, 그의 동생인 '전사' 메넬라오스, 그리고 '의사' 마카온이다. 실제로 아가멤논의 부름을 받고 의술의 신 아스클레피오스의 아들 마카온이 달려와 메넬라오스를 치료한다.

본질적인 것으로 되돌아가면, 서사시 3권은 정당화되었다. 3권은 바야흐로 본격적인 전쟁의 문이 열리는 대전투의 문턱에서 사회·도덕 정치·철학을 희극이나 비극의 형태로 제시한다. 이 철학은 미케네 시대에 실재했던 어떤 약탈의 역사 위에 도금되어 피타고라스나 플라톤 같은 이오니아 사상가들의 이론과 분류를 예고하면서, 그 약탈의 역사를 과장되게 윤색하여 칭송하며 그리스인들에게 전했다. 그리하여 1권에서 지도자들의 지극히 인간적인 갈등에 당혹하여 혼란스러움을 느꼈던 청자들은 서사시 3권을 통해 여신들의 내기의 규모를 의식하고 또 의식한다.

헤라와 아테나에 대립하는 아프로디테, 그리고 파리스의 심판 때 아프로디테가 한 약속의 실현, 헬레네의 납치와 그에 따른 비극들을 상기할 필요가 있었다. 트로이에 있는 헬레네, 트로이의 원로들이 찬탄하고 저주하는 헬레네, 프리아모스 왕에게 아카이아의 장수들을 상세히 묘사하는 헬레네, 한 남자의 행복이자 한 도시의 재앙인 헬레네, 아프로디테의 승리의 도구이자 희생인 헬레네, 그래서 서사시 3권은 가히 헬레네의 시가(詩歌)라고도 말할 수 있다. 『일리아드』에서 대적할 군대들이 어떻게 이것들을 상기하지 않고 당당하게 행군할 수 있었겠는가?

시인의 3기능 의도가 일단 인식되고 나면, 이것이 모든 것을 설명한다. '참을 수 없는 허풍쟁이', '능력이 부족한 전사', '정념을 주체 못하는 정부(情夫)'라는 파리스의 모습들은 그 자신 속에 있는 제3기능의 여러 면모들을 보여 준다. 그러나 시의 나머지 부분에서 그는 헬레네와 더 이상 만나지 못하고, 그리스의 함선들이 공격할 때(12권, 93행) 수차 명예로운 무사가 되며, 그리하여 트로이의 세 장수들 중의 한 사람으로 손꼽히기도 했다. 아가멤논과 프리아모스의 유일한 만남은 종교적 행위 속에서 두 사람을 연결했으며, 이 종교적 행위에서 두 사람 공통의 통치자 기능은 그들에게 제우스를 주 상대자로 부여했다. 마지막으로 두 번째 계층에서, 한편으로는 헥토르의 위엄만이 양측 군대에게 종교적 행위를 부과할 수 있었으며, 그의 가장 중추적인 모습이 무사였기 때문에, 그는 호색가인 동생을 잔인하게 조롱할 수 있었다. 그리고 다른 한편으로는 전투 쪽으로 완전히 기운 메넬라오스는 무사가 무엇인가를 긍정적으로 보여 주면서 파리스를 공격했다. 그리고 이 인간 꼭두각시들 배후에 있는 여러 신들은 자신들의 모습을 숨기지 않는다. 연약하나 자신만의 특별한 힘을 가진 아프로디테, 제우스에게 영향력을 가진 헤라, 헤라의 부관 아테나.

만일 우리가, 호메로스가 세 여신들의 합치된 기능적 가치를 기억하고 있었을 거라고 생각한다면, 『일리아드』의 다른 에피소드가 또 다른 의미에서 새로운 맛을 지닌다.

3 제우스를 유혹하는 헤라: 세 기능의 조화

『일리아드』 14권에는 헤라가 사건들을 지나치게 통제하는 남편 제우스를 계획적으로 잠재우는 긴 장면이 있다. 그녀는 적어도 서사시 속에서는 터득된 방법에 따라 제우스를 쾌락에 취하도록 만들려 한다. 그녀의 배우자로서의 권리, 위엄 있고 아름답다는 강점들만으로도 충분히 그렇게 할 수 있었을 것이다. 그러나 그녀는 자신 편에서 가능한 온갖 기회들을 다 활용하고 싶어 했으며, 또 그렇게 일을 꾸민다. 그리고 이번에는 동일한 세 기능 도표를 자신이 조화롭게 합치시킴으로써 국가들을 자신의 뜻에 맞게 유지하거나 서약을 보증하게 한다. 『일리아드』의 나머지 부분에서는 자기 내부에서의 파열로 인해 숱한 불행들을 야기한 것과는 사뭇 다른 상황이다. 그녀는 뜻밖의 도움들을 받아 아테나의 기능과 아프로디테의 기능을 모두 수행한다.

황금 보좌의 헤라는 그녀의 오라버니이자 시아주버니인 포세이돈이 전투에서 그리스인들을 격려하는 것을 보고 기뻐했다. 그러나 그녀는 이다산의 최정상에 있는 제우스도 보았는데, 자신과는 다른 결말을 원하는 제우스는 그녀를 불안하게 했다. 어떻게 남편의 정신을 흔들어 놓을 것인가? 곱게 멋 부려 치장한 뒤 이다산으로 그를 만나러 가는 것이 최선의 방책 같아 보였다. 그렇게 하면 그는 아마 그녀의 몸을 껴안고 사랑을 속삭이기를 원할 것이고, 그러면 그녀는 그의 눈썹 위에 달콤하고 부드러운 잠을 쏟아부을 것이다. 그녀는 치장을 했다.

우선 그녀는 신들이 조제한 영광의 암브로시아가 보관되어 있는 벽장을 열러 가는데 '누구의 도움도 필요치 않았다.' 그녀는 암브로시아로 자신의 몸을 문질러 모든 오염을 말끔히 제거했다. 헤라는 그녀를 위해 만들어진 신들의 향유를 듬뿍 발라 몸에 그윽한 암브로시아의 향기를 냈다. 그녀가 제우스의 궁전에서 몸을 움직이면, 이 향유는 대지와 하늘을 그 향기로 가득 채울 것이다.

그다음에 그녀는 아테나가 '그녀를 위해 짜 준' 향기로운 의상을 입었다. 그녀는 그것을 보석으로 장식한 뒤 허리띠를 두르고, 면사포를 쓰고, 아름답게 치장된 샌들을 신었다.

그러고 나서 헤라는 아프로디테를 불렀다. "내 딸이여, 내 지금 부탁이 하나 있는데 들어주겠소? 아니면 나는 다나오스인들을 돕고 그대는 트로이인들을 도운다고 해서 거절하겠소?"(14권, 190~192행)

유혹의 일이라면 나머지 모든 것을 잊게 만들 정도로 직업적 흥미를 느끼는 아프로디테는 헤라의 명령에 착수한다. "헤라여, 여신들의 여왕이여, 위대한 크로노스의 따님이여, 심중의 생각을 말씀하소서. 내기꺼이 들어 드리겠나이다. 만일 내가 할 수 있는 일이고 이루어질 수있는 일이라면."(14권, 194~199행)

그러자 헤라는 뻔뻔스럽게도 거짓말을 한다.

"그러면 나에게 애정과 욕망을 주어요. 그것으로 그대는 죽음을 모르는 신들과 죽어야 할 인간들을 모두 정복하니까. 나는 신들의 아버지 오케아노스와 어머니 테티스를 만나 보려고 풍요한 대지의 끝으로 가는 길이오. 두 분께서는 레아에게서 나를 데려다가 그들의 궁전에서 정성껏 나를 길러 주고 보살펴 주었지요. 목소리가 멀리 들리는 제우스가 크로노스를 대지와 추수할 수 없는 바다 밑에 가두었을 때 말이오. 나는 그분들을 만나러 가서 두 분 사이의 그칠 줄 모르는 갈등을 풀어 줄 생각이오. 그분들은 마음속에 원한을 품고 서로 애정과 잠자리를 같이하지 않은 지가 벌써 오래되었으니까. 그러니 만일 내가 말로 그분들의 마음을 설득하여 다시 잠자리로 돌아가게 하고 사랑으로 결합하게 해 준다면, 그분들은 영원히 나를 소중하고 존경할 만한 친구라고 부를 것이오."(14권, 200~210행)

아프로디테는 주저하지 않고 "신들 중에 가장 강한 제우스의 품에서 잠을 자는" 헤라에게 수놓은 '욕망의 리본'을 주었다. 거기에는 마치 오늘날 우리 염색체 위의 유전자처럼 온갖 유혹들, 사랑, 욕망 그리고 아무리 현명한 자의 마음도 호리는 사랑의 밀어와 기분 좋은 달콤한 말들이 있었다.

헤라는 미소를 지으며 그 리본을 가슴에 간직하고 관능의 공략을 성공시키러 간다. 이 장면에서 시인은 헤라의 미소를 강조한다. 무슨 일이 일어날지 모를 전장으로 가기 전에, 그녀가 할 일은 이제 죽음의 신의 형제인 수면의 신을 동반하는 일밖에 남지 않았다.

통속 희극 속에서 이 세 기능 여신의 합치가 이루어지는 것을 보는 것도 재미있다. 최고 주권자 헤라와 관능적인 아프로디테, 그리고 이 두 여신 사이에서 아테나는 양치기 심판관 파리스의 눈에 돋보이게 했던 창(槍)이나, 제우스에게는 영향을 끼치지 않는 임기응변의 어떤 호전적 재능으로 개입하는 것이 아니라, 그녀의 2차적 활동인 직조술로 개입한다. 아테나의 손에서 창과 방추(紡錘)라는 두 장비의 결합은 어떤 문제를 제기한다. 아마도 그 열쇠는 미케네 문명 이전의 세계 속에 있겠지만, 여기에서는 방추는 아테나를 떠올리게 하며, 또 그것을 통해 트리오를 보다 잘 재조직할 수 있게 해 준다. 즉 아테나의 방추는『일리아드』전체가 악의적으로 구분된 것으로만 알고 있는 이 신들의 조직을 적어도 한 번은 정상적이고 조화롭게 작동시켜 보여 준다.

4   대전투에 앞서

아가멤논에게 모욕을 당한 아킬레우스의 어머니 테티스에게 제우스가 한 가지 약속을 한다.(1권, 509~525행) 일시적으로나마 트로이인들이 그리스인들에 대해 승리하게 해 준다는 그 약속을 지키기 위해 2권의 처음에 제우스는 아가멤논에게 해악이 되는 거짓 꿈을 보낸다. 아가멤논은 꿈에서 제우스의 전령을 만나고, 이제야말로 트로이의 길이 넓은 도시들을 빼앗을 때가 되었으며, 그러기 위해 그의 전 군단을 동원하여 대대적인 전투를 벌일 채비를 하라는 말을 듣는다. 그 꿈을 어떤 약속의 전조로 확신한 아가멤논은 전령의 말을 믿고 군사 회의를 소집하여 그들에게 제우스의 전언을 전달하고는 예기치 않았던 계획을 선언했다.

> "그러니 자, 우리가 아카이아의 아들들을 무장시키도록 합시다. 하지만 우선 관례대로, 나는 말로써 그들을 시험하고자 노가 많이 달린 배를 타고 달아나라고 권할 테니, 그대들은 여기저기서 말로써 그들을 제지하도록 하시오."(2권, 72~75행)

이 계획은 터무니없고 이상해 보였다. 자신의 군단들을 결전의 장으로 내보내려는 장군이 어떻게 그들을 동요시켜 후퇴를 부추기는 일부터 한단 말인가? 이러한 심리적 난제는 전체 전쟁에서 전투지와 관련된 다른 난제가 덧붙여져 배가된다. 이 전쟁은 10년 전부터 지속되어 왔는데 어떻게 두 군대가 이제서야 처음으로 전 병력을 동원하여 맞붙으려 하는가? 사실상 이 두 난제는 두 번째 것이 첫 번째 것을 통솔하므로 하나일 뿐이다. 그런데 두 번째 난제는 어쩌면 환상일지도 모른다.

이 긴 원정에서 이미 전면전이 있었다고 가정할 아무런 이유도 없다. 그리스인들은 메넬라오스의 원수를 갚기 위해 도시 가까이에 견고히 자리를 잡고서, 10년 전부터 원조와 무한 책략, 국지적 활동들을 증가시켰다. 그들은 트로이에 예속된 섬들을 공략하고 트로이인들의 교섭을 방해해 왔다. 그렇지만 트로이인들의 식량 보급이나 지원군의 도착을 막지는 않았다. 총사령관 헥토르의 명성, 신이 구축한 성벽들이 그 이상의 것을 시도하지 못하게 했다. 한편 트로이인들은 이 성벽들 뒤에 피신하여, 탁 트인 들판에서 전면전을 치를 무모한 위험을 감수하지는 않았다. 이 모든 것에 있음직하지 않은 것이라곤 전혀 없다. 군사적으로도 그렇고, 하물며 서사시의 논리상으로는 말할 필요도 없다. 서사시는 청자의 관심을 가장 결정적 부분인 헥토르의 마지막, 즉 그의 죽음을 예고하는 부분에만 온 관심을 집중시키도록 이야기를 이끌어 간다.

그리고 바로 여기에서 거짓 꿈을 믿은 아가멤논의 판단 속에 서로 연관되어 있는 두 핵심적 말들을 통해 제우스의 속임수가 작동한다. 이전의 다른 모든 때와는 달리 '이제야말로' 트로이를 빼앗을 때가 되었으며, 그리고 그러기 위해서 꿈속에서의 제우스의 조언이 있기 전까지는 불가능하거나 헛되어 보였던 '대대적인 공략'을 감행해야 한다.

아가멤논은 즉시 이 조언을 따르기로 결심했다. 제우스가 거짓말을 하고, 자신을 파멸시키려 한다는 것을 그가 어떻게 상상할 수 있었겠는가? 그러나 아가멤논은 그러한 전략의 변화, 그러한 계획된 노력들을 동맹군에게 부여하기 위해서는 그들의 동의를 얻어야 한다고 생각했다. 아니 그보다는 그의 이성과 관례가 그로 하여금 총회에서 찬성을 얻게 만들었다. 이것이 '관례에 따라'의 가치이다. 어떤 관례를 지시하는가? 유사한 경우가 없으므로 알 수는 없지만, 쉬이 상상할 수는 있다. 이런 연합 군대에서는 지휘권에서뿐 아니라, 희한하게도 우리가 '도덕적인 것'이라 부르는 것에서도 통일성이 있어야 한다. 그렇기 때문에 아가멤논은 이러한 계획을 구상했으며, 이것이 이상해 보이는 것은 전 후반 그 어디서건 사람들이 그것을 인식하지 못한다는 데서 온다.

이 시나리오는 사실 이중적이다. 아가멤논이 전반부를 담당하지만, 전반부 못지않게 중요한 후반부는 그가 조금 전에 군사 회의에서 소집한 장수들에게 위임한다. 그는 볼품없는 역할을 하고, 고상한 역할들을 분배한다. 그러나 오디세우스와 다른 지휘자들은 자신들의 군단들 속에 섞여 시험을 올바른 방향으로 이끈다. "나는 관습에 따라 말로써 그들에게 도망치라고 권고하겠소. 그러나 여러분들은 그들 속에 섞여 들어가 그것을 제지하고 그들을 격려해 주시오." 헤라와 아테나는 이들이 하는 일을 보고 깜짝 놀랐으며, 그녀들은 거기에 속아 넘어가 계획의 후반부는 알지 못한 채 아테나가 오디세우스를 부름으로써 그 계획을 강화시킨다는 것이다. 이는 여신들 편에서 보면 가히 놀랄 만한 상황이지만 그런 일이 실제로 일어난다. 아가멤논은 이중으로 장막을 치고, 두 시기에 걸쳐 이 계획을 아주 잘 꾸몄다. 게다가 오디세우스는 회의에 참석하지 않은 장수들을 만났을 때, 잊지 않고 다음과 같이 말했다. "그대는 아직 아가멤논의 의도를 잘 모르고 있소. 그는 지금 아카이아의 아들들을 시험하고 있을 뿐, 곧 그들을 응징할 것이오."(2권, 192~193행)

어찌 되었든 계획은 성공했다. 아가멤논은 자신의 역할을 완벽하게 수행했으며, 율리시스(오디세우스)도 그의 역할을 완벽하게 수행했다. 그 결과는 제우스에게 기만당한 아가멤논이 원했던 대로, 또 아가멤논을 기만한 제우스가 원했던 바대로 되었다. 수다쟁이 독설가 테르시테스가 아가멤논의 횡포를 지적하며 군사들에게 귀향을 부추기긴 했으나, 율리시스의 기지로 좋게 결말이 났다. 율리시스가 장수들의 재집결을 끝냈을 때 군대는 집결지로 달려왔으며, 여기에서 테르시테스의 에피소드는 단지 시험에 대한 대항으로 쓰였을 뿐이다. 율리시스가 전쟁을 위한 궐기를 호소하자, "아르고스인들은 크게 함성을 질렀고,

아카이아인들이 신과 같은 오디세우스를 칭찬했을 때, 그들의 환호성은 온 함선 주위로 무섭게 메아리쳤다."(2권, 333~335행)

그리고 장수들의 우두머리인 네스토르가 아가멤논에게 권고했다. "아트레우스의 아들이여, 그대는 앞으로도 확고한 신념을 가지고 아르고스인들을 격렬한 싸움터로 인도하시오."(2권, 344~345행) 이로써 대전투를 위한 모든 준비는 끝났다.

네스토르의 권고에 답하면서 아가멤논은 그가 조금 전에 시험했던 이 만장일치의 도덕의 필요성을 강조한다.

"우리가 다시 한마음 한뜻이 되기만 한다면, 그때는 트로이인들에게 파멸의 날이 더 이상, 아니 한시도 지연되지 않을 것이오. 자, 그대들은 전투를 시작할 수 있도록 가서 식사를 하시오. 모두들 창을 날카롭게 하고 방패를 손질해 두시오. 그리고 걸음이 날랜 말들에게 먹이를 주고, 전차를 두루 살펴보며 전투를 생각하시오. 하루 종일 가증스러운 전투에서 승부를 걸고 싸울 수 있도록."

현대적 개념에서 출발하는 것에 놀라지 말고, 역사적 그리스의 군대들이 보전하지 못했던 것을 텍스트로부터 배운다는 것을 인정하는 것이 더 낫지 않겠는가? 전쟁의 결정적 순간에 지휘자의 권위와 군대의 결속, 그 수단을 강화시켜 주는 군대 전체의 방향 잡힌 협의는 승리에 불가결한 필수 조건이다.

몇 가지 보충 설명을 덧붙이면서 앞의 분석 내용들을 정리하겠다. 트로이 전쟁은 기원전 12세기경에 일어났던 사건이다. 그러나 본격적인 전투 개시 이전에 그리스 연합군은 10년 동안이나 트로이 성을 제대로 공략도 하지 못한 채 소규모의 국지전으로 시간을 흘려보냈다. 그럼에도 그리스 진영은 전쟁을 포기하지 않고 마침내 트로이를 침략하여 잿더미로 만들었다. 그 후 트로이는 수 세기 동안 폐허로 남게 된다. 오늘날 고대 그리스 연구자들은 대체로 이 내용들을 역사적 사실로 받아들이면서 그리스인들을 트로이 성벽 발치에 10년이나 묶어 두었던 이 전쟁의 성격을 그리스 본토인들의 트로이에 대한 약탈 전쟁으로 규정한다.[9]

그런데 트로이 전쟁 몇 세기 후에 그리스인들은 그들의 신화에서 트로이 전쟁이 일어나게 된 원인을 한 여인의 납치로 이야기할 뿐 아니라, 그 약탈의 전쟁을 여러 서사시를 통해 찬미하기까지 한다. 트로이 전쟁의 원인, 전장에서의 영웅들 간의 인간적 갈등 및 그리스 영웅들, 특히 아킬레우스의 눈부신 활약, 헥토르의 죽음, 전쟁의 승리, 그리스로의 귀향, 전쟁으로 인한 가정의 파괴와 삶의 황폐화, 신들을 기만하거나 그 명령을 거부하는 행위의 불경죄를 저질렀던 영웅이 겪는 시련 등의 이야기들이 '트로이 서사시권'의 내용 전반을 이룬다고 볼 수 있다. 황금 사과를 서로 차지하기 위한 세 여신들의 경쟁에서부터 파리스의 헬레네 납치까지 이어지는 『키프리아』의 내용이 트로이 전쟁의 원인을 말하는 것이라면, 『일리아드』 1~2권의 내용은 영웅들 사이의 인간적 갈등에 관한 것이다.

그리스 진영은 본격적인 전투가 시작되기도 전에 두 영웅 아가멤논과 아킬레우스의 불화로 인해 여러 고통을 겪는다. 뒤메질은 호메로스가 『일리아드』 1~2권을 통해 전하고자 하는 진정한 메시지는 바로 이 점, 즉 제2기능의 구현자인 영웅의 분노(아킬레우스) 또는 영웅들의 갈등(아가멤논과 아킬레우스)이 가져다주는 사회적 위기라고 해석한다. 그런데 『일리아드』 3~5권의 내용은 『일리아드』가 담고 있는 전체 내용에 비추어 볼 때 사뭇 이질적이다. 그래서 3~5권의 내용은 2권에서 6권으로 자연스럽게 이어지는 흐름을 단절시키는 것처럼 보인다. 게다가 그 내용은 『일리아드』보다 후기의 작품인 『키프리아』의 내용과 일맥상통하면서 그 후속편을 이룬다. 다시 말해서 파리스의 심판 → 세 여신의 불화 → 파리스의 헬레네 납치 → 트로이 전쟁 발발 → 헤라와 아테나는 합심하여 그리스 진영을 후원하고 아프로디테는 트로이 진영, 특별히 파리스를 도와준다. 이러한 연결 고리의 마지막 부분이 『일리아드』 3~5권의 내용이며, 이것은 앞의 『키프리아』의 내용과 일관된 하나의 흐름을 유지한다. 이런 이유들로 인해 『일리아드』 연구자들 중에는 3~5권을 후기의 가필 또는 삽입으로 간주하여 『일리아드』의 저자가 호메로스 한 사람만이 아니라고 주장하는 이들도 있다.

그러나 뒤메질은 3~5권의 삽입이 오히려 호메로스 서사시 작법의 독특성을 보여 준다고 역설한다. 『일리아드』 2권의 마지막은 두 영웅 아가멤논과 아킬레우스의 갈등이 표면적으로나마 봉합되고, 제우스가 보낸 거짓 꿈을 믿고 그리스 진영은 대전투를 개시하기 위해 전군을 정비하는 것으로 끝난다. 그렇지만 3~5권에서 전쟁은 곧바로 전면전으로 들어가지 않고 세 여신들에 의해 조종되는 몇몇 인물들 사이의 개별전 양상을 띤다. 그리고 그 사이사이에 파리스의 심판과 세 여신의 갈등 및 헬레네 납치 이야기가 곳곳에서 약간씩 직접적으로 또는 암시적으로 언급되면서 전쟁의 원인이 이야기된다. 이미 말했듯이, 그리스 진영이 함대를 몰고 와 트로이를 공략하려 했으나, 트로이 성에 접근조차 하지 못하고 배를 항구에 정박시킨 채 10년이라는 세월을 보낸다.

『일리아드』5권 이후의 내용은 대치해 있던 양 진영의 본격적인 전투를 담고 있다. 뒤메질은 10년의 대치 끝에 개시되려는 대전투를 묘사하기 이전에 어떻게 호메로스가 이 전투의 원인을 상기시키지 않을 수가 있느냐고 반문한다.

앞에서 보았듯이 뒤메질은 그리스인들이 설명하는 트로이 전쟁의 발발과 멸망의 신화적 원인을 세 기능의 부조화로 해석한다. 그는 호메로스가 이를 세 기능을 구현하는 신들의 기능 트리오를 등장시켜 보여주고 있다고 했다. 헤라, 아테나, 아프로디테라는 신들의 기능 트리오와 인간들의 기능 트리오, 트로이 진영에서는 프리아모스, 헥토르, 파리스이고 그리스 진영에서는 아가멤논, 메넬라오스, 의사 마카온과 포달리리우스가 그들이다. 이 이중의 기능 트리오 구성원들이 드러내는 관계는 곧 기능적으로 위계화된 총체 속에서 하위 기능의 과도한 작용으로 조화가 깨어진 트로이 사회의 갈등이다.

뒤메질에 따르면 이 3기능 개념은 인도-유럽족이 공통적으로 지녔던 이상적 사회관으로, 세 기능 중 어느 한 요소가 다른 요소들과 조화를 이루지 못하고 지나치게 돌출한다면 전체의 균형이 깨져 체계가 와해된다는 생각이다. 뒤메질은 작업의 서두에서 "호메로스가 자신의 서사시 속에서 기능 이론을 전개하는 것은 아니고 그리스 밖에서도 확인되는 3기능 민담의 도식을 독창적으로 충실히 연장한 것"이라고 말한다. 또『키프리아』신화는 비록『일리아드』보다 후기의 작품일지 몰라도 그 내용은 호메로스 이전부터 그리스인들 사이에서 전해지던, 즉『일리아드』이전의 전승이라고 주장한다. 결국 그리스인들은 신화를 통해 트로이 전쟁의 발단과 트로이 멸망의 원인을, 과도할 정도로 물질적 부를 탐한 트로이인들의 탐욕, 이로 인한 사회적 기능의 부조화로 설명함으로써 트로이 전쟁이라는 대약탈의 사건을 후에 정당화하고 위장한 것으로 뒤메질은 파악했다. 그리고 인도-유럽인들이 은연중에 지니고 있었으며, 그리스인들이 자신들의 약탈 행위를 도금하기 위해 이용했던 이 3기능 개념을 피타고라스나 플라톤은 완전하게 체계화시켜 공공연히 드러냈다고 보았다.

호메로스가 『일리아드』 3~5권에서 트로이 멸망의 원인인 세 기능의 부조화를 이야기한다면, 14권에서는 세 기능의 조화가 가져다주는 효력을 묘사하는 것으로 뒤메질은 해석했다. 『일리아드』 전체를 통해 헤라와 아테나는 합심하여 그리스 진영을 도와주는 반면 아프로디테는 트로이 진영을 적극적으로 도와주면서 다른 두 여신과 대립, 반목하는 모습을 보여 준다. 그런데 14권에서는 의아스럽게도 헤라의 청에 따라 세 여신은 돌연히 적대를 접고 화합, 협동하는 모습을 보여 준다. 이러한 구성은 논리적으로 볼 때 터무니없어 보인다. 그래서 신화는 때로 '삽화적', '우연적'이라는 수식어로 장식되기도 한다. 그러나 우리가 뒤메질의 해석을 수용하면, 일견 논리적으로 황당해 보이는 이러한 구성이 오히려 정교한 신화의 논리로 드러나면서 신화는 우리로 하여금 그 표현의 독특성을 느끼게 해 준다.

2 헤라클레스의 영광과 오욕

왕의 무사로 살다 죽어서 신이 되었다고 전해지는 헤라클레스(Hera-cles)는 트로이 전쟁의 영웅 아킬레우스 못지않게 '강한 육체적 힘을 가진 영웅'이다. 제2기능의 영웅은 한편으로는 제1기능이 부과하는 임무를 수행해야 하고, 다른 한편으로는 부, 풍요, 미, 건강 등 다양한 형태의 사회적 자산에 해당하는 제3기능이 활발하게 작동하도록 보호해야 하는 책무를 지닌다. 하지만 강력한 물리적 힘을 가진 제2기능의 인물은 그가 지닌 강한 힘으로 인해 제1기능과 제3기능의 영역을 침해할 숱한 유혹에 직면하면서 자신의 임무나 무사의 존재 이유에 위배되는 행동을 하게 되는 경우가 허다하다. 그래서 탁월한 무사 영웅의 삶에는 늘 영광의 배후에 오욕이 그림자처럼 따라다닌다. 『신화와 서사시 II (*Mythe et Epopée II*)』(117~122쪽), 『무사의 길흉화복(*Heure et Malheur du Guerrier*)』(97~105쪽), 『인간의 망각과 신들의 명예(*L'oublie de l'homme et l'honneur des dieux*)』(71~79쪽)에서 뒤메질이 분석한 내용들이 바로 이것이다.

고대 그리스인들은 신화를 통해 물리적 힘을 행사하는 제2기능의 존재 이유를 상기시키는 진정한 무사의 명예와 덕목들을 각인시키면서 오용된 힘에 대한 적절한 응징의 장치들을 마련했다. 뒤메질의 헤라클레스 신화 분석을 살펴보면 이런 사실을 확인할 수 있다.

1   헤라클레스의 근원과 기능적 가치

지역을 막론하고 고대의 탁월한 영웅들이 대개 그러하듯이, 헤라클레스도 신과 인간 사이에서 태어난 반신반인적 존재이다. 디오도로스(Diodöros Sikulos)[10]가 전하는 바에 따르면 헤라클레스는 타고난 영웅으로, 알크메네와 제우스의 아들인 그의 강한 육체적 힘은 올림포스의 최고신에게서 나왔다.

"그의 재능은 그 행위에서만 발휘되어 나오는 것이 아니라, 그가 태어나기 전부터 나타났다. 실제로 제우스는 알크메네와 결합했을 때, 밤의 길이를 세 배로 늘렸으며, 또 그 출생을 위해 썼던 시간의 양은 장차 태어날 아기의 과도한 힘을 예고했다.

제우스가 사흘 밤 동안 알크메네와 결합한 것은 색욕 때문이 아니라 자식을 얻기 위해서였다. 그리고 그는 자신이 알크메네의 정절을 깰 수 없다는 것을 알았기 때문에 암피트리온과 똑같은 모습을 하고 그녀에게 갔다."[11]

제우스는 페르세우스의 자손이자 암피트리온의 아내인 알크메네와 달[selenos]이 세 번(tri) 뜨고 질 때까지 사랑을 나누었기 때문에 헤라클레스의 원래 이름은 트리셀레노스(Triselenos)이다. 인간보다 큰 그의 키에 대한 공론들이 없지는 않았으나, 헤라클레스는 괴물도 아니고 거인도 아니다.[12] 하지만 그는 다른 사람에 비해 과도한 힘을 지니고 있었는데, 이 과도함은 제우스의 힘이 3중으로 약화된 형태로 나타난 결과이다. 헤라클레스의 탄생을 위해 신이 인간의 모습을 하고, 천상에서 지상으로 내려와 사흘 밤 동안 힘을 썼다. 이 한 번의 생산을 위해 그가 소비한 정액의 양은 신에게조차 엄청난 양인 것 같다.[13]

에로틱한 모험을 즐기는 바람둥이 신의 모습은 전지전능하고 정의로운 신이라는 관념이 지배하는 신학 체계에서는 용납되기 어렵다. 다윈의 진화론이 기독교의 창조신학에 위배된다는 이유로 맹렬한 비난을 받던 시대를 살았던 막스 뮐러(Max Müller, 1823~1900, 철학자)는 그래서 신화와 종교를 구별했다. 그는 건전한 도덕의 규칙들과 신학의 가르침에 합치하는 믿음들은 종교로, 신화는 종교에 이식되어 종교를 왜곡시키는 기생물들로 간주했다. 이런 구분에 따르면, 올림푸스의 최고신, 인류의 아버지, 법의 수호자, 죄의 응징자로서의 제우스를 이야기하는 신화는 종교의 영역에 속한다. 반면 온갖 모습으로 변신하여 여인들과 사랑을 나누고, 거짓과 모험을 일삼으며 수많은 여신들을 유혹하여 자식을 낳는 제우스의 이야기는 종교에 빌붙어 그 숙주를 망가뜨리는 유해한 기생물에 불과하다.

이런 관점은 이미 숱한 비판을 받아 폐기된 지 오래되었다. 하지만 신화 이해에서 잘못된 문제의식을 갖지 않도록 뒤르켐의 비판을 다시 한번 상기해 보자. "종교적 믿음들 중 올바르고 건전해 보이는 것들만을 취하고 우리를 당혹스럽게 하고 기분을 망치는 것들은 종교라 부를 만한 가치가 없는 것으로 내몰지 않도록 조심하자. 신화는 아무리 비합리적인 듯이 보여도 모두 신앙의 대상이다."[14] 그렇다. 그리스 신화에는 마치 지층처럼 고대 그리스인들의 믿음과 삶의 흔적, 그들 역사의 흔적들이 새겨져 있다.

제우스는 변신술을 사용하여 알크메네 외에도 수많은 여인과 관계를 맺어 자식을 낳고, 여러 여신들과 결합하여 신들을 낳는다.[15] 도시 국가 미케네의 창건자로 알려진 페르세우스는 제우스와 다나에의 자식이다. 제우스는 황금 소나기로 변신하여 탑(혹은 지하 동굴)에 갇힌 다나에의 자궁 속으로 들어갔다. 그는 또 황소로 변신하여 카드모스의 여동생 에우로페를 납치해 크레타섬으로 데려갔다. 얼마 후 에우로페는 제우스의 세 아들 미노스와 라다만티스, 사르페돈을 낳고, 이 중 미노스가 크레타섬에서 가장 강력한 도시였던 크노소스의 왕이 된다. 이처럼 고대 그리스에서 도시의 창건자나 왕들 중에는 제우스의 자식으로 태어난 인물들이 적지 않다. 남편 암피트리온의 모습으로 변신하여 정숙한 알크메네에게 접근한 제우스를 헤라가 그냥 두고 볼 리가 없다. 어김없이 헤라클레스의 탄생 신화에는 '바람둥이 제우스와 질투하는 헤라'의 이야기가 등장한다. 그러나 여기에서 제우스의 바람기와 헤라의 질투를 문자 그대로 바람기를 주체할 수 없는 남편과 질투하는 아내로만 이해한다면, 우리는 고대 그리스인들의 신(神)-인(人) 관계에 대한 믿음과 올림포스 신들이 구현했던 기능적 관계를 간과하게 된다.

수많은 여인들과 결합하여 자식을 낳은 '바람둥이 제우스'의 이야기는 인간의 능력과 운명 및 통치권을 좌우하는 것은 바로 신들이라는 믿음을 반영하는 신화적 표상들이다. 이 믿음이 도시의 특징, 왕권의 상징, 영웅의 유형 등과 결합되어 다양한 이야기들이 만들어졌다. 예컨대 페르세우스와 미노스의 탄생 신화에서 제우스의 변신, 즉 황금 비-제우스, 황소-제우스는 각각 황금이 많은 미케네와 크노소스의 왕권의 상징물인 황소를 표현하고 있다. 도시, 왕권, 개인적 능력은 신이 주신 은총(charis)이라는 믿음이 최고신을 바람둥이로 만들었다면, '질투하는 헤라'의 에피소드들은 저마다 다른 차원에서 조명될 수 있다. 뒤메질은 무사 영웅 헤라클레스의 탄생 신화에 나타나는 헤라의 질투를 왕과 무사의 관계, 즉 각자가 대변하는 기능적 관계의 틀에서 설명한다.

2   헤라, 아테나, 헤라클레스

헤라클레스는 탄생 이전에는 제1기능에 대립하는 제2기능의 영웅으로 분류된다. 알크메네가 헤라클레스를 해산하기 직전에 제우스는 곧 태어날 아기가 아르고스의 왕이 될 것이라고 선언했다. 질투에 사로잡힌 헤라가 그 말을 듣고 분만의 여신 에일레이티아에게 명하여 알크메네의 분만을 연기시키고 에우리스테우스를 먼저 태어나게 했다. 제우스는 신들 앞에서 한 자신의 선언을 깨뜨릴 수 없었다. 자신의 아들에게 가야 할 왕위가 에우리스테우스에게 넘어간 것에 대한 대가는 왕권 이상의 것이어야 했다. 헤시오도스 시대에 이미 소아시아와 이집트에서 신으로 격상되어 숭배를 받던 헤라클레스가 아닌가! 디오도로스는 그에게 인간의 조건을 벗어나는 신적 특권을 부여했다. 제우스는 에우리스테우스가 부과한 12가지 난사(難事)를 완수하면 헤라클레스는 불사를 얻게 될 것이라고 선언했다.

자연이 임신한 여인들에게 정해 준 기일이 되었을 때, 제우스는 헤라
클레스의 탄생을 염두에 두고 그날 태어날 아기가 페르세우스의 왕이
될 것이라고 여러 신들 앞에서 선언했다. 그러나 질투에 사로잡힌 헤
라는 에일레이티아의 도움을 받아 알크메네의 해산의 고통을 연장
시켜 에우리스테우스를 먼저 태어나게 한다.

이렇게 해서 제우스의 계획은 어긋나 버렸다. 그리하여 제우스는 자
신의 약속을 지키면서 동시에 헤라클레스의 영광을 사전에 보장하고
싶었다. 그가 헤라를 설득하여 제우스 자신의 약속대로 에우리스테우
스가 왕이 되나, 헤라클레스가 에우리스테우스의 명에 따라 12가지
난사를 완수하면 불멸을 획득하는 데에 타협하게 한 것은 그 때문이
라고 한다.

알크메네가 분만했을 때 그녀는 헤라의 질투가 두려워 갓난아기를 들
판에 버렸는데, 오늘날 사람들은 그 들판을 "헤라클레스의 들판"이라
부른다. 이때 아테나가 헤라와 함께 그곳을 지나다가 아기의 외모에
감탄하여 헤라를 설득하여 아기에게 젖을 먹이라고 했다. 그러나 아
기가 너무나 힘차게 젖을 빨아 헤라는 고통을 느껴 그 아기를 밀어냈
다. 그러자 아테나가 그를 데려가 그 어머니(알크메네)에게 아이를 키
우라며 돌려주었다. 자기 자식을 사랑해야 할 어머니가 자식을 버리
고, 그 아이가 본래 자신의 적이었다는 것을 몰랐기 때문에 그를 구해
준다는 예기치 않았던 상황의 전도는 주목할 만하다.[16]

헤라클레스의 탄생 이후에 전개되는 장면, 즉 헤라가 그에게 드러

내는 적개심과 아테나의 헤라클레스 보호를 통해 우리는 그가 제1기능에 대립하는 제2기능의 영웅으로 태어났음을 확인할 수 있다. 특히 헤라클레스의 유년기 동안 헤라가 드러내는 증오와 아테나가 헤라클레스에게 기울이는 다양한 형태의 정성을 우리는 알고 있다. 디오도로스의 텍스트로 한정한다면, 요람 속의 아기를 질식시키기 위해 두 마리의 뱀을 보낸 이는 헤라이다.[17] 이로 인해 아기는 그 영웅적 이름 헤라클레스("헤라로 인해 영광을 얻은 자")를 얻게 되었다. 또 헤라는 그 명성이 널리 알려진 헤라클레스가 에우리스테우스를 섬기기를 주저하자 그를 광기에 사로잡히게 했다.

그러나 무사들의 보호자 아테나는 여러 신들이 헤라클레스를 무장시킬 때 제일 먼저 그에게 여자용 민소매 윗옷을 선물했다. 『위(僞)아폴로도로스 신화집(*Bibliothèque de Pseudo d'Apollodore*)』[18]에 따르면 에우리스테우스가 헤라클레스에게 부과한 11번째 난사는 헤스페리데스 세 자매가 지키는 황금 사과 세 개를 가져오는 것이다. 헤라클레스가 아틀라스를 속여 황금 사과 세 개를 구해 에우리스테우스에게 가져다주자 왕은 그것을 다시 헤라클레스에게 주었다. 이에 헤라클레스는 헤스페리데스의 사과를 아테나에게 넘겨주었다. 그러자 아테나 여신은 즉시 그것들을 원래 있던 곳으로 도로 가져다 놓았다. 황금 사과를 제자리가 아닌 다른 곳에 두는 것은 불경한 짓이기 때문이다.

두 여신은 여기에서 명백히 다른 가치들을 지니고 있으며, 이것들은 또한 파리스의 심판 전설이 부여했던 가치들이기도 하다. 헤라는 최고 여신으로, 그녀가 제일 먼저 신경 쓴 것은 알크메네의 아들을 왕권에서 멀어지게 하고, 그를 왕에게 복종하는 왕의 투사로 격하시키는 것이었다. 반면 아테나는 즉시 미래의 영웅을 그녀의 보호 아래 두었으며, 헤라클레스가 버려진 신생아에 불과했을 때 그를 구해 장비를 갖추도록 배려해 주었고, 또 헤라클레스가 난제를 수행할 때도 은밀히 지켜보았다.

물론 이 두 여신은 서로 싸우지 않았으며 함께 산책도 했다. 그러나 그들의 합의는 순전히 외적인 것이었다. 그것은 목동 왕자였던 파리스의 심판 전설에서 두 여신이 아프로디테에게 가졌던 공통된 적개심이 결합시킨 동맹은 아니다. 이 두 여신들은 상반된 게임을 했으며, 처녀 신 아테나는 거리낌 없이 헤라를 속여 겁 많은 알크메네가 들판에 버린 아기에게 젖을 먹이게 했다. 아기가 자신을 깨물기부터 하여 곧 아기를 박해하게 되지만, 헤라가 아기에게 젖을 먹여 생명을 구하는 장면은 기능적으로 먼저 인도 신화에서 시슈팔라(Sishupala)와 크리슈나(Krishna)의 모호한 관계를 상기시킨다.[19]

시슈팔라는 세 개의 눈과 네 개의 팔을 가지고 태어났다. 그의 부모가 아들을 버리려 하자 위에서 어떤 목소리가 들렸다. 아들이 아직 죽을 때가 아니니 버리지 말라는 것이었다. 이 경고 후에 그 목소리는 아기의 미래를 예언했다. 누군가가 나타나 아들을 무릎 위에 품어 주면 그 여분의 눈과 팔이 없어질 것이나, 바로 그 사람이 아들의 목숨을 거두어 갈 것이라고. 부모의 부끄러움을 위로라도 하듯 괴이한 외모를 지닌 아들은 훌륭한 무사로 성장했다.

어느 날 비슈누(viṣṇu) 신의 화신인 크리슈나가 친척 다마고샤(Damagosha)가 다스리는 체디(Chedi) 왕국을 방문했다. 왕비가 아들 시슈팔라를 조카인 크리슈나에게 보여 주자, 크리슈나는 아기를 안아 자신의 무릎 위에 앉혔다. 그러자 목소리의 예언대로 시슈팔라의 잉여의 눈과 팔이 사라졌다. 신비로운 목소리의 예언이 실현될까 두려워 왕비는 크리슈나에게 장차 아들이 잘못을 저지르더라도 부디 그를 용서해 달라고 간청했다. 이에 크리슈나가 약속했다. 시슈팔라가 죽어 마땅한 악행을 행하더라도 100번을 참아 내겠다고. 그 후 시슈팔라가 100번이나 자신을 모욕했으나 크리슈나는 그때마다 인내했다. 하지만 유디슈티라의 라자수야(Rajasuya) 의식에서 자행했던 101번째의 모욕적 언행으로 인해 시슈팔라는 마침내 크리슈나에 의해 죽음을 당하게 된다.[20]

시슈팔라의 네 개의 팔과 세 개의 눈은 그가 휘몰아치는 폭풍처럼 막강한 파괴력을 가진 루드라(Rudra)-시바(Śiva) 신의 속성을 지닌 존재임을 의미한다. 파괴의 신 시바는 눈이 세 개이며 루드라는 폭풍우의 신이다. 힌두 세계관에 따르면 사악한 세력들이 법과 정의를 짓밟아 회복 불가능한 정도로 세상이 혼탁해지면 종말이 가까워진다. 이때는 루드라-시바 신이 파괴적 힘들을 발휘하여 세계를 몰락시키는 것이 다르마(dharma, 법, 정의)에 부합된다. 그러나 아직 종말의 때가 도래하지 않았다면, 세계의 질서를 유지시키려는 비슈누 신이 악한 세력들이 행사하는 무자비한 힘들을 제압함으로써 세상을 구하는 것이 다르마를 실행하는 것이다. 『마하바라타』에서 인드라프라스타 왕국의 왕 유디슈티라는 다르마의 화신이며, 비슈누 신의 화신인 크리슈나는 유디슈티라 형제들을 보호해 준다. 크리슈나는 시슈팔라의 오만한 악행을 100번이나 인내했으나, 참회할 줄 몰랐던 시슈팔라는 제왕이 된 유디슈티라가 거행하는 라자수야 의례에서 또다시 잘못을 저질러 결국 죽음으로 그 대가를 치르게 된다.

도시나 국가들 사이에 전쟁이 빈번했던 시대에 공동체의 평온과 질서를 책임진 최고 통치자는 강한 힘을 가진 용맹한 무사들을 가능한 한 많이 자신의 휘하에 품어 들이려 한다. 어떤 무사의 용기와 힘이 지배자의 능력을 능가하더라도, 그가 제2기능의 존재 이유에 부합되게 사용되는 한 힘과 무기의 사용이 용인된다. 그러나 제2기능의 힘이 지나치게 남용되거나 불의하게 사용될 경우에는 응징이 뒤따르며, 공동체의 질서와 평화를 위협할 정도의 심각한 과오가 반복되면 그 힘을 행사한 자는 비록 탁월한 영웅이라 할지라도 죽음을 면치 못한다. 헤라클레스의 과오들에 대한 뒤메질의 기능적 분석을 통해 우리는 고대 그리스인들이 생각했던 제2기능의 본질과 임무, 그리고 다른 두 기능들과의 관계를 보다 구체적으로 파악할 수 있다.

3 헤라클레스의 과오와 죽음[21]

헤라클레스는 에우리스테우스 왕을 섬기라는 제우스의 명령에 불복한다. 이 오만함(hubris)에 대한 벌로 광기에 사로잡혀 자기의 일곱 자식을 다 죽이게 된다. 다음으로 에우리토스의 아들을 결투로 죽이는 것이 아니라 불명예스럽게 책략으로 죽이고, 그 벌로 병에 걸린다. 또 데이아네이라와 결혼하고도 이올레에게 연정을 느낀다. 그 대가는 지상에서의 생의 마감이다. 결국 히드라의 독이 묻은 윗옷을 입고 그 독이 온몸에 퍼져 극도의 고통을 겪게 되자, 신탁에 따라 헤라클레스는 스스로 불타는 장작더미 위에 올라가 죽는다. 그 후 그는 제우스에 의해 신들의 세계에 받아들여져 헤라의 자식으로 다시 태어나 불멸의 존재가 된다.

(1) 헤라클레스의 과오들

첫 번째 과오

헤라클레스가 사냥을 마치고 돌아가던 중 에르기노스가 테베로부터 공물을 받아 오라고 보낸 전령들을 만났다. 헤라클레스는 그 전령들의 귀와 코와 손을 잘라 노끈으로 그들의 목에 묶은 후에 에르기노스에게 돌려보냈다. 분개한 에르기노스가 미니아이족과 함께 테베로 진격했다. 헤라클레스는 아테나 여신으로부터 무구(武具)를 받아 전투를 지휘하여 에르기노스를 죽이고 미니아이족을 패퇴시킨 후, 테베가 당시 보이오티아 지방에서 가장 부강한 도시인 오르코메노스시에 바치던 공물을 면제하도록 해 준다. 그 보답으로 테베의 왕 크레온은 헤라클레스를 자신의 딸 메가라와 결혼시킨다.

하지만 점점 커져 가는 헤라클레스의 명성은 아르고스의 왕 에우리스테우스를 불안하게 했다. 그래서 그는 헤라클레스를 불러 12가지 난사를 수행하라고 요구했다. 헤라클레스가 이에 불복하자, 제우스는 헤라클레스에게 에우리스테우스의 의향에 복종하여 그 명령을 수행하러 떠날 것을 명했다. 그럼에도 헤라클레스는 왕의 명령에 즉각 따르지 않고 델포이 신전으로 가서 신의(神意)를 물었다. 신탁은 에우리스테우스가 명하는 12가지 난사를 수행하는 것이 신들의 뜻이며, 그 임무를 수행하고 나면 그는 불멸을 얻게 될 것이라고 알려 주었다. 헤라클레스는 심히 낙담했다. 그는 한편으로는 자신이 에우리스테우스보다 뛰어난데도 자기보다 못한 인물의 노예가 되어 그를 섬겨야 하는 것은 부당하다고 생각했다. 하지만 다른 한편으로는 자신의 아버지 제우스에게 불복하는 것은 위험스럽기 짝이 없을뿐더러 그것이 불가능하다는 것도 알았기 때문이다.

헤라클레스가 이러지도 저러지도 못하고 있는 것을 본 헤라는 그에게 광란의 분노를 불어넣었다. 이로 인해 헤라클레스는 격렬한 광기가 발작하여 정신착란 상태에서 자기 자식들을 활로 쏘아 모두 죽여 버렸다. 그가 제정신으로 돌아왔을 때 그의 자식들은 이미 죽어 있었으며, 그는 신의 뜻에 복종하지 않을 수 없음을 깨달았다. 그리하여 그는 에우리스테우스가 부과한 12가지 난사를 수행하러 떠난다. 12년 동안 세상을 돌아다니며 12가지 난사를 이행하는 과정에서 헤라클레스는 갖가지 무훈을 쌓는다.[22]

헤라클레스의 첫 번째 죄는 제우스의 명령과 델포이의 경고에도 불구하고 에우리스테우스의 투사가 되기를 주저했다는 바로 그것이다. 그러나 헤라가 가한 첫 번째 응징 이후, 그는 굴복하여 왕의 명령을 받들어 12가지 난사를 수행하러 떠난다. 헤라클레스가 왕에게 에리만토스의 멧돼지를 가져다주는 장면을 그린 도기 그림들이 있다. 그가 살아 있는 멧돼지를 어깨에 메고 왔을 때, 왕은 공포에 사로잡혀 술통 뒤로 숨었다. 그러나 헤라클레스는 자신에게 부과된 12가지 일들을 수행하는 중이건 그 이후건 결코 왕에게 손대지 않았으며, 왕위를 대신할 작정도 하지 않았다. 그가 숱한 잘못들을 바로잡고 왕들을 포함한 그 많은 악인들을 벌했던 행정(行程) 동안에도 그 자신이 왕이 되겠다는 생각은 단 한 번도 하지 않았다.

두 번째 과오

12가지 난사를 완수한 뒤, 헤라클레스는 자신의 아내 메가라를 이올라오스와 결혼시킨다. 그가 광기에 사로잡혀 자식들을 죽인 이후에 메가라가 자식을 낳지 않을까 두려웠기 때문이었다. 그러나 후손이 있어야 하므로 자식을 낳아 줄 다른 여인과 결혼하기 위해 그는 신붓감을 물색했다. 헤라클레스는 오이칼리아를 다스리던 에우리토스의 딸 이올레에게 구혼했다. 그러나 메가라의 불행을 보고 신중해진 에우리토스는 헤라클레스의 뜻을 고려해 보겠다고 대답했다. 실망한 헤라클레스는 이 모욕에 복수하기 위해 에우리토스의 암말들을 없애 버렸다. 에우리토스의 아들 이피토스는 헤라클레스가 암말들을 훔쳐 갔으리라 의심하고는 그 동물들을 찾기 위해 티린스로 왔다. 헤라클레스는 그를 높은 탑 위에 올라가게 하고는 암말들이 어딘가에서 풀을 뜯어 먹고 있지는 않은지 살펴보라고 말했다. 이피토스가 아무것도 발견하지 못하자, 헤라클레스는 그가 자신을 부당하게 비난했다면서 이피토스를 탑 꼭대기에서 아래로 밀어뜨려 죽게 했다. 이 죽음으로 인해 헤라클레스는 벌을 받아 병에 걸린다.

헤라클레스는 병을 치유하기 위해 포세이돈의 아들인 넬레우스에게 자신을 정화해 주기를 부탁했으나 넬레우스는 이 요청을 거절했다. 영웅은 다시 프리아모스의 아들 데이포보스에게 부탁하여 정화 의식을 행하게 했다. 하지만 그의 병은 낫지 않았고, 헤라클레스는 다시 아폴론의 신탁을 구했다. 신탁이 이르기를, 헤라클레스가 자신을 노예로 팔아 그 돈을 이피토스의 자식들에게 주면 병이 나을 것이라고 했다. 헤라클레스는 리디아의 여왕 옴팔레에게 팔려 노예 생활을 하고, 그 기간 동안 또 새로운 무훈들이 전개된다.[23]

이 에피소드에서 디오도로스가 전하는 이야기는 헤라클레스의 잘못을 완화시킨다. 헤라클레스가 탑 위에서 이피토스를 밀어 떨어뜨리기 전에 그는 자신이 왜 이피토스를 죽이려 하는지 그 이유를 말한다.

그러나 『트라키스의 여인들』에서는 라이카스가 가혹한 신의 응징을 보다 정당화한다.

어느 날 이피토스가 티린스 언덕으로 와서 길 잃은 암말들의 발자취를 찾고 있었다. 그가 다른 데에 정신을 쏟는 순간 이피토스의 모욕에 앙심을 품고 있던 헤라클레스는 그를 가파른 산 위에서 밀어뜨렸다. 모든 존재의 아버지이자 신들의 왕인 올림포스의 제우스는 헤라클레스의 이러한 행위로 인해 화가 나서 그를 추방하여 팔아 버렸다. 제우스는 헤라클레스가 수많은 사람들을 죽였으나 이피토스만 책략으로 죽였기 때문에 이것을 참을 수가 없었다. 만일 헤라클레스가 공공연히 복수를 했다면 그는 이 폭력이 정당하다고 생각하여 용서할 수도 있었다. 왜냐하면 신들 자신들도 모욕은 좋아하지 않기 때문이다.[24]

헤라클레스의 잘못은 결투 대신 책략을 써서 복수함으로써 강자의 의무와 명예를 저버린 것이다. 고대 그리스인들에게 이방인의 환대는 신변 안전을 보장하는 불문율이었다. 그런데 헤라클레스는 티린스에서 자신이 환대를 받았기에 안전하다고 믿은 이피토스를 갑작스럽게 죽였다. 그 대가는 먼저 육체적 병, 즉 제2기능의 영웅에게 없어서는 안 될 신체적 강건함의 손상이다. 그러나 제2기능의 영웅이 저지른 불명예에 대한 응징은 단지 육체의 병으로만 끝나지 않는다. 치유를 위한 정화 의식을 치른 후, 그는 타국에서 12년간의 노예 생활(육체의 구속)을 겪은 다음에야 다시 영웅으로 귀향한다.

하지만 헤라클레스는 또 다른 형태의 죄를 짓고, 그 벌로 그러잖아도 유한한 인간의 삶을 더욱 단축시키고 만다.

세 번째 과오

헤라클레스는 메가라와 갈라선 이후 계속 거부했던 데이아네이라가 마침내 그가 찾던 아내로 적합함을 깨닫고 그녀와 결혼했다. 그러나 이 결혼은 결국 헤라클레스의 생명을 앗아 가게 만든다.

어느 날 헤라클레스는 오이네우스와 잔치를 벌이다 자기 손에 물을 부어 주던 한 소년을 주먹으로 쳐서 죽였다. 오이네우스의 친척이었던 그 소년의 아버지는 그것이 본의 아닌 사고였음을 알고 헤라클레스를 용서해 주었다. 그러나 비록 오해로 인한 살인이라 할지라도 강자가 약자의 목숨을 앗아 가는 행위는 쉽게 용납되어서는 안 되는 법. 헤라클레스는 스스로 법에 따라 추방형을 감수하기로 마음먹고 아내와 함께 트라키스를 향해 떠났다. 도중에 물살이 센 에우에노스강에 이르렀는데, 겨울비로 강물이 불어 수심이 깊은 데다 물살이 소용돌이쳐 아내를 데리고 헤엄쳐 건너기가 어려웠다. 이때 반인반마의 켄타우로스 네소스가 다가와 헤라클레스가 먼저 강을 헤엄쳐 건너가면 자신이 데이아네이라를 강 저편으로 데려다주겠다고 했다. 육체의 정념에 사로잡힌 네소스는 도중에 그녀를 겁탈하려 했다. 아내의 비명 소리를 듣고 상황을 파악한 헤라클레스는 네소스가 강물 밖으로 나올 때 화살로 그의 심장을 쏘았다. 히드라를 죽일 때 사용했던 그 화살에는 뱀의 독이 남아 있었다. 헤라클레스가 쏜 히드라의 독이 묻은 화살에 맞아 죽음을 맞게 되었을 때, 켄타우로스 네소스는 독이 스며든 자신의 피를 데이아네이라에게 주면서 말했다. 만일 언젠가 그녀에 대한 헤라클레스의 사랑이 식으면 그 피를 헤라클레스의 옷에 조금이라도 묻히면 남편의 사랑을 되찾을 수 있다고.

얼마 후 영웅은 자신이 결혼했다는 것을 잊고 또 다른 여인에게 빠져든다. 그는 아이톤을 떠나 펠라기오스 지역에 들러 그곳에서 오르메노스 왕을 만난다. 헤라클레스는 오르메노스에게 왕녀 아스티다미아와 결혼하게 해 줄 것을 청한다. 그러나 아스티다미아는 헤라클레스가 이미 법적으로 데이아네이라와 결혼했으므로 그의 청을 거절한다. 그러자 헤라클레스는 오르메노스를 공격하여 그의 도시를 차지하고 왕을 죽인 뒤 아스티다미아를 납치해 간다. 이 원정 후 헤라클레스는 에우리토스 왕이 자신과 이올레와의 결혼을 거절했던 것에 대해 복수하기 위해 오이칼리아 정벌에 나선다. 그는 아르카디아인들의 도움을 받아 도시를 차지하고 에우리토스의 세 아들을 죽인 뒤, 이올레를 납치하여 에우베오이의 케네오스곶으로 데리고 간다.

그곳에서 제사를 지내려고 헤라클레스는 라이카스를 아내 데이아네이라가 있는 트라키스로 보내어 제사 시에 입을 예복을 가져오게 한다. 라이카스로부터 남편 헤라클레스가 왜 예복을 가져오게 했는지를 알게 된 데이아네이라는 반인반마의 네소스가 죽어 가면서 했던 말을 기억했다. 만일 그녀의 남편이 그녀를 소홀히 하게 되면, 그의 피가 묻은 옷을 남편에게 입히기만 하면 그녀에 대한 남편의 애정은 다시 살아날 것이라고 하지 않았던가? 그녀는 화살촉에 묻어 있던 히드라의 독이 네소스의 피 속에 남아 있다는 것을 알지 못했다. 데이아네이라는 헤라클레스가 부탁했던 예복에 네소스의 피를 문질러, 사랑의 묘약이 스며 있다고 믿은 예복을 하인에게 주어 가져가게 했다. 헤라클레스가 그 예복을 입자 신체의 열이 자극한 독이 그를 집어삼키기 시작했다. 갈수록 심해지는 고통을 견디다 못해 헤라클레스는 세 번째로 그리고 마지막으로 델포이의 신탁을 구하러 보낸다. 이에 아폴론은 오이타산에 나뭇더미를 높이 쌓아 헤라클레스를 그의 모든 무기와 함께 그 위에

올려놓고 불을 붙인 뒤 나머지는 제우스에게 맡기라고 한다.[25]

헤라클레스가 데이아네이라와 결혼하고도 이올레에게 가졌던 연정을 포기하지 않고 그녀의 가족들까지 죽이고서 기어이 그녀를 차지한 대가는 지상에서의 생의 마감이다. 히드라의 독이 묻은 윗옷을 입고 독이 온몸에 퍼져 극도의 고통을 겪게 되자, 결국 그는 스스로 불타는 장작더미 위에 올라가 죽는다. 그 후 제우스에 의해 신들의 세계에 받아들여진 헤라클레스는 헤라의 자식으로 다시 태어나 불멸의 존재가 된다.

이상에서 보았듯이 헤라클레스의 생애는 크게 세 부분으로 나뉘며, 각 부분은 속죄를 요하는 심각한 과오로 시작된다. 그 이후 이어지는 일련의 모험들은 그 죄의 결과로 나타난다. 이 과오들의 여파가 처음에는 영웅의 정신 건강에 미치고, 두 번째는 육체적 건강에, 세 번째는 생명 자체에 미친다. 결국 이 죄들은 제우스의 명령 앞에서의 망설임, 적을 갑작스레 죽인 비열한 살해, 그리고 불륜의 연정으로 연속해서 이어지므로 첫째, 둘째, 셋째의 순서대로 세 기능과 관련된 과오에 해당된다.[26] 이 기능적 죄에 대한 대가는 각 기능의 수행에 필요 불가결한 능력의 손상이며, 손상된 힘들은 그에 합당한 죗값을 치른 후에야 다시 회복된다.[27]

뒤메질은 헤라클레스의 일생에 관한 전설들에서 "영웅의 세 가지 죄"뿐 아니라 또 다른 3기능 테마들을 포착한다.

신화나 전설 또는 약간 발전된 서사시의 이야기가 그 틀 속에, 혹은 커다란 이야기의 연결 마디 중의 한 마디 속에 3기능 구조가 적용되었음을 명확히 드러낼 때, 우리는 거기에서 다른 3기능 테마들도 적용되었을 감지할 수 있다. 때로는 3기능 구조 도식의 축약판이 3기능 구조라는 중심 틀 내부에, 3기능 구조의 하위 구분들 중의 하나 속에 삽입된다. 종종 3기능 틀이 서로 맞물려 적용되는 것이 아니라 병치되거나 중복된다. 그래서 트로이 멸망의 원인이 파리스가 세 기능 여신들 간의 중재를 신중치 못하게 한 것 때문으로 설명되지만, 또한 멀리는 라오메돈 왕의 세 가지 불경에 의한 것으로 설명되었으며, 또 라오메돈 이전에 도시의 건설 자체가 기능적인 일련의 신성한 징표들을 야기했다.[28]

사회에서 개인은 여러 부류의 사람들과 이런저런 관계를 맺으며 생활하므로 헤라클레스의 생애에서 여러 3기능 테마들이 발견되는 것도 놀랄 일은 아니다. 뒤메질은 헤라클레스의 과오를 유발한 세 종류의 불의 양태와 그가 증여한 세 종류의 유산에도 주목한다.

(2) 불의 세 가지 현현 양태와 헤라클레스의 죽음

프로메테우스가 속이 빈 회향목 속에 숨겨 제우스 몰래 인간에게 가져다준 불은 축복이자 동시에 재앙이다. 헤라클레스가 아버지 제우스에게서 물려받은 초인적 힘 또한 마찬가지이다. 그의 막강한 힘과 무기는 신의 은총과 저주가 맞붙어 내재되어 있는 양날의 칼이다. 그래서 괴력을 가진 영웅의 삶에는 늘 다양한 모습을 가진 불이 함께한다.[29]

세 종류의 불[30]

헤라클레스의 삶을 좌우하는 불은 세 가지 모습을 띤다. 첫째는 히드라의 독 속에 숨어 잠자고 있는 불이다. 보이지 않는 이 불은 인체의 열이 되살아나게 하거나, 불꽃이 가까이 갔을 때 되살아난다. 욕망의 불, 정념의 불인 잠재적 불은 외부의 대상과 접했을 때 불이 붙듯이, 보이지 않는 내면의 불은 성냥의 유황처럼 실제의 불과 접촉했을 때만 드러난다.

소포클레스는 『트라키스의 여인들』에서 히드라의 독이 헤라클레스의 몸에 퍼졌을 때의 살을 찢는 듯한 통증, 근육의 경련, 폐가 일그러지고 피가 마르는 고통을 묘사한다. 이 모든 고통은 내면의 가열과 연소이다. 이 고통들이 일시적으로 가라앉았다가 다시 시작되자 헤라클레스는 "불행의 경련들이 나를 태워 내 옆구리를 뚫고 들어왔도다."라고 외쳤다. 걱정이 된 데이아네이라는 집으로 돌아와서 우연히 그녀가 켄타우로스의 피를 묻혀 긴 윗옷에 문질렀던 양털 뭉치를 내리쬐는 햇빛 아래 던졌다. 그랬더니 태양의 열기가 닿자마자 그 양털 뭉치는 녹아서 완전히 없어지고 한 줌의 재만 남겨 놓았다.

둘째는 우리가 일상에서 사용하고 경험하는 불이다. 고통을 견디다 못한 헤라클레스는 아들 힐로스를 불러 자신을 제우스의 산인 오이타산 정상으로 옮겨 달라고 한다. 그리고 그 산에서 깊이 뿌리박은 참나무를 베고, 야생의 숫올리브나무를 잘라 거기에 자신의 몸을 던진 뒤 소나무 횃불로 불을 붙여 태우라고 말한다.

내면의 불은 실질적인 불의 효력에 의해서만 드러나는데, 불꽃 없는 이 내면의 불을 끄게끔 되어 있는 것은 바로 우리가 일상적으로 사용하고 경험하는 불, 헤라클레스를 태운 장작불이다.

아폴로도로스와 또 다른 이본(異本)에 따르면, 헤라클레스는 델포이 신의 명령에 따라 오이타산에서 자신을 불태우기로 마음먹었다고 한다. 디오도로스는 여기에다 헤라클레스가 자신의 활과 화살을 필록테테스에게 주었다고 덧붙인다.

히드라의 독 속에 잠재해 있던 불이 삼킨 것은 감각의 인간이며, 숱한 적들과 괴물들을 퇴치한 정복자를 독의 불이 만들어 낸 고통으로부터 구해 주는 것은 나뭇단의 불이다. 그러나 헤라클레스를 구원해 주는 것은 두 번째 불이 아니라 오이타산 정상보다 더 높은 곳에서 온 초자연적인 신성한 불, 즉 제우스의 벼락이다.

따라서 세 번째 형태의 불은 바로 제우스의 번갯불이다. 헤라클레스가 장작더미 위에 올라가자 필록테테스는 나무에 불을 붙였다. 그러나 이 불이 헤라클레스의 지상에서의 삶을 마감시키지 않는다. 하늘에서 번개가 내려치자 나뭇더미들이 재로 변했다. 사람들이 헤라클레스의 뼈를 찾아내기 위해 그 재 속을 뒤졌으나 거기에는 아무것도 없었다. 번개가 헤라클레스를 신들이 있는 곳으로 가져다 놓았기 때문이다.

헤라클레스의 생의 마지막 장면에서 드러나는 주된 관념은 불이 지닌 강력한 힘의 폭이다. 불은 화(禍)가 되기도 하고 복(福)이 되기도 하고, 징벌하기도 하고 정화하기도 하며, 죽음을 가져다주기도 하고 불멸하게도 한다. 헤라클레스의 무훈이 짊어지는 책임들이 그 삶 자체가 행과 불행, 오욕과 영광 사이를 넘나들었던 한 생의 마지막에 불의 이러한 풍부함을 펼쳤다.

효력이 드러났을 때만 간파되는 잠재적이지만 유해한 불, 파멸의 수단이자 그렇기 때문에 정화의 수단이기도 한, 인간에 의해 통제되는 일상적인 불, 번개 속에서 현시되는 신성한 불. 이 세 종류의 불은 또

제3의 분류와 관련을 맺으면서 전개된다.

두 관점에서 보았을 때, 이 불은 3, 2, 1의 순서로 세 기능과 관련을 갖는다.

영웅의 생애로 보았을 때, 독의 불은 감각적인 인간, 즉 불륜자를 응징하고, 일상의 불은 영웅이 무장하고 자신을 과시하는 마지막 기회를 제공하며, 번개는 유한한 생명의 인간이 불멸의 신으로 신분 상승하여 신격화되는 수단이다.

점화자의 관점에서 보았을 때, 독의 불을 지피는 자는 가까이는 질투하는 아내이며, 멀리는 발정한 켄타우로스이다. 장작불을 붙이는 필록테테스는 그리스의 젊은 무사의 전형 그 자체이다. 마지막 불의 점화자는 우주의 지배자 제우스로, 그의 무기인 번개는 땅의 인간을 천상으로 데려가 불멸의 신으로 만드는 신성한 불이다.

이 분류는 또다시 우주의 영역이라는 세 번째 개념과 연결된다. 지하 세계에서 온 불인 히드라의 독, 오이타산의 나무가 일으키므로 비록 하늘에 가깝기는 하나 인간 세계에 속해 있는 불, 하늘의 주인이 보낸 천상계로부터 온 벼락.

죽음의 수단인 독의 불은 죽은 캔타우로스 네소스가 제공했으므로 지하계에서 왔다. 『트라키스의 여인들』의 마지막(1157~1167행)에 헤라클레스가 아들 힐로스에게 설명해 주는 것이 바로 이것이다.

"그러니 잘 들어라. 이제야말로 네가 내 아들로 불릴 만한지를 보여 주어야만 한다. 옛날에 내 아버지에게 내렸던 한 신탁이 나는 살아 있는 인간의 손에 죽게 되는 것이 아니라, 하데스의 거주자인 죽은 자의 손에 의해 죽게 될 것이라고 알려 주었다. 그 신탁은 이루어졌다. 바로 죽은 켄타우로스가 나를 죽이니."

죽은 후 지하계 하데스 신의 영역에 속해 있는 켄타우로스에 의해 지펴진 독-불은 우주의 세 단계 중에서 제일 마지막 단계에 위치해 있는 불이다. 그러나 이 마지막 장면에서 가장 흥미로운 것은 헤라클레스의 세 가지 유산 증여라고 부를 수 있는 것이다. 비록 제일 마지막 때의 것은 합의에 의한 신뢰가 삶을 포기하도록 만들지는 않았지만. 자포자기한 헤라클레스는 아버지 제우스의 손에 자신의 영혼을 맡기겠노라고 말했다.

위대한 모험가가 그토록 고통스럽게 생을 마감하려는 그 순간 몇 가지 일들이 영웅의 마음에 걸렸다. 그는 왕국을 갖지 못했으며, 아내로 하여금 독살의 재앙에 책임이 있는 것으로 믿게 하여 그녀를 공포에 사로잡히게 했다. 또 자식들의 장래, 특히 힐로스의 장래와 그를 수행했던 사람들의 장래를 배려하지 않은 채 그들에게 봉사를 요구했고, 충고를 해 주거나 부(富)를 주지도 않으면서 임무만을 주었다. 이제 남은 재산이라고는 셋밖에 없었다. 그것은 제우스와 혈연이면서 불멸을 약속받은 그 자신과, 델포이의 신탁이 자신의 육체와 함께 나뭇단 위에 놓으라고 했던 자신의 무기들, 그리고 그가 열정적으로 사랑했으나 자신의 잘못으로 고아가 되어 이제 자신이 죽고 나면 가차 없이 불행에 내맡겨질 젊은 여인 이올레이다. 헤라클레스는 이들의 운명을 해결해 주었다.

헤라클레스의 유산 증여
헤라클레스의 유산 목록은 소포클레스의 저작 속에서만 세 가지로 온전히 나타난다. 그것들도『트라키스의 여인들』에 없는 것을『필록테테스』가 보충해 주어야 하기는 하지만 말이다. 아폴로도로스의 작품 속에서는 그중 두 개의 항인 3항과 1항만, 그리고 디오도로스는 3항과 2항만 있다. 그러나 이 두 사람은 그것들을 다양하게 조합하여 전체의 유기적 연관을 보여 준다.

아폴로도로스는 필록테테스를 그의 아버지 포이아스로 대체하면서 다음과 같이 적고 있다.

1. 헤라클레스는 자신이 데이아네이라와의 사이에서 낳았던 아들들 중 장남인 힐로스에게 그가 성인이 되면 이올레와 결혼하라고 했다. 그러고는

2. 트라키스인들의 영토에 있는 오이타산으로 가서 나뭇단을 쌓고 그 위에 올라간 뒤 사람들에게 불을 붙이라고 했다. 아무도 그 일을 하려 하지 않았으나, 가축들을 찾아다니다 그곳을 지나던 포이아스가 나뭇단에 불을 붙였다. 그래서 헤라클레스는 자신의 활을 그에게 선물로 주었다.

3. 나무에 불이 붙어 타기 시작하자, 천둥벼락이 치는 가운데 구름이 헤라클레스 위에 내려와 그를 하늘로 데려갔다고 사람들은 말한다. 하늘에서 그는 불멸을 얻고 헤라와 화해하여 그녀의 딸 헤베와 결혼했다.[31]

이 세 경우를 검토해 보자.

먼저 헤라클레스는 자기 아들에게 모든 불행의 계제가 되었던 헤라클레스 자신의 첩 이올레와 결혼하라는 유언을 남긴다. 그런데 비록

데이아네이라가 의도하지는 않았지만 헤라클레스의 고통과 그녀의 자살은 모든 불행의 시작이고, 이는 이올레와의 결혼에서 촉발되지 않았는가. 이 기묘한 임무에서 가장 풍부한 효과들을 끌어낸 이는 소포클레스이다. 『트라키스의 여인들』의 멋진 장면(1211~1246행)을 읽어 보라.

또 헤라클레스는 필록테테스에게 자신의 활과 화살을 양도했다. 트로이 멸망에 없어서는 안 되었던 이 치명적 화살들과 이 불행한 소년의 차후의 운명은 소포클레스에게 그의 비극들 중 가장 인간적인 비극의 소재를 제공했다. 무기의 증여는 모든 불운의 시초이다. 신들은 분수에 맞지 않은 것을 소유한 자, 개개인에게 합당한 몫으로 준 본성을 버리고 제 운명에 맞지 않게 살아가는 자에게는 불행을 가져다준다. 그리하여 고귀한 젊은이에게 전혀 어울리지 않는 헤라클레스의 무기를 얼떨결에 소유하게 된 필록테테스의 삶에 불운이 드리운다.

마지막으로 아폴로도로스는 헤라클레스에게 구름-운송 수단과 그것을 호위하는 천둥을 부여했는데, 이는 디오도로스가 묘사한 장관을 완화한 것이다. 디오도로스에 따르면, 나뭇단이 타자마자 하늘의 불길인 번개가 내리 덮쳤다. 헤라클레스는 "오이타산 꼭대기에서 청동 방패의 무사 헤라클레스는 그의 아버지의 번개의 광채에 싸여 신들에게 다가갔다."라고 시인은 노래한다.[32] 이 번개는 영웅 자체를 제우스의 인간 아들에서 신들 중의 하나로 변화시켰다.

그 누구에게도 나쁜 짓을 한 적이 없었던 필록테테스는 헤라클레스의 무기를 증여받고 얼마 후에 자신의 고향에서 멀리 떨어진 렘노스의 해안가에서 병이 든 채 굶주림에 시달리며 비참한 생을 이어 가는 상황에 처한다. 아가멤논과 메넬라오스가 독사에 물려 온몸에 독이 퍼져 죽어 가는 그를 황량한 땅에 홀로 버려 두고 떠났기에 치유해 줄 이가 아무도 없었던 것이다. 그때 아킬레우스의 아들 네오프톨레모스가 그에게 접근한다. 필록테테스를 속여 트로이 전쟁을 끝내기 위해서였다. 오디세우스는 신탁과 감언이설로 설득하여 속임수와 술책을 싫어하는 네오프톨레모스가 그 일을 하도록 했다. 헤라클레스의 활을 얻지 못하면 결코 트로이를 함락하지 못할 것이며, 네오프톨레모스의 거짓말이 구원을 가져다줄 것이라고 그는 말했다. 아킬레우스의 아들이 힘이 아닌 술책과 거짓을 사용해야 한다는 것이 썩 내키지는 않았으나, 네오프톨레모스는 병과 기아로 고통받던 필록테테스에게 접근한다. 자신의 삶을 견딜 수 없게 만드는 고통의 위기에 사로잡혀 영웅은 정의의 의무와 배신의 임무 사이에서 아직도 망설이고 있는 네오프톨레모스에게 헤파이스토스의 화덕에 그를 던지라고 했다.

> "내 아들이여, 고귀한 아들이여! 자, 그대는 나를 붙잡아 저기 저 렘노스의 불 속에 살라 버리시오. 예전에 내가 제우스의 아들에게 그대가 지금 간수하고 있는 그 무기들을 받는 대가로 그를 불사르기를 주저하지 않았던 것처럼 말이오."[33]

아킬레우스의 아들은 필록테테스를 불태우는 대신 헤라클레스의 무기를 챙겨 강제로 그를 트로이로 향하는 배에 태워 데려간다. 도중에 헤라클레스의 환영이 나타나 필록테테스의 운명을 알려 주었다. 필록테테스는 프톨레마이오스와 함께 트로이 땅으로 가서 먼저 그의 쓰라린 병을 치료하게 될 것이며, 그런 다음 그가 군대에서 가장 탁월한 자로 인정받아, 모든 재앙의 장본인인 파리스를 자신의 활로 쏘아 죽이고 트로이를 함락시키게 될 것이라고. 또 자신이 불멸의 영광을 얻기까지 얼마나 많은 노고를 참고 견뎠는지, 필록테테스도 그가 겪은 고통들을 통해 영광스러운 삶을 얻도록 운명이 정해져 있다는 것을 잘 알아 두라고 말했다.[34]

헤라클레스의 최후, 헤라클레스와 화해한 헤라

불륜 후 헤라클레스는 네소스의 피가 스며든 윗옷의 함정에 빠졌다. 헤라클레스가 예복을 입자 신체의 열에 자극된 독이 그를 집어삼키기 시작했다. 점점 심해지는 고통을 견디다 못해 영웅은 자신의 동료 둘을 보내어 세 번째로 델포이의 신탁을 구했다. 그러자 아폴론 다음과 같이 답했다. "헤라클레스를 무장시켜 오이타산으로 운반하여 거대한 장작더미 위에 올려놓아라. 그 나머지는 제우스가 알아서 할 것이다."

4. 이올라오스와 그 동료들은 신탁의 명령대로 준비를 하고는, 장차 일어날 사건을 목격하기 위해 나뭇단으로부터 약간 떨어져 물러나 있었다. 헤라클레스는 장작더미에 올라가 한 참여자에게 나뭇단에 불을 붙여 달라고 부탁했다. 그러나 그 사람은 감히 불을 붙이기를 꺼려했다. 그는 다른 사람에게, 그리고 또 다른 사람에게 부탁했으나 그들도 마찬가지였다. 그러자 헤라클레스가 필록테테스에게 자신의 활과 화살을 보답으로 주겠으니 불을 붙이라고 부탁했고, 젊은이는 장작더미에 불을 붙였다. 그러나 곧 바로 하늘에서 벼락이 내리쳐 바로 장작불이 꺼졌다.

5. 이올라오스와 그 동료들은 뼈를 찾아 수습하려 했으나 아무것도 발견하지 못했다. 그들은 신탁의 말대로 헤라클레스는 인간 세계에서 신들의 세계로 갔다고 결론지었다.[35]

헤라클레스 숭배가 애초 어떻게 생겼는지에 관한 몇몇 증거들을 기록한 뒤,[36] 디오도로스는 우리에게 올림포스의 비밀을 알려 준다.

2. 우리는 우리 이야기에 다음을 첨가하지 않을 수 없다. 헤라클레스가 신이 된 후, 제우스는 헤라를 설득하여 헤라클레스를 양자로 삼아 차후로 그리고 늘 헤라클레스에게 어머니가 아들에게 갖는 좋은 감정을 보여 달라고 했다. 양자 결연은 분만하는 것처럼 행해졌다. 헤라는 침대에 올라가 헤라클레스를 앞으로 품어 실제로 아기를 낳는 것처럼 자신의 옷 사이로 그를 땅에 떨어뜨렸다.
3. 입양 후 헤라는 자신의 딸 헤베를 헤라클레스에게 주어 결혼시켰다고 신화 제조자들은 말한다.

사모사타 출신의 루키아노스는 제우스의 이야기는 빠뜨리고 장작불에 의한 구원을 말하면서, 이 구원의 본질을 잘 설명한다.

영웅이 그의 어머니로부터 받았던 모든 인간적인 것들을 벗어 버리고, 불로 정화되어 온갖 오염으로부터 벗어나 이제 그에게는 신적인 요소들밖에는 남아 있지 않았을 때, 그는 신들을 향해 날아 올라갔다. 이와 마찬가지로 하늘의 불과 유사한 철학이 인간의 그릇된 판단들이 찬미했던 모든 것들로부터 해방시켜 주었을 때, 사람들은 꼭대기를 향해 비상하여 참된 복에 도달한다. 그들은 그곳에 부와 영광과 즐거움이 있지 않을까라는 생각은 하지 않고, 오히려 그러한 것들이 거기 (하늘)에 있을 것이라고 믿는 이들을 조롱하면서.[37]

사실 본래 유한한 생명의 인간을 불태움과 동시에 불멸의 신을 끌어낸 것은 디오도로스가 말하듯이 단지 하늘의 불이었느냐, 아니면 두 종류의 불이 그 임무를 분담했던 것이냐 하는 것은 별로 중요치 않다. 여기에서 우리의 관심을 끄는 것은 헤라클레스의 태도이다. 그는 이올레나 무기의 경우처럼 물질적 선물을 한 것이 아니다. 신탁의 불가해한 약속을 믿으면서 그 스스로를 자신의 아버지 제우스에게 맡겼다. 제우스는 사랑하는 자식을 신으로 받아들임으로써 헤라의 끔찍한 질투를 종식시켰으므로, 결국 헤라클레스와 제우스는 둘 다 헤라클레스의 이러한 행위의 수혜자가 되었다.

　그가 사랑하는 여인을 힐로스에게 선물하고, 자신의 무기를 필록테테스(또는 포이아스)에게 선물한 뒤, 헤라클레스 자신은 자기 내부에 지니고 있던 불멸의 본질을 순순히 제우스에게, 또 신들에게 맡겼다. 헤라클레스의 죽음에 관한 신화는 수천 년 전부터 예술가, 도덕주의자, 신화학자들을 매료했던 온갖 죽음의 정황들을 3기능의 틀 속에 정리했다.

3 소리의 신 아폴론

오늘날 우리에게 아폴론은 태양신으로 알려져 있으나, 이는 중세 이후에 형성된 성격이다. 고전기 그리스에서 아폴론에게 "빛나는(phoi-bos)"이라는 수식어가 붙긴 했으나, 그가 애초부터 태양신으로 간주되었던 것은 아니다. 아폴론은 리라를 연주하며 신과 인간들을 즐겁게 했던 음악의 신이자 제우스의 의도를 인간들에게 전하는 신탁의 신이었다. 아폴론이 천상에서 지상으로 내려올 때는 등 뒤에 멘 그의 화살통에서 화살들이 요란한 소리를 낸다. 멀리서 목표물을 향해 시위를 당기면 그의 은빛 화살은 소리를 내며 쏜살같이 날아가 어김없이 거기에 내리꽂힌다. 이외에도 고대 그리스인들은 아폴론에게 목자들의 신, 질병을 가져다주는 신이면서 동시에 질병을 치유하는 신 등 여러 특성들을 부여했기에 소리의 신으로서의 아폴론이 특별히 부각되지는 않았다. 음악의 신이자 신탁의 신으로서의 아폴론은 누차 언급되었으며 이에 대한 연구도 적지 않으나, 이 특성들을 그의 활과 함께 소리 이론의 지평에서 종합적으로 접근한 이는 뒤메질이 처음이다.[38] 이 작업은 그가 인도-유럽제족의 신화들에 정통한 비교신화학자이자 1차 자료를 직접 해독할 수 있는 통찰력 있는 문헌학자였기에 가능했을 것이다.

『소리 내는 아폴론(Apollon sonorre)』에는 소리와 관련된 25개의 소고들이 크게 네 부분으로 나뉘어 있다. 1~3부는 인도와 그리스 및 로마 고전기(기원전 5세기~기원전 4세기)의 사회들을 중심으로 소리 개념을 고찰한 20개의 소고들로 구성되었다. 하지만 그 영향력은 고전적 사회를 넘어선다. 몇몇 인도-유럽어족에 공통된 소리와 말에 대한 관념을 관찰하는 작업은 간단한 일이 아니다. 이것은 아프로디테나 헤라클레스의 경우처럼 특정 기능의 대변자가 아닌 새로운 연구 대상으로 인도-유럽어족, 혹은 일부 인도-유럽족이 특정 인물이나 특정 대상, 혹은 특정 개념에 3기능 이데올로기를 모두 적용한 유형에 해당된다.

네 번째 그룹의 소고들 역시 서구 사회에 관한 것이지만 고전 사회가 아닌 다른 시대의 사회들에 대한 고찰이다. 뒤메질은 먼저 스칸디나비아 신화집『운문 에다』중「리그르의 노래(Rigsmal)」를 검토한다. 여기에서는 북유럽 신화의 헤임달 신을 고찰하면서 그 내용을 살펴볼 것이다. 이어지는 연구들은 색슨족의 신학, 앨퀸(Alcuin, 732~804)과 오세르의 에이몽(Haymon d'Auxerre, ?~865), 요하네스 스코투스 에리우게나(Johannes Scotus Eriugena, 810~877) 같은 몇몇 중세 신학자들의 사상에 나타난 사회의 세 질서 개념에 대한 검토이다. 20세기 후반에 중세는 인도-유럽제족의 연구에서 가장 유망한 분야들 중의 하나였다. 주지하듯이 프랑스 중세사가 조르주 뒤비(Georges Duby, 1919~1996)는 중세 봉건 사회를 구성하는 세 질서를 기도하는 자들(성직자), 싸우는 자들(귀족), 노동하는 자들(농민)로 규정했다. 뒤비의 이런 주장에는 에이몽 같은 중세 신학자들의 그늘이 드리워져 있다고 뒤메질은 말한다. 그래서 그는 4부의 5개의 소고는 20세기 후반에 제기되었던 중세 이데올로기의 문제, 즉 중세 사회의 세 질서(Trois Ordres) 개념이 어디에서 유래한 것이냐는 문제에 어느 정도 기여할 수 있을 것이라고 보았다.

'소리의 신 아폴론'에서는 1부에서 다룬 11개의 소고 중 3개만 소개하겠다. 첫 번째는 소리를 의미하는 인도 베다서의 여신 바츠(Vāc)에 관한 검토, 두 번째는 아폴론의 탄생 신화에 나타난 아폴론의 속성들에 대한 고찰, 그리고 다섯 번째 논문인 아폴론과 바츠의 비교 고찰이다. 제1부에서 검토되는 다른 내용들, 즉 치유의 신 아폴론과 『일리아드』에 나타난 아폴론의 특성들, 제우스 및 다른 신들과 아폴론의 관계, 스키타이족의 도기 장식과 소리를 의미하는 오세트족의 용어 바츠(wac), 고대 로마에서 출산과 예언, 신탁의 신 카르멘타(Carmenta)에 대한 소고들도 사뭇 흥미롭고 유익하다. 하지만 지면의 한계로 인해 두 신의 경우만 선택했는데, 그 이유는 두 가지이다. 첫째는 이 두 신에게 귀속된 특성들에서 보다 다양한 소리의 형태와 효과를 관찰할 수 있기 때문이다. 둘째는 고대 종교와 신화에서 소리 전문가가 차지하는 중요성에도 불구하고, 근래에 이르기까지 이 분야의 연구자들이 소리 자체에 대해서는 그다지 관심을 갖지 않았다. 고대 인도인들의 삶에서 그 위계와 중요성에서 커다란 비중을 차지했던 두 부류의 종교 전문가인 브라만과 리시의 존재 이유가 바로 소리였음에도, 인도 신화 연구자들 사이에서 지금까지 소리의 신 바츠는 별다른 주목을 받지 못했다.

베다 찬가에서 의인화된 추상적 개념인 바츠, 소리(la Voix)이자 말(la Parole)인 바츠는 3기능 구조에 따라 스스로 자신의 행동 양태를 분석한다. 델로스의 아폴론에게 바쳐진 호메로스풍의 송가에서 갓 태어난 신은 자신의 행위 수단들을 하나의 목록 속에 직접 드러낸다. 여기에서 때와 장소의 차이로 인해 생기는 소리 이론에 관한 독창성이 드러난다. 제1계층에서는 소리의 종교적 역할의 다양한 표현들이다. 제2단계에서는 두 경우 모두 활이 내는 소리가 인간의 소리를 이어받는다. 세 번째 단계에서는 베다 찬가에서 말은 일상적 형태의 말이라 할지라도 그것이 허용하는 의사소통과 협력으로 인해 식량을 제공하는 양육자이자 번영의 원천이라고 자칭한다. 이것은 또한 델로스섬의 의례와 전설들이 밝히는 금의 상징이 의미하는 것이기도 하다.

그러나 근원적인 어떤 차이가 그 규모를 제한한다. 바츠는 그 이름의 의미를 벗어날 수 없기에 일정하지 않은 형상인 '소리'에 불과하나, 아폴론은 정상적으로 구축된 복합적인 신이다. 인도에서는 소리의 이론이 바츠에 대한 묘사와 그의 활동에 모두 집중되지만, 그리스에서는 아폴론의 다양한 특성 중 하나에 불과하다. 이런 개략적인 차이를 보다 상세히 구체적으로 확인하기 위해 먼저 인도의 바츠 신에 주목해 보자. 고대 인도의 소리의 신에 대한 고찰이 선행되면 소리와 관련된 아폴론의 특성들을 보다 잘 파악할 수 있을 것 같다.

1   인도의 소리의 신 바츠

말과 음악은 모두 확장된 형태의 소리들이다. 말은 소리들이 유의미하게 연결된 것이며 음악은 리듬과 선율이 어우러져 이어지는 소리들이다. 참말이 있고 거짓말이 있듯이 말이라고 다 같은 말이 아니다.

게다가 어떤 말에는 신적 속성과 권위가 부여되었다. 고대 그리스와 마찬가지로 고대 인도에서 브라만의 기도나 주문, 그리고 영감을 받은 시인 리시(ṛṣi)[39]가 작곡하여 노래하는 찬가들은 일상적인 말이나 음악과는 그 성격과 권위가 아주 다르다. "인도의 가장 오래된 이 지식인들이 어떻게 그들의 존재 이유인 말의 특성과 권위에 대해 성찰하지 않았겠는가?"라는 물음을 던지며 뒤메질은 고대 인도의 소리의 신 바츠에 접근한다. 『리그베다』 제10만다라, 125숙타의 절(節)들은 이 두 부류의 옛 지식인들이 가졌던 말에 관한 사변들을 찬가의 형태로 보존하고 있다. 바츠 여신 스스로 자신을 찬미하는 이 시는 기도가 아니다. 시인은 1절부터 마지막 절까지 단지 여신의 언명을 인간들에 전하고자 할 따름이기 때문이다. 그것은 소리가 자신의 특권과 혜택을 열거하는 잘 구축된 형이상학적 진술이지만, 로고스(Logos)라기보다는 일종의 목소리(Phônê)이다.

쿠르간 가설에 따르면 기원전 두 번째 밀레니엄(기원전 2000~1001)의 시기에 카스피해 북쪽에서 온 것으로 추정되는 아리아인들 중 일부는 인더스강 유역 쪽으로 가고 다른 일부는 그와 반대 방향으로 진출하여 지중해 가까이 유프라테스 강변에 자리를 잡았다. 기원전 14세기 후반에 인도 서북부 지역과 아나톨리아 동남부 지역 사이에 자리 잡은 한 왕조가 몇백 년 동안 미타니 왕국을 통치했다.[40] 그런데 20세기 초에 히타이트의 수도였던 보아츠쾨이(Boğazköy)[41] 고문서 보관소에서 두 인접 지역 간에 체결된 동맹 조약 문서가 발견되었다. 이 문서에 나타나는 신들과 미타니인들이 증언했던 다양한 기원을 가진 신들 중에서 베다 신들의 간략한 목록을 읽을 수 있다. 미트라-바루나(Mitra-Varuṇa) 쌍, 인드라(Indra), 쌍둥이 나사트야(Nāsatya 혹은 아슈빈(Aśvin))가 그들이다. 여기에서 의문이 생긴다. 수많은 신들의 판테온에서 이토록 제한된 신이 선택되었다는 것은 무엇을 의미하나? 왜 이 순서로 신들이 열거되었는가? 보아츠쾨이의 신들 집단은 서쪽 방향, 즉 인도 반대편으로 이주한 아리아인들이 자신들 고유의 판테온을 형성하여 만들어진 것인가, 아니면 이 신들은 인도로 이주하기 이전 아리아인들의 공통된 전통에 속하는가? 인도인들이 베다의 일부를 편찬한 시기는 미타니인들과 비슷한 시기인 기원전 15세기경이다. 이 신들이 인도-유럽족 이주 이전 아리아인들의 공통 전통에 속한다면 인도인들 역시 분명 이 공통된 전통을 알았을 것이고, 또 비슷한 상황에 그것을 활용했을 것이다. 인도인들은 이 공통 유산을 풍부한 종교적 문헌 속에 남겨 두었을까?

반세기 동안 등한시했던 이 문제가 오늘날 해결되었다. 베다에서 확인되는 보아츠쾨이의 신들 집단은 그 수가 많지는 않지만 분명히 존재한다. 이들 중 일부는 보아츠쾨이의 경우처럼 인도에서도 신들의 이름이지만, 그 항들 사이에 어떤 관계가 있는지는 알려 주는 바가 없다. 그러나 중요한 맥락에 삽입된 몇몇 이름들은 사회의 세 기능, 즉 성스러운 권능, 물리적 힘, 물질적 부를 표현하고, 또 이 세 기능을 유기적으로 맞물리게 한다.

『리그베다』(X, 125)의 찬가는 몇 절의 순서가 바뀌었으나 내용은 별 차이가 없이 『아타르바베다』(IV, 30)에서도 발견된다. 여기에서는 『리그베다』의 순서와 내용을 따라 살펴보겠다.

1. 나는 루드라들(Rudras), 바수들(Vasus)과 함께 오며, 아디트야(Aditya)와 모든 신들(Viśvadeva)과 함께 돌아다닌다.

나는 바루나와 미트라, 인드라와 아그니, 그리고 쌍둥이 아슈빈을 지
탱한다.

2. 나는 흥분시키는 소마(Soma)를 떠받치고 트와슈트리(Tvastar), 푸
샨(Puśan), 바가(Bhaga)를 지탱한다. 나는 헌주하는 자, 간구하는 자,
제사를 지내는 자, 소마를 따르는 자에게 부를 제공한다.

3. 나는 세상을 지배하는 여왕이고, 재물을 모으는 자이며, 가장 사려
깊은 존재이며, 제사를 받는 이들 중 으뜸이다. 신들이 무수히 많은
곳에 나를 배치했기에 나는 곳곳에 자리 잡아 많은 것들을 그곳에 들
여놓았다.

바츠 여신은 1~2절에서 먼저 자신과 관련된 신들을 거론하고, 이
어서 그녀가 복을 내리는 인간들을 거론한다. 3절에서 여신은 스스로
여왕으로 자칭하며, 자신은 곳곳에서 모든 것을 하는 데 필요한 자격들
이 있다고 천명한다. 이어지는 4~6절에서는 그녀가 인간 세상에서 사
람들에게 주는 도움들을 언급한다. 7절에서는 그녀의 활동 영역을 말
한다. 제장(祭場)을 너머, 또 하늘, 땅을 넘어 우주 전체가 그녀의 행동
영역이다.

4. 오로지 나를 통해 음식을 먹고, 눈으로 보고, 숨쉬고, 발설된 말을
듣는다.
깨닫지 못한다 할지라도 그들은 내 위에서 평온한 삶을 영위한다.
말을 듣는 자여, 들을지어다, 내가 너에게 믿을 만한 것을 말하니.

5. 진실로 선언하노니,
신들과 인간들이 다 같이 누리는 말을 발설하는 이는 바로 나 자신이다.

내가 아끼는 이는, 그가 누구이건, 나는 그를 강력하게 만들며,

그를 브라만(brahmán, 남성),[42] 리시가 되게 하며, 그를 아주 지혜롭게

만든다.

6. 내가 루드라를 위해 활시위를 당기면 화살이 브라만(중성)의 적을

죽일 것이다.

사람들을 위해 싸우는 이 바로 나이니, 나는 하늘과 땅을 꿰뚫는다.

7. 나는 세계의 꼭대기에 아버지를 낳았으니, 나의 집은 물속, 대양

속에 있도다.

거기에서부터 나는 모든 존재들에 미치고, 나의 이마는 저 하늘에까

지 닿는다.

8. 나는 모든 존재를 부여잡고서 바람과 태풍처럼 세차게 호흡하니.

나의 위력은 천상 너머로, 그리고 지상 너머로 장엄하고 강력하게 펼

쳐진다.

2절의 후반부와 4~6절은 인간과 관련된 내용들이다. 2절과 4절에
서는 '식량'을 뜻하는 명사 ánna와 '평온하고 윤택하게 자리 잡고 살다'
를 의미하는 어근 kṣi가 돋보인다. 5절에서는 두 종류의 성스러운 인간
'브라만'과 '리시'가 부각되고, 6절에서는 '활을 당겨 죽이다', '전쟁을
하다'라는 표현을 볼 수 있다. 이들은 베다기의 인도에서 사회 계급으
로 굳어지고 있던 3, 1, 2(『아타르바베다』의 순서를 따르면 1, 3, 2) 기능과
관련된 세 활동의 특징들이다. 다른 한편으로, 베다의 신화에 조금이라
도 관심이 있는 이라면 브라만과 리시는 미트라-바루나의 영역으로 회
부되고, 사마드(samád, '상처')와 다누(dhánu, '메마른 땅')는 전사 인드
라의 영역으로, ánna와 kṣi는 베풀기 좋아하는 쌍둥이 아슈빈 혹은 나

사트야의 영역으로 회부된다는 것을 바로 알 수 있다. 따라서 여신이 베푸는 세 가지 혜택을 위치시키는 세 장소들은 이미 1절에서 쌍으로 명명되는 신들, 보아츠쾨이의 인도 신들인 미트라-바루나, 인드라-아그니, 쌍둥이 나사트야가 작용하는 곳들이다.

바츠가 인간과 관련하여 스스로를 규정하는 구절들을 보면 알 수 있듯이, 그녀가 말하는 모든 것, 자신의 권능으로 자부하는 모든 것은 인간의 소리에 관계된다. 눈에 띄는 예외가 하나 있다. 그것은 전사 기능의 차원에서 소리의 여신은 활과 화살 속에서 자신을 드러낸다는 것이다. 바츠의 선언들을 보다 상세하게 하나씩 검토해 보자.

4절은 사회의 기본적인 욕구 충족 면에서 말의 업무를 규정한다. 이 기능에서 양육의 면모가 처음부터 주요 언표로 강조된다. 양식은 목축이나 농경, 상업이나 산업 등의 노동을 통해 얻어지며, 양식의 생산을 위해서는 다양한 수요들과 이에 대한 응답들에 대한 최소한의 정보와 의사소통이 필요하다. 그런 까닭에 이 차원에서는 "(타인이) 말하는 것을 듣는 자(이해하는 자)"라는 표현에서 볼 수 있듯이, 말의 사용자들, 즉 발화자와 수화자의 상호성을 특징짓는 용어들이 사용된다. 사회적 관계들의 기반이 되는 이 상호성의 뒤를 잇는 내용은 진실의 문제, 말로 하는 의사소통 전부, 모든 흥정, 모든 가르침이 상정하는 진정성이다. 평온하고 윤택한 삶을 누리는 이들은 자신들의 행복이 바츠(말) 덕분이라는 것을 미처 깨닫지 못할 수도 있다. 말한다는 것은 지각하고 호흡하는 것만큼이나 자연스럽고 무의식적인 신체의 작용이라 주의하지 않고서도 하는 행위이기 때문이다. 4절을 요약하면 사람들이 내는 소리의 가장 절박한 주요 성과인 생존을 위한 식량 보급을 강조하면서 바츠 여신이 지배한다고 선언하는 영역은 우리가 일상생활이라 부르는 삶 전체이다.

종교 역시 인간들 사이의 의사소통은 물론 인간과 신 사이의 의사소통이 폭넓게 이루어지는 영역이다. 따라서 브라만이 하는 말이건 리시가 하는 말이건 발화는 간결하고 풍미가 있어야 한다. 기도문이나 주문 같은 의례적 말투, 교리들, 신화적 서사들은 그 기본 원리들이 말의 다채로움을 보여 준다. 그러나 이것들은 거의 종교적 삶의 총체라고 말할 수 있으므로 바츠 여신이 특별히 편애하는 영역은 종교 생활 전반이다. 그렇기 때문에 다른 누구도 아닌 바로 나, 의례에서 사용되거나 의례를 규정하는 체계화된 말, 영감을 받은 송가의 내용들인 '나만이', 그리고 '나를 통해서' 신들과 접촉할 수 있다고 바츠는 언명한다.

그러나 신성한 말은 아무나 사용할 수 있는 것이 아니다. 바츠는 자신을 대변할 매개자를 그녀의 자유 의지(yám kāmáya)에 따라 선택한다. 이 매개자들은 인간이지만 그녀처럼 신성한 존재들, 즉 사제들이다. 실제로 오랜 기간의 학습을 거친 사제들에게 그녀는 실행력(ugrám)과 사고력(sumedhām)을 부여한다. 그리고 이들을 브라만과 리시라는 두 유형, 즉 '제식 집행자'와 '영감을 받은 예언자'로 구별한다. 전자는 주문과 기도 및 불변의 숭배 몸짓들과 결속되고 후자는 시적 창조에로의 길을 연다.

경제의 영역에 이어 종교의 영역에서도 바츠 여신은 자애롭고도 평화로운 모습으로 나타난다. 하지만 그녀는 자신의 권능을 전쟁의 영역으로까지 확대하는데, 여기에서 두 가지 세부 사항을 거론한다.

첫째, 그녀가 싸워 죽이는 적은 종교적 삶의 위대한 동인인 브라만(중성)을 증오하는 모든 자이다. 따라서 불경한 자 혹은 야만인, 중세의 표현을 빌리면 불신자이다. 놀랍게도 이란에서 마즈다이즘이 제시하는 것과 병행되는 예시이다.

둘째, 전투에서 루드라가 조준하는 활과 화살은 고대에 멀리서 타격을 가하는 치명적 도구로, 바츠 여신은 이 무기를 자신의 것이라 주장한다. 이어서 일반적인 싸움 자체(samád)를 그녀의 일이라 주장하며, 그 수혜자는 싸우는 자들의 주민(jána)이라 말할 수 있을 것이다.

바츠가 전투를 자신의 것으로 인정하게 된 근거는 어렵지 않게 추정할 수 있다. 온갖 종류의 웅성거림, 욕설, 외침, 신음 등 사람들은 전장에서 인간의 격정에서 비롯된 소음들의 합창을 가장 즉각적으로 감지하고 듣기 때문일 것이다. 하지만 왜 바츠는 먼저 자신을 활의 지배자로 선언하는가? 왜 그녀는 사수 루드라 신의 손이 당기는 활시위의 팽팽한 힘을 자신의 권능이라 주장하는가? 폭풍우의 신이자 사냥의 신인 루드라는 인간 궁수들의 모델이다. 이 신의 무기가 내는 소리는 현악기의 줄을 팽팽하게 당겼다 놓았을 때 생기는 무시무시한 음과 유사하다. 루드라 신의 치명적인 화살의 소리는 자연의 소음, 광폭한 자연이 내는 소리이기에 바츠의 능력으로 귀속되었을 것이다.(『리그베다』, 10권, 125, 8) 다른 이유, 예컨대 진동의 물리학을 생각해 볼 수도 있다. 리라의 현에서 나오는 조화로운 울림들은 인간의 의지와 손가락의 기술들과 불가분하게 연관되어 있다. 그래서 바츠의 영역에 인간의 입이 만드는 소리들에 줄의 진동들도 추가되었을 것이다.

4~6절을 통해 알 수 있듯이, 바크의 지배력들의 세 기능의 일람표가 비록 『리그베다』 제10권에 삽입되어 있기는 하나, 베다가 형성되던 시기보다 더 오래된 것임이 확실하다.[43] 바츠와 관련된 찬가가 보아츠쾨이에서 발견된 동맹 조약에서 볼 수 있는 것과 동일한 구조를 지닌

신학적 언설들로 시작된다. 이 동맹 조약은 기원전 20세기에 두 인접
국 사이에서 체결된 것일 뿐 아니라 언어적 측면에서도 전(前) 베다기
의 특징을 보장하기 때문이다.

한편 그리스로 이주한 인도-유럽족의 일부는 소리와 관련된 공통
된 전통을 아폴론과 결부시켜 독창적으로 재구축했다.

2 델로스의 아폴론

아폴론은 제우스의 의도를 신과 인간들에게 전하는 신탁의 신이
다. 고대 그리스에서 아폴론의 신전은 대략 7개 정도였으며, 그중 가장
널리 알려진 것이 델포이(델피)와 델로스에 있던 신전이다. 그리스 신
화에 따르면, 델로스는 아폴론과 그의 여동생 아르테미스의 탄생지로,
이들의 탄생을 찬미하기 위해 해마다 그리스는 물론 이방의 지역에서
도 아폴론과 아르테미스, 그리고 그들의 어머니 레토 여신에게 바칠 봉
헌물들을 가지고 모여들었다고 한다.

아폴론 신전의 사제들은 대개 남성들이었으나 그리스 북부 파르
나소스산 주변에 위치한 델포이는 피티아(Pythia)라고 부르는 여사제
들이 있는 곳이었다. 델포이 신전 깊숙한 곳 갈라진 틈새에서는 검은
연기가 끝없이 올라오고, 피티아는 세 발 의자 위에 앉아서 사람들이
알아듣기 어려운 말로 중얼거리며 사람들에게 신탁을 전했다고 한다.
델포이 신전 입구에는 "너 자신을 알라."라는 문구가 새겨져 있었다.
소크라테스의 명언으로 잘못 알려진 이 명언은 사실 신들이 할당해 준
인간 각자의 몫을 받아들이고, 필멸의 인간의 한계를 명심해서 신 앞에

서 오만하지 말라는 아폴론 신의 경고문이다.

(1) 아폴론의 탄생

아폴론 신의 주요 특성들 중 소리와 관련된 것은 먼저 호메로스풍의 『아폴론 찬가(*Hymne homérique à Apollon*)』에서 이야기되는 그의 탄생 신화를 통해 잘 드러난다. 여기에서 저자는 자신을 장님 시인으로 칭한다.[44] 전반부(181행)는 델로스에서의 아폴론의 탄생을 묘사하며, 아폴론 신전의 우수성과 찬란함을 정당화한다. 후반부는 델포이의 아폴론에게 바쳐진 찬가들로, 분량은 전반부의 두 배이나 그 내용들은 전반부보다 후기의 것임이 분명하다. 먼저 전반부의 탄생 이야기를 요약하겠다.

레토는 아폴론과 아르테미스를 분만할 곳을 찾는다. 에게해의 푸른 섬들은 모두 헤라의 복수를 두려워하여 레토의 청을 거절하나, 자연의 혜택을 가장 누리지 못한 커다란 암벽의 섬 델로스만이 레토의 청을 받아들인다.

"델로스여! 그대는 내 아들 포이보스 아폴론(Phoibos Apollon, 빛나는 아폴론)의 저택이 되어, 그가 여기에 번영의 사원을 짓도록 하겠소? 그러면 그 어느 누구도 그대의 해안을 건드리지 못할 것이며, 그대에게 잘난 척 뽐내며 나타나지도 못할 것이오. 생각건대 그대는 황소도 양도 풍족하지 못할 것이며, 포도나무도 키울 수 없으며, 식물이 자라는 것도 보지 못할 것이오. 그러나 만약 그대가 사수(射手) 아폴론의 신전을 소유하면, 온 세상 사람들이 여기로 모여들어 그 재단에 헤카

톰베(100마리의 황소 제물)를 가져다줄 것이오. 제물들의 기름진 살에서는 거대한 연기가 끊임없이 타오를 것이오. 그대의 땅은 비옥하지 못하므로 그대의 주민들은 다른 이들의 팔에 의해 먹고살 것이오."

그러나 델로스인들은 곧바로 레토의 청을 받아들이지 않는다. 그들은 레토에게 델로스의 신전이 그리스인들, 그리고 전 인류의 신탁이 되도록 서약하게 하며, 레토가 하늘과 땅과 지옥의 강 스틱스를 걸고 맹세하자 마침내 그녀의 청을 받아들인다.

모든 올림포스의 여신들이 위대한 신의 탄생을 보기 위해 델로스로 모여들었다. 그러나 이번에는 헤라가 해산을 주관하는 여신 에일레이티아아를 놓아주지 않았다. 아흐레 밤낮 동안 진통이 왔으나 레토는 좀처럼 아이를 낳을 수가 없었다. 보다 못한 신들이 이리스를 보내 에일레이티이아를 불러오게 했다. 헤라가 눈치채지 못하게 에일레이티이아에게 다가간 이리스는 황금 목걸이로 매수하여 델로스로 그녀를 데리고 왔다. 그제서야 레토는 종려나무를 붙잡고 무릎을 꿇은 자세로 아이들을 낳았다. 아폴론이 태어나는 순간 포세이돈은 바다 밑 깊숙한 곳에서부터 거대한 기둥을 세워 떠돌이 섬인 델로스를 고정시켰다.

모여 있던 여신들이 아폴론을 흰 배냇저고리로 감싸 황금 띠로 둘렀으며, 테미스(Themis)는 신들의 음료(神酒, nectar)와 신들의 음식(ambrosia)[45]을 아폴론에게 먹였다. 이를 먹은 아기가 몸부림치자 황금 띠와 배냇저고리가 다 풀어졌다. 아폴론은 곧 불멸의 신들에게 말했다.

"나의 리라와 나의 굽은 활을 주시오. 또 나는 제우스의 확실한 의도를 나의 신탁 속에 드러낼 것이오."

이렇게 말하고 순결한 머릿결의 사수 포이보스는 길게 길들이 뻗어 있는 땅을 걷기 시작했다. 모든 불멸의 신들이 그를 찬양했으며, 모든 델로스가 제우스와 레토의 종족을 응시하는 동안 델로스 전체는 금으로 뒤덮이고 꽃이 피어 마치 만발한 꽃 숲의 산꼭대기처럼 우뚝 솟아 보였다.

이 순간에 신의 위상이 표현된다. 아폴론은 그에게 속한 자산(資産) 리라와 활을 달라고 요구하며, 이어서 자신은 아버지 제우스의 의도들을 신탁의 형태로 드러내는 능력을 지녔음을 선언한다. 마지막으로 아폴론은 델로스의 땅을 황금으로 뒤덮음으로써 어머니 레토가 델로스인들에게 했던 약속을 보증하고 외부에서 유입되는 부를 사전에 예시한다.

(2) 리라, 활, 신탁, 금의 심볼리즘

아폴론 신의 특성을 나타내는 이들 네 항목, 리라, 활, 신탁, 황금은 상이하나 자연스러운 형태로 제시된다. 갓 태어난 아기의 손에는 악기도, 멀리서 타격을 가하는 활도 쥐어져 있지 않았다. 이와 달리 다른 두 항목은 그가 천성적으로 소유하고 있었다. 예언 재능은 미래에 사용될 것이므로 그것을 알려 주기만 하면 된다. 다른 하나는 델로스인들을 안심시키고 그의 어머니의 명예를 위해서라도 즉시 시행되어야 했다. 그래서 자신의 첫 발걸음들이 만들어 내는 상징적인 금으로 서약의 이행을 보여 주었다.

분명히 구별되면서도 긴밀히 결합되어 있는 이 네 가지 항목은 아폴론 신의 업무들을 요약한 것이다. 이 중 세 항목에 대해 말하면, 각 항목은 명백히 인도-유럽인들의 세 기능적 층위들 중 각각 하나에 귀속되며, 찬가의 맥락이 강조하는 것이 바로 이것이다. 신탁은 최고 기능인 신성(神聖)의 관리에 속한다. 활은 무사 활동의 효력적인 한 특수 형태,[46] 즉 무사의 활동에 효력을 부여하는 무기의 한 형태이다. 황금은 델로스에 미래의 호사를 보증한다. 네 번째 항목, 아폴론의 공표에서 제일 먼저 거론되는 리라는 춤과 음악이 동반되는 델로스의 연례 축제와 관련시켜야 설명되는 문제이다. 따라서 제1기능은 신의 수하물에서 이중적으로 표현된다. 제우스의 의도를 인간들에게 알려 주는 신탁의 말과 인간들의 찬미와 기도가 신들을 즐겁게 하는 리라가 그것이다. 이러한 관점에서 각 항목을 자신의 자리에 위치시켜 다시 고찰해 보자.

먼저 신성한 기예로서의 음악부터 살펴보자. 델로스의 이오니아인 찬양은 시에서 길게 묘사되는데, 무엇보다 먼저 리라 연주자이자 리라 연주에 맞춰 노래하는 노래의 거장인 신을 기리는 축제이다.

그러나 당신의 마음이 델로스에 가장 매혹되었을 때는 이오니아인들이 길게 늘어뜨린 튜닉을 입고 자식들과 정숙한 아내를 데리고 델로스로 모여들었을 때이니, 그들은 당신을 기쁘게 해 주기 위해 경연 대회를 조직하여 격투를 벌이고 춤과 노래를 마음껏 즐긴다.
…… 게다가 결코 그 명성이 소멸되지 않을 경탄할 만한 것이 또 있으니. 사수 아폴론을 섬기는 델로스의 딸들은 먼저 아폴론, 그리고 레토와 아르테미스를 찬양한다. 이어서 지난날의 남성과 여성들을 생각하고 또 그들을 기념하는 영광의 찬가를 노래하며 인간의 가문들을

흡족하게 만든다. 인간의 찬가와 기도는 신들을 즐겁게 한다. 델로스의 딸들은 인간이 사용하는 모든 언어들을 노래할 줄 안다. 그녀들의 아름다운 노래가 정확하게 일치할 때, 그리스인이건 이방인이건 자신들이 말을 한다고 믿는다.[47]

아폴론의 수금 리라의 의미는 말에 의해 이루어지는 인간들 사이의 최적의 의사소통, 즉 조화와 화합이다. 『일리아드』에 따르면 아폴론이 연주하는 리라의 소리는 인간들은 물론 신들에게도 영혼의 조화와 평정을 가져다준다.

이렇게 해서 그들(신들)은 해가 질 때까지 하루 종일 잔치를 벌였다. 진수성찬을 나누어 먹은 데다 아폴론이 더할 나위 없이 아름다운 수금을 켜고, 뮤즈 여신들이 번갈아 고운 목소리로 노래하니, 모두들 마음에 부족한 것이 아무것도 없었다.[48]

신탁, 즉 미래의 예고는 최고 기능인 제1기능의 또 다른 경이로움이다. 미래를 예언하는 것은 델로스의 아폴론에게 개인적 자격으로 주어진 것이 아니기에 최고신 제우스로부터 나온다. 그는 자기 아버지가 생각하는 것들을 충실하게 인간의 말로 전하도록 할 뿐이다. 제우스의 결정을 인간들에게 알려 주는 일은 신성의 영역을 담당하는 사제 계급의 임무이다. 고대 인도에서 브라만이 했던 것처럼, 이것은 말에 의한 신과 인간과의 의사소통을 보여 주는 것이다.

아폴론에게 주어지는 여러 다양한 별명은 때와 장소에 따라 다르지만, 모든 상황에 다 제공되는 활은 행동으로 나타나는 것이 아니라 목표 지점만 분명히 드러낸다. 찬가 자체에서도 활에 대한 언급들은 종종 사수 아폴론의 물리적 힘의 언급과 섞여 있다. 분만 후에 그리고 아들을 올림포스로 데려갈 때, 레토는 "활을 멘 강건한 아들"이라는 말로 기쁨을 표현한다. 또 시의 처음을 보면 사수 아폴론은 그를 두려워하는 올림포스의 불멸의 신들을 굴복시킬 만반의 준비가 되어 있는 것 같다. 이는 불경에 대한 니오베의 응징을 시사하는 듯한데, 오만한 그녀의 자식들에게 예정된 운명이다.

> 탄탈로스의 딸 니오베는 테베의 왕 암피온과 결혼하여 7명의 딸과 7명의 아들을 낳았다. 자신의 다산에 의기양양했던 그녀는 자식이라곤 쌍둥이 남매뿐인 레토를 야유하여 여신의 자존심에 상처를 입혔다. 인간이 감히 신을 모독하다니! 레토는 아폴론과 아르테미스에게 자신이 느꼈던 모멸감을 잊지 말고 복수해 달라고 당부했다. 훗날 남매는 각자 니오베의 아들들과 딸들을 차례로 활로 쏘아 죽임으로써 권력과 다산의 광휘에 취해 오만하기 짝이 없었던 여인을 응징했다. 아폴론이 아들 7명을 쏘아 죽이고 아르테미스가 딸 6명을 죽였을 때에야 그녀는 비로소 자신의 잘못을 깨닫고 마지막 한 명의 자식만은 살려 달라고 애원했다. 그러나 아르테미스의 마음을 되돌리기에는 너무 늦었다. 14명의 자식을 모두 잃은 암피온 왕은 이 비극을 견디지 못해 자살해 버렸고, 상심한 니오베는 아무것도 하지 못한 채 울기만 하다 그만 그 자리에서 돌이 되어 버렸다. 그녀는 죽어서도 눈물을 멈추지 못해, 돌이 된 그녀의 몸에서 끊임없이 눈물이 흘러나왔다.[49]

쌍둥이를 해산한 레토는 이 미래의 모멸을 이미 알고 있다.

나는 그것을 잊지 않고 사수 아폴론에게 말하리라. 그의 발걸음은 제우스의 저택에 있는 신들을 떨게 할 것이로다. 그가 그 유명한 활을 당기며 가까이 다가가니 모든 신들이 자리에서 일어났다. 오직 레토만이 벼락을 가지고 노는 제우스 가까이에 머물렀다. 그녀는 활줄을 풀고 화살통을 닫았다. 그리고 신의 건장한 어깨에서 화살통을 벗겨내어 아버지 제우스의 왕좌가 있는 기둥의 황금 못에 걸어 두었다. 그녀가 아폴론을 인도하여 제우스의 왕좌 근처로 데려갔을 때, 아버지는 아들에게 황금 잔 가득 넥타르를 부어 주며 그를 맞이했다. 그러고 나서야 다른 신들도 자리를 잡고 앉았다.

갓 태어난 아기의 발걸음은 옥토도 광물도 없는 척박한 땅을 황금으로 뒤덮는다. 이것이 내포하는 것은 델로스의 땅에서 이제 곡물들이 자랄 것임을 의미하는 것이 아니다. 황금은 양식뿐 아니라 장차 델로스가 누리게 될 부, 외부에서 유입될 부의 유일한 근원을 표현한다. 레토가 약속했듯이 그것은 옥토의 부재를 벌충한다. 농경도 목축도 하기 어려운 델로스의 척박한 땅을 어떻게 보충하느냐? 각지의 순례자들과 상인들이 몰려들게 될 것이라는 레토의 서약이 실행되었음을 확인해 주는 사료들이 필요하다.

금의 가치를 파악하기 위해 다른 종류의 사료들을 살펴보기 전에, 뒤메질은 먼저 지리적, 문화적 맥락을 고려하지 않은 이전의 해석들을 비판한다.

델로스의 황금 덮개는 실재 없는 시적 이미지로, 또는 기적의 산물로 해석되기도 했다. 이러한 해석은 델로스라는 지역적 특성과 무관하게 이루어진 자의적 해석이다. 델로스라는 지역적 특성과 무관한 이런 해석들이 황금의 가치를 바꾸지 않는다. 실재 없는 시적 이미지나 기적의 산물이라기보다는 델로스인들에게 미래의 호사를 보장해 주는 것, 델로스의 양식과 부의 근원이 외부로부터 유입된 것임을 표현한다고 볼 수 있다. 상인들과 순례자들이 가져다주는 십일조와 신에게 바치는 과일이나 곡물의 신물(新物)을 금으로 나타낸 것이리라. 빌헬름 만하르트(Wilhelm Manhardt, 1831~1880, 신화학자)는 델로스의 연례 축제 델리아를 수확 축제로 해석했다. 그러나 신화가 이야기하듯이 암벽의 섬 델로스의 땅은 농경과 목축으로 생활을 유지하기에는 너무 척박했을 것이다.

델포이의 경우와 마찬가지로 델로스의 부는 외부인들의 팔에 의존한 농경과 목축을 대신한 부였음을 알려 주는 기록들이 있다. 칼리마코스(Kallimakos, 기원전 315~240)[50]는 델로스인들이 노래했던 아폴론 찬가의 옛 시에서 영감을 받아 아폴론의 탄생과 황금이 잘 어울림을 멋지게 보여 주었다.

갓난아기가 어머니의 품에서 튀어나왔다. …… 바로 그 순간 너의 땅이 온통 황금으로 뒤덮였으니, 오 델로스여! 둥근 너의 호수의 물결은 황금으로 출렁거렸고, 신이 태어나는 것을 본 올리브나무도 황금 잎으로 반짝였으며, 깊이 흐르는 이노포스강의 거센 물살도 황금이 되어 굽이쳐 흘렀도다. 너는 아기를 황금의 대지 위로부터 번쩍 들어 올렸다.[51]

또 칼리마코스는 『델로스에 바치는 찬가(Hymne à Délos)』에서 모든 도시 국가들, 모든 지역과 북부 해안 너머의 가장 오래된 북방 종족들이 해마다 델로스로 십일조와 햇수확물들 그리고 가무 합창단을 보낼 것이라고 이야기하고 있다.

이날부터 아폴론이 양육하는 너는 모든 섬들 가운데 가장 신성하도다. 에니오도 하데스도, 그리고 아레스의 말들도 너를 짓밟지 못할 것이다. 동방과 서방의 도시들 및 중앙의 도시들, 또 보레아스의 해안 저 너머에 거주하는 가장 오래된 북방 민족들까지 포함해 모든 도시들이 해마다 십일조와 햇수확물들을 가지고 가무 합창대를 이끌고 너에게 올 것이다.[52]

이방인들의 손에 의해 제공되는 이 양식들, 델로스가 누리는 이 특권은 헤로도토스가 스키타이인들의 전설과 의례들, 그리고 하이퍼보레아스의 처녀들에 관한 전통을 기술하면서 최초로 증언했다. 그는 북방 민족들에 대해 진술하는 몇몇 작가들을 거론한 후에 이 물건들이 델로스로 어떻게 운반되었는지를 묘사한다.

그런데 하이퍼보레아스인들(Hyperboreans)에 대해 가장 많은 내용을 상세하게 전하고 있는 이들은 바로 델로스인들이다. 그들의 이야기에 따르면, 신성한 물건들이 밀짚에 싸여 북방 너머의 나라 하이퍼보레아스로부터 스키타이의 나라로, 거기서부터 또 이웃에서 이웃으로, 동에서 서로, 여러 민족들이 그것들을 아드리아해까지 이동시키며, 그곳에서부터 남쪽으로 향한다. 그 물건들을 받는 최초의 그리스인들은 도도네인들이며, 이들은 말리아만을 통해 에비아(에게해에 있는 그리스 최대의 섬)로 운반하고, 거기에서 도시와 도시를 지나 그 물건들

은 카리스토스까지 운반된다. 카리스토스인들은 안드로스는 내버려
두고 테노스로 가져가고 테노스인들이 그것을 델로스로 가져온다.[53]

공물들이 왜 릴레이식으로 델로스까지 운반되었는지를 알려 주는
이야기가 있다. 칼리마코스에 따르면, 옛날에 하이퍼보레아스의 두 처
녀가 몇몇 청년들의 호위를 받으며 아리마스포이로부터 델로스섬까지
직접 최초의 공물들을 운반했다. 그러나 그 두 처녀는 너무 힘이 들어
목적지에 도착해서 그만 죽어 버렸다. 그 후 하이퍼보레아스의 처녀들
은 아무도 이 일을 하러 국경 밖으로 나서지 않으려 했다. 그 이후로 공
물 운반은 릴레이식으로 이루어졌다고 한다.
  아테네인들의 화폐 중에는 왼손에 활을 잡고 오른손에는 쟁반 같
은 받침대를 쥐고 있는 아폴론의 모습이 묘사되어 있는 것이 있다. 받
침대에는 세 여신 카리스(Charis, 복수형은 Charites, 미의 여신들로서 뮤즈
와 함께 아폴론을 수행함)가 있으며, 이 여신들의 다리 양쪽에는 몸은 사
자이며 머리와 날개는 독수리인 두 괴물 그리폰이 서로 마주보고 있다.
헤로도토스가 전하는 한 전설에 따르면, 이 괴물들은 금발의 아리마스
포이 사람들로부터 금을 지키는 금의 수호자들이다. 이 이야기는 하이
퍼보레아스의 처녀들이 아리마스포이로부터 델로스까지 공물을 운반
했다는 전설을 확인해 준다.
  델로스인들은 이 두 처녀를 잊지 않고 기억한다. 헤로도토스는 이
두 처녀의 이름과 이들을 기리는 델로스인들의 풍속을 전해 준다.

델로스의 소년 소녀들은 북극인의 나라에서 델로스섬까지 공물을 가
져와 죽은 두 여인 히페로케와 라우디케의 영혼을 위로하기 위해 자

기들의 머리카락을 잘라 바치고 있다. 시집가기 전 소녀들은 한 타래의 머리카락을 잘라 내고 이것을 실타래에 감아 묘소에 바친다. 묘소는 아르테미스 신전에 들어가면서 왼쪽에 있고, 그 위에 올리브나무 한 그루가 자라고 있다. 또한 델로스의 소년들도 푸른 풀줄기에 머리카락 하나를 감아서 묘소에 바친다.[54]

델포이의 신화에 따르면, 제우스는 아폴론을 델포이에 거주시켜 헬레네인들에게 법을 가르쳐 주어야겠다고 마음먹었다. 그러나 젊은 신은 백조가 이끄는 마차를 타고 해안 너머 북방 민족의 나라로 날아가서는 한 해를 온통 보냈다. 하지만 델포이인들은 계속해서 그에게 노래와 춤으로 간절히 염원했으므로 그는 델포이로 돌아왔다. 그 후 아폴론은 겨울 3개월 동안은 북방 너머 사람들 사이에서 보내고 여름이 시작되면 돌아온다. 그가 없는 동안 디오니소스가 신탁의 주인으로서 델포이를 다스린다. 핀다로스에 따르면 "육로로건 해로로건 아무도 북방 너머 사람들의 놀이들로 인도하는 멋진 길을 발견하지 못한다."

이러한 기록들로 미루어 볼 때, 델로스의 전통이 금의 심볼리즘을 통해 아폴론에게 부여한 네 번째 능력은 인종, 국경, 언어의 차이를 없앤 광범위하고 평화로운 화합과 협동으로 이해할 수 있다.

델로스의 아폴론 탄생 신화가 말하고자 하는 바를 뒤메질은 이렇게 정리한다. 델로스의 번영은 신이 인간들을 그들 간의 의사소통과 우호적 공모에 의해 서로 협동하게 만드는 데서 온다. 인간들의 잘 조직된 협동(번영을 위한 협조, 이방인들 간의 유익한 공모)은 인간의 본성이 그 도구를 제공하기 때문에만 가능하다. 그 도구는 바로 말, 직접 이해되거나 해석자를 통해서 번역되는 말이다.

아폴론의 신분을 표현하는 기물들 중 세 항목인 신탁, 리라, 활은 장소나 상황과 무관하게 단지 아폴론의 개성, 지혜, 미, 용기와만 연결되어 있다. 그러나 아폴론의 다른 능력, 즉 그의 신탁이 델로스와 델포이에 가져다주는 부, 보편적 화협에 의한 부의 필요 조건은 바로 이 부의 혜택을 받는 나라의 자연적 궁핍이다. 로마에서 이 능력은 치유술로 대체되며, 아폴론의 치유 능력은 호메로스의 서사시에서도 나타난다.

3 아폴론과 바츠의 비교

아폴론이 탄생했을 때 그와 결합된 네 가지 능력은 독창성과 차별성을 지니며 베다에서 바츠가 자부하는 능력들과 같은 방식으로 구성된다.

아폴론은 리라로 신들을 기쁘게 해 주는 제식들에 활력을 불어넣고, 신탁으로 제우스의 생각을 인간들에게 전달한다. 활로써 전쟁의 난폭한 형태를 떠맡고, 델로스를 뒤덮는 상징적 금을 통해 불모의 암벽의 섬에 번영을, 그리고 먼저 인간들 사이의 소통과 화합이 보장해 주는 식량 보급을 예고한다.

아폴론이 자신의 행위로써 혜택을 주는 이 능력들은 인도-유럽어족 이데올로기의 세 기능적 차원에 할당된 몫들이다. 칼리마코스, 베르길리우스, 호라티우스 등의 판본에서 네 번째 항목은 부의 순환이 아니라 의술이지만, 이것 또한 치유술과 연관된 것이므로 제3기능과 관련된다. 비록 치유의 수단들을 주문, 외과술, 약초의 세 차원에서 차용하긴 하나 치유술은 근원적으로 제3기능의 지평에 존재한다.

한편 베다의 바츠는 두 부류의 성스러운 존재들, 즉 브라만과 리시들에게 생명력을 부여한다. 전자는 자신의 이름을 딴 주문(브라흐마스트라)를 가지고 있는데, 이 주문이 있어야 제사가 성공적으로 수행될 수 있다. 후자는 투시력을 가진 자이자 영감을 받은 시인이다. 전장에서 생명을 앗아 가는 활의 소리와 뒤엉켜 싸우는 혼전의 소음들이 바츠에게 귀속된다.[55] 세 번째 차원에서는 그가 사람들 사이에, 화자와 청자 사이에 확립하는 합의를 통해 바츠는 집단의 윤택한 삶을, 또 먼저 식량 보급을 보장한다.

이 두 경우는 하나가 다른 하나를 명료하게 해 주는데, 그 특성들은 우연적이고 변화무쌍하게 집적된 것이 아니다. 이 특성들은 하나의 구조 속에 통합되어 있으며, 그 통합 원리는 바츠가 자신의 이름 속에 담고 있는 원리가 될 수밖에 없다. 세 기능의 목록에 다양하게 배분하여 활용하는 인간의 연접된 소리, 즉 '의례의 기도, 송가, 영창, 신탁', '전쟁의 함성'이 그것이다. '필요에 따라 적절히 활용되는 통상적 활용어', '매 순간의 생명력 있는 의사소통', '활과 리라의 현이 내는 고유한 소리들'은 예외인가? 그렇지 않다. 인간이 만든 활과 리라는 그 자신의 소리 기관에 병합되었다. 말들이 없어도 리라는 이미 노래를, 영창을 만들어 낸다. 그래서 인도의 소리의 신이 "루드라를 위해 활을 당기는 이는 바로 나이니."라고 단언할 때, 또 호메로스가 아폴론이 "율리시스의 활이 노래하도록 했다."라고 표현했을 때, 우리는 이것들이 의미하는 바를 잘 이해한다.

이러한 유사성을 보면 베다 시대의 인도인들과 기원전 1000년경의 그리스인들은 인간의 소리에 대해 동일한 교리를 지녔으며, 이는 다른 여러 관념들과 마찬가지로 그들 조상들의 3기능 이데올로기로부터 도출한 것이다. 그러나 이런 전반적 유사성에 경도되어 차이점들을 놓쳐서는 안 될 것이다.

먼저 근원적인 차이점이 있다. 소리 교리의 운반자들이나 해석자들은 동족이 아니다. 그리스인들과 인도인들의 신학에서 소리 교리의 비중과 위치는 다르며, 보다 더 중요한 것은 신학적 위계들에서 소리의 일람표가 차지하는 몫이 같지 않다.

바츠가 신임은 분명하지만, 그 이름 자체의 투명성이 탈선을 용인하지 않는다. "나 바츠는 ~이다", "나 바츠가 ~한다" 이렇게 표현되는 것이 아니라, "소리는 ~이다", "소리가 ~한다"라고 표현된다. 베다 문헌에서, 또 송가에서 바츠는 그다지 비중 있게 언급되지 않으며 신화적 견실함도 별로 없다. 형체를 갖기 위해 바츠는 사라스와티(Sarasvati) 같은 여신들에게 동화되거나 그를 모방해야 한다.

아폴론은 이와 다르다. 그는 리라나 로고스를 인위적으로 인격화한 신이 아니라 온전하고 유기적인 인물이다. 전 헬레니즘기의 그의 이름으로 판단해 볼 때, 북방의 침략자들이 소리들과 관련된 그들의 전통적 지식의 일부를 아폴론에게 부여했다.

두 번째 차이점은 첫 번째 차이의 직접적 결과이다. 바츠는 추상적 개념이라 모든 층위에서, 심지어 제3의 층위에서도 구체적인 특정 장소에 구애받지 않고 보편적으로 활동한다. 살아 있는 자들, 적어도 이해 가능한 언어를 사용하는 아리아인들이 있는 곳이라면 어디서건, 그들은 바츠를 통해 먹는다. 아폴론에게는 고향이 있다. 리라와 활 및 신탁 능력은 그에게 속한 고유의 특성이다. 이들 셋이 시공과 무관하게 그의 모든 움직임에 수반되는 보편적 특성이라면, 고향 델로스는 다른 모든 섬들과는 달리 아폴론이 황금으로 뒤덮은 유일한 섬이다. 또 다른 모든 땅들과 달리 아폴론은 델로스인들과 델피인들에게 그 나름의 방식으로 양식을 제공하며 이들의 땅을 풍요롭게 해 준다. 게다가 바츠는 그녀가 모든 사람들에게 제공하는 안녕의 형태, 식량 보급의 형태를 특기하지 않는다. 따라서 목축과 농경을 배제하지 않는다. 이와 반대로 아폴론은 델로스에서, 그리고 델포이에서 불가능한 농경 경제를 대체할 일종의 조세에 해당되는 햇수확물과 십일조라는 수입만을 마련해 준다.

바츠의 지도력이나 창조적 행위의 보편성은 총체적이라 인간의 이해를 훨씬 능가한다. 그래서 바츠는 인간들이 그녀로부터 얻는 혜택들을 상세하게 말한 후, "이 세상의 꼭대기에서 아버지를 낳은 이는 바로 나이며, 나의 자궁은 물속에, 대양 속에 있다."라고 우주에 대한 권리까지 주장한다.

아폴론에게는 이런 자부심이 없다. 한참 뒤에야 겨우 그의 리라의 권능이 철학적으로 또 시적으로 확장되어 '구형의 음악(Musique des Sphères)'에 대한 멋진 몽상들 속에서나 나타난다.[56] 아폴론의 이름 자체에는 이런 음악적 실체가 담겨 있지 않다. 그리스인들은 이 강력하고 복합적인 신적 인물에게 동일한 목록을 적용하면서 그 일관성을 이완시키고 원리를 모호하게 만들었다. 소리는 이 신이 등 뒤에 메고 있는 제2기능의 지평을 지나갔으며, 그의 다양한 양상들은 공통된 질료를 상기시키지는 않지만 명시적으로 언급하거나 이 신과 직접적으로 연관된 제1기능의 틀을 벗어나는 경향이 있다. 음악은 기도의 말들을 담당한 주역들을 매료시키며, 신탁은 그 형태의 근원인 제우스의 생각들로 데려간다. 제3기능의 차원에서는 기적의 황금과 근사한 수하물(手荷物), 풍요로운 곡물들이 사람들의 주의를 독점한다. 하이퍼보레아스의 이삭들이 수많은 손과 손을 거쳐 델로스에 도착하고, 델로스의 딸들이 부르는 노래는 그리스인들뿐 아니라 이방인들까지도 그 의미를 이해한다는 언어적 환상들, 이 모든 것들은 인간들 사이의 소통과 화합에 토대를 두고 있음을 상기시키지만, 여기에서도 '말'이라는 단어는 나타나지 않는다.

바츠는 자신 속에 지니고 있으며 아폴론은 외부로부터 활용하는 소리-말의 교리는 원래의 개념들을 사용하나 종교와 경제의 옷을 입은 새로운 형태들과 어울리면서 양쪽에서 명확히 드러난다. 또 다른 차이들은 이에서 유래한다. 종교에 국한해서 말하면, 인도는 인도-이란 시기로부터 물려받은 성직들을 보존했을 뿐 아니라 그것을 권위 있는 집단으로 발전시켰으며, 또 아주 일찍부터 경이로운 기억술로 온갖 종류의 성스러운 문헌들을 집적하여 거대 경전집을 만들었다. 여기에서 브라만과 리시가 부각된다. 한편 이미 신탁의 장소들에 흩뿌려진 에게해의 땅들에는 근동, 이집트, 메소포타미아의 옛 문명들의 음악들이 침투했다.

이 문명들이 끼친 영향들의 결과는 델로스인들이 제1기능을 양분한 것에서 명확하게 나타난다. 이 계층에서 작용하는 두 동인은 사제와 영감을 받은 서사시인으로, 이들은 완전히 구별되지만 긴밀히 결합되어 있으며 세 절로 표현되는 3항 구조를 변화시키지 않는다. 이와 달리 아폴론의 장비에서는 종교적 소리가 완전히 분열되는 모습을 보인다. 호메로스의 찬가와 그 찬가들에 영감을 받은 시인들은 리라와 신탁이 아니라, 현을 가진 기물이라는 점에서 동류로 볼 수 있는 리라와 활을 결합시킨다.

브라만-리시의 연접과 신탁-리라의 연접은 둘 다 신과 인간의 관계에서 그 방향이 반대로 설명된다. 전자는 인간에게서 신으로 향하고, 후자는 신에게서 인간으로 향한다. 신인 관계에서의 방향이 반대라는 점에서 보면, 이 두 연접이 달리 이루어지는 것이 당연하다. 제사를 관장하는 브라만과 영감을 받은 시인인 리시는 각자 다른 류의 신성한 말을 활용하지만 유기적으로 연동된 성스러운 인간들의 다양함이다. 반면 예언가의 일인 신탁의 응답들과 음유 시인의 일인 리라의 울림들은 청각 효과의 지시들에 의해서만 분명히 드러난다. 이 둘은 사뭇 다르기에 그리스인들은 그 의미를 놓쳤다. 육체적으로 강건한 아폴론의 신체적 특성이 말을 희생한 대가로 그가 손에 들고 있는 리라의 활용을 용이하게 했다. 잠시 후에 보겠지만, 바츠 여신에게서 이런 신체적 특성이 점점 소멸된 것과는 상반된다. 바츠의 신체는 겨우 입만 간신히 묘사되지만, 아폴론은 잘 빚어진 멋진 손가락들을 가지고 있다. 이왕 지적한 김에 하는 말이지만, 이러한 성찰은 제2계층에서 사수 아폴론과 활시위를 당기는 바츠의 일치에 보다 주목하게 하며, 활의 경우 소리 이론에서 손과 도구에 의존한다는 특성은 인도와 그리스인들의 공통 조상들로 거슬러 올라가는 것이 아닌가 하는 생각을 하게 만든다. 똑같이 손과 도구에 의존하지만 리라의 경우는 그렇지 않다. 여기에다 이미 간략하게 환기시킨 상황적 이유를 추가해야 할 것이다. 아폴론이 손에 리라를 잡고 소유권을 행사할 수 있었다면, 그것은 그리스 땅에서, 어쩌면 그리스인들 이전부터 악기가 그리스인들의 조상들이 장차 그들의 조국이 될 땅을 향해 발걸음을 내디뎠던 때에는 미처 갖지 못했던 어떤 특질과 특권을 획득했기 때문이 아닐까? 네 베다서 중 가창들로 구성된 『사마베다』는 희생 제의에서 사용되었으나, 오래지 않아 종교와 무관해진다. 아폴론과 밀접하게 연관된 아홉 뮤즈들을 굳이 거론하지 않더라도, 종교적 기예로서의 음악은 인도보다는 오히려 그리스에서 그 가치를 온전하게 인정받았다는 것은 분명하다. 뮤즈들은 고대 인도인들이 브라만과 리시가 관장했던 분야들과는 다른 분야들, 사제와 현자들의 표현 방식 및 사고방식들과는 다른 표현 방식들과 사고방식들을 수호했다.

소리 교리의 역사적 실현들에서 나타나는 편차들은 일치하는 세부 사항들에 보다 중요성을 부여하는데, 그 일치점들을 단계별, 기능별로 정리하면 다음과 같다.

첫째, 모든 신적인 것, 인간적인 것, 우주적인 것들의 지탱자 혹은 추동자인 바츠는 왕에 대해서도 왕국에 대해서도 말하지 않는다. 만약 그녀가 제1계층에서 자신의 행위를 배분한다면, 그것은 두 종류의 성스러운 인간들 사이에 분배된다. 그녀는 일시적인 권능을 주장하지도, 내세우지도, 지지하지도 않는다. 적어도 명시적으로는 그렇다.

아폴론에게는 간혹 왕자(ἄναξ, svax)라는 경칭이 부여되지만, 그는 지배자가 아니다. 신적 위계에서 그는 제우스의 속내를 특별히 신탁의 장소들에서 인간들에게 알려 주는 정확한 해석자에 불과하다. 그는 왕국들과 특별한 관련도 없고 정치와도 별 친연성이 없다. 아폴론은 델포이에서 시민들과 왕들의 사절단에게 때로는 분명하게, 때로는 모호하게 행동에 대한 조언들을 아끼지 않는다. 하지만 이 경우도 정화의 비법을 물을 때에야 비로소 그것을 알려 주듯이 신탁의 문의를 구할 때에만 신의를 전해 준다. 그의 사제들은 결국 인간들의 통치에 관한 일종의 교리들, 혹은 통합되거나 분열된 그리스인들의 이해에 관한 일종의 교리들을 구축하게 된다. 이것이 제1기능의 정치적 측면에 대한 유일한 기여라고 할 수 있다.

제2기능으로 말하면, 앞에서 이미 강조했듯이 바츠는 무기와 전쟁이 자신의 비품이라 주장한다. 불신자들과 소란스러운 전투를 일으키는 자들을 향해 루드라를 위해 화살을 당기는 이는 바로 자신이라고 그녀는 말한다. 여기에서 루드라의 이름이 소환된 것은 그가 활 전문가이기 때문이며, 그리고 활은 그것이 내는 다양한 소리 때문에 소환되었다. 그렇다고 루드라가 전쟁신이라는 것은 아니다.[57] 루드라는 홀로 멀리서 브라만의 적, 다시 말해 대개 비아리아인 위로 화살을 쏜다. 그리고 루드라의 싸움(samád)은 계획된 기술들과 각본 속에 행하는 전투라기보다는 전투에서 솟구치는 함성이다.

제2기능의 차원에서 델로스의 찬가는 활만 취하며, 그래서 아폴론의 속성을 규정하는 여러 별명들은 '멀리서 타격을 가하는 아폴론'의 특징을 나타낸다. 하지만 그가 『일리아드』의 전장에 나타날 때는 활도 사용하지 않고 다른 무기들도 사용하지 않는다. 아폴론이 임무를 수행하거나 행동할 때는 다른 수단들을 활용한다.

제3기능에 대해 말하자면, 바츠는 인간들이 자신을 통해 음식을 먹는다고 말하나 그 음식물의 종류와 기원을 구체적으로 언급하지 않는다. 적어도 그녀는 자신에게 어떤 형태의 풍요이건 풍요의 여신이라는 자격도 부여하지 않고, 농경술의 수호자로도 자처하지 않는다. 농경술은 소리보다는 몸짓을 더 많이 내포하고 있다. 인간의 탄생과 인간관에 대해서도 침묵하고 지나가는 것은 물론이다.

제3기능에 대해, 델로스 찬가의 아폴론은 그 첫 번째 임무가 델로스인들을 양육하는 것이며, 그것은 땅과 목초지를 개간하는 방식이 아님을 분명하게 이야기한다. 다른 전통들은 아폴론에게 전원생활에 필요한 기술들의 보호자 자격을 부여하며, 그래서 베르길리우스는 『농경시』의 개장에서 로마인들의 가축 보호 신인 팔레스와 함께 가축들을 보살피는 아폴론에게 간구할 수 있었을 것이다. 인간의 다산(多產)으로 말하면, 아폴론은 그것에 관심도 없고 협력도 하지 않는다. 『일리아드』는 물론 델로스의 찬가에서도 이런 특성을 지닌 아폴론 신은 볼 수 없다. 몇몇 지역 전설들에서 아폴론의 아들들이 등장하는데, 그것은 이 신을 조상으로 가지는 것이 명예로웠기 때문일 것이다. 그러나 그들 중 아스클레피오스만이 그의 탄생 신화에서 아폴론이 아버지로 나타난다. 그러나 좋은 남편의 자질을 가진 아버지는 아니었다. 까마귀의 말을 믿고 자신이 사랑했던 코로니스를 죽이고, 그녀의 몸속에서 아들 아스클레피오스를 꺼내 켄타우로스 케이론에게 교육을 맡겼으니까. 또한 신들 중에서 소년들과 어울리는 것을 가장 즐기는 신은 아폴론이라는 것을 잊지 말아야 한다. 소년들은 무덤을 해골로 장식하는 데 적합한 존재들이라기보다는 호모 사피엔스의 서고를 소네트로 장식하는 데 적합한 존재이다. 그러나 아폴론과 미소년 히아킨토스와의 사랑도 결국 소년의 비극적 죽음으로 끝난다. 이런 관점에서 니오베의 전설을 읽어 보면 거기에서 느꼈던 의아스러움이 경감될 것이다.

여러 번의 임신이 만들어 낸 "다수(多數)"는 일반적으로 제3기능의 가장 중요한 특성들 중의 하나이다. 아폴론 신의 유형과 다수는 기능적으로 양립하기 어렵다. 니오베의 전설은 바로 이 둘 간의 기능적 양립 불가능성을 연출한 것은 아닐까?

지금까지 우리는 소리의 신 바츠와 아폴론의 신화들을 비교 고찰함으로서 일치점과 차이점들을 확인했다. 인간의 소리와 그것의 다양한 형태 및 효과들에 관한 기능적 이론은 인도에서는 소리의 신격화에 불과한 바츠의 존재 자체와 그 행위의 총체성을 구축한다. 반면 아폴론 유형에서는 소리가 매우 중요하긴 하지만, 아폴론 신을 만든 것은 소리가 아니며 그를 소리로 한정 짓지도 않는다. 아폴론 신의 기원이 어디이건 그는 여러 신들 중 한 신격으로, 그와 동질의 다른 신격들과 연결된다.

2부

스칸디나비아 신화

1 자료와 기본 정보

북유럽 신화(혹은 게르만 신화)는 스칸디나비아 지역, 즉 스웨덴과 노르웨이, 덴마크에 거주했던 바이킹족의 신화이다. 이들 세 나라는 8세기까지도 국경이 모호했으므로, 바이킹이 최초로 약탈에 나섰을 때 그들은 모두 스칸디나비아인들이었다. 이들은 동일한 언어를 사용했으며 생활 양식도 같았고, 동일한 신앙 체계를 가졌다. 돌에 새겨진 룬(Rune) 문자를 제외하고는 11세기까지 바이킹은 전혀 기록을 남기지 않았기 때문에 수많은 전통 신화와 아이슬란드어로 사가(saga)라 불렸던 영웅 전설들이 시가(詩歌)의 형태로 구전되어 내려왔다. 뛰어난 기억력을 가진 시인들 중 일부는 부자나 왕의 궁정 시인 스칼데(skalde)가 되기도 했다. 이들 궁정 시인이 왕성하게 활동했던 9~13세기는 바이킹의 황금시대이기도 하다. 스칼데가 쓴 스칼드(skald, 고대 노르드어로 skáld) 시와 작자 미상의 이른바 에다 시는 동시대에 창작되었으나 작시법이 다르다. 후자는 간결하고 객관적이며 극적인 대화 형식을 띠고 있는 반면 작자가 알려져 있는 전자는 묘사적이고 주관적이며 엄격한 운율을 따른다.

1 운문 에다와 산문 에다

바이킹의 삶과 정신세계가 담겨 있는 북유럽 신화의 발견은 오늘날 에다(Edda)라 불리는 신화집 덕분이라고 해도 과언이 아니다. 에다는 운문으로 전해지는 『운문 에다』(혹은 『고에다』)와 산문으로 기록된 『산문 에다』(『신에다』 혹은 『스노리 에다』) 두 종류가 있다. 이들 두 에다의 원어는 고(古)노르웨이어, 보다 정확히 말하면 875~930년에 아이슬란드섬을 점령했던 노르웨이인들의 언어였던 고(古)아이슬란드어이다. 정확한 편찬 연대는 알 수 없지만 9~12세기 사이에 에다라 불렸던 신화집의 골격이 형성되었고, 1250년경 아이슬란드의 한 수도승이 구전으로 전해지던 시가와 사가를 양피지에 기록해 놓았다. 그러나 이 필사본은 오랫동안 세상에 빛을 보지 못한 채 망각의 창고에 묻혀 있었다. 1643년에 아이슬란드에서 루터교 주교 브리뇰푸르 스베인손(Brynjölfur Sveinsson)이 행방을 알 수 없던 그 필사본들 중 일부를 입수한 덕분에 에다 시들이 세상에 알려지게 되었다. 그는 이 신화-전설 시가집의 필사본을 덴마크의 왕 프레데리크 3세에게 바쳤다. 그래서 오늘날의 『운문 에다』는 먼저 『코덱스 레기우스(*The Codex Regius*, "왕의 서, 왕실 필사본")』라는 이름으로 알려졌다. 『운문 에다』는 신들의 노래 16편과 영웅들의 노래 24편으로 이루어져 있다.

『산문 에다』는 아이슬란드의 시인이자 역사가이며 정치가였던 스노리 스투를루손(Snorri Sturluson, 1178~1241)이 『운문 에다』를 토대로 1220~1225년에 작성한 것이다. 9세기 초반에 덴마크와 스웨덴에 기독교가 들어갔고, 대략 2세기 뒤에 두 왕이 노르웨이와 서쪽 군도들도 기독교를 받아들이도록 강요했다.[1] 아이슬란드는 1000년에 기독교로 개종했다. 그래서 『산문 에다』의 내용들 중 특히 우주와 뭇 존재들의 탄생을 이야기하는 창조 신화의 내용들은 기독교 경전「창세기」에 기록된 창조 신화의 내용들과 흡사하다.

뒤메질이 활용하는 신화 자료들 중 『운문 에다』는 완역되었으나,[2] 『산문 에다』는 일부만 국역된[3] 탓에, 전체 내용을 파악하기 어려울 뿐 아니라 이 신화집을 구성하는 세 장들의 이름도 우리에게는 아주 낯설어 때로 그 장들이 독립된 신화집으로 번역되기도 한다. 그래서 『산문 에다』의 내용들을 간략히 정리한 후 나머지 자료들을 소개하겠다.

스노리가 편찬한 『산문 에다』는「서문」,「길파기닝(Gyl-faginning)」,「스칼드스카파르말(Skáldskapermál)」, 그리고「하타탈(Háttatal)」의 네 부분으로 구성되어 있다.

스노리가 활동하던 시대는 이미 북유럽 국가들에 기독교가 정착하여 뿌리를 내린 시기이다. 그런 탓인지 그는 기독교적 관점에서 스칸디나비아 신화를 설명하는 것으로 서장을 연다. 그는 먼저 전능한 신에 의한 천지 창조, 아담과 하와의 등장, 홍수, 노아의 방주 같은 창세기의 여러 에피소드들을 상기시킨다. 그러나 인간들은 신의 명령들에 복종하지 않고 신의 이름마저 망각한다. 자연의 힘들을 관찰한 인간들은 땅을 숭배하기에 이르렀고, 이어서 조물주의 존재도 추론한다. 이어지는 내용에는 바이킹족의 신들이 역사적 인물로 묘사되는데, 그리스 및 로마 신화의 흔적들이 스며들어 있다. 예를 들면 다음 내용들에서 그것을 확인할 수 있다.

트로이를 다스렸던 왕들 중 무논(Múnón 혹은 메논(Mennón))이라는 왕이 있었다. 그는 프리아모스(Priamos) 왕의 딸과 결혼하여 아들 트로르(Trór)를 낳았는데, 사람들은 그를 토르(Thor)라 부른다. 트라키아에서 로리쿠스(Lóríkus) 밑에서 자란 트로르는 잘생기고 강한 힘을 가진 청년으로 성장했다. 12살이 되자 그는 양아버지를 죽이고 왕국을 차지했다. 그리고 원정을 떠나 노르웨이 전사들인 베르세르크(berserkers), 거인과 용, 광포한 야생 동물들을 무찌르고 돌아와 예언녀 시빌(Sibil)과 결혼하는데, 사람들은 그녀를 시프(Sif)라 부른다. 여기에서 트로르의 특성들과 일생의 여러 에피소드들은 베르겔리우스의 『아이네이스』에서 묘사되는 아이네이아스의 특성들과 유사한 점들이 많다.

그로부터 18세대가 지난 후 사람들이 오딘(Odin)이라 부르는 보덴(Vóden)이 태어나고, 훗날 그는 프리기다(Frigidá, 프리그(Frigg))와 결혼한다. 혜안을 가진 보덴은 북쪽으로 가야 한다는 것을 깨닫고 많은 동료들과 함께 터키를 향해 떠난다. 아시아[4]에서 왔기에 아스족(Áss)이라 불렸던 그들은 가는 곳마다 평화와 번영을 가져다주었으므로 사람들은 그들을 신으로 간주했다. 오딘은 자신의 아들들을 그가 지나가는 지방의 우두머리로 삼았는데, 그들 중 세 아들이 색슨족을 나누어 다스렸다. 스콜둥족(Skjöldungar)의 선조인 스콜드(Skjöld)가 덴마크를 통치했고, 윙글링족(Ynglingar)의 선조인 윙비(Yngvi)가 스웨덴을 다스렸는데, 이곳은 길피 왕이 오딘에게 권력을 양도한 후 오딘이 세운 국가이다. 그리고 세밍(Sæming)은 노르웨이로 갔다. 이들의 후손들 중 발드르(Baldr)와 프로디(Fróđi), 그리고 볼숭족(Völsungar)의 조상인 레리르(Rerir)가 특히 유명하다.

「길파기닝」('길피의 환영'이라는 뜻)은 길피 왕과 아스가르드를 다스리는 세 인물 사이의 대화 형식을 띠고 있다. 스웨덴의 왕인 길피가 자신을 즐겁게 해 준 한 나그네에게 자기 왕국의 일부를 떼어 주었다. 이 나그네는 사실 아스 신들 중 한 여신인 게퓌온(Gefjon)이었다. 여신은 줄무늬가 있는 소들을 부려 경작한 땅의 일부를 떼어 내 섬을 만들었는데,[5] 이 동물들은 사실 거인과의 사이에서 낳은 그녀의 자식들이었다. 깜짝 놀란 길피는 이 나그네가 혹시 아스 신들이 존경하는 신이 아닌지, 신들이 마법을 사용할 줄 아는지 알고 싶어 아스가르드로 여행을 떠난다. 아스가르드에 도착한 길피는 멋진 궁전 발홀(Valhǫll, 발할라(Valhalla))을 보았다. 안으로 들어가니 한 사내가 이름을 밝히라고 요구한다. 이에 길피는 '강글레리'라는 가명을 댄다. 강글레리는 궁전의 주인들에게 안내되고, '높으신 분(하르(Hárr))'과 '그만큼 높으신 분(야픈하르(Jafnhár))'과 '세 번째 분(트리디(Þriði))'라는 세 남자를 만나게 된다.

강글레리는 이들의 지혜를 시험하기 위해 질문을 던진다. 그의 질문에 높으신 분, 그만큼 높으신 분, 세 번째 분이 대답하는데, 그 내용은 세계의 기원, 초기 신들의 탄생과 인간의 등장, 세계수 위그드라실, 미미르의 샘과 운명의 세 여신들(노른(Nornes)), 로키의 세 괴물 자식들(늑대 펜리르(Fenrir), 미드가르드의 뱀 외르문간드(Jörmungandr), 지하계의 여신 헬(Hel)), 신들과 발키리들(Valkyries), 발할라 궁과 에인헤랴르(Einherjar), 세계의 멸망(라그나뢰크(Ragnarök), '신들의 최후')[6] 등이다. 대화가 끝나자 소음이 들리면서 궁전과 궁전 안의 사람들은 허깨비처럼 사라지고 길피는 공터 한가운데 혼자 있는 자신을 발견한다. 길피는 자기 나라로 돌아가 자신이 들은 이야기를 다른 사람들에게도 들려주었다.

「스칼드스카파르말」은 바다 거인 에기르(Ægir)가 아스 신족의 향연에 초대되어 가서 시(詩)의 신 브라기(Bragi)[7]에게 시작법에 대해 질문하는 내용이다. 아스 신들이 흘레세이(Hlésey)섬에서 온 마법사로 나타난 에기르에게 경의를 표하며 진수성찬을 차려 향연을 베푼다. 식사 중에 브라기가 신들에게 많은 이야기를 들려준다. 트야치(Thjazi)의 이둔(Idun) 납치, 스카디(Skaði)와 뇨르드(Njörd)의 결혼, 꿀술의 기원과 오딘이 그것을 훔친 이야기, 두 거인 흐룽니르(Hrungnir)와 게이뢰드(Geirrøðr)에 대항해 싸웠던 토르의 전투, 이외에도 시구르드와 볼숭족 이야기 등이다. 프로디(Fródi)[8]와 흐롤프 크라키(Hrólf kraki), 흐야드닝가비흐(Hjadningavíg) 왕들의 이야기도 포함되어 있다.

「하타탈」은 하콘(Hákon) 왕과 무사 스쿨리(Skuli)에게 경의를 표하는 찬가로, 이들 두 사람의 영광과 용기, 그리고 관대함을 칭송한다. 「하타탈」의 시작법은 「스칼드」 시작법과는 다르다.

2 영웅 전설들

『헤임스크링글라(Heimskringla)』는 스노리 스투를루손이 1225년경 고대 노르드어로 집필한 노르웨이 왕들의 전설을 모아 놓은 전설집(sagas)으로,『운문 에다』에 신화적 내용을 보충한 보완물이다. 17세기에 처음으로 스노리의 필사본 첫 두 낱말을 따서 헤임스크링글라(세계의 운행(Kringla heimsins))가 저서명으로 사용되었다. 노르웨이 왕들의 혈통은 스웨덴 왕조에 뿌리를 두고 있다. 스노리는 이 사가집의 1권 「윙글링족의 사가(Ynglinga saga)」에서 노르웨이 왕들이 그 혈통을 이 어받은 스웨덴 왕조의 역사, 오딘부터 검은 할프단까지를 추적한다. 이 를 위해 그는 노르웨이 신화를 역사화한 판본을 만든다. 스노리는 북유 럽 신화에 나오는 오딘과 그의 동료 신들을 동방의 아사랜드(Asaland) 와 아스가르드로부터 와서 스칸디나비아에 정착한 실존 인물들로 묘 사했다.[9] 이어서 노르웨이, 스웨덴, 덴마크 세 왕국의 정립과 바이킹 원정, 아이슬란드와 그린란드의 발견과 정착, 북아메리카의 발견, 영 국과 노르망디의 정복 등에 관한 이야기를 사가 형식으로 기록했다. 노르웨이의 올라프 성왕에 대한 사가가 이 작품의 주요 부분을 이루며, 8권으로 된 이 사가의 3분의 1이 그의 재위 15년에 일어났던 일들이 다.[10]

『데인인의 사적(Gesta Danorum)』은 덴마크인 삭소 그라마티쿠스 (Saxo Grammaticus)가 집필한 신화 전설집이다. 선사 시대부터 12세 기 초반까지의 덴마크의 역사를 묘사하며, 에스토니아와 라트비아의 역사, 그리고 스칸디나비아 역사도 개괄한다. 1180년 1190년경에 대 주교 압살론(Absalon)이 덴마크에 진정한 민족사를 갖게 해 로마 제국 으로부터 왕국의 독립을 강조하려는 의도로 기획 추진하고, 삭소가 라 틴어 운문과 산문으로 1210~1220년에 집필을 완성했다. 총 16권 중 1~9권은 노르웨이 신화를 다루는데, 거의 대부분이 일실된 시와 사가 들에 근거해 기록한 이 내용은 노르딕 우화들을 증언하는 주요 자료들 이다. 10~16권은 중세의 북유럽 왕들과 영웅들의 전기를 묘사한다. 그 러나 이 이야기들은 역사의 형태를 취하지만 실재했던 역사가 아니라 창작된 전설이다. 뒤메질은『신화에서 소설로, 하딩구스의 사가와 다른 시론들(*Du mythe au roman, La saga de Hadingus et autres essais*)』에서 하딩구스 왕의 전기가 뇨르드 신의 신화를 차용하여 만들어졌다는 것을 보여 준다.[11]

3　발할라의 용사들과 엘프들

바이킹족의 왕과 전사들은 출정에 앞서 오딘을 외치며 용기와 승리를 달라고 기원했다. 용맹함과 난폭함, 무자비한 약탈로 인해 바이킹족의 시대(8~9세기)에 늑대나 곰의 가죽을 걸치고 안개처럼 소리 없이 접근하던 그들은 서유럽의 여러 왕들과 전사들, 수도사들, 민중에게 공포의 대상이었다. 이들은 '곰의 옷을 입은 자'(Berserker, 베르세르크) 또는 '늑대의 가죽을 입은 자'(Ulfhedinn, 울프헤딘, 독일어로 Werwolf(베오불프))라 불렸다. 북유럽의 신화에 따르면 이 바이킹족의 용사들은 오딘이 훈련시킨 발할라의 전사들이다.

탁월한 사냥꾼인 늑대는 시체나 썩은 고기를 먹는 육식 동물이다. 늑대가 무리를 지어 사냥을 하면 우두머리는 사냥감의 심장을 먹고 나머지 부위는 동료들이 나누어 먹는다. 전쟁과 약탈을 일삼던 바이킹의 군신 오딘에게 필요한 전사들의 특성을 지닌 탓인지, '탐욕'과 '탐식'을 뜻하는 게리(Geri)와 프레키(Freki)는 북유럽 신화의 최고신 오딘을 수행하는 두 마리의 늑대이다. 오딘은 전장에서 용감하게 싸우다 죽은 전사자들을 자신의 군사로 삼기 위해 이 두 마리의 늑대로 하여금 그들의 시신을 모두 먹게 했다. 하늘 세계에서 활동하는 늑대는 이들만이 아니다. 여신 솔(Sol)이 이끄는 태양 수레를 추적하며 호시탐탐 태양을 집어삼킬 기회를 노리는 스퀼(Sköll, '조롱하는 자')과 솔의 남동생 마니(Mani)가 이끄는 달 수레를 뒤쫓는 하티(Hati, '증오하는 자')도 있다. 해와 달을 추격하는 이 두 늑대의 이름은 술을 좋아하는 바이킹 전사들의 주사(酒邪)가 초래하는 바이킹 공동체 내부의 분열과 갈등의 한 원인을 표현하고 있다. 로키와 관련된 신화를 다루면서 이를 확인하게 될 것이다.

여전사 발키리들은 늑대의 배 속으로 들어간 전사들의 영혼의 절반을 황금으로 빛나는 천상의 궁전 발할라로 인도한다. 발키리들은 이들 영혼에게 염소 헤이드룬(Heidrun)에게서 짜 낸 우유와 수퇘지 세흐림니르의 고기를 제공하여 육체와 생명을 되살리고, 오딘은 매일 모든 전사들에게 입을 맞춘다. 이렇게 신들의 용감한 전사로 재탄생한 영혼들은 곰이나 늑대처럼 힘이 몇 배는 더 강해지고 성정도 난폭하게 변해 적들에게 가공할 존재가 되었다. 시인들은 이들을 에인헤랴르(Einherjar)라고 불렀다. 두려움을 모르는 이 전사들에게 무기와 갑옷을 만들어 주는 이는 대장장이 집단인 검은 알프들이다.

바이킹족의 각 마을에는 반드시 대장간이 있었고, 오딘은 원래 대장장이들의 우두머리였다고 한다. 드베르그, 즉 난쟁이(dwarf)로 묘사되는 대장장이 집단인 검은 알프(도크알프(dökkálfr, 복수형은 dökkálfar))의 뛰어난 솜씨는 신화에서 늑대 펜리르를 묶은 족쇄 글레이프니르(Gleipnir)로 표현된다. 이 족쇄는 강철보다 견고하나 굵기는 비단실보다 가벼워 의심 많은 펜리르를 속일 수 있었다. 톨킨((John Ronald Reuel Tolkien, 1892~1973)의 작품에 등장하는 유리처럼 반짝이는 은빛 강철, 녹슬지도 닳지도 않으며 극히 가벼우면서도 견고한 강철 미드릴(Mithril)은 족쇄 글레이프니르에서 영감을 받은 듯하다.

스칼드 시와 에다 시에서 '아스 신들과 알프들'이 관용구로 쓰일 정도로 아스 신들과 알프들 간의 관계는 밀접하다. 고대 노르드어 알프(Álfr, 복수형은 alfar(알파르))의 의미는 말 그대로 '요정'이다. 후기의 민간전승에서는 엘프(ælfes, elfes)라 불렸으며, 주로 숲이나 호수, 강 등에 거주하면서 자연과 풍요를 주관하는 정령들로 간주되었다. 그러나 독일의 민간전승에서 엘펜은 사람이나 가축에게 병을 일으키거나 악몽을 꾸게 만드는 사악한 존재로 등장한다.

에다의 세계관에 따르면 우주는 세 영역으로 구성되었으며 각 영역은 또 세 구역으로 구분된다. 천상에는 불꽃이 타오르는 무스펠헤임(Muspelheim)과 그 아래 빛의 알프들의 거주지 료스알파헤임(Ljósálfaheim), 신들의 세계 아스가르드(Ásgard)가 있다. 지상은 거인들의 땅 요툰헤임(Jotumheim), 인간들의 세계 미드가르드(Midgard), '반(vanr) 신의 땅'을 의미하는 바나헤임(Vanaheim)으로 나뉘어 있다. 지하계는 안개, 얼음, 서리로 뒤덮인 니플헤임(Niflheim), 검은 알프들의 거주지 스바르트알파헤임(Svartálfaheim), 죽음의 땅 니플헬(Niflhel)이 있다. 신들은 아스(ása, 복수형은 에시르(æsir))라 불리는 집단과 반(vanr, 복수형은 바니르(vanir))이라 불리는 두 집단이 있었다. 알프는 어둠의 알프(스바르트알프(svartálfr, 복수형은 svartálfar))와 빛의 알프(료스알프(Ljósálfr, 복수형은 Ljósálfar))가 있다. 금발에 새하얀 피부와 푸른 눈을 가진 빛의 알프는 태양보다 밝게 빛났다. 검은 피부와 검은 눈, 검은 머리카락을 가지고 있는 어둠의 알프는 지하에 거주하며 검은 알프라고도 불린다.

2 황금의 마녀 굴베이그, 그리고 신들의 전쟁

노르웨이 신화에 따르면 신들은 태초에 두 종족 '아스'와 '반'으로 나뉘어 있었다. 아스 신들은 의롭고 용감했으며 풍부한 황금을 소유한 반 신들은 온갖 종류의 마술을 부릴 줄 알았다. 이들 두 신족 사이에 전쟁이 일어났는데, 황금의 마녀 굴베이그가 그 원인을 제공했다. 쌍방이 교대로 승리하는 격렬한 전투들이 이어지다 마침내 평화 협정이 체결되어 두 신족이 합쳐진다. 그리고 어느 순간부터 북유럽 신화에서 신들은 원래의 뿌리와 무관하게 모두 '아스(áss)'라는 이름으로 지칭된다. 게다가 10세기 전후의 북유럽 시인들은 세계와 신들의 몰락에 대해서는 이야기하지만, 평화 협정 체결 이후 두 신족 사이의 알력이나 질시에 대해서는 더 이상 이야기하지 않는다. 이는 상이한 특성을 가진 두 집단이 전쟁을 치른 후 완벽하게 서로 동화되었음을 의미하는 것일까? 아니면 신들의 전쟁 이야기는 인간의 역사나 현실과 무관한 환상의 화려한 개화이므로 인간사의 굴곡에서 벗어나 있음을 의미하는 것일까?

신들의 전쟁 이야기 속에 오래전의 북유럽 문명과 역사의 편린들 이외에 보편적이라 할 만한 그 무엇이 있는 것일까? 「뵐루스파(Völuspá)」, 21~24절에 대한 뒤메질의 연구에서 이에 대한 답변을 찾을 수 있을 것이다.

태초의 신들의 전쟁(theomachia) 이야기는 북유럽 신화에서 큰 비중을 차지하지는 않지만, 유럽의 신화 연구자들 사이에서 이 전쟁의 성격을 두고 상이한 의견들이 표출되었던 논쟁적 테마이다. 그 내용은 『운문 에다』의 「뵐루스파」와 『산문 에다』의 「스칼드스카파르말」, 그리고 『헤임스크링글라』의 「윙글링족의 사가」에서 비교적 간략하게 언급된다. 하지만 이들 세 문헌은 동일한 내용을 반복하는 것이 아니라 서로 부족한 내용을 보충해 주므로 그 내용을 대조하며 읽어야 전쟁의 전후 정황을 개략적으로 파악할 수 있다. 먼저 세 문헌의 내용을 간단히 정리해 보자.

「뵐루스파」,[12] 21~24절은 전쟁의 도화선이 된 굴베이그의 행동과 그 후의 신들의 대응 및 전투에 대해 간략하게 묘사한다. 마녀 굴베이그가 황금으로 신들을 교란시키고 여인들을 현혹시킨다, 아스 신들이 세 번이나 굴베이그를 불태우지만 그녀는 끈질기게 살아남아 다시 일어선다, 폭력에 대한 보상으로 굴베이그의 종족에게 공물로 배상해야 할지를 결정하기 위해 신들이 회의장에 착석하여 토론한다, 오딘이 적진을 향해 창을 날렸고, 격렬한 전투가 벌어져 반 신들이 아스 신들의 성벽을 무너뜨리고 들판을 초토화시켰다.

「스칼드스카파르말」 제4장에서 브라기는 아스 신들과 바니르 신들 사이의 전쟁과 평화 협정에 관해 언급한다. 신들은 평화 협정을 체결하기 위한 모임을 가져 지혜롭게 분란을 해결하려 했다. 평화를 계속 유지하기 위해 양측 신들이 모두 항아리에 침을 뱉은 후, 그것들을 섞어 현자 크바시르(Kvasir)를 만든다. 어떤 질문에도 막힘없이 대답할 정도로 지혜로운 크바시르는 사람들에게 지혜를 가르치기 위해 세상을 주유한다. 어느 날 그는 난쟁이 피얄라르(Fjalar)와 갈라르(Galar)가 사는 집에 당도했다. 사악한 두 난쟁이는 크바시르와 이야기를 나누고 싶다며 집 안으로 유인해 그를 죽인다. 그러고는 크바시르의 몸에서 나온 피와 꿀을 섞어 꿀술(skaldenmet)을 만들었는데, 이 술은 마시면 누구든 지혜로운 시인이 되는 마법의 음료이다. 오딘은 이 꿀술을 회수하여 아스 신들과 시인들에게 제공한다.

「윙글링족의 사가」 4장은 에시르(Æsir)과 바나랜드에 살고 있던 바니르(Vanir)와의 전쟁에 관한 이야기이다. 그 어느 진영도 승리하지 못했으므로, 두 신족은 인질을 교환하여 평화 협정을 체결하기로 했다. 바니르 신족은 뇨르드(Njördr)와 그 아들 프레이르(Freyr), 그리고 딸 프레이야(Freyja)를, 에시르족은 회니르(Hönir)와 미미르(Mimir)를 인질로 보내기로 했다. 바니르 신족은 회니르를 우두머리로 삼고 미미르는 모든 일에서 회니르를 조언하게 했다. 그러나 미미르가 없으면 회니르는 어려운 일들을 해결하지 못했다. 속았다고 생각한 바니르 신들은 미미르를 죽인 후 그 머리를 에시르 신들에게 되돌려 보냈다. 오딘은 주술을 사용해 미미르의 머리를 되살린 후 그와 토론하면서 조언과 지혜를 활용했으며, 뇨르드와 프레이르를 희생 제의에서 공물을 바치는 사제로 임명했다. 프레이야는 아스가르드에서 에시르 신들에게 바니르 신들의 마법을 가르쳐 주었다.

스노리의 저작들에서는 신들의 전쟁이 에시르 대 바니르(Æsir-Vanir) 전쟁으로 명시된다. 하지만 앞서 언급했듯이 「뵐루스파」

21~24절의 내용에는 생략된 것과 다소 모호한 부분들이 있어 신들이 치른 최초의 전쟁이 이들 두 신족 사이의 전쟁인지에 대해 이견들이 존재한다. 이 이견들은 북유럽 신화와 사가를 관통하는 핵심 주제와 관련이 있고, 또 스노리 스투를루손이 북유럽 신화와 사가를 집대성할 때 『운문 에다』를 자료로 활용했으므로 「뵐루스파」, 21~24절의 내용에 먼저 주목해 보자.

1   「뵐루스파」, 21~24절

구전되던 신화의 단편들이 채집되어 문헌으로 정착될 때, 지역과 시대를 불문하고 이른바 창조 신화의 내용들이 앞부분에 배치되는 경향이 있다. 자연계에서 그리고 신들의 세계와 인간 세계에서 사건들이 발생하기 이전에 먼저 우주와 신들의 세계, 인간의 세계가 형성되어 있어야 한다는 시간 질서의 논리가 작동하기 때문일 것이리라. 『운문 에다』도 이런 순차적 질서에 따라 첫 장인 「뵐루스파」의 시작부터 21절 이전까지는 우주 형성에 관한 내용들이 차례로 배치된다.

"조용히 들으시오, 고귀하신 분들이여, 헤임달 신족의 높고 낮은 자손이여. 천부(天父)의 위업을 전파하려 하오니, 내가 아는 태고의 전설이니라."로 시작되는 도입부(1절)에 이어 태초의 거인들의 탄생과 카오스 상태의 하늘 세계가 묘사된다.(2~5절) 신들이 밤의 시간과 낮의 시간을 조정하여 질서를 확립하고(6절) 최초의 기술들을 개발하여 신궁을 짓고 연장들을 만든다.(6~8절) 그리고 신들은 난쟁이들을 만들어 각자의 이름을 호명하고(9~16절) 바닷가에 서 있는 죽은 나무들에서 최초의 인간 한 쌍을 만들어 낸다.(17~18절) 이어서 가지와 뿌리가 하늘, 지상, 지하로 뻗어 있는 세계수 위그드라실이 묘사된다.(19절) 그 우듬지 아래에 펼쳐진 바다로부터 운명의 세 여신(Nornes) 우르드(Urðr), 베르단디(Verðandi) 그리고 스쿨드(Skuld)가 태어나고, 이 중 앞의 둘은 이그드라실을 타고 위로 올라갔다.(19~20절)

『운문 에다』를 편집한 시인은 이런 내용의 창조 신화 이후에 태초에 있었던 신들의 전쟁 이야기를 「뵐루스파」, 21절~24절에 배치했다.

> 세상에서 일어난 최초의 전쟁을 회상하니,
> 신들이 굴베이그를 창으로 찌르고
> 지존자(오딘)의 궁궐에서 활활 태웠다.
> 세 번을 죽였지만 세 번을 살아나와
> 다시 또다시 목숨을 보존했다.
>
> 찾아가는 집마다 사람들이 헤이드(Heiðr)라 불렀다.
> 투시력의 마녀(völva)가 주문을 걸고,
> 발길 닿는 곳마다 마술을 부려 흔들리는 영혼을 현혹하니,
> 언제나 사악한 여인들의 기쁨이로구나.
>
> 모든 신들(regine)께서 회의장에 착석하여
> 지존의 신들(goð)께서 어찌하면 좋을지 서로 의논하셨으니,
> 아스 신들이 보상(gialda)으로 공물을 바쳐야 할지,
> 신들이 모두 배상(gildi)을 받아들일지에 대해.

오딘이 창을 빼 들어 적진 속으로 휘둘렀으니

그것은 세상에서 일어난 최초의 군사 전쟁이었다.

아스 신들의 성벽이 무너져 내렸고,

전투에 능한 바니르 신들이 들판을 초토화시켰다.

24절 이후에 이어지는 「뵐루스파」의 나머지 절들은 신들과 거인족 간의 전쟁인 라그나뢰크와 관련된 노래들, 그리고 마지막으로 세계의 몰락 후에 오딘의 아들 발드르가 통치하는 새로운 시대의 도래를 노래한다. 21절에서 언급되는 굴베이그라는 인물의 정체성 및 이 인물로 인해 일어난 전쟁에서 아스 신들과 대적했던 집단의 정체성에 대해서는 상이한 견해들이 있었다.

게르만 문헌학자 오이겐 모흐크(Eugen Mogk)는 굴베이그를 거인족으로 간주하여 「뵐루스파」에서 이야기되는 태초의 전쟁을 거인족과 신족들 간의 전쟁인 티타노마키아(Titanomachia)로 해석했다. 반면 독일인 문헌학자 카를 뮐렌호프(Karl Müllenhoff)[13]는 굴베이그를 바니르 신 프레이야와 동일시했으며, 그녀에게 가해진 폭력을 보석 정련의 시작에 관한 신화적 이야기로 보았다. 뒤메질은 굴베이그를 바니르 신족의 일원으로 해석했다. 그 근거는 황금이라는 이름과 그 본질은 다른 모든 형태의 부와 마찬가지로 바니르의 보호 아래 있기 때문이다. 게다가 스노리의 두 문헌이 이 전쟁을 명백히 두 신족 사이의 전쟁으로 이야기하고 있다. 그러나 뒤메질은 뮐렌호프와 달리 굴베이그를 프레이야와 동일한 인물로 보지는 않았다. 뮐렌호프는 '프레이야의 눈물'이 황금을 가리키는 노르웨이 시어라는 점을 근거로 굴베이그를 프레이야와 동일시했으나, 뒤메질은 굴베이그의 화형 에피소드에서 보다 도덕적인 의미를 읽었다. '황금'과 '황금의 권능'은 다르며, 「뷜루스파」 7~8절에 따르면 아스 신족이 이미 금을 소유하고 있었고 금세공을 할 줄 알았기 때문이다.

고대 노르웨이의 시어(詩語)에서 황금을 가리키는 우회적 표현[14]은 다양하다. "크라키의 씨앗"과 "퓌리스벨리르의 씨앗",[15] "파프니르의 유산", "뱀(파프니르)의 소굴",[16] "프레이야의 눈물",[17] "시프의 머리카락",[18] "프로디의 평화" 등이 황금을 가리키는 시적 표현들이다. "프레이야의 눈물"이 금을 나타낸다는 사실 하나로 굴베이그를 프레이야로 규정하기는 어렵다. 굴베이그라는 이름 자체는 '황금(gull)'의 '취기, 현혹(beig)'을 뜻한다. 금은 화합과 환희의 삶을 허용하지만, 사악한 굴베이그가 등장하면서 나쁜 금이 나타났다. 이 금은 사람들을 현혹하고 타락시키며, 사회적으로 위험하다. 그래서 의롭고 힘이 센 아스 신들은 수차 굴베이그를 제거하려 했으나 성공하지 못했다.

뒤메질은 스칸디나비아 신화의 태초의 신들의 전쟁에 관한 에피소드들에서, 세 기능이 갖추어짐으로써 신들의 사회가 비로소 온전히 조직되는 지난한 과정을 보았다.

스칸디나비아 신들의 전쟁에서 양 진영은 민족적이면서 또한 기능적인 집단으로 인식된다. 그래서 마치 이미 전문화되어 형성되어 있던 두 인접 사회가 서로를 보충하며 만반의 요소들을 갖추고 통합된 일체를 구축한 것처럼 보인다. 부와 풍요의 전문가들인 바니르 신들과 마술사이자 통치자인 오딘과 아사-토르(Ása-Þórr, 아스 신의 토르), 즉 투사인 토르의 주위에 있는 아스 신들이 통합되었다. 바니르 신들은 그들 집단의 두 주 신 뇨르드와 프레이르, 그리고 여신 프레이야를 아스 신들의 세계로 이주시켰다. 이 이주는 먼저 이론적으로는 인질의 자격이었으나 이들 세 신은 금방 동화되어 오딘이 사망하자 뇨르드가 왕위를 계승했고, 그 뒤에는 프레이르와 그의 후손들이 혼합 사회의 왕권을 받았다. 먼저 격렬했던 긴 전쟁이 있었고, 쌍방이 번갈아 가며 승리했으며, 그리고 마침내 이 전쟁은 결코 깨지지 않을 평화 협정으로 끝을 맺었다. 스칸디나비아 신화는 최초의 혹독한 전쟁 이후 더 이상 아스 신들과 반 신들 사이의 갈등을 인지하지 못했다.

에시르-바니르 전쟁[19]에 관한 전설에서, 두 종족의 갈등이라는 역사적 사건들의 기억들만을 보기를 고집한다면, 이들 전설에 내포된 그토록 많은 일치들을 제대로 설명할 수 없다. 이런 의미에서 스칸디나비아 전설에 대한 카를 바인홀트(Karl Weinhold), 헨리크 슈크(Henrik Schück), 오이겐 모흐크 등의 느슨한 추론들은 극히 부박하다.

몇몇 연구자들은 심지어 이런 주장까지도 했다. "그 신화들이 어떤 전쟁에 대해 이야기한다는 것은 확실하나, 그 중력의 중심은 전쟁을 종식한 항구적 협약이다. 그리고 이 협약은 사회적 기능들의 신적 (혹은 서사적) 수호자들 사이에 정상적인 관계를 설정함으로써 세계와 사회의 현 질서의 토대를 구축했다. 여기에서 전쟁은 오직 협약을 도입하기 위해서만 사용되었음이 확실하다. 마치 창조 신화에서 카오스가 먼저 언급되는 것은 단지 그 이후의 질서를 부각시키기 위해서일 뿐인 것과 마찬가지이다. 신화는 현재의 질서를 유지하는 기능들 간의 논리적 관계들을 드라마틱한 형태로 표현하면서 그것들을 자발적으로 실현하며, 그리고 나서 그 관계들을 여러 재난들로부터 회복한다. 의례들과 제도들 및 도덕적 교훈들의 목적은 단지 이 재난들을 피하는 것이다."

뒤메질은 이전의 몇몇 연구자들이 이와 같은 결론에 이르게 된 원인을 지적한다. 북유럽의 경우 신화 자료들의 미진한 활용과 이로 인해 잘못 추론된 연구 결과의 수용 때문이다. 1941년 이후 뒤메질은 기존의 의견을 재검토할 필요성을 느꼈다. "사람들은 잘못 이끌어 간 비판들이나 그들의 권한 밖으로까지 밀고 간 비판의 결과들을 지나치게 빨리 수용했다."라고 판단한 그는 먼저 북유럽 신들의 최초의 전쟁을 노래하는 『운문 에다』의 몇 구절들을, 그리고 이에 대한 모호크의 작업을 비판적으로 검토한다. 스칸디나비아의 고대어들을 알지 못하는 이들에게는 무척 지루하고 난해한 작업처럼 보이지만, 고대 노르웨이 문헌학자로서의 뒤메질의 진면목이 드러나는 곳이 바로 이 과정이다. 뒤메질이 『고대 스칸디나비아의 신화와 신들(Mythes et dieux de la Scandinavie ancienne)』(8~33쪽)에서 분석한 내용을 소개하겠다.

오이겐 모호크는 그의 학문 여정의 후반부에 말하자면 점잖게 분노를 표하면서 본질적으로 파괴적인 작업을 수행했다. 그는 먼저 스노리와 에다 시인들을 공격한다. 신화에 대한 아이슬란드의 지식인들의 증언은 왜곡, 꾸며내기, 해석, 조합이라는 치명적 오류들 중 하나이며, 『산문 에다』의 상당수의 문구들을 스노리가 완전히 다르게 해석했다는 것을 보여 주었다. 간단히 말해서 전통적인 자료들을 손상시키고 왜곡시켰던 온상이 바로 『산문 에다』라는 것이다. 에시르 신족과 바니르 신족 간의 전쟁이 바로 그 예로, 이는 다른 전쟁의 가장 주목할 만한 에피소드들 가운데 하나가 무대에 오른 극장 비슷하다.

모호크 이전까지 「뵐루스파」, 21~24절은 에시르 신족과 바니르 신족 사이의 전쟁에 관한 이야기라는 점은 자명한 것으로 인정했다. 이 전쟁은 과거사와 세계의 미래의 주요 순간들을 간략하게 요약한 것으로, 장면들의 연속은 대체로 연대기적이지만 보다 심층에는 일종의 네메시스(Némésis)[20]가 작동하는 아이스킬로스식의 논리적 질서도 있다. 즉 오류 → 응징 → 경솔함 → 사고들이 순차적으로 발생한다. 작가는 이 연쇄의 고리들을 명백하게 드러내지 않는다. 그가 호소하는 대중들이 이 연쇄 고리들을 인식하여 감지하게끔 하거나 그것들을 간파하게 하는 것이 보다 예술적이라 판단했다. 실제로 사람들은 그것들을 간파했으며, 평론들은 납득할 만한 모든 조건들 속에서 그 연쇄 고리들을 조명했던 것 같다.

21~24절에는 독자들을 주저하게 만드는 몇몇 모호한 세부 사항들과 낱말들이 있다. 하지만 명확하고 개연성 있는 것들이 더 많은 것 같다. 아니면 적어도 오이겐 모흐크의 비판이 있기 전까지는 그랬다. 몇몇 대목에 대한 개선되고 완화된 전통적 해석은 다음과 같다.

첫째, 세계를 혼란에 빠뜨린 이 최초의 군사 전쟁은 두 거대 신족인 에시르와 바니르 사이의 선험적 전쟁이 될 수밖에 없다. 다른 곳에서도 이들 두 신족의 전쟁이 이야기되므로 아스 신들과 반 신들이 실제로 대적했다는 것을 알 수 있지만, 이 선험성은 아스 신들의 성이 명백히 승리한 적들에 의해 돌파되었고, 그래서 당연히 반 신들이 승자였다는 24절의 구절들에 의해 확인된다.

둘째, 전쟁에 대해서는 약간의 에피소드들만 거론된다. 21~22절은 엄격히 말해 갈등의 원인 자체로 간주될 수 있다. 흔히 동의하는 이 가설이 텍스트 자체가 부과하는 것은 결코 아니지만 말이다. 텍스트는 그냥 이야기한다. 이 부분은 "오딘은 자기 군대를 데리고 바니르 신들에 맞서기 위해 진군했다."라는 스노리의 이야기(「윙글링족의 사가」, 4

장)와 잘 맞지 않는다. 어쨌든 굴베이그, 즉 '황금(gull)의 힘'이라 불리는 여성이 어느 족인지는 지적되지 않았으나, 오딘의 궁궐에서 불태웠다고 했으므로 오딘과 아스 신들일 수밖에 없는 존재들에 의해 불태워졌다. 그들은 굴베이그에게 창을 찔러 댔으나 마녀는 거듭 자신을 관통하는 창을 견뎌 냈다. 이어서 신들은 굴베이그를 세 번 불태웠다. 사람들은 이 대목을 금을 제련하는 세공술로 보려 했으나(brent gull), 시인은 세 번의 헛된 사형 시도로 간주했다.

굴베이그는 누구인가? 아스 신들은 어디에서 그녀를 공격했는가? 외부에서? 아니면 이미 그들 세계 안에서? 우리는 이를 알 수가 없다. 그러나 시인은 그녀에게서 재앙을 보았고, 그녀의 생존에서 불운을 보았다. 그녀는 마법사로, 사람들의 정신을 뒤흔들며 특별히 사악한 여성(분명 집합적 단수로, 여성의 온갖 나쁜 면을 표현한다.)을 예속시킨다. 시인이 사용한 세이드(seiðr)는 굴베이그의 마술을 가리키는 동사이다. 뮐렌호프와 바인홀트는 굴베이그와 프레이야가 동일한 인물이라고 보았다. 그러나 스노리의 「윙글링족의 사가」, 4장 마지막 부분을 통해 알수 있듯이, 세이드라는 낱말은 바니르 신족 고유의 마술 형태를 가리키므로 굴베이그는 바니르 신족이라고 생각할 근거가 충분하다. 이는 그녀의 본질인 이름과도 부합된다. 부로서의 금은 바니르의 것이어야 한다. 이는 또 아스 신들이 바니르 신들에 대해 처음 적의를 품었을 때 신들이 굴베이그를 공격했고, 갖은 공격에도 살아남은 그녀는 아스 신들의 세계에서 사악한 힘들처럼 행동했다는 22절의 내용을 설명해 준다.

셋째, 두 번째 에피소드(24절)는 순전히 군사적 질서에 관한 것으로, 그것은 전략 도식이다. 오딘이 적군에게 창을 던졌다. 바니르 신들은 에시르 신들의 성을 부수어 열고 평원들을 짓밟았다. 흔히 사람들은 이 24절 뒤에 아스 신들이 상황을 회복하는 것을 언급하는 한 절 혹은 몇 절이 소실되었다고 생각했다. 스노리가 때로는 이편이 승리하기도 하고, 때로는 저편이 승리했다고 말하기 때문이다. 이런 가설은 무익하다. 「뵐루스파」의 예언녀는 결코 모든 것을 다 말하지 않는다. 그녀는 마치 어렴풋한 빛처럼 특정 에피소드에서 두세 가지 두드러진 특징을 묘사하며, 그것을 완성할 수고는 청자들의 기억에 맡긴다.

한편 25~26절은 또 다른 역사, 즉 아스 신들의 성벽을 구축하기 위해 신들과 석공 거인들 사이에 있었던 고액의 거래를 암시한다. 석공들은 성벽 구축의 대가로 해와 달 및 프레이야를 자신들에게 넘겨 줄 것을 요구했고, 약속을 받았다.

모든 신들(regine)께서 회의장으로 모이니
지존의 신들께서 어찌하면 좋을지 서로 의논하셨으니,
누가 하늘을 온통 재난으로 뒤덮었고
누가 거인들에게 오드르의 부인[21]을 주었는지를.

분노한 토르는 주저하지 않았으니
본래부터 그런 일을 참고 넘기지 못했다.
그리하여 맹세며, 말이며, 언약이며
근자의 훌륭한 모든 약정들이 깨어졌다.

전쟁을 묘사하는 24절을 25~26절과 연결하여 다음과 같이 생각하는 학자들도 있다. 24절은 자신의 위치에서 과거를 회고하며, 23절에서 거론된 사건들 이전에 협정과 보상에 관한 신들의 논의 부분들은 전쟁이 종식되었음을 암시한다. 그래서 만약 24절이 신들의 모임 이전에 있었던 군사 작전을 재론하는 것이라면, 아스 신들의 성벽 재건에 관한 에피소드인 25~26절 이전에 먼저 그 절에서 아스 신들의 성이 손상되었음을 언급해야 한다. 심지어 이보다 더 멀리 나간다. 24절의 첫 두 행은 청자들을 적대감의 시작으로 데리고 간다. 오딘이 창을 날리는 동작은 단순히 전쟁을 개시하는 행위일 것이다. 이 행동은 고대 로마의 외교 담당 사제 페키알(fétial, fécial)[22]이 의례에서 했던 행위와 동일한 것으로, 그들은 적의 영토에 창을 던짐으로써 전쟁을 선포했다. 우리는 잠시 후 이 보완적 가설을 논의하게 될 것이다.

마지막으로, 어쨌든 여러 주석가들의 혼란에도 불구하고 23절 마지막 네 행에서 신들의 토론 내용은 명확한 듯하다. 물론 양자택일도 있다. 흥미를 느끼는 이들은 서로 상반되는 두 해법 중 하나를 선택하기만 하면 된다. 또한 양자택일의 첫 부분에서 언급된 아스 신들과 둘째 부분에서 나타나는 모든 신들이라는 표현 사이의 대립도 분명히 있다. 이 대립은 부분과 전체의 대립, 즉 한편으로는 전투 중인 신족들 중 한 종족, 다른 한편으로는 신족들 전체 사이의 대립이다. 마지막으로 동일한 용어, 동일한 법적 어근이 이 두 해법을 지배하는데, 첫째는 동사 gialda(보상하다), 둘째는 명사 gildi(배상)가 그것이다. 이 gialda와 gildi는 십중팔구 같은 의미, 같은 뉘앙스로 상호 작용하는 것으로 이해되어야 하며, 이들을 다른 방향으로 해석하는 모든 해석들을 물리쳐야 한다. 이 두 전문적인 용어에 가장 일상적인 의미를 부여하면 이런 해석을 얻게 된다. "아스 신들은(패배자들만) 보상으로 공물(승자들에게)을 바쳐야 하나? 아니면 (승자도 패자도 없으므로) 모든 신들(대립했던 두 신족)이 (똑같이) 보상을 요구할 권리가 있는가?"

이런 견해와는 반대로 만일 사건들이 절들의 전개와 동일한 질서로 전개되며 흘러가게 하는 쪽을 선호한다면, 다음 가설을 수용하기만 하면 된다. 먼저 아스 신들의 세계에서 굴베이그가 야기한 잘못들로 아스 신들이 굴베이그에게 폭력을 가했다. 그 후에 아스 신들이 1차적 책임자로서 어쩔 수 없이 그들만 배상을 해야 하는지, 아니면 쌍방이 손실을 입었으므로 에시르와 바니르 사이의 보상이 형평성 있게 이루어져야 하는지를 판단하기 위해 모든 신들의 토의가 있었다. 이 토의는 결론에 이르지 못했고, 그래서 오직 「뵐루스파」 24절에만 묘사된 전투에 이르게 되었다. 이와 같은 설명도 가능하나 이것은 첫 번째 것보다 덜 자연스럽다.

2   오이겐 모흐크의 이론(異論)에 대한 토론

1925년에 발표한 10여 쪽의 논문에서 오이겐 모흐크는 좀 전에 검토한 전통적 해석들을 모두 파기하기를 요구한다. 이외에도 그는 같은 방식으로 크바시르에 관한 전통을 증발시킬 작정을 했으며,[23] 또 로키에게서 발드르 살해에 대한 모든 책임을 벗기려 했다.[24] 우리는 다른 곳에서 이에 관한 모든 논쟁의 무용성을 보여 주었으므로, 여기에서는 그가 굴베이그를 거인족으로 보았기에 "「뵐루스파」의 거인족과의 전쟁(Gigantomachie de la Völuspa)"이라 부른 것만을 검토하는 것으로 만족하겠다.

최고의 전략적 원칙에 따라 모흐크의 첫 번째 타격은 중심 항목인 24절의 5~6행과 7~8행에 가해졌다. 에시르와 바니르를 반 패자와 반

승자의 상황으로 대립시킴으로써 이 절들을 아스 신족과 반 신족 사이의 전쟁에 관한 것처럼 생각할 여지를 주었던 것이 바로 이 행들이기 때문이다. 오이겐 모흐크는 전쟁 상황을 한번 재현해 보자고 말한다. 아스 신들은 그들의 성내에서 방어했다. 따라서 그 적인 반 신들은 성벽을 무너뜨리기 전에 탁 트인 들판에 있어야 한다. 그렇다면 성벽을 무너뜨린 후에 들판을 황폐화시키는 것이 어떻게 가능하겠는가? 이런 식으로 사건의 순서를 정하는 것은 어리석기 짝이 없다. 따라서 바니르 역시 성벽을 함락하기 이전에 에시르의 성에서 그들과 운명을 같이하고 있었고, 일단 성이 공략되자 탁 트인 들판에서 전투가 계속되었다고 모흐크는 주장한다. 이때부터 강요되는 그의 설명은 단순하다. 에시르와 바니르는 예언녀 볼바가 이야기하는 그 사항에서 동맹군이다. 이들에게는 적이 있는데, 그 적은 모든 신들의 일상적 적인 거인들일 수밖에 없다. 「뵐루스파」의 21~24절은 바니르와 갈등 상태에 있는 에시르를 보여 주는 것이 아니라 결속되어 있는 두 신족이 다 같이 거인들과 충돌하고 하고 있는 상황을 보여 준다. 24절의 5~6행과 7~8행 사이에는 대립이 없다. 여기에서 아스와 바니르라는 표현은 결국 둘 다 신들 일반을 지칭한다. 이런 경우를 에다의 시에서 종종 볼 수 있는데, 예컨대 「트림의 노래」에서 거인 트림이 로키에게 신들의 소식을 물어볼 때, "아스 신들은 어떻게 지내는가? 알프들은 어떻게 지내는가?"라고 말했다.

모흐크의 이런 비판은 시인이 두 행으로 우리에게 제공하려 했던 것은 평원의 구체적 상태라는 가정을 전제로 한 것이다. 이는 클라우제비츠(Clausewiz)나 프레데릭 2세(Frédéric II)의 견해에서 나왔다. 후대의 연구자가 시인에게 그가 말하지 않은 것을 요구하는 것은 지나치다.

그러나 무엇보다도 "바니르는 …… 평원들을 초토화할 수 있었다."라는 표현에서 부담스러운 결론들을 이끌어 낸 이는 오이겐 모흐크이다. 그런데 이 표현이 반드시 아스 신들의 성벽 붕괴 이후에 탁 트인 들판에서 두 번째 전투가 있었다는 것을 의미하지는 않는다. 그것은 점령을 의미할 수 있다. 부분적이긴 하나 무시할 수 없는 승리 후에 있었던 점령, 그 후로 이전에 논란거리가 되었던 영토들에 대한 장애 없는 점령을 뜻할 수 있다. 왜냐하면 일단 자기 성채의 '내부'를 방어해야 했던 아스 신들은 '외부' 평원들을 두고 적들과 싸우기는 것보다 땅을 내어 주는 것이 낫기 때문이다. 또 평원들은 「뷜루스파」, 31절의 6행에서처럼 성벽과 대비되는 성 내부의 토지들을 의미하며, 그래서 영토를 점령한 바니르의 승리를 표현하는 것일 수 있다.

둘째로, 모흐크는 명사 vǫller를 문자 그대로 해석하는 데 지나치게 중요성을 부여했다. 왜 그는 "knátto vanir …… vǫllo"(바니르 신들은 …… 할 수 있었다.)에서 동사 knátto를 은근슬쩍 지나쳐 버리나? 왜냐하면 텍스트는 "바니르 신들은 평원들을(또는 땅을) 초토화시켰다.(혹은 바니르 신들은 평원들을(또는 땅을) 폐허로 만들었다.)"라고 이야기하지 않고 "바니르 신들은 평원들을 황폐화시킬 수 있었다."라고 하기 때문이다.

바인홀트가 더 정확하게 번역했다. 동사 kná는 항상 무언가를 하려는 상태에 있음을, 뭔가를 할 기회를 맞이했음을, 권한을 가졌거나 동의를 얻었음을 가리키기 때문이다. 모흐크는 늘 자신에게 유리한 무언가에 의거한다. 자의적인 자료 선택과 이해에서 도출되는 결론은 설득력이 부족하다. 따라서 우리는 사실상 성벽이 무너진 아스 신들과 대적하는 승자들은 바니르 신이라고 볼 수밖에 없다.

마지막으로, 줄거리의 전개에 대한 고려를 제외하면 연속적인 두 행에서 에시르와 바니르가 동일한 의미로 사용되었다는 것을 수용하기 어렵다. 물론 고(古)스칸디나비아어들은 신들을 가리키는 용어들을 여러 개 가지고 있으면서 즐겨 그것들을 차례대로 사용한다. 그래서 「뵐루스파」의 시인은 regin, goð, æsir을 여러 차례 사용한다. 그러나 우리는 구별해야 한다. 신을 지칭할 때 사용하는 가장 일반적인 낱말은 regin과 goð이다. 6절과 9절, 23절과 25절의 시작 부분에서 이 둘은 완전히 동일한 의미로 사용된다.

모든 신들(regine)께서 회의장에 착석하니
지존의 신들(goð)께서 회의를 열어 논의하셨네.

그러나 에시르에 대해서는 그렇지 않다. 이 낱말(æs, æsir)은 24절의 이 에피소드 이전에 7절 1행과 17절 4행에서도 발견된다. 그런데 18절에서 오딘, 회니르, 어두운 로디르를 에시르라 부르는 것으로 판단해 볼 때, 적어도 이 마지막 구절에서는, 21절에서 에시르가 오딘의 궁궐에서 굴베이그를 불태웠다고 할 때와 꼭 마찬가지로, 그 말의 가장 정확하고 좁은 의미에서의 아스 신들(오딘족)에 국한된 것임이 확실하다. 7절에서도 아스 신이 언급된다. "이다 평원 넓은 들에 아스 신들이 모여들어, 궁궐이며 신전을 드높이 지으시니." 여기에서는 좁은 의미에서의 아스 신들만을 가리킨다는 것을 입증할 수 없다 하더라도, 적어도 신들 일반을 일컫는 일반적 가치를 선호하도록 해 주는 것이라곤 아무것도 없다. 24절의 에피소드 이후에는 상황이 다르다. 평화 협정 체결 이후에는 모든 신들이 에시르라 불렸기 때문이다. 이것은 스노리의 시와 다른 시들에서도 마찬가지이다. 「뷜루스파」, 43절[25]은 수탉 굴린캄비(Gullinkambi)가 신들과 거인족들 사이의 전쟁인 라그나뢰크가 임박했음을 신들에게 울음으로 알려 준다는 내용이다. 이 절에서도 신들 일반을 지칭하는 용어는 에시르이다.

최초의 신들의 전쟁이 두 신족 사이의 전쟁이 아니라 신들과 거인족 간의 전쟁임을 설파하기 위해 모흐크는 기존의 일반적 가설을 공략했다. 그러나 그의 섣부른 공격은 완전히 실패했다. 그가 마녀 굴베이그를 거인족으로 해석한 것도 마찬가지이다.

굴베이그의 이름에 포함되어 있는 부의 상징으로서의 금은 그녀가 바니르 신에 속해 있음을 나타낸다는 것이 통설이다. 그러나 모흐크는 금이 귀금속에 속한 것은 최근의 일이지 고대에는 그렇지 않았다고 주장하며 이 전통적 견해에 반대한다. 그의 가장 그럴듯한 주장은 고대 스칸디나비아인에게 부를 가리키는 낱말은 가축(fé)이었다는 것이다. 금을 가리키는 시적 표현이 "프레이야의 눈물"이라는 정도는 그도 인정한다. 하지만 모흐크는 이를 위대한 바니르 여신 프레이야와 풍부한 금과의 밀접한 관련을 증언하는 것으로 보았다. 황금의 힘의 의인화로서의 굴베이그는 바니르 신들로 향하는 것이 아니라 거인족들을 향하므로, 21~24절은 신들의 전쟁이 아니라 거인족과의 전쟁으로 간주해야 한다고 그는 역설한다. 이 모든 것은 편향적이다.

먼저 21절에 나타나는 굴베이그라는 인물로 인해 금이 기본적으로 바니르 신에 속했다고 가정할 수는 없다. 우리가 좀 전에 굴베이그를 이런 의미로 해석한 것처럼 보이는 것은 단지 시작의 접근에 불과하다. 사실 굴베이그는 금(gull)과는 다른 것이다. '금의 취기'는 금이 아니다. 하지만 전통적 주석에 대한 이 처음 관점을 유지한다 하더라도,

모호크는 틀렸다. 스칸디나비아의 금에서 부의 가치를 부인할 때, 그리고 '부로서의 금'과 바니르 신들과의 모든 연결을 단절했을 때, 그는 낱말들과 사실들을 오용했다.

'auðigr at fé'('fé'가 풍부하다)라는 표현을 가축이 많음을 뜻하는 것으로 축소시킬 수는 없다. 가장 오래된 문헌에서도 fé는 가축의 의미를 넘어서 '부 일반'을 의미했다. 고대 문헌에서 부를 의미하는 용어들을 살펴보면, 그리고 역사 이전 시기 및 로마 지배기와 그 이후에 스칸디나비나에서 보물과 황금 저장고의 중요성을 생각하면, 황금-부라는 근대적 개념과 가축-부라는 고대적 개념을 대립시키는 것이 얼마나 자의적인지를 느끼게 된다.

금과 바니르 신들과의 관계로 말하면, 그것들은 프레이야의 눈물로 한정되지 않는다. 금은 또한 거인족들의 것이기도 하다. 특히 아스 신들이 죽인 거인족 티야치(Þjazi)의 것으로, 그는 금(눈부신 현학의 심연 속에 묻혀 있는 원석으로서의 금)이 많은 거인 올발디(Ölvaldi)의 아들이다. 올발디가 죽자, 그의 세 아들 티야치, 이디(Iði), 그리고 강(Gangr)은 아버지가 남긴 유산을 똑같이 나누어 갖기 위해 저마다 자기 입속으로 황금을 넣고 또 넣고 보물이 고갈될 때까지 계속 채워 넣기로 작정했다. 스노리에 따르면, 황금을 가리키는 룬 문자의 표현과 시적 비유인 '이 거인들의 아가리', '이 거인들의 언어, 말, 담론'은 바로 이 신화에서 유래했다. 그러나 우리는 그다음에 일어나는 일, 즉 올발디 사후에 그의 상속자인 딸이 결혼한 신은 다른 신이 아니라 바로 뇨르드라는 것을 알고 있다. 스노리가 선언한 '뇨르드의 엄청난 부'를 온전히 평가하기 위해서는 올발디의 권력이 뇨르드에게 이양되었다는 점에 유념해야 한다. 또 다른 부의 수호자는 프레이르로, 그가 웁살라의 왕이 되었을 때 그 유명한 "웁살라의 부"가 시작되었을 뿐 아니라 그의 무덤까지도 문자 그대로 "귀금속들의 창고" 역할을 했다. 그 무덤에는 세 개의 창(窓)이 있었는데, 왕이 여전히 살아 있다고 믿었던 왕국의 남성들은 이 창을 통해 세금으로 금과 은, 동화들을 무덤 속에 던져 넣었다.[26] 그래서 "프로디의 평화"는 곧 부로서의 황금을 의미한다. 마지막으로 프레이야는 남편이 부재할 때, 황금의 눈물을 흘리는 여인으로만 한정되지 않는다. 그녀의 두 딸의 이름은 보석(Hnoss)과 패물(Gersimi)이다.

3   황금의 취기와 오딘의 마술

이 모든 추론들은 우리를 1941년의 신중함에서 벗어나게 해 준다. 「뵐루스파」 21~24절은 에시르-바니르 전쟁의 추이에 관한 정보를 포함하고 있다. 스노리는 서둘러 종전 협약에 도달하느라 이것들을 두 번이나 소홀히 했다. 우리는 앞에서 이 자료들을 분류했으니, 이제 세 가지 주요 사실들만 명확히 하자.

첫째, 세상에서 일어났던 최초의 전쟁에 관한 첫 에피소드는 아스 신들이 그들의 거주지에서 굴베이그에게 가한 폭력들이다. 그러나 이 폭력들이 뮐렌호프의 가설대로 귀금속 제련술을 신화적으로 표현한 것이라는 점을 인정한다 할지라도, 그것들은 또한 도덕적 가치와 방어적인 전략적 가치를 갖는다. 왜냐하면 금의 취기는 금과는 다른 어떤 것이기 때문이다. 굴베이그라는 이 실체가 나타나기 이전에, 「뵐루스파」의 다른 묘사에 따르면 전쟁이 일어나기 이전에 아스 신들은 이미 금을 소유하고 있었으며 금제품을 만들었다. 다만 이 금이 난처한 결과를 만들지는 않고 오히려 화합과 환희와 미덕의 삶을 가능하게 했다. "(아스) 신들은 궁궐에서 주사위를 즐기고, 아직은 황금도 부족하지 않았다."[27] 그것은 황금시대의 금이자 경제적 가치를 지닌 물질이라기보다는 우두머리, 왕의 권력과 광휘의 상징으로서의 금이다. 굴베이그가 스스로 비밀리에 접근하는 군대처럼 아스 신들에게 왔는지, 아니면 아스 신들이 그녀를 잡으러 바니르 신의 거주지로 갔는지는 중요하지 않다. 죽음에서 끈질기게 살아남는 이 살아 있는 불꽃 같은 기운과 함께 사악한 마술, 금의 황홀경이 시작된다. 이는 황금에 대한 새로운 관념, 즉 사회적으로 또 도덕적인 타락으로 이끄는 위험한 실체로서의 황금이다. beig라는 낱말 자체가 표현하는 것이 바로 이 현혹, 중독이다. 『에다』에서는 취하게 하는 음료인 엘주나 맥주를 가리킬 때 쓰는 말이며, 「알비스의 노래(Alvissmál)」에서 바니르 신이 맥주를 지칭하는 말이기도 하다. 굴베이그는 사악한 여인의 기쁨이라 했다. 단수로 표현했으나 황금의 위력에 가장 취약한 인류의 반을 가리키는 것인지도 모른다. 적어도 우리가 알지 못하는 어떤 전쟁 장면을 암시하지 않는다면 말이다. 굴베이그는 또한 마녀이기도 하다. 금은 사람들의 정신을 핑돌게 하며 모든 것을 할 수 있는 신묘한 주술사다. 룬 문자와 법을 갖춘, 용기와 활기 넘치는 신체를 가진 위대한 주술사인 아스 신들이 왜 전쟁 초기에 그들 적의 본질인 이 새롭고 음험한 힘을 제거하려 했는지 이해할 수 있다. 아스 신들은 금의 화신을 창으로 찔러 불태우려 했다.

둘째, 23절과 24절에서 묘사되는 사건들의 위치에 따르면 전쟁과 협상의 전망은 약간 바뀐다. 전쟁에 관한 사실들은 24절에만 있다. 두 가지이다. 먼저 적군에게 창을 날리는[28] 오딘이다. 이 몸짓은 세부 사항들이 불분명한 텍스트에서 언급되기 때문에 심각한 결과를 가져다 준다. 이어서 에시르 신들에게는 불운하나 바니르 신들에게는 운 좋게 진행되는 전투가 언급된다. 이는 앞에서 충분히 거론했으므로 여기에서는 오딘의 몸짓의 가치를 명확히 밝힐 필요가 있다. 로마의 페키알 사제들은 적진에 창을 던짐으로써 전쟁을 선포한다. 적진을 향해 창을 휘두르는 오딘의 행위는 페키알 사제들의 몸짓처럼 전쟁 선포 행위로서의 법적 상징일 가능성은 희박하다. 오딘의 동작은 법률적인 것이 아니라 주술적 행위다. 예를 들면 스노리는 「에리족의 사가(Eyrbyggja saga)」(14장)에서 이렇게 묘사했다. "스텐토르(Steinthor)는 옛 관행에 따라 마술로 행운을 잡기 위해 적군 위로 창을 던졌다." 오딘이 몸소 스웨덴 왕 에릭(Eric)에게 등나무 줄기를 주며 말했다. "오딘이 너희들을 모두 손아귀에 넣으리라!"라고 외치면서 적들의 군대 위로 그것을 던지라고. 에릭은 신의 뜻에 따랐다. 공중에서 등나무가 창으로 변하자, 덴마크인들은 혼비백산하여 도망쳤다. 이로 판단해 볼 때, 적에게 창을 던지는 오딘의 행동은 전쟁 선포가 아니라 다름 아닌 전능한 신성(numen)의 현현인 것 같다. 훌륭한 용사들을 마비시켜 전쟁의 국면을 바꾸어 놓을 신의 주술적 구속 같은 것이다.[29] 따라서 24절의 두 절반은 서로 균형을 이루는 두 개의 에피소드를 묘사한다. 비록 이 둘이 동일한 어떤 전투에 속한 것처럼 보이기는 하지만, 한 에피소드는 오딘이 주술로 지배했다는 것이고, 다른 하나는 바니르 신들이 아스 신들의 성채에 침입한 에피소드이다. 이는 스노리가 번갈아 승리했다고 요약한 내용과도 부합된다.

셋째, 지금까지 고찰한 관점에서 21~24절 내용 전반을 살펴보면 보다 거대하고 보다 중요한 대칭, 전체 이야기에 대한 설명을 포함한 것 같은 또 다른 대칭, 또 다른 균형이 나타난다. 굴베이그의 처형과 그 이후(21~22절), 그리고 오딘의 창 던지기와 그 이후(24절)에서 나타난다. 하나는 제3기능의 대변자인 바니르 신에 고유한 개념인 금의 힘, 사악하고 날렵하고 마술을 부리는 굴베이그를 중심으로 한 에피소드이다. 어쩌면 바니르 신은 에시르 신을 내부에서 파멸시키기 위해 그녀를 파견했는지도 모른다. 아무튼 아스 신들은 오딘의 궁에서 그녀를 처형했으나 완전히 파괴하지는 못했다. 두 번째 에피소드는 아스 신들의 우두머리만이 할 수 있는 공격적 제스처, 제1기능의 수단인 위대한 마술로 시작된다. 이 주술적 행동은 적군을 공황 상태로 내몰지만 그 후 바니르가 에시르의 성을 함락시키므로 결정적인 공황은 아니다.

그래서 두 집단은 힘과 용기가 지배하는 문자 그대로의 전투를 벌이기보다 각자 그들을 대변하는 인물을 전쟁에 개입시킨다. 그러나 그 어느 쪽도 충분치 않아 전쟁은 길어진다. 그리하여 전쟁의 고통이 깊어지자 두 집단을 결정적으로 결합하는 평화 조약이 체결된다. 오딘의 창을 던지는 제스처가 갖는 의미에 대해서는 로마의 최고신 유피테르의 행위와 비교하는 부분에서 다시 언급될 것이다.

3 스칸디나비아의 주요 신들

스칸디나비아 신화에서 최고신의 위치를 점하는 오딘은 군신이자 마술사이다. 그의 황금 팔찌 드라우프니르(Draupnir)는 9일째 밤마다 거기에서 똑같은 팔찌가 8개씩 생겨나는 신묘한 장신구이다. 오딘의 명마 슬레이프니르(Sleipnir)는 8개의 발로 쏜살같이 달려 천상, 지상, 지하 어디건 갈 수 있는 신묘한 이동 수단이다. 오딘의 아내이자 발드르의 어머니인 프리그(Frigg 또는 프리코(Frico))는 펜살리르 궁에서 거주하며 주름 잡힌 옷을 입고 있다. 오딘의 아들 토르는 자신의 무기 묠니르를 휘둘러 거인들을 제압하며 천둥, 번개, 폭우를 내리치지만 그의 폭우는 땅을 비옥하게 한다. 이들 외에 유명한 주요 신으로 프레이르(Freyr, 주(lord))와 프레이야(Freyja, 여인(lady))를 빼놓을 수 없다. 『운문 에다』와 『산문 에다』에서 바니르 신족의 일원인 프레이르는 바다의 신 뇨르드와 스카디의 아들이고 프레이야의 쌍둥이 오빠이다.

프레이야는 그리스 신화에서 아테나와 아프로디테의 특성을 혼합한 신, 즉 사랑과 다산의 여신이자 전쟁과 죽음의 신이다. 그녀는 폴크방(Fólkvangr)이라는 하늘의 처소에 살며, 죽은 전사들의 절반을 차지하여 그 영혼(에인헤랴르)을 이곳으로 데려온다. 앞에서 언급했듯이 에인헤랴르의 나머지 절반은 발키리들이 오딘의 궁 발할라로 데려간다. 프레이야는 아스 신들에게 마술(seiðr)을 가르치기도 하는데, 외출 시에는 두 마리의 고양이가 끄는 마차를 타고 간다.

프레이르는 인간 사회의 평화와 다산, 풍요를 관장한다. 그가 거주하는 궁전은 알프헤임(Álfheimr)이며, 그 이름이 말하듯이 그곳 주민은 알프들이다. 이들은 평화 시에는 농사일을 하다가 전쟁이 나면 전사가 되어 아스 신들과 함께 전투에 참여한다. 프레이르는 난쟁이 드베르그가 만든 빛나는 멧돼지 굴린부르스티(Gullinbursti)를 타고 다니며, 주머니 크기로 접을 수 있는 배 스키드블라드니르(Skíðblaðnir)를 소유하고 있다. 하인으로는 스키르니르(Skírnir), 뷔그비르(Byggvir), 베일라(Beyla)를 두고 있다. 프레이르와 관련된 가장 풍부한 신화는 그가 여성 거인 게르드(Gerðr)와 사랑에 빠진 이야기이다. 프레이르는 게르드를 자기 아내로 삼는 대신 자신의 마법의 검을 포기해야 했다. 무기를 잃어버린 뒤에도 프레이르는 사슴뿔로 거인 벨리를 쓰러뜨렸다. 하지만 라그나뢰크 때는 마법의 검이 없어 결국 불의 거인 수트르(Surtr)에게 죽임을 당한다.

뒤메질은 『인도-유럽어족의 지배신들(Les Dieux Souverains des Indo-Européens)』 중 5장 「스칸디나비아인들의 지배신들(Les dieux souverains des Scandinaves)」(183~203쪽)에서 스칸디나비아 최고신의 특성을 베다의 최고신 바루나와 비교한다.

기막히게 요지를 잘 표현했던 중국학의 대가 마르셀 그라네(Marcel Granet)는 아일랜드 주변에서부터 만주 주변에 이르기까지는 하나의 문명만이 존재했다고 말했다. 아일랜드와 만주는 북유라시아 평원의 서쪽 끝과 동쪽 끝에 위치하며 유럽과 아시아는 우랄산맥이 가로막고 있으나 양 지역 간의 통행이 그다지 어렵지 않았다. 따라서 이 표현이 말하는 바는 유라시아 지역은 선사 시대 이래 그 어떤 자연의 장애물도 소통을 방해하지 않았다는 것이다. 인도-유럽인들에 대해 말하면, 인도-유럽어족의 북부 어파들은 남부 어파들에 비해 독특한 특성들을 보여 주는데, 이는 피노-우그리아어파[30]에서 퉁구스어족[31]까지 관찰된다. 가장 눈에 띄는 것은 다소 순수한 형태를 띤 샤머니즘의 중요성이다. 드루이드들은[32] 다른 점에서는 아주 보수적이었지만 인도의 브라만들은 상상도 못한 기법들을 마음껏 사용했으며, 아홉 밤낮(파멸을 상기시키는 기간) 동안 나무에 매달려 있던 오딘이 바루나를 깜짝 놀라게 했다는 점이다.

지역적으로 가장 멀리 떨어져 있는 인도-유럽어족들 사이에서, 동쪽은 인도-이란인과 서쪽은 이탈리아어와 켈트어 사이에서 종교, 법률, 도덕, 그리고 제도에 관련된 낱말들이 상당 부분 일치하고 있다. 이데올로기적인 면에서도 유사성을 확인할 수 있다. 가장 주변 지역에 해당하는 아일랜드와 갈리아, 그리고 인도와 이란에서는 사회적 계급들의 기능적인 구별이 아주 엄격했다. 일반적으로 예상하듯이 이런 보수적인 제도는 전통에 대한 애착이 강하고 성직자들의 힘이 강력한 사회에서 기인했을 가능성이 상당히 높다. 브라만 계급과 드루이드 승려, 그리고 로마에서의 사제단 같은 모임 등이 그렇다. 이와 달리 게르만족과 발트족, 슬라브족, 그리스인들, 심지어 스키타이족에게서는 정치 권력과 종교 권력의 구별도 별로 명확하지 않고 거대 성직단도 작동하지 않는다. 공적 종교는 본질적으로 가부장이나 부족장 같은 집단의 우두머리의 소임이고, 사회 자체는 다른 인도-유럽어족처럼 기능적으로 분명히 구별되면서도 통합된 전체를 이루는 것이 아니라 다소 완화된 형태를 띠고 있다. 비록 정치와 종교의 구별이 분명하지는 않지만 이데올로기의 조직에 영향을 끼칠 수는 있다. 그래서 러시아 전통에서 제1기능을 나타내는 선사 시대의 세 영웅의 직능은 샤먼이자 동시에 전사 공후(公侯)이다. 예컨대 슬라브족의 영웅 볼가(Vol'ga)는 자신의 친위 무사 드루지나(držina)[33]의 선봉에서 엄청난 무훈을 이루었으나, 이는 용맹함보다는 주술, 계략, 변신술을 통해 이룬 무훈들이다. 스칸디나비아인들의 신 오딘도 이런 유형의 지도자들처럼 지적 자질과 시베리아 샤먼들처럼 다방면의 능력을 지닌 인물이다. 오딘의 이런 개성들에 대한 탐구에 앞서 게르만 신학의 일반적 특징들을 관찰해 보자.

1   게르만 종교의 세 특성

게르만 종교의 일반적 특성들 중 하나는 먼저 제2기능이 제1기능에 깊숙이 침투해 있다는 것이다. 전쟁의 기백과 필수품들은 통치자가 갖추어야 할 도덕과 필수품들이기도 하다. 로마의 역사가 타키투스에 따르면, 장수(dux)는 왕(rex)과 경쟁한다. 전쟁에 필요한 정신력과 필수품들은 왕을 없애지도 병합시키지도 않지만 제1기능에 침투하여 제2기능 쪽으로 휘어지게 한다. 이런 전개는 이미 대륙의 게르만인들에게서 감지되는데, 카이사르는 켈트족 국가들의 인접 지역에서 그것을 인지했다. 그는 심지어 제3기능, 적어도 제3기능에서 가장 주요한 농업을 훼손시킴으로써 그 과정을 심화시켰다. 북게르만인들은 농경 활동들을 경시하지 않았다. 그러나 이들에게서 전쟁의 덕목과 기술들은 주권자의 기능에 깊은 자국을 남겼다.

두 번째 특징은 스칸디나비아의 종교 전체는 불안하고 비극적이며 염세적인 성격을 띤다는 것이다. 이는 분명 영웅적 폭력의 고양이 가져다준 효과와 그에 뒤따르는 결과인 듯한데, 켈트인, 이탈리아인, 베다기의 인도인들의 종교에서는 이 특성이 나타나지 않는다. 물론 베다 송가들에서 바루나는 안심시키는 신이 아니며 인간들이 그를 두려워하는 데는 이유가 있다. 그러나 적어도 인간들은 바루나의 가혹한 응징들을 예견하고 이해할 수 있기에 올바르게 행동하도록 주의함으로써 그의 가혹함을 피할 수 있다. 이에 반해 오딘은 즐겨 속임수를 사용하고, 그의 총애를 받을 수 있다고 믿는 이들을 아연실색게 하며, 그 행위는 변덕스럽고 때로 잔인해서 인간들이 식별할 수 있는 그 어떤 규율 체계도 뚜렷하게 제시되지 않는다. 보다 일반적으로 말하면 스칸디나비아의 신들은 그들을 경배하는 혼란스러운 인류와 도덕적인 면에서 비슷한 특성을 지닌다. 이는 대륙의 게르만인 신들도 마찬가지이다. 게르만 신들은 가치라 자처하는 정념에 사로잡힌 포로이다. 그 가치들의 결과는 특정 신화 속에서 전개되며, 이 신화는 기독교로의 개종 이후에도 살아남아 소설적 관심을 끌어 끊임없이 재해석된다.

마지막으로 스칸디나비아 신학은 이란인들의 신학에 버금가는 종말론의 차원을 지니고 있다. 세계의 타락 → 몰락 → 재생의 도식으로 전개되는 종말론은 로마에서도 베다 문헌에서도 나타나지 않지만, 켈트족의 종교와 마즈다교[34] 그리고 후기 힌두교의 경전인 『마하바라타』의 신화로 판단해 볼 때 이미 인도-유럽적이다. 『마하바라타』의 플롯에서는 이 종말론이 역사로 변형되어 전개되지만. 세계의 역사는 타락으로 치닫다가 마침내 몰락한 후 재탄생된다. 위기의 시기에 양쪽에서 두 세대의 신들이 대비된다. 한쪽에는 신들에 대항하는 거인들 및 괴물들과의 투쟁, 하찮은 인물들, 취약한 이상들이 있다. 다른 한쪽에는 우주의 평화와 순결함, 덕이 있다. 『마하바라타』에 대한 탐구에서 이를 확인하게 될 것이다.

이를 토대로 한 세 기능의 신학적 도식은 무엇이 되었나? 제1기능은 거기에서 어떤 위치를 점했나? 거의 40년 전부터 이 근본적 질문에 답하려는 여러 연구들이 있었다. 때로 격렬한 논쟁을 불러일으켰던 이 물음들은 오늘날 그 본질적인 것은 파악되었다. 뒤메질이 『로키(Loki)』, 『게르만인들의 신들(Les Dieux des Germains)』, 『신화에서 소설로(Du mythe au roman)』에서 천착한 내용들을 통해 그 본질들을 알아보겠다.

2 웁살라의 세 주신

파국과 우주의 갱신에서 작동하는 스칸디나비아의 신학 체계에서 세 기능은 위대한 세 신의 집단으로 표현되는데, 이 세 신은 신화와 전설 전체를 지배하며 또 다양한 형식 속에서 집단으로 모습을 드러낸다. 게다가 이 신들은 기독교가 스칸디나비아의 전통 종교를 이교로 억압하여 그 명맥이 거의 끊겼을 때까지 스웨덴 웁살라에 공통된 신전을 가지고 있었다.

11세기에 독일 연대기학자이자 지리학자인 브레멘의 아담(Adam de Brêmen)이 그의 저서『함부르크 주교들의 사적(Gesta Hammaburgensis Ecclesiae Pontificum)』에서 오딘, 토르, 프레이르에게 바쳐진 웁살라 신전의 장엄한 모습과 그 신전에서 거행되었던 의례들을 매우 생생하고 자세하게 남겨 놓았다.[35] 그 기록에 따르면 11세기 웁살라에서는 토르가 최고신으로 숭배받았던 것 같다.

"스웨덴에는 식토나(Sictona) 마을에서 그리 멀지 않은 곳에 웁솔라(Ubsola)라 부르는 유명한 신전이 있다. 온통 금으로 장식된 이 신전 내부에는 사람들이 숭배하는 세 신의 신상이 있는데, 그중 가장 강력한 신은 중앙에 왕관을 쓰고 앉아 있는 토르 신이다. 그 양옆으로는 보단(Wodan)과 프리코(Fricco, 프레이르)가 자리 잡고 있다. 이 신들의 의미는 이렇다. 토르는 천둥과 번개, 바람과 비, 좋은 날씨와 농작물을 좌우하는 공기를 관장한다고 사람들이 말한다. 다른 신 보단, 즉 포효하는 자는 전쟁을 지휘하며 남성에게 적들에 대항하는 용기를 준다. 세 번째 신 프리코는 인간들에게 평화와 쾌락을 준다. 그래서 사람들은 이 신의 신상을 거대한 남근이 돌출해 있는 형상으로 주조했다. 보단은 우리가 마르스 신을 표현할 때처럼 무장한 모습으로 표현된다. 반면 토르는 왕홀을 들고 있는데, 유피테르 신을 모방한 듯하다. 이들 신에게는 모두 사제들이 할당되어 사람들이 가져오는 봉헌물들을 자신들과 결합된 신들에게 바친다. 역병이나 기근이 들어 삶이 위협받으면 사제들은 토르 신에게 공물을 바치고, 전쟁이 일어나면 보단 신에게, 혼례식이 있을 때는 프리코에게 공물을 봉헌한다."

여기에서 인물들의 위계질서에 해석의 오류가 있음이 분명하다. 전통적으로 수장의 자리는 중앙에 배치한다. 이런 배치에 익숙한 한자동맹[36]의 여행객들은 토르를 가장 강력한 신으로 삼았고 그의 망치를 유피테르의 왕홀과 같은 일종의 왕홀로 인식했다. 이것은 스칸디나비아의 상징체계에서 볼 때 이질적이다. 물론 토르와 유피테르를 동격으로 볼 다른 증거들이 있기는 하다. 하지만 그 증거들은 폭풍우의 신으로서만 유사성을 보여 줄 따름이지 신들의 우두머리로서의 유피테르와 동격을 표현하는 것은 아니다. 토르가 손에 쥐고 있는 망치는 벼락과 천둥을 나타내지 최고 권력을 나타내는 것이 아니다. 사실 웁살라의 위계질서는 오딘, 토르, 프레이르[37] 순서인 선적 질서이다.

다른 한편으로, 이 신들에게는 저마다 한두 개의 중요한 직책이 주어진다. 오딘은 승리를 이끌고, 토르는 천둥, 바람, 비로써 농작물의 풍요와 건강을 주관하고, 거대한 생식기를 가진 프레이르는 성교와 다산을 통어한다. 그러나 저자는 토르와 프레이르에 대해서는 몇 마디 말들을 추가하여 그들의 행동반경을 넓힌다. 토르에게는 전염병과 기근 같은 재앙을 막아 주기를 기도하며, 프레이르에게는 전사 신 오딘의 성격과 반대되는 것, 즉 평화를 가져다달라고 기도한다. 이 보고들은 토착 문헌이 알려 주는 것에 부합되기는 하나, 그럼에도 여전히 이 인물들 각자의 영역과 수단들을 포괄하지는 않는다.

물론 프레이르는 아담이 규정하는 바와 같으나, 이 신의 신학은 모든 나라에서 그렇듯이 인간의 다산과 자연의 풍요를 분리하지 않고 연결시킨다. 프레이르는 고지(高地, Gotland)에서조차도 먼저 식량의 풍요를 보증하는 신이다. 그래서 그가 왕으로 개입하는 고대 전설들에서 그의 치세는 평화뿐 아니라 엄청난 수확과 부로 특징지어져 "프로디의

평화"라는 속담이 되었다.[38]

　토르는 특히 농부들의 종교에서 철 따라 기상 상태를 알맞게 유지시켜 번영을 보강해 주고 때에 어긋나는 날씨로 인해 생기는 질병들을 막아 준다. 그러나 그의 본성의 핵심은 망치로, 이것의 효능은 뇌우를 넘어선다. 토르의 망치는 무기이다. 이 신이 경작지에 풍요를 가져다주는 유일한 방식은 거인들과의 결투를 통해서이다. 그는 풍요를 얻기 위해 몇몇 거인들을 상대로 결투를 하고, 싸움에 승리함으로써 원하는 결과를 얻는다. 그런데 토르와 거인들과의 싸움들 중에는 비바람과 천둥이 언급되지 않는 것들도 상당히 많다. 사실 거인족과 신족과의 싸움에 관한 에피소드들은 끝없이 반복된다. 토르는 홀로 싸우는 강한 투사이다. 헤라클레스도 거의 언제나 홀로 적진으로 원정을 떠나 있으므로 타키투스는 토르를 헤라클레스라 불렀다. 오딘은 '오드르(óðr, 격정적인 자)'이다. 반면 토르는 '모드르(móðr, 분노하는 자)'이다. 사람들이 그의 보호를 원할 때는 '분노한 토르'라는 이름을 발설하기만 하면 된다. 분노한 토르는 적과의 싸움에서 엄청난 무훈을 세운다.

　브레멘의 아담이 가장 약화시킨 신은 오딘이다. 그의 다른 활동을 상기시키는 그 어떤 말도 없다. 물론 그 텍스트가 말하는 것은 참이다. 오딘은 전쟁의 결말을 결정하고 전사들의 용기를 북돋우며 전장에서 죽은 전사들의 영혼을 발홀로 맞아들인다. 그러나 여기에서 특별히 보다 일반적인 권능이 활용된다. 그것도 빈번히, 눈부시게. 사실 오딘은 모든 것을 결정하며, 다른 곳에서와 마찬가지로 전투에서도 여타 신들과 구별되는 그의 특별한 행동 수단은 위대한 마술이다. 게다가 스칸디나비아의 텍스트들 전체에서 그는 신들의 왕으로 알려져 있다.

　브레멘의 아담이 신들의 트리아드에 대해 불완전하고 불균형하게 소개했다면, 그 혹은 정보 제공자들이 이렇게 변질되게 편집할 수 있었다는 것은 한 가지 사실을 말해 준다. 이 신들을 믿었던 신봉자들의 의식 속에서 각 기능의 내적 체계가 더 이상 원시적 체계와 같지 않음을 보여 주는 유일한 예라는 사실이다. 이 원시적 체계는 뒤메질이 인도-이란과 로마의 비교를 통해 조심스레 추론한 것으로, 로마와의 비교는 뒤에서 보게 될 것이다. 자료들 전체를 참조해서 각 신과 관련된 영역을 폭넓게 확장하여 구축한 경우라 하더라도, 여전히 그 신들의 다양한 영역들의 무게중심들은 우리가 보다 본질적인 다른 요소들의 확장 및 그 결과로 알고 있는 것 속에 자리를 잡는 듯이 보인다.

기능 신들	브레멘의 아담	신화 전체	기능
오딘	–	마술	1기능
	전쟁	전쟁	2기능
토르	–	거인들을 상대로 홀로 결투	2기능
	뇌우에 의한 풍요	뇌우에 의한 풍요	3기능
프레이르	평화, 쾌락	평화와 인간의 다산에서	3기능
	인간의 다산	전반적 풍요	

　인도에서 바유는 우렛소리를 내는 인드라의 직무를 담당한 신이다. 토르는 스칸디나비아의 바유에 해당된다. 토르가 거인들과 싸울 때 종종 로키가 그와 동행하므로, 토르의 개성들에 대해서는 로키에 대한 연구에서, 그리고 프레이르, 정확히 말하면 뇨르드와 프레이르는 인도의 쌍둥이 신 나사트야와 기능적 차원에서 상당 부분 유사성을 지니므로 이는 인도 신화 부분에서 살펴보겠다. 여기에서는 오딘과 그의 장식

물들을 고찰함으로써 최고 지배신 오딘의 개성을 파악하겠다.

3 왕이자 주술사 오딘

앞에서 특기한 오딘의 두 개성은 보다나즈(Wōđanaz, 예언자)[39]의
많은 활동들을 설명한다.

한편으로 그는 위계질서에서 제일 위에 자리한 지고신이다. 로
마령 갈리아의 판테온에서 최고 우두머리는 루구스-메르쿠리우스
(Lugus-Mercurius)이다.[40] 또 로마인들은 수요일을 메르쿠리우스의 날
(Dies Mercurius), 게르만인들은 수요일을 오딘의 날(The day of Woden,
Wednesday)이라 명명했다. 그래서인지 타키투스는 오딘을 메르쿠리우
스로 해석했다. 오딘은 사실 신들의 왕이며, 일반적으로 모두의 어버이
(Alfađir)이다.[41] 그러나 그는 지상의 왕국과 밀접한 관계를 지닌다. 만
일 오딘이 인신 공희를 좋아한다면, 그것은 그의 동료인 왕들이 제물
로 인간을 선호하기 때문이다.[42] 스칸디나비아와 앵글로색슨족 왕조들
의 기원에서 그는 왕이었고, 또 고트족에서도 갑트(Gapt, 고대 스칸디나
비아어에서 고트르(Gautr)는 오딘의 또 다른 이름이었다.)라는 이름의 왕이
었다.[43] 특히 「윙글링족의 사가」에서 오딘은 모험심이 강한 전사이며
정복자이고, 나라를 세우는 건국 왕이다. 우리가 관찰할 수 있는 시기
까지 시대를 확장하면, 그는 궁정의 귀족들, 왕실 관리들도 비호한다.[44]
이런 사회적 결합은 화려하긴 하나 제한적이라 다른 주요 신들에 비해
지명에 그의 이름이 사용되는 경우는 그다지 많지 않다. 예컨대 뇨르드
나 프레이르는 인간사의 소소한 부분들에까지 연관되어 지상의 인간

집단과 보다 친밀한 관계를 맺고 있다. 이런 이유 때문인지 우리는 스칸디나비아의 지명에서 오딘보다 이 신들의 이름을 훨씬 더 많이 발견한다.

다른 한편으로 오딘은 위대한 마술사이다. 그가 사용하는 마술들은 바니르 신의 것들과는 격이 다르다. 제3기능의 바니르 신은 사소하고 경멸적인 형태의 요술들을 사용하는 반면 오딘이 소유한 마술 형태들은 대단하다. 물론 오딘이 사용하는 마술의 특성은 시대에 따라, 또 접촉과 차용의 정도에 따라 다양한 기법들과 취향들로 표현된다. 그러나 이 가운데 아주 중요한 것들은 아무리 멀리 거슬러 올라간다고 하더라도 가장 인도-유럽적인 것에서 물려받은 샤먼적 실천들에 필요한 요구 조건들이다. 그것은 계산, 발명, 투시력, 시적 기예 등의 지적 능력들로, 이것들이 경이로운 까닭은 식자들의 고유한 특성들을 극한으로 끌어올려야만 얻을 수 있기 때문이다. 스노리가 「윙글링족의 사가」 6장과 7장에서 오딘 왕의 재능들을 길게 열거할 때 이 다양한 요소들은 혼합되어 나타난다.

아스족의 오딘이 디아르(Diar)와 함께 북방의 나라들에 갔을 때, 그들은 먼 훗날 북방 나라들의 백성들이 행할 기술들을 가지고 가서 가르쳐 주었음이 분명하다. 그 누구보다도 오딘이 가장 탁월해서 사람들은 오딘으로부터 모든 기술과 직업을 전수받았는데, 그 까닭은 오딘이 그 모든 기술과 직업을 최초로 가장 잘 알고 있었기 때문이다. 또한 그가 그토록 높이 존경을 받았던 데는 여러 이유들이 있다는 것을 언급하지 않을 수 없다. 오딘은 아주 잘생기고 기품 있는 외모를 가지고 있어 그가 친구들 사이에 착석할 때면 사람들은 마음에 유쾌한 기분이 들어 미소를 띠었다. 그러나 그가 군사 원정을 떠났을 때는 적들을 공포에 떨게 만들었다. 그가 자유자재로 변신술을 사용했기 때문이다. 게다가 그는 말도 아주 유려하게 잘해서 그의 말을 듣는 이들은 모두 오직 오딘의 말만이 진실하다고 생각했다. 그는 오늘날 사람들이 스칼드라 부르는 시작법에 능수능란했기에 온갖 것을 시로 표현했다.

오딘에게는 전투에서 적들의 눈과 귀를 멀게 하거나 적들이 공포에 사로잡혀 온몸이 마비되어 그들의 무기들을 마치 나무 막대처럼 더 이상 아무것도 벨 수 없게 만드는 능력이 있었다. 반대로 오딘 진영의 사람들은 갑옷도 입지 않고 늑대나 개처럼 거칠게 나아갔다. 그들은 방패를 물어뜯었고, 곰이나 황소처럼 힘이 강했다. 그의 전사들은 사람들을 마구 죽였는데, 불도 강철도 그들을 막을 수가 없었다. 사람들은 오딘의 전사들을 베르세르크라 불렀다.

오딘이 모습을 변화시키고자 했을 때, 그는 자기 육신을 마치 잠을 자거나 죽은 것처럼 땅 위에 놓아두고[45] 새나 야생 동물, 물고기나 뱀이 되었다. 자신의 일들이나 다른 이들의 일들을 처리하기 위해 오딘은 눈 깜박할 사이에 먼 나라들로 갈 수 있었다. 게다가 그는 다른 것이 아니라 단지 말로써 불을 끌 수 있고, 바다를 진정시킬 수 있으며 자신이 가고자 하는 쪽으로 순풍이 불게 할 수 있었다. 오딘에게는 스키드블라드니르(Skiðblaðnir)라는 배가 한 척 있었는데, 그 배를 타면 망망대해를 가로질러 갈 수 있었고 그 배를 손수건처럼 접을 수도 있었다.

그는 언제나 미미르의 머리를 곁에 두고서 다른 세상들에 대한 많은 소식들을 전해 들었다. 때로 그는 땅속 깊은 곳에 있는 죽은 자들을 소환하거나 나무에 매달려 교살된 자들의 아래에 앉아 있었다. 그래서 사람들은 오딘을 귀신들의 우두머리, 교살된 자들의 우두머리라 불렀다. 그는 두 마리의 까마귀를 말을 할 수 있게 훈련시켰다. 이 까마귀들은 머나먼 나라들까지 날아가 많은 정보들을 그에게 가져다주었다.

이 모든 것 덕분에 그는 엄청나게 지혜로워졌다. 그는 이 기술들을 전부 룬 문자들이나 오늘날 사람들이 갈드라르(galdrar)라 부르는 주술적 노래들로써 아스족에게 가르쳤다. 아스족이 '갈드라르의 대장장이들'이라 불리는 것은 이 때문이다.

오딘은 탁월한 마법사이다. 사람들이 세이드라 부르는 이 마술은 가장 위대한 권능을 준다. 오딘 스스로 마술을 행하는데, 덕분에 그는 사람들의 운명과 장차 일어날 사건들, 예컨대 죽음, 불행, 질병이 덮치는 것을 예언할 수 있었다. 마지막으로 오딘은 마법으로 특정인의 지능과 힘을 빼앗아 그것들을 다른 사람에게 줄 수도 있었다. 그러나 이런 형태의 마술에는 나약함이 뒤따르기에 남자들은 이런 마술을 쓰는 것을 수치스럽게 여겼다.

오딘은 모든 보물들이 어디에 묻혀 있는지를 알았다. 그는 땅, 산, 암벽, 무덤이 자기 눈앞에서 열리게 만드는 노래들을 알고 있었고, 또 주문들만으로 그 속에 있는 모든 것들을 추방할 줄 알았다. 그는 이런 식으로 보물들이 묻혀 있는 곳에 들어가 자신이 원하는 것을 취할 수 있었다.

스노리는 여기에서 인간 오딘의 초인적 권능들을 묘사한다. 하지만 스칸디나비아인들이 알고 있는 오딘은 과거의 초인으로 머물지 않고 늘 신으로 숭배되었다. 그가 지혜와 창조적 영감을 가져다주는 꿀술을 어떻게 만들어 어떻게 보관했는지, 또 도둑맞은 꿀술을 어떻게 되찾았는지를 구체적으로 이야기하는 신화들이 있다. 「스칼드스카파르말」 4장에서도 그 이야기를 찾을 수 있다.

두 난쟁이가 크바시르를 죽인 후 그의 몸에서 나온 피를 한 개의 주전자(오드뢰리르(Óðrerir))와 두 개의 큰 통(보든(Boðn)과 손(Són))에 붓고 거기에 꿀을 섞어 꿀술을 만들었다. 이 꿀술은 누구든 그것을 마시면 지혜롭게 되거나 시인이 되는 마법의 음료이다. 거인 수퉁이 크바시르의 피로 만든 꿀술을 난쟁이들에게서 빼앗아 자신의 딸 군뢰드(Gunnlöð)에게 그것을 지키게 했다. 두 마리의 까마귀 후긴(Hugin, 생각)과 무닌(Munin, 기억)을 통해 이 사실을 알게 된 오딘은 수퉁의 형제 바우기를 이용해 꿀술을 탈취할 계획을 세운다. 그는 바우기를 앞세워 수퉁의 딸 군뢰드를 찾아간다. 뵐베르크라는 이름으로 자신을 소개한 오딘은 바우기를 위해 노비 아홉 명분의 일을 해 주고는 그 대가로 꿀술 한 모금을 부탁한다. 오딘은 바우기에게 라티(Rati)라는 커다란 송곳을 주고 그것으로 군뢰드의 거주지를 막고 있는 바위에 구멍을 뚫게 했다. 오딘은 뱀으로 변신하여 그 구멍을 통해 안으로 들어가 군뢰드와 사흘 밤을 함께 잔 후 꿀술을 세 모금만 마시게 해 달라고 부탁했다. 군뢰드가 꿀술을 주자, 오딘은 꿀술을 모조리 다 입에 머금고는 독수리로 변신하여 아스가르드로 날아가 항아리에 뱉어 낸다. 오딘은 이 꿀술을 아스 신들과 시인들에게 제공한다.

『운문 에다』, 「하바말(Havamal)」(138~142절)은 오딘이 지혜와 영력을 얻기 위해 얼마나 혹독한 입문 의식을 치렀고 또 자기희생을 감행했는지를 이야기한다. 이 내용에서 돋보이는 것은 바로 샤머니즘이다.

나는 아노라,

바람 휘몰아치는 나무에 꼬박 아홉 밤을 매달려 있었음을.

검으로 베어져 오딘에게 제물로 바쳐지니,

바로 내가 나 자신에게 바쳐졌도다.

아무도 모른다네, 그 나무의 뿌리들이 어디서 뻗어 나오는지를.

빵 한 조각, 음료 한 잔, 아무도 내게 베풀지 않아,

나는 아래를 살펴보고, 룬 문자들을 거둬들였네.

소리 질러 룬 문자를 그러모으니,

나는 나무에서 떨어졌도다.

베스틀라의 아비인 뵐토른의 유명한 아들에게

강력한 아홉 노래를 배웠도다.

또한 오드뢰디르에서 퍼 온 귀한 꿀술도 한 모금 마셨도다.

그러자 (생각의) 씨앗이 발아하기 시작해 알게 되고,

생각이 커 나가 번창해졌도다.

말에서 말이 나와 나를 인도하고,

행위에서 행위가 나와 나를 이끌어 가도다.

너는 룬 문자를 발견하리니,

최상의 현인이 색을 입히고

지배력이 저장되어 있으며,

신들의 외침이 새겨져 있는

룬 문자의 서판들을.

나무에 매달려 있던 오딘(Hangatyr, 매달린 신)은 큰 소리로 룬 문자들을 거두어들여 모음으로써 땅으로 내려올 수 있었다. 게르마니아[46]에 룬 문자가 등장했던 시기에는 오직 오딘만이 룬 문자를 받아들여 보관할 자격을 가진 신으로 지정되었음이 분명하다.[47] 룬 문자를 큰 소리로 읊는 주문은 지혜로운 행동으로 이끄는 신들의 외침이고, 아무리 용맹무쌍한 적들도 굴복시키며, 그 어떤 위기 상황들도 벗어날 수 있게 해 주는, 그래서 상대에게는 불가항력의 권능들이다.[48]

그러나 이 신이 어떻게 전능을 획득했는지를 다르게 설명하는 이야기들도 있다. 아마도 이것들은 인도-유럽적 표상을 게르만식으로 가공한 변주일 것이다. 오딘은 애꾸눈이다. 그는 투시력을 얻는 대가로 지혜의 샘을 지키는 거인 미미르에게 자신의 눈 하나를 바쳐야 했다.(「뷜루스파」, 28~29절)

나는 아노라,
오딘의 눈이 그 유명한 미미르의 샘에 숨겨져 있음을.
미미르는 아침마다 꿀술을 마셨노라,
오딘이 담보로 잡힌.

전능한 지배신이라는 오딘의 특권은 미미르의 지혜로운 조언들 덕분이었으나, 그가 구체적으로 어떤 정황에서 어떠한 조언들을 했는지, 즉 미미르가 직접 어떤 행동들은 했는지는 명백히 드러나지 않는다. 그냥 오딘이 미미르의 조언과 지혜를 활용했다고 이야기할 뿐이다. 『헤임스크링글라』의 「윙글링족의 사가」 2장은 오딘을 아시아(Asie, Analand) 출신의 위대한 장수이자 존경받는 주술사로 묘사한다.

오딘의 능력은 물리적인 것과 더불어 지능과 관련된 것, 마술과 관련된 것들, 탁월한 정신의 영역에 속하는 것들, 몰아의 경지와 같은 2차적 상태에서 나타나는 것들도 있다. 물론 이들을 엄격히 구별하려 하는 것은 부자연스럽다. 인도-유럽어족 세계와 또 다른 곳에서 주술, 지식, 이성은 분리되지 않는다. 그리고 이런 혼합은 신의 이름 자체 속에 분명히 표현되어 있다. 게르만어 Wōđa-(스칸디나비아어 óðr)는 명사로 영(靈, spirit)을 의미하며,(또한 영감, 시(詩)를 의미하기도 한다.) 형용사로는 '분노한', '맹렬한'을 의미한다. 이는 신과 시 일반을 가리키는 이탈리아어와 켈트어의 명칭과 비슷하다.[49] 브레멘의 아담이 오딘을 규정하며 '맹렬한(furor)'이라는 낱말을 사용했을 때 그 의미는 전사들의 격정에 한정된 듯해 보이지만, óðr의 가치는 종교적 차원이 결합되어야 온전해진다.

모든 게르만족에게서 이 마술사-지배자가 전쟁 쪽으로 기울어져 있었음은 아무리 되새겨도 지나치지 않다. 비록 그가 전투원으로 혼전에 얽혀 들어가는 경우는 거의 없지만, 그는 자신이 수호하는 전사들이 적에 맞서 그 어떤 공격에도 무너지지 않고 이겨 내는 승리와 불굴의 수여자이며, 그 전사들에게 마치 자신이 개입했다는 표시처럼 여러 가지 진형(陣形)들을 가르쳐 준다. 그는 먼 곳까지 투척할 수 있는 무기를 발사함으로써 멀리서 군을 도와주기도 한다. 앞의 신들의 전쟁에서 보았듯이, 오딘은 적을 향해 마법들을 투하한다. 그중 하나는 놀랄 만큼 바루나적인 베다 지배신의 끈들(pāśāh)을 상기시킨다. 오딘은 오랏줄(her-fjöturr)로 적을 묶고 주문을 걸어 그를 꼼짝 못하게 만든다. 이런 형태의 행동에서 특정 발키리의 이름을 만들어지기도 했다. 발키리(Valkyrie)는 '죽음'이라는 뜻의 명사 발(valr)과 '선택하다'라는 뜻의 동사 쿄사(kjósa)의 합성어로, 전장에서 살아남을 자와 죽을 자를 선택하는 여성들이다. 발키리들은 죽은 전사자들 중 절반의 영혼을 오딘의 궁 발할라로 데려가 그들을 되살려 용맹무쌍한 전사들로 훈련시켜 장차 있을 전투를 대비한다. 『운문 에다』의 「그림니스말(Grimnismal)」, 36절에서 13명의 발키리의 이름이 거론되는데, 이 이름 중에 헤르피요트르(Herfjötre)가 있다.

오딘의 총애를 받기 위해서는 잘 싸우는 것만으로 충분치 않고 선택받아야 한다. 이것은 어둡고 거친 스타르카드(Starkaðr, 라틴어 Starca-terus) 유형의 영웅들이건 우아하고 인간적인 시구르드(Sigurðr) 유형의 영웅들이건 오딘의 영웅들이 지닌 한결같은 성격이다. 이는 또한 이 지배자의 가장 당혹스러운 특성들 중 하나이다. 모든 것이 마치 지상의 전투들은 그가 죽은 전사자(valr, Wahl)를 선별하여 그들에게 또 다른 삶, 즉 "선별된 전사자들의 홀(Valhöll, Wahalla)"에서의 삶을 열어 주는 입문적 시련들처럼 행해진다. 이들 선택된 전사들은 발할라에서 늘 유쾌하고 치명적인 결과가 없는 연회를 즐기는데, 새로운 전투가 있을 때만 연회가 중단된다. '일대일 결투의 무사들(aina-harja)'을 의미하는 에인헤랴르라 불리는 이 무사들은 아마도 타키투스가 묘사한 하리(Harii)의 무사들[50]과 같은 무사 사회의 신화화일 것이다. 오딘의 별명 중 하나인 헤르얀(Herjan, 사령관)은 엄밀히 말하면 군사령관이다. 바로 이것이 무사 기능의 막강한 위력이 이 지배신의 고대적 특징에 부여한 방향이자 한계이다. 인도의 한 장송가도 죽은 아리아(하지만 이 인물이 전사자여야 하는 것은 아니다.)를 두 신, 즉 사자(死者)의 신인 야마(Yama)와 머나먼 세계의 신인 바루나가 각자 자신들의 처소에서 성스러운 음식을 맛있게 즐기고 있는 곳, 즉 야마와 바루나의 처소로 쫓아 보낸

다.[51](『리그 베다』10장, 14절, 7행)

극한까지 밀고 간 또 다른 바루나적인 특징은 오딘의 별명 중의 하나인 위그(Yggr, 무시무시한 자)로 표현된다.[52] 그러나 이 이름을 정당화하는 표시들은 대단히 게르만적이다. 공포감을 불러일으키는 동물들로의 변신, 그리고 근대 민간전승에서 볼 수 있는 엄청난 추격이 그것들이다.

하지만 바루나와 오딘을 갈라놓는 주요한 지점이 하나 있다. 바루나의 엄격함은 그의 행동 전체가 그렇듯이 리타(ṛtá, 질서)를 위해서이다. 올바른 질서, 즉 리타의 엄격함은 그 말의 모든 의미에서 의례적이며 도덕적이고, 우주적이며 사회적이다. 리타는 우주 삼라만상에 내재하는 원리이다. 리타로 인해 우주가 일정하고 질서 있게 움직이는 것이라고 『리그베다』는 노래한다. 밤과 낮이 차례로 바뀌고, 계절이 순서대로 찾아오며, 태양이 제 길에서 벗어나지 않고, 인간이 태어났다가 죽는 것, 이 모든 것이 보이지 않는 가운데 리타가 인도함으로써 이루어지는 것이다.[53] 바루나는 지배신 집단과 더불어 리타를 유지하는데, 이 관점에서 보면 리타는 이데올로기의 절대적인 유일자처럼 나타난다.

오딘은 모든 존재들과 마찬가지로 개인의 불투명한 운명을 따르지만, 리타처럼 그의 자유로운 행동을 조절하는 자신보다 더 높은 무언가가 있지는 않다. 무사적인 가치들이건 아니면 다른 것들이건, 게르만인들이 명예롭게 여기는 특별한 가치들은 자신들의 주요 신에게 폭넓은 자유를 주었으며, 그래서 이 주신에게는 어떤 고결함이 결여되어 있다. 사실 그는 자신의 총애를 받았던 자를 배반했고 혈족끼리 서로 싸우게 했던 것 등, 종교적, 윤리적 면에서 전적으로 믿을 만한 신이 아니다. 보다 일반적으로 말하면 오딘은 굳이 그의 여러 약점들을 말하지 않더라도, 로키(Loki)와 동행하거나 그와 교류하면서 속임수를 쓴다. 우리는 사악한 로키의 조롱들에서 이를 보게 될 것이다.

　루드라(Rudra-Śiva)와 비슈누가 대립되는 힌두 종말론의 구조에서 루드라가 보여 주는 행태는 다소 모호한 면이 있다. 오딘은 3기능의 구조에서 바루나와 유사하며, 동시에 불안정한 루드라와 유사하다고 본 얀 데 브리(Jan de Vries, 1890~1964, 게르만 신화학자)와 루돌프 오토(Rudolf Otto, 1869~1937, 비교종교학자)의 생각은 옳았다. 힌두교에서 전개되는 루드라와 비슈누의 대립은 이미 베다 이전 시기, 달리 말하면 인도-유럽 시기의 것이라는 생각에 동의하지 않는 최근의 작업이 있다.[54] 루드라는 나쁜 신이 아니다. 하지만 이 신의 개성을 표현하는 규정에는 뭔가 불명확한 점이 있다. 이 모호함이 특히 세계가 바뀌는 변화의 시대에는 선의 필요조건인 악을 담당하는 역할을 루드라에게 허용하면서 그를 선과 악을 벗어나는 곳에 두었다. 루드라의 특징들 중 특별히 두 가지가 오딘의 것과 공통점을 지닌다. 루드라도 오딘처럼 눈이 하나(ekanetra)이며 자유자재로 동물로 변신하거나 모습을 숨겨 상대가 자신을 알아보지 못하게 한다. 그는 사냥의 신으로서 자신을 숭배하는 무리들을 보호하는데, 이들 집단은 오딘의 전사 에인헤랴르 혹은 베르세르크를 상기시킨다. 게르만인들은 아마 두 구조를 결합하여 합체한 듯하다. 바루나 스타일과 그 반열에 도입된 루드라의 요소는 늘 그렇듯이 엄격한 통치력의 행사에 내포되어 있는 가공할 면모들을 강조했을 것이다.

4   외팔이 티르, 전투와 팅

우리가 알고 있는 모습들의 오딘(Óðinn-Wotan)을 근래의 신으로 인식하게 만든 이론들에 유리하게 작용했던 여러 정황들이 있다. 그중 하나는 연대적으로 제기될 수밖에 없는 문제를 해결할 대안으로, 이외의 다른 대안은 상상할 수가 없었다. 스칸디나비아에서 그리고 내륙에서 신을 가리키는 또 다른 용어가 있다. 고지 독일어 Ziu, 고대 아이슬란드어 Týr, 고대 노르딕어 Tiwaz(Teiwaz)가 그것이다. 이 명칭은 분명 언어학적으로 더 오래된 근원을 가지며, 그래서 이 이름을 가진 신은 그리스의 지고 신 제우스(Zeus)처럼 원래 하늘 신임을 입증하는 듯하다. 세계의 종교사를 살펴보면 하늘 신은 그 지위에 합당한 예배를 받지 못하고 일상적 삶과 밀접히 연관된 다른 신들 뒤편으로 물러난다. 이 신이 기대했던 위상을 점하지 못한 때부터, 특히 스칸디나비아에서 티르(týr)가 보다나즈-오딘(Wôðanaz-Óðinn) 곁에서 그 모습이 희미해진 것은 역사가 그를 뒷전으로 물러나게 했기 때문이고, 또 이미 그의 상당 부분이 자신의 경쟁자 앞에서 지워졌기 때문이다. 북유럽 신화에서 오딘이 주신으로 등장했을 때, 옛 주신이었던 티르는 오딘의 아들이자 전투와 법의 신으로서, 또 요일을 가리키는 명칭 속에서 겨우 명맥을 유지한다.

베다기 인도인들 및 고대 로마인들의 가르침들에서는 스칸디나비아의 경우와는 반대로 한 쌍의 지배신의 도래를 기다리게 된다. 베다기 인도의 바루나-미트라와 고대 로마의 유피테르-디우스 피디우스(Jupiter-Dius Fidius) 쌍이 그들이다. 이들 지배신 커플은 비록 원리상으로는 동등하나 실제로는 다소 불균형이 나타난다. 다른 한 신(미트라,

디우스 피디우스)이 약화되면서 한 신(바루나, 유피테르)의 특성이 원하는 대로 드러난다. 그런데 보다나즈와 티바즈는 잘 연결된다. 다만 전자는 물론이고 후자의 경우도 게르만 세계 특유의 위상 재정립을 고려해야 한다. 바야흐로 우리가 법과 지혜의 신을 인식하려 하는 곳에서 게르만족의 이웃들은 마르스(Mars) 신을 인식했다. 스노리가 「길파기닝」, 13절에서 티르를 규정하기 위해 먼저 부각시킨 것은 실로 마르스의 영역이다.

> 또 티르라 불리는 아스 신이 있었다. 그는 매우 담대하고 용감무쌍했으며, 전쟁에서 승리를 가져다주는 거대한 힘이 있었다. 그래서 용맹스러운 사람들은 그에게 기도하여 승리를 간구했다.

티르 역시 오딘처럼 그의 숭배자들에게 승리를 가져다주는 힘이 있지만, 그 어느 곳에서도 오딘이 개입했을 때 작동하는 주요 원동력인 마술적 권능들이 상기되지 않는다. 그에게는 베르세르크도 에인헤랴르도 없으며, 변신을 하지도 않는다. 승리를 가져다줄 때에도 그는 오딘처럼 변덕스럽지 않다. 그에게 간구하는 용감한 사람들은 자신들의 용맹스러움에서 비롯된 자연스러운 결과를 받아들인다. 이는 최고의 위치가 무사적 가치들에 부여되었던 사회에서 정의와 법이 취하는 중요한 형태이다. 이 형태의 티르와 보드나즈-메르쿠리우스를 구조적으로 대립시키는 어떤 특징이 있다. 숭배 의례에서 해당 신들에게 바치는 제물의 차이가 그것으로, 타키투스가 알려 주는 서구 게르만인들에 따르면 인간 제물을 받는 신은 메르쿠리우스뿐이다.(『게르마니아』, 9절) 마르스와 헤라클레스도, 즉 티바즈(Tiwaz)와 툰라즈(Þunraz)도 예외적인 경우를 제외하고는 동물 제물을 받는 것으로 만족했다. 따라서 '살인에는 살인'으로 응징하는 방식은 보다 엄밀한 의미에서의 이런 유형의 전사 신들의 취향은 아니다.

사실 티바즈는 특정 형태의 법, 혹은 법을 대신하는 법적 대리물의 수호자였다. 이 법은 절대적인 법이 아니라 여러 수단들을 통해 획득되거나 승인되는데, 그중 어떤 것들은 우리의 개념에 따르면 상당히 법적인 수단들이지만 또 다른 것들은 힘, 권위, 혹은 위협의 영역에 속한다. 내부적 갈등이 생겼을 때 열리는 팅(þing)과 외부적 갈등으로 인해 벌어지는 전투는 같은 장르의 변종들이다. 타키투스는 서구 게르만인들에게서 팅의 전투적 성격을 묘사했다.(『게르마니아』, 11~13절) 승인의 표시로 그들은 자신들의 긴 창을 흔들며, 이는 승인의 가장 명예로운 표시(armis laudare)이다.

중세 스칸디나비아, 아이슬란드도 동일한 장면을 보여 준다.[55] 팅은 평화롭게 진행되었고 거의 근대적 법의 전개 양상을 보였으며 대심판관이 존재했다. 그럼에도 사람들은 무장하여 그곳에 모이며, 승인을 위해 사람들은 검이나 도끼를 휘두르거나, 아니면 검으로 방패를 친다. 그래서 사가들(sagas)에서 대단한 위치를 점하는 판결 이야기들은 『일리아드』의 단신 결투 이야기들만큼이나 드라마틱한 결말을 맞이하곤 한다. 이와 대칭을 이루기라도 하듯 전투는 판결처럼 간주된다. 전투에서 통상적으로 쓰이는 완곡 표현은 "무기들의 심판(vápndómr)"이다. 게다가 무사들이 기백이 풀어졌다 다시 맹렬히 싸울 때면 우두머리들은 이완되었을 때의 형태와 개전 중의 형태를 모두 존중한다. 보이로릭스(Boirorix)는 마리우스(Marius)를 선동하면서 그에게 자신들의 군대가 대적할 날짜와 장소 선택권을 주었다. 엄격한 규칙이 적용되는 진짜 법정 같은 일대일 전투가 단체전을 대신하되, 그 결과는 법적 효력을 갖는 것으로 정해졌다.

법과 힘의 이러한 상호 침투, 인간사를 신들의 판단으로 결정하는 이런 권한 이양으로 인해 게르만인들의 미트라(티르)는 그들의 바루나(오딘)보다 더 안정적이지는 않았다. 사람들을 합의하게 만들고, 그들의 행동을 조화시키고, 일치점들을 찾아 타협에 이르게 해 중재해야 하는 이는 남을 헐뜯기 좋아하는 하리쟁이와는 반대의 인물이다. 『운문 에다』의 「로키의 조롱(Lokasenna)」에서 아스 신들을 비난하고 야유하는 로키는 다른 신을 위해 소송을 제기하자고 주장하는 티르에게 이렇게 말하면서 그의 입을 틀어막는다.

입 다물라 티르여.
너는 두 적대자들 사이에 평화를 확립한 적이 한 번도 없지 않았더냐.
너는 오른손을 빼앗기고 말았으니, 늑대 펜리르가 먹어 치웠구나.

스노리는 사슬에 묶인 늑대 펜리르의 이야기를 이렇게 끝맺는다. "그 후로 티르는 인간들의 중재자(sættir manna)라 불리지 않았다." 이 신의 성격을 부정적 형태로 진술하는 이 표현들은 보다 엄격한 법의 신의 유감 표명처럼 보이며, 그에게 부탁했던 사람들의 실패이자 또한 티르의 실패를 확인해 준다. 사슬에 묶인 늑대 이야기는 모든 과정들, 심지어 가장 성스러운 과정들까지도 전쟁 행위인 이런 법의 성격에서 나타난다.

5   애꾸눈과 외팔이

용맹스러운 티르는 서리 거인 히미르(Himir)의 자식이지만 아스 신족에 속했다. 티르의 어머니가 누구인지는 모른다. 세계의 종말 라그나뢰크 때 티르는 지옥의 개(혹은 늑대) 가름(Garm)에 맞서 한 손으로 싸우다가 둘 다 죽게 된다. 티르가 두 손을 사용하지 못했던 것은 어린 늑대 펜리르에 물려 오른손을 잃어 외팔이가 되었기 때문이다.

스노리에 따르면 로키는 거인 여인 앙그로보다와 결합하여 세 명의 자식을 낳았다. 첫째가 늑대 펜리르이고, 둘째는 미드가르드의 뱀 외르문간드, 셋째는 헬이다. 펜리르가 태어났을 때, 신들은 그가 세계에 재앙을 가져올 것이라는 예언을 들었다. 『운문 에다』는 죽은 병사들의 살로 배를 채우며 신들의 자리를 피로 물들이는 펜리르에 대해 이야기한다.

동쪽에 늙은 여인이 철의 숲에 살면서 펜리르의 형제들을 낳았도다.
그들 중 가장 사악한 하나가 튀어나오니 달의 추적자[56]는 트롤의 형상을 했구나.

죽은 병사들의 살로 배를 채우며 신들의 자리를 피로 물들이도다.
다가올 여름마다 태양빛이 어두우니 날씨도 변덕스럽도다. 더 알기를 원하느냐?

신들은 펜리르의 나머지 두 남매도 자신들에게 재앙이 될 것이라는 예언을 들었다. 파국을 막기 위해 만물의 아버지 오딘은 세 남매를 모두 잡아오라 명했다. 오딘은 외르문간드를 미드가르드(인간계)의 육지를 둘러싸고 있는 깊은 바닷속으로 던져 버렸다. 하지만 그 뱀은 죽지 않고 아주 크게 자라 육지와 바다의 경계에서 자신의 꼬리를 입으로 물고서 대지를 단단히 휘감고 있었다. 오딘은 헬을 니플헤임으로 추방하여 지하의 아홉 영역을 지배하게 했다. 그녀의 저택은 "비참", 주발은 "굶주림", 칼은 "기아", 하인은 "활기 없음", 하녀는 "느림", 죽은 자들이 들어서는 문지방은 "낙상의 위험", 침대는 "병상", 침대 커튼은 "번득이는 화(禍)"라 불렸다. 헬의 신체 절반은 검은 시체의 모습이고 나머지 절반은 생기를 지닌 살아 있는 자의 모습이다.

오딘은 어린 늑대 펜리르는 신들의 곁에 두고 감시하기로 했다. 신들 중 티르만이 늑대에게 다가가 먹이를 줄 용기가 있었다. 하루가 다르게 부쩍부쩍 커 가는 펜리르를 보고 신들은 불안감을 느껴 펜리르를 묶어 가두기로 했다. 신들은 강력한 사슬로 레딩이라는 족쇄를 만들어 펜리르에게 채웠지만, 늑대는 단번에 레딩을 끊어 버렸다.[57] 이어 신들은 레딩보다 두 배나 강한 드로미라는 힘줄 족쇄를 채웠지만 펜리르는 이것도 비틀어 찢고 말았다. 이에 프레이르의 하인 스키르니르가 오딘의 명에 따라 스바르트알파헤임으로 가서 난쟁이들에게 글레이프니르(Gleipnir)라는 족쇄를 만들어 마법을 건 후에 가져왔다. 이 족쇄는 돌의 뿌리, 고양이의 발소리, 물고기의 숨, 곰의 신경, 새의 타액, 여자의 턱수염을 모아서 만들었다. 모두 눈으로 볼 수 없고 귀로 들을 수 없는 재료들로 만든 이 족쇄는 쇠줄보다 견고하나 굵기는 비단실처럼 가늘었다. 신들이 이 족쇄를 채우려 했으나 글레이프니르가 의심스러울 정도로 너무 허술하게 생겨 펜리르는 경각심을 늦추지 않았다. 늑대는 자신을 속이지 않겠다는 진정성의 표시로 누군가 손을 자기 입안에 집어

넣는다면 그 족쇄를 차겠다고 말했다. 가장 용감한 티르가 나서서 펜리르의 입에 오른손을 넣었고, 신들은 즉시 글레이프니르를 채웠다. 펜리르는 글레이프니르를 찢으려고 했으나 마법이 걸린 족쇄가 찢어질 리가 없었다. 사악한 힘들이 풀려나 신들에 대항해 싸워 세상이 멸망할 때까지 늑대는 족쇄에 묶여 있을 신세가 되었다. 속은 것을 안 펜리르는 티르의 오른손, 즉 진실 보증의 손을 물어뜯어 끊어 버렸다. 그때부터 티르는 팔이 하나밖에 없는(einhendr) 외팔이가 되었으나, 신들은 자신들이 원했던 긴 유예 기간을 얻었다.

이 장면은 법의 영역에서 개진된다. 그러나 어린 늑대가 내기를 해서 자신이 감당할 수 있는 담보를 요구하고 받아들였다면, 그를 상대했던 신들은 단지 늑대를 속이기 위해 그 절차들을 이용했을 뿐이다. 그리고 바로 티르라는 인물, 그의 훼손된 신체에서 '보증하기'라는 불안정한 개념, 결과, 상징이 표현된다.

이 신화는 단지 티르를 위해 그의 개성을 규정하는 것이 아니다. 오딘의 글레이프니르 제조와 오른손이 절단된 티르 이야기는 티르를 이중으로 오딘과 관련시켜 규정한다. 먼저 행동의 면에서 보면, 판관 혹은 판관의 역할을 하는 티르가 자신의 유일한 역할을 수용하게 만드는 이는 바로 마술사로서의 오딘이다. 오딘의 마술이 그 경이로운 끈을 제조하게 만든다. 다음은 신체의 훼손이라는 면에서 보면, 오딘이 자신의 한쪽 눈을 포기하고 지혜와 마술적 능력들을 획득했다면, 티르는 법적 보증물로 내민 자신의 손을 희생했다. 공화정 로마의 최초의 전쟁에서 활약했던 두 영웅 호라티우스 코클레스(Horatius Cocles)와 무키우스 스카이볼라(Mucuis Scaevola)의 전설에서도 '애꾸눈과 외팔이' 테마가 작동한다.

태생적인지 과거에 입은 상처인지는 분명하지 않지만 호라티우스 코클레스는 눈이 하나밖에 없었다. 코클레스(Cocles)라는 이름은 그리스 신화의 외눈박이 거인 키클로페(Cyclope)를 의미한다. 그의 외눈에 적들은 공포감을 느껴 로마 진영 가까이 다가가지 못하고 멀리 떨어져 있어야 했다. 무키우스 스카이볼라는 로마가 적군에 의해 함락될 위기에 처하자 상대 진영의 왕을 암살하기 위해 적진으로 들어갔으나 목표를 이루기도 전에 적에게 사로잡혀 버렸다. 그는 적군의 왕을 속이기 위해 거짓말을 했다. 300명의 로마 젊은이가 자신이 했던 것과 같은 행동을 하기 위해 준비하고 있으므로 자신이 죽더라도 왕의 목숨을 노리는 일은 계속될 것이라고. 무키우스는 자신의 거짓말을 진실로 믿게 하기 위해 그의 오른팔을 불속에 넣어 태웠다. 이에 적군의 왕은 그를 풀어 주고 사신을 보내 로마와 휴전했다. 고국 로마를 위해 자신의 오른팔을 기꺼이 희생한 무키우스는 구국의 용맹을 인정받아 스카이볼라(외팔 왼손잡이)라는 칭호를 받았다. 애꾸눈과 외팔이 이야기는 다양하게 변주되어 스칸디나비아의 영웅 전설 곳곳에 등장한다. 게다가 로마에서는 오딘과 티르의 특성들이 서사시의 두 인물들에게 적용되는데, 먼저 바루나적인 로물루스와 미트라적인 누마를 상기시킨다. 하지만 이 경우는 신체의 훼손들이 아니라 두 왕이 이룬 위업의 상이한 특성이다. 로마 편에서 이를 확인하게 될 것이다.

신화에서 신들의 신체 불구는 상징적인 것으로, 이는 역설적으로 훼손된 신체 기관의 기능이 제대로 작동하게 만드는 좋은 장치이다. 육안과 정신의 활동으로 얻게 되는 분별력과 판단력은 지배자가 갖추어야 할 기본 자질이다. 오딘은 자신의 한쪽 눈을 희생한 대가로 영안(靈眼)과 혜안, 투시력을 갖추게 되어 최고 지배자, 만물의 아버지가 되었다. 용맹한 티르는 무기를 휘두르는 자신의 오른팔을 희생한 대가로 진실을 판가름하는 용기 있는 재판관이 되었다. 로마의 역사에서 가장 위대한 인물들은 불구가 되면 집정관직을 맡을 자격이 없는 인물이 된다. 이로 인해 호라티우스 코클레스와 무키우스 스카이볼라는 길이 남을 무훈을 이루었으나 집정관이 되지 못했다. 하지만 이제 이들은 명예직을 누렸으나 대중의 이야기들에서 사라지는 그런 인물들이 아니다. 애꾸눈 지배자와 외팔이 지배자가 이렇듯 대립 쌍을 이루지는 않지만, 인도는 다른 점에서 신체 훼손의 테마를 광범위하게 활용했다. 태양 수레를 이끌던 사비타(Savitar)는 손이 없었기에 제사에 활력을 주는 신이 되었고, 결혼과 여행을 주관하는 푸샨(Pūshan)은 이가 빠져 짓이겨진 죽이 되었기에 병자를 회복시키는 고기와 가축을 보호하는 신이 되었다. 따라서 오딘과 티르의 공존은 문제를 일으키지도 진화론적 해석을 요구하지도 않는다. 그보다는 이 두 신의 공존은 게르만족의 최고 지배권에 내재한 본질적 특성의 양분(兩分)이 취하는 형태로 보아야 한다.

다소 불평등하지만 오딘과 티르로 이루어진 쌍은 예비 주권자들이라 할 그 어떤 부지배신들의 보강을 용납하지 않는다. 오딘은 혼자서 세상사의 제1분야를 지배하고, 티르 역시 이 영역의 나머지 부분을 혼자 담당한다. 둘은 거의 모든 신들과 마찬가지로 파국이 영원히 사라지고 거기에서 새로운 세상, 다른 세대의 신들이 다스리게 될 멋진 세상이 솟아오르기를 기다린다. 토르의 아들들은 자신들의 아버지가 소유했던 망치를 되찾을 것이고 태양의 여신 솔의 딸은 어머니의 일을 대신할 것이며, 오딘의 두 아들 발드르(Baldr)와 회드르(Höðr)는 그들 아버지의 기능을 재건할 것이다. 게다가 이 둘에게 그것은 거대한 개인적 드라마의 행복한 결론이 될 것이다. 그 까닭은 발드르와 회드르는 애초 오딘의 세계를 구성하는 일부였으나 둘 다 숙명의 타격을 입었기 때문이다. 회드르는 장님이었고 발드르의 위상, 즉 빛나고 순수하고 정의로운 발드르라는 조항들 중의 하나는 그의 판결들이 구속력을 갖지 않으며 실현되지 않는다는 것이다. 더욱 나쁜 것은 사악한 로키가 꾸민 음모이다. 전장에서 죽은 전사의 영혼은 발키리나 프레이야가 데려가므로, 로키는 이들을 전투에서 소멸할 특권을 갖지 못하는 죽은 자들의 세계인 헬로 추방했다. 발드르와 회드르는 헬에서 종말론적 전쟁을 기다렸으나 로키는 이들이 전쟁에 참여하지 못하게 할 계획을 꾸몄다. 그러나 종말론적 전쟁은 발드르와 회드르 둘 다 세상에 다시 모습을 드러낼 수 있게 했으며, 이는 이들의 진정한 공동 지배가 도래한 것처럼 보인다.

4 라그나뢰크, 그리고 발드르의 부활

신들과 거인족 티탄들 사이의 전쟁에서 승리한 제우스는 올림포스 신족의 최고 지배자가 되어 각 신들에게 저마다 각자의 영역과 통치권을 지정하고 분배함으로써 올림포스 신족의 시대를 열었다. 거인족을 상대로 한 전쟁에서 제우스는 불의 신 프로메테우스의 도움을 받아 승리했다. 반면 오딘은 불의 종족 수르트르(Surtr)와 싸우다 목숨을 잃고, 다른 아스 신들과 거인족 모두 죽음을 맞이한다. 이로써 오딘이 지배했던 세상이 막을 내리고 세계도 소멸한다. 스칸디나비아 신화가 이야기하는 이 종말론적 전쟁이 바로 라그나뢰크(Ragnarök, 신들의 운명) 혹은 라그나뢰크르(Ragnarøkr, 신들의 황혼)[58]이다. 타인을 배려하지 않는 사악한 영들이 횡행하고 동족상잔의 유혈 투쟁이 계속되면, 이는 곧 말세의 징조이다.[59]

형제들이 반목하여 서로 쓰러뜨리고 사촌끼리 가문을 깨뜨림을 보왔다.
대지가 굉음을 내고 악한 영들 날아다니니 아무도 다른 이를 돌보지
않는구나.

창과 방패가 부딪히고 도끼가 춤을 추며 형제들이 서로 죽이는 근
친 살해의 연쇄는 가문의 몰락은 물론이고 세상의 종말을 앞당긴다. 온
갖 곳에서 사악한 힘들이 득세하는 이 시기를 시인들은 빛이 사라진
'겨울', '늑대의 시간'이라 칭했다.

끔찍한 일들 일어나니 온 세상이 음탕해졌다.
도끼의 시대, 창검의 시대, 방패들이 부딪히니
세계가 몰락하기 전의 겨울이며 늑대의 시간이었다.

이때 우주의 세 영역에 있는 세 마리의 수탉이 날카로운 소리를
내지르며 신들과 거인들, 그리고 지하계의 뱀들을 일깨운다. 발할라
를 지키는 황금 볏의 굴린캄비는 신들과 발할라의 용사들을, 숲속의 붉
은 수탉 피얄라르는 거인들을, 지하계의 검붉은 수탉은 용 니드호그
(Níðhöggr)와 독사들을 일깨운다.

그때 언덕에 앉아 하프를 뜯고 있는 자는
처녀들을 감시하는 활달한 에그디르(Egdir, Eggthér)였다.
그의 주변 어린 숲에서 목청껏 내지르는
빛나는 붉은 수탉, 그 이름은 피얄라르였다.

신들을 향해 굴린캄비가 날카롭게 울어 대니

헤리얀(Herjan)[60]과 함께 발할라에 있는 용사들을 깨우는구나.

저 아래 땅 밑에서도 큰 소리 들리니,

헬의 홀에 있는 검붉은 수탉의 외침이로다.

지옥의 개 가름이 울부짖고, 족쇄가 풀린 프레키가 달려간다. 별들이 스러지고 일식과 월식이 일어나고 세계수 위그드라실이 불타 무너진다. 헤임달이 걀라르호른(Gyallarhorn)을 목청껏 불고, 미미르의 머리를 들고 오딘이 중얼거린다. 프리그와 오딘의 아들 발드르의 죽음이 다가오고 있었다. 그는 꿈속에서 세상의 종말을 보았고, 로키의 간교로 장님 형 회드르에 의해 목숨을 잃게 되나 라그나뢰크 이후 재생하여 오딘의 뒤를 이어 신들의 세계를 지배하는 신세계의 주신이 된다. 발드르의 죽음과 재생은 『운문 에다』에서 극히 간략하게 언급되지만, 스노리는 이 과정을 자세히 묘사한다. 뒤에서 보겠지만 『운문 에다』의 「에기르의 주연」에서는 결박된 로키의 모습은 아스 신들을 조롱하고 비난한 것에 대한 응징이나 여기에서는 동일한 테마가 발드르의 살인 교사에 대한 응징으로 설명된다.

1   발드르의 죽음

『운문 에다』에서 발드르의 죽음은 보충 설명 없이는 전말을 알기 어렵다. "젊디젊은 희생양, 오딘의 아들 발드르에게 불행이 다가옴을 내가 알았노라. 초원 위에 높다랗게 자라난 것은 겨우살이 나무의 부

드럽고 여린 가지"라는 시구로 단지 겨우살이의 여린 가지와 발드르의
죽음과의 관련을 암시할 뿐이다. 스노리는 「길파기닝」, 33~36장에서
발드르의 죽음과 장례, 그를 되살리기 위한 신들의 노력들에 대해 사뭇
상세히 묘사한다.

하르가 말했다. "아스 신들에게는 좀 더 불길한 사건에 대해 이야기
해야겠구나. 이야기의 시작은 이렇다. 선한 자 발드르는 격렬한 꿈들
을 어찌나 자주 꾸었는지 생명의 위협을 느낄 정도였다."

발드르가 꾼 꿈들은 대략 이런 내용들이다. 끊임없이 태양 수레를
뒤쫓던 늑대 스퀼이 마침내 태양을 따라잡아 삼켜 버렸다. 신들이 맹세
와 서약을 위반한 후 인간들이 사는 세계를 휘감고 있던 뱀 외르문간드
가 풀려나 바다 저 밑으로부터 모습을 드러냈다. 지구의 끈이 풀려나자
해안에서 엄청난 파도가 일어나 육지로 밀려왔다. 거센 파도는 사람들
과 가축들이 살고 있는 마을을 덮쳤다. 곧이어 혹독한 추위가 들이닥쳐
파도를 유리처럼 얼려 버렸다. 눈이 휘몰아쳐 무르익은 밀밭을 온통 하
얗게 뒤덮었다. 외르문간드는 해협에 독을 뿜어내면서 바다의 크고 작
은 물고기들을 마구 먹어 치웠다. 밀도 수확하지 못하고 물고기도 먹을
수 없게 되자 사람들은 굶주림에 시달렸다. 빛의 신이 창과 화살을 자
신에게 겨누는데, 발드르는 탁 트인 넓은 공간에서 무방비 상태로 홀로
서 있었다.

그(하르)가 이 꿈들에 대해 이야기하자, 아스 신들이 팅에 모여 의논
했다. 그들은 온갖 위험스러운 것들로부터 발드르의 안녕에 대해 약

속을 받기로 결의했다. 프리그는 발드르를 해치지 않겠노라는 서약을 불과 물, 철과 모든 종류의 금속, 돌, 땅, 나무, 질병, 짐승, 새, 독, 뱀에게서 받았다. 이 서약이 이루어지고 널리 공포된 후에, 발드르와 아스 신들이 즐기는 행사가 벌어졌다. 발드르가 군중 앞에 섰다. 그리고 어떤 자들은 쏘고 어떤 자들은 치고, 어떤 자들은 돌을 던졌다. 하지만 어떤 경우에도 발드르는 조금도 상처를 입지 않았으니, 모두에게 이것은 아주 잘된 일이라고 생각되었다.

라우페이의 아들 로키는 발드르가 상처를 전혀 입지 않는 것이 못마땅했다. 그래서 여자로 변장하고 펜살리르(Fensalir)에 있는 프리그를 찾아갔다. 프리그가 아스 신들이 회합에서 무얼 하고 있는지 아느냐고 여자에게 물었다. 모두 무언가로 발드르를 공격했지만, 그는 전혀 상처를 입지 않더라고 여자가 대답했다. 그러자 프리그가 말했다. "어떤 무기나 나무도 발드르를 해치지 못하지. 내가 그것들 모두에게서 서약을 받아냈거든." 여자가 물었다. "발드르를 해치지 않겠노라 모두 서약했다고요?" 프리그가 대답했다. "발홀 서쪽에 겨우살이 가지(mistilteinn)라고 부르는 여린 나뭇가지가 자라고 있는데, 그것에게서는 서약을 받지 않았다. 너무 여려 보였거든."

여자는 곧바로 그 자리를 떴다. 그리고 서쪽으로 가서 겨우살이 가지를 잡아 꺾어 들고 신들이 모여 있는 곳으로 갔다. 거기에는 장님 회드르가 빙 둘러선 무리들 밖에 서 있었다. 그는 장님이었기 때문에 무리에 끼지 못했던 것이다. 로키가 그에게 물었다. "왜 발드르에게 쏘지 않습니까?" 그가 대답했다. "발드르가 어디 있는지 볼 수 없는 데다 내겐 무기도 없으니까." 로키가 말했다. "다른 사람들이 하는 것처럼 발드르를 공격하세요. 제가 발드르가 어디에 서 있는지 가르쳐 드릴게요. 이 가지를 그에게 던지세요." 회드르는 겨우살이 가지를 받아 로키의 안내에 따라 발드르를 향해 던졌다. 그것이 날아가 발드르를 관통했고, 그는 땅에 쓰러져 죽었다. 그것은 신들과 인간들에게 가장 큰 불행이었다.

발드르가 쓰러졌을 때, 아스 신들은 모두 아무 말도 할 수 없었고 그를 다시 일으켜 세울 수도 없었다. 그들은 서로 쳐다보았고, 그 일을 저지른 자에게 화가 났으나 누구도 그를 처벌할 수 없었다. 그곳은 위대한 보호 구역이었기 때문이다. 아스 신이 입을 열어 말하려 했지만 처음에는 울음만 터져 나올 뿐이었다. 그래서 아무도 자신의 고통을 다른 자들에게 말로 표현할 수 없었다. 그중에서도 가장 큰 충격을 받은 이는 오딘이었으니, 그는 발드르의 죽음이 아스 신들에게 얼마나 큰 재앙이고 상실인지를 잘 알았기 때문이다.

신들이 겨우 정신을 차렸을 때, 프리그가 아스 신들 중에 말을 타고 헬로 가서 발드르를 찾아 그의 몸값을 제공하고 아스가르드로 다시 데려옴으로써 그녀의 모든 사랑과 은혜를 얻을 이는 없는지 물었다. 이 여행에 적합한 자는 오딘의 아들 용감한 헤르모드(Hermóđr)였다. 사람들이 오딘의 말 슬레이프니르를 가져와 앞에 세웠고, 헤르모드는 그 말을 타고 출발했다.

아스 신들은 발드르의 시체를 바닷가로 옮겼다.[61] 발드르의 배는 흐링호르니(Hringhorni)로, 배들 중에서 제일 컸다. 신들은 배를 띄우고 그 위에서 발드르를 화장하려 했지만 배를 움직일 수 없었다. 그들은 거인들의 나라로 심부름꾼을 보내 여자 거인 히로킨(Hyrrokin)을 불러왔다. 그녀는 독사들을 고삐 삼아 늑대를 타고 달려왔다. 그녀가 늑대의 등에서 내리자, 오딘은 네 명의 베르세르크를 불러 그 늑대를 지키게 했다. 하지만 그들은 늑대를 단단히 붙잡고 있을 수 없게 되자 때려눕혀 버렸다. 그사이 뱃머리로 간 히로킨이 배를 살짝 한번 밀치자 배 밑에 놓아 둔 굴림대에서 불꽃이 튀고 땅이 흔들렸다. 토르가 격분해서 그의 망치를 손에 쥐었으니, 신들이 모두 공격하지 말라고 부탁하지 않았다면 그녀의 두개골은 이내 부서져 버렸을 것이다.

그리하여 발드르의 시체가 배에 실렸다. 그런데 발드르의 아내인 네프(Nepr)의 딸 난나(Nanna)는 그것을 보고 비통함을 이기지 못해 심장이 터져 죽었다. 그녀도 장작더미 위로 옮겨졌고, 토르가 곁에 서서 묠니르를 들고 장례 치르는 곳을 정화하는 의식을 진행했다. 그때 리트르(Litr)라는 난쟁이가 그의 발 앞을 달려 지나갔다. 토르가 그를 발로 밟아 불 속으로 걷어차 버렸고, 하여 난쟁이도 불에 타 죽었다. 모든 종족이 이 화장 의식에 참여했다. 먼저 오딘이 프리그와 함께 왔고, 발키리들과 오딘의 까마귀들이 수행했다. 프레이르는 굴린부르스티(Gullinbursti, 황금 털) 또는 슬리드루그탄니(Sliðrugtanni, 면도날 같은 치아)라고 부르는 수퇘지가 끄는 수레를 타고 왔다. 헤임달은 굴토퍼(Gulltoppr, 황금 갈기)라는 말을 타고 왔으며 프레이야는 고양이들이 끄는 수레를 타고 왔다. 서리 거인들과 산악 거인들도 많이 왔다. 오딘은 황금 팔찌 드라우프니르를 장작더미 위에 올려놓았다. 발드르의 말도 재갈과 고삐가 모두 채워져 장작더미 위에 올려졌다.

헤르모드는 슬레이프니르를 타고 9일 밤낮을 칠흑의 깊은 계곡들을 달려 지하로 내려가 로키의 딸 헬을 만났다. 그는 헬에게 발드르의 죽음으로 인해 아스 신들이 얼마나 큰 비탄에 잠겨 있는지를 전하며 발드르를 말에 태워 신들에게 되돌아가야 한다고 말했다. 죽은 자를 감시하는 헬은 발드르가 진정 그토록 사랑받고 있는지를 확인해야만 했다. 그녀는 세상의 모든 생명체와 죽어 있는 모든 것들이 발드르를 위해 울어 준다면 그는 아스 신들에게 되돌아갈 수 있으나, 어느 누구라도 이의를 제기하거나 그를 위해 울지 않으려 하면 발드르는 헬에 계속 남아 있을 것이라고 말했다. 홀로 떠나는 헤르모드를 배웅하러 나온 발드르는 드라우프니르 팔찌를 그에게 건네주며 오딘에게 전해 달라고 했다. 헤르모드는 같은 길을 되돌아 아스가르드로 가서 자신이 보고 들은 일들을 이야기했다.

아스 신들은 즉시 온 세상에 사자들을 파견하여 모든 존재들의 눈물이 발드르를 헬의 권능에서 끌어내도록 모두 울어 달라고 부탁했다. 그래서 인간과 동물, 땅과 돌, 나무와 금속, 등 지상의 모든 존재가 그렇게 했으나 딱 한 명 동굴 속 여자 거인 퇴크(Þökk, 감사)는 그 부탁을 거절했다. 그녀는 발드르가 한 줌 재로 돌아간 것에 대해 울더라도 눈물을 흘리지는 않을 것이라고 말했다.

시인은 죽음을 생명으로 되돌리는 것은 지상의 모든 존재들의 눈물이라고 이야기하는데, 이런 관념은 스칸디나비아의 자연환경과 관련이 있는 듯하다. 혹한의 겨울이 끝나 가면 얼어붙은 만물에 태양의 온기(solbeig, 태양의 힘, 위력)가 스며들어 지상의 모든 존재들이 눈물을 흘리며 죽음에서 깨어난다. 스노리는 "인간과 동물, 땅과 돌, 나무와 금속 모두가 눈물을 흘린다는 것을 이들이 결빙에서 나와 열기 속으로 들어갈 때 모두 눈물을 흘리는 것을 보고 알 수 있을 것"이라고 말한다. 그러나 생사의 경계가 허물어지는 것은 상실의 애통함을 잠시 달래 줄 수는 있으나 크게 멀리 보면 신에게도 인간에게도 재앙이다. 삶은 생(生)의 영역에, 죽음은 사(死)의 영역에 자리 잡는 것이 오히려 모두에게 감사한 일이다. 거인 퇴크는 오딘의 아들 발드르의 죽음에 대해 헬의 것은 헬의 것으로 두어야 한다고 역설한다.

퇴크는 발드르가 한 줌 재로 돌아간 것에 대해
울더라도 눈물을 흘리지 않을 것이다.
죽지 않고 살아 있을 때, 나는 사람의 아들을 이용하지 않았으니,
헬은 자신의 것을 지켜야 할 것이다.

발드르를 헬에서 데려오려 했던 신들의 시도는 실패로 돌아가나, 발드르는 아홉 개의 황금 팔찌를 지상으로 가져가게 함으로써 신세계의 도래에 대한 희망을 암시한다. 죽음이 재생을 가능하게 할 때, 그 죽음은 축복이자 감사이다.

스노리는 로키가 아스 신들에게 너무나 많은 사악한 짓을 했기 때문에 발드르를 죽음에 이르게 한 이도 로키였을 거라고 추측한다. 실제로 로키는 자신이 그를 죽게 했다고 말한다. 「에기르의 주연」에는 로키가 아스 신들을 향해 내뱉는 경멸의 말과 도발 중에 발드르에 관한 것이 있다. 로키는 프리그와 말다툼을 하는 와중에 발드르의 죽음을 야기한 자는 바로 자신이라고 자랑스레 말한다.

프리그가 말했다.
알아 두어라, 여기 이 에기르의 궁궐에
발드르 같은 아들 하나만 있다면
너는 아스 신들의 자손들에게서 도망치지 못하고
분노에 사로잡힌 그와 싸워야 했을 것이다.

로키가 말했다.

더 원하느냐, 프리그여, 보다 많은 것을 네게 이야기해 주기를

내가 저지른 음흉한 행위들에 대해.

발드르가 말을 타고 자신의 거처로 가는 것을

더 이상 보지 못하게 만든 이는 바로 나다.

아스 신들이 그토록 살리고자 애썼던 오딘의 아들 발드르를 죽음에 이르게 한 이가 누구인지 알았으니 로키는 응징을 피할 수가 없다.

2   로키의 형벌

스노리는 발드르의 죽음에 이어 장례식이 끝나자 곧바로 아스 신들에게 쫓겨나 처벌받는 로키를 거론한다. 그의 죄는 발드르의 죽음으로 그치지 않고 신들이 발드르를 되살려 내지 못하도록 방해한 데 있다. 분노한 신들이 추방당한 로키를 잡으러 가자 그는 물고기로 변해 필사적으로 도망치나 결국에는 붙잡혀 사슬에 묶여 뚝뚝 떨어지는 독사의 진액 아래서 몸부림친다.

강글레리가 말했다. "로키는 아주 많은 일을 저질렀군요. 처음엔 발드르가 살해되도록 하는 죄를 저질렀고, 다음에는 발드르가 헬에서 풀려나지 못하도록 막았네요. 이에 대해 그는 어떤 처벌을 받았습니까?"

하르가 말했다. "그는 추방되어 오랫동안 그 일을 기억하게 될 고통

스러운 벌을 받게 되었다. 아스 신들의 분노하자 그는 산으로 도망가서 숨었다. 거기에서 그는 내부에서 사방팔방을 볼 수 있도록 문이 네 개인 집을 지어 밖을 살폈다. 낮에는 종종 연어로 변하여 프라낭그르(Fránangr) 폭포에 몸을 숨겼다. 그는 폭포 안에 숨은 자신을 잡기 위해 아스 신들이 무슨 꾀를 낼 것인지 곰곰 생각했다. 그는 집안에 앉아 아마실로 매듭을 만들어 엮었는데, 이후로 사람들은 그물을 이렇게 만들었다. 그의 앞에는 불이 타오르고 있었다. 그때 그는 아스 신들이 다가오고 있다는 것을 알았다. 오딘은 이미 흘리드스퀼프(Hliðskjölf) 위에 앉아 로키가 어디에 있는지 보았던 것이다. 로키는 즉시 튀어 일어나 불 속에 그물을 던져 넣고 밖으로 나와 강물로 몸을 던졌다.

아스 신들이 도착했을 때 맨 먼저 집안으로 들어간 이는 모든 이들 중 가장 현명한 크바시르였다. 그는 그물이 타고 있던 자리에 남은 불 속의 재를 보고 망을 만들어 태웠으며, 그것은 물고기를 잡는 도구임에 틀림없다고 생각하여 아스 신들에게 그렇게 말했다. 그러자 그들은 즉시 불에 타고 남은 재의 모양을 본떠 로키가 만든 그물을 만들었다. 그물이 완성되자 아스 신들은 강으로 가서 폭포 속에 던졌다. 토르가 그물 한쪽 끝을 잡고, 나머지 아스 신들이 다른 쪽 끝을 잡고 그물을 끌었다. 로키는 그물 앞쪽으로 빠져나가 두 개의 돌 사이 바닥 위에 누워 있었기에 신들이 끌어당기는 그물은 그 위로 지나갔다. 그러나 신들은 살아 있는 무언가가 그곳에 있다는 것을 알아챘다. 그들은 다시 폭포로 가서 어떤 것도 빠져나갈 수 없도록 묵직한 것을 매단 후 그물을 활짝 펼쳐 던졌다.

로키는 그물 앞으로 빠져나와 하류 쪽으로 헤엄쳐 갔다. 하지만 자신이 바다 가까이 있다는 것을 알고는 그물 줄 위로 튀어 올라 서둘러 폭포로 올라가려 했다. 아스 신들은 로키가 어디로 가는지 알고는 이번에는 무리를 둘로 나누어 그들 역시 폭포로 달려 올라갔다. 토르가 강 가운데로 걸어갔다. 그들은 바다 쪽으로 내려갔다. 로키는 하류로 도망가면서 가능한 방법이 두 가지밖에 없다는 것을 알았다. 목숨을 걸고 바다로 튀어나가는 것, 아니면 다시 한번 그물을 뛰어넘는 것이다. 그는 후자를 택하고 힘껏 그물 위로 뛰어올랐다. 토르가 불쑥 손을 뻗어 로키를 잡으려 하자, 그 물고기는 토르의 양손 사이를 빠져나가려 했고, 그 순간 토르가 꼬리를 붙잡았다. 연어의 꼬리 쪽이 뾰족한 것은 이 때문이다.

이제 로키는 붙잡혀서 옴짝도 할 수 없게 되었다. 신들은 그를 한 동굴로 데려갔다. 그들은 넓적한 바위 세 개를 끌어다 모서리를 맞춰 쌓고 그것들을 관통하는 구멍을 하나 뚫었다. 그런 다음 로키의 아들, 발리(Vali)와 나리(Nari 혹은 나르피(Narfi))를 잡아 왔다. 그들은 발리를 늑대로 변신시켜 형제인 나르피를 찢어발기도록 했다. 그들은 나르피의 창자를 이용해 로키를 세 바위에 묶었다. 창자 줄 하나는 어깨 아래에, 두 번째 줄은 허리 아래에, 세 번째 창자 줄은 무릎 뒤 오금 아래에 묶었다. 그러자 창자들이 쇠사슬로 변했다. 그런 다음 스카디가 독사를 한 마리 가져와 그 독이 얼굴에 떨어지도록 로키의 위에 묶어 고정시켰다. 그러나 로키의 아내 시긴이 그 옆에 서서 대야를 받쳐 떨어지는 독을 받아 냈다. 그릇이 다 차면 그녀는 독액을 비우러 갔다. 그동안 독액은 로키의 얼굴에 뚝뚝 떨어졌다. 그러면 로키가 어찌나 격렬하게 요동을 치는지 대지가 온통 흔들렸다. 사람들은 이것을 지진이라고 했다. 로키는 그곳에서 '신들의 황혼' 때까지 묶여 있었다.[62]

『운문 에다』의 시는 신들이 분개하여 로키를 처벌한 까닭을 이와 다르게 설명한다. 「에기르의 주연」(혹은 「로키의 조롱(Lokasenna)」)에서는 신들을 비난하고 조롱하는 로키의 행동이 자세히 묘사되어 있다. 이 내용을 읽어 보면 태양을 집어삼키려는 늑대 스퀼과 달을 집어삼키려는 늑대 하티는 바로 독설가 로키의 표상임을 알 수 있다. 로키가 신들을 어떻게 비난했기에 세상이 멸망할 때까지 독액을 쏟아 내는 독사의 아래에서 사슬에 묶여 몸부림을 치고 있었는지 자초지종을 알아보자.

기미르(Gymir)라고도 불리는 바다 거인 에기르는 아홉 딸들과 함께 토르와 티르가 제공한 커다란 솥에 엘주를 주조하여 신들과 엘프들을 불러 주연을 베풀었다. 오딘과 프리그, 뇨르드와 그의 부인 스카디, 프레이르와 프레이야, 브라기와 그 아내 이둔, 펜리르가 물어뜯어 외팔이가 된 티르, 오딘의 아들 비다르를 포함해 많은 아스 신과 엘프들이 참석했다. 토르는 동쪽으로 여행을 떠났기에 처음에는 이 주연에 참석하지 않았으나 부인 시프, 그리고 로키와 프레이르의 하인 비크비르(Byggvir)와 베일라(Beyla)도 참석했다. 거기에는 수많은 아스 신들과 엘프들이 있었다.

에기르의 두 하인 피마펭(Fimafengr)과 엘디르(Eldir)가 정성을 다해 연회를 준비했다. 이들은 횃불 대신 번쩍거리는 금으로 연회장을 밝히며 손님들을 극진히 접대했다. 맥주는 마음껏 마시도록 제공되었고 잔치는 아주 평화로웠다. 참석자들이 흡족한 마음으로 엘디르와 피마펭을 칭찬하자, 로키가 배알이 뒤틀려 그만 피마펭을 때려죽였다. 이에 분개한 아스 신들이 방패를 들고 일어서서 로키를 비난하고는 그를 숲으로 내쫓아 버렸다. 그리고 신들은 되돌아와 다시 주연을 즐겼다.

에기르의 궁으로 돌아가기 위해 숲에서 빠져나온 로키는 그의 저택 바깥에서 하인 엘디르를 만났다. 로키는 엘디르에게 신들이 술안주로 무슨 이야기를 하고 있느냐고 물어보았다. 엘디르는 신들이 무기와 유명한 전투에 대해 이야기하고 있으며, 아스 신들과 엘프들 중 아무도 로키에 대해 좋은 소리를 하는 이가 없다고 대답한다. 이에 로키는 에기르의 홀 안으로 들어가 신들에게 욕설을 퍼부어 치욕을 느끼게 할 것이며 그들의 꿀술에 불화를 풀어 넣을 것이라고 말한다. 엘디르는 아스 신들을 조롱하여 치욕을 느끼게 한다면, 신들은 로키에게 그것을 되갚을 것이라고 응수한다.

로키가 말했다.
에기르의 궁궐 안으로 들어가 주연을 직접 보아야겠다.
아스 신들의 자손들에게 혼란과 분란을 일으키고
꿀술에 양념으로 독을 타서 맛을 내겠다.

엘디르가 말했다.
명심하시오. 에기르의 궁궐 안으로 들어가
주연을 직접 보고자 한다면,
은혜로운 신들에게 험담과 비난을 퍼붓는다면,
신들은 도리어 당신에게 그것을 되갚을 것이오.

엘디르의 경고에도 아랑곳하지 않고 로키가 연회장에 들어가니 모든 신들이 입을 다물었다. 그는 목이 마르니 꿀술을 한 모금 달라고 청한다. 로키가 연회를 망치리라는 것을 꿰뚫어 본 브라기가 그의 동석을 거절하나, 오딘은 로키가 신들을 비방하지 못하도록 '늑대의 아비'에게 꿀술을 제공하라고 비다르에게 명했다.

오딘이 말했다.
일어서거라, 비다르, 저 늑대의 아비에게
자리를 마련해 주어라.
여기 에기르의 궁궐에서 로키가 우리를
비방하면 안 되지 않는가.

그러나 연회장에 자리를 잡은 로키는 꿀술을 마시고 취해 신들을 야유하고 비난하기 시작하는데, 그 첫 번째 대상은 자신의 동석을 반대했던 브라기이다. 그러자 브라기는 로키가 더 이상 연회를 망치지 않도록 그를 회유한다.

브라기가 말했다.
나의 보물 가운데 검과 말을 주마.
브라기는 너에게 반지로 보상하겠노라.
그 대신 신들 사이에 증오를 불러일으키지도 말고,
위대한 신들을 분노에 사로잡히게 하지도 말아라.

로키가 말했다.
내 브라기를 아니, 말과 반지가 많지 않아 둘 다 아쉬운 것은 바로 당신 아닌가?

여기 이 안에 있는 아스 신들과 엘프들은
결투를 꺼리거나 화살을 피하지 않는다.

브라기가 말했다.
내가 지금 여기 에기르의 궁궐이 아니라
저 바깥에 있었더라면,
네 머리를 내 손으로 날려 거짓말을 응징해 주었으련만.

로키가 말했다.
앉아 있을 때는 담대하나 행동은 그렇지 못하니.
브라기, 의자를 장식하는 자여.
분노를 느끼면 결투하러 나오시게.
이를 예상하지 못했다면 영웅이 아니리라.

브라기는 시의 신이며, 그의 아내 이둔은 신들에게 젊음을 가져다
주는 황금 사과를 관리하는 여신이다. 시인은 용감한 행동으로 자신의
가치를 드러내는 무사들과 달리 영감을 받고 의자에 앉아 써 내려간 시
들로써 그 존재 이유와 가치를 보여 준다. 이런 시인을 향해 로키는 의
자 장식물이라 비난한다. 로키가 브라기를 아스 신들과 엘프들 중에 가
장 용기 없는 겁쟁이라고 비난하자, 이둔이 남편 브라기를 달래며 이
제는 아스 신족이 된 로키에게 같은 종족 간에 악담을 삼가라고 부탁한
다. 그러나 로키는 비방을 멈추고 평화를 중재하려는 이둔마저 색기가
철철 넘치며 오라비를 죽인 자라고 비난한다.

이둔이 말했다.

브라기여! 부디 그가 우리의 종족임을 생각하세요.

그가 원해서 우리는 그를 아들로 선택했으니까요.

이곳 에기르의 궁에서는 로키에게 악담을 삼가세요.

로키가 말했다.

입 다물라 이둔이여, 내 당신을 알고 있으니,

색기가 철철 넘치도다. 빛나는 두 팔을 지금도 휘감고 있으니,

바로 오라비를 죽인 자 아니냐?

이번에는 게피온 여신이 나섰다. 그녀는 로키가 아스 신들을 증오하고 조롱하는 존재인 것은 모두 익히 알고 있었던 바인데, 그런 행동들에 새삼스레 분노할 필요가 없지 않느냐는 식으로 신들을 달랜다.

게피온이 말했다.

어이하여 두 신은 서로 독설을 내뱉으시오?

여기 있는 우리들 사이에 증오를 불러일으킬 심산이오?

로키는 구역질나는 하리쟁이고 천상의 거주자들을 증오한다는 것은 모두 익히 알고 있지 않나요.

뼈 있는 중재를 그냥 넘길 로키가 아니다. 그가 생명체의 명줄을 알고 있는 게피온의 치부를 폭로하자 보다 못해 오딘이 나섰다.

오딘이 말했다.

미쳤도다, 로키. 게다가 어리석도다.
게피온의 증오를 사다니. 나처럼 그녀도
모든 생명의 명줄을 다 알고 있는데.

로키가 말했다.
입이나 다무시지, 오딘, 인간들의 싸움에서
승패를 부당하게 가르지 않았던가.
이겨서는 아니 될 형편없는 자들에게
번번이 승리를 안겨 주었으면서.

전쟁은 늘 좀 더 용기 있고 의로운 측이, 혹은 더 훌륭한 무기를 갖
춘 진영이 반드시 승리하는 것은 아니다. 실제로 바이킹족 사이에서는
현명하고 용감했으나 아직 젊은 나이에 전쟁에서 죽은 두 왕의 이야기
가 전해진다. 로키는 부조리한 인간사를 거론하며 전쟁에 앞서 전사들
이 용기와 승리, 보호를 간구하는 전사 신 오딘의 정의롭지 못함을 힐
난한다. 이렇듯 남신 여신을 가리지 않고 계속되는 로키의 조롱에 참다
못한 헤임달이 그를 궁궐 밖으로 내쫓으려 했다.

취했구나, 로키여! 정신이 나갔느냐?
제발 사라져라, 로키,
사람들이 만취하면 말들이 많아지지만
무슨 말을 하는지도 모르는구나.

순순히 말을 들을 로키가 아니다. 그는 헤임달의 역할을 조롱한다.

입 다물라, 헤임달. 태초의 시간에
고달픈 운명이 주어졌구나.
젖은 등으로 이슬이나 맞아 가며
보초를 서는구나, 신의 호위병아!

그러자 스카디가 나서서 로키가 받을 가혹한 형벌을 예고하자, 로키는 아스 신들을 위해 했던 자신의 행적을 상기시킨다.

스카디가 말했다.
신이 났구나, 로키, 더 이상 마음껏
야유할 수 없으리라.
단단한 암벽에 차디찬 아들의 창자로
신들이 너를 묶을 것이니.

로키가 말했다.
너는 아느냐. 차디찬 아들의 창자로 단단한 암벽에
신들이 나를 묶는다 하더라도
우리가 티야치를 공격했을 때
가장 먼저 공격하고 가장 격렬하게 그를 죽인 이가 나라는 것을.

스카디와 로키와의 이 대화에서 로키는 자신을 '롭트르(Loptr)' 또는 '라우페이(Laufey)의 아들'로 칭한다. 그가 끊임없이 신들을 모욕하고 있을 때, 동쪽으로 여행을 떠났던 토르가 돌아왔다. 토르는 그의 무기 묠니르로 로키를 위협하며 일갈했다.

토르가 말했다.

입 닥쳐라, 더러운 놈. 내 가공할 망치

묠니르가 주둥이를 닥치게 해 주마.

내가 네놈의 머리통을 갈기면

목숨이 어찌 될지 알고 있지 않느냐.

토르의 협박에 몇 마디 대꾸하긴 했으나 묠니르가 두려웠던지 로키가 마침내 슬그머니 꼬리를 내린다. 하지만 신들의 비밀을 폭로하며 독설을 내뱉던 자신의 경거망동을 반성하기는커녕 오히려 신들의 취약점을 발설한 쾌감에 속 시원해하며 저주의 말을 내뱉는다.

로키가 말했다.

가슴속 응어리진 것을,

이제야 아스 신들과 그 자손들에게 털어놓았노라.

이제 몸을 돌려 이 몸을 피하려 하니,

네(토르)가 나를 칠 것을 확신하노라.

주연을 베풀었으나, 에기르! 앞으로 더 이상

신들을 접대하지 못하리라.

여기 이 안의 네 재물 모두를 불꽃이 집어삼킬 것이며,

네 등 뒤에서 활활 타오르리라.

이렇듯 저주를 쏟아 내고는 로키는 연어로 변신하여 프라낭그르의 물속으로 들어가 사라졌다. 아스 신들이 물속에서 그를 찾아내어 로키의 아들 나리의 내장으로 그를 결박했다. 그의 또 다른 아들 나르피

는 늑대로 변했다. 스카디는 독사를 잡아 결박한 로키의 얼굴 위에 매
달았다. 뱀이 독액을 뚝뚝 떨어뜨리자 로키의 아내 시긴이 그 옆에서
대접으로 독을 받아 냈다. 대접에 독이 가득차면 그녀는 독을 내다 버
리러 갔는데, 그사이에 얼굴에 독이 떨어지면 로키는 몸을 뒤틀었다.
그가 몸을 뒤틀면 대지가 요동을 쳐 지진이 발생한다.

　　『운문 에다』, 「뷀루스파」 35절에서 마녀 뷀바가 오딘에게 말한다.
"다른 무엇보다도 자신은 시긴이 포박된 남편 로키와 함께 '온천의 숲'
아래 불행하게 앉아 있는 것이 보인다."라고. 스노리가 묘사했듯이 그
는 라그나뢰크르 때까지 묶여 있다가, 늑대의 때가 되자 마침내 결박에
서 풀려나 신들을 공격한다. 「뷀루스파」 35~62절 시들 중 일부를 인
용하면서 스칸디나비아 신화의 종말론적 전쟁과 이 전쟁에서의 로키
의 역할을 살펴보겠다.

　　죽음의 띠로 묶였음을 내가 아니
　　내장으로 만든 족쇄로 꽁꽁 동여맸구나.
　　현자는 많이 알고 미리 알고 있으니
　　세계가 멸망하고 아스 신들은 몰락하리라.
　　그니파 동굴 앞에서 가름이 울부짖으니
　　족쇄가 풀렸도다. 프레키가 달려간다.

　　헤임달이 뿔나팔을 불어 신들에게 위기가 닥쳤음을 알리자 오딘
이 신들의 운명을 비껴가기 위해 헛되이 지혜를 궁구한다.

걀라르호른의 귀청 찢는 소리에
무스펠의 아들들도 불어 대고 중간 나무에는 불이 붙는다.
고귀한 뿔나팔을 헤임달이 목청껏 불고
미미르의 머리를 들고 오딘이 중얼거린다.

'늑대의 아비'가 낳은 자식들은 자신들의 시대가 오자 각자 저마다
의 역할에 충실하며 맹활약을 한다. 늑대들과 함께 온갖 괴물들과 약탈
자들인 "뷜레이스트의 형제"가 신들과의 전쟁에 동참하는데, 로키가
그들을 진두지휘한다.

이그드라실이 벌벌 떠니 거기 서 있는 물푸레나무로구나.
수트르 늑대가 풀려나오니 늙은 위그드라실이 버석거린다.
(저승에 묶인 이들 모두가 겁에 질리니
수트르의 불꽃이 물푸레나무를 삼키는구나.)
가름이 그나파 동굴 앞에서 끔찍하게 곡을 하니
족쇄가 풀렸도다. 프레키가 달려간다.

흐림르(Hrymr)가 북쪽에서 와 방패를 치켜드니[63]
외르문간드가 거인 굴에서 요동쳐 댄다.
괴물은 파도를 때리고 독수리들은 맴을 돌다
시체를 찢는구나, 나글파르(Naglfar)가 출항한다.
동쪽으로부터 배가 다가오노라, 무스펠의 거주자들이 오노라.
그들이 파도를 넘어 오노라. 로키가 그 배의 키를 잡노라.
모든 괴물들의 혈족들, 약탈자들이 있으매,

빌레이스트의 형제가 그들의 동료가 되어 오노라.

늦대 수트르가 남쪽에서 불의 검을 가져오니 신들의 태양빛이 칼날에 번쩍인다. 땅이 흔들려 바위산이 무너지고 하늘이 갈라진다. 발키리들이 혼비백산하니 용사들이 저승으로 간다. 펜리르가 오딘을 집어삼키자 비다르가 쩍 벌린 늦대 펜리르의 입을 삼지창으로 꿰뚫어 복수하지만 그 누구도 황혼을 이기지는 못한다. 수트르와 싸우던 프레이르도 죽고, 외르문간드를 죽인 토르도 뱀의 독에 치명상을 입어 아홉 발걸음을 내딛고는 쓰러진다. 아스 신들 모두가 죽음에 이르고, 로키와 그의 자식들과 사악한 동료들도 마찬가지이다. 세계수 위그드라실이 불타 내려앉고 하늘의 크고 작은 별들도 모두 사라지고 대지가 바다에 가라앉는다.[64]

3   세계의 멸망과 재생

태양이 어두워지고 대지가 바다에 가라앉는다.
하늘에서 빛나던 별들도 사라진다.
불꽃이 만물의 생명수 위그드라실을 집어삼키니
타오르는 불길은 하늘까지 치솟는구나.

아스 신들과 거인들과의 전쟁은 세상의 종말을 초래한다. 하지만 끝이 아니다. 종말 후에 물에 잠겼던 대지가 다시 솟아오르자 들판에 초록빛이 되살아나고 독수리들이 날아다닌다. 신들이 나타나 넓은 이다 평원(Iðavöllr)에 모여 과거의 사건들을 회상한다.

> 두 번째로 대지가 물에서 솟아오르고
> 다시금 밀려오는 파도에서 솟아난 초록을 내가 보는구나.
> 조수가 빠지니 독수리가 날아다니며
> 암벽 위에서 물고기를 잡는구나.

> 이다 평원에서 아스 신들이 모여
> 대지를 뒤흔든 끔찍한 자들을 이야기한다.
> 위대한 과거를 그들이 상기하니
> 핌불티스(Fimbultýs)[65]의 옛 룬 문자들이라.

여름이 없는 '혹독한 겨울(Fimbulwinter)'이 세 번이나 지속되는[66] 암흑의 시대를 지나 창과 칼이 부딪히는 '늑대의 시대'가 종말을 고하면 우주는 다시 태어난다. 씨 뿌리지 않아도 땅에서 밀이 자라나고, 사악한 자들은 개심하여 선한 상태로 다시 태어나는 그야말로 황금시대가 열리는 것이다. 재생한 신들은 이제 빈드헤임(Vindheim, 바람의 땅)이라 부르는 넓은 들판에 태양보다 빛나는 신들의 궁궐을 다시 세우고 과거 오딘이 독점했던 최고신의 권능들을 분할한다. 발드르와 장님 형 회드르는 저승에서 살아 돌아와 군신의 궁궐(옛 발할라)에서 함께 거주하며, 오딘이 가졌던 마법의 지팡이는 회니르가 소유하고, 위대한 신이 하늘에서 내려와 법규를 제정한다. 이로써 오딘 곁에서 약하게 작용했던 티르의 법적 규율들, 옳고 그름을 판단하고 평화적 중재를 위한 법적 규범들이 제대로 정립된 세상이 열린다.

그때에 다시금 풀밭 속에서
경이로운 황금 판들이 발견되었구나,
옛날 옛적 아스 신들이 소유했었던.

씨 뿌리지 않아도 밭들이 수확을 내고
사악한 것들이 모두 개선되니 발드르가 돌아온다.
군신의 하늘 궁에 회드르와 발드르가 거하니
위대한 신들이니, 더 알기를 원하느냐?

회니르는 예언의 지팡이를 손에 넣고
두 형제들은 너른 빈드헤임에
거하는구나. 더 알기를 원하느냐?

태양보다 더 빛나는 궁궐을 내가 보니
붉은 황금 지붕의 홀이 김리(Gimli) 언덕 위에 세워졌구나.
정의로운 통치자들이 거기에 거하며
영원히 평온과 지복을 누릴 것이니.

그때 힘센 자가 신들의 모임에 오니
저 위에서 만물을 지배하는 막강한 자이니라.
분쟁에 결정을 내리고 다툼을 조정하고
영원한 규칙들을 내세우는구나.

이제 어두운 용이 날아오르니

니다 암벽에서 뱀들이 기어 내려간다.

날개 위에 시체를 얹은 용 니드호그는 이제

평야를 건너서 서서히 내려앉노라.

발드르와 회드르의 세상에서도 로키는 신족으로 받아들여졌을까? 우주 만물이 재탄생할 때 로키도 신들과 함께 재생했을까? 사악한 자들이 개심했다고 하니 로키는 다른 인물이 되어 소생했을까? 선악의 갈등 ― 전쟁 ― 소멸 ― 재탄생의 구도를 가진 종말론적 신화는 인간적 논리에서 제기될 법한 이런 물음들에 답하지 않는다. 세상의 종말은 사악한 힘들의 횡행에서 비롯되었으며, 세상을 지키기 위해 이들에 맞서 정의로운 자들이 싸우고, 이 싸움에서 선하고 정의로운 편과 악한 세력들이 모두 소멸하면 비록 세상이 몰락하더라도 거기서부터 의로운 법규들이 지배하는 새 시대가 생겨난다고 이야기할 뿐이다. 라그나뢰크에서 사악한 로키와 헤임달이 맞서 싸우다 서로를 죽이고 전쟁은 끝이 난다. 전쟁의 도화선에 불을 붙인 인물은 로키이고 훨훨 타올라 우주를 불태워 재로 만들었던 불을 완전히 끄는 이는 헤임달이다. 앞에서 로키의 여러 성격들은 관찰했으니 이를 종합하여 정리하면 북유럽 신화에서 로키의 위상과 특성들을 파악할 수 있다. 그 전에 먼저 헤임달의 특성을 살펴봄으로써 전쟁의 시작과 끝의 주연들에 대해 관찰해 보자.

4 헤임달과 로키

북유럽 신화에서 헤임달에게 할당된 분량을 그다지 많지 않다. 그는 최고신도 아니고 최초의 신도 아니지만 『운문 에다』의 서두에서 신들은 그의 종족으로 거론된다.

> 조용히 들으시오, 고귀하신 분들이여.
> 헤임달 신족의 높고 낮은 자손이여.
> 천부(天父, 오딘)의 위업을 전파하려 하노니,
> 내가 아는 태고의 오랜 전설이라. (「뷜루스파」, 1절)

(1) 헤임달의 탄생

헤임달은 하늘, 땅, 바다 끝에서 한 어머니, 그리고 여덟 어머니에게서 태어났다. 이들은 바다 거인 에기르와 란(Ran) 사이에서 태어난 아홉 딸로, 바다에서 일어나는 크고 작은 파도들을 표상한다.

> 시간이 시작될 때 한 남자가 태어나니,
> 놀랍도록 힘이 세며 신들의 후손이라.
> 땅끝에 사는 거인의 아홉 딸들이,
> 평화를 가져온 이 장정을 낳았노라.
> 기알프가 낳고, 그레이프도 낳고, 아이스틀라도 낳고, 안게이야도 낳고,
> 울프룬도 낳고, 에이르기아파도 낳고, 임두르와 아틸라, 야른삭사가
> 그를 낳았노라.
> 그 아들에게 대지가 힘을 모아 주니,
> 바람 찬 바다와 햇빛도 그러했구나. (『운문 에다』, 「힌들라의 노래」
> 34~36절)

헤임달(Heimdall)은 '세상을 밝게 비추는 자'라는 뜻이다. 『산문에다』에서 '검(劍)'은 '헤임달의 머리'로, '머리'는 '헤임달의 검'으로 칭해진다. 웨일스의 민간전승에 따르면 해양의 파도들은 아홉 번 밀려왔다 부서지는데, 마지막 아홉 번째 파도는 숫양이라 불린다. 하얀 양털을 표현한 것인지, 아니면 파도가 만든 흰 거품들 때문인지는 알 수 없으나 헤임달은 '하얀 신'이라 불리기도 한다.

아홉 어머니에게서 태어난 헤임달은 인간 사회의 계급을 확립한 신이다. 스칸디나비아반도와 바이킹들이 정착했던 곳에서 사회는 트라엘, 즉 귀족이나 전사, 농경과 목축, 노예 세 계급으로 나뉘어 있었다. 노르웨이 신화는 이처럼 삼분된 사회 조직의 확립을 헤임달 신에게 귀속시킨다. 헤임달은 인간(리그르)의 모습으로 땅에 체류하며 증조부모, 조부모, 부모의 집을 차례로 방문하여 세 명의 아들 트랄(tral), 카를(karl), 얄(jarl)을 탄생시키는데, 이들이 인간 사회의 계급(하인, 농경인과 목축인, 무사)을 형성한다.

헤임달은 아스가르드와 미드가르드를 이어 주는 다리 비프로스트(Bifröst, 흔들리는 하늘 길, 즉 무지개) 옆의 히민비요르그(Himinbjörg) 위에 거주한다. 그는 새보다 잠을 덜 자고, 낮에는 물론 밤에도 먼 곳까지 볼 수 있는 천리안을 가졌으며, 땅속 잔디와 양털이 자라는 소리까지 들을 수 있다. 헤임달은 아스가르드에 위기가 닥치면 이그드라실 아래에 숨겨져 있는 그의 걀라르 각적을 불어 신들에게 알리는 신들의 보호자이다. 위험을 알려 주는 그의 뿔나팔의 이름 기얄라는 생사를 가르는 지하계의 강 '골(Gjöll)'에서 유래한 것으로 해석되기도 한다. 라그나뢰크 때 헤임달은 이 뿔나팔을 불어 온 세상에 알렸다. 세상이 몰락할 때 비프로스트는 불의 거인족의 아들들이 타고 올라간 뒤 무너진다.

혜임달의 탄생과 역할 및 상징물에서 확인되는 특성들을 통해 우리는 신들의 세계에서 차지하는 그의 정체성을 파악할 수 있다. 뒤메질은 혜임달의 정체성을 인도의 서사시 『마하바라타』의 주요 인물 비슈마와 동일한 것으로 보았다. 비슈마와 혜임달의 비교 연구는 뒤에서 고찰할 것이다. 그 과정에서 우리는 오딘이 지배하는 아스 신들이 왜 혜임달의 종족으로 규정되는지도 알게 될 것이다. 여기에서는 북유럽 시인들이 묘사하는 혜임달 관련 신화를 상기하면서 로키의 적으로서의 혜임달을 강조하는 것으로 만족하겠다.

아홉 파도들의 아들 혜임달은 라그나뢰크 이전 아스 신들의 시대에 신들의 어버이이자 보호자이다. 황금 갈기를 가진 말 굴토퍼를 타고 다니며 세상에 빛을 주는 혜임달은 로키와 종종 서로 대적하므로 시인들은 그를 "로키의 적"이라 말한다.[67] 둘은 프레이야의 목걸이 브리싱가멘을 두고도 다투며, 라그나뢰크 때 서로 상대방을 죽이고 신들의 전쟁은 끝난다.[68]

(2) 로키

얀 데 브리는 로키를 트릭스터(trickster)로 규정했으나, 이는 로키라는 인물의 본질적 특성, 다중 인격적 로키를 지나치게 단순한 인물로 설명하기에 많은 논란을 초래한다. 아메리카 인디언들의 민담에 등장하는 트릭스터에 대한 이야기들을 읽어 보면 트릭스터는 선과 악의 양면성을 가진 이중적 인물이며 대체로 인지 능력이 부족한 존재이다. 로키는 간혹 아스 신들을 도와주기도 하지만 사악한 짓을 하는 경우가 더 많다. 게다가 그는 트릭스터와 달리 뛰어난 지능을 가진 인물로, 라그나뢰크 때 신들을 몰락시키는 주범이다. 뒤메질은 그의 저서 『로키』, 1장에서 로키와 관련된 여러 신화들을 소개한다. 2장에서는 스노리의 작품들에 대한 문헌 비판과 기존 연구의 논쟁점들과 로키 신화들의 변용들을 검토한다. 오이겐 모흐크의 스노리 비판, 이어서 로키의 신화들 중 중세 기사 문학에서부터 근대의 민담들에 이르기까지 끊임없이 변주되는 주요 모티프들의 변이들에 대한 천착이 그것이다. 이 작업들 후에 2장의 마지막에서 뒤메질은 로키의 인물상을 항목별로 간단히 정리하는데, 여기에서 트릭스터는 언급조차 하지 않는다. 1장의 내용들 중 일부는 앞에서 살펴보았고, 2장의 문헌 비평과 기존 연구에 대한 검토들은 충분히 검토할 가치가 있는 중요한 작업이긴 하나 두 가지 이유로 인해 생략하겠다. 70여 쪽에 이르는 전문적인 천착과 성찰의 과정을 요약해서 소개할 경우, 왜곡된 이해, 맥락을 간과한 잘못된 비판을 초래할 여지가 있기 때문이다. 게다가 이와 유사한 작업은 신들의 전쟁 부분에서 소개한 바 있으므로 여기에서는 뒤메질의 연구에 필자의 설명을 추가하여 로키의 사악함을 총체적으로 되새겨 보는 것으로 만족하자.

로키는 최고신 오딘뿐 아니라 무적의 망치를 가진 토르와도 밀접한 관계를 유지하면서 아스 신들이 곤경에 처했을 때 이를 벗어날 방책을 강구해 낸다. 그러나 이 방책은 정직한 해결책이 아니라 늘 사기, 꼼수, 간교한 책략이라 차후에 또 다른 갈등과 분쟁의 불씨가 된다. 오딘과 회니르가 세상을 주유할 때 로키와 함께 여행하며, 토르가 동쪽으로 원정을 떠날 때도 종종 그를 동반한다. 이 과정에서 발생한 당혹스러운 사건들을 로키는 능수능란하게 해결한다. 그는 거인족으로 태어났으나 아스 신족의 일원으로 받아들여져 함께 생활한다. 하지만 늘 아스 신들에게 제대로 대접을 받지 못한다. 「길파기닝」에서 하르(Hárr, 높으신 분)는 강글레리에게 그를 "로키라 불리는 아스", "사악한 아스", "신들과 인간들의 불명예"로 묘사한다. 로키는 외모뿐 아니라 그 혈통의 개성들이 아스 신들과는 확연히 다르다.

하르는 말한다. 로키의 또 다른 이름은 롭트(Loptr, lopt는 공기를 의미함)이며, 그의 아비는 남성 요툰 파르바우티(Fárbauti)이고 어미는 "라우페이 또는 날(Nál)", 형제들은 '헬블린디(Helblindi)'와 '빌레이스트(Býleistr)'라고. 이 이름들은 그 자체로 사악한 로키의 특성들을 말해 준다. 파르바우티는 '잔혹한 타격자', 헬블린디는 '지하계를 어둠으로 뒤덮는 자', '만물을 눈멀게 하는 자', '만물의 빛을 덮어 가리는 자이다.[69] 『산문 에다』에서 로키의 형제로 언급되는 빌레이스트가 로키의 혈연인지는 불분명하다. 앞에서 보았듯이 『운문 에다』에서는 라그나뢰크 때 로키의 동료가 되어 아스 신들을 공격하는 모든 괴물들의 혈족들, 약탈자들을 총칭하여 빌레이스트의 형제라 부르기 때문이다. 아스 신들보다 키가 작은 로키는 신들의 하인, 심부름꾼, 염탐꾼, 도살자, 익살 광대 역할을 신들로부터 요구받고, 그는 이를 받아들인다.

로키의 호기심은 멈출 줄을 모른다. 그는 끊임없이 관찰하고 물어보고 탐색하면서 뭔가 새로운 것이 없나 살핀다. 그는 다른 아스 신들보다 훨씬 신속하게 돌아다닌다. 로키의 장화는 공중에서 새처럼 빨리 날아다니고 물속에서는 물고기들보다 빨리 헤엄칠 수 있는 이동 수단이다. 그는 프레이야가 가진 매의 깃털을 빌려 거인 트야치에게 납치된 이둔을 찾아오기도 했다. 토르가 거인들에게 갈 때 그 길을 알고 있는 유일한 이도 로키이다. 그는 원하는 곳 어디건 갈 수 있고, 어디서건 빠져나올 수 있는 비법을 알고 있다. 땅 밑에서 여덟 겨울을 웅크리고 서 소젖을 짜던 그는 지하계와 특별한 관계를 맺고 있으며, 산에 사방을 관찰할 수 있는 신비한 감시소를 가지고 있다. 그는 불과도 관련이 있고, 아스 신들 중 유일하게 자유자재로 변신한다. 고대 그리스어 메티스는 지략, 지혜를 뜻하지만 대개의 경우 메티스는 간교한 책략을 가리킨다. 고대 그리스 신화에서 메티스를 가진 인물은 사자, 황소, 파리, 물고기, 불꽃, 물, 등 아주 다양한 모습으로 변신할 수 있다. 그러나 메티스 자체는 사기, 속임수 능력이다. 상대를 속이기 위해 메티스는 자신의 진짜 모습을 감추고 다른 형상으로 위장하는데, 위장은 마술사의 요술처럼 착각을 불러일으킨다. 로키는 파리, 물개, 암말, 연어처럼 동물로 변신하기도 하고 여성으로도 변신하여 여러 사건들에 개입한다. 여성으로 변신할 때는 토르가 그랬듯이 여인의 의상으로 치장하여 위장하는 것이 아니라 외형 자체가 변한다.

메티스-로키는 재간꾼이자 발명가이나 멀리 보지 못한다. 모든 것에 순간적 충동이나 상상력, 정념이 작동한다. 그는 자신의 행동들이 초래하는 악영향들에 깜짝 놀라 곧바로 만회하려 애쓴다. 교만한 허풍쟁이 로키는 "살갗이 희고 잘생긴 외모를 가졌으나, 성정은 사악하고, 마음은 변덕스럽기 짝이 없다."[70] 그는 근본적으로 부도덕한 인물이다. 고귀함이나 기품이라곤 찾아볼 수 없고, 타인의 존엄성도 이해하지 못한다. 곤경에 처했을 때 로키는 속임수를 써서 그 상황에서 벗어난다. 토르를 무장 해제시켜 게이뢰드에게 데려가고, 이둔과 그녀가 보관하던 황금 사과를 트야치에게 넘겨주고, 토르의 망치를 망가뜨린다. 그는 기만과 사기에 능한 "책략의 원조"이다. "매사에 교활한 간계를 부려 사기를 치는 재주에서는 그를 따를 자가 없으며, 종종 아스 신들을 큰 분란에 빠뜨렸다가 다시 신들을 도와 그 곤경에서 벗어나도록 해 주"는 교활하고 변덕스러운 사기꾼이다.

게다가 로키는 조롱과 비난을 일삼는 독설가, "에시르의 하리쟁이"이다. 오딘을 이 집 저 집 헤집고 다니며 인간을 속이는 변장한 마술사라 비난하며, 아스 신들의 수호자 헤임달을 젖은 등으로 찬 이슬을 맞으며 보초를 서는 불쌍한 호위병이라 조롱한다. 시의 신 브라기를 용기 없는 겁쟁이이자 의자 장식물이라 힐난하고, 풍요의 여신 프레이야를 아스 신들과 엘프들 모두와 정분을 나누었다고 폭로한다.[71] 그의 입은 혼란과 분쟁을 불러일으키며, 타자의 비밀을 거리낌 없이 폭로한다. 그는 아스 신들을 구해 주기 위해 거짓말을 하나, 속이고 거짓말하는 것 자체에 재미를 느낀다. 그의 농담은 악의로 가득 차 있고, 특정 성향이나 사회적 기능들의 다양성을 인정하지 않는다.

분노를 억제하지 못하는 충동적인 로키, 뛰어난 지능과 호기심은 물론 창의력과 탐구심까지 갖추었으나 이 탁월한 자질들을 오로지 기만과 사기, 책략에만 사용하는 간교하고 사악한 메티스, 거짓을 일삼고 조롱과 비난을 즐기면서도 부끄러움을 모르는 파렴치한 인물, 타자를 배려하지 못하고 다양성을 존중하지 못하는 반사회적 인물, 이것이 바로 세계를 종말로 치닫게 하는 로키의 참모습이다. 북유럽 신화의 여러 주요 사건들에서 오딘이나 토르 신 못지않게 로키는 비중 있는 역할을 하지만, 신들과 인간들의 불명예인 탓에 스칸디나비아 지역 어디에서건 그에게 바쳐진 신전은 물론 숭배 의식의 흔적조차 발견되지 않는다.

5 신화, 창조적 영감의 원천

뒤메질은 북유럽 여러 지역의 문학들에서 로키와 관련된 신화적 내용들이 어떻게 변용되어 나타나는지를 살펴보았다.[72] 그 지역 전문가들이 아닌 이들에게 너무 낯선 이름의 영웅들이 거론되므로, 여기에서는 고대 신화의 변용들 중 우리에게 다소 익숙한 예술 작품 리하르트 바그너(Richard Wagner, 1813~1883)의 악극 「니벨룽겐의 반지(Der Ring des Nibelungen)」를 통해 고대 신화와 전설의 주요 소재와 테마가 어떻게 변용되는지를 관찰해 보겠다.

주지하듯이 리하르트 바그너는 중세 독일의 영웅 서사『니벨룽겐의 노래(Nibelungenlied)』[73]와 고대 스칸디나비아 신화의 일부 내용들을 새롭게 창작하여 오페라『니벨룽겐의 반지』를 탄생시켰다. 이 영웅 서사는 일찍이 영화로도 제작되어 대중들에게 소개되었으나, 가장 풍부하고 화려하게 채색하여 음악사에서 새로운 장르로 재탄생시킨 이는 바로 19세기 독일의 작곡가 바그너이다. 바그너의 작품에서는 고대 북게르만 신화들 중 특히 라그나뢰크와 안드바리의 반지가 핵심 소재로 차용되어 재탄생된다. 안드바리의 반지(Andvaranaut)와 관련된 신화와『니벨룽겐의 노래』에 등장하는 영웅 시구르드에 관한 고대 사가(saga)는 아직 다루지 않았으므로 먼저 그 내용들부터 검토하겠다.

1   안드바리의 황금 반지, 저주의 연쇄

『운문 에다』의 사가들에는 니벨룽족(Nibelungen)의 독일 서사 사이클에 영감을 준 영웅의 각본들이 많은데,「레긴의 노래(Reginsmál)」(또는 파프니르의 살해자 시구르드의 노래 제2곡(Sigurðarkviða Fáfnisbana Ⅱ))도 그중 하나이다. 이 시의 서두에는 "라인의 황금(The Gold of Rhin)"의 저주가 어디에서 비롯되었는지를 노래하는 운문들이 있으며, 그 서두에는 이해를 돕기 위한 산문이 삽입되어 있다.

시구르드는 히얄프렉(Hjálprekr)의 종마장(種馬場)으로 가서 말을 한 필 골랐다. 그 말은 그 후로 그라니라 불렸다. 그런데 흐레이드마르의 아들 레긴(Reginn)이 히얄프렉에게 왔다. 그는 그 어떤 사람보다도 솜씨가 좋았고 키가 작은 난쟁이였다. 그는 총명하고 음흉했으며 마술에 능했다. 레긴이 시구르드의 양육과 교육을 떠맡았는데, 그는 시구르드를 몹시 사랑했다. 그는 시구르드에게 그의 조상들에 대해, 또 오딘과 회니르, 로키의 모험들에 관해 이야기해 주었다. 이들이 물고기들이 많은 폭포, 안드바리의 폭포에 도착했을 때의 이야기를 들려주었다.

안드바리라 부르는 난쟁이 한 명이 오래전부터 창꼬치의 모습을 하고 그 폭포에서 물고기를 잡아먹으며 살아가고 있었다. 레긴은 말했다. "오트르(Otr)는 내 형의 이름인데, 그는 종종 수달(loutre)의 모습으로 그 폭포에 들어갔어. 어느 날 그는 연어 한 마리를 잡아서 물가에 자리 잡고 앉아 정신없이 먹고 있었어. 그 모습을 본 로키가 돌멩이를 던져 수달을 때려죽였어. 아스 신들이 보기에 그것은 대단한 횡재였던 게지. 그들은 수달의 가죽을 벗겼어.

그날 저녁 그들은 흐레이드마르의 집에 가서 하룻밤 묵게 해 달라고 부탁하면서 그에게 자신들이 잡은 사냥감을 보여 줬어. 그래서 우리는 그들을 붙잡아 몸값으로 그 수달의 가죽을 금으로 가득 채우고 가죽 바깥 부분은 붉은 황금으로 덮으라고 요구했어. 그러자 그들은 로키를 내보내 금을 모아 오라고 했어. 그는 란(Rán)의 집으로 가서 그녀에게서 그물을 빌려 안드바리의 폭포로 갔어. 그가 창꼬치를 잡기 위해 폭포에 그물을 던졌더니 창꼬치가 그 속으로 들어갔어."

굴베이그에 포획된 자들, 즉 물질적 탐욕에 사로잡혀 타인은 물론 혈육의 목숨까지 앗아 가는 자들의 비극적 결말과 저주의 연쇄에 대해 이야기하는 북유럽 신화들은 건축과 예술, 그리고 소설 등의 창조적 영감의 원천이 되어 오늘날까지 생생하게 살아 있다. 저주의 연쇄는 '안드바리의 반지' 이야기에서 드러나는데, 비극의 발단은 로키가 수달로 변신하여 연어를 먹고 있는 난쟁이 오트르를 이유 없이 죽이는 데서 시작되었다.

『산문 에다』의 「스칼드스카파르말」은 오딘, 로키, 회니르가 세상을 알기 위해 떠난 여행에 대해 이야기한다. 기만과 책략에 능하며 변덕스럽고 사악한 성정을 가진 인물을 동반한 오딘과 회니르의 여행이 무탈할 리 없다. 스노리는 세 신의 세상 주유 여정에서 생긴 한 사건, 얼핏 사소한 듯 보이는 로키의 행위가 초래하는 비극적 결과들, 즉 이들 세 신과 흐레이드마르 집안의 예기치 않은 악연, 그로 인해 로키에게 사로잡힌 안드바리의 이야기를 보다 상세히 전한다.[74]

(1) 로키가 수달을 죽이다

오딘과 회니르, 그리고 로키는 강가에 도착했다. 강을 따라 계속 걸어가니 폭포수가 있었다. 그 폭포수 근처에서 수달 한 마리가 연어를 잡아 바위 위에 앉아 눈을 반쯤 감고 정신없이 먹고 있었다. 갑자기 로키가 돌멩이 하나를 집어 들고 수달의 머리를 향해 던졌다. 맛있게 연어를 먹던 수달은 로키가 던진 돌멩이에 맞아 그 자리에서 즉사했다. 로키는 일격에 연어와 수달을 획득한 자신의 사냥 솜씨를 자랑했다. 오딘, 회니르, 로키는 죽은 수달과 연어를 둘러메고 길을 재촉했다. 잠시 후 그들은 농가에 도착해 집안으로 들어갔다. 흐레이드마르라 불리는 그 저택의 주인은 힘이 장사이고 대단한 마술사였다. 아스 신들은 그에게 하룻밤 묵어가게 해 달라고 부탁했다. 그들은 주인에게 자신들은 식량을 가져왔다고 말하며 그에게 노획물을 보여 줬다. 세 나그네가 가지고 온 수달을 보고 흐레이드마르는 자신의 두 아들 파프니르(Fafnir)와 레긴을 불렀다. 그는 아들들에게 형 오트르가 죽임을 당했고, 그를 죽인 살인자는 바로 세 명의 나그네들이라고 말했다. 아버지와 아들들은 즉시 아스 신들에게 달려들어 붙잡아서 끈으로 묶어 버리고는 그 수달이 흐레이드마르의 아들이라고 말했다. 아스 신들은 그에 대한 보상으로 흐레이드마르가 요구하는 대로 지불하겠다고 했다. 신들은 그가 이 제안을 받아들이도록 설득하여 반드시 지키겠다고 선서했다.

하지만 선서만으로는 미덥지 못하다. 도망가서 돌아오지 않으면 그만 아닌가. 이럴 땐 담보가 필요하다. 찬찬히 살펴보던 농부의 눈에 오딘이 손에 쥐고 있는 멋진 창과 로키가 신고 있는 신발이 눈에 들어왔다. 오딘의 창 궁니르(Gungnir)는 던지기만 하면 반드시 목표물을 맞히는 백발백중의 무기로, 난쟁이들이 만들어 만물의 어버이 오딘에게 바친 것이다. 로키의 신발은 공중을 달릴 수 있고 물 위를 걸을 수 있는 마법의 신발이다. 농부 흐레이드마르는 오딘에게서 궁니르를, 로키에게서는 신발을 뺏은 후에 그들을 풀어주며 황금을 구해 오면 이 물건들을 돌려주겠다고 말했다.

그들은 수달의 껍질을 벗겼다. 흐레이드마르는 가죽을 집어 들며 말했다. 가죽 내부를 붉은 금으로 가득 채우고 바깥 부분도 붉은 금으로 뒤덮으면 평화를 갖게 될 것이라고.

오딘 신은 금을 구하기 위해 로키를 검은 엘프의 땅(스바르트알파헤임)으로 보냈다. 로키는 안드바리라는 난쟁이가 있는 곳으로 갔다. 그는 물에서는 물고기가 되었다. 로키는 물고기 안드바리를 손으로 잡아채고서, 살고 싶으면 몸값으로 동굴에 모아 둔 금을 모조리 내놓으라고 강요했다. 로키는 안드바리를 앞세워 보물이 숨겨져 있는 그의 동굴로 갔다. 난쟁이는 자신이 가지고 있던 금과 보석을 모두 꺼내어 로키

앞에 진열했는데, 그것은 엄청난 재물이었다. 난쟁이는 작은 황금 반지 하나를 자기 쪽으로 슬쩍 빼돌려 숨겼다. 로키가 그것을 보고 그를 움켜쥐고는 그 황금 반지도 마저 내놓으라고 윽박질렀다. 그러자 안드바리가 로키에게 그 반지를 빼앗지 말아 달라고 간청했다. 그 반지 하나만 가지고 있으면 다시 재물을 늘릴 수 있기 때문이다. 하지만 로키는 난쟁이에게 단 한 푼도 남겨 줄 수 없다고 말하며 반지를 빼앗아 그곳을 떠났다. 그러자 난쟁이는 저주를 내뱉었다. 앞으로 누구든지 그 반지를 갖는 자는 그 대가로 목숨을 내놓아야 할 것이라고. 로키가 그것 잘 됐다고 말하며 자신은 그가 한 말을 명심하고 있다가 그 반지를 소유하게 될 이에게 그것을 알려 주겠다고 대꾸했다.

로키는 흐레이드마르의 집으로 돌아가 오딘에게 금을 보여 줬다. 오딘이 작은 황금 반지에 눈길이 갔을 때, 그 반지가 예뻐 보여 황금 더미에서 그것을 빼돌리고 나머지를 흐레이드마르에게 보여 주었다. 흐레이드마르는 수달의 가죽에 할 수 있는 한 금을 차곡차곡 잔뜩 채워 넣었다. 가죽이 금으로 가득 찼을 때 그는 그것을 자기 발아래 놓았고, 오딘이 다가가 금으로 가죽을 덮었다. 오딘이 그 일을 끝마쳤을 때, 그는 흐레이드마르에게 가죽이 완전히 금으로 덮였는지 확인해 보라고 말했다. 실눈을 뜨고 이리저리 세밀히 살펴보던 농부에게 수달의 수염 한 올이 보였다. 그는 그 한 올마저 금으로 덮어야 하며, 그렇지 않으면 협약이 깨질 것이라 말했다. 하여 오딘은 반지를 꺼내어 그 수염 한 올을 덮고 이것으로 자신은 몸값을 완전히 지불했다고 말했다. 오딘과 로키가 각자 (저당 잡힌) 자신의 창과 신발을 되찾았을 때, 신들은 이제 더이상 두려울 것이 없었다. 로키는 안드바리의 말이 실현된 것, 즉 누구든 그 작은 금반지와 금을 소유한 이는 목숨을 잃게 될 것이며, 지금부터 그 저주는 실현될 것이라고 선언했다.

안드바리의 저주가 실현되기까지는 오랜 시간이 걸리지 않았다. 저주가 어떻게 실현되는지를 볼 수 있도록『운문 에다』,「그리피르의 예언(Gripisspa)」과「파프니르의 노래(Fafnismak)」의 긴 내용들을 요약, 편집하여 소개하겠다.

(2) 저주의 고리 1: 아버지와 두 아들의 죽음

흐레이드마르와 그의 두 아들 파프니르와 레긴은 산더미 같은 '황금에 취해' 로키가 알려 준 저주는 귀에 들어오지 않았다. 그들은 빛나는 광채에 현혹되어 황금만을 뚫어지게 쳐다보며 호화로운 미래를 꿈꾸었다. 농부와 두 아들은 황금으로 가려진 수달의 가죽이 자신들의 아들이자 형제인 죽은 오트르라는 사실은 마음에 담아 두지 않았다. 하지만 파프니르와 레긴은 자신들의 욕망을 충족시키기 위해서 죽은 수달이 형제라는 사실을 아버지에게 상기시킬 필요가 있었다. 잠시 후 농부의 두 아들은 아버지 흐레이드마르에게 자신들의 몫을 요구했다. 그토록 많은 양의 금은 죽은 자기 형제 오트르의 몸값이고, 혈육을 잃은 슬픔을 가족이 같이 나누었으니, 그의 몸값도 가족들이 공평하게 나누어 가져야 한다고 두 아들은 주장했다.

그러나 탐욕스러운 농부는 아들의 몸값을 독차지하고 싶었다. 마녀 굴베이그가 아들을 잃은 슬픔도, 남은 자식에 대한 사랑도 농부의 마음 밖 저 멀리 밀어낸 탓에 그에게는 두 아들의 요구가 자신의 재물을 갈취하려는 협박처럼 들렸던 것일까?

흐레이드마르는 무시무시한 투구를 쓰고 자기 아들들에게 야박한 말을 내뱉었다.

"아들에 대한 보상은 그 권한이 아버지에게만 있으니 이 황금은 전부 내 것이다. 그러니 너희들에게는 아주 작은 반지 하나라도 넘겨줄 수 없다. 이 금의 일부를 갖겠다는 헛된 생각일랑은 아예 하지도 말거라."

파프니르와 레긴은 아버지로부터 금가루 한 톨이라도 얻어 낼 수 없음을 깨달았다. 번쩍이는 황금에 눈이 먼 형제는 아버지가 잠들 때를 기다렸다. 짙은 어둠이 대지를 감싸자 농부는 졸음을 이길 수가 없었다. 파프니르와 레긴은 잠든 아버지에게 다가가 날카로운 칼을 아버지의 몸속 깊숙이 찔러 넣었다. 흐레이드마르가 잠시 몸을 뒤척이더니 곧 팔다리를 축 늘어뜨렸다.

황금에 대한 탐욕의 대가로 농부가 목숨을 잃게 되자, 이번에는 파프니르의 마음속에서 늑대 게리(탐욕)가 배회한다. 탐욕은 절제라는 걸 모르기에 게리는 다른 이름의 늑대 프레키(탐식)와 쌍을 이루어 오딘의 발치에 앉아 있는 까닭을 알 수 있다. 그토록 엄청난 양의 황금을 독식하고 싶었던 파프니르는 억압적이고 권위적인 아버지를 모방한다. 그는 자기 형제들에게 무시무시한 공포를 불러일으켰던 아버지의 투구를 직접 쓰고 동생 레긴에게 아버지 살해의 죄를 뒤집어씌워 집에서 내쫓았다.

반짝거리는 작은 안드바리의 반지는 저주의 연쇄이다. 황금에 눈이 어두워 혈육마저 죽이는 아비 흐레이드마르를 닮은 파프니르. 그의 탐욕은 흐레이드마르의 가족 내에서 안드바리의 저주에 활력을 불어넣는 불쏘시개가 되어 아버지와 두 아들의 죽음을 초래한다. ① 파프니르와 레긴 형제가 황금을 갖기 위해 부친 흐레이드마르를 살해한다. 황금에 눈이 먼 파프니르가 동생 레긴을 추방하고 황금을 독차지한 후 용이 되어 황금을 지키고 있다. ② 훗날 레긴이 볼숭족의 시구르드를 양아들로 삼아 그를 사주하여 용-파프니르를 죽인다. ③ 자신을 속여 파프니르를 제거하고 황금에 대한 탐욕으로 자신마저 죽이려 한다는 사실을 알게 된 시구르드가 양아버지 레긴을 죽이고 파프니르의 황금을 소유한다.

2　용 파프니르를 죽인 시구르드

쫓겨난 레긴은 히얄프렉 왕에게 몸을 의탁했다. 그곳에서 그는 뛰어난 대장장이로 명성을 얻었는데, 특히 견고하고 날카로운 명검을 만드는 솜씨는 따라올 자가 없었다. 레긴은 거기에서 시구르드를 양아들로 삼았다. 시구르드는 프랑켄 땅의 왕 시그문드와 에이리미 왕의 딸 효르디스 사이에서 태어난 아들이었다. 시그문드 왕이 훈딩족과의 전투에서 목숨을 잃게 되자 효르디스는 히얄프렉 왕의 아들 엘프와 재혼하여 어린 아들 시구르드와 함께 히얄프렉 왕의 궁에서 생활했다. 시구르드는 히얄프렉 왕의 궁에서 어린 시절을 보내며 풍채가 수려하고 언행이 바르며 용맹스러운 청년으로 성장했다. 레긴은 틈만 나면 양아들에게 지혜롭고 힘센 젊은이는 불의한 자를 응징함으로써 영웅의 명성을 쌓아 가야 한다고 말했다. 그는 파프니르가 부당하고 비열한 방법으로 독차지한 황금을 빼앗아 주도록 은근히 젊은 전사를 부추겼던 것이다. 음흉한 레긴은 불의에 희생된 자를 위해 복수를 대신 해 주는 자에게는 반드시 황금의 보답이 주어진다는 말도 잊지 않고 덧붙였다. 시구르드는 레긴을 도와 파프니르에게 빼앗긴 그의 권리를 되찾아 주겠다고 약속했다. 하지만 그는 양아버지에게 그에 대한 보답을 요구하지는 않았다. 레긴은 시구르드가 파프니르를 죽이고 나면 그를 죽이고 황금을 독차지할 작정이었으나 박새들이 레긴의 음모를 알려 준 덕분에 상황은 오히려 그 반대로 되었다. 시구르드가 간교한 레긴을 죽이고 파프니르의 황금을 가져간 것이다. 이렇게 해서 안드바리의 반지는 의도치 않게 시구르드의 소유가 된다.

> 시구르드는 파프니르의 흔적을 쫓아 그의 집으로 말을 달렸다. 집이 활짝 열려 있고, 문틀과 문살이 쇠로 되어 있음을 알았다. 집안의 방도 모두 철로 장식되어 있었다. 그리고 금은 지하에 숨겨져 있었다. 지하에서 시구르드는 엄청난 보물을 발견하고 이를 궤짝 둘에 가득 담았다. 그런 다음 그는 에기르의 투구와 금으로 만든 갑옷 그리고 흐로티라 부르는 검 한 자루와 수많은 보물들을 훔쳐 이를 그라니에 실었다. 하지만 그가 말의 잔등에 올라타기 전에는 그의 말 그라니는 도무지 움직이려 하지 않았다.[75]

용맹스러운 시구르드는 아직은 레긴의 교활한 속임수의 말이 감추고 있는 진실을 꿰뚫어 보지 못한 젊은 영웅이다. 불의를 응징하는 영웅의 모습을 보여 달라는 양아버지의 거짓된 교설에 넘어간 그는 탐욕이 부른 근친 살해의 칼을 대신 휘두르고 졸지에 엄청난 양의 황금을 얻게 된다. 이 지점에서 굴베이그의 사악함과 세 번을 불태워도 죽지 않고 되살아나는 질긴 생명력, 황금-부의 어두운 면을 다시 상기해 보자.

『운문 에다』, 「레긴의 노래」에는 안드바리가 물에서 물고기로 변하게 된 까닭을 이야기하는 구절이 있다. 로키와 안드바리의 이 대화에서 우리는 엄청난 재물을 소유한 검은 알프 안드바리의 성격과 함께 그가 어떻게 그토록 막대한 부를 축적할 수 있었는지를 미루어 짐작할 수 있다.

> 내 이름은 안드바리, 아버지는 오인(Oin)이요.[76]
> 여러 폭포를 지나왔소. 일찍이 가혹한 운명의 여신이 명하여
> 나는 폭포를 헤치며 물길을 건너야 한다오. (2절)
>
> ……
>
> 바드겔미르에서 허우적거리는 사람의 아들들은
> 가혹한 형벌에 시달린다오.
> 거짓말을 늘어놓아 타인을 속인 자
> 오래도록 형벌로 고통을 겪는다오. (4절)

시인은, 폭포를 맞으며 물길을 헤쳐 나가는 물고기들은 원래 인간이었으나 타인을 속인 죄로 물고기가 되어 힘겹게 물길을 헤쳐 나가도록 운명의 여신이 응징했다고, 안드바리의 입을 빌려 이야기한다. 바이킹족의 오래된 믿음 하나를 엿볼 수 있다. 물고기가 되어 폭포에서 첨벙대는 난쟁이 안드바리는 이런 존재이며, 그래서 그가 축적한 부에는 속임수의 몫이 있다. 로키는 거짓말로 타인을 속였던 안드바리의 재물을 남김없이 강탈하고, 이 재물을 넘겨받은 흐레이드마르의 탐욕은 근

친 살해를 초래한다. 이어서 그의 아들 파프니르의 탐식, 그리고 레긴의 거짓과 간교함이 결국 두 형제 모두의 죽음을 불러온다. 그리하여 예기치 않게 부와 용맹을 다 갖춘 젊은 영웅 시구르드의 운명은 현명하고 예지력 있는 외삼촌 그리피르의 예언대로 흘러간다. 그의 부에는 빼앗긴 자의 분노와 저주에다 사악함을 꿰뚫어 보지 못해 두 형제를 죽인 살인의 피가 파묻혀 있기 때문이다.

> 그니타 황무지에 우뚝, 위세 등등하게 자리 잡은
> 욕심 사나운 용을 쓰러뜨릴 사람 그대뿐.
> 레긴과 파프니르 그 두 형제를
> 그대가 제거할 것이오. 그리피르는 예언할 수 있소.

> 파프니르의 동굴을 그대가 찾아서
> 찬란한 보물들을 집으로 가져가고
> 그라니의 등을 황금으로 칠하고
> 말 달려 규쿠에게 갈 거요. 용감한 영웅이여.[77]

안드바리의 황금 반지는 그것으로 다시 삶을 풍요롭게 만들 수 있는 부의 원천이자 꿈을 꾸며 삶을 이어 가게 만드는 희망의 불씨이다. 생명을 존속을 가능하게 해 주는 부와 희망의 탈취는 사실상 생명 살해와 마찬가지이다. 살해자의 탐욕과 결합된 안드바리의 저주는 그래서 흐레이드마르 가족의 근친 살해로 끝나지 않는다. 파프니르가 무시무시한 용이 되어 지키던 황금 더미와 그 속에 묻혀 있던 안드바리의 반지를 소유하게 된 볼숭족의 시구르드 역시 죽음에 이르고, 이어서 연속되는 니벨룽족의 근친 살해, 그리고 몰락으로 귀결된다. 이 종족의 근친 살해 사이클에서 안드바리의 반지에는 이제 거짓, 간교함, 탐욕뿐 아니라 사랑, 질투, 복수가 연루된다.

구스트르(Gustre)가 가졌던 이 금,
두 형제를 죽게 하고 여덟 명의 제후들을 전쟁으로 몰아넣을 것이니.
그 누구도 내 보물을 향유하지 못하리라.[78]

니벨룽족의 그림힐드 여왕은 자신의 아들 군나르를 브륀힐드와 결혼시키기 위해 시구르드를 이용한다. 발키리 브륀힐드는 오딘의 뜻에 반하는 행동을 한 벌로 화염으로 둘러싸인 성채에 갇혀 있었다. 그녀는 화염으로부터 자신을 구해 내고 말을 타고 불길을 통과한 사람과 혼인하겠다고 선언했다. 그림힐드 여왕은 브륀힐드로부터 결혼 승낙을 받아 내기 위해 아들 대신 시구르드로 하여금 그녀를 구해 내 청혼하게 만든다. 시구르드는 군나르 대신 불타는 성채 속에 갇혀 있는 브륀힐드를 구해 내 말을 타고 불의 고리를 통과한 후, 그녀에게 안드바리의 황금 반지를 사랑의 증표로 선물한다. 그러나 그림힐드는 시구르드에게 망각의 약을 먹이고 자신의 딸 구드룬과 결혼시킨다. 그리고 그림힐드는 시구르드가 화염의 성에서 빼내 온 브륀힐드를 군나르와 결혼시킨다. 그러나 시누이 구드룬의 남편 시구르드를 보는 순간 브륀힐드는 그가 자신을 구해 내고 사랑의 징표로 반지를 준 용감한 영웅임을 깨닫는다. 당시 그림힐드 여왕의 책략을 알지 못했던 브륀힐드는 배신 감과 질투심에 사로잡혀 군나르와 그의 형제들을 선동하여 시구르드를 살해한다. 시구르드가 살해될 때 구드룬과의 사이에서 태어난 네 살짜리 아들 시그문드도 피살된다. 자초지종을 알게 된 브륀힐드가 시구르드를 따라 죽자 저주가 담긴 안드바리의 반지는 이제 그녀의 남편 군나르의 소유가 된다. 시구르드가 살해되자 그림힐드는 딸 구드룬을 훈족의 아틸라[79]와 강제로 결혼시키나, 브륀힐드와 남매지간인 아틸라는 처남 군나르를 뱀이 우글거리는 굴속에 던져 죽이고 니벨룽 일족을 멸망시킨다. 이에 대한 보복으로 구드룬은 남편과의 사이에서 낳은 두 아들과 아틀리, 그리고 그의 형제 둘을 죽인다. 구드룬은 스스로 목숨을 끊기 위해 강물에 뛰어들었으나 죽지 않고 살아남아 요나쿠르스 왕과 결혼하여 세 아들을 낳는다.

아틸라가 운명하자 친지들이 애도했다.
그 뛰어난 여인(구드룬)은 자신이 한 약속을 모두 지켰다.
현명한 여인(구드룬)은 스스로 목숨을 끊으려 했다.
하지만 그녀는 죽지 않고 살아남았다.
규키의 여식 그토록 대담한 여장부를
얻은 사람은 그 후 행복하다 전해졌다.
방방곡곡 어디든지 소문 들리는 곳엔
이들 부부(구드룬과 아틸라)의 적대감은 두고두고 회자되었다.[80]

영웅 전설의 사이클에서 안드바리의 황금 반지는 시구르드의 사랑의 징표로 브륀힐드에게 건네졌다. 그러나 사랑이 배신당했다 생각한 여인은 시구르드를 죽임으로써 저주가 실현되게 하고, 반지는 그의 죽음과 함께 니벨룽족의 손으로 들어간다. 이는 결국 니벨룽족의 몰락을 가져오고, 그와 함께 시구르드가 파프니르의 거주지 그니타 황무지의 동굴에서 가져온 황금들은 라인강의 물결 속으로 던져진다. 이것이 인간들에게 재앙이 되는 안드바리의 반지의 운명이었다.

> 저주가 담긴 보물은 라인강이 소유할 것이오.
> 라인강의 강한 물결은 니플룽의 유산을 알고 있소.
> 통렬한 반지는 휘감아 도는 물결 속에서 반짝일 것이니
> 개의 자식들 손에서 빛나서는 안 될 것이오.[81]

망각의 늪에 묻히기에는 너무나 드라마틱하고 파국적인 이 이야기들은 먼저 중세 기사 문학에서, 바그너의 음악에서, 그리고 현대의 판타지 문학과 영화,[82] 애니메이션, 게임 등 대중 예술 속에서 재창조되어 화려하게 부활한다.

3 신화에서 예술로, 니벨룽겐의 반지

중세의 영웅 서사 『니벨룽겐의 노래』에서 시구르드는 지그프리트, 브륀힐드는 브륀힐트, 군나르는 군트, 구드룬은 크림힐트, 아틸라는 에첼이라는 이름들로 등장한다. 리하르트 바그너의 오페라 「니벨룽겐의 반지」에서 오딘과 그의 부인은 보탄과 프리카라는 이름으로, 프레이야는 프리카의 여동생으로 등장한다. 토르는 도너, 안드바리와 로키는 각각 알베리히, 로게로 불리며, 시구르드는 지크프리트, 군나르는 군터로, 군나르의 여동생이자 지그프리트의 아내였던 구드룬은 구트루네로 불린다. 이 악극은 제1부 「라인의 황금」, 제2부 「발퀴레」, 제

3부 「지크프리트」, 제4부 「신들의 황혼」 등 모두 4부로 이루어져 있다. 저주의 반지의 최후의 운명, 즉 로키가 안드바리에게서 탈취한 저주의 반지와 황금들이 라인강에 던져졌다는 신화소가 악극 전개의 출발점이 되었다. 「신들의 황혼」에서 보물은 브륀힐트를 통해 다시 라인강으로 돌아간다. 라인강은 스칸디나비아의 영웅 전설들에서 저주를 담은 황금이 묻히는 종착지이나, 여기에서는 황금의 본향이자 되돌아가야 할 귀향지이다.

세 명의 처녀가 라인강에 숨겨진 막대한 황금 더미를 지키면서 물결에 몸을 맡기며 유영하고 있었다. 니벨룽족의 난쟁이 알베리히가 사랑을 얻기 위해 이 처녀들을 뒤따라 다녔는데, 어느 날 강바닥 깊숙이 햇빛이 비치면서 보탄이 숨겨 둔 황금이 반짝이며 모습을 드러냈다. 알베리히가 황금을 탐하자 처녀들은 사랑을 포기하는 자만이 황금을 가질 수 있으며, 그 황금으로 전능한 힘을 가진 반지를 만들 수 있다고 말했다. 절망과 분노에 사로잡힌 알베리히는 결국 사랑을 포기하고 황금을 택했다. 로키에게 막대한 황금을 뺏겨 저주를 걸었던 난쟁이 안드바리가, 여인들의 사랑을 포기하고 라인강의 황금을 택하는 알베리히로 등장한다.

바그너의 악극에서 신들에게 황금을 요구하는 이는 흐레이드마르가 아니라 두 거인 파프너와 파졸트이다. 이들은 용사들의 성 발할라를 지어 주는 대가로 보탄으로부터 프레이야를 넘겨받기로 약속받았다. 성이 완성되었으나 보탄이 약속을 지키지 않고 핑계를 대며 차일피일 미루고 있자, 로게는 파프너와 파졸트에게 난쟁이 알베리히가 엄청난 양의 황금을 소유하고 있다는 것을 알려 준다. 두 거인은 그녀를 되돌려주는 대가로 프레이야의 몸 전체를 황금으로 온통 둘러쌀 것을 요구했다. 보탄과 로게가 알베리히의 동굴을 찾아가 황금을 빼앗아 오는데, 이때 알베리히의 손가락에 끼고 있던 황금 반지마저 갈취하기 위해 보탄은 그의 손을 자르고 반지를 빼 온다. 자신이 가지고 있던 황금을 모두 빼앗기고 한쪽 팔마저 잘린 알베리히가 떠나가는 보탄과 로게를 향해 저주를 퍼붓는다. 거인 미미르에게 스스로 한쪽 눈을 바친 애꾸눈 오딘과 사슬에 묶인 펜리르에게 물려 외팔이가 된 티르 이야기가 애꾸눈 오딘에게 팔이 잘리는 알베리히의 이야기로 변주되었다.

황금으로 둘러싸 프레이야의 몸이 보이지 않게 했으나 보탄이 반지를 챙겨 둔 탓에 '프레이야의 눈'이 보였다. 거인 파프너와 파졸트가 이를 트집 잡아 그녀를 되돌려 주지 않으려 하자 보탄은 어쩔 수 없이 알베리히가 끼고 있던 황금 반지로 프레이야의 눈이 보이는 그 구멍을 메웠다. 신들로부터 알베리히의 황금을 모두 거둬들인 뒤 파졸트가 그것들을 정신없이 담고 있는 사이 파프너는 그 많은 황금을 독차지하기 위해 파졸트를 도끼로 내리쳐 살해했다. 이후 파프너는 용으로 변해 황금을 지키고 있다가 훗날 지크프리트에 의해 죽임을 당한다.

고대 스칸디나비아 신화에서 황금을 가리키는 시적 표현들은 다양하다. '프레이야의 눈물'도 그중 하나로, 안드바리의 반지 사이클에서 수달 오트르의 수염 한 올이 프레이야의 눈으로 대체되었음을 알 수 있다. 성벽을 건설해 주는 대가로 프레이야를 데려간 두 거인 파프너와 파졸트 이야기는 에시르-바니르 전쟁 부분에서 언급한 『운문 에다』의 「뷜루스파」 25~26절과 관련된 신화가 각색된 것이다. 압축적인 이 구절들에 대한 자세한 내막은 스노리의 저작을 통해 알 수 있다. 신들이 인간 세계와 발할라를 완성한 후에 한 거인 석공이 찾아와 언덕의 거인들과 서리 거인들로부터 신들을 보호해 줄 견고한 성벽을 건축해 주겠다고 제안했다. 석공은 그 노동에 대한 보답으로 해, 달, 프레이야를 달라고 요구했다. 고민에 빠진 신들이 회의를 열었고, 조건을 달아 그 제안을 수락하기로 결정했다. 신들은 누구의 도움도 받지 않고 계절이 바뀌기 전에 성벽을 완성하면 그의 요구를 들어주겠다고 약속했다. 석공이 종마 스바딜파리(Svaðilfari, 불운한 여행자)를 활용할 수 있게 해 달라는 조건을 덧붙였으나 신들은 흔쾌히 받아들였다. 거인 석공은 스바딜파리에게 무거운 돌들을 운반시켜 빠르게 작업을 진척시켰다. 여름이 끝나기 3일 전에 성벽이 완성될 기미가 보이자 로키가 작업을 지연시키기 위해 암말로 변신하여 스바딜파리를 유인하여 데려가 사랑을 나누었다. 돌을 운반하던 스바딜파리가 사라지니 석공의 작업 속도가 현저히 떨어져 결국 기한 내에 성벽을 완성하지 못했다. 그 후 스바딜파리와 결합한 암말 로키는 8개의 발이 달린 명마 슬레이프니르를 낳아 그 말을 오딘에게 바쳤다. 화가 난 석공은 프레이야를 납치해 데려갔으나 분노한 토르 신이 석공을 찾아가 묠니르를 휘둘러 그를 죽이고 그녀를 되찾아 왔다.[83]

성벽 건설을 두고 일어났던 신과 인간 사이의 갈등은 고대 그리스 신화에서도 나타난다. 트로이의 왕 라오메돈은 포세이돈과 아폴론 신에게 트로이 주변에 탄탄한 성벽 페르가몬을 건축해 달라고 부탁했다. 라오메돈 왕은 성벽 건설의 대가로 성대한 보상을 약속했으나 성벽이 완공된 후 신들에게 한 애초의 약속을 지키지 않았다. 화가 난 포세이돈이 괴물을 보내어 트로이를 공격하자, 이 괴물을 달래기 위해 라오메돈은 자신의 딸 헤시오네를 공물로 바치려 했다. 이때 헤라클레스가 나타나 헤시오네를 괴물로부터 구한다. 라오메돈은 헤라클레스에게 감사의 표시로 자신의 신마(神馬)를 선물로 주기로 했다. 하지만 라오메돈 왕은 이번에도 약속을 어기고 헤라클레스를 화나게 만들었다. 헤라클레스와 그의 동료들은 트로이로 쳐들어가 라오메돈과 그의 아들들을 죽였다. 이때 라오메돈의 막내아들인 포다르케스는 헤시오네의 간청으로 살아남게 되었는데, 훗날 포다르케스는 이름을 프리아모스로 바꾸었다. 헤라클레스는 헤시오네를 자신의 친구인 텔라몬에게 아내로 삼으라고 주었다.

거인 석공이 납치해 간 프레이야와 포세이돈이 보낸 괴물을 달래기 위해 공물로 바쳐진 라오메돈 왕의 딸 헤시오네 이야기는 성벽 축성을 위해 바쳐진 고대의 토대 희생 제물이 소재가 되어 만들어진 신화임이 분명하다. 인신 공희 의례의 파편인 이 소재는 씨줄과 날줄이 다양하게 엮여 수많은 이야기를 만들어 낸다. 시인들에게 이것은 창조적 영감을 자극하는 꿀술이다.

프레이야를 납치해 간 거인 석공 이야기가 바그너의 악극에서는 두 명의 거인으로 바뀐다. 또 파프니르와 레긴 형제의 갈등은 이들 두 거인 파프너와 파졸트로 대체되고 파프너가 레긴을 쫓아내는 상황은 파프너가 직접 파졸트를 죽이는 것으로 각색된다. 극 전체에서 드러나는 역할과 개성의 면에서 보면 알베리히의 동생 미메가 마법의 투구 타른헬름을 만든 대장장이로 등장한다. 신화에서 흐레이드마르의 투구는 두 아들 파프니르와 레긴을 위협하여 공포에 사로잡히게 하고 파프니르가 동생 레긴을 협박하여 내쫓는 도구이나, 니벨룽겐의 반지에서 미메가 만든 타른헬름은 그 착용자에게 변신을 가능하게 해 주는 투구이다. 미메는 지크프리트로 하여금 용 파프너를 죽이게 만들고, 자신도 지크프리트의 손에 죽게 되므로 신화 속 레긴의 역할 상당 부분이 그에게 투사된 셈이다. 신화에서 로키는 불의 신 로게와 싸우나 바그너의 악극에서는 로키는 로게라는 이름으로 등장한다.

2부 「발퀴레」에서는 남매 근친상간으로 태어난 지그프리트의 이야기, 브륀힐트가 화염의 성에 갇히게 된 연유가 주요 줄거리를 이룬다. 보탄은 지하계의 여신 에르다와의 사이에서 9명의 발퀴레를 낳았는데, 그중 한 명이 브륀힐트이다. 지크프리트의 아버지 지그문트와 쌍둥이 여동생 지그린데는 어린 시절 헤어져 서로 생사도 모른 채 생활하고 있었다. 여동생 지그린데는 발숭족의 원수 훈딩에게 납치되어 원치 않는 결혼을 강요받아 그의 아내가 되었다. 결혼 피로연에 한쪽 눈을 모자로 가린 초대받지 않은 손님(변장한 보탄)이 나타난다. 그 손님은 훈딩의 집 한가운데 있는 나무에 칼을 박아 넣으며 '누구든지 그 칼을 뽑는 자가 칼의 주인이 될 것'이라고 말한다. 많은 사람들이 시도했지만 아무도 그 칼을 뽑지 못했다. 어느 날 훈딩이 집을 비운 사이, 무기도 없이 상처를 입고 쫓기던 한 낯선 남자가 찾아와 잠시 머무르기를 청하자, 지그린데는 이를 수락한다. 지크프리트와 지그린데는 점점 서로에게 호감을 느끼고, 지그린데는 그 이방인이 나무에 박힌 그 칼을 뽑아 자기를 자유롭게 해 줄 자라고 믿었다. 훈딩이 돌아와 자신의 이름도 알지 못하는 낯선 이에게 그의 신상에 대해 묻자 이방인은 자신의 과거에 대해 이야기한다. 그의 아버지는 늑대였고 그에게는 쌍둥이 여동생이 있었다. 어느 날 그가 집으로 돌아갔더니 집이 불타 없어졌으며, 어머니는 살해되었고 아버지와 누이는 사라지고 없었다. 얼마 후에 자신은 위기에 처한 한 여자를 구해 주게 되는데, 그녀는 원하지 않는 결혼을 강요받고 있었다. 자신이 그 여인을 구하면서 사람을 몇 명 죽였는데, 알고 보니 그가 죽인 사람은 여자의 오빠와 친척들이었다. 나그네의 이야기를 들은 훈딩은 그가 바로 자신의 친척들을 죽인 자임을 알게 된다. 그는 지그문트에게 다음 날 결투를 통해 서로의 원한을 해결하자고 하며 잠자리에 들었다. 훈딩이 잠들자 나그네와 지그린데는 단둘이 만난다. 그로부터 가족 이야기를 들어 알게 된 지그린데는 자기가 발숭족의 혈통을 타고난 그의 잃어버린 쌍둥이 여동생임을 밝히고, 그의 이름이 지크문트라고 알려 준다. 지크문트는 나무에 박힌 칼을 뽑아 들고 그 칼의 이름을 노퉁(Nothung, 필요)이라 불렀다. 사랑을 느낀 상대가 쌍둥이 여동생임을 알게 되었음에도 지크문트는 지그린데와 결혼할 것을 맹세한다.

보탄은 지크문트에 대해 깊은 애정을 가지고 있었기에 처음에는 지크문트와 훈딩과의 결투에서 지크문트를 보호해 주려 했다. 그러나 결혼의 여신인 보탄의 아내 프리카는 훈딩의 기도를 듣고 남편에게 항의한다. 그녀는 한번 성사된 결혼은 보호해야 하며, 더구나 근친상간의 결혼을 신들이 용납해서는 안 된다고 역설했다. 이에 설득되어 결국 보탄은 지크문트 대 훈딩의 결투에서 지크문트를 버리기로 마음먹었다. 그는 브륀힐트에게 지크문트 대신 훈딩을 보호하라고 명령을 내린다. 그러나 지크문트에 대해 연민을 느끼고 있던 브륀힐트는 이 명령을 거부하려 한다. 보탄이 분노하여 싸움에서 죽게 될 이는 지크문트임을 분명히 하자, 브륀힐트는 어쩔 수 없이 그 말에 따르겠다고 했다. 지크문트 대 훈딩과의 결투에서 보탄이 나타나 자신의 창으로 지크문트의 칼 노퉁을 부러뜨린다. 덕분에 훈딩은 명검을 잃은 지크문트를 어렵지 않게 죽일 수 있었다. 브륀힐트는 지그린데를 데리고 도망친 후 그녀에게 부러진 노퉁의 조각을 넘겨주고 그녀의 배 안에 발숭족의 위대한 영웅(지크프리트)이 있다고 말한다. 이에 화가 난 보탄은 브륀힐트는 더 이상 발퀴레가 아니며, 이제부터 깊은 잠에 빠져 있다가 누구든 그녀를 발견하는 첫 사람의 아내가 될 것이라고 선언한다. 브륀힐트는 보탄의 마음을 돌이키기 위해 애걸하지만, 소용이 없었다. 그녀는 마지막으로 보탄에게 소원 하나를 들어 달라고 청한다. 자신을 불의 벽으로 둘러싸서 가장 용감한 영웅만이 뚫고 들어오도록 해 달라는 것이다. 자신의 청을 들어주지 않겠다면 차라리 당장 죽여 달라고 브륀힐트가 말하자, 보탄은 딸의 마지막 소원을 들어주기로 한다. 브륀힐트가 잠에 빠져들었을 때, 보탄이 지팡이로 땅을 세 번 치며 불의 신인 로게를 불러 잠자는 브륀힐트를 화염 벽으로 둘러싸게 한다. 신은 "누구든지 내 창끝을 두려워하는 자는 이 불을 건너지 못하리라."라는 말을 남기며 떠난다.

볼숭족의 위대한 영웅 시구르드가 지그린데와 지그문트 쌍둥이 남매의 근친상간에서 태어난 지크프리트로 나타나고, 지그문트는 나무에 박혀 있는 칼을 뽑아내고 그 덕분에 지그린데의 사랑을 얻게 된다. 근친 살해가 이어지는 안드바리의 반지 신화에서 황금이 권력을 획득하기 위한 수단이었다면, 근친상간 이야기를 담고 있는 니벨룽겐의 반지 사이클에서 칼은 여인을 얻기 위한 수단이다.

3부 「지크프리트」는 알베리히의 동생 미메가 지크프리트로 하여금 파프너를 죽이고 그의 황금을 차지한 후 지크프리트마저 죽이려 했던 책략이 탄로 나 되려 자신이 지크프리트에게 죽임을 당하게 된다는 내용이다. 지크프리트는 미메에게 견고하고 날카로운 명검을 만들어 달라고 부탁한다. 그러나 미메가 검을 만들어 주는 족족 지크프리트는 그것을 부수고 다시 새것을 만들어 달라고 했다. 미메는 지그린데가 들판에서 지크프리트를 낳은 후 사망하자 그녀가 지녔던 노퉁 조각을 취해 가지고 있었다. 지크프리트가 자신의 어머니가 누구인지 알려 달라고 하자, 그는 지그린데의 마지막 모습을 말해 주며 칼 조각을 증거로 보여 주었다. 지크프리트가 그 칼 조각으로 새 노퉁을 만들어 달라 청했으나 미메는 새 노퉁을 만들지 못하고, 결국 지크프리트가 그 일을 해 냈다. 미메는 지크프리트를 이끌고 파프너의 동굴로 데려간다. 지크프리트가 노퉁으로 용의 심장을 찌르자, 용-파프너는 죽어 가며 지크프리트를 자신에게 데려온 자의 사악한 의도를 조심하라고 말한다. 용의 몸에서 나온 피가 튀어 지크프리트의 손가락에 묻었다. 혀끝으로 그 피를 맛보는 순간 그는 갑자기 새들의 소리를 알아들을 수 되었다. 새 한 마리가 지크프리트에게 반지와 타른헬름만을 가져가라고 충고하고, 또 다른 새는 미메의 모략에 대해 경고한다. 약을 먹여 죽이기 위해 자신에게 다가오는 미메를 본 지크프리트는 노퉁으로 그를 죽이고 시신을 동굴 속에 던져 버린다. 새가 화염으로 둘러싸인 바위산에서 잠자고 있는 브륀힐트에 대해 이야기해 주면서, 두려움을 모르는 자만이 그녀를 구해 낼 수 있다고 말했다. 두 마리의 까마귀가 지크프리트를 브륀힐트가 잠자고 있는 곳으로 인도해 주었다. 바위산 근처에서 지크프리트는 한 방랑자(보탄)를 만나게 된다. 그러자 길을 인도하던 까마귀 두 마리가 사라져 버렸다. 지크프리트는 그에게 브륀힐트가 있는 곳을 묻자, 방랑자는 젊은이가 어떤 영웅적 행동을 했는지 물었다. 지크프리트의 불손한 대답에 보탄은 화를 내며 지팡이를 꺼내며 말했다. 다시 한 번 노퉁이 산산조각 나는 것을 보고 싶지 않으면 도망치라고. 그 말을 듣고 지크프리트는 눈앞의 방랑자가 바로 자신의 아버지를 죽인 원수임을 깨닫고 복수심에 불타 노퉁으로 보탄의 지팡이를 내려쳤다. 지팡이가 둘로 갈라지며 천둥소리가 들리자 보탄은 모든 힘을 잃게 되었다. 지크프리트가 바위산의 화염을 뚫고 들어가니 아름다운 여인이 갑옷을 입은 채 누워 있었다. 처음으로 여인의 얼굴을 보게 된 지크프리트는 당황스러웠고, 처음으로 두려움을 느꼈다. 그녀를 깨우려다 그는 의도치 않게 그만 그녀의 입술에 입을 맞추고 말았다. 그러자 브륀힐트가 눈을 뜨고, 자신을 깨운 사람이 지크프리트임을 알고는 매우 기뻐한다. 두 사람은 서로 사랑을 확인하고, 지크프리트는 좀 전에 알게 된 두려움을 극복한다. 여인을 알지 못했던 영웅에게 사랑은 여인에 대한 두려움을 극복하게 해 준다.

4부 「신들의 황혼」 프롤로그에서는 세 명의 노른(운명의 여신)이 운명의 밧줄을 돌리며 각각 과거와 현재, 그리고 미래의 일들을 이야기한다. 첫 번째 노른은 보탄이 지혜를 얻기 위해 자신의 눈 하나를 바쳤던 일, 그가 거대한 물푸레나무 가지를 꺾어 지팡이를 만든 일 등 과거의 일들을 말한다. 두 번째 노른은 지크프리트가 보탄의 지팡이를 산산조각 낸 탓에 보탄이 마력을 잃게 된 것, 보탄이 물푸레나무 가지들을 발할라 주변에 높이 쌓도록 한 것 등을 이야기한다. 세 번째 노른은 그날이 오면 발할라는 로게가 붙인 불로 불타오를 것이라며 다가올 종말을 이야기한다.

새로운 태양이 떠오르자 지크프리트는 브륀힐트를 떠나 새로운 영웅적 행적을 위한 여정을 떠나려 한다. 출발에 앞서 사랑의 징표로 지크프리트는 브륀힐트에게 반지를 주고, 그녀는 연인에게 자신의 애마 그라니를 준다. 라인강을 따라 여행하던 지크프리트가 라인강에 위치한 가비히 성에 이르렀다. 그 성의 군주 군터에게는 이부동생 하겐이 있었는데, 브륀힐트와 군터를 결혼하게 하고 군터의 여동생 구트루네를 지크프리트와 결혼하도록 음모를 꾸미는 이가 바로 하겐이다. 난쟁이 알베리히의 아들이었던 하겐은 방랑 중이던 지크프리트를 성안으로 이끌어 군터에게 그와 싸울 것인지 아니면 친구가 될 것인지를 선택하라고 종용한다. 겁 많은 군터는 지크프리트와 친구가 되겠다고 했다. 지크프리트가 파프너의 보물을 차지했으며, 반지는 브륀힐트가 가지고 있다는 사실을 알게 된 하겐은 두 쌍의 남녀를 이용하여 아버지 알베리히의 반지를 되찾기 위한 간교한 술책을 꾸몄다. 지크프리트의 술잔에 사랑의 묘약을 넣은 뒤 그가 군터의 여동생 구트루네에게 사랑에 빠지게 함으로써 둘을 결혼시키고, 군터와 지크프리트를 이용해 브륀힐트를 군터와 결혼시킨 후 그녀가 지니고 있는 반지를 되찾겠다는 계략이 그것이다. 그러나 지크프리트는 타른헬름을 이용해 군터의 모습으로 변신하고 브륀힐트를 찾아가 그녀를 불의 고리에서 구하고 강제로 그녀의 손에서 반지를 빼앗아 자신이 차지한다. 하겐이 그에게 망각의 약을 먹도록 술수를 쓴 탓에 지크프리트는 브륀힐트를 기억하지 못했고, 그녀는 자신을 구하러 온 영웅이 군터의 모습을 띠었기에 자신을 구해 주고 반지를 빼앗아 간 이가 지크프리트라고는 상상도 하지 못했다. 결국 두 쌍이 동시에 혼례를 치르게 되고, 결혼식장에서 시누이가 될 구테르네의 남편이 지크프리트라는 사실을 알게 된 브륀힐트는 사랑의 언약을 배신당한 분노에 불타 복수를 결심한다. 이때 하겐이 그녀를 대신해 지크프리트를 죽여 맹세의 언약을 깬 대가를 치르게 해 주겠다고 나섰다. 브륀힐트는 하겐이 지크프리트에 맞설 만한 인물이 아님을 알았다. 그녀는 하겐에게 지크프리트의 취약점을 알려 주었다. 브륀힐트는 마술을 써서 지크프리트의 온몸에 어떠한 무기에도 타격을 입지 않을 마력의 보호막을 둘러 주었으나, 지크프리트는 싸움에서 결코 등을 돌려 도망가지 않는 용감한 전사이므로 등에는 보호 마법을 걸지 않았다는 비밀을 말해 준다.

　고대 아이슬란드의 사가에서 시구르드는 파프니르를 죽인 후 그의 몸에서 솟아나온 피로 목욕을 했다. 그때 우연히 나뭇잎 두 개가 그의 양 어깨에 떨어져 그곳은 피가 묻지 않았다. 그 후 시구르드의 몸은 양어깨를 제외하고 어떤 무기에도 타격을 입지 않았다. 이것이 브륀힐트가 마력으로 지그프리트의 몸을 등을 제외하고 보호막으로 둘러주었다는 내용으로 바뀌어 영웅의 아킬레스건은 어깨가 아닌 등이 되었다.

지크프리트는 군터의 친구이자 처남이므로 그를 죽이기 위해서는 군터의 동의가 필요하다. 하겐은 군터에게 지크프리트가 끼고 있는 황금 반지의 위력에 대해 언급하면서 그를 죽여 그 절대 반지를 차지하라고 설득한다. 망설이던 군터는 결국 교활한 하겐의 꼬임에 넘어가 사냥을 핑계로 지크프리트를 숲으로 데려가고, 하겐은 그의 등을 창으로 찔러 죽인다. 하겐이 준 기억을 되찾는 술을 마셔 과거를 기억해 낸 지크프리트는 브륀힐트를 부르며 죽어 간다. 군터가 지크프리트가 끼고 있던 황금 반지의 소유권을 주장하자 하겐은 그를 죽이고 자신이 반지를 취하기 위해 지크프리트에게 다가갔다. 모두가 두려워 그를 제지하지 못하고 바라만 보고 있을 때, 죽은 지크프리트의 손이 하겐을 제지한다. 이때 모든 상황을 알게 된 브륀힐트가 등장하여 지크프리트의 시신을 장작더미 위에 얹어 화장하라 명하고, 그가 손에 끼고 있던 반지를 빼내어 자신이 끼고는 반지의 미래를 예고한다. 불이 그녀를 삼켜 반지의 저주를 풀게 될 것이며, 라인강의 처녀들은 알베리히에게 빼앗겼던 황금을 되찾게 될 것이라고. 장작에 불이 붙자 브륀힐트는 자신의 말 그라니에 올라탄 뒤 불타는 장작 위로 몸을 던져 지크프리트와 함께 죽는다. 뒤로 연기를 남긴 채 불이 떨어지고 지평선 너머로 구름이 피어오르자, 라인강이 소용돌이치며 범람하면서 마지막 남은 불을 삼켜 버린다. 라인강의 처녀들이 물 표면으로 올라와 불꽃에 가까이 다가간다. 이 광경을 본 하겐은 창과 방패를 던져 버리고 물속에 뛰어들며 반지에 다가가지 말라고 소리친다. 이때 보탄의 아홉 딸들 중 두 명의 발퀴레가 그의 목을 휘감아 라인강 깊숙한 곳으로 끌어가고, 다른 한 명의 발퀴레가 황금 반지를 되찾아 높이 들어 올린다. 지평선에 보이는 구름 사이로 점차 붉은 광채가 나타나고, 황금은 다시 강바닥으로 돌아가고, 세 명의 처녀들은 잔잔한 물 위에서 반지를 가지고 놀며 유영했다. 폐허 속에서 사람들이 하늘의 붉은 빛을 쳐다보자, 그 빛 사이로 신들과 영웅들이 함께 있는 발할라가 나타난다.

『니벨룽겐의 반지』에서는 사악한 로키와 거인족들 대 아스 신과 엘프들의 전쟁 이후 세상의 멸망, 그리고 황금시대의 도래라는 종말론적 도식이 다소 다른 내용으로 대체되었다. 권력을 갖기 위해 황금을 소유하려는 영웅들이 서로 죽이고, 배신당한 사랑으로 혈족을 살해하는 근친 살해의 연쇄, 이어서 죽음으로 배반을 속죄하며 불화의 원인이었던 황금 반지가 원래의 자리인 라인강의 심연으로 회귀하자 다시 신들과 인간들이 공존하는 시대가 돌아온다. 이 새 시대는 법규가 제정되어 발드르와 회드르가 각자의 개성에 맞게 권력을 분담해 지배하는 정의로운 황금시대가 아니라 마법을 사용하며 용맹한 전사들을 더욱더 강력하게 훈련시키는 보탄이 다시 지배하는 시대이다.

3부

인도의 대서사시
『마하바라타』

1985년 프랑스 아비뇽 페스티벌에서는 무려 12시간짜리 연극이 공연되었다. 아비뇽 남쪽 론강의 강둑 채석장에 원형 경기장 식으로 만들어진 공간에서 펼쳐진 이 장대한 작품은 바로 고대 인도의 대서사시 『마하바라타』였다. 연극은 「주사위 게임」, 「숲속의 망명」, 「전쟁」이라는 세 편의 주제로 나뉘어 하루에 네 시간씩 3일에 걸쳐 상연되었다. 이를 위해 영국의 극작가이자 연출가인 피터 브룩은 1970년대 중반부터 프랑스 작가 장클로드 카리에르와 함께 원작의 큰 줄기에서 뻗어 나간 수많은 곁가지들을 쳐내면서 소재들을 가다듬는 각색 작업을 했다. 왜 이들은 그토록 지난한 작업을 했으며, 이 고대서사시의 무엇이 그들의 마음을 사로잡았을까?

『마하바라타』는 『일리아드』와 『오디세이아』를 합친 분량의 8배가량이나 되는 방대한 서사시이다. 비야사의 저작으로 전해지고 있으나 실제로는 기원전 4~3세기부터 기원후 3~4세기 사이에 걸쳐 여러 시인들이 편찬한 것으로 추정된다. 서사시는 총 18권으로 이루어져 있으며, 그중 6~7권의 일부 내용인 『바가바드기타』는 『마하바라타』가 알려지기 전부터 여러 나라 말로 번역되어 소개되었다. 이 서사시는 또 다른 고전 산스크리트어[1] 서사시 『라마야나(Ramayana)』와 함께 힌두 문화의 정수를 드라마틱한 이미지들을 사용해 표현하고 있다. 이들 서사시는 인도와 동남아시아에서 사원이나 다른 건축물에 조각되어 묘사될 뿐 아니라 춤, 이야기꾼, 대중적인 민속극, 인형극, 쇼, 영화, 그리고 만화 등 수많은 작품들의 창조적 원천이 되어 왔고 현대에도 마찬가지이다.[2]

그러나 브룩과 카리에르는 『마하바라타』에서 힌두 문화의 정수만을 본 것은 아니다. 그들은 이 서사시가 고대 인도 정신이 몰두했던 여러 개인적, 사회적, 우주적 문제들을 다루지만 이것들은 동시에 인간 경험의 보편적 문제들이라고 보았다. 두 작가는 이 위대한 시가 우리에게 현 시대와 가장 가까운 신화적 반영물을 제공하고 있다고 생각했다. 이 서사시가 거대 권력과 엄청난 부를 장악한 악한 세력들이 자신들이 가진 것을 모두 빼앗기면서도 정의(다르마(dharma))를 실현하고자 노력하는 집단을 핍박하는 부조리한 사회를 이야기하고 있기 때문이다. 그러나 『마하바라타』에서는 악의 세력에 속한 모든 존재가 다 악인으로 묘사되지는 않으며, 선의 세력에 속한 존재라고 해서 그들의 행동이 늘 도덕적으로 선한 것으로 묘사되지도 않는다. 이 서사시는 악의 평범성을 이야기하며, 또 삶에서 부딪히는 숱한 딜레마들을 다루고 있다. 이 경험들 안에는 개인적인 것과 사회적인 것, 인간적인 것과 우주적인 것, 역사적인 것과 보편적인 것들이 서로 분리할 수 없이 연루되어 있다. 이 딜레마들은 우리에게 도덕적인 복잡함과 형이상학적인 모호함을 가진 삶의 모순된 다원성에 관해 이야기하므로, 개인적으로, 정치적으로 그리고 도덕적으로 쉬운 어떤 대답을 단호히 거부한다.

인도인들은 자부심과 확신에 가득 차 말한다. "세상 모든 것이 『마하바라타』에 있나니. 『마하바라타』에 없는 것은 이 세상 어디에도 없다."라고. 그렇다. 문자 그대로의 의미 '위대한 바라타족'이 오늘날 '위대한 인도'를 의미하는 데서도 알 수 있듯이, 이 서사시는 선과 악의 갈등과 대립이라는 주제를 근간으로 하여 인도, 인도 문명, 인도 정신의 근간을 이야기한다. 동시에 이것들은 또한 인간 경험의 보편적 문제들로 해석할 수 있으므로, '지금, 여기', '우리'의 문제를 성찰할 수 있는 신화들이다. 브룩과 카리에르도 이 점을 강조했다. 영화 「터미네이터」와 「타이타닉」, 「아바타」 등으로 세계적 명감독의 반열에 오른 제임스 카메룬 역시 『마하바라타』에 매료되었다. 그는 "「아바타」 이후 내가 3D로 만들고 싶은 영화는 『마하바라타』이다."라고 말했다. 『마하바라타』를 읽는 독자들은 이 서사시에 담겨 있는 인도 전통문화와 사상 등을 숙고하기 이전에 먼저 고대 인도인들의 신화적 상상력이 제공하는 환상과 경이에 매료된다. 초월적 환상과 경이를 즐기면서 동시에 고대 인도 정신이 『마하바라타』를 통해 말하고자 했던 세상의 모든 것을 조금이나마 이해하기 위해서는 인도 문명에 대한 몇 가지 기초 지식이 필요하다.

1 서사시 이해를 위한 예비 지식

중앙아시아 문명과 서남아시아의 고대 인도 문명을 이해하기 위해서는 인도-유럽어족에 대한 기본 지식이 필수적이다. 게다가 인간 영웅들이 활약하는 『마하바라타』 서사시에 다가가기 위해서는 신들의 삶을 이야기하는 베다 문헌에 대한 기본적인 정보들도 채비되어야 한다. 과거를 모르면 현재의 실상을 제대로 파악하기 어렵기 때문이다.

1   고대 인도 문명, 세 문화의 융합

지금까지 이루어진 언어학적, 문헌학적, 고고학적 연구들에 따르면, 인도-유럽어족 유랑자들이 대략 기원전 2000년경, 어쩌면 그보다도 더 이른 어느 때에 이동을 시작했다. 카스피해 부근의 한 갈림길에 이르렀을 때, 이들은 동서로 갈라졌다. 보다 다수였을 것으로 생각되는 한 무리는 아무다리야강 계곡을 거슬러 인도로 갔고, 다른 한 무리는 오늘날의 아르메니아, 아제르바이잔, 그리고 이란 고원의 북서부 기슭을 형성하는 산의 계곡을 뚫고 나아갔다. 인도와 이란은 원인도-유럽족(proto Indo-europeans)이 이동을 시작하여 그 땅에 발걸음을 들여놓기 이전에 공통된 문화와 종교를 가지고 있었다. 이 공동의 시기 동안 인도-이란 부족들은 자신들을 "고귀한 (사람)"(『아베스타』의 airya, 산스크리트의 arya)이라고 불렀다. 인도-유럽인들은 대략 기원전 16세기경에 북서 인도에 침입한 것으로 알려져 있다. 이후 인도와 이란의 문명은 상이한 형태로 발전된다. 4, 5세기 후에 이주자들은 "일곱 강들(septa sindhavah)"의 영역, 즉 상 인더스 유역인 펀자브 지역을 점령했다. 학자들은 인도-유럽족의 침입이 곧바로 급격한 변화를 초래했다고 생각하지는 않는다. 인도-유럽족의 이주 후 기원전 1200년경부터 만들어지기 시작한 베다 문헌의 용어들은 수많은 인도-이란 계통의 용어들과 인도-유럽 계통의 것들을 동시에 간직하고 있기 때문이다. 게다가 어떤 신화들은 인도-이란 시기 이전 토착적 기원을 가진 것들이다.

인도-이란족 및 인도-유럽족 문화와 인도 토착 문화의 공생은 인도-유럽족이 갠지스 평원으로 나아감에 따라 점점 확대되면서 마침내 기원전 1200~600년 사이에 아리안들이 인도 북부 지역에서 그 세력을 공고히 했을 것으로 추정된다. 인도사가들은 이 시기를 베다 시대라 부른다.[3] 이 시기의 인도인들은 농경을 했으나 경제는 주로 목축에 의존했다. 소는 화폐의 기능을 수행했으며, 말은 전쟁과 약탈, 그리고 제왕의 의식인 라자수야(rajasuya) 의례에 사용되었으므로 높이 평가되었다. 베다 시대 말기즈음에 오늘날 카스트(caste)로 알려진 네 계급의 사회 조직 바르나가 형성되었다.[4]

기원전 6세기에 인도 북동부 지역 갠지스강 유역에서 등장한 불교와 자이나교는 기존의 힌두교에 대한 저항, 일종의 종교 개혁이다. 힌두교는 이 종교 개혁의 충동으로 인해 사상적, 실천적 변화를 겪게 된다. 그래서 일반적으로 학자들은 이 시기를 기준으로 전기 힌두교와 후기 힌두교를 구별한다. 베다 시대 혹은 전기 힌두교의 경전으로 알려진 베다 문헌은 『리그베다(Rig Veda)』[5]와 『야주르베다(Yajur Veda)』,[6] 『사마베다(Sama Veda)』,[7] 그리고 『아타르바베다(Atharva Veda)』[8] 네 종류가 있다.[9] 고대 인도 전통은 베다 문헌을 인간의 작품이 아니라 신들이 인간에게 계시한 것, 혹은 들려준 것이라 생각했으므로 스루티(Sruti, (성자에게) '계시된' 것, '들려진' 것) 전통으로 분류한다. 네 종류의 베다는 모두 모두 운문으로 이루어졌으나 『야주르베다』의 시구들에는 산문체의 주석이 삽입되어 있다. 인도의 두 거대 서사시 『마하바라타』와 『라마야나』는 후기 힌두교 경전에 속한다. 이티하사(Itihasas, 역사 또는 역사적 사건) 경전으로 분류되는 이 두 서사시 외에 마누(Manu) 법전을 포함한 샤스트라(Sastra), 고대의 신화 전설집인 푸라나(Purana) 그리고 밀교서인 탄트라(Tantra)가 습리티(Smrti, '기억된' 것) 전통에 속하는 후기 힌두교 문헌들이다.

『마하바라타』 서사시는 베다기 이후의 경전이지만 베다기의 신들에 대한 지식이 없이는 이 서사시의 스토리 자체는 물론 뒤메질의 분석 내용도 따라가기 어렵다. 베다 신들의 성격을 모두 다 알지는 못하더라도 이 책에서 소개되는 뒤메질의 연구를 제대로 이해하기 위해 적어도 몇몇 주요 신들의 특징은 파악할 필요가 있다.

『리그베다』는 1028개의 찬가(mantra, 진언(眞言))로 구성되어 있다. 그중 250개 정도가 신들의 왕인 인드라에게 바쳐졌고, 200개는 아그니에게, 10개는 바루나에게, 35개는 미트라, 바루나, 아디트야 모두에게 바쳐졌다. 바루나에게만 바쳐진 송가는 12개가 채 안 되지만 그는 가장 장엄하게 찬양받은 신이다. 그는 우주를 에워싸고 있으며, 바다 위에다 불을 놓았고, 황금의 그네인 태양이 그 위를 날아다녔다. 바루나는 낮과 밤을 별도로 규제하고 관리하며, 별들을 질서 있게 운행하도록 했다. 그의 질서의 리듬 리타(ṛitá)는 세계의 질서이다. 대기 중에서 있는 그는 신비한 창조적 힘 마야(maya)를 통하여 지상을 재어 나누며 태양을 도구로 삼는다. 바루나는 이런 방식으로 천상, 지상, 그리고 그 중간의 대기권으로 이루어진 3개의 세상〔三界〕을 만들고, 그 모든 곳에 존재한다. 대기권에서 울려 퍼지는 바람은 바루나의 숨이다. 천정에 닿아 있는 그의 처소는 황금으로 만들어졌으며 1000개의 문을 가진 웅대한 저택이다. 그는 거기에 앉아 모든 행동을 주시하며, 주위에서는 그의 정탐꾼들이 앉아서 세상을 둘러보고 있다. 바루나는 우주의 물리적인 질서는 물론 도덕적 질서와 의례 체계의 원리들을 수호하는 신이자 동시에 그 질서의 파괴자를 응징하는 가혹한 신이다. 인간들이 도덕 규범에 복종하도록 하는 것도 바루나의 임무였다. 그는 죄악을 폭로하고 참과 거짓을 심판하며, 그래서 인간이 죄를 저질렀을 때 용서를 비는 대상도 바로 바루나였다. 바루나의 이런 역할로 인해 그가 계약, 협약, 약속 이행의 신인 미트라(『리그베다』의 Mitra, 『아베스타』의 Mithra)와 결합되는 것은 자연스럽다. 『리그베다』에서 미트라는 거의 다 바루나와 쌍을 이루며 등장한다.

뒤메질의 3기능 신학 체계에서 바루나-미트라 쌍은 제1기능의 신에 해당된다. 바루나와 분리된 미트라의 역할은 부차적이라 특별히 그에게 바쳐진 베다의 찬가는 하나뿐이다.[10] 종교적 관념과 실천에서 미트라의 중요성은 바루나와 함께 불릴 때 특별히 나타난다. 그는 자신의 눈인 태양으로 모든 것을 보고 있으므로 그 어느 것도 미트라로부터 도망칠 수 없다. 인류의 보호자 미트라와 연결되어 있는 신은 아리야만 (Aryaman)과 바가(Bhaga)이다. 아리야만은 아리안들의 사회를 보호해 주며, 결혼 및 환대와 관련된 의무들을 통제한다. '나누다'라는 뜻을 지닌 바가는 부의 분배를 보장한다. 베다에서 바루나에게 바쳐진 찬가의 수가 극히 적다는 것은 베다 시대에 이미 바루나의 힘이 약화되었음을 말해 준다. 그러나 바루나 신의 약화가 보다 온화한 사회 질서의 신 미트라의 부각으로 나타나지는 않는다. 바루나와 함께 미트라도 이전의 권능을 상실하면서 강력한 전투력을 지닌 신 인드라의 부각을 가져온다.

『리그베다』에서 가장 많은 찬가를 받은 인드라는 인도 북서부 지방에서 숭배 받던 신들 가운데 단연 돋보이는 신이다. 그는 중간 하늘의 33신을 지배하는 신들의 주(Devendra)이며 데바들의 왕(Devarāja)이다. 바이킹의 전사들이 오딘에게 그랬듯이 전사들은 인드라에게 전쟁에서 용기와 승리를 달라고 간구하는 신이다. 또 제우스나 토르처럼 천둥을 내리치며, 무시무시한 벼락불 바즈라(Vajra)가 그의 무기이다. 그가 아리아족의 동지로서 싸움에 나가 바즈라를 휘두르면, 적은 풍비박산해서 도망칠 수밖에 없다. 벼락을 내리쳐 적을 무찔렀던 인드라의 무훈 중에서 가장 위대했던 것은 산에 있는 성채로 물을 끌어들여 가뭄을 일으켰던 용 브리트라(Vritra)를 격파한 일이다. 이 위험천만한 일을 해 내기 위해 그는 준비를 철저히 했다. 인드라는 불사(암리타)의 음료 소마주 세 잔을 단숨에 들이마시고 가공할 무기 바즈라로 브리트라를 처치함으로써 갇혀 있던 물이 강들로 흘러넘쳐 땅을 적시면서 바다로 흘러가도록 했다. 비를 내리는 신 인드라의 탈것은 구름이다. 베다기 이후에도 여전히 신들의 제왕이라는 위세를 유지한 인드라는 세 개의 머리를 가진 코끼리를 타고 다닌다.

　가족보다 큰 규모의 공동체 단위로 공식적인 예배가 처음으로 인도에 등장하기 시작할 때까지만 하더라도 아리아족은 사원이나 그 외의 고정된 성역을 가지고 있지 않았으며, 고대 페르시아인과 마찬가지로 야외에서 제사를 거행했다. 제장이 정해지면 먼저 불부터 지펴야 하므로 아그니는 제사에서 가장 먼저 소환되는 신이다. 난롯불에서 가정을 보호하고 제단의 불에서 희생 제물을 받는 불의 신 아그니는 불꽃의 입에 희생 제물을 받아 넣고 있다가 신들에게 전달한다. 천신들의 세계에서 아그니는 동남쪽에 자리 잡고 있다.

　후기 힌두교의 신학에서는 베다 문헌의 주요 신들은 상당 부분 망각되거나 위상이 약화되고, 삼주신(三主神, Trimurti)이라 불리는 브라흐마(Brāhma), 비슈누(Viṣṇu), 시바(Śiva)가 부각된다. 후기 힌두교 신학에서 이 세 신은 각각 창조, 보존, 파괴의 기능을 담당한다. 브라흐마는 고귀한 신으로 인식되었으나 비슈누나 시바에 비해 널리 숭배받지는 못했다. 창조의 과업을 마친 뒤에는 더 이상 지상의 일에 관여하지 않기 때문일 것이다. 시바와 비슈누는 베다 문헌에도 등장하나 빈번하고 비중 있게 언급되는 신은 아니었다.

　『리그베다』의 찬가 중 비슈누에게 바쳐진 것은 5개이다. 그는 하늘과 땅 사이에 나 있는 길을 따라 돌면서 이 땅을 어두움으로부터 끌어내는 태양의 신에 속한다. 이런 특성이 후기 힌두교로 이어져 높은 곳에서 지상을 두루 살피며 기존 질서의 보존과 유지를 담당하는 신이 되었다. 비슈누는 세상의 질서가 흔들려 카오스 상태에 다다랐거나 파괴적 힘들이 세상을 심각하게 위협하고 있는 상황을 보게 되면 곧장 지상으로 내려와(아바타라(avatara), 하강) 온갖 역량을 발휘하여 바로잡는다. 그가 지상으로 내려올 때는 매번 다른 모습으로 내려온다. 수많은 형태로 변신하여 세상에 내려오는 비슈누의 아바타라 중 10번의 하강(Dashavatara)은 특히 유명하다. 태양의 길을 따라 삼계를 도는 거대한 비슈누의 보폭은 『리그베다』에서 비슈누의 세 발걸음(Trivikrama)으로 표현되었는데,[11] 여기에서 다양한 신화가 파생되었다. 그중 가장 널리 알려져 있는 것은 난쟁이 바마나의 모습으로 하강하여 아수라의 왕 발리로부터 천상과 지상을 구해 낸 이야기이다. 아수라의 왕 발리가 고행을 통해 엄청난 힘을 얻은 후에 자신의 왕국뿐 아니라 삼계를 차지하려 했다. 천상의 왕국을 빼앗길 위험에 처하자 천신들의 우두머리 인드라가 비슈누에게 신들이 천계를 차지할 수 있도록 해 달라고 부탁했다. 인드라의 요청을 받은 비슈누는 아디티의 아들 바마나의 모습으로 지상에 나타났다. 그는 발리가 제식을 거행하는 곳으로 가 한 가지 청이 있으니 들어 달라고 했다. 키 작은 꼬마 사제가 자신에게 찾아와 부탁을 하자 발리는 이제 자신의 모든 것은 완성된 것이나 다름없다고 기뻐하며 바마나에게 곡물이건 군대건 왕국이건 원하는 대로 주겠노라고 답했다. 바마나는 자신은 수행 중인 브라만이라 아무것도 소용이 없고 단지 세 걸음을 내디딜 테니 그 보폭에 해당하는 영역을 달라고 청했다. 난쟁이의 보폭을 우습게 본 발리는 바마나에게 기꺼이 그리하겠다고 약속했다. 그러자 바마나가 몸을 크게 부풀렸다. 그는 첫 걸음을 뛰어 지상을 건너뛰고 두 번째 걸음으로 천상을 건너뛴 후 천상은 신들에게, 지상은 인간에게 돌려주었다. 비슈누의 발걸음 덕분에 인드라는 그의 왕국인 천상과 천신들의 왕의 지위를 계속 누릴 수 있게 되었다. 이어서 바마나는 발리의 머리를 밟으며 세 번째 발걸음을 내딛어 지하계를 가로질렀다. 그래서 지하계는 아수라들의 왕 발리의 차지가 되었다.

시바는 베다 시대 이후로 인도 대중들에게 가장 사랑받는 신 가운데 하나로 루드라-시바(Rudra-Śiva)라 불리기도 한다. 『리그베다』에서 시바(Śiva, 길조의)는 몇몇 신들을 수식하는 형용사로 사용되는데, 루드라도 그중 한 신이다.[12] 그래서 시바는 베다 시대의 '포효하는 자' 루드라(Rudra)가 발전된 존재라고들 한다. 베다 문헌에서 루드라는 바람과 폭풍우, 사냥의 신으로 등장하며, 강한 자들 중 가장 강력한 자, 용맹한 자들의 주권자이다.[13] 루드라의 아들들인 마루트(Maruts 또는 Rudras)는 아그니와 함께 모든 사람들을 찾아가 가정에 머물며 온기를 주므로 루드라는 온화한 자이기도 하다.[14] 그의 성격은 대단히 복합적이다. 『야주르베다』에 따르면 시바도 루드라처럼 거칠고 잔인한 파괴자로서의 성격을 가졌다. 그는 협박자요, 질병과 죽음을 가져오는 살해자이며, 곤경에 빠뜨리는 자이고, 괴롭히는 자이다. 사람들은 나뭇잎이 떨어지는 것을 보고 시바의 임재를 감지할 수 있다. 또 화장터의 장작더미에서도 그의 임재를 감지할 수 있으므로 장례 때는 시바를 예배해야 한다. 시바를 신봉하는 후기 힌두교의 신도들은 시바에게 '마하데바(Mahadeva, 위대한 신)'라는 이름을 부여했는데, 이 신이 인간과 동식물 등 모든 생물의 번식 과정과 연관되어 있기 때문일 것이다. 시바를 남성 생식기로 표상하는 후기 힌두교의 관행이나 풍요의 신으로 생각하는 관념은 아리아족 이전부터 인도에 있었던 듯하다. 시바의 복합적 성격은 시바의 여러 배우자나 또는 시바와 관련된 여러 존재의 성격을 통해서도 나타난다.

『마하바라타』는 물론이고 베다 시대 이후의 신화를 이해하기 위해서는 고대 인도인들의 우주론과 시간관 및 신들의 성격에 대한 이해가 선행되어야 한다. 이 예비 지식이 없이 인도 신화를 접하게 되면 먼저 수많은 낯선 신들의 이름에 압도되고, 이 신들과 신들의 화신으로 등장하는 인간들이 어울려 빚어내는 기이한 사건들이 뒤얽혀 있는 미로에서 길을 잃게 된다.

2 후기 힌두교의 우주론과 시간관

불멸하는 신들을 제외하면 인간을 포함한 모든 생명체는 저마다 한살이의 주기는 다를지라도 태어나면 반드시 죽음에 이른다. 우주도 그러할까? 만일 우주도 생성되었다가 일정한 기간이 지난 후 소멸한다면, 그 한살이의 주기는 도대체 얼마나 될까? 천체 물리학자들이 별들과 우주의 한살이를 추산하려 애쓰기 훨씬 전부터 고대 인도인들은 우주의 생성 — 소멸 — 재탄생의 기간에 대해 깊이 사색했다. 고대 인도인들의 사변에 따르면, 우주가 창조되어 소멸하기까지의 기간이 1칼파(kalpa, 겁)이며, 소멸되어 새로운 우주가 재탄생하기까지의 기간도 1칼파이다. 우주를 창조하는 창조신 브라흐마의 하룻낮에 해당하는 시간이 1칼파, 하룻밤의 시간이 1칼파이다.

1칼파는 햇수로 계산하면 어느 정도의 기간에 해당될까? 이를 알기 위해서는 칼파의 시간 마디인 마하 유가(mahayuga)와 유가(yuga) 개념을 파악해야 한다. 1칼파는 1000마하 유가이고 1마하 유가가 432만 년이므로, 1칼파는 햇수로는 43억 2000만 년이다. 1마하 유가는 다시 크리타(Crita) 유가, 트레타(Treta) 유가, 드와파라(Dvapara) 유가, 칼리(Kali) 유가의 시대로 나뉜다. 크리타 유가 혹은 사티야(Satya) 유가의 시대는 모든 인간이 선하고 덕을 갖춘 상태로 태어나므로 가르침이 없더라도 저절로 다르마(dharma, 정의, 법, 의무)가 온전히 실현되는 진정한 황금시대이다. 크리타 유가의 시대가 지나 트레타 유가의 시대가 되면 덕이 점차 쇠퇴하여 악의 기운이 생겨나 다르마가 4분의 3만 실현된다. 이 시대에는 각 계급에 고유한 법과 의무가 생기고 신들에게 제물을 바치는 제사가 생긴다. 드와파라 유가의 시대에는 정의가 더욱 쇠퇴하여 선과 악의 세력이 팽팽하게 대적하는 시기이다. 드와파라 유가의 시대가 지나면 선과 악의 균형추가 악의 쪽으로 기울어져 정의가 4분의 1만 실현되는 칼리 유가의 시대가 시작된다. 이 어둠의 시대에는 사람들이 불화와 전쟁, 질병, 기아 등으로 고통을 받다가 마침내 기존의 세상이 멸망하고, 그 후 다시 새로운 크리타 유가의 시대가 이어진다.

각 시대의 기간은 정의(다르마)의 크기에 비례한다. 칼리 유가의 시대는 43만 2000년 지속되며, 드와파라 유가, 트레타 유가, 크리타 유가는 각기 칼리 유가의 두 배, 세 배, 네 배의 기간 동안 지속된다. 이를 모두 합하면 43만 2000년의 10배인 432만 년으로, 이것이 1마하 유가이다. 따라서 크리타 유가 → 트레타 유가 → 드와파라 유가 → 칼리 유가로 이어지는 주기가 천 번 반복되면 우주는 완전히 소멸하여 암흑이 지배한다. 다르마는 황소에, 시대에 따른 다르마의 비율은 황소 다리의 개수에 비유된다. 크리타 유가의 시대에서부터 시작해 각 시대마다 우주 질서의 보호자 비슈누 신은 매번 다른 모습으로 하강하며, 그 횟수는 시대의 길이에 비례한다.

우주가 소멸된 후 1칼파 동안의 암흑기는 창조주 브라흐마의 하룻밤에 해당되므로 우주의 휴식기이다. 프랄라야(pralaya)라 불리는 이 휴식기가 지나면 브라흐마 신이 잠에서 깨어나 새로이 우주를 창조한다. 브라흐마 신의 하룻낮인 1칼파는 다시 14개의 만반타라 (manvantara)로 나뉘는데, 이는 인류의 시대를 표시하는 시간 단위이다. 브라흐마 신이 인류의 조상 마누를 창조하면, 마누는 자신의 세계를 일정한 기간(1만반타라) 동안 지속시킨다. 한 만반타라가 지나면 그 시대 인류의 조상인 마누의 세계는 소멸되고, 브라흐마 신은 다시 새로운 마누를 창조한다. 이렇게 열네 번의 만반타라가 이어지면 브라흐마의 하룻낮이 끝난다. 기독교 창세기에 따르면, 최초의 인류는 아담과 하와의 후손들이다. 이 인류는 노아를 제외하고는 모두 홍수로 멸망했으므로, 현재의 인류는 노아의 후손들이다. 힌두 우주론에서는 현생 인류는 일곱 번째 마누의 후손들이다. 1만반타라는 낮, 밤, 하루, 주, 월, 년, 유가를 비롯해 크고 작은 많은 시간 단위들로 구성되어 있다.

우주의 시간 단위인 칼파, 인류의 시간 단위인 만반타라, 다르마와 관련된 네 유가 시대를 표시하는 힌두 시간관을 정리하면 다음과 같다.

1칼파 = 1000마하 유가 = 14만반타라 = 43억 2000만 년

1마하 유가 = 1000유가 = 4억 3200만 년

1만반타라 = 1/14칼파 = 3억 672만 년

창조된 우주의 질서를 유지하는 역할을 하는 신은 비슈누 신이고, 한 유가의 시대나 한 만반타라, 혹은 우주의 종말, 아니면 특정 왕조나 시대의 종말이 다가왔을 때, 세상을 멸망시키거나 우주를 파괴하는 역할을 하는 신은 시바 신이다. 크리타 유가의 시대를 제외한 나머지 세 유가 시대에는 각기 정도의 차이는 있으나 악의 기운이 활동하고 있으

므로 세계의 질서를 교란하는 갖가지 불의한 사건들이 발생한다. 정의
와 불의가 대립할 때 종종 비슈누 신과 시바 신은 각자 선의 세력과 악
의 세력을 도와주기도 한다. 그러나 시바 신이 파괴의 신이긴 하나 늘
악의 세력을 도와주지는 않으며, 또 특정 시대나 세계, 혹은 우주 종말
의 때가 아니면 그 몰락을 앞당기지는 않는다.

비슈누 신이 하강하여 세상의 질서를 수호하려 애쓸 때는 주로 크
샤트리아들의 신 인드라와 협동하여 문제를 해결해 준다. 또 인드라 신
이 곤경에 처할 때는 항상 비슈누 신이 도와준다. 인드라와 비슈누는
동반자이자 벗인 셈이다. 인드라-비슈누의 결합에 대적하는 쌍은 대개
루드라-시바이다.

이를 도표로 정리하면 다음과 같다.

유가	햇수	다르마(황소다리)의 비율	비슈누의 화신 횟수
사티야 유가	1,728,000년	4/4	4
트레타 유가	1,296,000년	3/4	3
드와파라 유가	864,000년	2/4	2
칼리 유가	432,000년	1/4	1

3　쿠루크셰트라 전쟁

『일리아드』가 트로이 전쟁을 주요 소재로 취했다면, 『마하바라
타』는 쿠루크셰트라 전쟁이 주요 소재가 된다. 이 전쟁의 큰 줄기는 비
슈누-인드라와 루드라-시바의 대립이라는 신학적 도식이 그 기저에

깔려 있다.

인도 고대 문헌에 의거해 학자들이 재구성한 바에 따르면, 기원전 16세기경에 인도에 들어온 인도-유럽족은 크게 두 종류의 싸움을 치르게 된다. 하나는 이미 거주하고 있던 인도 토착 주민들과의 전쟁이고, 다른 하나는 아리아족이 인도 북서부 지역을 지배한 후 그들 종족끼리 벌였던 내부 투쟁이다. 이러한 투쟁으로 인해 그들은 공동 사회의 기반을 거의 잃어버렸다. 이들 아리아인들은 판차쟈나(Pancajana)라고 불리는 다섯 부족으로 분열되어 싸우기 시작했는데, 이들 중 우세한 부족이 바라타족과 트리트슈족이다. 지금의 라비강 유역에서 벌어졌던 이 싸움에서 최후의 승리는 바라타족에게 돌아갔다.[15] 이후 바라타족은 패퇴당한 부족 중 가장 강한 부족인 푸루(Puru)족과 연합하여 새로운 지배 부족을 형성하니, 이들이 쿠루족이다. 쿠루족은 다시 판찰(Pancala)족과 연합하여 강가강 유역을 장악하게 된다. 그들은 오늘날의 델리 지역과 갠지스강과 야무나강 사이 평원의 북부에 정착하는데, 이 지역이 바로 쿠루크셰트라(Kurukshetra, 쿠루족의 들판)이다.

인류사의 어느 왕조건 예외 없이 흥망성쇠의 물결을 벗어날 수 없듯이 빛나던 쿠루족의 영광도 점점 쇠퇴해 간다. 그 와중에 쿠루족의 후손들은 왕권 다툼으로 혈족 간의 유혈 투쟁을 벌인다. 카우라바(Kauravas)와 판다바(Pandavas) 사이에 있었던 쿠루족들 간의 내전을 인도사가들은 쿠루크셰트라 전쟁이라 부르며, 대략 기원전 10세기경에 실제로 일어난 사건으로 추정한다. '카우라바'는 '쿠루의 후손들'이라는 뜻이므로 사실 판다바도 카우라바라고 부를 수 있다. 그러나 서사시에서 카우라바는 대체로 드리타라슈트라의 100명의 아들을 지칭하며, 이들은 악의 세력을 대변한다. 반면 판두의 다섯 아들을 지칭하는 판다바는 선의 세력을 표상한다. 서사시에서 판다바 진영과 카우라바 진영 간의 싸움인 쿠루크셰트라 전쟁은 꼬박 18일 동안 계속되었고 판다바 진영의 승리로 막을 내린다.

2 위대한 바라타족의 서사

뒤메질은 카우라바와 판다바 사이의 갈등과 전쟁을 소재로 한 『마하바라타』의 일부를 프랑스어로 번역했을 뿐 아니라, 『신화와 서사시 I』 30~257쪽에서 그 주요 내용들을 분석했다. 먼저 서사시의 내용을 간단히 소개한 후에 그의 분석 내용들을 살펴보기로 하자.

1   내용 요약

앞에서 언급했듯이 '위대한 바라타족'을 의미하는 마하바라타는 오늘날 '위대한 인도'라는 뜻으로 통용된다. 저자와 제작 시기 및 장소는 불분명하며, 여러 세대에 걸쳐 이루어진 것으로 보인다. 기원전 3세기와 기원 후 3세기 사이에 현재의 형태를 취했을 것으로 추정된다. 그러나 그 기원은 훨씬 오래전으로 거슬러 올라간다. 신화적 특징들 중 어떤 것들은 베다 시대의 것이고, 어떤 것들은 전(前) 아리아 시대의 것이다.

1권 『개시의 서(*Ādiparvan*)』

전설적 저자 비야사와 이 시를 최초로 음송한 서창자(敍唱者), 그리고 왕조의 기원에 관한 내용들로 이루어져 있다. 비야사는 머릿속에 기억한 서사시를 가네샤에게 받아쓰게 한다. 서사시에 따르면 판다바의 영광을 노래한 『마하바라타』는 자나메자야가 묻고 비야사가 답한 이야기라고 한다. 쿠루족의 계보들 중 특히 왕조의 마지막 세대들이 길게 이야기된다. 이 서사시의 인물들은 초자연적 존재들, 신과 악마들, 영웅들이다. 이들은 인구 과잉을 감당할 수 없게 된 땅의 부담을 덜어주기 위한 대전쟁을 위해 브라흐마의 명령에 따라 화신된 경우가 대부분이지만, 판다바를 포함한 몇몇 영웅들은 신의 아들이나 신의 일부를 몸에 받아 태어난다.

샨타누(Santanu) 왕이 강변을 거닐다가 아름다운 모습을 한 강가(Ganga 갠지스) 여신을 만나게 된다. 샨타누가 그녀에게 청혼하자, 강가는 수락의 조건을 말한다. 무슨 일이 있어도 샨타누가 자신의 행동에 도전하거나 반대해서는 안 된다는 것이다. 그가 자신의 행동들을 좋아하건 싫어하건 상관없이 자신의 행동에 대해 호기심을 갖거나 화를 내도 안 되며, 어떤 질문도 해서는 안 된다. 이를 어기면 그녀는 즉시 샨타누의 곁을 떠날 것이라고 했다. 샨타누가 이에 동의하고, 둘은 결혼한다. 그러나 둘 사이에서 자식들이 태어나자마자 강가는 자식들을 강에 빠뜨린다. 일곱 명의 자식들을 모두 그렇게 강에 빠뜨려 익사시킬 때까지 잘 참던 샨타누는 여덟 번째에 이르러서는 버럭 화를 내고 만다. 그러자 강가는 자신은 강(江)의 신이며, 자식들은 죽은 것이 아니라 구원된 것이라고 말한다. 그리고 샨타누가 자신의 행동에 반대를 했으므로 떠나겠다고 하면서, 여덟 번째 아이는 비슈마(Bhishma)라고 불리게 될 것이며, 완벽한 인간이 될 것이라고 마지막 말을 전한다. 강가가 샨타누의 곁을 떠난 지 12년이 지난 후 강변을 거닐던 샨타누 왕의 앞에 한 소년이 물길을 열고 걸어 나온다. 샨타누는 그를 궁전으로 데려가 데바브라타(Devavrata, 맹세를 깨뜨리지 않는 자)라 불렀다. 데바브라타는 후에 비슈마라 불리며 디유(Dyu, 하늘)의 화신이다.

샨타누의 두 번째 부인은 어부 왕의 딸 사트야바티(Satyavati)이다. 그녀는 물고기의 배에서 태어났다. 아름답고 풍요로운 체디 왕국의 왕 바수(Vasu)는 사냥을 좋아했다. 어느 날 사냥감을 찾기 위해 왕이 숲속을 헤매던 중 그만 그의 정액이 쏟아져 나왔다. 왕은 나뭇잎으로 그것을 받아 낸 뒤 매를 불러 그 씨앗을 집으로 가져가 아내에게 전해 주라고 명령했다. 그러나 정액을 가지고 가던 매는 다른 매에게 공격을 당하고, 왕의 정액은 야무나강으로 뿌려진다. 당시 야무나강 속에는 아드리카(Adrika)라는 천상의 요정 압사라가 브라흐마의 저주로 물고기가 되어 살고 있었다. 그 물고기가 정자를 삼키게 되고, 열 달쯤 되던 때에 한 낚시꾼에게 잡혔다. 낚시꾼이 그 물고기의 배를 가르자 그 속에서 인간의 모습을 한 남자 아이와 여자 아이가 발견되었다. 압사라 아드리카는 먼저 물고기로 변한 뒤 인간의 아이 두 명을 낳으면 저주에서 풀려나리라는 브라흐마의 말대로 곧 저주에서 풀려났다. 바수 왕은 남자 아이는 자신이 거두고 여자 아이는 낚시꾼에게 딸로 삼아 기르라고 주었다. 그 여자 아이가 바로 사트야바티이다. 그녀는 몹시 아름다웠으나 물고기의 배에서 나왔기 때문에 몸에서 심하게 비린내가 났다. 사트야바티가 물고기의 비린내 때문에 괴로워하는 것을 보고 한 예언자가 그녀에게 말했다. "나는 당신을 좋아합니다. 나와 사랑을 나누면 당신의 소원을 들어주겠소." 그러자 사트야바티는 동의했고, 둘은 강가 언덕을 건너 두터운 안개를 끌어와 섬으로 가서 사랑을 나눈다. 그러자 그녀의 몸에서 나던 지독한 악취가 달콤한 향기로 바뀌었다. 이후 그녀는 간다바티(향기를 지닌 사람)로 세상에 알려졌다. 이때 사트야바티는 임신을 하여 후에 야무나의 한 섬에서 위력적인 아들을 낳게 되는데, 그가 이 서사시의 저자로 알려진 비야사이다.

어느 날 사냥에서 사트야바티를 만난 샨타누는 그녀의 아름다움에 매혹되어 어부의 왕에게 딸과의 결혼을 요청한다. 어부의 왕은 장차 이 둘 사이에서 태어날 아들이 왕위를 계승해야 한다는 조건 아래 결혼을 허락했다. 비슈마는 아버지가 그녀와 결혼할 수 있도록 자신은 왕위도 포기하겠으며, 그 순간부터 여인과의 모든 사랑도 포기하겠다고 맹세했다. 그 대가로 그는 세 세대 동안 자신의 힘을 잃지 않으며, 그가 원할 때에 죽는다는 두 가지 특권을 부여받는다. 샨타누가 죽자 비슈마는 두 이복동생 치트랑가다(Citrangada)와 비치트라비르야(Vicitravirya)의 보호자가 되었다. 이 두 이복동생은 차례로 군림했으나 둘 다 자식 없이 젊어서 죽었다. 비슈마와 사티야바티 왕비는 왕조의 존속을 위해 비치트라비르야의 두 미망인을 한 고행자와 결합하게 했다. 이 고행자는 왕비의 숨겨진 아들 비야사로, 그는 여러 면에서 존경을 받았으나 온몸에 털이 무성했다. 이 외모에서 느낀 공포로 인해 미망인의 큰아들 드리타라슈트라(Dhṛtarāṣṭra)는 장님으로 태어났으며, 둘째 아들 판두(Pandu)는 두 번째 미망인이 비야사를 보는 순간 공포로 휩싸여 하얗게 질렸으므로 창백하게(백인으로) 태어났다. 셋째 아들 비두라(Vidura)는 책략에 의해 태어난 잡종이다. 첫째 미망인이 공포로 인해 자기 대신 수드라 계급의 하녀를 보내었기 때문이다. 비슈마는 드리타라슈트라를 간다리와 결혼시키고, 두 여인 쿤티(Kunti)와 마드리(Madri)를 판두와 결혼시켜 판두로 하여금 나라를 통치하게 했다.

금욕적인 판두는 왕이 되고서도 고행을 하기 위해 종종 숲속에 머물렀다. 어느 날 사냥 도중 영양(羚羊)으로 변하여 사랑의 쾌락에 빠져 있는 한 고행자를 활로 쏘아 치명적인 상처를 입혀 죽게 만들었다. 이 고행자는 판두에게 자신은 리시 칸다마라고 밝히며 이 세상 모든 게 달콤하게 느껴지는 순간, 아내에게 생명의 씨앗을 잉태시키려는 순간 자신을 쓰러뜨렸기 때문에, 판두도 아내 중의 한 명에 다가가 쾌락에 탐닉하는 순간 자신과 같은 운명이 될 것이라고 저주하면서 죽었다.

판두의 첫째 부인 쿤티는 유년기에 한 까다로운 브라만 두르바사를 잘 섬겨 그로부터 만트라를 하나 전수 받았다. 그녀는 이 주문(呪文)을 시험하기 위해 태양신 수리야(Surya)를 불러낸다. 수리야가 나타나 소원이 무어냐고 묻자, 쿤티는 그저 만트라를 시험해 봤을 뿐이라고 답한다. 수리야는 누구든지 아무 이유 없이 자신을 불러낼 수는 없다며, 쿤티에게 자신을 안아서 아들을 낳으라고 말한다. 쿤티가 자신은 정숙한 처녀이므로 처녀성을 지켜야 한다고 말하자, 수리야는 처녀성을 손상시키지 않고 아들을 낳게 될 것이라고 한다. 그렇게 하여 쿤티는 빛나는 아들 카르나(Karna)를 낳았다. 그 아들은 금빛 가슴받이를 가지고 태어났는데, 쿤티는 자신의 죄를 감추기 위해 아기를 바구니에 담아 강으로 떠내려 보냈다. 어떤 전차사가 그 바구니를 발견해서 카르나를 키우게 된다.

고행자의 저주를 받고 충격을 받은 판두는 어느 누구와도 포옹하려 하지 않았지만, 왕조의 계승자는 갖고 싶었다. 쿤티는 남편에게 자신이 신들을 소환하는 만트라 사용법을 알고 있음을 이야기하고, 남편의 명에 따라 그녀는 차례대로 다르마, 바유(Vayu), 인드라를 불러들여 유디슈티라, 비마, 그리고 아르주나를 낳았다. 아르주나가 태어나기 전에 인드라는 쿤티에게 은거하게 하고 자신도 아침부터 저녁까지 한쪽 발로 서서 명상에 잠기는 고행을 했다. 인드라는 아르주나에게 강한 힘을 주었을 뿐 아니라, 그의 힘이 사람들에게 행할 선행들을 규정했다. 아르주나를 낳은 뒤 쿤티는 계속해서 신들을 불러들여 아이를 낳는 것은 방종이라 생각했으므로 더 이상 아이 낳기를 원치 않았다. 왕조의 안전을 위해 보다 많은 후손을 갖고자 하는 판두의 간청으로 인해 그녀는 마드리에게 단 한 번만 사용한다는 조건 아래 신을 소환하는 방법을 알려 주었다. 그래서 마드리는 쌍둥이 신 아슈빈(Asvin)을 불러들여 땅 위에서 가장 아름다운 두 아들 나쿨라(Nakula)와 사하데바(Sahadeva)를 낳는다. 판두의 이 다섯 아들들을 판다바라 부른다. 그 뒤 판두는 마드리의 아름다움에 홀려 그녀를 포옹하다 죽게 된다. 마드리는 자신의 두 아들들을 쿤티에게 맡긴 뒤 남편의 시체가 있는 장작더미 위로 올라가 남편과 함께 불에 타 죽는다.[16]

판두의 장님 형 드리타라슈트라는 간다리(Gandhari)와 결혼하여 백 명의 아들을 낳았다. 비마가 바유로부터 태어나던 때와 같은 때에 태어난 장남 두르요다나(Duryodhana)는 칼리(Kali)의 화신이다. 그의 탄생 때 불길한 전조들이 나타나 현인들이 그의 아버지에게 그를 매장하라고 조언했으나 드리타라슈트라는 이 조언을 받아들이지 않았다. 판두의 아들들과 드리타라슈트라의 아들들은 모두 훌륭한 스승들, 특히 브리하스파티(Brhaspati)[17] 신의 화신인 드로나(Drona)에게서 배운다.

판두가 죽고 유디슈티라가 왕위를 계승하려 하자 두르요다나는 그의 아버지의 동의를 얻어 다섯 판다바를 유인하여 산 채로 불태워 죽이려는 계략을 꾸몄다. 그는 시바 신의 축제가 열리는 곳에 커다란 집을 지어 축제에 참가해야 한다는 명목으로 판다바 형제들을 초대하여 그곳에 머물게 했다. 집은 기름과 흙, 불타기 쉬운 옻나무로 지어졌으며, 판다바 형제들이 잠이 든 깊은 밤에 두르요다나의 하인이 궁전에 불을 지를 계획이었다. 그러나 이 음모를 사전에 간파한 그들의 삼촌 비두라는 미리 유디슈티라에게 다음과 같은 암시를 했다. "교활한 적의 의도를 앞지르는 자만이 위험에서 탈출할 수 있다. 쇠붙이보다도 더 날카로운 무기도 있으니, 현명한 사람은 대책을 사전에 세워야 한다. 숲을 태우는 대화재도 땅굴 속의 쥐는 죽일 수 없다. 현인은 별을 보고 자신의 방위를 안다." 비두라의 암시를 정확히 이해한 유디슈티라 덕분에 판다바들은 옻나무 집 아래에 구멍을 뚫어 탈출했다. 화마의 위험에서 무사히 도망 나온 다섯 형제는 그들의 나라를 떠나 몰래 숲속에서 생활하면서 여러 왕궁을 돌아다닌다. 어느 날 판찰라족의 왕이 있는 궁궐에서 공주의 신랑감을 찾는 스와얌바라[18]가 열리자, 인도 전역에서 왕자들이 몰려왔다. 두르요다나도 참석했으며, 판다바 형제들도 브라만으로 변장하고 시합장에 나타났다. 아르주나는 억센 활을 쉽게 당겨 아무도 성공하지 못한 표적을 맞혔고, 그리하여 공주는 승리의 화환을 그에게 던졌다. 그곳에 모인 왕자들은 숲속에 사는 이 가난한 브라만에게 졌다는 치욕 때문에 그를 죽이려 했다. 다행히 판다바 형제들과 친척이었던 크리슈나가 이를 무마시켜 아르주나는 화를 모면할 수 있었다. 시리(Sri) 여신의 화신인 드라우파디 공주를 아내로 얻은 아르주나는 그녀를 어머니가 기다리고 있는 숲으로 데리고 갔다. 발자국 소리를 듣고 탁발을 끝낸 아르주나가 식량을 가지고 온다고 생각한 쿤티는 "우리 모두 함께 즐기자."라고 소리쳤다. 어머니의 말은 거역할 수 없는 명령이었다. 그래서 드라우파디는 다섯 형제 모두의 부인이 되었다.

판다바들이 무사하다는 소식이 퍼져 나가자 드리타라슈트라는 이들을 불러들여 판다바와 자기 아들들에게 왕국을 분할해 주었다. 왕국의 수도 하스티나푸라(Hastinapura)는 두르요다나가 차지하고, 유디슈티라는 왕국의 반을 받아 인드라프라스타(Indraprastha)에 수도를 세웠다. 판다바 형제들은 드라우파디와 공동 결혼 생활을 하면서 하나의 규칙을 정했다. 그것은 한 형제가 드라우파디와 가까이 있는 상황일 때는 다른 형제가 그 상황을 방해하거나 놀라게 하지 않는다는 것이었고, 이를 위반할 때는 12년간 숲속 생활을 해야 한다는 것이었다.

그런데 이러한 규약을 위반하게 되는 상황이 곧바로 발생한다. 어떤 도둑이 한 브라만의 소들을 훔치자, 그 브라만은 화가 나서 성으로 달려와 판다바 형제들에게 소리치며 도둑을 쫓아가 소를 되찾아 달라고 재촉한다. 그러자 아르주나가 그에게 걱정하지 말라고 말하며 자신의 무기가 있는 방으로 달려간다. 그런데 형제들이 무기를 놓아두었던 바로 그 방에 드라우파디와 맏형인 유디슈티라가 함께 있었다. 여기에서 아르주나는 갈등에 빠진다. 형제들 중 누군가가 자신들의 공동 부인인 드라우파디와 함께 있을 때는 이를 방해하지 않는다는 형제 간의 계약을 준수하기 위해서는 그 방에 들어가서는 안 되었다. 그러나 소를 잃어버린 브라만은 무기를 가지고 도둑을 쫓아가라고 재촉하고 있었다. 그래서 아르주나는 딜레마에 빠진다. '브라만이 재산을 강탈당했으니 마땅히 그를 슬픔에서 건져 내 주어야 한다. 내가 만일 이 사람을 구하려 한다면 왕은 형제들끼리의 약속을 위반했노라고 상심하겠지. 또 내가 이 브라만을 구하지 못하면, 백성을 구휼하지 못한 것이 세상에 퍼질 테니 우리 형제가 그 의무를 다하지 못한 것에 상심하게 되겠지. 만약 내가 왕이 있는 방에 들어간다면, 나는 숲에서 살아야 하겠지. 계약을 깨건 숲에서 죽게 되건 다르마는 승리하겠지.' 번민 끝에 결국 아르주나는 무기를 가지러 방으로 들어가고, 그리하여 그는 형인 왕의 명령을 어긴 벌로 스스로 12년간의 망명의 길을 떠난다. 이 기간 동안에 아르주나는 크리슈나의 여동생 수바드라(Subhadra)와 결혼하고, 여러 가지 모험들을 하며 크리슈나와 깊은 우정을 싹틔운다.

2권 『왕궁서(Sabhāparvan)』

판다바들은 인드라프라스타에 왕국을 건설했으며, 왕이 된 유디슈티라가 라자수야 의례를 치를 만큼 번성해졌다. 이 의례는 하스티나푸라로부터 독립되었음을 공식화하는 의례이자 동시에 제왕이 되었음을 선포하는 것이다. 라자수야 의례에 초대되었다가 며칠 묵게 된 두르요다나 형제들은 인드라프라스타 성의 신비감에 빠지게 되고, 결국 판다바 형제들의 놀림을 받으며 자신들의 성으로 돌아가게 된다. 시기와 질투심에 사로잡힌 두르요다나는 다시 판다바 형제들을 없앨 계획을 꾸민다. 그는 유디슈티라를 부추겨 주사위놀이에 참여하도록 승인해 줄 것을 아버지에게 부탁했고, 드리타라슈트라 왕은 내키지 않았으나 아들의 강요에 마지못해 허락했다. 사기 도박사 샤쿠니를 대신 내세워 놀음판을 벌인 두르요다나의 계략에 걸려, 유디슈티라는 자신과 자신의 재산, 그리고 왕국과 형제들, 마지막에는 드라우파디까지 내기를 걸고 한 주사위 놀이에서 져 모든 것을 잃고 말았다. 그러나 두르요다나는 이에 만족하지 않고 또다시 두 번째 내기를 하자고 했다. 유디슈티라가 두 번째 주사위 놀이에서도 지자, 두르요다나는 두 번째 놀음 전에 한 약속에 따라 판다바와 그들의 부인 드라우파디가 12년간 숲속에서 살 것을, 그리고 13년째는 그들이 원하는 곳에서 살되, 누구도 그들의 신분을 알지 못하게 하고 지낼 것을 명한다. 13년째에 누군가에게 그들의 정체가 발각되면, 또다시 12년을 숲속에서 지내야만 한다는 조건이 붙어 있었다. 그리하여 판다바 형제들은 또다시 숲속 생활을 시작한다.

3권 『산림의 서(*Vanaparvan* 혹은 *Aranyakaparvan*)』

숲에서의 유배 생활들을 묘사하지만 서사시에서 가장 많은 분량을 차지한다. 숲속의 은자들이 판다바들에게 많은 이야기들을 들려준다. 이 중 가장 유명한 것은 주사위 놀이의 또 다른 희생자인 날라(Nala)와 그의 부인 다마얀티(Damayanti)의 불행과 복수에 관한 이야기이다. 이 기간 중 판다바들을 분노케 한 치욕적인 사건이 발생하는데, 그것은 자야드라타(Jayadratha) 왕이 드라우파디를 납치한 사건이다. 다섯 형제들이 그를 추격하여 굴복시키고 드라우파디를 되찾았으나 그를 죽이지는 않고 목숨만은 살려 주었다. 하지만 자야드라타 왕은 훗날 카우라바들과 결탁함으로써 자비를 오용한다.

4권 『비라타국의 서(*Virātaparvan*)』

12년을 숲속에서 생활한 판다바 형제들은 마지막 12개월은 비라타 왕국에서 보내기로 결정했다. 비라타 왕국에 들어간 판다바들은 신분을 속이고 왕가에서 일하게 된다. 유디슈티라는 국왕 비라타의 간언자가 되어 그와 주사위 놀이를 즐긴다. 비마는 요리사, 아르주나는 왕의 딸 우타라(Uttarā)의 무용 교사, 나쿨라는 마부, 사하데바는 목동이 되며, 드라우파디는 왕비의 시녀가 되어 왕비를 돌본다. 그러나 드라우파디의 미모와 기품은 모든 사람의 주목을 받았으며, 특히 여왕의 남동생 우타라(Uttara)가 탐심을 품었다. 그가 드라우파디를 희롱하자 비마가 그를 죽여 버린다. 카우라바 형제들은 그 살인 소식을 듣게 되고, 그들은 여왕의 동생을 죽일 정도로 강한 사람은 분명 비마일 것이라고 생각한다. 그리하여 한 해가 다 갈 무렵 카우라바는 비라타국을 공격한다. 우타라 왕자는 그의 마부로 변장한 아르주나와 함께 전장에 나가고, 아르주나는 그를 대신해 모든 적을 무찌르고 승리한다. 판다바와 드라우파디의 정체가 밝혀지고, 왕은 판다바에 대한 감사의 표시로 자신의 딸 우타라를 아비마뉴(아르주나와 수바드라 사이에서 태어난 아들)와 결혼시킨다. 한편 분개한 두르요다나는 판다바 형제들이 마지막 13년째에 정체가 드러나지 않아야 하는 약속을 위반했으므로 다시 숲으로 돌아가 12년간을 보내야 한다고 강변한다.

5권 『준비의 서(*Udyogaparvan*)』

유디슈티라는 두르요다나에게 자신의 왕국 인드라프라스타를 돌려줄 것을 청했으나 두르요다나는 이를 거절했다. 유디슈티라는 자기와 형제들 각자에게 작은 마을 하나씩만 주면 그것으로 만족하겠다고 했으나, 그것마저 거절당하자 결국 전쟁을 하기로 결심한다. 크리슈나는 두 번이나 하스티나푸라로 가 친족 살해의 전쟁을 피하기 위한 중재를 시도한다. 비슈마와 비두라, 드로나, 심지어 드리타라슈트라 왕까지도 크리슈나의 중재를 받아들이도록 조언했으나, 두르요다나는 그의 동생 두샤사나와 외삼촌 샤쿠니, 그리고 카르나의 지원에 힘입어 끝까지 전쟁을 고집한다. 카르나는 전투에서 반드시 판다바를 처단하겠다고 왕에게 호언장담하면서 두르요다나가 전쟁을 하도록 부추긴다.

전쟁이 불가피해지자 인도의 군주들은 유디슈티라를 편드는 쪽과 두르요다나를 편드는 쪽으로 나뉘어 모두 전쟁을 준비한다. 그리하여 갈수록 험악한 전운이 감돌기 시작했다. 양측은 마침내 그들과 공동으로 사촌 관계에 있는 크리슈나에게 도움을 청했다. 크리슈나는 양자에게 동등한 선택권을 주었다. 완전 무장한 채 전쟁할 준비가 되어 있는 비리슈니족(Virishny)의 도움을 받든지, 아니면 이 전쟁에서 어떤 역할도 하지 않을 자신의 도움을 받든지 양자택일을 하라고 선언했다. 두르요다나는 비리슈니족의 원조를 택했다. 반면 아르주나는 크리슈나에게 자신의 마부가 되어 자신을 도와달라고 부탁했다. 이에 두르요다나는 마드리 왕비의 동생인 샬리야에게 자신의 편이 되어 달라고 요청하고, 샬리야는 카르나의 마부가 되기로 하고 이를 수락한다. 비슈마는 두르요다나의 사악함을 질책했으나, 조카들과 쉬크한딘

(Shikhandin)은 죽이지 않겠다는 조건 아래 카우라바 진영의 총사령관 직을 수락했다.

쉬크한딘은 원래 카슈 왕국의 왕의 장녀 암바(Amba)로, 비슈마는 스와얌바라에서 그녀와 그녀의 동생 암비카, 그리고 암발리카를 선택하여 비치트라비르야와 결혼시킬 작정이었다. 그러나 암바는 비슈마에게 자신은 이미 샬바(Shalwa) 왕과 서로 혼인을 약속했기에 그 외의 다른 누구에게도 마음을 줄 수 없다고 말했다. 이에 비슈마는 암바를 샬바 왕에게 보냈으나, 왕은 스와얌바라에서 비슈마에게 그녀를 빼앗긴 데 대한 앙갚음으로 암바를 거절했다. 암바는 비슈마에게 돌아와서 자신과 결혼하자고 했다. 비슈마는 아버지에게 한 맹세를 깰 수 없으므로 자신은 독신으로 살아야 한다고 말하며 그녀를 거절했다. 암바는 비슈마를 원망하며 숲으로 들어가 극도의 고행을 계속하다 시바 신의 도움으로 자신의 몸을 불살라 소년 쉬크한디(Shikhandi)로 환생했다. 그는 전쟁이 일어나자 비슈마에 대한 원한으로 판다바 진영의 편에서 싸웠다.

6권 『비슈마의 서(Bhishmaparvan)』

전쟁이 시작되기 전 아르주나는 진정 친족 살해의 유혈 전쟁을 치러야만 하느냐로 번민했다. 핏줄을 죽이고서 얻는 것이 무엇이며, 친구와 사랑하는 이들을 죽이고 얻은 승리가 무슨 가치가 있는지 혼란스러웠던 것이다. 이에 크리슈나는 먼저 전의를 상실한 아르주나에게 결정적 순간에 무기력한 모습을 보이는 크샤트리아의 나약함을 질책하며 영혼과 육신, 행동, 감각과 욕망, 외양과 실재에 관한 철학적 가르침들을 이야기해 줌으로써 아르주나의 용기를 북돋운다. 영원불멸하는 영혼과 영혼이 일시적으로 빌려 입은 옷에 불과하며 시간의 변화에 지배받는 물질로서의 육신에 대해 이야기했으며, 행동해야 할 때 행동하지 않는 것이 바로 죄를 짓는 행위이며 행과 불행, 손실과 이득, 승리와 패배 따위를 생각하지 말고 본분에 충실한 것이 죄를 짓지 않는 것임을 일깨워 주었다. 또한 욕망은 만족을 모르며 불처럼 타올랐다가 분노로 바뀌니 감각을 조절함으로써 욕망을 감시하라고도 일러 주었다. 크리슈나는 아르주나에게 자신은 바로 영적이고 물리적인 모든 것의 근원이며 구세주 비슈누라고 신분을 밝힌다. 그는 처음으로 아르주나에게 자신의 완전한 모습, 무한의 입과 눈을 가졌으며, 마치 수십 만 개의 태양이 동시에 떠 있는 듯이 광채가 사방으로 퍼져 나가는 위대한 모습을 보여 주었다. 아르주나와 크리슈나의 이 대화를 기록한 것이 바로 제6권의 「바가바드 기타」이다.

보름달이 뜨는 날 시작된 싸움은 꼬박 18일 동안 계속된다. 오전과 오후에는 서로 맞붙어 싸웠으나 저녁이 되면 양 진영은 존경의 예를 갖추어 상대의 진영을 방문했다. 전쟁이 시작되고 9일째 되던 날 밤에 비슈마는 유디슈티라에게 자신을 죽일 수 있는 유일한 방법을 알려 준다. 자신을 남녀 양성을 가진 자와 대적하게만 하면 되고, 자신은 결코 여자를 공격하기 위해 무기를 들지는 않겠다고 맹세했으므로 원래 여자였던 쉬크한디를 선봉에 세우면 전투를 멈추겠다고 말했다. 10일째 되던 날, 이 사실을 알게 된 아르주나가 동료들과 함께 쉬크한디의 전차를 선봉에 세우고 카우라바 진영을 공격했다. 아르주나는 비슈마를 향해 화살을 날렸다. 두 사람이 화살을 날렸으나 비슈마에게 치명적 상처를 입힌 것은 아르주나가 날린 무수한 화살들이었다. 때가 왔으니 전쟁을 멈추고 마음을 거두라는 목소리가 비슈마에게만 들렸다. 천상의 리시들과 인드라를 섬기는 여덟 바수(vasudevas)의 목소리였다. 비슈마는 태양이 아직 남쪽의 길을 가고 있으니 자신이 곧바로 죽지는 않을 것이며, 화살 침대 위에 누워 전투의 종말을 목격할 것이라고 선언했다. 비슈마가 치명적 상처를 입고 화살 침대에 누워 움직일 수 없게 되자, 그의 뒤를 이어 드로나가 카우라바 진영을 진두지휘한다.

7권『드로나의 서(*Dronaparvan*)』
8권『카르나의 서(*Karna-parvan*)』
9권『살리야의 서(*Salyaparvan*)』

비슈마의 뒤를 이어 드로나와 카르나, 그리고 살리야(Salya)가 차례로 카우라바 진영의 총사령관이 되지만, 이들도 결국 죽음을 맞는다. 드로나는 7권의 마지막에, 카르나는 8권의 마지막에, 살리야는 9권의 중간에 죽는다. 살리야는 쌍둥이 나쿨라와 사하데바의 외삼촌이지만 카우라바 편에서 싸운다. 그러나 그는 두르요다나의 요청을 수락한 후 유디슈티라에게 가서 비록 자신이 카르나의 마부가 되어 그의 마차를 몰게 되겠지만, 카르나에게 불리하게 몰겠다고 말했다. 7~9권에서는 어마어마한 결투 장면들이 많은데, 그중 가장 중요한 것은 8권의 마지막에 묘사되는 카르나와 아르주나의 대결이다. 9권의 마지막에 벌어지는 두르요다나와 비마의 대결은 크리슈나의 허락을 받고 이루어지나, 비마는 정당치 못한 방식으로 상대를 공격한다. 그는 두르요다나가 사기 도박판을 벌인 것에 분개하여 그의 넓적다리를 박살 내 버렸다. 허리 아래를 공격하는 것은 전사들에게 불명예스러운 것이었다.

10권 『잠든 무사들의 서(Sauptikaparvan)』

18일 동안 계속되었던 전쟁은 탐욕스럽고 교활한 두르요다나가 빈사 상태에 빠지고, 판다바 형제들의 승리로 끝났다. 그러나 양편 모두에게 전쟁의 결과는 참혹했다. 두르요다나 형제들 100명 전부를 비롯해서 쿠루족의 군사들, 카우라바 진영을 도왔던 왕과 군사들 모두가 죽고 단 세 명만 살아남았다. 비슈마는 아르주나의 화살에 상처를 입고 화살 침상 위에서 지내다 마침내 사망했다. 두르요다나의 죽음 이전에 카우라바 진영의 세 장수는 야습을 감행하여 판다바 진영의 지휘자 드리슈타듐나(Drishutadyumna)를 비롯해 드라우파디의 다섯 아들(Draupadeya)을 모두 죽음으로 몰아넣었다. 이 세 장수의 우두머리는 드로나의 아들 아슈바타만(Ashvatthaman)으로, 그는 루드라-시바, 죽음, 분노, 그리고 욕망의 화신이다. 밤이 되자 판다바 진영의 전사들은 안심하고 잠에 빠져들었고, 판다바와 크리슈나는 잠시 막사를 벗어나 있었다. 아슈바타만은 스스로 시바가 되어 엄청난 괴물 군단을 만들어 다른 두 장수 크리파(Krippa), 그리고 크리타바르만(Critavarman)과 함께 야밤에 적진을 급습하여 판다바 진영의 군사들을 몰살시켰다. 야습 후 그는 숲속으로 사라졌다. 판다바와 크리슈나가 숲에서 아슈바타만과 마주쳤다. 아슈바타만은 이들을 향해 세계를 무화시킬 수 있는 끔찍한 투창을 발사했다. 그러나 크리슈나와 숲속에 있던 은자들이 그 힘을 무력화시켰다. 발사된 그 투창은 목표물을 맞히지 못하면 거두어들일 수 가 없으므로, 아슈바타만은 대상을 바꾸어 판다바의 부인들이 임신하고 있는 태나, 장차 임신할 태아들 및 앞으로 태어날 아르주나의 손자 쪽으로 향하게 했다. 이 일로 크리슈나는 아슈바타만에게 3000년의 유배 생활을 하도록 저주를 내렸다. 그러고는 때가 되면 그는 재생할 것이나 사산아로 태어날 것이라고 말하며 판다바를 위로했다.

11권 『여인들의 서(Striparvan)』

드리타라슈트라 왕과 간다리 왕비는 100명의 아들들이 모두 전사했다는 소식을 듣고 비탄에 빠졌다. 크리슈나는 이들과 판다바 형제들을 화해시키려 노력했다. 쿠루족이 이제 아비마뉴의 아들을 통해 가까스로 대를 이어 갈 상황이 되었음을 깨닫게 된 드리타라슈트라는 판다바 형제들을 감싸 안는다. 자식을 모두 잃은 간다리와 드라우파디, 그리고 비두라와 드리타라슈트라는 사라져 간 영웅들을 추억하고, 여인들은 그들의 힘과 용기를 노래한다. 간다리는 이 모든 비극의 원인이 크리슈나에게 있다고 말하며 저주를 내뱉는다. 크리슈나의 가계는 그가 자신의 동족을 살해하게 됨으로써 30년 안에 멸족하게 되리라는 끔찍한 저주였다.

12권 『평화의 서(Śāntiparvan)』
13권 『가르침의 서(Anuśāsna-parvan)』

하스티나푸라에서 유디슈티라를 위한 왕위 즉위식이 거행된다. 즉위식이 끝난 후, 크리슈나는 그에게 비슈마를 방문하여 그가 가진 지혜를 모두 얻으라고 말한다. 비슈마의 죽음과 함께 그의 지혜가 모두 사라질 것이기 때문이다. 판다바 형제들은 크리슈나와 함께 비슈마를 찾아가 왕의 덕목과 의무에 대해 듣는다. 이외에도 제13권에서 비슈마는 힌두교의 여러 율법에 대해 가르쳐 준다. 전쟁이 끝난 지 58일째 되던 날, 비슈마의 영혼은 모든 사람이 지켜보는 가운데 육신을 떠나 천상으로 올라간다.

14권 『아슈바메다의 서(Aśvamedhaparvan)』

아르주나는 유디슈티라에게 아슈바메다, 즉 많은 수의 말들을 제물로 바치는 말 희생 제의를 행하라고 권고한다. 사람들은 마제를 준비하기 위해 먼저 말을 풀어놓아 영토를 돌아다니게 한다. 아르주나는 그 말을 따라다니며 보호하면서 말이 지나간 왕국을 모두 접수하는데, 이 과정에서 그는 수많은 전투를 치른다. 1년 후 아르주나가 하스티나푸라로 되돌아오자 유디슈티라는 아슈바메다를 거행하여 복속국의 왕들을 포함한 모두에게 금은보화를 내린다.

15권 『수행처의 서(Āśramavāsikaparvan)』
16권 『철퇴의 서(Mausalaparvan)』

드리타라슈트라가 간다리와 함께 왕궁을 떠나 숲속에 은거하고, 비두라도 이에 동참한다. 얼마 후 판다바 형제들이 숲을 찾았을 때, 비두라는 임종 직전이었다. 비두라가 죽은 지 2년 후 드리타라슈트라와 간다리가 숲의 화재로 사망했다.

쿠루크셰트라 전쟁이 끝난 지 30년 후 판다바 형제들은 크리슈나의 종족이 멸망했다는 소식을 듣는다. 간다리의 저주이자 리시 나라다의 저주가 실현되었다. 어느 날 크리슈나가 속한 야바다족의 전사들이

성자 나라다를 희롱했다. 전사들은 샴바를 여인으로 가장시켜 나라다에게 이 여자가 아들을 낳을 수 있는지를 물었다. 분노한 나라다가 저주를 내렸다. 가장한 그 여인은 철퇴를 낳게 될 것이고, 그 철퇴로 인해 야바다족은 발라라마(또는 발라데바)와 크리슈나를 제외하고 모두 죽게 될 것이라고. 나라다의 예언대로 야바다족은 종족 내부에서 갈등이 생겨 서로 죽임으로써 모두 몰사하게 된다. 살아남은 발라데바도 얼마 후 죽음을 맞이하고, 그의 영혼은 뱀이 되어 바닷속으로 들어간다. 번민에 사로잡힌 크리슈나가 숲으로 들어가 깊은 명상에 잠겼을 때, 지나가던 사냥꾼이 그를 산양으로 오인하여 활을 쏘아 맞춘다. 크리슈나는 발뒤꿈치에 치명적인 상처를 입어 천상으로 올라간다.

17권 『위대한 여정의 서(*Mahāprasthānnikāparvan*)』

야바다족의 몰락과 크리슈나의 죽음을 전해 들은 판다바 형제들은 세상을 떠나 방랑하기로 결심한다. 드라우파디와 개 한 마리를 데리고 히말라야를 방랑하다 일행은 천상으로 이어지는 성산(聖山)인 메루산에 도달한다. 그러나 천상에 도달하기 전 모두 죽고 유디슈티라와 개만 살아남아 천계에 들어간다. 이 개는 유디슈티라의 아버지 신 다르마가 변신한 것이다.

18권 『귀천의 서(*Svargārohanaparvan*)』

천계에서 유디슈티라는 어머니와 형제들, 그리고 지상에서의 친구들과 재회한다. 신의 화신으로 태어난 이들이나 그 일부를 받아 태어난 이들은 다시 자신들의 자리로 되돌아갔고, 신의 아들로 태어난 자들은 각자 자기 아버지의 옆자리에 앉아 있었다.

2   『마하바라타』, 신화적 표상들의 서사적 전위

인도는 오래전부터 왕보다 높은 위계의 사제 집단이 굳건히 존재했고 이들의 전유물인 경전들도 문헌으로 정착되어 전해져 내려왔다. 이런 문명권에서 최초의 종교 경전에 실려 있는 신학 체계의 신들이 대중들의 뇌리에서 완전히 망각되는 경우는 거의 없다고 해도 과언이 아니다. 그런데 인도에서는 기원전 6세기경 이후에 그 이전 1000여 년 이상 숭배의 대상이었던 신들 대부분이 브라만들이 집전하는 제사에서 소환되지 못할 뿐 아니라 더 이상 인구에 회자되지도 않는 그야말로 '사라진 신'이 되었다. 혹자는 사제들이 주도하던 종교 엘리트 중심의 신앙 체계가 대중이 가까이 다가갈 수 있는 대중 중심의 신앙 체계로 변한 것을 그 원인으로 거론하기도 하지만, 신들의 세대교체를 힌두교 내에서의 종교 개혁으로만 설명하기 어렵다. 최초의 힌두교 경전인 베다 문헌이 담고 있는 신학은 기나긴 세월에 걸쳐 형성되어 인도 전통 문화의 일부를 이루었기에 그 공동체의 삶과 집단 심성의 바탕이라고 할 수 있다. 초기의 신들이 다른 신들에게 자리를 내준다고 해서 인도의 자연환경과 역사가 형성한 초기의 전통적 세계관이나 신관(神觀)도 그와 함께 사라진 것일까? 만일 초기 신학의 주요 관념들이 완전히 다른 새로운 관념들로 대체되지 않았다면, 즉 신들의 세대교체가 전적으로 다른 신학의 탄생을 초래하지 않았다면, 이전 세대의 신들의 성격은 어떤 형태로 진화하여 존속할까? 뒤메질의 '전위(transposition)' 개념과 『마하바라타』의 연구는 이런 의문들에 대해 충분치는 않지만 어느 정도 답변해 준다.

신들을 노래하는 베다 문헌들과는 달리 『마하바라타』는 인간들에 대해 이야기한다. 물론 고대 그리스나 스칸디나비아의 신들과 마찬가지로 신들은 다양한 방식으로 인간사에 개입한다.

(1) 신화에서 서사시로

뒤메질에 따르면, 주요 영웅들과 큰 줄거리는 신화적 표상들의 거대 체계가 인간 세계로 '전위'된 것이다. 주요 신들과 몇몇 악마들이 부수적으로 결합된 것이 아니라, 이들은 주요 영웅들의 모델이었다. 주요 신들과 악마들의 관계는 영웅들에게서 친족 관계(형제, 배우자) 또는 동맹, 우호, 적대 관계 등으로 표현되어 있다. 선의 세력과 악의 세력 간의 갈등과 투쟁 이후 악의 세력의 몰락이라는 서사시의 플롯 자체도 베다 시대 이전, 아마도 인도-이란 시기부터 존재했던 세계의 큰 위기에 관한 신화의 전위이다.

영웅들 각각의 이름이 의미가 있으며 신과 영웅의 본질적 특성을 표현했으리라 예상하지만, 그렇지 않다. 영웅들의 이름은 화신한 신 또는 그 신의 아들인 신들을 암시하지 않을뿐더러, 영웅들의 성격 자체와도 부합되지 않는다. 비마는 '무시무시한, 가혹한'이란 뜻이며, 인드라의 아들인 아르주나는 『리그베다』에서 인드라와 관련된 인물이 아르주나라는 이름을 갖는다. 이런 사실들로 볼 때, 아르주나와 비마의 경우는 각자의 이름이 영웅의 성격에 부합된다. 그러나 나쿨라는 망구스트(망고스탄의 열매 또는 쥐나 뱀을 잡기 위해 기르는 인도산의 족제비)를 의미하며, 사하데바는 '신들의 동행자'(사하는 '힘 있는'이라는 뜻보다는 '~를 동행하는'의 뜻)라는 뜻이다. 따라서 이 쌍둥이의 이름 자체가 의미하는 바는 『마하바라타』의 인물의 성격과 맞지 않다. 유디슈티라도 '전투에 강한'이라는 뜻으로, 이는 의롭고 덕 있는 다르마 왕의 이미지에 부합되지 않는다. '무시무시한'이란 의미를 지닌 비슈마도 전쟁이 불가피할 때는 용감하게 싸우나 그렇지 않을 때는 조절자이자 지혜로운 교육자이며 설교자이다. 이는 『마하바라타』의 주요 영웅들의 이름에서 개별 영웅의 특성을 엿보기 어렵다는 것을 말해 준다.

　　서사시에 등장하는 인물들의 특성은 이름 자체가 아니라 그들의 탄생과 관련된 신들과의 관계에서 나타난다. 판다바계의 맏형 유디슈티라가 다르마의 아들이라면, 카우라바계의 장남 두르요다나는 칼리의 화신이다. 후기 힌두교의 세 주신 체계에서 시바는 브라흐마나 비슈누와는 달리 그의 복합적 성격만큼이나 여러 명의 여신(데비(Devi, Deva의 여성형)을 배우자로 갖는데,[19] "검은 자"를 뜻하는 칼리는 시바의 여러 배우자들 중 한 여신이다. 칼리는 해골로 된 목걸이를 걸고 있으며, 도리깨같이 힘센 네 팔로 자신의 희생자들을 찢어서 그 고기를 입안 가득 넣고 먹는다. 그러나 자기가 좋아하는 사람과 자기를 좋아하는 사람에게는 한없이 자상하고 친절하다. 판다바 형제들의 공동 부인 드라우파디는 시리(Sri, 빛을 퍼트리는 자)의 화신이다. 비슈누 신의 배우자 락슈미(Lakṣmi)는 부와 번영, 행운과 미의 여신으로, 시리라고도 불린다.

　　판다바계와 카우라바계의 갈등과 투쟁, 그리고 파국적 종말과 그 후 파릭시트에 의해 새롭게 세워지는 세계의 질서를 이야기하는 『마하바라타』 서사시의 거대 플롯, 즉 "선의 힘과 악의 힘이 맞서서 파괴적 절정까지 전개되다가 새로운 탄생(아르주나의 손자 파릭시트)으로 귀착되는 이러한 플롯 자체도 세계의 큰 위기에 관한 신화의 전위"라고 뒤메질은 말한다.[20] 인도-이란 신화 체계에서 신들 간의 갈등으로 나타나는 선악의 극한 대립은 세계의 소멸과 재탄생을 예고하는 전주곡이다. 이 관념들이 주로 인간이 역사의 무대에서 활동하는『마하바라타』에서도 작용하고 있다는 것이다. 쿠루크셰트라 전쟁은 인간들 사이의 갈등과 투쟁처럼 보이나 이 인간들은 신들의 자식이거나 신이나 악마들의 화신들이다.

중국인과 한국인들에게 우주의 질서는 변치 않는 영원한[恒常] 질서이므로 우주는 결코 소멸하지 않는다. 그러나 인도인들에게 우주는 다른 역사적 존재들과 마찬가지로 탄생, 성장, 쇠퇴, 소멸을 주기적으로 반복하는 것이다. 고대 인도인들의 우주론에 따르면 우주가 형성되기 이전의 원초적 상태는 물이며, 물에서 생겨난 우주는 거대한 불이나 대홍수에 의해 소멸하고 다시 물에서 재탄생한다. 불이나 물은 타락한 질서, 오염, 악을 정화하는 자연의 정화 물질이다. 오늘날에도 인도인들은 사람이 죽으면 강가의 화장터에서 사체를 화장하고 그 재를 강에다 뿌린다. 또 죽기 전에 이루고자 하는 가장 큰 소망은 바로 갠지스강에서 목욕을 하는 것이다. 소우주인 인간의 삶은 대우주의 질서에 따라야 한다고 생각하기 때문이다.

'쿠루족의 들판'을 의미하는 쿠루크셰트라는 『바그바드 기타』에서 '다르마(정의, 법)의 들판'이라 불리며, 『바가바타 푸라나(Bhagavata Purana)』에서는 '성스러운 목욕'의 장소, '거룩한 축제'의 터로 간주된다.[21] 『사타파타 브라흐마나(Śatapatha Brāhmaṇa)』에서는 태고부터 희생 제의를 행하던 제장으로, 『마하바라타』에서는 고행을 하는 장소인 '타파크셰트라(Tapah-kshetra)'로 불리기도 한다.[22]

　　이러한 사실들은 다음과 같은 점을 말해 준다. 인도사가들의 주장 대로 인도 역사에서 바라타족의 두 혈통인 카우라바계와 판다바계의 권력 투쟁인 쿠루크셰트라 전쟁이 실제로 일어난 사건이었다 하더라 도, 그 후기의 인도인들은 이 혈족 간의 유혈 투쟁을 악의 질서를 와해 시키고 새로운 선의 질서를 확립하기 위한 일종의 거대한 우주적 의례 로 간주하고자 했으며, 또 그렇게 기억하려 했다는 것이다. 고대 인도 인들은 자신의 선조들은 그렇게 우주의 질서에 부합되는 삶을 살았다 고 이야기함으로써 후손들에게 민족적 자긍심을 갖게 했을 것이다.

(2) 역사 속에 침투하는 신화

　　뒤메질은 『마하바라타』에 사용된 신화 재료들 일부는 『리그베 다』보다 더 고대적 특성을 지니며, 베다 체계에는 없는 몇 가지 특징 들을 보존하고 있다고 주장한다. 판다바의 조상들 가운데에서 바유의 위치, 지배신들의 집단이 네 모습만을 포함하고 있는 점, 비슈마의 역 사 속에 전위된 디유(Dyu, 하늘 신)의 신화 체계, 종말론적 신화가 존재 하는 점이 그 주장의 근거들이다. 이는 뒤에서 보다 자세하게 다루어질 것이다.

　　먼저 바유의 위치를 살펴보자. 성스러움의 관리(오늘날에는 성(聖) 을 다른 이데올로기들이 대체했다.)와 방어, 그리고 온갖 형태의 풍요와 풍요의 조건들인 농경이나 목축과 관련된 부, 성적 특질, 다산, 사회적 자산, 평화 등을 다 포괄하는 부는 인간 집단이 지속적으로 생존하기 위해 반드시 갖추어야 할 세 가지 필요불가결한 요소이다. 이 세 기본 기능의 조화는 한 사회가 질서 있고 행복한 삶을 누릴 수 있도록 해 준 다. 이 우주적 사회적 수호자로서의 베다의 신들을 설명하는 단위는 인 도-이란 계통과 인도-유럽 계통이다. 후자의 계열인 로마 신학은 대표 적인 세 기능 수호신으로 유피테르/마르스/퀴리누스를, 인도-이란 신 학은 미트라-바루나/인드라/쌍둥이 나사트야 또는 아슈빈을 제시한 다. 이란의 미타니(Mitani) 경전과 『리그베다』에서는 세 기능 수호신 미트라-바루나/인드라/쌍둥이 나사트야 또는 아슈빈이 등장하는 반 면, 『마하바라타』에서는 다르마/바유-인드라/쌍둥이 아슈빈이 등장 한다.

물리적 힘의 기능을 구현한 바유-인드라(고대 그리스의 경우에는 헤 라클레스와 아킬레우스)는 이란과 인도의 경우 다르게 발전한다. 이란에 서는 바유의 속성들을 점점 미트라가 전유하나, 인도에서는 『리그베 다』 이전에 이미 바유는 제2기능을 상실하고 인드라가 그 특성을 흡수 하여 전유한다. 따라서 바유를 제2기능 신으로 등장시킨 『마하바라타』 의 부분은 『리그베다』 이전 전통의 잔존으로 볼 수 있다. 바유의 아들 비마와 인드라의 아들 아르주나는 고대 그리스의 두 영웅 헤라클레스 와 아킬레우스와 유사한 성격을 띤다.

『마하바라타』의 토대가 되는 신들의 영웅으로의 전위는 매우 일 찍 이루어졌다. 이러한 전위 작업은 언제, 누구에 의해 이루어졌는가? 이 질문에 대한 답변은 탐구의 마지막에 할 수 있으나 이해를 돕기 위 해 사전에 정리하면 이렇다. 전위 작업이 광범위하게 성공적으로 이루 어진 점, 무수한 이야기적, 철학적 보충 설명(주해)들이 삽입된 점으로 미루어 볼 때, 박식한 전문가 팀뿐만 아니라 학파의 개입이 있었음을 알 수 있다. 전위는 이 서사시들을 편찬하던 때와는 다른 환경 속에서 행해졌으며, 직접적인 종교적 영향력을 갖게 해야겠다는 생각으로 신화 자료들 중에서 취사선택하거나 하지 않고, 전통적 신화 체계를 보존했던 지식인들에 의해 이루어졌던 문학 작품의 성격을 띤다. 그래서 시작은 베다 시대 어느 순간과 동시대가 될 수도, 아니면 약간 후기가 될 수도 있었다.

서사시에서 고대의 지배신들인 두 주신 미트라와 바르나, 그리고 두 부신 아리야만과 바가의 이름은 제외되었으나, 그중 두 주신 미트라와 바루나는 인격화된 다르마로 대체되었다. 뒤에서 보겠지만, 이들 네 유형의 신은 두 영웅 왕과 거의 왕에 가까운 두 영웅 속에 전위되었다. 가장 후기의 교정은 위기의 마지막을 크리슈나와 아슈바타만의 갈등, 즉 이들을 통한 비슈누와 시바의 갈등으로 만든 것이다.

개념과 전위 수행 과정으로 볼 때, 이 전위는 문학적이지만 문학을 넘어서는 어떤 욕구에 부응한다. 고대와 중세 인도에서 『마하바라타』는 우리의 역사 개념에 부합되는 그런 역사가 아니고, 역사를 대체하면서 위대한 조상들을 찾는 왕조들에게 영광된 과거를 갖고 싶어 하는 다수의 대중들에게 하는 것과 동일한 봉사를 한다.

『마하바라타』가 신적 인물들의 구조에서 출발했다면, 로마와 덴마크의 왕들의 역사를 기록한 삭소 그라마티쿠스는 개념 구조에서 출발했다. 최초의 왕들에 대한 역사의 형태를 취하나 있는 그대로의 역사가 아닌 전설적 역사이다. 뒤메질은 그가 '울트라 역사'라 칭한 이 고대 전설들에서 신화적 바탕, 진짜 사실들의 핵을 찾으려 할 것이 아니라, 우화와 역사의 연결은 어떻게, 이야기의 어느 시점에, 영웅들의 어느 시대에 이루어졌나를 찾아야 한다고 역설한다.

『마하바라타』의 인물들 중 역사적 실존 인물이었을 가능성이 가장 큰 인물은 파릭시트이다. 『마하바라타』에서 유디슈티라가 그의 형제들과 함께 낙원으로 떠날 때 파릭시트에게 왕국을 넘겨준다. 『아타르바베다』(20권, 127장)는 그를 쿠루(Kuru) 왕국의 왕으로 신원을 밝히면서 그의 치세 동안의 평화와 번영을 찬미한다. 파릭시트의 아들은 자나메자야(Janamejaya)인데, 『마하바라타』에서는 서사시의 내용들이 자나메자야 왕 앞에서 낭송된다. 『사타파타 브라흐마나』(8권 5장 4절 1~2)에서 브라만이나 사제들은 고대에 마제(아슈바메다)를 지냈던 왕들의 이름을 언급하는데, 그 속에는 그의 형제들인 파릭시트의 아들들인 비마스나(Bhimasena)와 우그라스나(Ugrasena)도 포함되며, 자나메자야의 아들 사타니카 사트라지타(Satānikā Sātrājita)도 포함된다. 사타니카 사트라지타는 『마하바라타』에서도 자나메자야의 아들로 등장한다. 따라서 만일 이러한 언급들이 역사성을 보장한다면, 이 인물들의 층위에서 서사시의 대부분을 차지하는 전설들이 역사에 정박했다고 생각할 수 있다. 물론 이 역사 자체도 또한 전설적인 역사이다. 유사한 방식으로 로마의 연대기적 전통 속에서 우화가 안쿠스 마르키우스(로마의 제4대 왕) 치세에 관한 몇몇 부차적 설화들과 함께 에트루리아 시기의 사실들과 결합된 것 같다. 오딘이나 프레이르의 후손이라 자처하는 많은 게르만 왕조들 또한 이와 비슷한 방식으로 제3치세나 제4치세, 때로는 훨씬 뒤에 실재했을 개연성이 큰 치세와 결합된다.

『아타르바베다』의 송가는 파릭시트에게 이러한 격상을 할당하지 않은 것 같은데, 왜 파릭시트가 선택되어 상상적인 것에 불과한 사건들을 시간 속에 고정시켰을까? 이 물음에 대해 뒤메질은 이렇게 역설한다. "이것을 명확히 하지는 못한다. 그러나 역사적 인물일지도 모를 이 세 사람을 가지고 그 이전 시대를 역사화하려는 기도(企圖)에는 저항해야 한다."

쿠루와 바라타(Bharta) 같은 『마하바라타』의 집단명은 베다 문헌에서도 부족들의 이름으로 등장한다. 『리그베다』는 바라타족이 10명의 왕들과 함께 치른 전쟁 이야기를 전하며, 『아타르바베다』는 쿠루 왕국의 왕 파릭시트가 치세하는 동안의 평화와 번영을 찬미한다. 그렇다고 해서 『마하바라타』에 등장하는 쿠루족의 구성원들과 바라다족의 구성원들이 이들 부족의 실제 인물이었음을 뜻하지는 않는다. 신화적 소재들이 인간의 사건들로 전위될 때, 이 재료들은 연대, 지형, 인간의 민족지 속에 삽입될 수밖에 없기 때문이다.

샨타누 왕은 베다 문헌에서도 『마하바라타』에서도 전설적 영웅으로 등장하는 인물이다. 『리그베다』(10권, 98장)에서 샨타누와 데바피(Devāpi) 형제에 관한 일화가 전해진다. 여기에서 샨타누의 이름이 분명하게 거론되지는 않지만, 『마하바라타』 제1권의 쿠루족의 계보에서 이들 두 인물은 형제로 등장한다. 서사시에서 샨타누에게는 강가(첫째 부인)와 어부 왕의 딸 사트야바티(둘째 부인)의 남편이자 비슈마, 치트랑가타, 비치트라비르야의 아버지 역이 할당되었다.

이상의 사실들로 판단해 볼 때, 전설적인 샨타누와 역사적 인물일 가능성이 큰 파릭시트 사이의 네 세대에 걸쳐 신들에서 영웅들로의 전위가 이루어졌다고 볼 수 있다. 신들이 가족들 속에 화신하는 형태로 전이가 이루어진다. 최초의 화신은 하늘 신 디유가 샨타누의 큰아들 비슈마 속에 화신하고, 마지막 화신은 달의 신[月神]의 아들 바르차스(Varcas)가 파릭시트의 아버지(아르주나의 아들 아비마뉴) 속에 화신한다. 이들 사이에 있는 어떤 영웅의 이름도, 송가건 제의서건 주석서건,

그 어떤 고대 문헌들 속에서도 발견되지 않는다.

유디슈티라가 36년간 왕국을 다스린 후 왕권은 아르주나의 손자 파릭시트가 물려받았다. 판다바와 드라우파디 사이에서 태어난 아들들이 모두 결혼도 하기 전에 전쟁에서 죽었기 때문이다. 드라우파디의 아들들을 모두 결혼도 하기 전에 죽게 만든 이유는 무엇인가? 소설적 윤색은 저주로 인해서이다. 그러나 뒤메질은 이 죽음의 참된 이유 역시 전위의 관점 속에서 찾아져야 한다고 주장한다. 즉 이들의 요절은 세 기능 집단 신인 선조 신들을 모방한 것으로 보아야 한다는 것이다.

베다의 신들은 개별 신들과 개별적 특성들이 없는 동질적 신들의 집단으로 표현된다. 예를 들면, 미트라-바루나, 인드라, 쌍둥이 아슈빈은 세 기능 개별 신들의 리스트이며, 아디트야(주요 신은 미트라-바루나), 루드라들(주요 신은 인드라-아그니), 바수들(물질적 재산)은 세 기능 집단 신들의 리스트이다. 드라우파디의 아들들은 비슈베데바들 (Visvedevas, 모든 신들)의 화신들이다. 비슈베데바들은 만신들의 축약 또는 세 기능의 신들을 한 무리로 무리 지은 것의 축약이다. 이들 신들의 삶과 사회적 상황은 통상 자율적이나, 유일한 한 이름으로만 모인다. 비슈베데바가 화신하는 영웅들은 구별하기 어려운 모습으로 나타날 수밖에 없을 뿐 아니라, 정확히는 그 미구분을 특징짓는 이런 종류의 불모, 생식 불능으로 나타날 수밖에 없다.

먼저 판다바와 카우라바 집단의 상이한 특성부터 파악하면서 앞에서 거론한 전위의 내용들을 세부적으로 확인해 보자.

3   판다바와 카우라바

다섯 판다바는 각각 세 기능 중 한 기능을 구현하는 인물들이다. 장남 유디슈티라는 제1기능으로 분류되는 다르마의 화신이며, 둘째 비마와 아르주나는 각각 제2기능을 구현한 바람의 신 바유, 인드라의 화신이고, 쌍둥이 나쿨라와 사하데바는 제3기능에 속하는 쌍둥이 신 아슈빈의 화신이다. 따라서 판다바들의 공동체는 사회가 유지 존속되는 데 필수 불가결한 세 기능이 온전히 갖추어져 있다. 또한 각 기능은 다른 기능의 침해를 받지 않고 자율적으로 활동하지만, 공동 부인 드라우파디에 의한 결속으로 세 기능이 조화롭게 화합하는 집단이다. 그러나 카우라바의 큰형 두르요다나는 시바의 부인 칼리의 화신이고, 나머지 카우라바는 몇몇을 제외하고 그 이름조차 제대로 거론되지 않은 채 맹목적으로 두르요다나를 따르는 개성 없는 존재들이다. 세 기능이 온전히 갖추어진 다섯 판다바와 파괴적 힘을 행사하는 어둠의 자식들인 100명의 카우라바의 특성은 이들의 탄생 신화에서 잘 드러난다.

(1) 다섯 판다바와 아버지 신들

판두의 다섯 아들은 엄밀히 말하면 그의 혈통이 아니라 신들의 아들들이다. 모든 것은 판두의 불행에서 시작되었다. 영양으로 변해 사랑을 나누던 고행자가 판두의 화살에 맞아 죽어 가면서 했던 저주, 차후로 판두는 죽을 때까지 그 누구와도 사랑을 나누지 못하리라는 고행자의 저주 때문에 그는 다른 방법으로 후손을 만들지 않을 수 없었다. 사실 인생의 어느 시기에 행하는 일시적 금욕은 인도의 왕들과 인도 남성들에게 종교적 의무로 주어진다. 또 왕이 아니라도 결혼 후 자식이 없이 죽은 남성의 경우에는 그의 형제 중 한 사람이 죽은 자의 아내와 결합하여 후손을 낳게 만드는 관습이 있었다. 후손들이 지내는 제사는 죽은 조상들의 마지막 몇몇 세대가 저승에서 비교적 안락한 삶을 영위할 수 있도록 해 준다고 믿었기 때문이다. 판두의 경우는 인도의 사제들이 관습으로 대비했던 그 만약의 경우가 아니다. 그때까지 자식이 없었던 그에게 강요된 금욕은 일시적이 아닌 죽을 때까지의 금욕이라 그는 자식 없이 죽은 왕도 아니다. 서사시의 작가들은 정숙한 처녀 쿤티의 헌신적 봉사 덕분에 쿠루 왕조는 조상들이 누렸던 옛 번영을 되찾을 수 있도록 했다. 물론 그러기 위해서는 인간의 노력만으로는 부족하고 신들의 도움이 필요하다.

원래 금욕적 성향이 강했던 판두는 저주의 말을 들은 후 평생 금욕하며 살리라 결심했지만, 왕가에 후손이 끊기도록 내버려 둘 수는 없었다. 아내 쿤티로부터 신들을 부를 수 있는 만트라 사용법을 알고 있다는 말을 들은 그는 한시도 지체할 수 없었다. 판두가 아내에게 신들을 불러 그들의 자식을 얻도록 하자고 제안하자, 순종적인 쿤티는 남편의 결정과 선택을 존중하기로 했다.

판두는 먼저 다르마 신을 부르기를 권유했다. 그러면 자신들이 다르마(의로움)에 어긋나는 것들로 오염되지 않을 것이며, 그의 아들 또한 그 영혼이 다르마에 위배되는 쾌락을 즐기지는 않을 것이라 생각했기 때문이다. 남편의 뜻을 존중한 쿤티가 다르마 신을 소환하자 요가 (yoga)의 형태를 취한 다르마 신이 나타났다. 그녀는 신과 결합하고, 얼마 후 아들을 낳았다. 이때 하늘에서 목소리가 들렸다. "인간들 중 가장 위대하며, 덕망 있는 자들 중 가장 덕이 빼어나고, 용감하고 진실하며 빛나고 경건한 왕, 그는 유디슈티라라 불릴 것이다."[23]

둘째는 어느 신을 불러 낳아야 하나? 의로움(dharma) 다음에
는 강함(kṣatra)이다. 판두는 아내에게 이번에는 '탁월한 힘을 가진
(balajyeṣṭha)' 아들을 선택하자고 말했다. 남편이 신의 이름을 말하지
않았지만 쿤티는 어느 신을 불러야 하는지 알았다. 그녀는 거대한 힘을
가진 바람의 신 바유를 불러 '모든 오만함을 깨부술 수 있는 건장한 신
체를 가진 강한(balavantam mahākāyam sarvadarpaprabhañjanam)' 아들
을 달라고 외쳤다. 이리하여 거대한 팔과 엄청난 힘을 가진 가공할 비
마가 태어났다. 이번에도 탄생 시에 육신 없는 목소리가 들렸다. "그는
강한 자들 중 가장 강한 자가 될 것이다."[24]

판두는 셋째 아들을 갖고 싶었다. 어느 신에게 그를 부탁할까? 여
기에서 베다기의 신화와 시인들이 서사시를 창작하던 당시의 신화가
중첩되어 정신이 다소 혼란을 겪었다. 먼저 신들의 제왕 인드라에다 강
력한 무사 신으로서의 인드라가 필요했다. "인드라는 신들의 제왕이라
배웠다. 그의 힘(bala)과 그의 에너지(utsaha)는 측량할 길이 없다. 그는
강건하며(vīrya) 무한한 광휘(dyuti)로 빛나는 신이다." 판두는 자신이
고행을 하면 인드라 신이 거대한 힘(bala)을 가진 아들을 낳아 줄 것이
며, 더할 나위 없이 우월한(vārīyan) 그 아들은 인간 적들과 인간이 아
닌 적들을 모두 죽일 것이라고 생각했다. 그는 쿤티에게 은거하게 하고
자신은 아침부터 저녁까지 한쪽 발을 들고 서서 혹독한 고행을 하며 명
상에 잠겼다. 그리하면 신이 자신이 원하는 아들을 낳아 줄 거라 믿었
기 때문이다. 과연 판두의 믿음대로 인드라가 나타나 그가 원하는 아들
을 주겠다고 말했다. 그는 태어날 아이가 그 힘이 아니라 그의 힘이 사
람들에게 보장해 줄 선행들로 명성을 얻기를 원했다. 판두는 그 선행

들을 열거했다. 삼계[25]에 이름이 빛날 그는 브라만들과 암소들, 그리고 선한 인간들에게 이익(artha)을 가져다줄 것이며, 흉측한 자들을 고통 속에 빠뜨릴 것이고, 그의 친구들 모두에게는 기쁨을 가져다줄 것이며, 모든 적들을 섬멸할 것이라고. 판두는 아내에게 인드라를 소환하여 아이를 갖게 되면 그 아이는 크샤트리아의 에너지들의 보고(dhāma kṣatrytejasām)가 될 것이라 말했다. 부부가 원하는 대로 되었고, 아르주나가 태어났다.[26]

판두의 둘째 부인 마드리는 간다리나 쿤티와 달리 자식을 갖지 못한 자신의 상황에 심한 모욕감과 부당함을 느꼈다. 그녀 역시 쿤티와 마찬가지로 남편을 죽게 하지 않고도 그의 자식들을 낳을 자격이 있지 않은가? 쿤티는 선량한 여인이라 협상은 어렵지 않았다. 쿤티는 마드리가 단 한 번(sakṛt)만 사용한다는 조건으로 남편의 둘째 부인에게 만트라 사용법을 알려 주었다. 마드리는 재빨리 불가분리의 쌍둥이 신 아슈빈을 기억해 냈다. 마드리가 아슈빈을 소환하자 신들은 그녀에게 쌍둥이 아들을 임신시켰다. 나쿨라와 사하데바, 이들은 아름다움(rūpa)에 있어 지상에서 이들과 비견될 만한 이가 없을 것이고, 심지어는 "미와 활력에서 아슈빈마저도 능가할 것이다." 쌍둥이가 태어나는 순간에도 육신 없는 목소리가 들렸는데, 이번에는 루파(rūpa)였다.[27]

다섯 아들이 탄생할 때 들렸던 육신 없는 목소리는 판다바 개개인의 본질, 즉 그들 각자의 아버지 신과 동일한 본질을 드러낸 것이다. 유디슈티라-다르마(정의, 규범), 비마와 아르주나-발라(물리적 힘), 쌍둥이 나쿨라와 사하데바-루파(미). 이토록 명료한 표식에 굳이 해석이 필요할까? 신의 지평과 인간의 지평 사이에, 신화와 서사시 사이의 상응 속에서 세 차원의 개념적 도식이 전개되었다. 가장 오래된 인도가 그들

316

의 옛 인도-이란인, 인도-유럽인에서부터 지녔던 이 도식은 종교적 지배권의 차원,(유디슈티라만이 왕이 되었기 때문이다.) 무사의 힘의 차원, 수많은 면모들을 가진 복합적인 제3기능의 차원 중 여기에서는 아름다움이라는 한 측면만으로 제시된 3기능의 도식이다. 신들이 소환되어 영웅-아들이 태어나는 순서도 계층의 위계질서와 일치하고, 쌍둥이 신을 불렀을 때는 쌍둥이 아들이 태어났다.

이 구조의 신화적 부분에서 제2차원은 상당히 태고의 것이다. 바유는 인드라와 달리 그가 사용하는 힘이 사회적으로나 도덕적으로 행복한 결과를 가져오는지에 별 관심이 없고 즉각적인 물리적 효력에 더 많은 신경을 쓴다. 인드라 곁에서 또 인드라 앞에서 바유는 강하고 거친 신, 물리적 힘의 즉각적 효력을 더 중시하는 그의 가치들을 온전히 보존하고 있다. 반면 이 구조의 제1차원은 새로워졌다. 전 베다기와 베다기의 두 지배신들인 바르나와 미트라, 혹은 이들 중 한 신 미트라의 자리가 다르마로 대체되었다. 베다의 미트라는 이미 도덕적 가치들의 수호자이므로 이 대체는 더 나은 것이다. 이 둘을 제외하면 판다바의 아버지 신들의 리스트는 태고의 공식을 재생산한다. 베다 문헌들의 수많은 내용들에 의해, 또 조로아스터교의 전위에 의해 확인된 미타니의 조약이 그 태고성을 보증한다.

미타니, 리그베다	마하라바타
미트라-바루나	다르마
인드라	바유, 인드라
쌍둥이 신	쌍둥이 신

서사시에서 신들과 인간들의 관계는 역사가 제공하는 특정 소재를 부차적으로 윤색한 것이 아니라 원시적이고 근원적으로 주어진 사유의 틀에 따라 구축된 것이다. 『리그베다』 이전부터 바유는 제2단계의 위계와 기능을 실추했다. 따라서 설령 시인들이 먼저 역사적 인물 판다바 형제들을 가지고 베다의 신화에서 신들을 길어 올려 마음껏 상상력을 발휘해 이들 역사적 인물들을 신들의 아들로 만들어 놓았다 하더라도, 그들은 거기에서 이 차원의 바유는 발견하지 못했을 것이다. 왜냐하면 아버지 신들의 리스트가 베다의 한 정황에서만 차용되었다고 생각할 수 없기 때문이다. 그 한 정황이란 소마 제사(Somayajña)[28]의 일정에서 아침 제사로, 이 제사에서 바유의 등장 순서는 기능신들의 경전 리스트의 순서와는 다르다. 만일 이 정황에서 차용한 것이라면 생식에 개입하는 신들의 순서는 인드라, 바유(혹은 바유, 인드라), 다르마, 아슈빈이 되어야 한다. 따라서 아버지 신들의 기능적 구조에서 바유가 두 번째로 자리를 점한다는 사실로 인해, 판다바의 탄생 리스트는 스스로 역사 이전 시대의 것이 잔존함을 선언한다. 신들과 영웅-아들의 대응, 즉 신화의 서사시로의 전위 역시 마찬가지이다.

이 주장의 범위를 확장할 수 있다. 만일 『리그베다』와 의례들이 베다의 가장 오래된 형태들에서 제일 기본적인 리스트, 즉 '미트라-바루나, 인드라, 아슈빈'의 리스트를 제시한다 하더라도, 그래도 여전히 잔존의 형태를 띠고 있다. 로마 공화정 시대의 종교적 삶에서 '유피테스, 마르스, 퀴리누스'의 형태가 그 이전 신학의 잔존이었던 것과 마찬가지이다. 아그니와 소마가 등장하는 또 다른 구조는 이보다 더 중요하고 보다 빈번히 활용된다. 따라서 아버지 신들이 베다 시대 이후의 신들의 모습으로 판다바들과 부차적으로만 연관되었다면, 시인들에게 제시되고 부과되는 것은 그들 시대에 부합하는 보다 생생한 다른 구조들이다. 태고의 초월을 기억하여 노래하는 시인들이라도 당대의 문화적 영향에서 자유로울 수는 없으니까.

탄생 신화를 통해, 그리고 서사시 전체를 통해 드러나는 판다바 형제들의 개별적 행위 특성들은 구분된 세 기능들의 특징을 보여 주지만, 다섯 판다바의 개별 특성들은 그들의 구체적 행동 방식들을 통해, 또 각자가 활용하는 주요 무기들을 통해서도 나타난다.

다섯 판다바의 개별 특성과 무기들

다섯 형제들은 개별적으로나 그들 사이의 개인적 관계에서, 아니면 다섯 형제 모두가 개입하는 정황 속에서, 각자의 개성, 그들의 결정 및 행동 방식은 언제나 신적 모델, 아버지 신의 유형과 행위에 부합된다.

태생적 권리로 유디슈티라는 왕이며, 무엇보다 먼저 그 형제들의 수장이다. 행복했던 시절이건 시련의 시기이건 그는 형제들을 통솔하는 우두머리였다. 2권에서 일시적이었던 그의 첫 치세 동안 유디슈티라는 왕으로서의 재가를 받는 라자수야 의식을 준비하는 동안 네 동생들을 각각 동, 서 남, 북 지역으로 원정을 보내고 자신은 친구들에게 둘러싸여 왕의 위엄을 지니고 왕궁에 남아 있었다. 3권에서는 유배 생활 중 간다르바들(Gandharvas)[29]이 고약하기 짝이 없는 그의 사촌들을 납치했을 때, 그들에게 혐오감을 느꼈음에도 유디슈티라는 사촌들을 구하러 동생들을 보냈다. 그러나 자신은 그 원정에 참여하지 않았다. 마지막에 그는 카우라바들에게 자유를 허락하며 그들의 땅으로 돌아가게 했다. 그의 왕국, 그의 지도력에는 비도덕적인 것, 변덕스럽고 폭군적인 것이라고는 전혀 없기 때문이다.

그러나 서사시의 다르마는 베다의 리타가 아니며, 신성한 인간의
서사시적 이상이지만 인물 유형으로도 사제로도 환원되지 않으며 태
고의 왕으로도 환원되지 않는다. 그래서 유디슈티라에게서는 두 이상
사이에 끊임없는 긴장이 있다. 한편에서는 왕이 된 크샤트리아의 임무,
도덕적인 왕의 의무를 종교적으로 완수해야 한다는 것이고, 다른 한편
으로는 승리, 왕관, 공적 삶의 포기이다. 그를 탄생시키기 위해 다르마
는 쿤티에게 요가의 형태를 하고 나타났다는 사실을 잊지 말아야 한다.
그의 핏속에는 요가가 있다.

유디슈티라는 생명을 구하기 위해 어쩔 수 없이 거짓말을 한 것
에도 양심의 가책을 느낀다. 마침내 아르주나와 파라슈라마(Paraśra-
mā)[30]의 제자이자 판다바의 스승이었던 드로나가 결전을 벌이려 할
때, 크리슈나는 드로나가 무기를 들고 있는 한 그 누구도 그를 막을 수
없지만 그가 무기를 내려놓는다면 희망이 있다고 말했다. 그는 유디슈
티라에게 한 가지 계략을 알려 준다. 몸속에 요가의 피가 흐르는 유디
슈티라는 그 계략이 마음에 들지 않았다. 하지만 동생을 죽게 내버려
둘 수는 없었다. 유디슈티라는 드로나에게 아슈바타만이 죽었다고 말
했다. 이어서 스승에게는 들리지 않을 정도의 작은 목소리로 "말라바
국의 왕 인드라바르바의 코끼리가."라고 말했다. 드로나는 유디슈티라
가 자신에게 아들의 죽음을 알려 준 것으로 오인하여 커다란 슬픔에 빠
져 무기를 내려놓았다. 그 틈을 놓치지 않고 드라우파디의 오빠 드리스
타듐나가 그를 공격했다. 드로나는 천상의 무기를 불러내 그를 죽이려
했으나 아무리 주문을 외워도 무기는 나타나지 않았다. 그 무기는 초월
적 존재가 아닌 인간에게 사용되어서는 안 되는 무기였기 때문이다. 전

차에 앉아 명상을 시작하던 드로나가 초월의 경지로 들어가자 옴(Om) 소리를 내뱉고는 승천했다. 드로나의 아들도 인드라바르바 왕의 코끼리도 이름이 아슈바타만이었으므로 사실 유디슈티라는 거짓말을 하지 않았다. 그러나 그는 그 아슈바타만이 누구(무엇)를 가리키는지는 들리지 않을 정도로 작은 목소리가 내뱉었기에 그의 말은 진실을 말하나 애매모호한 진실, 따라서 거짓이었던 셈이다. 서사시의 작가들 또한 다르마 왕 유디슈티라 못지않게 진실이 담긴 거짓조차도 도덕적으로 온당하지 못하다고 생각했던 것일까? 그래서인지 유디슈티라가 드로나에게 그 말을 하는 순간 그의 "전차가 땅에 내려앉았다."라고 덧붙인다.

우리는 서사시에서 유디슈티라가 최고의 덕과 지능을 갖추고 있음을 보여 주는 숱한 일화들을 발견한다. 지능에 관한 한 예를 들면 이렇다. 두르요다나가 판다바들을 죽이려고 불타는 궁을 지어 놓은 숲으로 가기 전에 그는 삼촌 비두라의 암시를 정확히 이해했다. 덕분에 쿤티와 판다바들은 불타는 집에서 무사히 살아 나올 수 있었다. 뿐만 아니라 그는 적들이 자신들을 죽이려 거처에 불을 붙이기 전에 비마로 하여금 먼저 불을 질러 완전히 전소시키게 했다. 이들을 감시하던 두르요다나의 감시인도 죽음을 면치 못했기에, 두르요다나는 판다바들이 화염 속에서 타 죽었음에 틀림없다고 생각했다. 또 비록 사전에 기획된 샤쿠니의 술수로 인해 여러 번 주사위 놀이에서 패하긴 했으나, 유디슈티라의 탁월한 주사위 던지기 실력은 그의 지능, 아니면 적어도 보통 사람들보다 우월한 직관과 관련되어 있다. 실뱅 레비(Sylvin Lévi)는 『날라와 다마얀티의 전설(Légend de Nala et de Damayantī)』의 한 주(註)에서 고대에 주사위 놀이가 어떻게 행해졌는지를 환기시켰다. 가장 초기의 주사위는 오늘날의 주사위처럼 정육면체의 각 면에 1개부터 6개의 점이 빠짐없이 하나씩 찍혀 있는 큐브가 아니라 정사면체였다. 각 면에는 숫자 대신 차례로 칼리(1), 드와파라(2), 트레타(3), 크리타(4)가 쓰여 있었다. 던지는 물건은 비이타카(vihītaka) 나무의 열매였는데, 이 나무는 칼리 여신이 날라를 포기해야만 했을 때 그녀가 몸을 숨긴 나무이다. 놀이꾼들은 각자 자신의 순서가 돌아오면 열매 더미에서 열매를 한 움큼 손에 쥐어 던진다. 던진 열매의 개수를 넷씩 묶음으로 하고 남은 개수가 4이면(즉 4로 나누어떨어지면) 크리타이고, 나머지가 3이면 트레타, 2이면 드와파라, 1이면 칼리이다. 이는 순서대로 완벽한, 꽤 좋은, 보통, 나쁜 패이다. 한눈에 나뭇잎의 개수와 과실의 개수를 셀 수 있었던 루투파르나(Ṛtuparṇa) 왕의 제자답게 날라는 자신이 쥔 열매의 개수(혹은 주사위)를 한눈에 쉽게 셀 수 있었다. 유디슈티라의 탁월한 주사위 놀이 실력은 바로 이런 직관적인 능력이다. 민담에서 뛰어난 지능을 가진 인물들은 흔히 이런 종류의 계산가이다. 유디슈티라를 상대로 한 사기 도박판에서 샤쿠니가 손에 쥐고 던진 열매의 개수는 매번 8개였다. 유디슈티라의 덕에 관해서는 잠시 후에 보게 될 것이다.

바유의 아들 비마(비마스나(Bhīmasena)라고도 불린다.)는 이란의 바유와 결합되어 있는 『아베스타』의 영웅 케레사스파(Kərəsāspa)가 그렇듯이 어느 누구보다 자주 철퇴를 휘두른다. 그는 활도, 마차도 갑옷도 없이 오로지 그의 팔 힘으로만 싸울 때도 있다. 불타는 집에서 어머니와 형제들을 구할 때에, 그는 폭풍우처럼 거대하고 신속했다.

"그는 어머니를 어깨에 올리고 쌍둥이는 양 옆구리에 낀 뒤 두 파르타(Pārtha, 유디슈티라와 아르주나)를 팔뚝에 올리고 숲을 가로질러 달렸다. 그는 가슴으로 나무들을 격파하고 발아래 땅을 가르면서 늑대의 가슴을 가진 이의 기백으로 바람처럼 빨리 달렸다."[31]

이런 특권에는 이면이 있다. 불쾌감을 불러일으키는 난폭함, 눈앞의 것만 보는 단견적 지능, 분노를 조절하고 원한을 털어 내는 데 커다란 어려움을 겪는다는 점들이다. 그의 형이자 판다바의 수장인 유디슈티라가 주사위 놀이에서 모든 것을 잃었을 때 비마는 그의 죄 많은 손을 불태워 버리고 싶었다.[32] 전장에서는 두르요다나를 끝장내려고 비마는 그의 넓적다리를 가격했고, 이어서 발로 상처투성이인 그의 머리를 짓밟았다.[33] 유디슈티라는 비마의 이런 잔혹함을 비난했다. 전쟁으로 양 진영의 갈등이 끝난 후에 그를 제외한 나머지 네 형제는 드리타라슈트라를 용서하고 하스티나푸라의 왕으로 왕궁에 머무는 것을 용인했으나, 그만이 삼촌에 대한 적개심을 거두지 않았다. 결국 눈먼 왕은 숲으로 가 은둔의 생활을 하기로 결심했고, 드리타라슈트라와 간다리는 숲에서 발생한 원인 모를 화재로 인해 죽음을 맞이했다.[34] 서사시 내내 유디슈티라와 아르주나는 번갈아 가며 지나치게 과격한 비마의 행동을 저지하려 했고 그에게 불만을 내비쳤다. 숲에서의 유배 생활 중 비마는 두 번이나 쿠베라(Kubera)[35]의 영역을 지키는 가련한 정령들을 특별한 이유도 없이 무자비하게 처치했다. 이로 인해 나중에 그의 형제들은 거대한 폭풍에 휩쓸린다. 유디슈티라는 그에게 다시는 이런 짓을 하지 말라고 혹독하게 야단쳤다. 그는 대체로 선한 영웅의 사명에 충실하게 행동하긴 하지만, 바유의 아들의 이런 모호성은 때로 그를 악마적인 행위들을 하도록 이끌어 간다. 이란인들의 신학에서도 바유의 이 이중성이 드러난다. 바유는 선한 창조에는 한 야자타(yazata)를 제공하고, 악한 창조에는 한 다에바(daêva)를 제공하는 유일한 고대 신이다.[36]

유배 기간 동안 그가 유디슈티라와 벌였던 두 차례의 격한 논쟁은 이들 개성의 차이를 잘 보여 준다. 그는 의로운 왕(dharmaraja)인 형의 행동을 격렬히 비난한다. 그 차이의 본질적인 것을 요약하면 이렇다. 비마에 따르면, 힘을 가진 이가 자신의 권리를 회복하기 위해서는 그 힘을 사용하는 것이 의무(다르마)이다. 그러기 위해 용기백배하여 전쟁을 치르는 것도 마다하지 않아야 한다. 행동을 할 때는 서둘러야 한다. 시간은 인간의 편이 아니므로 최소한 죽기 전에 카우라바로부터 왕국을 되찾아 군림해야 한다. 유디슈티라는 이런 행동관의 대척점에 있다. 의무라는 것은 사적 이해를 넘어서는 것으로, 불행한 이들을 위해 힘을 사용하고 자신 속에 있는 적개심을 꽃과 열매들로 약화시키면서 완전히 소멸시키는 것이다. 지혜롭게 행동해야 한다. 지혜란 꽃을 피우고 나무를 키우는 것과 같기에 기다리는 것이다. 씨를 뿌리면 곡식이 익을 때까지 시간이 걸리기 때문이다. 물론 유디슈티라의 말에 비마는 더 이상 반박하지 못했다. 모욕감을 느낀 그는 분노로 가득 차 몸을 떨었고, 그러고는 침묵을 지켰다.[37]

무사로서 아르주나는 비마와는 달랐다. 스티그 비칸더는 아르주나와 비마의 차이에 주목했다. 아르주나의 행운들이 명예로운 여인들과 가까워지게 한 것[38]과 달리 비마는 라크샤사(raksasā) 여인 히딤비(Hidimbī)[39]와 결합하여 아들을 만들었다. 이 아들이 훗날 쿠루크셰트 전쟁에서 카르나와 겨루다 목숨을 잃은 카토트카차이다. 그의 죽음을 본 크리슈나는 미소를 지었고, 비야사데바는 유디슈티라에게 카토트카차가 아르주나를 구했고 그 아이의 죽음은 운명이었다고 말하며 그 죽음의 의미를 알려 주었다. 비마와 히딤비의 결합은 케레사스파가 악마 여인의 유혹에 넘어가 파리카(parika)를 태어나게 했던 상황과 똑같다.[40] 비마와 아르주나는 이런 도덕적인 면 외에 기술적인 면에서도 차이를 드러낸다. 아르주나는 맨몸으로 싸우는 전사가 아니라 투구와 갑옷으로 무장하여 싸우는 전사이다. 그의 주 무기는 천상의 활 간디바(Gāndīva)와 무한의 화살이 담겨 있는 두 개의 화살통(iṣudhī)이다. 이 무기들은 모든 것을 삼켜 버리는 불의 신 아그니가 지하의 바루나에게 부탁하여 아르주나에게 준 것이다. 비슈누의 화신 크리슈나를 늘 곁에 두고 간디바를 손에 든 아르주나는 진정 천하무적의 무사이다. 이외에도 그는 브라흐마 신이 깃들어 있으며 잘못 사용하면 세계를 소멸시킬 수도 있는 강력한 브라흐마스트라의 사용법을 알고 있으며, 전쟁이 끝날 때까지 여러 종류의 천상의 무기들을 사용한다. 예컨대 불을 만드는 무기 아그네야스트라(Agneyastra),[41] 물을 뿜어내는 바루나(Varuna), 거센 바람을 일으키는 바야비야(Vayavya) 등이다. 이들 천상의 무기들은 그 소유자 모두가 활용할 수 있는 것이 아니라 특별한 사용법과 그 공격 대상이 한정되어 있다. 비마에게는 이런 무기가 없다. 그는 헤라클레스나 토르처럼 단신 용사이며, 전장에서는 전열의 선두에서 길을 개척하는 선봉장이다.(*senāgrara*, 1권 138장, 5468) 이런 특성은 분명 그의 아버지 신, 신들의 선두에서 다른 이들에게 길을 열어 주는 바람의 신 바유에게서 나온 것이다. 무장한 전사 아르주나는 순수하고 복합적인 자신의 모습 속에 크샤트리아의 이상을 육화한 영웅이다. 아르주나 속에서는 힘(bala)과 온갖 형태의 다르마의 준수가 상충되면서 타협이 이루어진다. 앞에서 보았듯이 도둑맞은 브라만의 소를 찾아 주는 것은 힘의 행사가 공적으로 용인된 크샤트리아의 의무에 속한다. 또 형제들과 맺은 결혼 생활의 규칙을 지키는 것, 즉 계약, 약속을 지키는 것은 계급에 상관없이 누구에게나 부과되는 보편적 다르마이다. 보편적 다르마와 계급의 다르마가 상충될 때 아르주나는 크샤트리아의 다르마를 지키기로 마음먹었다. 그는 형제들과의 결혼 규칙을 위배한 것에 대한 처벌로 다른 형제들의 만류에도 불구하고 혼자 12년간의 유배 생활을 기꺼이 감내함으로써 왕국의 질서가 흔들리지 않게 했다. 따라서 아르주나가 몸소 보여 준 크샤트리아의 다르마는 판다바 형제들의 결혼 생활 규약을 이행하는 것이므로 동시에 통합된 사회의 질서를 유지시키는 여러 다르마의 준수이기도 하다.

쌍둥이 나쿨라와 사하데바는 그 개성이 비교적 명료하게 표현된다. 미와 광채에 있어서는 두 쌍둥이가 유사하다. 그들은 선천적으로 아름다웠는데(rūpasampannau, 1권, 63장 2445) 외모가 지상에서 비할 바 없이 아름다웠다.(rupenāpratibhau bhuvi, 1권, 67장, 2746 = 124장, 4851) 몸에서는 광채가 뿜어져 나왔고(yaśasvinau, 5권, 140장, 4792) 모든 존재들을 매혹시키는 영혼을 지녔다.(sarvabhūtamanoharau, 1권, 67장, 2747) 모든 것을 잃고 유배 길을 떠날 때, 사하데바는 얼굴에 온통 흙칠을 해 얼굴을 더럽혔고 나쿨라는 온몸에 재를 발랐다. 빛을 감추고 싶었고, 길에 나와 있는 여인들이 그의 아름다움에 마음을 빼앗기지 않도록 하기 위함이었다. 아슈빈의 유순함과 봉사심을 부각키는 내용들도 있다. 이들 쌍둥이는 그들의 스승에게 순종적이었다.(guruvartinau, 3권, 179장, 12432; guruśuśrūsaṇe, 15권, 17장, 481)

판다바들 각자의 개성을 드러내는 무기들

『마하바라타』의 저자들은 관념들의 목록에서뿐 아니라 실생활 물품 창고에서도 판다바들의 기능적 가치를 강조하는 다른 대응 목록을 발견했다. 그중 가장 관심을 끄는 것은 군비에 관한 것이다. 이들은 모두 크샤트리아이므로 각자 무기를 소지해 다루는 법을 익혀서 때가 되면 그것들을 도구로 사용해 승리해야 한다. 그러나 다섯 형제들 중에서 출생 순서, 그들의 아버지 신들, 그리고 아버지를 닮은 특성들을 보면 다섯 형제 중 둘만이 크샤트리아 계급의 이상에 온전히 부응한다. 이들의 무기는 제2기능의 통합적 부분들을 이루며 공통 기능의 두 면모를 대변한다. 철퇴 없는 비마, 간디바를 갖지 않은 아르주나를 상상하기 어렵다. 나머지 형제들은 어떤가? 이들의 고유 기능을 감안하면 개성을 드러내는 개인 무기가 없을 거라 생각할 수도 있으나 그렇지 않다.

판두의 아들들과 드리타라슈트라의 아들들은 모두 훌륭한 스승들에게서 지식과 기예를 습득한다. 지혜의 신이자 여러 신들의 사제인 브리하스파티(Bṛhaspati)의 화신인 드로나에게서 기예를 습득할 때, 각자 두각을 나타내는 분야가 달랐다. 늘 마음이 분노로 들끓는 두르요다나와 비마는 투창(gadā) 전투에 능했고, 유디슈티라는 가장 뛰어난 전차 몰이꾼(rathaśreṣṭhaḥ)이었다. 나쿨라와 사하데바는 탁월한 검술사였다. 쌍둥이들은 검(khaṅgam)을 다루는 데 있어 모든 이들을 능가했다. '큰 팔을 가진 이(Mahabahu)'라 불리는 아르주나는 뛰어난 궁사였을 뿐 아니라 다른 투척 무기들(sarvāstreṣu, astre)에서도 타의 추종을 불허했다.[42]

힌두교에서 전차는 물질적 이동 수단일 뿐 아니라 정신적 이동 수단이기도 하다. 환경에 민감한 말은 감각이고, 말고삐를 잡고 전차를 이끌어 가는 이는 감각을 제어하는 영혼, 혹은 자아이다. 앞에서 언급했듯이 『마하바라타』에서 현자 나라다가 유디슈티라에게 왕의 다르마에 대해 말한다. 왕의 목표는 사람들의 영적인 삶을 고양하는 데 있으며, 현생의 물질적인 부(artha)를 충족시키고 그들의 삶을 보호하는 것

이며, 최종적으로는 해탈에 이르도록 이끌어 가는 것이라고 한다. 첫
번째 유배 길에 올랐을 때도 유디슈티라는 무기를 소지하지 않았고, 아
르주나는 그 유명한 활 간디바와 두 개의 화살통을, 비마는 철퇴(gadām
gurvīm)를, 나쿨라와 사하데바는 각각 검과 방패(carma)를 지니고 있
었다. 쌍둥이에게 할당된 검의 이름은 상황에 따라 달리 지칭되는데,
이로 인해 얼핏 보기에 그들의 무기는 활과 화살에 비해 덜 전문적인
것처럼 보인다. 쌍둥이 신 아슈빈은 각각 일출과 일몰을 상징하며, 신
들의 의사이자 인도의 전통 의술 『야주르베다(*Ajurveda*)』의 신이다. 이
들은 『리그베다』에서 태양신 수리야의 아내이자 구름의 여신인 사란
야(Saranya)의 아들로, 태양빛의 여신 사비타의 황금 마차를 모는 마부
이다. 황금의 눈을 가진 사비타는 여덟 영역의 지평과 존재가 사는 세
영역, 7개의 강에 빛을 비춘다. 그녀의 황금 손은 천체를 껴안고 천상
과 지상을 여행하며 질병을 없애고 삶에 풍요를 부여한다. 드라우파디
를 모욕한 자야드라타와 싸울 때, 나쿨라는 마치 이삭을 넘어뜨리는 농
부처럼 칼을 휘둘렀고 사하데바는 사방으로 빛을 쏘는 태양의 황금 화
살처럼 화살을 퍼부었다.

　　스칸디나비아의 세 주신들의 무기와 장비들도 기능적 특성과 상
응하며, 그래서 판다바들의 무기와 유사성이 있음을 알 수 있다. 호전
적인 게르만인들에게서는 제2기능이 제1기능을 압도한다. 오딘은 주
술적인 최고신(인도의 바루나)일 뿐 아니라 전장에서는 전사들의 보호
자(인드라와 아르주나)이다. 그의 무기로는 백발백중의 창이자 그 어떤
무기로도 파괴할 수 없는 마법의 창 궁니르(판본에 따라 게이르(geirr) 혹
은 게르(gerr))와 사냥 창 스피옷(spjot)이 있다.

　　독보적인 전사이자 천둥, 번개의 신인 토르의 무기는 망치 묠니르

이다. 바람의 신 바유의 아들 비마는 철퇴술에 탁월한 능력을 드러냈다. 힌두 신화에서 루드라의 아들들인 마루트들의 무기는 철퇴이며, 전사 신 인드라의 무기는 벼락을 내리치는 바즈라(vajra)이다. 베다 신화의 전사 신 집단인 마루트는 인드라의 동료로, 북유럽 신화에서 오딘의 전사 에인헤랴르와 동등하다.

나쿨라와 사하데바의 검술은 풍요의 신 프레이르의 무기와 비슷하다. 프레이르의 무기는 스스로 적을 무찌르는 검 스베르드(sverd)이다. 프레이르는 멀리서 희미하게 반짝이는 거인족 여인 게르드(혹은 게르다, 대지의 여신)를 보고 사랑에 빠졌다. 프레이르는 그녀를 얻기 위해 하인 스키르니르를 시켜 청혼했는데, 그 보답으로 자신의 검 스베르드를 스키르니르에게 주었다. 자신의 무기를 양도한 탓에 그는 벨리(Beli, 울부짖는 자)와 싸울 때 맨손으로 사슴뿔을 이용해 그를 죽였다. 하지만 신들의 전쟁에서 무기 없이 싸우다 불의 거인 수트르에게 죽임을 당한다.

사회적 세 기능을 충실히 대변하는 인물들인 다섯 형제가 판다바라는 이름으로 통합된 것은 사회가 안정적으로 지속하기 위한 세 필수 요건들이 온전히 갖추어져 있음을 의미한다. 그렇더라도 세 기능의 계급이 저마다 자신의 권리만을 주장하며 독자적으로 행동하기를 고집한다면 사회는 상충되는 욕구와 권리들이 부딪쳐 끊임없이 분쟁이 발생한다. 서사시에서 판다바 형제들의 협업이 잘 보여 주듯이 이들이 유기적으로 통합되어 작동할 때 사회는 번영을 구가하며 지속할 수 있다. 악의 세력을 대변하는 카우라바들이 소멸한 후 36년간의 유디슈티라의 통치에 뒤이어 파릭시트의 평화로운 치세가 이어졌던 것처럼. 서사시는 다르마 왕의 정의로운 통치력 외에 또 다른 방식으로 통합을 위한 안전장치를 마련한다. 바로 판다바들을 질서 유지의 신 비슈누의 배우자 락슈미의 화신인 드라우파디와 결혼시키는 것이다.

(2) 드라우파디의 일처다부

『마하바라타』 서사시가 자유로운 창조이건 역사적 사건들이 신화적으로 윤색된 이야기이건, 아리아 귀족들의 이상의 재현들이자 아리아 신들의 피보호자인 다섯 판다바가 아리아족의 관습과 이론에 배치되는 혼례를 실행했다는 것은 파렴치하고 설명이 불가능한 것처럼 보인다. 그러나 신화는 문자 그대로의 의미가 아니라 그 표현이 함축하고 있는 상징적 의미를 읽어야 한다. 뒤메질의 설명 이전에 이를 해석한 학자들이 있다.

종교학의 아버지라 불리는 막스 뮐러(Max Müller)의 설명에 따르면, 다섯 판다바들은 주기적으로, 일정한 간격으로, 차례대로 드라우파디와 즐기는 한 해의 연속되는 기간들이며, 드라우파디는 이들과 결혼한 땅이다. 그러나 뒤메질은 드라우파디의 중혼도 인도 신화 체계에서 설명해야 한다고 역설하면서 이 중혼 또한 전위 개념으로 설명한다. 이 예외적인 인간 상황은 의미가 풍부한 신학적·신화적 상황이 인간의 용어들로 전환되었음을 인식하면 그 이유가 설명된다는 것이다.

인도-이란어 학자이자 종교사가인 스티그 비칸더(Stig Wikander, 1908~1983)도 드라우파디의 중혼에 대해 설명한 바 있다. 고대 인도 종교에서 남성 기능신들의 리스트에서 개별 인물이나 각 집단 신은 단 하나의 기능을 표현한다. 그래서 위계질서를 가진 신들의 집합은 전체 구조의 분해를 나타낸다. 인도-유럽제족의 신학은 남성 기능신들과 유일하나 삼중 의미를 지닌 한 여신을 나란히 연결함으로써, 이른바 동일 기능들을 통합시킨다. 비칸더의 이런 해석에 따르면서 뒤메질은 그 근거를 추가한다.

베다 시대의 인도는 아슈빈과 연결된 삼중 의미의 여성상을 강의 여신 사라스바티로 제시한다. 강이라는 그녀 고유의 본성, 그녀의 인상을 말하는 표시들(어머니, 다산, 양육), 아슈빈의 부인 등은 기능신들의 리스트에서 제3기능에 그녀를 위치시킨다. 그러나 적을 무찌르는 전사, 좋은 생각, 경건함, 순수함으로 이끄는 왕비의 이미지를 지니고 있는 사라스바티는 상위의 두 기능에도 속한다. 또 『리그베다』와 『아타르바베다』에서 사라스바티는 여신 바츠와 동일시된다. 바츠는 미트라-바루나, 인드라-아그니, 그리고 쌍둥이 아슈빈을 옹호하는 여신이다.

뒤메질에 따르면, 『마하바라타』의 저자들은 이러한 신학적 도표에 따라 작업했다. 신학에서 개념적 관계였던 것을 친족 용어로 표현하면서 이것을 한 여주인공 속에 전위시켰다는 것이다. 『마하바라타』에서는 이러한 이데올로기적 인과성이 소설적 인과성으로, 즉 드라우파디의 비정상적 결혼은 사고, 오해의 결과로 생긴 것으로 이야기된다. 이데올로기적 인과성이 강요하는 것을 소설적 인과성으로 정당화시켰다. 소설적 인과성으로 일처다부의 결혼을 정당화한 것으로는 부족하여, 여기에 또 다른 인과성이 중첩된다. 이 파렴치한 불행은 역사적으로는 정당화되었지만 아직 도덕적으로는 정당화되지 못했다.

시인들은 쿤티의 말이 사려 깊지 못하고 거짓된 말이 아니라, 세계의 질서에 부합되는 말임을 보여 주려 했다. 판다바 형제들이 판찰라 왕국의 왕에게 자신들 다섯 형제와 드라우파디와의 결혼을 허락해 줄 것을 요청했을 때, 판찰라의 왕 드루파다가 가문의 치욕이 되는 이 전대미문의 결혼을 꺼려 하며 승낙을 머뭇거렸다. 이때 비야사데바가 개입하는데, 그는 또 다른 신학적 도식을 끌어들인다. 현자는 다섯 판다바가 인드라의 연속적인 다섯 변화의 화신, 즉 동일 신의 여러 형태들인 다섯 현현들이므로 판다바는 결국 하나라고 설득하여 결혼을 허락받았다. 이어서 그는 드루파다 왕에게 공주는 락슈미(시리)의 화신이나 판다바들의 아내가 되기 위해 제단의 불꽃에서 태어났다고 말하면서 드루파다를 설득한다.[43] 결국 드라우파디는 비슈누의 배우자 락슈미의 화신이자 동시에 제단의 불꽃(아그니)에서 태어났으므로 아그니의 화신이다. 앞에서 언급했듯이 베다 전승에서 인드라-아그니는 집단신 루드라의 두 주신이고, 비슈누와 인드라는 베다 시대 이후의 신학에서 세상의 질서를 유지하기 위해 협력하는 한 쌍의 신이다. 비슈누 신의 배우자 락슈미의 화신이자 아그니의 딸인 드라우파디와 인드라의 화신들인 판다바가 부부의 쌍을 이루는 것이 신들의 섭리임을 납득시키기는 어렵지 않다. 서사시에서 드라우파디는 결혼 후 판다바들 중 특별히 인드라의 아들 아르주나를 총애하는데, 이를 설명해 주는 신학적 구조도 아그니-인드라, 비슈누-인드라의 쌍이다.

『마르칸데야 푸라나(*Markandeya Purana*)』(81~93절)는 마하트미야 여신(Devi Mahatmya)의 탄생을 이야기하고 있다. 여신의 신비한 본질, 다양한 기능들을 통합시키는 위대한 여신의 힘을 이야기하는 이 신화 역시 뒤메질의 해석과 부합된다.

암흑의 시기에 한 악마 폭군이 세계를 망치려 위협했다. 이 거대한 괴물 마히샤(Mahisha)는 엄청나게 큰 수놈 물소 형태를 띠고 있었다.

브라흐마의 지휘 아래 있는 신들은 승승장구하는 마히샤 휘하 악마들의 진상을 낱낱이 고하면서 지극히 높은 두 신들에게 도와줄 것을 탄원한다. 비슈누와 시바는 분노의 감정을 억누를 수가 없었다. 다른 신들도 치밀어 오르는 감정을 자제하지 못하고 잔뜩 화난 모습으로 둘러서 있었다. 그리하여 신들의 격렬한 분노의 힘들이 저들의 입으로부터 불이 되어 토해져 나온다. 비슈누, 시바 그리고 모든 신들이 나름의 성격에 따라 널름거리는 불꽃이 분출하듯이 자신들의 힘을 전방으로 토해낸다. 이 불꽃들은 한데 뭉쳐 불꽃 구름을 이루며 점점 커져 가면서 서서히 응축되어 가다가, 마침내 그것은 18개의 팔을 가지고 있는 마하트미야 여신의 모습을 취한다. 여신은 악마들과 대전투를 치러 그들을 모두 죽이고 마침내 악마들의 우두머리들과 마히샤까지 처단한다.

치머는 이 신화를 통해 위대한 통합이라는 여신의 전능을 강조한다. "우주의 지고한 에너지의 가장 상스러운 의인화, 즉 저들 신들이 가진 모든 힘의 기적적인 혼연일치를 보고서, 신들은 기뻐하며 한결같은 마음으로 그녀에게 경배를 올렸다. "세 마을 중에서 가장 어여쁜 처녀(tripura-sundari)"이며 영원한 여성인 그녀에게서 저들 신들의 다양한 개성의 특수화되고 한정된 힘들이 강력하게 통합되었다. 그러한 거대한 '통합'은 전능을 의미한다. 순전한 의탁과 전적인 자기희생의 모습으로 신들은 그들의 에너지를 하나의 힘, 즉 본래 모든 것이 비롯하여 생겨난 샥티(shakti)에게 돌렸다."[44]

베다의 삼계(triloka), 즉 하늘, 땅, 하늘과 땅의 사이(대기)는 세 도시(tripura)라고도 불린다. 하늘은 별들과 불과 연관되며, 대기는 바람과

물, 땅은 몸속 깊숙이 제물들을 품고 있으며 식량을 제공한다. 고대 인도인들의 삼계관은 우주 공간을 사회의 세 차원과 연관하여 인식했음을 보여 준다. 브라만들은 제사를 관장하고 인드라는 하늘에서 비를 내려 땅을 적시게 하며, 그의 용맹스러운 군사들인 마루트들은 바람의 신 루드라의 아들이다. 따라서 서사시에서 사회적 세 기능을 대변하는 다섯 판다바와 결혼하는 드라우파디는 삼계의 신들의 에너지가 혼연일체되어 탄생한 세 마을 중에서 가장 어여쁜 여신 마하트미야 여신 신화의 서사시적 전유로 해석할 수 있다.

시인들이 '다섯 판다바와 결혼한 드라우파디'라는 기표에 담았던 원래의 기의는 무엇일까? 막스 뮐러의 설명, 비칸더와 뒤메질의 설명 중 어느 것이 이 신화를 만들었던 시인들의 의도에 부합하는 것일까? 아니면 이도저도 아닌 다른 어떤 의미가 있는 것인가? 오늘날의 우리들은 이런 물음들에 대해 정확히 답변하기 어렵다. 단지 현재 우리에게 주어진 가용 자료의 한계 내에서 고대 인도인들의 사유의 특징들에 비추어 그 타당성을 판단할 수 있을 뿐이다. 드라우파디와 결혼한 후 판다바 형제들이 세운 결혼 생활의 규약은 뒤메질의 해석에 타당성을 강화시킨다. 형제 중 한 명이 드라우파디와 같이 있을 때 다른 형제가 그 상황을 방해하거나 놀라게 하지 않는다는 이 약속을 위반할 때는 12년 간의 숲속 생활을 해야 한다. 이는 사회 계급의 자율성과 동시에 유기적 통합의 중요성을 함의하고 있다.

서사시에서 자율적 기능들의 통합을 상징하는 드라우파디의 중혼은 판다바들이 맺은 혼인 규약을 통해서도 표현되지만 그 이전에 혼례식의 제사 물건들도 세 기능의 통합을 시사한다. 다섯 형제가 혼례식을 치르기 위해 왕궁 안의 한 방으로 들어갔을 때, 수많은 보물들이 놓여 있는 탁자들이 줄지어 있었다. 그중 한 탁자 위에는 제식에 필요한 경전과 물건, 화환이 놓여 있었는데, 이는 브라만을 위한 것이었다. 또 다른 탁자에는 농사에 필요한 기구들과 밧줄, 씨앗 등, 바이샤에게 필요한 물건들이 놓여 있었다. 또 다른 탁자에는 무기, 갑옷, 방패 등의 전쟁 기물인 크샤트리아들의 군비들이 놓여 있었다. 이외에도 수드라 계급의 장인들이 만든 다양한 세공품들과 장식물 등이 놓여 있는 탁자가 있었다.

드라우파디의 중혼에 관한 다양한 해석들 앞에서 한 가지 분명한 사실은 고대 인도인들이 보기에 파렴치하고 있음직하지 않은 이 일처다부의 이야기에 그럴듯한 변명이 필요했다는 점이다. 『마하바라타』를 편집한 시인들은 도무지 이해 불가능해 보이는 기존의 신화 이미지에 새로운 의미들, 소설적 인과성과 신학적 인과성을 적용하여 고대로부터의 전통을 자신들의 것으로 만드는 전유(appropriation)의 작업을 했던 것이다.

다섯 형제가 한 여인과 결혼한 크샤트리아 가문의 이야기는 그것이 표상하는 심오한 이데올로기적 실재가 파악되지 않으면 분명 '위대한 인도(Mahā Bharata)'의 사회 질서를 위협할 하나의 스캔들이다. 그러나 일단 이 스캔들의 역사적 원인이 밝혀지고 또 도덕적으로 정당화되면 그것은 이제 더 이상 혼란을 야기할 요소가 아니므로 다른 부연 설명이 필요 없으며, 거리낌 없이 공공연히 이야기된다. 그래서 『마하바라타』에서는 이들의 결혼을 정당화하기 위한 설명이 더 이상 덧붙여지지 않는다. 뿐만 아니라 다섯 판다바와 드라우파디의 조각상이 공공연히 인도의 사원을 장식한다. 데오가르 사원에 새겨진 한 부조 중앙에는 유디슈티라가 있고, 그 왼쪽으로는 아르주나와 비마가, 오른쪽에는 나쿨라와 사하데바, 그리고 판다바들의 공동 부인 드라우파디가 있다. 이들 위에는 비슈누 신이 대양에 떠 있는 연꽃 위에 누워 있다.

뒤메질은 카우라바들의 탄생에 대해서는 별다른 관심을 보이지 않았다. 이들의 탄생 신화가 특별한 설명이 필요 없을 정도로 악의 속성을 명료하게 표현했기 때문이었을까? 이유는 알 수 없지만 수장 두르요다나의 행위들에 혐오의 눈길마저도 보내지 않고 로키와의 유사성을 지적하는 것으로 그친다. 그러나 서사시를 읽는 독자와 신화에서 창조적 영감의 원천을 발견하게 되는 작가나 예술가들의 입장에서 보면 사뭇 흥미로운 창의적인 묘사들이 있어 이를 그냥 지나치기 어렵다.

(3) 카우라바의 탄생과 두르요다나의 미망

비슈마가 정해 준 대로 판두의 장님 형 드리타라슈트라는 간다리와 결혼했다. 이들 사이에서 백 명의 아들이 태어났는데, 이들을 카우라바들이라 부른다. 비마가 바유로부터 태어나던 때와 같은 때에 태어난 장남 두르요다나는 시바 신의 부인 칼리의 화신이다. 그의 탄생 때 불길한 전조들이 나타나서 현인들이 그의 아버지에게 그를 매장하라고 조언했으나 드리타라슈트라는 이 조언을 받아들이지 않았다.

어느 날 우연히 리시 비야사데바가 왕궁에 들렀다. 갈증과 굶주림에 수척해진 현자의 모습을 보고 간다리는 정성껏 접대하며 그의 시중을 들었다. 간다리의 겸손함과 호의에 대한 보답으로 비야사데바는 그

336

녀에게 남편만큼 강한 아들 백 명이 태어날 것이라는 축복을 내렸다. 얼마 후 간다리는 임신을 했다. 그러나 배 속의 태아는 2년 동안 세상 밖으로 나올 생각을 하지 않았다. 그사이에 쿤티는 유디슈티라를 낳았다. 질투심과 좌절에 빠져 있던 간다리는 참다 못해 아이가 빨리 세상 밖으로 나오라고 자신의 배를 마구 때렸다. 그 순간 간다리는 출산의 통증을 느꼈다. 하지만 그녀의 몸에서 나온 것은 사람이 아니었다. 쇠공처럼 딱딱한 살덩이가 자신의 몸 밖으로 튀어나왔다.

절망에 사로잡힌 간다리는 비야사데바의 축복을 떠올렸다. 그러자 비야사데바가 눈앞에 나타났다. "당신이 내린 축복은 어디로 갔나이까?" 간다리는 원망 섞인 목소리로 항의했다. 비야사데바는 자신이 내뱉은 말은 어긋남이 없다고 대답하며, 시종들에게 백한 개의 항아리에 버터 기름을 가득 채워 가져오라고 명했다. 시종들이 명령대로 항아리를 가져오자 그는 딱딱한 살덩이에 물을 뿌렸다. 그러자 살덩이가 점점 흐물흐물해지더니 엄지손가락만 한 살점들로 갈라졌다. 모두 101개였다. 비야사데바는 그 살점을 각각 항아리에 하나씩 넣고 주둥이를 봉한 뒤 은밀한 곳에 놓아두었다. 그는 시종들에게 "앞으로 2년간 이 항아리들을 열어 보지 말아야 한다."라고 당부했다. 그런 후에 비야사데바는 왕궁을 떠나 산중의 고독한 수행처인 아슈람으로 갔다.

정확하게 2년 뒤, 항아리들이 하나씩 열리며 아이들이 나오기 시작했다. 첫 번째 항아리에서 장남 두르요다나가 태어났다. 그가 항아리에서 나오던 순간 교활한 나귀의 울음소리와 탐욕스러운 독수리의 비명이 들렸다. 들개가 짖어 대고 거센 바람이 불었으며, 느닷없이 도시 곳곳에 불길이 솟더니 사방으로 퍼져 나갔다. 드리타라슈트라는 쿠루족의 원로들에게 이 괴이한 징조의 의미를 물어보았다. 비두라는 가문을 멸족시킬 아이가 태어났다는 징조이니 망설이지 말고 아이를 내다 버리라고 했고, 쿠루족의 다른 원로들은 그를 매장하라고 했다. 그러나 드리타라슈트라는 비두라의 권유도, 원로들의 권유도 받아들이지 않았다. 그 후 한 달 동안 항아리가 모두 열렸다. 101개의 항아리에서는 100명의 아들과 한 명의 딸이 태어났다. 왕과 왕비는 자신들이 받은 다산의 축복에 감사하며 불길한 징조를 애써 털어 내려 했다.

간다리의 자궁 속에서 2년을 보내고 세상 밖으로 나온 자식들은 인간이 아니라 쇠공처럼 딱딱한 살덩어리였다. 이 살덩어리가 101개로 나뉘어서는 다시 어두운 항아리 속에 들어가 은밀한 곳에 2년 동안 보관되어 있다 긴 암흑 속에서 나온 존재들이 카우라바이다. 이 순간의 전조들은 교활함, 탐욕, 휘몰아치는 거센 바람, 사방을 집어삼키는 불길이다. 악의 세력들의 태동과 다가올 몰락을 이렇게 기발하게 표현한 시인들이라니! 측은지심(惻隱之心)은 인(仁)에서 비롯된다고 맹자가 역설했듯이, 쇠공처럼 딱딱한 마음을 가진 자는 타인의 고통에 무심하다. 이런 마음을 가진 이들은 적을 쓰러뜨리기 위해 은밀한 곳에 모여 장시간 사악한 책략과 계략을 꾸민다. 드라우파디가 카우라바들로부터 모욕을 당할 때 현자 카슈야파(Kashyapa)는 덕 있는 이에게 죄악의 화살을 꽂을 때는 그 화살을 빼 주는 것이 사람들의 의무이며, 그 의무를 행하지 않으면 그 화살이 자신에게 꽂힌다고 경고한다. 전쟁에서 비마의 치명적 철퇴에 맞아 사경을 헤매기 전까지 카우라바들의 맏형 두르요다나는 질투와 분노에 사로잡혀 천상의 장인이 만든 마야사바 연회장에서 길을 잃는다.

(4) 인드라프라스타 왕국과 연회장 마야사바

드리타라슈트라 왕은 판다바들이 불타는 궁전에서 탈출하여 살아 있다는 것을 알게 되었다. 그는 왕국의 수도 하스티나푸라는 두르요다나 형제가 차지하게 하고, 유디슈티라 형제들에게는 칸다바프라스타(Khandavaprastha, 칸다바의 땅)로 가서 평화롭게 살라고 명했다. 이 땅은 왕국의 절반에 해당되는 넓은 땅으로, 한때 쿠루족의 수도가 있던 곳이었다. 그러나 오래전 쿠루의 왕에게 모욕을 당했다고 생각한 한 현자가 저주를 내린 뒤로 폐허로 남아 있는 곳이었다. 도시는커녕 마을 하나도 없이 빽빽한 밀림과 사막밖에 없는 황무지로 가서 평화롭게 살라니! 하지만 쿠루 왕국의 원로들과 왕이 내린 명령에 불만을 품어 다른 대책을 요구하거나 저항할 수는 없는 법이다. 판다바 형제들은 드리타라슈트라 왕의 불편부당한 결정을 받아들일 수밖에 없었다.

유디슈티라는 칸다바프라스타 왕국의 왕임을 선포하는 대관식을 치른 후 크리슈나를 앞세우고 가족들과 함께 그 불모의 땅으로 갔다. 도착 후 크리슈나는 베다 의식을 치러 인드라 신을 불러냈다. 왕궁을 건설하라는 명을 받은 인드라는 건축과 공예의 신 비슈바카마(Vishvakama)를 불러 크리슈나의 지시대로 왕궁 건설에 착수하도록 했다. 왕성 주변은 향기로운 꽃들이 가득한 숲으로 둘러싸였으며, 판다바 형제들이 거하게 될 궁전은 신성한 메루산을 본떠 건축되었다. 왕성 내부에는 곳곳에 연회장과 사원들이 세워졌다. 곧 브라만들이 성으로 몰려들었고, 왕성은 인드라프라스타(Indraprastha, 인드라의 땅)라 불렸다. 왕궁 연회장 마야사바(Mayasabha)는 천상의 신들의 연회장(별)을 건축한 마야의 작품이다.

인드라프라스타 왕궁에서 거행되는 라자수야 의례에 초대를 받은 두르요다나는 정교하고 아름다운 마야의 솜씨를 보고 끓어오르는 질투심을 주체하기 어려웠다. 그는 내면에서 부글거리는 질투심을 들키지 않기 위해 황금 투구를 쓴 머리를 곧추세우고 무심한 척 걸음을 옮겼다. 궁전 한가운데에 있는 널따란 수정 연못에 이르렀을 때였다. 물은 먼지 하나 없이 맑고 깨끗했다. 두르요다나는 대리석으로 된 복도가 이어지는 것으로 착각했다. 그는 성장을 한 채 두 눈을 똑바로 뜨고 걸음을 옮기다 그만 물속에 빠져 버리고 말았다. 두르요다나는 황급히 옷을 갈아입고서 자신의 속내를 들키지 않으려 애쓰며 연회장을 계속해서 구경했다. 그는 닫혀 있는 문을 피해 활짝 열려 있는 옆문으로 들어갔다고 생각했다. 그런데 닫혔다고 생각했던 그 문은 열려 있었고, 그가 문이라고 생각했던 것은 벽이었다. 그곳에 있던 모든 사람들이 두르요다나의 모습을 보고 웃음을 터뜨렸다.

마야(maya)의 어근 may는 '변화하다'를 의미한다. 『리그베다』에서 바루나가 행사하는 우주 창조적 마야는 자연의 질서이자 도덕적 질서인 리타와 동일하나, 『리그베다』보다 몇 세기 후기에 편찬된 명상적 사색서인 『우파니샤드』[45]에서 마야는 환상, 비실재를 의미한다. 두르요다나가 탐했던 왕국들, 사촌인 판다바들을 모조리 죽여서라도 그가 움켜쥐고자 했던 모든 것은 시공 속에서 생성, 변화, 소멸하는 것들로, 이것들은 진정한 실재가 아닌 환상, 가면이다. 그는 비실재의 환상들을 거머쥐기 위해 온갖 술책을 꾸며 사촌들을 괴롭혔고, 마침내는 쿠루족의 원로들과 군사들, 그의 99명의 동생들을 죽음에 이르게 했으며 판다바 진영의 군사들을 몰살시켰다. 엄청난 희생을 대가로 치르고 나면

무사히 살아남아 물질계의 영광을 누릴 수 있는가? 두르요다나는 현상
계를 움직이는 보이지 않는 실재를 외면하는 자, 다르마에 위배되는 온
갖 행위들을 거리낌 없이 행하는 길을 잃은 자이다. 영적 가치를 중시
했던 고대 인도의 성스러운 시인들이 어떻게 이런 인물을 선악의 대결
에서 살아남은 생존자로 남겨 둘 수 있겠는가? 마야사바 연회장에서
길을 잃은 두르요다나의 이야기가 전하고자 하는 메시지는 바로 이것
이 아닐까? 악의 소멸은 새로운 시대의 재탄생을 위해 필요 불가결함
을 표현한 것이 칼리의 파괴력의 본질이다.

3 주요 인물들의 특성

쿠루크셰트라 대전투는 브라흐마의 의도에 부응하며, 이 의도 자체는 세계의 어떤 필요에 부합된다. 이 전쟁을 부추겨 이끌어 나가는 악마들을 죽이기 위해 신들이 왕가의 인물들로 태어나거나 화신했다. 긴 도입부인 『개시의 서』에서는 먼저 판두의 할아버지에 대한 이야기가 있다. 이에 따르면 두 진영의 영웅들은 사실 신들과 악마들의 화신(avatar)이며, 이 끝없는 신과 영웅 상관관계 목록들 중에는 판다바와 드라우파디에 관한 것도 있다. 이 지루한 목록들이 지난 세기 서구 주석가들이 그 핵심을 진지하게 고려하는 것을 방해했다. 이들 중 어떤 것들은 인위적이며 그다지 중요하지 않다. 일단 메커니즘이 작동하면 화신은 가장 무의미한 단역들에게까지 번식된다. 그러나 판다바와 드라우파디의 경우에 대해서는 아주 오래된 베다 이전 시기의 신학이 동원되었으며, 영웅들의 성격은 분명히 이 신학의 신들의 기능들이 지배했음을 확인할 수 있다. 그래서 주요 인물들의 특성을 파악하기 위해서는 그가 어느 신의 화신인지를 확인하는 것이 가장 기초적이고 우선적이다. 물론 먼저 주인공들과 제일 가까운 친족들 모두가 큰 역할을 한다.

이 친족들 가운데에서 먼저 카르나가 관심을 끄는데, 그 이유는 이렇다. 카르나의 탄생 방식은 판다바들의 그것과 흡사하다. 또 카르나는 여러 에피소드들에서 판다바들과 적대 관계로 표현된다. 그리고 카르나의 전형은 그의 아버지인 태양신 수리야라는 점이 명백하게 드러나므로 다른 모든 곳에서 전위의 메커니즘을 감지하지 못한 역사학자 에드워드 홉킨스(Edward Hopkins, 1857~1932)조차도 카르나의 경우는 전위를 어렴풋이 알아챘다.

사실 판다바와 드라우파디의 경우는 단지 신학적 구조가 인간학적 구조로, 즉 신적 규정들 및 기능들의 집단이 사회관계와 심리적 유형들의 인간 도표로 전위되었음을 보았을 뿐이다. 적어도 지금까지 우리가 검토한 범위 내에서 그렇다. 반대로 카르나의 경우는, 그의 아버지 신 수리야가 영웅 아들에게 자신의 주요 특성들뿐 아니라 거대 적 아르주나와의 관계에서 카르나의 상황 모델을 제공했다. 게다가 수리야는 카르나에게 자신의 신화와 모험들의 본질을 위임했다. 쿤티의 은밀한 첫째 아들 카르나는 누구인가?

1   미지의 선조 카르나

카르나의 외형과 무용들, 생애 및 죽음에는 고대 태양 신화의 흔적들이 짙게 남아 있다. 특히 일출과 일몰의 상반되는 위력과 특성으로 인해 고대 신화들에서 쌍둥이의 탄생은 대개 태양 신화와 관련되어 있다. 그러나 인도에서는 그 역할이 태양 수레를 모는 아슈빈에게 귀속되었으므로 카르나는 두 어머니를 가진 영웅으로 등장한다.

(1) 태양의 아들 카르나의 탄생

쿤티는 소녀 시절에 자신의 집을 찾은 성마르고 까다로운 한 브라만, 시바 신의 화신인 두르바사(Durvasa)를 공경했다. 그 보답으로 신을 불러내 자신이 원하는 것을 얻을 수 있는 만트라를 하나(혹은 여러 개) 받았다. 쿤티는 조심스럽게 먼저 두르바사에게 보상받기를 거절했으나, 두르바사는 그녀에게 만트라를 받도록 강요하고 사라졌다. 호기심이 그녀를 사로잡았으나 쿤티는 만트라 뭉치를 가지고 어찌해야 할지 몰랐다. 계율의 때가 왔을 때 그녀는 왕궁의 테라스로 밤을 지내러 갔다. 그곳에 앉아 온갖 영광을 지닌 태양 원반이 떠오르는 시간에 기도를 올렸다. 소녀가 신을 명상하자 기적처럼 별의 모습을 한 신을 보았다. 이때 수리야 신은 번쩍이는 갑옷과 귀걸이를 하고 나타났다. 경탄할 만큼 아름다웠고, 긴 팔에 소라고둥처럼 둥근 목, 삼중관으로 머리를 장식하고 팔찌를 낀 수리야 신은 마치 꿀처럼 노랗게 반짝였다.

그녀는 저항할 수 없는 빛의 힘에 매혹되어 만트라 하나로 그를 불렀다. 곧바로 신이 둘로 나뉘더니 그 반이 그녀에게 다가와 매혹적인 목소리로 말했다.

"소녀여, 내게 원하는 게 무엇이냐? 나는 너를 만족시킬 만반의 준비가 되어 있단다."

겁먹은 쿤티가 자신은 아무것도 원하지 않으니, 올 때처럼 다시 홀연히 사라지라고 말했다. 신이 대답했다.

"그건 불가능하단다."

신은 그녀와 즐기지 않고는 물러갈 수 없으며, 만일 그녀가 이에 동의하지 않으면 그녀는 물론 그녀의 아버지와 그녀에게 호출 만트라를 준 사람에게 저주를 내릴 것이라고 말했다. 그녀는 애원하며 자기 처지를 옹호했다. 자신은 어린 마음에 그런 행동을 했으며, 자신에게는 부모님이 계시다고 했으나 유혹자 수리야는 물러서지 않았다. 태양신은 자신을 포용해서 아들을 낳더라도 그것은 죄가 아니며, 그녀는 자신과 꼭 닮은 아이를 낳을 것이고, 그 후에 쿤티의 처녀성은 회복될 거라 말하며 그녀를 안심시켰다. 그러자 소녀의 두려움이 잦아들었다. "태양의 아들을 갖다니, 이 얼마나 대단한 행운이냐!"

쿤티가 임신했다는 사실은 그녀의 유모만이 알고 있는 비밀이었다. 시간이 흘러 쿤티는 아버지를 빼닮은 빛나는 아들 카르나를 낳았다. 황소의 어깨에 사자의 눈을 가진 아들은 수리야처럼 황금빛 귀걸이를 귀에 걸고 번쩍이는 가슴에는 휘황찬란한 갑옷을 걸치고 태어났다. 다시 처녀가 된 쿤티는 한없이 눈물을 흘리며 아기를 말랑말랑한 바구니에 담아 잘 닫았다. 그녀는 강렬한 모성애와 자신의 잘못을 감추어야 할 필요성 사이에서 갈등했으나, 결국 한밤중에 바구니를 강물에 띄워 보냈다.

바구니가 물길을 따라 떠내려가고, 여명이 밝아 오기 전에 쿤티와 유모는 왕궁으로 돌아갔다. 강을 굽이돌며 흘러가던 바구니가 강가강에 이르렀다. 당시 하스티나푸라에는 드리타라슈트라의 친구이자 마부인 아디라타(Adhiratha)가 있었다. 그의 아내 라다(Radha)는 아름답고 덕망 있는 여성이었으나 엄청난 고행을 했음에도 자식을 갖지 못했다. 그녀는 강가강 주변을 지나다 강물 위에 떠 있는 바구니를 발견했다. 바구니를 건져 집으로 가져와 보니 그 속에는 어린 태양처럼 빛나는 아이가 들어 있었다. 아디라타와 라다는 그 아이를 자식으로 길렀다. 쿤티는 하인들을 시켜서 아이가 자라는 곳을 염탐하게 했으므로 버린 자식이 누구의 손에서 성장하고 있는지는 알고 있었으나, 그곳이 자신이 미래의 남편과 함께 살 도시라는 것은 그 당시에는 몰랐다. 훗날 성인이 된 카르나는 두르요다나에게 몸을 의탁하여 그의 왕궁에서 지낸다.

『마하바라타』에서 이 이야기는 아주 간략하게 두 번,[46] 좀 더 길게 한 번,[47] 매우 세밀하게 한 번[48] 언급된다.

물 위를 떠다니는 태양, 그리고 두 어머니

시인들은 『리그베다』에서 확인되는 신화적 주제를 이 비장한 서사 속으로 옮겨 왔다. 『리그베다』에 따르면 태양에게는 연속적으로 이어지는 두 어머니가 있다. 게다가 이들은 자매로, 한 어머니는 밤이고 다른 한 어머니는 여명이다. 때로 태양의 생리적인 두 어머니는 이중의 분만을 경험한다. 여명은 자기 자매인 밤의 아이를 거두어 그를 핥으면서 낮의 성숙함으로 인도해 간다. 이 기이한 신화는 인도 외에 로마에서도 발견되는데, 여기에서는 신화로 이야기되는 것이 아니라 로마인들이 그들의 전통적 신화를 상실한 후에 다른 많은 것들과 함께 의례 속에 흔적으로 잔존해 있다. 오로라(Aurore) 여신의 축제일에 로마의 여인들은 여신의 신전으로 가서 자신의 아이가 아니라 자매의 아이를 팔에 안고 여신에게 경의를 표하며 아이의 가호를 부탁한다. 이에 대해 지금까지 한 번도 만족할 만한 설명이 없었으나 베다 신화를 참조하면 이런 규정이 즉시 밝혀진다. 티베리우스강 연안에 정착한 인도-유럽인들의 후손들은 인도의 그들 사촌들처럼 두 자매를 태양과 관련지었다. 태양을 밤의 여신의 열매로 만드는 일을 떠맡은 이는 그의 이모인 여명의 여신이다. 하지가 지나면 태양의 빛은 힘을 잃기 시작한다. 로마인들은 하지를 앞둔 6월 11일에 마테르 마투타(Mater Matuta)의 축제인 마테랄리아(Materalia)를 개최하는데, 그 목적은 먼저 오로라 여신이 이모-후견인으로서의 일상적 임무를 수행하도록 도와주기 위해서이다.[49] 이 케케묵은 로마인의 의례와 힌두 신화는 서로 쓰임새가 있다. 힌두 신화는 오비디우스의 동시대인들이 이미 망각하고 있던 의례의 의미를 밝혀 주고, 로마의 의례는 우리 시대의 몇몇 인도 연구자들이 덧없는 메타포의 상황으로 환원하려 했던 신화의 진실성과 태고성 및 중요성을 보증한다.

『마하바라타』의 시인들이 태양 영웅 카르나의 탄생과 유년기들을 만드는 데 활용한 것은 바로 이 태양 신화이다. 그들은 단지 한 가지 세부 사항을 놓쳤을 뿐이다. 그러나 우리가 보기에 이것은 중요한 세목이다. 그것은 카르나의 연속적인 두 어머니는 자매가 아니며, 심지어는 서로 전혀 알지 못하는 이방인이라는 점이다. 그래서 라다가 쿤티의 아들을 거둔 것은 가족적 유대감 때문이 아니라, 민담에서 종종 그렇듯이 자신은 아이를 원했으나 갖지 못했기 때문이다. 우리는 여기에서 드라우파디가 드러내는 아르주나에 대한 편애에서처럼 또다시 전위의 한계라는 미묘한 문제를 만난다. 옛 저자들은 왜 어느 시점부터 더 이상 신화를 표절하지 않고 자유분방하게 소설을 작성하느냐? 사실 이는 논쟁의 여지가 있는 것이 아니라 확인해야 할 사항이다. 물론 모든 묘사들에서 신화의 흔적들이 죄다 적합하게 지워질 수는 없으니 우리는 어떠한 묘사를 소홀히 할 수 없는지를 판단해 기록하기만 하면 된다.

물론 신화적 주제에서 벗어나 일단 소설적 주제가 되고 나면 이것은 자신의 고유한 삶을 살게 되며, 그래서 시인들에게서 신화적 주제가 담고 있지 않았고 용인하지도 않았던 내용들을 받아들여 훌륭한 심리 작가들처럼 그 주제를 상세히 진술한다. 감정적으로는 아들에게 충실하나 아들을 완전히 버렸기에 그가 주는 즐거움을 뺏긴 쿤티, 그럼에도 가까이에 있는 그를 아들 취급하는 쿤티의 상황은 달리 각색할 장면들을 가득 품고 있다. 서사시의 언어로 전환된 제2의 태양 신화가 그 상황을 더욱 비장하게 만들면 만들수록 시인들은 이 멋진 재료를 그만큼 덜 경멸한다.

(2) 카르나와 태양신

비교신화학의 1세대는 태양의 상징적 표현들을 찾아 헤매다 도처에서 그 표현들이 존재한다는 것을 간파했다. 그러나 그 시절에도 냉철한 정신을 지닌 연구자들이 먼저 놀라움을 금치 못하는 사실이 있었다. 그것은 태양 상징을 벼락으로 표현할 때를 제외하면, 『리그베다』가 신들 중에서 가장 이론의 여지가 없는 태양신[50]을 종종 다른 신에 종속된 신으로 소개하며, 또 태양신에게 거의 모험을 부여하지 않는다는 것이다. 사실 『리그베다』의 찬가들은 수리야 신의 일들에 대해 극히 조금밖에 말하지 않는다. 그의 탄생을 제외하면 찬가들에서 수리야 신의 신화는 단 하나밖에 발견되지 않는데, 그마저도 너무나 생략이 많은 표현들이라 여러 차례 시도를 했음에도 거기에서 뭔가를 재구축하기가 불가능하다. 어떤 상황에서 인드라 신이 전투 중 자신이 보호하는 영웅 쿠스타(Kusta)를 돕기 위해 태양신의 수레바퀴들 중 하나를 빼 버린다. 그는 수리야에게서 태양 수레바퀴 하나를 훔치거나,(『리그베다』 1권, 175장, 4절) 수리야의 두 바퀴 중 하나를 앞으로 당겨 뽑아버려 다른 한 바퀴가 제멋대로 굴러가게 함으로써 쿠스타를 이롭게 하거나,(『리그베다』 4권, 30장, 4절; 4권, 31장, 31절) 바퀴 하나를 땅에다 처박는다.(『리그베다』 4권, 28장, 2절) 이 신화는 보다 복잡하고 보다 일관성이 있었음이 분명하지만 이런 암시들만으로도 충분히 다음과 같은 점들을 보증한다. 첫째, 수리야와 인드라가 서로 적으로 각자의 본성에 맞게 만나는 유일한 상황에서 빛을 발하는 태양은 먹구름에 잘 적응하지 못하며, 번개를 내리치는 인드라는 뇌우가 휘몰아치는 캄캄한 어둠 속에서 행동한다. 둘째, 이 적대적인 신화에서 인드라는 태양수레의 바퀴 하나를 공격함으로써 모종의 성공을 획득한다.[51]

『마하바라타』의 편집자들은 이를 알고 있었고, 그것도 우리보다 더 잘 알고 있었다. 먼저 두 가지 점을 검토해 보자. 수리야는 신들 가운데서 하위 신의 위치를 점하고 있을까? 마찬가지로 카르나는 그의 이부형제들인 판다바가 젊은 왕자들로서 광휘를 받은 것과는 달리, 그가 두 번째 어머니에게 받아들여졌을 때 그는 마부의 아들로 여겨졌고 그런 취급을 받았다. 수리야와 인드라는 서로 적일까? 또 마찬가지로 카르나와 판다바, 특히 그중에서도 아르주나는 확실한 적이어서 카르나가 아르주나를 죽이겠다고 맹세했을까? 수리야의 신화에 의해 위에서 부과된 이 증오(이데올로기적 인과성)는 제1권의 한 장면에서 소설적 인과성으로 직접적으로 정당화된다. 이런 방식은 다섯 판다바와 그들의 공동 부인 드라우파디에 대한 연구에서 익히 보았다.

젊은 왕자들, 즉 드리타라슈트라의 아들들은 물론 판두의 아들들에 대한 교육을 마쳤을 때, 스승 드로나는 이제 왕자들이 자신의 재능을 보여 줄 때가 왔다고 판단했다. 그는 축제를 열어 각자 걸어서, 말을 타고, 혹은 마차를 몰며 자신의 무기들을 다루는 모습을 공개적으로 보여 주게 했다. 모든 것이 잘 진행되어 결과는 대성공이었다. 적이 없는 상태에서 왕자들은 온갖 시련들을 극복해 냈다. 이어서 비마와 두르요다나가 철퇴를 들고 서로 대적했는데, 드로나의 아들 아슈바타만이 어려움 없이 이 결투를 끝맺었다. 아르주나의 차례가 되자 그는 경기장에서 내려와 눈부신 활쏘기의 묘기를 보여 주었다. 그때 갑자기 한 젊은 무사가 경기장으로 들어와서는 아르주나가 했던 것과 같은 기술들을 수행하고는 그와 단둘이 맞붙게 해 달라고 요구했다. 물론 그 젊은이는 태어나면서부터 가지고 있던 갑옷과 수리야의 귀걸이를 하고 있었다. 그러나 그의 친구이자 저주받은 영혼을 가진 두르요다나와 아들의 존재를 감추어야 했던 어머니 쿤티를 제외하고 아무도 그를 알아보지 못했다. 쿤티는 기절했고, 사람들의 보살핌으로 다시 정신을 차려 깨어났을 때 그녀의 눈길은 두 아들, 즉 태양의 아들과 인드라의 아들에게로만 향했다. 두 젊은이가 대적하려 할 참에, 위에서는 그들의 아버지인 두 신이 자신들이 지배하는 요소들로써 그 모습을 드러낸다.(5401~5403)

하늘이 먼저 인드라의 무기인 천둥 번개를 내려치는 먹구름으로 어두워지자, 왜가리들이 마치 미소들처럼 줄지어 구름 속을 지나갔다.

밤색 머리카락을 가진 신이 사랑의 시선으로 아래를 내려다보는 것을 본 태양은 가까이 다가오는 구름을 파괴시켰다.

그리하여 사람들은 한쪽에서는 먹구름 아래 숨어 있는 팔구나

(Phalguna, 아르주나)를, 또 한쪽에서는 찬란한 태양 빛으로 몸을 감싼 카르나를 보았다.

그러나 이 시합은 이루어지지 않았다. 왕자들의 또 다른 무예 스승 크리파(Kripa)가 카르나를 아르주나와 대결시키기 전에 미지의 젊은이에게 그가 어느 가문 출신이며 이름이 무엇인지를 말하라고 요구했다. 오직 동등한 신분끼리만 결투를 벌일 수 있다는 전투 규정이 있었기 때문이다. 크리파의 요구에 카르나는 얼굴을 붉히며 고개를 숙일 뿐 아무 말도 하지 못했다. 그러자 두르요다나가 끼어들어 그를 지원한다. 앙가(Anga) 왕국을 소유하고 있던 두르요다나는 카르나에게 그 왕국을 하사하겠다고 선언했다. 왕이 되면, 그가 어느 가문 출신이건, 어느 계급에 속했건 어떤 왕자와도 결투할 수 있다. 그 상대가 고귀한 쿤티의 아들이자 신성한 쿠루족의 후손인 아르주나라 할지라도 말이다. 두르요다나는 지체하지 않고 즉시 사람을 보내 성수를 가져오게 한 뒤, 그것을 카르나의 머리에 뿌려 그가 앙가 왕국의 왕이 되었음을 재가하는 의식을 거행했다. 그리하여 바야흐로 카르나와 아르주나의 결투가 벌어지려는 찰나 한 사나이가 숨을 헐떡이며 경기장으로 뛰어 들어왔다. 영락없는 전차 몰이꾼의 차림을 한 그는 카르나의 양아버지 아디라타로, 그는 아들의 대관식을 축하해 주고 싶었다. 카르나가 왕좌에서 내려와 아버지를 껴안으며 존경의 마음을 표했다. 비마가 박장대소하며 마부의 아들인 주제에 감히 아르주나와 대적하려 했다고 카르나를 조롱했다. 그러자 두르요다나가 기이한 탄생 내력을 가진 여러 신과 영웅들을 거론하며 판다바들에게 카르나의 힘과 용맹, 그리고 범상치 않은 갑옷과 장신구들을 상기시켰다. 논쟁이 오가는 사이에 어느덧 날이 저물어

경기장에 있던 모든 이들이 각자 자신의 처소로 돌아가고, 결국 결투는 차후로 미루어야 했다.

하지만 경기장을 떠나는 아들의 모습을 바라보며 쿤티의 마음은 형언할 수 없는 자애심으로 가득 찼다. 그녀는 아들 카르나가 왕위에 오른 것을 보고 행복했으며, 또 뿌듯함을 느꼈다. 쿤티는 그가 자신의 아들이라는 단 한마디 말만으로도 아들 카르나가 받은 모욕을 씻어 줄 수 있었고 그의 고귀한 출생을 밝혀 아르주나와 동등하게 대결하게 할 수도 있었다. 그렇지만 그녀는 침묵을 지켰다. 유배 생활 중에도, 전투 중에도 쿤티는 판다바들에게 비밀을 밝히지 않고 끝까지 이런 태도를 유지했다. 쿤티는 온갖 시련들을 함께 나누었던 판다바들에게 그 어느 순간에도 그들을 죽이려 하는 적이 이부 형이라는 것을 알려 주지 않았다. 혹시라도 전투 중에 판다바 가운데 누군가가 카르나와 마주했을 때, 어머니에 대한 효심 때문에 어쩔 수 없이 그에게 굴복할까 염려되었기 때문이다.

(3) 아들과 어머니, 태양 신화의 소설적 전위

하지만 『마하바라타』의 저자들은 극적 강렬함에서, 또 인류애에 있어서도 『일리아드』에 뒤지지 않는 매우 아름다운 장면을 만들 줄 알았다. 비록 판다바는 카르나의 탄생 비밀을 몰랐어도, 카르나는 일찍부터 자신의 출생을 어렴풋이 짐작하고 있었다. 그의 아버지 태양은 직접 혹은 꿈에서 여러 차례 자신에게 그 모습을 드러냈으며, 그의 갑옷과 신체의 일부인 귀걸이는 자신이 누구인지를 알려 주는 표시 아닌가? 전쟁이 불가피해졌을 때, 의구심은 확신으로 바뀌었다. 전쟁을 피하기 위해 평화 사절로 방문한 크리슈나의 임무가 실패로 돌아가자, 크리슈나는 카르나가 전투에 개입하지 않기를 바랐기 때문이다.

인드라프라스타 왕국을 되돌려 달라는 것, 판다바 각자가 기거할 작은 마을 하나씩만이라도 달라는 것, 이 두 가지 부탁 모두 거절당하자 유디슈티라는 전쟁을 치르기로 마음먹었다. 하지만 마지막으로 크리슈나를 하스티나푸라로 보내어 전쟁을 피하기 위한 최후의 중재를 시도한다. 비슈마와 비두라, 심지어 드리타라슈트라 왕까지도 크리슈나의 중재를 받아들이도록 조언했으나, 두르요다나는 그의 동생 두샤사나와 샤쿠니, 그리고 카르나의 지원에 힘입어 끝까지 전쟁을 고집한다. 카르나는 전투에서 반드시 판다바를 처단하겠다고 왕에게 호언장담하며 두르요다나가 전쟁을 하도록 부추긴다. 그의 허풍을 본 비슈마가 덕망에 대해서는 아무것도 아는 바 없으면서 입에서 나오는 대로 지껄인다고 카르나를 비난했다. 카르나는 바로 왕궁이 있는 도시를 벗어나 있어야겠다고 마음먹었다. 크리슈나가 판다바에게 돌아가기 위해 하스티나푸라의 남문을 빠져나가려 할 때 카르나를 만났다. 그는 카르나와 개인적으로 이야기를 하고 싶어 그를 불러 동행했다. 두 영웅이 함께 길을 떠난 여정에서 크리슈나는 카르나의 출생에 대해 알려 주며 말했다. 경전에 따르면, 혼전에 태어난 자식도 어머니의 아들이므로 결혼 후에 태어난 아들들과 형제이니 쿤티의 아들이 되어 그녀의 마음을 기쁘게 하고 장자의 권리를 되찾으라고. 그러나 카르나의 마음은 움직이지 않았다. 그는 크리슈나에게 말했다. 쿤티는 자신을 버렸으나 아디라타와 라다는 자신을 사랑으로 길러 아들로 대해 주었으며, 또 자신은 지난 30년간 두르요다나의 은혜로 살아왔기에 그에게 많은 빚을 지고 있는 반면, 아르주나에 대해서는 증오심을 가지고 있다고. 그런데 크리슈나와의 이 만남 이전에 이미 쿤티가 개입하여 카르나의 마음을 되돌리려 했다.

크리슈나가 하스티나푸라를 떠나던 날, 여명의 빛이 밝아오기 전에 카르나는 태양신을 경배하기 위해 갠지스강으로 향했다. 불타는 태양 빛을 받으며 기도를 음송하고 있는 카르나를 발견한 쿤티가 그에게 다가갔다. 해가 그녀를 내리쬐자 쿤티는 아들의 의상이 만든 그늘로 피했다. 카르나가 기도를 마치자 쿤티에게 시선을 돌리며 말했다.

"저는 라다와 아디라타의 아들 카르나입니다. 고귀하신 부인이여, 무슨 연유로 저를 보러 오셨는지요? 제게 바라는 것이 무엇인지 말씀해 주세요."

그는 쿤티가 누구인지 알면서 일부러 그렇게 물었다. 그러자 그녀가 외쳤다.

"너는 쿤티의 아들이지 라다의 아들이 아니란다. 너의 아버지는 아디라타가 아니니라! 카르나여, 너는 마부 계급의 자식으로 태어난 것이 아니다! 내 말을 믿어 다오! 너를 회임하여 세상에 태어나게 한 이는 바로 나, 처녀 시절의 쿤티니라. 내 아들아! 너는 쿤티라자(Kunti-raja)의 왕궁에서 태어났단다. 우주를 밝히는 신 수리야가 내 몸속에 너를 잉태시켰단다."

쿤티는 전쟁이 일어나면 카르나가 죽거나, 카르나가 죽지 않으면 그의 손에 아르주나가 죽게 되리라는 것을 예감했다. 그녀는 두 아들 중 누구도 잃고 싶지 않았기에 오랫동안 숨겨 온 비밀을 털어놓으며 카르나에게 부탁했다. 유디슈타라의 왕국을 빼앗은 사악한 카우라바들을 버리고 선한 길을 따라 형제들에게 돌아가 아르주나와 힘을 합치라고. 그러면 마치 발라라마(Balarama)[52]와 크리슈나가 힘을 합친 것처럼 이루지 못할 것이 없노라고. 쿤티의 고백과 애절한 청을 들은 카르나는 혼란스러웠다. 이제 와서 자신이 판다바의 형제라는 사실을 말해 주는 것은 카우라바를 도와 판다바들에 대적하여 싸우겠다는 자신의 의지를 꺾으려는 책략이 아닌지 의심스러웠던 것이다.

　그 순간 다른 인물이 개입한다. 하늘 높이 떠 있는 둥근 태양으로부터 목소리가 들려왔다. 쿤티의 말이 사실이니 그녀의 충고를 따르는 것이 카르나 자신을 위한 길이라고 그 목소리는 말한다. 태양은 자신의 아들이 쿠루크셰트라 전투에서 카우라바를 위해 싸우게 될 때 어떤 운명이 그를 기다리는지 알고 있었다. 양친은 합심하여 판다바와 대적하지 말라고 그를 설득했고, 카르나는 이제 자신이 수리야와 쿤티의 아들이라는 것을 확신하게 되었다. 하지만 그는 양친의 충고를 받아들일 수가 없었다.

　"당신에게 복종하는 것이 저의 지고의 의무라고 생각지 않습니다. 어머니, 당신은 제가 어떤 위험을 겪게 될지 신경 쓰지 않고 태어나자마자 저를 버렸습니다. 제가 정말 크샤트리아라면 그에 합당한 의식을 치러야 했건만, 당신의 잘못으로 인해 저는 크샤트리아 의식을 치르지도 못했습니다. 자식을 보살피는 것이 어머니의 의무임에도 지금까지 당신은 제 안녕을 걱정한 적이 없습니다. 오늘 당신이 제게 호소하는 것은 당신을 위해서가 아닙니까? 또 아르주나 곁에는 크리슈나가 있는데, 그에게 어떤 위험이 닥치겠습니까? 만일 지금 제가 판다바의 진영으로 간다면 크샤트리아들이 뭐라 하겠습니까? 드리타라슈트라의 아들들은 저를 위해 모든 것을 다 해 주었으며, 당신과는 달리 두르요다나는 처음부터 진정 어린 애정과 우정으로 대해 주었습니다. 그런데 어떻게 하루아침에 그를 버리고 판다바 편에 설 수 있겠습니까? 그럴 수는 없습니다. 당신의 의도가 아무리 선하다 하더라도 저는 당신의 말을 따를 수 없습니다. 그렇지만 당신이 여기까지 오신 것이 헛걸음이 되지는 않을 것입니다. 아르주나를 제외하고 다른 이들, 유디슈티라, 비마, 그리고 쌍둥이들은 전투에서 제가 그들을 죽일 수 있는 상황에 처하더라도 결코 죽이지 않겠습니다. 저는 유디슈티라의 군사들 중 오직 아르주나하고만 대적하여 싸우겠습니다. 만약 제가 아르주나를 죽인다면 저는 위대한 무훈을 세우게 되겠지요. 제가 아르주나의 손에 죽게 되더라도 최소한 명예는 지키는 것이 되겠지요. 그 어느 경우건 당신 자식들의 수는 줄지 않을 겁니다. 아르주나가 죽건 아니면 제가 죽건 남은 자식들은 모두 다섯이 될 테니까요.”

상심한 쿤티가 비정한 어미를 용서하지 않는 아들을 향해 다가가며 손을 내밀자, 가슴속에 솟구쳐 오르던 어머니의 사랑을 애써 부정하던 아들은 자기도 모르게 팔을 뻗어 그녀를 감쌌다. 쿤티가 갓 태어난 아들을 버린 이래 어머니와 아들은 처음으로 서로 끌어안았다. 쿤티가 말했다.

“너의 말대로 되리라. 카우라바들은 멸절될 것이니, 이는 피할 수 없는 운명의 전능한 힘이니라. 너는 내 아들 네 명을 지켜 주겠다고 약속했으니, 부디 무기를 휘두를 때 지금의 약속을 잊지 말아 다오.”

쿤티는 아들 카르나의 행운과 신의 가호를 기원하는 마지막 말을 남기고 그 자리를 떠났다.

어머니와 아들의 만남은 이러했고, 이것들이 모자의 조우에서 나눈 유일한 대화였다. 카르나는 자신이 태어나던 날 밤에 흐르는 물결에 자식을 맡겼던 이 여인을 어머니로 여기지 않았다. 이로써 쿤티는 아들과의 결별을 확인했다. 카르나에게 어머니는 쿤티가 아닌 다른 여인,

물에서 그를 건져 올려 가슴에 품어 모유보다 더 강한 사랑으로 키워 준 불임의 여성 라다였다. 서사시의 화자들은 영웅의 이런 선택을 존중했다. 서사시의 인물들은 통상적으로 개별 이름 대신 부계나 모계의 이름으로 지칭되기도 한다. 화자들이 판다바를 쿤티의 아들이라 칭하는 경우는 수백 번이나 되지만 카르나를 그 이름 대신 쿤티의 아들로 부르는 횟수는 아홉 번밖에 되지 않는다. 반면 카르나를 라다의 아들로 부른 것은 260번, 아디라타의 아들이나 마부의 아들로 칭한 경우는 485번이나 된다.

태양은 어머니가 둘이며, 두 번째 어머니인 여명(Aurora)이 가장 중요한 어머니, 혹은 가장 눈에 띄는 어머니이다. 이 신화적 상황이 인간 세계로 전위되면 두 어머니를 가진 태양의 아들은 자신을 자식으로 길러 준 양모인 두 번째 어머니를 진정한 어머니로 간주한다. 이 전위가 이루어지는 즉시 정서적 울림이 없는 객관적인 신화적 상황은 인간에게 속한 심리적 소재들, 즉 사랑, 증오, 억압, 회한이라는 소재로 채색되어 출생의 비밀이 있는 긴 드라마로 발전된다. 이 드라마가 완성되기 위해서는 먼 훗날 두 어머니 중 첫째 어머니는 아들에게 자식을 버린 이유를 설명하는 장면이 있어야 한다.[53]

치명상을 입은 비슈마가 카르나에게 말했다. 카르나야, 너는 태어날 때부터 죄악을 가지고 이 세상에 나왔다. 하여 너는 아무 잘못도 없이 그릇된 길로 인도되었다.

열하루째 전투의 막이 올랐다. …… 전투에 나온 카르나는 판다바 진영을 쑥대밭으로 만들며 파멸의 길을 닦아 나갔다.

지금껏 전쟁터에서 단 한 번도 등을 보이지 않았던 수바드라의 위대한 아들(아비마뉴)이 죽었다. 이제 그 아이는 하늘로 갔다. 수많은 전사들을 차단하고 그들의 뒤를 따랐다. 크리슈나와 아르주나의 용맹에 버금가는 그 아이는 틀림없이 인드라의 거처에 닿았을 것이다.

(4) 카르나의 죽음

앞서 언급했듯이 태양신 수리야에 관한 유일한 신화는 인드라가 망가뜨린 태양 수레바퀴에 관한 신화이다.『리그베다』가 암시하는 이 신화 또한 서사시적 전위가 이루어진다. 대전투의 파란만장한 사건들의 묘사들을 통해 이 전위를 만나게 되는데, 여기에서는 종종 카르나가 태양의 아들로서의 명예를 누린다. 예컨대 드로나의 찬가에서(7권, 189장, 8676~8681) 비마가 두르요다나에게 가까이 접근하자 카르나가 자신의 친구를 구하기 위해 몸을 날렸다. 그러자 비마는 화살의 방향을 틀어 카르나를 향해 공격했다. 카르나는 웃으면서 비마가 쏘아 대는 화살들을 물리치고는 그의 활을 부러뜨리고 마부를 꼬꾸라뜨렸다. 이에 비마는 철퇴를 움켜쥐고 카르나의 활과 마부와 깃발을 박살내고 마차 바퀴 하나를 망가뜨렸다.

카르나는 산의 왕처럼 바퀴가 망가진 전차 위에 흔들림 없이 서 있었다. 오랫동안 말들은 마치 일곱 마리의 말들이 바퀴가 하나밖에 없는 태양 수레를 이끌듯이 바퀴가 하나뿐인 전차를 이끌었다.

비마는 카르나의 허풍쟁이 성향을 참지 못해 때때로 그에게 모욕적인 언사를 내뱉었다. 카르나가 전장에서 모는 수레는 휘황찬란하지도 온전하지도 않은 반쪽 수레라고 그는 말한다. 이 역시 태양의 비유이다. 사람들은 아티라타(atiratha)와 아르다라타(ardharatha)를 '빼어난 영웅'과 '반 영웅'으로 번역하지만 이 말들의 고유한 의미는 '반쪽 수레'이다. 그러나 카르나가 죽음을 맞이하는 장엄한 장면에서 그 테마는 스쳐 지나가듯이 멋지고 온전하게 다루어진다.

모두가 지켜보는 가운데 카르나의 몸에서 밝은 빛이 쏟아져 나오더니 태양을 향해 높이 솟구쳤다.

전쟁이 시작되고 처음 8일 동안은 비슈마가, 다음에는 드로나가 카우라바 진영을 진두지휘했다. 드로나가 사망하자 두르요다나는 카르나를 총사령관으로 지명했다. 드로나가 카우라바 진영을 진두지휘하는 동안 카르나와 아르주나는 서로 상대를 찾아다녔다. 그러나 둘이 만나려는 찰나마다 매번 군사들이 몰려와 서로 멀어진다. 8권 초반에 카르나는 최고의 영광을 누렸고, 마지막 부분에서 아르주나의 치명적 화살에 맞아 죽음을 맞는다. 아르주나를 만나는 순간까지 카르나는 수많은 무공을 세운다. 두 영웅이 대결하는 이 마지막 장면의 피날레에 대한 묘사만 보더라도 우리는 두 영웅의 신적 혈통이 별로 중요하지 않은 문학적 윤색이 아니라는 것을 충분히 알 수 있다. 오히려 그 반대로 두 영웅의 적대감과 조우는 천둥을 내리치는 무사 신과 태양신, 즉 인드라와 수리야의 길항과 갈등이 인간 세계로 전위된 것임을 보여 준다. 이외의 모든 것은 인드라와 수리야의 대결을 준비하는 예비 단계에 불과하다. 아르주나는 무수히 많은 화살을 날려 카르나의 갑옷을 찢어 버리고 이어서 투구와 머리 장식까지 날려 버렸다. 가까스로 아르주나의 화살을 막아 내던 카르나는 전차 근처에서 검은 그림자 같은 물체를 목격했다. 그는 브라만의 모습을 띤 그 물체가 시간과 죽음의 화신인 칼라(Kala)임을 깨달았다. 칼라가 말했다. "대지가 너의 전차 바퀴를 삼키리니."(8권, 90장, 4710~4712)

그의 죽음의 시간이 임박했으니, 땅이 왼쪽 수레바퀴를 집어삼키리라.
고결한 그 브라만의 저주로 수레가 요동쳤다. 바퀴가 땅속으로 가라 앉고 있었다.
사생결단의 전투를 치르던 마부의 아들은 전차 밖으로 뛰어나가 가라 앉고 있는 전차 바퀴를 끌어올리려 애썼다.
꽃으로 뒤덮인 거대한 장례 건조물이 그 좌석과 함께 땅속으로 모습을 감추는 것 같았다.

카르나는 전차에서 뛰어내려 두 손으로 바퀴를 움켜쥐고 태양의 손아귀로부터 그것을 빼내려 안간힘을 썼으나 소용없었다. 그가 온 힘을 쏟아내자 대지가 흔들리고 땅과 바다, 산이 모두 끌려 나오는 듯했으나 바퀴는 요지부동이었다. 카르나는 자신의 적인 아르주나의 명예심과 정의감에 호소했다. 그는 아르주나에게 전투 태세를 갖추지 못한 상대를 공격하는 것은 다르마에 위배되는 행위로, 용감하고 고결한 무사의 명예를 더럽히는 것이라고 말했다. 그러자 아르주나의 전차를 몰던 크리슈나가 미소를 지으며 대꾸했다. 사람들은 종종 절박한 상황에 처하면 자신의 과오는 잊은 채 다르마에 의지하려 한다고. 크리슈나는 카르나의 지난 과오를 열거하며 반문했다. 드라우파디가 눈물을 흘리며 쿠루족 앞에 끌려 나왔을 때, 두르요다나가 유디슈티라의 왕국을 빼앗을 때, 판다바들이 긴 유배 생활을 마치고 왕국을 돌려달라고 했을 때, 카르나와 여섯 명의 전사들이 아비마뉴를 둘러싸고 있을 때, 그의 다르마와 도덕률은 도대체 어디에 있었냐고. 카르나가 저지른 과오를 떠올리자 아르주나는 분노가 하늘까지 치솟았다. 아르주나는 주문을 외워 안잘리카(añjalika) 화살에 인드라의 힘을 불어넣은 후, 간디바 활에 걸어 불운한 카르나를 향해 활시위를 당겼다. 화살은 전차 바퀴를 잡고 있던 카르나의 목에 정확히 명중했다. 시인은 이 패배자의 태양의 특성을 길게 묘사한다.[54]

> 안잘리카 화살이 카르나의 목을 가르자 머리가 앞으로 꼬꾸라졌다.
> 뒤이어 몸도 균형을 잃고 무너져 내려앉았다.
> …… 흡사 가을 하늘 한가운데에 이른 태양처럼.
> 그의 머리가 일몰의 붉은 태양 원반이 산에서 사라지듯이
> 군사들의 면전에서 땅에 떨어졌도다.
> …… 잘린 카르나의 머리에서 밝은 빛이 쏟아져 나왔다.
> 일출의 둥근 태양 빛처럼 밝은 빛이.
> …… 카르나 태양은 아르주나가 행사하는 강력한 섭리에 의해 일몰로 인도되었도다.
> …… 황혼 녘에 수많은 바큇살을 가진 별이 지는 것처럼 카르나의 머리가 땅에 떨어졌다.

수레바퀴 하나가 마부 영웅의 패배와 죽음을 초래했다. 이런 일은 전장에서 간혹 일어날 수 있는 사고이다. 하지만 대적하는 두 영웅이

카르나와 아르주나, 즉 태양의 아들이 인드라의 아들과 투쟁하는 대결이라면, 이 사건은 단순히 있음직한 사고에 관한 시가 아니다. 그것은 인드라와 수리야의 싸움에서 인드라 자신이 태양신 수리야의 수레바퀴 하나를 뽑아내거나 훔치거나 땅에 처박아 버림으로써 수리야 자체를 제압하는 옛 신화의 지상적 전위이다. 이 엄청난 신화적 사건을 이야기하는 온갖 종류의 시들이 있으나 그중에서 마부 영웅의 패배와 죽음을 불러온 수레바퀴 하나의 역할을 역설하는 두 영웅의 대결에 대한 시는 이것이 유일하다.

드라우파디의 중혼에서처럼 여기에서도 수리야와 인드라의 갈등 신화의 한 에피소드가 인간적 갈등으로 전위되면서 소설적 인과성이 신학적 인과성을 뒤덮었다. 시인들은 카르나의 죄에 관한 이야기를 만들었고, 저주가 뒤따르는 이 죄는 서사시의 플롯에서 그가 모는 전차 사고를 정당화한다. 사실 카르나는 전투의 결정적 순간에 서로 연관되어 효력이 발생하는 두 저주의 희생자이다.

카르나는 젊었을 때 브라흐마의 무기 브라흐마스트라를 배우기 위해 드로나를 찾아갔다. 하지만 드로나는 카르나의 청을 거절했다. 그 기술은 오직 맹세를 실천하는 브라만이나 고행을 통해 강력한 힘을 얻은 크샤트리아에게만 허용되는데, 카르나는 수드라 계급의 전차 몰이꾼 수타족 출신이라는 것이 그 이유였다. 낙담한 카르나는 비슈누 신의 여섯 번째 화신이자 드로나의 스승인 파라수라마(Paraśurāma)를 찾아가 그의 발아래 엎드려 브라흐마스트라 무기 사용법을 가르쳐 달라고 간청했다. 목적을 이루기 위해 그는 자신을 브리구족의 브라만으로 거짓 소개했다. 파라수라마는 카르나를 자신의 은신처에 머물게 하여 전쟁술과 브라흐마스트라를 다루는 법을 가르쳐 주었다.

그러던 어느 날 카르나는 사냥을 하다가 부주의하게 한 브라만의 소를 죽이고 말았다. 그는 소를 잃은 브라만을 찾아가 용서를 빌며 부디 자신의 죄를 갚을 수 있도록 해 주기를 간청했다. 그러나 아끼던 소가 죽어 있는 모습을 본 그 브라만은 분노를 이기지 못해 카르나에게 저주를 내렸다.

"전쟁터에서 네 적을 만나는 날 대지가 너의 전차를 삼키리라. 내소를 죽였으니 네 적이 네 목을 잘라 버릴 것이다."

카르나는 그 브라만에게 저주를 거두어 달라고 애원했으나 그의 마음은 요지부동이었다. 적에 의해 목이 잘릴 것이라는 저주는 그 후 파라수라마의 응징으로 보다 구체화된다. 우연한 일로 카르나가 브라만 계급이 아니라는 사실을 알게 된 파라수라마는 그를 자신의 은신처에서 쫓아내며 저주를 내렸다.

"지상 최고의 적을 만나 가장 위대한 천상의 무기가 절실한 순간이 왔을 때 너는 주문을 기억해 내지 못할 것이다. 허나 다른 무기에 관한 한 너는 천하무적이 될 것이다. 어서 떠나거라. 이곳은 거짓을 행한 자에게 어울리는 곳이 아니다."

브라만의 소를 죽인 죄와 파라수라마의 제자가 되기 위해 자신의 신분을 속인 죄. 수리야의 아들로 태어났으나 수드라 계급인 전차 몰이꾼의 아들로 성장한 카르나에게 내려진 저주는 이 두 가지 죄에 대한 응징이다. 아르주나의 화살이 카르나의 갑옷을 찢어 버리고 투구와 머리 장식까지 날려 버리자, 궁지에 몰린 카르나는 정신을 집중해 브라흐마의 힘이 실린 천상의 무기 바르가바(Bhargava)를 부르는 주문을 외웠다. 하지만 눈을 감고도 술술 외웠던 그 주문을 몇 번이나 읊으려 했으나 어찌 된 일인지 주문이 생각나지 않았다. 결국 그가 본 것은 죽음의 그림자였다. 쿠루크셰트라 전쟁에서 카르나가 한편으로는 그에게 승리를 가져다줄 수도 있었을 기술적 우위를 상실하고, 다른 한편으로는 이례적인 방식으로 몰락했던 것은 이들 저주 때문이다.『마하바라타』의 시인들은 여기에서 참신한 상상력을 발휘한 것이 아니라 카르나의 죽음은 다르마에 어긋나는 행동에서 기인한 저주 때문이라는 진부하고도 수월한 설명을 했다.

2   비슈마, 디유, 그리고 스칸디나비아의 헤임달 신

비슈마는 샨타누와 강가의 아들들 중 유일한 생존자이며, 카우라바계의 총사령관이었다. 그는 10일째 되는 날의 전투에서 아르주나의 화살을 맞고 치명적 상처를 입게 되나 그로 인해 바로 사망하지는 않았다. 비슈마는 크리슈나가 쿠루크셰트라 전쟁의 종식을 선언하고 얼마 후에, 즉 선의 세력인 판다바계가 승리하여 악의 세력이 몰락한 것을 확인하고는 유디슈티라에게 자신의 모든 지혜를 전수한 후에 죽음을 맞이한다. 그가 상처를 입었을 때 태양은 북쪽으로 접어들고 있었고 완전히 북쪽으로 들어갔을 때 인드라에 의해 전쟁의 종식이 선언되었다.

샨타누 왕의 세 아들: 비슈마, 치트랑가다, 비치트라비르야

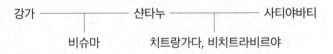

강가 ——————┬—————— 샨타누 ——————┬—————— 사티야바티

비슈마　　　　　　치트랑가다, 비치트라비르야

샨타누는 첫째 부인 강가와의 사이에서 8명의 자식을 낳았다. 그러나 강가는 자식들이 태어나자마자 모두 강에 빠뜨린다. 그녀가 물에 버린 샨타누의 여덟 아들은 여덟 바수(Vasus, 머무는 자)라고 서사시는 말한다. 이들 중 여덟 번째 아들 비슈마만이 살아남아 세 세대 동안 쿠루족의 지혜로운 어버이가 되어 대소사(大小事)를 주관한다. 뒤메질은 비슈마의 역할을 스칸디나비아 신화 체계에서 헤임달 신의 역할과 유사한 것으로 보았다.

강가의 아들 비슈마는 세 세대 동안 힘을 잃지 않으며, 자신이 원하는 때에 죽는다는 특권을 갖게 된다. 그는 이복동생 치트랑가다와 비치트라비르야를 보살피며, 이들의 사후에 사티야바티와 함께 조카들인 드리타라슈트라, 판두, 비두라의 탄생을 위해 노력한다. 판다바와 카우라바 사이에 갈등이 생겼을 때, 그는 불의를 저지하기 위해 자신이 할 수 있는 모든 것을 한다. 하늘 신 디유의 화신인 그의 역할은 쿠루 왕조의 대가 이어지도록 하는 것이며, 각 세대는 자신의 기능들을 충실히 수행하도록 대비시키는 것이었다. 하지만 이 임무가 늘 쉽지는 않았다.

비슈마는 조부(피타마하(pitāmaha))라고 불리며, 심지어 증조부(프라피타마하(prapitāmaha))라고도 불린다. 이는 다른 영웅들의 선조, 왕조를 존속시키려는 배려, 그리고 도덕적 부친의 자격으로 정당화된다. 비슈마에게는 자신만의 여인이 없으나 왕비들과 협동하여 결정한다. 이는 협동이지 결합이 아니다. 그는 자신이 원하는 만큼의 삶을 누린다. 이런 유형의 영웅은 하늘의 광활함과 영속성에 부합된다. 그러나 하늘의 특수한 상황으로 인해『리그베다』에서 디유는 명료한 신학 용어로 표현되지 않는다. 베다의 시인들이 망각하거나 아니면 소홀히 한 하늘 신의 특성을 우리는 북유럽의 헤임달 신화 속에서 볼 수 있다.

'밝게 비추는 자' 헤임달은 신들 중에서 가장 오래된 신으로, 「뵐루스파」의 서두에서 보았듯이 신들은 헤임달의 자손으로 언급된다. 그는 인류의 조상이자 신들을 지켜 주는 존재이다. 시간이 시작될 때 바다 거인 에기르의 아홉 딸들이 그를 낳았다. 그는 하늘 끝 비프로스트 옆 히민비요르그 위에 거주한다. 세계가 멸망할 때 각적 기얄라를 불어온 세상에 이를 알린다. 하지만 그는 세계의 주인도 아니고, 신들의 왕도 아니다. 세계의 멸망이 아닌 특정 시대의 종말인 종말론적 대전투 라그나뢰크에서 이 시대의 신들 중 제일 마지막에 죽는다.

스칸디나비아인의 신들은 자연신이 아니므로 헤임달이 하늘 신은 아니지만 자신의 고유 영역을 가지고 있다. 세상 끝 무지개다리 아래가 그의 고유 영역이지만 천상에도 궁을 갖고 있다. 이 신은 리그르라는 이름으로 지상을 주유하며 인간들의 사회생활에 결정적인 방식으로 개입한다.

비슈마와 헤임달의 주요 특징들은 가장 앞서 태어나고 최후의 대전투에서 가장 마지막에 사망하며 여러 세대에 걸쳐 왕성하게 활동한다는 점이다. 헤임달의 경우는 인간의 모습으로 땅에 체류하며 증조부모, 조부모, 부모의 집을 방문하여 세 명의 자식 트랄, 카를, 얄을 낳는데, 이들이 인간 사회의 계급을 형성한다. 증조부모의 집에서 태어난 자식은 하인 계급, 조부모의 집에서 태어난 자식은 농경, 목축, 직조의 일을 담당한 생산 계급, 부모의 집에서 태어난 자식은 무사 계급을 이룬다. 그러나 헤임달은 부모의 집을 방문해서 낳은 아들 얄만을 자식으로 인정하여 룬 문자를 가르치고 이름을 준다. 비슈마의 경우는 이복동생, 조카, 그들의 자식들을 배려한다. 하지만 둘 다 왕권을 갖지 않는다.

비슈마는 스스로 포기한다.

　헤임달은 하늘, 땅, 바다의 끝에서 태어났으며, 한 어머니와 여덟 어머니에게서 태어났다. 이 어머니들은 파도들로, 그는 헛되이 일렁이는 여덟 파도가 준비해 준 아홉 번째 파도에서 태어났다. 여덟 번의 파도가 지나가고 아홉 번째 파도는 물결치는 흰 거품 속에서 숫양을 출산한다. 헤임달은 아스 신족 중에서 가장 하얗다. 비슈마는 강가의 품에서 태어난 마지막 하늘 신이다. 그의 일곱(혹은 여덟) 형제들은 그들의 어머니 강가가 물결 속에 빠뜨렸는데, 이 여덟 아들은 인드라를 수행하는 여덟 신들인 여덟 바수(Vasus)이다. 북유럽 신화에서는 세계가 아홉 영역으로 구별되며, 베다 신화에서는 세계는 여덟 영역으로 구성되며 7개의 강이 있다.

　비슈마는 쿠루크셰트라 전쟁에서 카우라바계의 첫 번째 총사령관이고 10일째 되는 날의 전투에서 아르주나가 간디바 활로 쏜 화살을 맞고 치명적 상처를 입는다. 간디바는 천상의 무기 무지개이다. 크리슈나가 쿠루크셰트라 전쟁의 종식을 선언했을 때 태양은 북쪽 길로 접어들어 지상에서 완전히 모습을 감추었다. 그러나 비슈마는 58일 동안 자신의 죽음을 늦추었다. 그의 임종 전에 쿠루 왕조의 새 시대를 열게 될 판다바들은 비슈마에게서 세상의 모든 지혜를 들었다. 아스 신들과 거인족들과의 전쟁이 발발한 라그나뢰크르 때, 헤임달은 이를 알린다. 이 전쟁에서 모든 신들과 거인들이 죽고 마지막으로 헤임달과 로키가 서로 죽임으로써 전쟁이 끝난다. 그 후 오딘의 아들 발드르와 회드르가 다스리는 새로운 세상이 열려 신들과 거인족들은 서로 화해하고 협동하며 살아간다. 새로운 세상이 열리기 전 가장 마지막까지 살아남은 헤임달과 디유의 화신으로서 쿠루족의 화합을 위해 노력했으나 결국 자신의 죽음으로 한 시대를 마감했던 비슈마는 분명한 공통점이 있다.

헤임달과 비슈마의 가장 큰 관심사는 사회, 혹은 가문 내에서 한 시대를 이끌어 가는 왕들의 존재를 보장하는 것이다. 젊은 왕들은 그들 자신의 자식이 아니다.

『리그베다』에는 디유에게 따로 바쳐지는 찬가는 없으나 태초의 짝 디야바프리트비(Dyavaprithivi, 하늘과 땅)로 언급되면서 하늘과 모든 개별적 존재들의 어버이로 간주된다.[55] 『아타르바베다』는 "모든 것을 알고 있는 하늘"(1권, 32장, 4절), "아버지 하느님(Dyauspitar)"(6권, 4장, 3절)을 언급한다. 그는 여러 차례 황소로 불리며, 불의 신 아그니는 그의 아들, 여명의 신 우샤스(Uşás)는 종종 그의 딸로 언급된다. 자신이 원할 때에 죽는다는 비슈마의 삶은 하늘의 광활함과 영속성에 해당된다. 하늘 신에 대한 이 태고 신화는 인도-유럽인 시대의 유물이다.

3   베다의 주요 신들

(1) 전위에서 누락된 베다의 신들

『마하바라타』 서사시의 중심인물들의 아버지는 신이거나 이 인물들로 화신한 신들이다. 이들 신은 인간 아들을 통해, 또는 화신한 영웅들을 통해 행동하면서 각자의 임수를 완수한다. 특히 카르나의 무훈은 판다바의 임무에 관한 보다 구체적인 탐구가 이루어지면 더욱 명료해질 테지만, 아버지 신의 임무는 영웅을 탄생시켜 가능한 한 위에서 그를 보호하는 것에 국한되지 않고 그보다 훨씬 더 감동적이다. 태양신은 본의 아니게 그의 아들은 의식하지 못하지만 자신의 신화들로써 황혼 길에 접어든 태양 운행의 거대 윤곽들을 그에게 제시했는데, 카르나의 탄생에서 죽음까지는 이 여정을 벗어나지 않는다. 이 윤곽들은 때로 계승이 펼쳐지는 광경의 표현, 혹은 계승의 문학적 예견이라고 할 수 있다.

따라서 주요 영웅들 각자에 대해 동일한 유형을 두 지평에서 동시에 관찰해 볼 필요가 있다. 하지만 여기에서 이상한 점이 눈에 띈다. 다르마, 바유, 쌍둥이 나사트야, 여신, 그리고 수리야 외에도 인간을 자식으로 둔 많은 생식자 신들이나 화신한 신들은 영웅의 영혼과 육체 속에서 나타나므로 이 신들의 개성은 아들이나 영웅들을 분석하면 드러난다. 아그니, 비슈누, 루드라-시바, 그리고 집단 신인 루드라들, 마루트들, 비슈베데바들(Viśve-devāḥ)[56]이 그들이다. 거대 악마들 또한 마찬가지이다. 그러나 베다 신화와 베다 이전 시기의 신화들의 핵심 집단인 아디트야들[57]은 대다수가 『마하바라타』에서는 부재한다. 다르마는 다름 아닌 미트라의 회생이므로 미트라는 다르마의 배후에서 명백하게 인지되지만, 이 신은 자신의 이름을 딴 아들도 없고 인간 영웅으로 화신하지도 않는다. 그리고 바루나, 바가, 아리야만 같은 다른 아디트야 신들은 전적으로 전위 작용 밖에 있다.

산스크리트어 학자인 아벨 베르게뉴가 지적했듯이 베다기와 전 베다기의 지배신이었던 아디트야가 누락된 이 기이함은 또 다른 기이함과 겹친다. 『마하바라타』의 주요 영웅들의 역할, 예컨대 카르나처럼 판다바와 가까운 관계가 있는 인물들 모두의 역할은 신적인 것들의 인간적인 것들로의 전위이다. 그러나 판다바의 혈족 중에는 이 전위 규칙을 벗어나는 예외적 인물이 있다. 판두와 그의 두 형제 드리타라슈트라, 그리고 비두라가 그들이다. 심지어 판두와 드리타라슈트라는 각자의 장자 유디슈티라 및 두르요다나와 함께 쿠루 가문의 왕이거나 왕이될 유일한 영웅이기도 한다. 그런데 판두와 드리타라슈트라, 이들은 그어떤 신의 아들도 아니며 신의 화신도 아니다. 그리고 유디슈티라는 다르마의 아들인데, 놀랍게도 수드라 계급의 여인에게서 태어난 비두라도 다르마의 화신이다. 왜 판두와 드리타라슈트라는 특정 신의 아들도아니고 화신도 아닌가? 또 왜 비두라는 유디슈티라를 낳은 신과 같은신인 다르마의 화신인가?

두 인물 판두와 드리타라슈트라에 대한 전위 이론의 결여를 규명하기 위해 먼저 베다기와 전 베다기의 지배신들의 신학을 간략히 요약하겠다. 이 신들에 대한 비교-분석적 탐구는 다음 저서들에서 점진적으로 행해졌다. 1940년에 출간된 『미트라-바루나, 인도-유럽제족의 최고 지배권의 두 표상들에 관한 시론(*Mitra-Varuna, essaies sur deux représentations indo-européennes de la souveraineté*)』(재판 1948), 1945년에 출간된 『천사장들의 탄생(*Naissance d'Archanges*)』의 3장, 1949년에 출간된 『제3의 지배자(*Le Troisième souverain*)』, 그리고 1952년에 출간된 『인도-유럽제족의 신들(*Les Dieux des Indo-Européens*)』의 2장이 그것들이다.

베다 문헌에 등장하는 집단 신 아디트야(Adityas)는 '무한', (태초의) 광대무변함을 신격화한 아디티(Aditi) 여신의 아들들을 가리킨다. 아디트야 구성원의 수는 시간이 지나면서 여섯에서 열둘까지 심지어그 이상으로 확장되나 그 구조는 근본적으로 이원적이다. 이들 집단 신은 한편으로는 미트라 쪽으로, 다른 한편으로는 바루나 쪽으로 분배되면서 늘 쌍을 이루며 확장되었고, 바루나와 미트라는 이 쌍들의 열의 선두에 있다. 미트라-바루나 쌍은 아주 흔히 '미트라와 바루나 신'으로 불릴 만큼 긴밀한 관계를 유지한다. 또 기원전 14세기에 유프라테스강 굽이에서 실종된 한 인도 왕이 신들에게 가호를 빌 때 국가 신들의 리스트에서 제일 먼저 불러냈던 신은 미트라-바루나 쌍이다. 이런 점들로 볼 때 미트라-바루나 신은 꽤 오래된 힌두 신이다. 이 두 신의 긴밀한 유대와 태고성이 의미하는 바는 무엇일까? 이에 답하기 위해 이들 집단 신에 대해 제일 먼저 해야 할 작업은 통치권을 이 두 거대 신의 지평에 분할하는 까닭과 그 분배 방식을 인식하는 것이다.

(2) 지배신 미트라와 바루나

미트라-바루나는 다른 인물들, "부지배신들"이라 지칭한 다른 아디트야 신들의 모델이었다. 최근 상당수의 인도학자들이 『리그베다』의 찬가들로는 이 두 신의 성격과 행동 방식을 구별할 수 없다고 말하는데, 이는 옳지 않다. 베다 시기의 다른 문헌들, 특히 브라흐마나서와 다른 의례 지침서들은 여전히 이 두 신의 상보성, 즉 대립적이면서 동시에 상호 의존적 특성을 가장 분명하게 설명한다.

지배권은 두 얼굴을 드러내는데, 양분된 이 반쪽들은 똑같이 필요하므로 이들 사이에는 적의도 없고 갈등의 신화도 없다. 하지만 모든 면에서 두 반쪽은 구별된다.

첫째, 영역으로 말하면, 우주에서 미트라는 인간과 가까이 있는 것들에 더 관심을 가지며 바루나는 광활한 전체에 더 관심을 갖는다. 『리그베다』는 이들 두 신의 변별적 특성을 분명히 드러내려는 의도를 보인다. 예컨대 바루나는 하늘, 미트라는 땅과 결합시키거나(IV, 3, 5) 아니면 바루나는 하늘, 미트라는 제사에서 인간들의 위치들과 결합시킨다.(IX, 77, 5) 『사타파타 브라흐마나』(XII, 9, 2, 12)는 미트라는 이 세상이고 바루나는 저세상이라고 말한다. 마찬가지로 베다의 찬가들에 대한 사야나(Sāyaṇa)[58]의 주석들 훨씬 이전부터 미트라는 낮을 수호했고 바루나는 밤을 수호했는데,[59] 베르게뉴도 『리그베다』를 번역하면서 이를 환기시켰다.[60]

둘째, 두 신은 행동 방식에도 차이가 있다. 미트라는 그 이름의 어원이 말해 주듯이 문자 그대로 '계약'이며(Meillet, 1907) 인간들 사이에 동맹과 계약이 잘 맺어지도록 돕는다. 바루나는 위대한 주술사로, 일시적이거나 지속적인 형태들을 창조하는 창조적 주술인 마야(maya)를 행사한다.

성격으로 말하면 두 신 모두 리타(ṛta)와 연결된다. 리타는 우주와 사회가 일정하고 질서 있게 움직이도록 하는 우주 삼라만상에 내재하는 원리이다. 밤과 낮이 차례로 바뀌고, 계절이 순서대로 찾아오며, 태양이 제 길에서 벗어나지 않고, 인간이 태어났다가 죽는 것, 종교적 의례 및 사회적 행위들 등등 이 모든 것이 보이지 않는 곳에서 리타가 인도함으로써 이루어지는 것이다.[61] 바루나와 미트라 모두 리타를 존중할 것을 요구하지만, 두 신들 앞에서 느끼는 인간의 감정은 차이가 있다. 미트라는 호의적이고 관대하며 안심시키는 반면 바루나는 폭력적이고 불안하며 급작스럽다. 인간으로 하여금 도덕규범에 복종케 하는 것도 바루나의 임무였으며, 죄악을 폭로하고 참과 거짓을 심판하는 이도 바루나이다. 인간들은 바루나에게 자신들이 부지불식간에 저질렀던 잘못들이나 고의로 행한 죄악의 매듭들을 풀어 죄를 사면해 달라고 간청한다.

『리그베다』는 인간들이 심판관 바루나 앞에서 공포와 전율을 말하는 찬가와 절구들로 가득 차 있다. 그러나『리그베다』에는 오직 미트라에게만 호소하는 찬가가 딱 하나 있는데(III, 59) 이 찬가는 인간에게 선한 은혜를 베풀고, 누구에게도 예속되지 않으면서 하늘과 땅을 유지하는 강력한 이 신에 대한 신뢰만을 표현하고 있다.『사타파타 브라흐마나』는 종종 바루나의 족쇄들을 언급하면서 피조물들을 폭력적으로 장악하는 바루나의 모습을 보여 준다.(V, 4, 5, 12) 이와 반대로 미트라에 대해서는 아무에게도 해를 끼치지 않는 신, 아무도 그를 해치지 않는 신이라 말한다.(V, 3, 2, 7) 제대로 행해진 제사는 미트라의 관할에 속하고, 잘못 행해진 제사는 바루나의 관할에 속한다.[62] 저절로 망가진 것은 미트라에 속하고, 도끼로 잘린 것은 바루나에 속한다.(V, 3, 2, 5) 증기로 찐 것은 미트라에 속하고, 불에 구운 것은 바루나에 속한다.(V, 3, 2, 8) 우유는 미트라, 도취시키는 소마는 바루나에 속한다.(IV, 1, 4, 8) 바루나의 격렬한 에너지와 미트라의 고요함은 양극의 대등성을 통제한다. 바루나는 일반적으로 시작 또는 충일함이고, 미트라는 끝이다. 바루나는 상현달이고, 미트라는 하현달이다. 바루나는 (피조물들을 장악하기 위해) 이미 불이 붙어 불꽃이 타오르는 불이고, 미트라는 꺼져 가는 불이다.(II, 3, 2, 10과 12)[63]

마지막으로 두 신에게는 자신만의 고유한 기능에 더해 또 다른 기능들이 있다. 미트라는 인간에게 생명을 불어넣어 사회를 보호하며 천상과 지상을 유지시키는 그의 행동 방식으로 인해 풍요 및 평화(제3기능)와 더 밀접한 관련이 있고, 바루나는 인드라 및 정복의 난폭함(제2기능)과 더 관련이 있다.(『고파타 브라흐마나(*Gopatha Brahmana*)』,

II, 1, 22) 통치권의 관할 구역으로는 아난다 쿠마라스와미(Ananda Coomarswamy)가 말했듯이 미트라는 영적 권능에 가깝고, 바루나는 세속적 권능이다. 하여 미트라는 브라만과, 바루나는 크샤트리아와 연관된다.[64]

(3) 부지배신 아리야만과 바가

통치권이 바루나의 지평과 미트라의 지평으로 이원화되어 배치될 때, 아리야만(Aryaman)과 바가(Bhaga)는 미트라의 지평에, 닥샤(Daksha)와 암샤(Anśa or Amśa)는 바루나의 지평에 포함된다. 아리야만과 바가, 그리고 암샤는 베다서에서 아디트야에 속하는 신들이고, 닥샤는 후기 힌두교 경전에서 창조신 브라흐마의 오른쪽 엄지손가락에서 태어난 아들로, 또는 열두 아디트야에 속하는 신으로 거론된다. 그러나 아리야만과 바가가 미트라의 지평에 배치되고 닥샤와 암샤가 바루나의 지평에 배치되는 상황은 베다 문헌에 이미 나타난다. 하지만 송가들에서 닥샤와 암샤는 집단 신 아디트야의 리스트에 포함되지 않고 활동하는 실체들로, 겨우 그 존재를 확인할 수 있는 정도이다. 조로아스터교가 고양시킨 아디트야 집단 신을 검토해 이를 인도의 경우와 비교해 보면,[65] 전(前) 베다기의 인도-이란 신학에서 바루나는 홀로 멀리 있는 반면 미트라는 두 부관 아리야만과 바가를 동반하고 있다고 생각할 수 있다. 이 두 신이 표상하는 바는 무엇인가?

베다 자료들과 『아베스타』의 전위를 철저하게 검토한 후 파울 티머(Paul Thieme)[66]씨와 오랫동안 격렬하게 토론한 결과, 오늘날 아리야만과 바가를 이렇게 정의할 수 있게 되었다.[67] 미트라의 반열에 있는 아리야만은 아리야(arya) 사회의 사람들을 응집시키는 다양한 형태의 관계들을 후원한다. 그 이름 자체가 몫(분담)을 의미하는 바가는 아리야 사회 내에서 재산이 합당하게 할당되는지를 감시한다. 인간 사회는 구성원들 간에 특정 유형의 관계들을 유지함으로써 삶을 영위할 뿐 아니라, 그 구성원들 사이에 적절하게 재산을 배분하는 규칙적 재산 분배 체계를 통해 삶을 영위한다. 그래서 아리야만은 결혼을 후원하지만, 일단 혼인이 이루어진 후에는 다산보다는 사돈이 된 가문과의 동맹 및 신혼부부의 신분 변화에 더 관심을 갖는다. 다산은 아슈빈, 사라스와티, 그리고 다른 그 분야 전문 신들의 소관이다. 또 바가는 자유로운 운행수단으로서의 길과 환대 및 관대함을 옹호한다. 바가는 종종 다산과 풍요의 신들과 결합되는데, 그가 마련해 주는 권한은 규칙이 있어 경쟁도 없고 돌발적이지도, 격정적이지도 않다.

이런 표상들은 베다서가 소개하는 것들이다. 물론 베다 문헌의 표상들이 이들 두 신의 행동과 인물 유형들을 철저하게 다 고찰한 것은 아니다. 예컨대 찬가들은 죽음 이후의 일에는 별 관심을 보이지 않는다. 반면 『마하바라타』는 사후에 일어나는 일들에도 신경을 쓴다. 그런데 '동료', '절친'을 의미하는 아리야만은 피테라(pitarah, '어버이') 집단의 사후를 주재하는데,[68] 피테라라는 이름은 죽은 조상들을 표현하고 있거나 표현했음을 증언한다. 『리그베다』는 이 신을 바다의 보호자로 묘사하며, 인도인들이 '우유의 바다'라 부르는 은하수는 그의 길이다. 지상의 세대들이 계승되는 저편에서 아리야만은 아리야 사회 전체가 영속하도록 관심을 기울인다. 바가는 찬가들이 제공하는 간략하고 낙관적인 표시의 외연에서 그 특징들을 포착할 수 있는데, 민간 신앙에서는 다소 우려스러운 면모를 가졌을 개연성이 있다. 물질적 재산만 분배되는 것이 아니라 성공과 실패, 자질과 흠결, 온갖 종류의 행, 불행도 분배된다. 시대를 불문하고 세상에 눈길을 돌려 보면 우리는 분배가 합당하게 이루어지지 않고 있다는 것을 알 수 있다. 그래서 언제 어디에서건 분배를 감독하는 신은 악의적이거나 무능하거나, 아니면 무심하다는 것이 입증된다. 이는 바가가 운(chance)과 운명(destin) 개념에 가깝다는 것을 의미한다. 실제로 브라만들은 "바가는 눈이 멀었다."라고 말한다. 서구에서 행운의 여신(la Fortune)이 눈이 멀었다고 말하는 이유들과 같은 이유에서이다. 브라만들은 이 신이 눈을 잃게 된 것을 어떤 제사 사건과 연결하여 이야기를 만들었는데, 사비타(Savitar)도 이때 손을 잃었고 가축의 신 푸샨도 이때 이빨이 망가졌다.

차제에 자질을 표현하는 것들의 손상이라는 유형의 표상들에 다시 주목해 보자. 인도-유럽제족과 다른 많은 민족들에게서 특정 인간이나 특정 신의 어떤 신체 기관은 통상적으로 자신의 능력이나 특성을 드러내는 도구이다. 그런데 특별한 임무를 수행할 때 이 기관을 잃음으로써 그는 임무를 완수할 능력을 갖추게 되며, 그가 상실한 것은 복원되거나 아니면 상위 기관에 이식되거나 신비한 보상, 선물을 통해 회복된다. 앞에서 보았듯이, 스칸디나비아인들에게서 마술의 신이자 형안을 가진 전능한 신 오딘은 애꾸눈이다. 지혜를 얻기 위해 자발적으로 지혜의 샘인 미미르의 샘물을 마시는 대가로 자신의 한쪽 눈을 바쳤기 때문이다. 서약의 신 티르는 외팔이다. 맹세의 절차에서 자발적으로 자신의 오른팔을 희생했기 때문이다. 인도에서 장님이 된 바가는 사비타가 자신의 손을 되찾거나 황금 손을 얻게 된 것처럼 자신의 눈을 되찾거나 아니면 잃어버린 눈을 미트라의 눈으로 대신 볼 수 있게 권유되었다.

4 샨타누의 손자들, 드리타라슈트라, 판두, 비두라

주신 미트라와 바루나 그리고 부신 아리야만과 바가에 대해 고찰했으니 이제 앞에서 제기했던 두 문제로 돌아갈 수 있다.

(1) 드리타라슈트라와 비두라

왜 『마하바라타』에서는 아디트야 신들 중 미트라와 바루나, 아리야만과 바가 네 지배신 그 누구도 영웅을 탄생시키거나 영웅으로 화신하는 신들에 속하지 않을까? 아마 이 신들은 종교의 변화로 인해 다른 신들보다 더 많이 손상을 입었기 때문일 것이다. 물론 서사시에서 바유, 인드라, 아슈빈 등은 더 이상 베다 시대의 모습들을 그대로 지니고 있지는 않다. 하지만 이 신들은 알아볼 수 없을 정도로 변하지는 않았다. 바유, 인드라, 아슈빈과는 달리 네 지배신들은 완전히 현실성을 벗어났거나 완전히 변화되었다. 아리야만과 바가는 그 어떤 역할도 하지 않고, 미트라는 이들 두 신보다 겨우 나은 정도이다. 그리고 이 네 신의 이름은 태양의 이름으로도 거의 거론되지 않는다. 가장 잘 버틴 바루나는 베다서의 그의 영역들 중 제2의 구역으로 피신해 대양의 물의 신으로만 존재한다. 이제 이들 중 그 어느 신도 통치에 영향력을 미치지 못한다. 세상의 지배권, 관리는 다른 신들에게 귀속되었다. 신화를 가장 잘 보존한 형태에서 신들의 제왕은 인드라이고, 상승하는 신화에서 세계의 주인들은 브라흐마, 비슈누, 시바 같은 인물들이다.

하지만 판다바들의 어버이 신들의 도표에서 어떤 어색함이 눈에 띄는 것도 사실이다. 다섯 형제들 중 왕은 다르마의 아들인 유디슈티라인데, 이는 다르마, 즉 정의에 맞게 행동하는 그의 성품, 훗날 다르마왕(dharmaraja)이 되는 그의 인성에 부합된다. 그러나 서사시에서 신들의 왕 인드라의 아들인 아르주나는 왕이 아니다. 그는 아버지로부터 무사의 자질과 재능만을 물려받았을 따름이다. 이는 가족 내에서 세 번째 반열, 즉 인드라가 전 베다기의 기능신들 리스트에서 점하는 등급인 세 번째 줄에 불과하다. 마찬가지로 시인들은 이 점에서 비틀거렸다. 판두가 쿤티에게 다르마(Dharma)에 이어 바유를 소환하게 했을 때, 그 동기와 결과는 완전히 일치한다. 그는 정의로운 아들과 강한 아들을 원했고, 그런 아들을 얻었다. 인드라를 소환했을 때는 혼란이 생긴다. 판두는 이 신으로부터 아들을 얻기를 원하는 까닭을 말한다. 그것은 인드라가 신들 중 가장 중요한 신들의 왕이기 때문이고, 또 이 신에게는 힘은 물론 힘과 밀접히 관련된 자질들이 무한히 많기 때문이라고. 두 가지 이유를 거론했으나 사실은 인드라를 규정하는 이 두 수식어 중 두 번째 것만 영웅 속에 들어가도록 소환되었다.

동시에 우리는 유디슈티라의 아버지로 미트라 대신 다르마로 대체된 까닭을 보다 잘 이해할 수 있다. 서사시가 편집되던 시기에 다르마(dharma)는 전 베다기와 베다기의 미트라의 실체, 서사시에서는 비어 있는 미트라의 실체를 표현하는 데 가장 좋은 혹은 가장 덜 부적합한 말이었음이 분명하다.

두 번째 물음, 왜 판두와 드리타라슈트라는 특정 신의 아들이거나 화신이 아닌가? 또 왜 비두라는 유디슈티라를 낳은 신과 같은 신인 다르마의 화신인가? 이에 대해 간략히 답할 수 있다. 판두는 전 베다기 및 베다기의 바루나의 화신이고 드리타라슈트라는 바가의 화신, 그리고 비두라는 아리야만의 화신이다. 그래서 이들 세 인물은 모두 이 신들로부터 그들의 품성과 행동을 받았다. 하지만 이들 세 신은 좀 전에 말한 이유들로 인해 『마하바라타』를 편집할 때 이미 더 이상 동원 가능하지도 않았고 뚜렷한 쓸모도 없었기 때문이다.

(2) 창백한 피부를 가진 판두와 장님 드리타라슈트라

한편 신의 흔적들은 유지되었으나 날인이 제거된 것은 어떤 문제를 제기하는데, 잠시 후에 이에 대해 검토할 것이다. 그 전에 먼저 판두의 세 아들 유디슈티라, 비마, 인드라의 전위를 입증해야 한다.

유디슈티라의 왕국

유디슈티라의 왕국은 명백하게 모두 미트라적이다. 1947년 이래 비칸더는 이 서사시의 4권 『비라타국의 서』에서 주목할 만한 한 문구를 활용했다.[69] 12년간의 숲속 생활을 마친 판다바들은 신분을 숨기고 비라타국에서 13년째 유배 생활을 하고 있었다. 13년의 기간이 거의 끝나려 할 즈음 두르요다나는 판다바들이 은거하고 있는 곳을 알아내지 못해 조바심이 났다. 그들이 끝까지 발각되지 않고 유배 생활을 마치면 인드라프라스타 왕국을 되찾게 되므로 판다바들의 기나긴 고통들이 헛되지 않게 된다. 판다바들의 왕국을 찬탈한 두르요다나는 이런 결과를 도저히 용납할 수 없었다. 그는 백방으로 첩자들을 보냈으나 아무도 판다바들의 소재지를 알아내지 못했다. 카우라바와 판다바의 스승 드로나는 두르요다나에게 그들을 찾으려 애쓰지 말고 오히려 환영할 준비를 하는 게 나을 것이라고 충고했다. 그러자 비슈마가 말했다. 유디슈티라는 더 이상 왕이 아닐 때조차도 나라를 변화시키는 덕을 발하므로 그가 있는 곳을 알아내기는 어렵지 않다고.

아들아, 그들의 행방이 그리도 궁금한가? 그렇다면 어디로 가야 그들
을 찾을 수 있는지 알려 주마. 유디슈티라 왕이 지배하는 마을이나 도
시의 왕들에게는 그 어떤 재앙도 일어나지 않을 것이다. 유디슈티라
가 거하는 나라에서는 사람들이 상냥하게 말하며, 진실을 존중하고
성정이 올바르며, 순수하고 근면하게 살고 있을 것이다. 유디슈티라
가 거하는 곳에서 사람들은 적의를 갖지도, 질투를 하지도 않으며, 교
만하지도 않고 이기적이지도 않다. 그 반대로 각자 자신의 고유한 의
무를 다하기 위해 헌신할 것이다. 그곳에서는 곳곳에서 중얼거리는
기도 소리를 들을 수 있고, 신들에게 수많은 제사를 지내며 신주를 가
득 따라 올리고, 브라만들에게 바치는 선물들이 넘쳐 날 것이다. 의심
의 여지없이 그곳에는 구름이 비를 흠뻑 내려 풍성한 수확을 하게 해
줄 것이므로 사람들은 두려움이 없이 생활할 것이다. 그곳에서 벼들
은 알곡이 꽉 찰 것이며, 과일들은 풍부한 과즙을 머금고 있을 것이고,
화환들은 향기를 뿜어낼 것이며, 사람들은 늘 기분 좋은 말들로 대화
할 것이다. 유디슈티라 왕이 거하는 곳에서는 감미로운 바람이 불 것
이고, 사람들은 아무런 장애 없이 그곳을 방문할 수 있어 공포가 스며
들지 않을 것이다. 그곳에서는 모든 이들이 야위지도 허약하지도 않
을 것이며, 많은 암소들이 우유를 넉넉하게 제공하고, 응유와 버터는
맛도 좋고 영양도 풍부할 것이다. 유디슈티라 왕이 거하는 나라는 온
갖 곡식들이 알갱이가 꽉 차 있고 음식들은 모두 향미가 깊을 것이다.
유디슈티라 왕이 거하는 곳에서 미각, 촉각, 후각, 청각의 모든 대상
들은 그 품질이 뛰어날 것이다. 유디슈티라 왕이 거하는 곳의 풍광과

정경들은 빼어나게 아름다울 것이다. 도덕적 규범들과 이들 각각의 원리들은 두 번 태어남으로써 잘 연마되었을 것이다. 13년째가 되는 해에는 판다바들과 결합되어 있는 나라의 주민들은 하등의 불만도 없이 만족할 것이며, 순수하고 변함이 없고, 경건한 마음으로 신들과 주인들에게 헌신할 것이며, 존경받아 마땅한 이들에게 경의를 바칠 것이다. 그곳 주민들은 즐겨 보시할 것이며 또 사람들은 위대한 에너지로 가득 차 저마다 자신의 다르마를 준수할 것이다. 악한 것을 증오하고 선을 갈망하며, 순결한 서원들을 마음에 품고 끊임없이 제사에 전념할 것이다. 유디슈티라가 거하는 곳의 주민들은 거짓의 말은 버리고, 정의롭게 얻은 이익들과 고결한 생각만을 동경하면서 행복과 길조, 복을 얻기를 갈구하며 생활할 것이다. 유디슈티라 왕이 거하는 곳의 사람들은 이러할 것이다. 선한 것을 행하기를 원하고 마음은 늘 덕을 지향할 것이며, 맹세는 유쾌할 것이고 오로지 종교적 공덕을 쌓으려고만 애쓸 것이다.(IV, 28, 926~942)

이는 모든 사회의 이상향, 사회와 자연이 모두 함께 어울리는 대동 (大同)의 상황을 묘사한 이상향임을 알 수 있다. 백성들은 왕의 덕에 감화되어 각자 자신의 다르마에 맞게 행동하므로 왕은 사람들에게 질서나 규범, 도덕률 같은 것을 굳이 강요할 필요가 없다. 이렇듯 왕의 덕목들은 감화를 통해 효력이 발생한다.[70]

이런 형태의 왕국에서는 제1기능과 제3기능 사이에, 권력과 번영 사이에, 평화 및 덕의 강령과 농작물의 풍요 사이에 깊은 공감이 전폭적으로 작용하고 있음을 알 수 있다. 이런 광경 앞에서 로마 역사의 제조자들이 상상했던 덜 경이로운 초기 역사, 즉 바루나적인 로물루스와 미트라적인 누마를 상기하지 않을 수 없다.

온전히 자애롭고 관대한 누마의 교화는 로마인들의 풍속을 유화시켰으며, 격정적인 그들의 기질을 온건하게 변화시켰고, 정의와 평화를 우위에 둠으로써 로마인들이 정의와 평화를 사랑하게 만들었다. …… 이민족의 왕으로 추대되어 오로지 설득으로 모든 것을 변화시킨 것은 경이롭고도 거의 신적인 일이다. 또 그는 군대도 강압도 사용하지 않으면서 아직 온전히 일치되지 않은 도시를 통치했다. 마지막으로 그는 지혜와 정의로써 국가의 초석을 다졌고 모든 시민들을 화합시켰다. 이런 것들은 누마의 영광이라고 말해야 한다. ……
누마는 농업이 시민들을 부유하게 하지만 그 이상으로 시민들의 풍속을 형성하는 수단임을 알았기에 모든 시민들이 평화를 이끌어 오는 강력한 힘을 가진 농업을 좋아하게 만들고 싶었다. 그래서 그는 시민들이 모든 경작지를 그가 파기(pagi)[71]라 부른 구역들에 배당하여 나누어 가지게 했다.
그의 신하들은 왕에게서 덕의 가장 아름다운 모델이 빛나는 것을 보고 자발적으로 지혜를 숭상했다. 그들은 우호와 평화의 끈으로 함께 결속되어 절제와 정의를 충실히 실행했다. 신하들은 나무랄 데 없이 훌륭한 왕의 행위를 따름으로써 로마가 통치하는 모든 곳에서 평화와 정의가 온전히 이루어지도록 했다.[72]

유디슈티라가 비라타 궁에 있을 때는 변장한 잠재적 왕에 불과했다. 그러나 동생들과 함께 나선 정벌들 이후에 그는 어느 누구도 부인할 수 없는 명실상부한 다르마 왕이 되었다. 유디슈티라의 목가적인 치세는 삼촌 드리타라슈트라와 비두라의 충실한 협조를 받아 이루어졌으며, 전쟁은 배척되었다. 유디슈티라는 언제나 전쟁을 싫어하여 이 재앙을 피하기 위해 온갖 노력을 다했다. 비두라의 능력으로 그의 왕국은 국경 밖으로까지 친선이 이어졌다.

판두가 왕이 되어 왕국을 통치했던 짧은 치세는 유디슈티라의 치세와 완전히 달랐다.(I, 113, 4445~4462)

판두의 왕국

서사시는 삼촌 비슈마가 주선한 판두의 두 결혼에 대해 이야기한다.

결혼 후 30일 밤을 두 부인과 함께 열락을 즐긴 후 판두는 왕궁을 떠나 불경한 왕들을 정벌하고 싶었다. 출발 전에 그는 왕국의 원로들에게 작별 인사를 했다. 제일 먼저 비슈마에게, 이어서 드리타라슈트라와 쿠루족의 다른 저명한 원로들에게 정중히 작별을 고한 후, 길조를 기원하는 의례에서 그들의 축복을 받으며 정벌 길에 나섰다. 보병과 기마병, 코끼리와 전차로 구성된 거대 군단을 이끌고 하스티나푸라를 떠나는 그의 모습은 마치 천상의 군사들에 에워싸인 만신의 군대 같았다. 판두는 동쪽으로 행군하여 하스티나푸라의 통치에 반기를 든 사악한 다샤르나(Daśarṇa) 부족의 왕을 무찔렀다. 그러고는 남쪽으로 이동하여 마가다 왕국의 수도로 쳐들어가 이웃 나라들에 침입하여 백성들을 도탄에 빠뜨리는 마가다의 왕 디르가(Dīrgha)를 죽였다.

판두가 차례차례 동남서북 지역의 왕들을 복속시키며 계속해서 정벌의 승리를 이어 가자 여러 왕들이 아무런 저항 없이 서둘러 그에게 머리를 조아렸다. 그가 이끄는 군대가 영광의 승리를 만끽하며 왕국으로 돌아오자 개선 행렬이 지나는 곳마다 백성들이 환호하며 소리쳤다.

"사자 왕 샨타누와 현자 바라타(Bharata)의 불 꺼진 영광이 이제 다시 판두에 의해 찬란하게 빛나도다! 예전에 쿠루의 영토와 백성들을 차지했던 자들은 사자 왕 판두로 인해 나가푸라(Nagapura, 즉 하스티나푸라(Hastinapura))의 쿠루족에게 조공을 바쳐야 했다.

그런데 판두의 적극적인 통치는 이게 전부이다. 금욕적인 판두는 얼마 후 왕위를 장님 형 드리타라슈트라에게 물려주고 자신은 두 아내와 함께 숲속에서 생활하다 고행자의 저주를 받고 둘째 부인 마드리를 포옹하자마자 곧바로 죽었다.

창백한 피부를 가진 판두에 대해, 뒤메질은 그가 베다의 신 바루나의 서사시적 전위라는 주장과 함께 그의 짧은 치세의 특징을 거론하는 것으로 서령을 끝낸다. 창백한 피부를 가지고 태어난 판두의 신체적 특성은 아리안의 피부색인 백색을 표현하는 것으로 볼 수도 있다. 그러나 『마하바라타』를 주의 깊게 읽어 보면, 고대 인도 시인들이 판두의 창백한 피부, 고행자의 저주와 죽음을 전위로만 설명하고 넘어갈 수 없는 다른 무엇이 있다는 생각을 지울 수 없다. 왜 그 고행자는 저주를 내렸으며, 판두의 죽음 후 왜 쿤티가 아닌 마드리가 그와 함께 장작더미에 올라가 불태워졌나? 신들의 아들로 태어났으나 왕비 쿤티와 마드리의 자식들은 법률적 아버지 판두가 일찍 왕위를 포기한 탓에 오랜 세월 핍진한 삶을 살아야 했다. 왕이 된 크샤트리아의 다르마라는 관점에서 읽으면 이 모든 의문들은 일관된 메시지를 향한다.

고대 인도 사회에서는 크샤트리아만이 왕이 될 수 있었다. 유디슈티라는 크리슈나 앞에서 크샤트리아의 의무와 왕족의 의무에 대해 말하며 자기 형제들과 카우라바들과의 전쟁을 정당화한다. 부 없이는 선을 얻기 힘들고, 고행과 구걸은 크샤트리아의 의무가 아니며, 판다바들에게는 백성들을 통치하고 브라만들과 빈곤한 자들을 도울 재산이 필요하다고, 한편 방랑하는 악사이자 이야기꾼인 리시 나라다는 유디슈티라에게 군주의 의무(다르마)에 대해 말한다. 군주의 목표는 사람들의 영적인 삶을 고양시키는 데 있으며, 그들을 도와 해탈(moksha)에 이르도록 해 주는 것이라고. 그러나 해탈은 삶의 마지막 단계에서 이루어야 할 최종 목표이다. 그 이전에 먼저 경전의 지식을 깨우쳐 겸손하고 올바른 행동을 하도록 하는 학습기의 과정이 있다. 이어서 결혼하여 자식을 낳는 단계에 접어드는 데, 이 시기 동안에 아내와 사랑(카마(kama))을 나누어 후손을 갖고, 현생의 물질적인 부(아르타(artha))를 축적하여 가족을 평안하게 해야 하며, 이에서 더 나아가 가난한 이웃들에게 적선해야 한다. 이 단계를 지나면 세속을 벗어나 은둔의 생활을 한 후 고행의 기간을 가짐으로써 해탈에 이르도록 노력한다. 왕의 의무는 사람들이 이 모든 과정을 거쳐 삶의 최종 목표인 해탈에 이르도록 돕는 것이라고 나라다는 역설한다.

이 관점에서 보면 판두는 가장으로서의 다르마를 소홀히 했을 뿐 아니라 왕으로서 다르마를 다 실천하지 못했다. 그는 사랑을 나누는 고행자를 활로 쏘아 죽였기에 그 자신이 여인과의 사랑의 쾌락을 즐기는 삶을 박탈당했을 뿐 아니라 후손을 가져 왕조를 이어 갈 의무를 소홀히 했다. 그의 죽음에 쌍둥이 아슈빈의 아들 나쿨라와 사하데바를 낳은 마드리가 함께했다는 것도 부와 풍요의 모태의 결여로 해석할 수 있다. 부(아르타)와 사랑(카마)을 경시하고 삶의 최종 목표만을 중시한 왕의 자식들, 즉 판다바들의 삶은 그래서 생명을 부지하기가 힘들 정도로 가혹할 수밖에 없다.

(3) 장님 드리타라슈트라

장님으로 태어난 드리타라슈트라와 회드르, 발드르와 유디슈티라 사이에는 유사점이 있으므로 비교가 가능한 인물 쌍이다. 드리타라슈트라와 스칸디나비아의 회드르는 장님이다. 드리타라슈트라는 판다바를 핍박할 의도도 없었고 조카들을 적으로 만들어 전쟁을 하고 싶지도 않았다. 왕은 어리석지는 않았으나 탐욕과 적개심으로 가득 차 비열한 행동을 서슴지 않는 아들에게 좌지우지 당했을 뿐이다.

드리타라슈트라의 고문 아크루라가 눈먼 왕에게 자식에 대한 맹목적인 집착을 경계하라고 권고한다. 판두가 일찍 왕권을 포기했으므로 카우라바들과 판다바들을 차별하지 말아야 한다는 것이다. 가까운 혈족과 지나치게 친밀한 관계를 유지하는 것은 무지의 소산이며, 무지는 슬픔으로 이어지니 판두의 아들들을 합당하게 대우하라고 조언했다. 드리타라슈트라는 아크루라의 조언이 옳다는 것을 인정하나 그 충고가 자신의 마음속에 머물려 하지 않는다고 말한다. 그러나 지혜로운 권고를 무시할 만큼 대담하지는 않았기에 리시 아크루라가 왕궁을 떠나자 드리타라슈트라는 비슈마와 비두라, 브라만들을 불러모아 쿠루족의 차기 왕으로 누가 적합한지 의견을 물었다. 모두 정직과 인내, 친절함뿐 아니라 다르마를 지키려는 확고부동한 태도까지 갖춘 유디스티라를 섭정 세자로 등극시키자고 했다. 분노한 두르요다나가 카르나와 동생 두샤사나를 데리고 외삼촌 샤쿠니를 찾아가 판다바들을 없앨 방도를 물었다. 이에 샤쿠니는 판다바들을 하스티나푸라 밖으로 유인해 죽여 버리는 방법밖에 없다고 말했다. 판다바들을 왕궁 밖으로 유인해 불태워 죽일 계획을 꾸민 두르요다나가 아버지를 찾아갔다. 그는 유디슈티라가 쿠루 왕국을 다스릴 후계자가 될 경우 자기 형제들이 처하게 될 비참한 신세를 한탄했다. 왕은 두르요다나의 의도를 알아채고 망설였으나, 아들의 거듭되는 청에 못 이겨 결국 아들의 뜻대로 하도록 방조했다.

드리타라슈트라는 사기 주사위 놀음을 벌여 판다바들의 재산을 차지하려는 두르요다나의 탐욕이 어떤 결과를 가져올지도 알고 있었다. 하지만 그는 아들의 계획을 저지시키려 하지 않고 침묵을 지키고 있었다. 비두라가 눈먼 형 드리타라슈트라에게 그 주사위 놀이는 분쟁과 싸움의 씨앗이 되어 파국을 가져올 뿐이라고 말했으나 소용없었다. 사기 도박판이 벌어지는 것을 보고 참을 수 없었던 비두라가 형에게 간언했다.

"왕이여, 저 까마귀를 내다 버리고 대신 판다바들을 손에 쥐소서. 비뚤어진 아이 하나 때문에 슬픔의 바다에 침몰하는 우를 범하지 마소서. 그 옛날 황금 덩어리를 토해 내는 새 한 마리가 있었습니다. 그런데 한 바보 같은 욕심쟁이 왕이 이 새가 손에 들어오자 더 많은 황금을 얻으려는 생각에 그만 새를 죽여 버리고 말았습니다. 물론 왕의 행복도 영영 사라져 버렸습니다. 왕이여, 부귀를 얻으려고 그 어리석은 왕처럼 행동하지 마소서. 대신 나무를 정성껏 돌보아 대대손손 꽃을 따서 파는 현명한 꽃장수가 되소서."

하지만 눈먼 왕은 여전히 말이 없었다. 그는 왕국과 자기 가족에 대한 집착을 버릴 수가 없었다. 드리타라슈트라는 탐욕과 허욕에 가득 찬 두르요다나가 죄인이라는 것을 알고 있으나, 그 모든 것이 운명이 계획해 놓은 일이니 파멸을 기다릴 수밖에 없다고 말한다.

스칸디나비아 신화에서 오딘의 장님 아들 회드르는 간교하고 사악한 로키의 속임수에 넘어가 본의 아니게 동생 발드르를 죽게 만든다. 쿠루크셰트라 전쟁 후 유디슈티라가 새 시대의 왕이 되듯이, 회드르의 잘못으로 죽음을 맞이한 발드르는 재생하여 라그나뢰크 이후 새로운 시대의 지배신이 된다. 드리타라슈트라와 회드르, 로키와 두르요다나, 발드르와 유디슈티라는 유사한 특성을 지닌 인물 쌍이다.

4 소멸과 재생

앞서 이루어진 인물들의 분석을 통해 알 수 있듯이, 특정 신의 아들이 건 신의 화신이건 서사시의 인물들은 관련 신들의 성격 외에 다른 특성을 갖지 않으며, 각 인물이 수행하는 임무는 오직 관련 신들의 신분과 행위들을 지상에서 재생하는 것이다. 그래서 『마하바라타』를 읽는 독자들은 마치 위에서 조정하는 인형들 집단을 보는 것 같은 느낌을 받을 것이다. 인형들 모두가 제각각 주인공이 되어 하나의 막(幕)을 구성하지는 않지만 자신의 특성에 맞는 역할을 수행한다.

그런데 인형극의 모든 인형들이 각자의 개성대로 질서 있게 정리되는 막이 하나 있다. 그것은 쿠루족의 역사 전체는 아닐지라도 적어도 쿠루 왕조의 특정 시기이다. 먼저 쿠루 왕조의 역사에서 상대적으로 평온했던 판두와 그 형제들의 시대가 있고, 이어서 판다바들의 핍박받던 유년기, 다음에는 대적하는 두 사촌 집단 사이의 끔찍한 전쟁의 순간, 쿠루족의 절멸과 뜻밖의 탄생으로 회복되는 쿠루 왕조, 그리고 마지막으로 유디슈티라의 목가적 치세와 '기적의 아이'를 위한 왕위 양도, 판다바들의 피안의 세계(히말라야) 입성으로 전개되는 역사이다. 이 역사의 처음 이후 엄청난 퇴행들과 기나긴 답보의 과정들을 지난 후에 마지막에 이른다. 생성 → 갈등 → 투쟁 → 소멸 → 재생이라는 서사시의 거대 플롯에서 자신에게 주어진 역할을 충실히 수행하는 인물들을 살펴보자.

1   크리슈나와 비슈누

크리슈나의 성격은 투명하다. 베다의 비슈누를 약간 벗어나긴 했으나 그 본질적 특성을 유지하고 있다. 비슈누는 세 걸음으로 우주를 가로질렀고, 인드라의 충실한 동맹군이자 벗, 최고의 후원자이다. 인드라가 브리트라를 살해할 때 비슈누를 동반했고, 비슈누가 암소들의 동굴을 열 때 그의 벗 인드라를 동반했다.

『마하바라타』에서 크리슈나와 아르주나의 관계는 비슈누와 인드라의 관계 못지않게 밀접하다. 크리슈나는 아르주나의 사촌이자 처남이다. 그는 모든 상황에서 아르주나를 배려한다. 카우라바와 판다바의 갈등이 더 이상 피할 수 없게 되었을 때 크리슈나는 판다바의 군대에 들어갔다. 그러나 무기를 들고 싸우기 위해서가 아니라 아르주나의 마부가 되었다. 크리슈나와 아르주나의 연합은 어떤 시련도 이겨 낼 정도로 강고하다. 크리슈나는 사촌들 간의 전쟁을 피할 수 없다는 것을 이미 알고 있었지만 그럼에도 평화를 옹호하고 쿠루족의 죽음을 피하고 싶었기에 마지막으로 평화의 사절이 되어 하스티나푸라로 드리타라슈트라를 찾아갔다. 그러나 눈먼 왕은 크리슈나를 잘 구슬리면 그를 판디바로부터 떼어 낼 수 있으리라는 헛된 환상을 가졌다. 드리타라슈트라는 하스티나푸라에서 가장 호사스러운 왕궁을 크리슈나에게 주고, 또 그를 성대하게 신으로서 접대하면 자신의 목적을 이룰 수 있으리라 생각했다. 지혜롭고 선견지명이 있는 비두라가 장님 왕의 이 헛된 환상을 깨우쳐 준다. 아르주나는 크리슈나의 생명의 숨결 같아서 물질적 부로 유혹하건 아니면 명예를 훼손하건 그 어떤 노력으로도 둘을 갈라놓을 수는 없다고 말한다.(V, 86, 3071~3072)『마하바라타』에서 이 두 인물의 밀접한 관계는 아르주나에 대한 드라우파디의 각별한 총애를 통해서도 표현된다. 또 유디슈티라는 크리슈나와 아르주나의 긴밀한 결연을 인상적으로 표현했다. "크리슈나가 없으면 아르주나가 존재할 수 없고, 아르주나가 없으면 크리슈나가 존재할 수 없다. 인간 세상에서 이 두 크리슈나(anayoh krsnayoh)를 이길 자는 없다."(V, 12, 781)

삼계를 가로지르는 비슈누의 "세 발걸음(Trivikrama)"은『리그베다』에서 간략하게 묘사되지만, 비슈누 신 고유의 이 기법은 베다 시대에도 찬가들이 드러내는 것보다는 훨씬 풍부한 신화적 소재를 내포하고 있는 것 같다.[73] 이에 대해서는 뒤에서 다시 거론하겠다. 비슈누가 그의 위대한 세 걸음을 펼칠 때가 몇 번 있는데, 그중 한 번은 인드라를 위해서이다. 거대한 뱀 브리트라가 우주의 모든 물을 가두어 똬리를 틀고 있어서 지상에 가뭄이 창궐했다. 천둥 번개의 신 인드라는 브리트라를 죽여 대지에 비를 내리기 위해 결투를 준비한다. 그는 많은 양의 소마를 마셔 엄청난 힘을 축적하고, 결투에 앞서 친구 비슈누에게 거대한 보폭의 세 걸음을 전개하도록 부탁한다. 이때 사용되는 용어는 동사 "vi-kram(나아가다, 보폭을 전개하다)"와 비교부사 "vi-tarám(보다 더 멀리)"인데, 후자는 비슈누라는 이름의 어원일 수도 있음을 상기시킨다. "벗 비슈누여, 발걸음을 내딛어 보다 멀리 전진하시오!" 이 두 경우의 정황은 동일하다. 브리트라와 싸우기 전에 전투의 신은 그와 목표물 사이의 공간을 가로지를 수 있도록 비슈누에게 전진의 발걸음을 내딛어 길을 열어 달라고 요청하는데, 비슈누의 발걸음은 인드라의 전쟁 동작의 신비한 조건임에 틀림없다. 앞서 말했듯이 아르주나의 마부 크리슈나는 싸우지 않는다. 그는 능수능란하게 전차를 몰면서 격려와 조언을 통해 아르주나를 돕는다. 아르주나와 카르나가 맞붙었을 때, 카르나의 화살이 아르주나의 목을 겨냥해 날아오는 것을 본 크리슈나는 몸을 앞으로 기울여 있는 힘껏 전차를 눌렀다. 전차가 땅속에 처박히면서 날아온 화살은 아르주나의 왕관에 맞았다. 왕관은 산산조각 났으나 아르주나는 무사했다. 얼마 후 아르주나가 쏜 화살에 중상을 입은 카르나가 광분한 상태로 싸우는 것을 본 크리슈나는 아르주나에게 명했다. 카르나가 아직 전력을 다해 공격하고 있지 않으니 더 강력한 무기를 사용하라고. 그러나 딱 한 번 그는 전쟁 전에 마부로서의 역할만 하겠다는 서언을 위배했다. 아르주나가 카우라바 진영의 총사령관이자 한때 판다바들의 보호자였던 비슈마와 싸울 때이다. 이때 아르주나는 증조부 비슈마를 공격하기를 저어했고, 두르요다나의 강요로 마지못해 판다바를 공격했던 비슈마는 가능한 한 크리슈나와의 만남을 피하려 했다. 크리슈나는 이 싸움에 세 번 개입했는데, 그중 세 번째 개입만이 유효했다. 그러나 이 마지막 개입은 목표물을 향해 펼치는 발걸음,[74] 즉 비슈마의 화신 크리슈나의 거대한 보폭과는 유사성이 없는 형태로 나타난다.

처음에 비슈마가 판다바의 군대를 무자비하게 공격했을 때 군사들은 대오를 흩뜨리며 도망쳤다. 아르주나가 비슈마를 향해 돌진하자 판다바 군대는 다시 집결했다. 비슈마는 아르주나를 향해 화살을 퍼부었으나 크리슈나가 절묘한 솜씨로 전차를 몰아 공격에서 벗어났다. 비슈마는 부단히 아르주나를 향해 공격을 가하면서 동시에 주위에 있는 판다바 군사들도 공격했다. 비슈마가 아르주나의 전차를 집중 공략하자 화살 중 하나가 크리슈나의 몸에 맞았다. 비슈마의 활약으로 판다바들이 거의 학살당할 지경에 이르렀을 때, 크리슈나는 자신의 맹세를 깨뜨려야겠다고 생각했다. 그는 원반[75]을 휘두르며 전차 아래로 뛰어내렸다. 그리고 발아래 대지를 뒤흔들면서 비슈마를 향해 앞으로 돌진했다. 비슈마는 그가 신이라는 사실을 알고 있었기에 크리슈나의 일격을 경건히 받을 준비가 이미 되어 있었다. 싸우지 않겠다던 약속을 깬 크리슈나의 모습을 본 아르주나는 자신도 전차에서 뛰어내려 있는 힘을 다해 그를 뒤쫓아가 두 팔과 두 다리로 잡았고, 대지를 뒤흔드는 발걸음으로 비슈마를 향해 나아가는 크리슈나의 열 번째 발걸음을 가까스로 저지했다. 그는 크리슈나에게 이제 더 이상 머뭇거리지 않고 크샤트리아의 의무를 다하겠노라 맹세했다.(V, 106, 4873) 그러나 그 후 2000번이나 공격을 주고받으면서도 아르주나는 여전히 자신의 언약을 지키지 않았고, 그리하여 같은 상황이 반복되었다. 이런 모습을 본 크리슈나는 이번에는 마차에서 뛰어내리지 않고 비슈마를 향해 전진하며 말했다. 지혜로운 조언자는 수단과 방법을 가리지 않는 무뢰한 같은 왕을 타일러 이 대학살의 전쟁을 하지 않도록 해야 했으며, 그것이 불가능하다면 그를 처단하는 것이 마땅하다고. 이런 이유로 그는 비슈마를 이 대학살의 원흉이라고까지 말했다. 마침내 아르주나는 이제 전력투구하여 비슈마를 죽이겠다고 크리슈나에게 맹세했다. 그날 밤 유디슈티라는 비슈마를 만나러 그의 막사를 방문했다. 전쟁을 선포하며 비슈마가 유디슈티라에게 했던 말, 자신을 죽일 수 있는 방법을 알려 주겠다는 할아버지의 말이 생각났기 때문이다. 비슈마는 유디슈티라에게 자신을 쓰러뜨리면 승리는 판다바들의 것이 될 것이라 말하며 자신이 결코 무기를 사용하지 않을 대상을 열거했다. 갑옷을 잃은 자, 부서진 깃발을 가진 자, 무기를 잃은 자, 두려움에 도망간 자, 항복한 자, 아들이 하나뿐인 자, 무능한 자, 여성, 그리고 여성의 이름을 가진 자가 그들이다. 이어서 비슈마는 구체적으로 그 대상을 지목하면서 자신을 무너뜨릴 수 있는 길을 알려 준다. 판다바 편에서 싸우고 있는 드루파다의 아들 용맹스러운 쉬크한디는 원래 여자였으므로 자신은 절대 그를 공격하지 않을 것이니 그 아이를 선봉에 세우고 아르주나를 그 뒤에 세우라고 말했다. 전쟁 10일째인 이튿날 자신이 알려 준 대로 아르주나가 쉬크한디를 앞세워 공격해 오는 것을 본 비슈마는 무기를 내려놓고, 결국 아르주나가 쏜 수많은 화살을 맞고 쓰러진다. 가까이 다가온 아르주나에게 그는 자신의 머리가 처지지 않도록 베개를 달라고 했다. 비슈마의 말뜻을 알아차린 아르주나는 활을 들어 베다의 주문을 외운 뒤 몇 발의 화살을 쏘아 화살 베개로 그의 머리를 받쳐 주었다. 몸속 깊숙이 뚫고 들어온 화살 침대에 화살 베개를 베고 누운 비슈마는 카우라바들에게 의사를 불러 몸의 상처를 치료할 생각을 하지 말라고 당부한다. 태양이 북방을 지키는 바이슈라바나(Vaiśravaṇa)[76]의 영역에 도달할 때가 오면 자신은 천상으로 돌아갈 것이니, 그때까지 화살 침대 위에서 죽어 가게 그냥 두라고 말했다. 비슈마는 자신이 아버지 샨타누에게 한 맹세, 결혼도 왕위도 포기하는 대가로 자신이 원하는 때에 죽게 해 달라는 맹세를 지키며 삶을 살았고, 여성이나 여성의 이름을 가진 자에게는 무기를 들지 않겠다는 맹세를 지키다 죽음을 맞이했다. 그가 처음 가졌던 이름 데바브라타는 '맹세를 깨뜨리지 않는 자'라는 뜻이다.

결국 비슈마와 아르주나의 대결에서 크리슈나의 기이한 보행(步行)들은 아르주나를 인도하여 그 화살들이 목표물, 즉 비슈마를 향해 날아가 꽂히게끔 예정되었다. 앞에서 거론했듯이 인드라가 브리트라를 공격할 때, 그는 거리낌 없이 브리트라를 공격할 수 있기를 기원하며 비슈누에게 청했다. "친구 비슈누여! 보다 더 멀리 발걸음을 펼쳐다오." 『마하바라타』에서 아르주나를 위한 크리슈나의 발걸음들은 베다의 인드라가 했던 이 요청에 대한 서사적 부응이 아닐까?

세부 내용들이 어떠하건 크리슈나는 계속 판다바 곁에 있으면서 이들을 이롭게 하는 데 엄청난 역할을 했다. 두르요다나의 패배 후에 그는 갑자기 자신의 대적자 아슈바타만과 조우했다. 쿠루 왕조의 소멸과 재생의 과정에서 간과할 수 없는 이 두 인물의 조우를 검토하기 위해 뒤메질은 먼저 아슈바타만의 역할에 주목한다.

2 아슈바타만과 시바, 소멸

아슈바타만은 루드라-시바의 화신이다. 사실 화신이라는 표현은 정확하지 않고 오히려 루드라-시바 신과 영웅 아슈바타만은 상동이라고 표현하는 것이 더 정확하다. 운문 형태의 베다서들은 루드라에 대해 가장 무시무시한 온갖 실체들이 뒤섞여 형성된 신이라고 말한다.(『아이타레야 브라흐마나(AitareyaBrāhmaṇa)』, III, 33, 1) 아슈바타만도 마찬가지이다. 『마하바라타』의 다른 모든 인물들이 특정 신의 아들이거나 화신이다. 그의 외삼촌 크리파(Kṛpā)도 집단 신이긴 하나 동질적인 이름을 가진 루드라들(Rudras)로 지칭되는 신들로부터 태어났다. 그러나 아슈바타만은 루드라처럼 그야말로 가공할 성분들이 뒤섞인 인물이다.(I, 67, 2709~2710)[77] 그는 카우라바들과 판다바들의 스승인 드로나의 아들로, 그가 태어나기 전 드로나는 시바 신만큼 용감한 아들을 갖게 해 달라고 시바 신에게 간구했다.[78]

마하데바(=Śiva)와 안타카(Antaka=죽음), 크로다(Krodha=분노)와 카마(Kāma=욕망)의 일부가 하나의 단일체로 혼합되어(ekatvam upapannānnām) 지상의 거주자, 적들을 처단하는 영웅인 거대한 힘을 가진 아슈바타만이 태어났다.

안타카와 결합된 시바, 파괴자로서의 시바는 아슈바타만을 구성하는 주요소가 분명하며, 게다가 결정적인 순간에 네 요소의 혼합된 일체 속에서 이 요소가 증대한다고 할 수 있다. 루드라적인 이 성격은 영웅 아슈바타만의 행위들의 많은 것들을 설명한다. 그는 크리파와 크리타바르만(Kṛtavarmān)과 밀접히 연루되어 있으며, 또 사악한 두르요다나에 집착한다. 크리파는 루드라 무리들(Rudras)의 일부가 지상의 인간으로 태어난 인물로, 그의 쌍둥이 여동생 크리피(Kripi)가 드로나와 결혼했으므로 아슈바타만의 외삼촌이다. 바람의 신들(Marutas) 중 하나가 인간 영웅으로 태어난 이가 크리타바르만이다. 파괴의 신, 죽음, 분노, 욕망이 혼합되어 탄생한 아슈바타만이 격정들에 사로잡혀 최악의 운명에 자신을 맡기는 두르요다나의 편이 되는 것은 당연하다. 또 시바의 화신이 악마 칼리[79]의 화신에게 친화력을 느끼는 것도 당연하다. 왜냐하면 인도에서 루드라-시바는 시대를 불문하고 지상의 존재들과 좋은 관계를 갖지 못하며, 또 도적 떼들과 세상을 떠돌아다니는 악귀들을 좋아한다.[80] 두르요다나가 빈사 상태에 빠지기 전까지 아슈바타만의 활동은 매우 종속적이었으나, 그 이후에는 제1의 위치에서 활약한다. 이러한 변화를 관찰해 보자.

전쟁이 시작된 지 열여덟 번째 날에 두르요다나는 비마의 철퇴 공격에 치명상을 입고 빈사 상태가 된다. 100명의 카우라바 모두가 삶을 종결하게 될 상황에서 장수와 군사들도 전멸하다시피 했다. 이제 카우라바 진영의 생존자는 5명뿐이었다. 세 명의 장수 아슈바타만, 크리파, 크리타바르만, 카르나의 아들 브리슈케투(Vriśkethu) 그리고 카우라바의 이복동생 유유추(Yuyutsu)가 그들이다. 두르요다나 진영은 공황 상태에 빠지고, 용케 목숨을 건져 도망쳐 나온 군사들로부터 아슈바타만, 크리파 그리고 크리타바르만은 두르요다나의 불행한 소식을 들었다. 세 사람은 두르요다나의 막사로 달려가고, 죽어 가는 그에게 아슈바타만이 판다바 군대를 몰살시키겠다고 맹세했다. 그러자 두르요다나가 마지막 기운을 내어 스승 크리파에게 아슈바타만을 이제는 존재하지 않는 카우라바 군대의 총사령관으로 세워 크리슈나의 눈앞에서 판다들을 죽이게 해 달라고 말했다. 그리하여 드로나의 뒤를 이어 아슈바타만이 총사령관이 되었다. 그러나 더 이상 전투도 없었고 그럴 가능성도 없었지만, 승리한 상대 군대를 술책으로 파괴해 버릴 수 있다. 실제로 이런 파괴가 이루어졌고, 서사시 제10권 『야습의 서』는 그 전말을 노래한다.

두르요다나가 빈사 상태로 막사에 누워 있는 것을 본 아슈바타만은 아버지와 두르요다나의 죽음에 대한 복수심에 불타 잠을 이룰 수가 없었다. 그때 그는 거대한 올빼미 한 마리가 날아와 나뭇가지 위에 있는 까마귀들을 마구 죽이는 광경을 보았다. 이를 본 아슈바타만은 적들이 잠든 틈을 타 판다바들을 죽이는 것이 목표를 이루는 유일한 방법이라 판단했다. 그는 잠든 외삼촌 크리파와 크리타바르만을 부추겨 크샤트리아의 다르마에 어긋나는 야습을 감행하자고 설득하기 시작했다. 크리파와 크리타바르만은 이 술책을 내켜하지 않았다. 크리파는 죽은 것과 다름없는 잠든 자들을 죽여 끝없는 지옥에 빠지지 말고 정당하게 싸워 불멸의 명예를 얻으라고 조언했다. 적개심과 분노에 사로잡힌 아슈바타만에게 스승의 충고가 먹혀들 리 만무했다. 거듭되는 아슈바타만의 요청에 두 장수는 어쩔 수 없이 무사의 명예를 추락시키는 그 계략을 받아들인다. 세 사람은 한밤중에 판다바 진영을 급습했다. 판다바 진영의 북문에 이르자 한 끔찍한 존재가 아슈바타만 앞에 불쑥 나타났다. 피로 점철된 호랑이 가죽 혁대를 하고 어깨를 뱀으로 묶고 모든 구멍들에서 불을 뿜어내면서 온갖 종류의 무기를 휘둘러 대는 엄청나게 큰 거인이었다.(6, 216~250)

아슈바타만은 불꽃처럼 빛을 내는 자신의 군기 깃대를 그에게 던졌다. 깃대가 그와 충돌하며 산산조각이 났다. 마치 세계의 종말에 거대한 운석이 태양에 부딪친 후 창공에서 떨어지는 것 같았다.(6, 228~229)

두려움을 모르는 드로나의 아들이 천상의 무기, 활, 강철 표창, 언월도, 갈고리 달린 철퇴를 날리며 연이어 그를 공격했으나 소용이 없었다. 그가 던진 무기들은 뱀이 삼키거나[81] 흔적도 없이 사라지거나, 아니면 박살이 나 땅에 떨어졌다. 여러 징조들로 보아 그 환영은 판다바들의 보호자인 비슈누가 불러일으킨 것임을 보여 준다. 아슈바타만은 마음속으로 마하데바, 즉 루드라-시바 속으로 피신하여 그 신의 온갖 이름들을 부르며 신을 찬양하면서 그 자신을 희생 제물로 바치겠다고 선언했다.(7, 251~261) 이 야생의 신에게 이보다 더 흡족한 제물은 없을 것이다. 아슈바타만의 서언이 끝나자마자 황금 제단이 나타났고, 그 제단 위에서는 제사의 불이 타오르고 있었다. 수많은 괴물들과 동물 머리에 기괴한 형태를 가진 악마들이 우글거리며 아슈바타만을 둘러쌌다. 하지만 두려움을 모르는 영웅은 제단에 올라 끊임없이 루드라-마하데바(시바)에게 호소하며 불 가운데 자리를 잡고 앉았다.(263~310) 그러자 신이 모습을 드러냈고, 웃음을 띠며 그에게 말했다. 지금까지는 판다바들이 크리슈나에게 보여 주었던 경배에 대한 보답으로 그들에게 호의적이었으나 이제는 그들에게 등을 돌리겠다고, "운명의 신이 그들에게 이르렀고, 이제 저들 생명의 시간은 흘러갔다."(311~315)

아슈바타만과 신은 긴 대화를 나누었다. 그러나 본질적인 것은 단 몇 마디 말로 처리된다. 신은 그에게 보석 손잡이가 달린 멋진 칼을 넘겨준 후 영웅의 몸속으로 들어갔다. 그의 모습은 "온몸이 신으로 가득 찬 드로나의 아들 아슈바타만은 빛이 났으며, 신이 생성시킨 활력이 효력을 발휘해 전투에서 혈기 왕성한 무사가 되었다."라고 묘사된다. 이렇듯 아슈바타만은 악마 군단의 선두에 선 시바 그 자체의 모습을 하고 판다바의 진영으로 침투했고, 크리파와 크리타바르만은 막사를 빠져나가려는 군사들을 치기 위해 북문 쪽에 남겨 두었다.

먼저 판다바 진영의 총사령관이자 드로나를 죽인 드리슈타듐나(Driṣṭādyumna)의 막사를 찾아가 그의 목을 졸라 무자비하게 죽이고, 곤히 잠들어 있던 군사들도 모조리 처치했다. 이어서 그들은 판다바의 막사를 덮쳤으나, 당시 판다바들은 카우라바 진영의 전리품을 챙기기 위해 막사에 없었기에 목숨을 건졌다. 그러나 때마침 그곳에서 잠들어 있던 드라우파디의 아들들, 그녀가 다섯 판다바 사이에서 낳은 다섯 아들은 모두 죽음을 면치 못했다. 이후 차례로 다른 막사들을 덮쳐, 그때까지 살아 있던 장수와 전사들을 몰살했다. 크리파와 크리타바르만도 수치심도 잊은 채 이에 가세하여 닥치는 대로 죽이고 불을 질렀다. 악마들이 느긋하게 피와 살덩이로 배를 채우는 동안 아슈바타만과 두 장수는 죽어 가는 두르요다나에게 이 복수의 소식을 전하기 위해 그의 막사로 되돌아갔다. 판다바들을 죽이지 못한 것을 탄식하던 두르요다나에게 자신들의 무훈을 알려 주고, 마침내 그가 죽자 세 장수는 두르요다나를 화장용 재단에 올린 뒤 강가강에서 떠온 성수를 뿌려 마지막 의식을 거행했다. 얼마 후 적들의 이 끔찍한 성공을 어떻게 이해해야 할지 몰라 비탄에 빠진 유디슈티라에게 크리슈나는 이렇게 설명했다. "이 무용을 완수한 것은 드로나의 아들이 아니니라. 그것은 마하데바의 가호로 이루어진 것이다."(18, 811)

이리하여 카우라바 진영에서는 드리타라슈트라의 100명의 아들뿐 아니라 두르요다나 군대의 대다수가 죽었다. 판다바 진영의 장수와 군사들도 거의 다 전멸했고 드라우파디의 아들들도 모두 죽었다. 생존자라곤 카우라바 군단의 세 장수와 판다바 군단의 다섯 판다바와 다른 두 전사뿐이었다. 다섯 생존자 판다바들의 비탄과 함께 쿠루크셰트라 전쟁은 막을 내린다. 하지만 파멸은 아직 완수되지 않았다.

카우라바 진영에서 하룻밤을 보낸 판다바들에게 드리슈타듐나의 전차 몰이꾼이 달려와 지난밤에 벌어진 참상을 설명했다. 판다바들은 극한의 절망과 분노에 사로잡혀 자신들의 진영으로 돌아갔고, 소식을 듣고 달려온 드라우파디는 통곡했다. 그녀는 아슈바타만을 죽이고, 그 증거로 태어날 때부터 그의 이마에 박혀 있던 보석을 가져다 달라고 요구했다. 비마가 그 죄인을 찾아 나섰으나, 그가 떠나자마자 크리슈나는 그가 최악의 위험을 향해 달려가고 있다고 말하며 그 까닭을 알려 주었다. 아슈바타만은 아버지 드로나로부터 삼계를 멸할 수 있는 천상의 무기 브라흐마슈라스(Brahmaśiras, 브라흐마의 머리)를 얻었다. 드로나는 아들에게 그 가공할 무기를 건네주었으나, 그것은 사용되어서는 안 될 무기이므로 사용법을 완전히 알려 주지는 않았다. 드로나는 아들에게 절대 그것을 사용하지 말라고 당부했고, 특히 인간에게는 절대로 사용해서는 안 된다고 경고했다. 그러나 사악한 영혼을 가진 아슈바타만은 약속을 지키지 않았다. 크리슈나는 그가 어느 정도로 위험한 인물인지를 보여 주기 위해 과거 자신을 찾아와 했던 후안무치한 일에 대해 이야기해 주었다. 그는 자신이 가지고 있는 브라흐마슈라스와 크리슈나가 가지고 있던 원반, 즉 비슈누의 무기인 수다르샨차크라(Sudarshana chakra)를 바꾸자고 제안했다. 그는 이 원반이야말로 크리슈나를 죽일 수 있는 유일한 무기라는 것을 알았기 때문이다. 크리슈나는 무기를 맞바꾸지는 않겠으나 그가 원하는 원반은 가져가라고 말했다. 아슈바타만이 원반을 움직이려 했으나 꿈쩍도 하지 않아 어쩔 수 없이 원반을 포기해야 했다. 비마의 형제들은 크리슈나와 함께 즉시 비마를 뒤쫓아 따라잡았고, 그에게 아슈바타만을 찾기를 포기하라고 간청했다. 비마가 이를 거부했다. 결국 모든 판다바와 크리슈나가 살인자를 찾으러 나서서 갠지스 강둑에서 그를 발견했다. 아슈바타만은 고행을 하는 브라만들의 무리 속에 몸을 숨기고 있었다.(10~13, 543~662)

비마가 그를 향해 화살을 날렸으나, 아슈바타만은 몸을 날려 화살을 피한 후 신성한 쿠샤 풀을 움켜쥐고 브라흐마슈라스를 부르는 주문을 외웠다. 그러자 쿠샤 풀은 브라흐마슈라스로 변했다. 아슈바타만은 즉각 비마를 향해 그 무기를 날리며 "판다바들의 파멸을 위하여!"라고 외쳤다.(13, 668~669) 그는 쿠샤 풀에 불을 붙였는데, 그 불은 만물을 끝장내고 삼계를 불태울 수 있을 것만 같았다.

다행히도 크리슈나가 거기 있었다. 그는 아슈바타만이 무슨 짓을 할지 알고 있었다. 크리슈나는 아르주나에게 그 무기들을 해제할 무기를 발사하라고 소리쳤다. 아르주나 역시 그의 스승 드로나에게서 그 가공할 무기의 사용법을 배웠다. 아르주나는 즉각 자신의 활시위를 팽팽하게 당겨 화살을 날리며 "그(아슈바타만의) 무기는 이 무기에 의해 무력하게 될 것이다!"라고 소리쳤다.

간디바를 벗어난 화살은 종말의 때에 세계를 집어삼키는 것과 같은 거대한 불을 내뿜으며 타올랐다.(676)

사실 이 종말론적 장면은 파국이 도래하지 않고 끝이 난다. 위대한 두 리시(ṛṣi) 나라다(Nārada)와 비야사(Vyāsa)가 이 두 무기들 사이에 개입하여 자신들의 에너지로 무기들을 무력화하여 우주를 구했다. 그들은 두 대적자에게 각자 자신의 무기를 불러들이라 요구했다. 이는 매우 오묘한 일이라 브라흐마차린(brahmacārin, 브라만의 길을 걷는 자)의 행동 규범들을 따르는 순수한 영혼만이 해낼 수 있었다. 아르주나는 어렵지 않게 자신의 활을 거두어들였으나 사악한 영혼을 가진 아슈바타만은 자신의 무기가 되돌아오게 하지 못했다. 크리슈나는 아슈바타만이 그 가공할 그 무기를 불러내는 방법은 알고 있었으나 거두는 방법은 몰랐다는 것을 알고 있었고, 또 그가 그 무기를 사용하면 자기 자신을 포함해 세상을 몰락시키리라는 것도 알고 있었다. 자신의 죽음이 임박했음을 직감한 아슈바타만은 브라흐마슈라스의 방향을 바꾸는 주문을 외워 아비마뉴의 아내 우타라의 배 속 태아를 향하도록 했다. 크리슈나는 아슈바타만의 의도롤 알아채고 초능력을 발휘해 웃타라의 자궁 속으로 들어가 아이를 감싸 안았다. 그는 판다바의 마지막 핏줄, 장차 태어날 태아마저 제거하여 판다바족을 완전히 몰살시키려 했던 것이다. 여성들을 공략하여 받게 되는 저주는 예전에 판두가 고행자를 죽이고 받은 저주, 더 이상 여인을 품지 못하게 될 것이며, 이를 어기면 죽음에 이른다는 저주보다 더 끔찍한 것이다. 판두의 경우는 쿤티가 가진 만트라를 이용해 신들을 불러 아들을 낳을 수는 있었다. 그러나 여인을 공략해 장차 태어날 아이를 죽게 하는 행위는 백약이 무효한 구제 불능의 행위이다. 따라서 더 이상 희망이라곤 없다. 전날에 있었던 야밤의 파괴에 이 행위가 더해져 재생이 불가능한 총체적 파멸이 될 것이다.

　비탄에 젖은 판다바들을 격려하기 위해 크리슈나는 경솔한 짓을 했다. 그는 비록 판다바의 자식들은 모두 죽었으나 아르주나와 크리슈나의 여동생 사이에서 태어난 아비마뉴의 아들이 우타라의 배 속에 있으니 판다바족의 대가 끊기지는 않을 것이라 말했다. 아슈바타만이 이 말을 들었다.(16, 727~728)

　　"끓어오르는 분노를 어쩔 줄 몰라 하며 그는 소리쳤다. "그런 일이 있어서는 안 될 것이며, 내 맹세들이 허언이 되지는 않을 것이다. 내가 날렸던 화살은 비라타(Virāta)의 딸이 품고 있고 크리슈나가 보호하고자 하는 태아를 칠 것이다."

판두족과 쿠루족은 소멸에 가까운 상태로 있다가 곧 완전한 소멸에 이르게 될 운명인가, 아니면 재생의 수단을 얻어 종족을 보존하게 될 것인가?

3   아슈바타만을 공격하는 크리슈나, 재생

크리슈나는 자신과 판다바의 관계에서 가장 단순하나 가장 결정적인 행동을 한다.(16, 729~738)

그는 파괴자에게 말했다. 너의 그 끔찍한 무기는 아무런 타격을 주지 못하지는 않을 것이다. 태아는 죽은 상태로 태어날 것이나 부활하여 장수를 누릴 것이니라! 지혜로운 이들은 모두 너가 겁쟁이요 사악한 자라는 것을 알고 있다. 늘 악한 짓을 하려 하는 너는 어린아이를 죽인 자가 아니더냐. 그러니 네가 저지른 죄들의 대가를 감내해야 할 것이다. 앞으로 3000년 간 너는 동반자도, 말을 걸 상대도 없이 이 땅을 떠돌아다닐 것이다. 네 편이 되어 줄 사람 하나 없이 황무지를 방황하게 될 것이다. 사람들 속에 너를 위한 어떤 시설도 없을 것이다. 네가 머물 곳은 배설물과 피의 악취가 나는 숲과 가파른 벼랑들이다. 죄 많은 영혼이여, 너는 온갖 질병의 무게를 짊어지고 지상을 떠돌아다닐 것이다.

용맹스러운 파릭시트, 이것은 부활할 태아의 이름이니, 그 아이는 베다에 규정된 종교적 의무들을 실천하여 때가 되면 크리파의 아들 샤라드바트(Śaradvat)로부터 모든 무기들에 대한 지식을 습득할 것이다.

크샤트리아의 다르마를 충실히 따르는 덕망 높은 이 왕은 60년 동안 이 땅을 보호할 것이다. 그렇다. 파릭시트라는 이름을 가진 이 아이는 강한 팔을 가진 쿠루족의 왕이 될 것이며, 어리석은 너의 눈은 그것을 보게 될 것이로다! 네가 가진 무기의 불기운으로 그 아이를 태워 버리려 해도 소용없다. 내가 그를 부활시킬 것이니! 오 인간들 가운데 가장 야비한 자여, 나의 준엄함과 진실에 대한 경의를 볼지어다.”

루드라 신이 홀로 숲속을 배회하듯이 악취 나는 숲을 외로이 떠돌아다니는 아슈바타만, 바로 이것이 자신 속에 품고 있는 루드라 신에게 사로잡힌 그의 운명이다. 반면 아슈바타만이 죽인 태아의 운명은 사뭇 다르다. 사산아로 태어났으나 즉시 크리슈나에 의해 되살아난 후 그가 통치할 수 있을 만큼 성장했을 때, 유디슈티라로부터 모든 권력을 양도받아 쿠루족의 왕국들을 다스리는 왕, 이것이 죽음 후에 재생한 파릭시트의 운명이다. 그는 크리슈나의 여동생 수바드라와 아르주나 사이에서 태어난 아비마뉴의 아들이다. 왕권을 아르주나의 손자 파릭시트에게 물려준 유디슈티라는 네 형제들과 드라우파디와 함께 낙원을 향해 떠났다. 하지만 이들은 도중에 모두 죽고 그만이 살아서 낙원에 들어갔다. 그러나 유디슈티라는 낙원에서 그들과 재회했다. 형제들과 아내는 각자 신의 아들로 혹은 신의 화신으로 하강했기에, 신들의 세상에서 원래의 자신의 자리에 앉아 있었다.

4   마하바라타(위대한 인도), 종말론적 위기의 서사시적 전위

두 적대 집단이 만들어 낸 이 결말을 통해 서사시가 얻는 의미는 이렇게 정리할 수 있다.『마하바라타』는 힌두 신화가 특정 유가의 끝이라 칭하는 세계 역사의 어떤 위기를 쿠루족의 왕국과 혈족을 덮친 치명적인 위기로 전위시켰다. 먼저 아주 오랜 기간 동안 악이 핍박받는 선을 가혹한 삶 쪽으로 이끌어 갔고, 그래서 선악의 대결에서 악이 승리하는 것처럼 보인다. 복수의 때가 왔을 때 두 거대 진영이 군대를 모집하여 서로 싸웠다. 한 진영은 칼리의 화신인 사악한 두르요다나 주위에 모인 악의 세력들이고, 다른 한 진영은 세 기능신들의 아들인 판다바 주위에 모인 선의 세력들이다. 두 집단 중 먼저 악의 진영이 전쟁에서 패해 소멸했고, 이어서 선의 집단이 야밤의 기습으로 소멸하다시피 했다. 악의 진영에서는 세 장수만이 살아남았고, 선의 진영에서는 판다바 다섯 형제와 다른 두 사람이 살아남았다. 쿠루족의 생존 가능성에 대한 희망들은 장차 태어날 아이들로 귀착되었다. 그리하여 최후의 내기에서는 배아들 중 마지막 배아인 두 생존 영웅이 대적한다. 한편은 각 유가의 마지막에 세상의 멸절을 담당하는 파괴의 신의 화신이고, 다른 한편은 각 유가의 종말 후 세계의 재탄생을 보장하는 구원자 신의 화신이다. 그들은 각자 자신의 직무에 맞는 역할을 하며, 우주론에서 그렇듯이 구원자 신이 마지막 말을 한다. 우주론에서 비슈누 신이 자신 속에 보존하고 있던 싹들과 형태들에서 세상을 재구축하듯이, 크리슈나는 태아를 다시 살려 냄으로써 쿠루 가문을 재건한다.

작가들의 의도는 분명하다. 흔히 사용하는 통상적 기법들 중 하나를 따르면서 그들은 비유 공식에 맞추어 그것을 강조했다. 마찬가지로 태양신의 아들 카르나가 전위된 태양 신화의 장면 속에서 죽을 때, 그는 자신의 머리가 "마치 일몰의 태양처럼" 잘렸다고 반복해서 말했다. 비마도 마찬가지이다. 바람의 신의 아들인 그가 불타기 쉽도록 옻칠한 저택에서 형제들과 어머니를 양팔에 끼고 도망칠 때, 그는 "바람처럼 빠른 속도로" 달렸다고 한다. 아슈바타만 또한 마찬가지이다. 루드라-시바의 화신인 그의 마지막 시도는 세 번이나 "한 유가의 끝에", "말세에" 일어나는 일처럼 비유된다. 이런 비유들을 사용하는 이유가 있다. 그것은 이 모든 사건들이 이런 형태를 취하고 이런 질서들에 따라 전개되는 까닭은 특정 유가의 종말이 인간사로 전위되었기 때문이다.

『마하바라타』에서 이를 확인한 것은 커다란 문제를 제기한다. 세상의 파멸과 재탄생이라는 세계 시대의 이론은 베다기의 것이 아니다. 『리그베다』에서 비슈누와 루드라 둘 다 강력한 신들이긴 하나 대적하는 인물들로 나타나지 않으며, 특히 종말론은 존재하지 않는다. 게다가 신들 역시 이전과는 다른 성격으로 묘사되었다. 서사시에서의 비슈누를 베다서의 비슈누의 발전된 형태로 이해하더라도, 시바의 경우, 특히 우주적 파괴자 역할의 시바는 가장 오래된 루드라와는 다른 성격의 신이다. 그런데 주요 영웅들에 대해 지금까지 행한 분석들을 보면 작가들이 전위에 활용한 신화는 극히 오래된 것으로, 베다기와 전 베다기의 신화임을 알 수 있다. 판다바의 아버지들인 기능신들의 목록에는 아직 베다기 신화 속에서 볼 수 있는 그대로의 바유가 포함되어 있다. 『리그베다』에서 하늘 신 디유는 무채색으로 나타나는데, 그 화신인 비슈마의 가장 독특하고 가장 있음직하지 않은 특성들은 스칸디나비아의 하늘 신과 연결된다. 그렇다면 신들의 복제품인 이 인물들을 구상한 플롯이 베다기 이후의 신화, 이미 후기 힌두교 신화의 상황에 부응한다는 것은 어떻게 이해할 것인가?

이 문제는 해결하기 어려울 수도 있지만 그렇다고 해서 제기되는 이런 의문들을 지워 버릴 수는 없다. 언젠가 텍스트에 대한 새로운 연구가 이를 해결해 줄 수도 있을지도 모른다. 여기에서는 잠정적으로 한 해결 모델을 제안할 수 있다.

서사시의 역사는 매우 길다. 그것은 기나긴 기간 동안 개정을 거쳤으며, 그중 아주 오래된 것들은 전베다기와 베다기의 지배신들 이름이 제거된 상태로 나타났다. 아슈바타만의 파괴적 활동이 돋보이는 마지막 몇몇 사건들은 시바교 신도들의 표상들에 영향을 받아 후기에 손길이 가해진 것일 수 있다. 왜냐하면 최후의 위기에서 대적하는 두 인물은 비교가 되지 않을 정도로 비중이 차이 난다. 크리슈나는 처음부터 끝까지 서사시에 자리를 잡고 있지만 아슈바타만은 1권부터 9권의 마지막까지 부차적 인물이었고 온갖 신적, 악마적 존재들에 근원을 둔 영웅들이 득실거리는 무대 위에서 길을 잃었다. 그래서 그의 마지막 역할이 시바교 신도들이 숭배하는 신의 위상으로 극대화되었다고 생각할 수 있다. 심지어 이러한 진화의 흔적을 엿볼 수도 있다. 탄생 시 그의 본질을 이루는 끔찍한 네 요소들은 베다기의 루드라에서 차용했으나, 이들만으로는 최후의 파괴를 완수하기에 충분치 않고 그 이상의 무언가가 더 필요했다. 그래서 후기의 루드라-시바 유형을 자신의 내면에 지니고 있던 것이다. 다른 영웅들에 대해서는 그 어디에서도 이런 변모가 이야기되지 않는다. 예컨대 인드라, 다르마, 아그니, 브리하스파티 그 어느 신도 자신의 아들이나 그가 화신한 인물은 변화시키기 위해 해당 인물 속으로 뚫고 들어가지 않는다. 따라서 우리는 판다바들의 출생 이전의 모험들,[82] 태아를 두고 벌이는 경합은 후기 첨가물들이라는 것을 기꺼이 수용할 것이다.

　이외에 다른 수정은 없을까? 인도의 가장 오래된 아리아족이 새로운 영역으로 들어가면서 그들의 종말론과 순환적 시대관은 가져가지 않고 단지 우주적 위기가 비루한 세계를 끝내고 결국에는 탁월한 세상이 도래한다는 우주 위기 개념만을 가지고 갔다는 것이 확실한가? 이런 관념이 『리그베다』에도, 또 전적으로 이 텍스트에 의존하는 다른 문헌들에도 나타나지 않는다는 것이 그 관념이 존재하지 않았음을 입증하는 것은 아니다. 베다 송가들에서 보이는 사유는 현재, 즉 신들의 현행 업무들에 집중하고, 과거에 있었던 그들의 신화적 무훈들은 그 업무들에 대한 보증들이다. 그 송가들은 머나먼 미래에는 관심이 없다. 그래서 그 송가들은 끊임없이 다양한 집단명이나 개별 이름으로 등장하는 악마적 존재들에 대해 말한다. 그러나 과거와 현재를 말하는 것은 언제나 악마적 존재들에 대한 신들의 승리와 그 획득을 찬양하기 위해서이다. 브라흐마나서들은 신들과 악마들, 데바와 아수라를 접근시키긴 하나 끊임없이 적이 되어 싸우는 두 대적 집단의 구성원들로 표현한다. 그러나 이 갈등의 끝에는 관심이 없다. 그 어떤 의례도 신들과 악마들 사이에 있었던 최후의 복수를 언급하지도, 채비하지도 않는다. 하지만 이란의 경우를 고찰해 보면 종말론이 전 베다기의 인도인들의 사유에 생소한 것이 아니라는 생각이 든다. 우리는 모든 형태의 마즈다이즘(Mazdaism)에서 선과 악의 우주론적 투쟁의 중요성을 알고 있다.[83] 선은 장기간에 걸쳐 억압받거나 악과 타협하지 않을 수 없었고, 그 후 악의 대변자 아메샤 스펜타(Aməša Spənta)와 선의 대변자 아후라 마즈다(Ahura Mazda)가 맞붙어 싸우고, 결국 선이 승리하여 아후라 마즈다의 지배가 확립된다. 이 모든 것이 조로아스터교인들의 순전한 상상력인

가, 아니면 조로아스터교 성립 이전 옛 인도-이란기의 종말적 관념이
가다듬어져 확대된 것인가?

이 물음에 대한 답변은 인도-유럽제족이 생각했던 세계 종말의 표
상들을 비교하는 작업을 진척시켰을 때나 가능할 것이다. 또한 비슈누
신의 기원들과 최초의 기능을 총체적으로 규명했을 때 가능할 것이다.

4부

로마 건국의
전설들

1 자료와 기본 정보

고대 로마는 시간상으로 크게 세 종류의 정치 체제로 구별된다. 왕정 로마(기원전 753~기원전 509), 공화정 로마(기원전 508~기원전 27년), 제정 로마(기원전 27~기원후 476 혹은 1453)가 그것이다. 전승에 따르면 왕정 로마는 대략 기원전 750년경에 건국자 로물루스가 초대 왕이 된 후 6명의 왕이 로마를 통치했다. 7명의 왕들 중 2~4대 왕은 아펜니노 산맥 동쪽에 거주했던 사비니인(Sabine)이고 마지막 세 왕은 로마의 북동 지역에 정착해 살던 에트루리아인(Etruscan)이다.

언어학, 역사학, 고고학 분야에서 이루어진 지금까지의 연구 결과에 따르면 기원전 500년경 이탈리아는 지역에 따라 독특한 문화를 가진 다양한 부족들의 후손들이 평화적으로 로마와 동맹을 맺거나 대부분의 경우 격렬한 정복 전쟁을 통해 로마에 흡수되면서 로마인들(Populus Romans)로 융합되었다. 로마 건국 이전과 왕정 로마 시대의 이탈리아 역사와 문명에 대한 학자들의 연구를 간략하게 요약하면 다음과 같다.

이탈리아반도에 인도-유럽어족이 진입한 시기는 기원전 10세기경으로 추정된다. 대략 기원전 9세기 말부터 그리스인들이 타렌툼과 나폴리만, 시칠리아에 이르는 이탈리아 남부 해안 지역에 주요 도시들을 건설해 정착했다. 마그나 그라이키아(대(大)그리스)로 알려진 이 이주자들을 통해 이탈리아반도에 그리스 문명이 전파되기 시작했다. 이들 그리스인과 에트루리아인 두 집단의 복합 문명이 이탈리아가 청동기 시대에서 철기 시대(기원전 1000~기원전 750)로 이행하는 과정에 큰 영향을 끼쳤다. 왕정 시대에 관한 로마의 사료들은 대부분 에트루리아인들의 무덤에서 나온 것들이다. 비문들 중 가장 오래된 것은 기원전 7세기까지 거슬러 올라가나 아우구스투스 시대의 것도 발견된다. 이 비문들에 새겨진 에트루리아 언어에 대해 언어학자들은 그것이 인도-유럽어도 아니고 셈족어도 아닌, 계통을 정확히 알 수 없는 언어라는 데 모두 동의한다. 에트루리아 무덤에서 발견된 것들 중에는 신생아 한 명이 늑대의 젖을 먹고 있는 모습이 새겨진 석조 유물, 늑대의 젖을 먹고 있는 쌍둥이를 묘사한 청동 조각상도 있다.

공화정 시대 로마의 신들은 거의 대부분 그리스 신들의 명칭을 차용하여 그 특성을 반영한 신들이다. 로마의 신들 중 그리스 문명과 접촉이 없었던 시절에 형성된 원형적 로마 신들은 거의 잊혀졌다. 그러나 전통의 힘은 견고해서 단편적으로나마 그 자취들을 남겨 둔다. 그리스 신학의 영향을 받기 이전 이탈리아 고유 신들의 특성은 로마 공동체들이 거행한 공공 축제 속에 그 흔적이 남아 있고, 신들의 명칭은 로마 공동체의 축제와 달력에 담겨 있다. 이 자료들이 우리에게 전해지는 로마 고대사 관련 문헌들 가운데 가장 오래된 것이다.

여기에서 다루게 될 로마 건국의 전설들은 로물루스의 혈통에 관한 이야기들과 왕정 로마 성립기인 기원전 750년 전후의 사건들, 그리고 로물루스를 포함한 초기 네 왕들의 업적에 관한 전설이나 서사시이다. 이해를 돕기 위해 먼저 그 내용들을 전해 주는 자료들의 성립 시기 및 성격과 이 전승이 서술하는 로마 건국의 지난한 과정을 간단히 정리하여 소개하겠다.

　　오늘날 이탈리아인들은 로마 건국일을 기원전 753년 4월 21일로 명시하여 기념하지만 이 날짜는 후대에 추산된 것이다. 공화정 말기에 해마다 4월 21일에 행해지던 파릴리아제(Parilia)가 로마의 탄생일과 연결되었다. 파릴리아제는 목자들과 양 떼를 정화하기 위한 축제로, 시골 형태의 축제는 목자들이 직접 거행하고 도시 형태의 축제는 사제들이 집행한다. 목자들은 양과 축사를 초록 나뭇가지로 장식하고 문에는 화관을 씌운다. 오비디우스는 도시 형태의 파릴리아 축제를 묘사하는데, 이에 따르면 사제들은 송아지의 재와 콩대의 재로 먼저 가축들과 목동들을 정화한다. 그리고 목자들의 여주인으로 간주되는 숲의 여신 팔레스(Pales)에게 큼직한 케이크와 따끈한 우유를 바쳐 가축 떼와 목자들을 돌보아 줄 것을 기원한다. 늑대의 젖을 먹고 있던 신생아 로물루스를 한 목동이 데려가 키웠다는 로물루스의 탄생 신화가 파릴리아제의 날짜와 로마 건국일의 연결을 가능하게 했던 것 같다. 753년이라는 건국 연도는 기원전 1세기 말에 로마 고대사가인 마르쿠스 테렌티우스 바로(Marcus Terentius Varro, 기원전 116~기원전 27)가 고대 로마의 신화들과 전설들을 참조하여 정한 것이다.[1]

1 자료

왕정 시대 이전과 초기 로마에 관한 최초의 기록은 기원전 3세기 말에서 2세기 초의 연대기 작가들과 초기 로마사를 일관성 있게 기술하고자 했던 애국심에 불탔던 서사 시인들이다. 이들은 모두 전설과 민담들, 그리고 기원전 390년경 갈리아인의 로마 약탈 후에 살아남은 기록물들에 의거해 로마사를 재구성했다. 오늘날 신화학자들과 역사가들이 가장 빈번히 활용하는 로마의 초기 역사는 티투스 리비우스, 베르길리우스, 할리카르나소스의 디오니시오스, 플루타르코스 등의 저술들을 통해서이다. 모두 기원전 146년 로마가 그리스를 정복한 이후인 기원전 2세기에서 서기 1세기의 인물들로, 로마의 영광을 목도한 지식인들이다. 저자들은 로마 초기의 여러 역사적 내용들에 대한 상이한 견해들을 제시하며, 때로 인용 출처도 언급한다.

신화학자들이 통상적으로 건국 신화 혹은 전설이라 부르는 국가의 초기 역사는 사실들에 대한 기록이 아니라 기록자가 경험한 경험적 실재나 전승에 의미를 부여하여 가공한 심성사이다. 뒤메질은 후대인들의 기억과 당위, 염원들이 반영되어 재구축된 이 역사를 사실적 역사와 구별하여 "울트라 역사(ultra histoire)"라 칭했다. 우리는 이 지식인들이 어떤 의도로 초기 로마의 역사를 기술했는지 인식하고 이 울트라 역사에 접근할 필요가 있다. 그러기 위해서는 위해 문헌 비평 작업이 필요하지만 분량의 제한으로 인해 이를 대신할 주요 문헌들의 내용과 저작 의도나 작품의 성격을 짐작할 수 있는 정도의 내용만 언급하겠다.

로마인 티투스 리비우스 파타비누스(Titus Livius Patavinus 기원전 59~기원후 17)는 142권으로 된 『로마사』를 저술했다. 이 중 현존하는 것은 로마의 전설적 기원에서부터 왕정 시대와 공화정 초기까지(기원전 753~292)를 다룬 1~10권, 그리고 포에니 전쟁과 마케도니아 전쟁을 다룬 21~45권(41권과 43권은 불완전함) 등 35권에 불과하다. 1권에서는 로마를 창건한 로물루스의 선조인 아이네이아스의 정착부터 초대 왕 로물루스에서 제7대 왕 타르키니우스 수페르부스(Tarqunius superbus, 거만한 타르키니우스)의 몰락까지인 왕조 시대를 기술한다. 리비우스는 로마 제국의 초대 황제 아우구스투스(Augustus, 기원전 63~기원후 14)가 위대한 로마를 복원하려는 계획에 착수했을 때 그를 도왔으며, 아우구스투스의 권력과 통일 국가를 강화하려는 의도로 로마사를 기술했다. 아우구스투스는 티투스 리비우스에게 미래의 황제 클라우디우스(Claudius)의 교육을 맡길 정도로 리비우스를 신임했다.

그리스인 역사가 할리카르나소스의 디오니시오스(Dionysios of Halicarnassos, 기원전 53~?)는 로마가 그리스를 복속시킨 후 기원전 30년(혹은 29)에 로마로 가서 그곳에서 수사학을 가르쳤다. 그는 로마 건국부터 제1차 포에니 전쟁이 일어난 기원전 264년까지를 다룬 『고대로마사(*Roman Antiquities*)』를 저술했다. 총 20권이었으나 1~11권(11권은 불완전함)만 전해지고, 나머지는 파편화되어 단편적으로 존재한다. 이 책의 1권에서 디오니시오스는 자신은 아우구스투스가 시민 전쟁을 종식시킨 해에 로마로 와서 22년 동안 생활하며 로마어를 익혔다고 진술한다. 뛰어난 인물들에 대한 정보들은 구전을 통해서, 또 로마 역사가들이 기록한 역사들을 통해 얻었다고 말한다. 그가 참조한 로마 역사가들의 역사 기록들이란 것도 모두 기원전 3세기 이후의 자료들로, 구전 전승에서 취한 이른바 역사로 위장한 전설들이다.

플루타르코스(Ploutarchos, 기원후 45(혹은 60~125) 보이오티아 지방의 카이로네이아에서 태어나 아테네에서 수사학과 수학 및 플라톤 철학을 공부했으나 철학적 사변보다는 신탁과 예언, 꿈의 해석에 더 관심을 가졌다. 그리스 본토의 여러 지역은 물론 이집트와 로마를 두루 여행했다. 처음으로 로마에 갔을 때 그는 로마 지식인들에게 그리스어와 도덕 철학을 가르쳤으며, 세 번째로 로마를 여행했을 때는 비교적 오랫동안 체류하며 그곳의 지식인들과 돈독한 친교를 맺었다. 로마에서 돌아와 85년경(90년 이전의 어느 때)에 델포이의 아폴론 사제로 임명되어 죽을 때까지 그 직에 있었던 것 같다. 『헤라클레스의 생애』, 『헤시오도스의 생애』, 『핀다로스의 생애』 등 여러 영웅 전기들과 「호메로스 평론집」, 「헤시오도스 비평집」 등 여러 논문과 에세이들이 그의 작품으로 알려졌으나 이들은 현재 전해지지 않는다.[2]

오늘날 전해지는 『영웅전』의 제1권에서는 아테네의 영웅 테세우스의 생애를, 제2권에서는 로물루스의 생애를 기술한 후, 이들 두 영웅의 성격과 품성을 대비시켜 비교한다. 「테세우스의 생애」를 기술하면서 서두에서 그는 전설적 영웅들에 대한 전기의 가치에 대해 이렇게 말한다. "이 글도 자세한 기록을 찾을 수 있는 시대까지만을 다루기로 하고, 나머지에 대해서는 그 이전의 기이한 전설은 시인이나 신화 작가들의 몫이므로 믿을 만하지 못하다는 입장으로 쓰고자 한다. 그러나 법을 제정한 리쿠르고스와 누마 왕의 전기는 지금까지 전해오고 있으므로 로물루스 시대까지의 이야기는 다루도록 하겠다. 물론 신화적인 요소는 보류해 놓고 역사적으로 가치 있는 것만을 말하는 것이 가장 옳은 일이겠지만 때로 믿기 어려운 일, 있을 수 없는 일이라 생각되는 것들도 이해에 도움이 될 만한 일들은 이야기하기로 하겠다."[3]

플루타르코스는 여러 역사가와 시인들이 전하는 상이한 이야기들을 가능한 한 빠짐없이 기록하며, 자신이 인용하는 출처도 밝힌다. 예컨대 로물루스와 레무스가 아물리우스를 죽이고 누미토르에게 왕국을 돌려주는 과정은 파비우스와 디오클레스에 의거하고, 사비니 여인들의 납치 이야기들은 트로이젠 사람 제노도투스의 기록과 카르타고인 섹스티우스 툴라가 전하는 이야기에서 차용한 것이며, 타르페이아의 반역은 주바, 안티고노스, 그리고 시밀루스의 기록에 의거했다. 또 로마라는 이름의 기원과 시작에 대한 고대 역사가들과 시인들의 다양한 견해를 소개하면서, 많은 전설들 중 가장 믿음직한 것은 로물루스가 이 도시를 창건하고 자신의 이름을 따서 지명을 로마라고 하였다는 설이라고 기록한다.

베르길리우스(Publius Vergillius Maro, 기원전 70~기원후 19)는 『아이네이스(Aeneis)』를 통해 트로이 멸망에서부터 악티움(Actium) 해전에 이르기까지의 로마사를 기록했다. 그는 청소년기에 여러 소품들을 썼다고 전해지지만 이 소품들은 대부분 베르길리우스가 죽은 직후에 그의 이름으로 발표된 위작으로 간주되고 있다. 오늘날에는 『전원시(Bucolica)』와 『농경시(Georgica)』 그리고 『아이네이스』만이 그가 쓴 것으로 인정되고 있다. 『농경시』를 완성한 뒤, 그는 악티움 해전을 승리로 이끌어 내전을 종식시키고 돌아왔다. 그리고 기원전 23년에 아우구스투스 앞에서 『아이네이스』 2, 4, 6권을 낭독했다고 한다.

호메로스의 『일리아드』에 따르면 아이네이아스는 트로이 전쟁에서의 헥토르에 버금가는 용맹스러운 장수이다. 그는 아킬레우스에 맞서 싸웠으며,[4] 전쟁에서 살아남은 아이네이아스의 자손들이 훗날 트로이인들을 다스리게 될 것이라고 포세이돈 신이 예언했다고 한다. "프리아모스의 집안이 이미 크로노스의 아들의 미움을 샀으니, 이제는 아이네이아스의 힘과 앞으로 태어날 그의 자손들이 대대로 트로이인들을 다스리게 될 것이오."[5] 호메로스는 아이네이아스의 어머니를 미와 사랑의 여신 아프로디테라고 전한다.[6]

그리스를 굴복시켰으나 그 문화를 한없이 동경했던 로마인의 지식인들이 보기에 아이네이아스는 위대한 로마의 뿌리로 삼기에 손색이 없는 인물이다. 베르길리우스는 『아이네이스』에서 아이네이아스를 로마의 원조(元祖)로, 아우구스투스에게는 위대한 제국의 완성자라는 의미를 부여하기로 했다. 그러나 사실은 이런 기획을 최초로 시도한 전례가 있었다. 로마 최초의 국가주의 시인 그나이우스 나비우스(Gnaeus Naevius, 기원전 270?~기원전 201?)가 이미 아이네이아스의 먼 후손이 로마를 건국했다는 전설들을 썼고, 베르길리우스는 이를 유용한 자료로 활용했다.[7] 하지만 아이네이아스를 로물루스의 선조로 기록하기 위해 로마 시인들은 연대기적 난제를 해결해야 했다. 트로이의 몰락에서 로마의 건국까지는 대략 400여 년 정도의 간극이 생긴다. 이 시간적 간극을 메워 주는 것이 바로 아이네이아스의 기나긴 유랑과 그 후손 로물루스가 로마를 건국하기까지의 과정들이다. 나비우스는 바다 위를 떠돌아다니는 아이네이아스의 방랑의 여정을 트로이 전쟁 후 길고도 험난했던 오디세우스의 귀향의 항해를 노래하는 『오디세이아』에서 착안했다고 한다. 시인 나비우스가 묘사한 전설에서 서사시의 기본 골격을 차용한 베르길리우스는 거기에 피와 살을 덧붙여 이 400여 년 사이에 있었던 모든 과정들이 위대한 로마 건국을 위해 신들에 의해 예정된 것으로 묘사한다. 베르길리우스 이후의 로마 서사 시인들에게 『아이네이스』는 문학적 전범이 되었다. '팍스 아우구스타'의 영광을 노래하고자 했던 베르길리우스의 의도가 '아이네이아스의 노래'에서 구체적으로 어떻게 표현되는지는 뒤에서 살펴보겠다.

2   트로이의 몰락에서 로마의 건국까지

고대의 연대기 작가 및 역사가들과 시인들이 전하는 바에 따르면 로마의 건국자 로물루스의 혈통은 트로이 왕족의 한 지파와 연결된다. 전승에 따르면 트로이의 원조는 제우스의 아들 다르다노스(Dardanos)이다. 다르다노스—에릭토니오스(Erichtonios)—트로스(Tros)로 이어지던 혈통이 트로스의 두 아들 일로스(Ilos)와 아사라코스(Assaracos)에 이르러 분화된다. 일로스—라오메돈(Laomedon)—프리아모스(Priamos)—헥토르(Hector) 계보와 아사라코스—카퓌스(Capys)—안키세스(Anchises)—아이네이아스(Aeneīas) 계보가 그것이다.

(1) 로물루스의 선조 아이네이아스,
라티움에 트로이인들의 도시 라비니움을 건설하다

오디세우스의 지략으로 그리스 군사들이 그 안에 몸을 숨긴 목마가 트로이 성안으로 들어감으로써 트로이가 함락되고, 10년을 끌었던 트로이 전쟁은 마침내 끝을 맺는다. 늘 그렇듯이 전쟁의 참상은 종전으로 마감되지 않는다. 귀족과 평민을 가리지 않고 전쟁보다 가혹한 운명이 패전국의 주민들을 기다리고 있다. 제물을 약탈당하고, 노예의 신분이 되어 적국으로 끌려가기도 하고, 저항하는 이들은 죽음을 면치 못한다. 승전의 기쁨에 들떠 학살과 약탈을 무용(武勇)인 양 여기는 그리스 연합군 군사들의 야만을 피하기 위해 트로이의 귀족들은 가족들을 데리고 불타는 왕궁으로부터 탈출을 시도한다. 대부분 참살을 면치 못했으나 프리아모스 왕의 사위인 아이네이아스는 일족과 함께 왕궁을 빠져나오는 데 성공한다. 먼저 트라키아로 피신했으나 그곳이 제2의 트로이를 건설할 어머니의 땅이 아님을 깨닫고, 지중해 곳곳을 유랑하던 아이네이아스 일족은 크레타와 아프리카의 카르타고를 거쳐 마침내 로마의 라티움 기슭에 정착한다. 아이네이아스는 라티움의 왕 라티누스의 딸과 결혼해 새 도시 라비니움을 건설한다. 라티누스 왕이 죽자 아이네이아스가 왕위를 물려받아 라티움의 토착민과 자신이 데려온 트로이인들을 통칭하여 라틴인이라 불렀다.

(2) 아이네이아스의 아들 아스카니우스, 새 도시 알바 롱가를 건설하다

라틴인들의 왕이 된 지 3년 후 아이네이아스가 죽자, 그 아들 아스카니우스[8]는 라비니움을 떠나 알바산의 기슭에 새 도시 알바 롱가를 건설한다. 로마사가들에 따르면 알바 롱가는 라틴인들의 여러 도시들 중 가장 강력한 도시이다. 이로부터 300여 년 후 알바 롱가의 마지막 왕 누미토르는 왕이 되기 전 그의 아우 아물리우스와 왕국과 부를 두고 갈등을 일으킨다. 누미토르는 왕권을, 아물리우스는 황금과 보물을 선택했으나, 아물리우스가 재물을 이용해 형 누미토르를 몰아내고 왕위를 찬탈한다. 아물리우스는 혹시라도 누미토르의 딸 레아 실비아가 아들을 낳아 그가 자신의 왕위를 뺏을까 두려워 그녀를 베스타 여신을 섬기는 처녀 사제로 만든다. 그러나 아물리우스를 조롱이라도 하듯 군신 마르스 신이 베스타의 처녀 사제 레아 실비아에게 반해 그녀와 결합하고, 얼마 후 쌍둥이 로물루스와 레무스가 세상에 태어난다.

(3) 로물루스와 레무스, 새 도시 로마를 건설하다

조카가 두 아들을 낳았다는 것을 알게 된 아물리우스는 하인에게 쌍둥이를 바구니에 담아 강물에 떠내려 보내라고 명한다. 바구니는 케르마니우스라는 곳에 정착하고, 늑대가 찾아와 쌍둥이에게 젖을 먹이고 딱따구리가 먹을 것을 날라다 주었다. 아물리우스의 돼지치기인 파우스툴루스가 몰래 이들을 집으로 데려가 길렀다. 성장 후 자신들의 출생과 친어머니에 대해 알게 된 로물루스와 레무스는 각자 성 밖과 성안에서 협공하여 아물리우스를 죽이고 외할아버지 누미토르에게 통치권을 되돌려 준다. 평범하게 살고 싶지 않았던 형제는 알바 롱가를 떠나 라비니움 지역, 테베레강 하류에서 상류 쪽으로 25킬로미터 정도 거슬러 올라간 곳에 새 도시 로마를 건설한다. 로마의 성벽을 건설한 후 레무스가 성벽을 뛰어넘자 로물루스의 명을 받은 켈레르가 레무스를 죽인다. 외할아버지 누미토르 왕이 죽자 로물루스는 알바 롱가를 로마에 합병시켜 로마를 라틴인들의 가장 강력한 도시로 만든다.

(4) 세 종족의 통합, 왕정 로마의 시작

로물루스와 그 동료 라틴인들이 세운 도시 로마는 안정과 존속을 보장할 수 없었다. 남성들에 비해 여성들의 수가 상당히 부족했기 때문이다. 남여 성비의 불균형 문제를 해결하기 위해 로물루스는 동료들과 계략을 꾸민다. 그는 수확을 축하하는 콘수알리아(Consualia) 축제를 열어 이웃 부족들을 초대한 뒤, 축제를 즐기는 사비니의 여성들을 납치하여 로마로 데려가 로마의 젊은이들과 결혼하게 하였다. 이로 인해 사비니인의 왕 타티우스가 로마를 상대로 전쟁을 일으켰으나, 이 전쟁은 양 진영에 모두 혈족을 두었던 사비니 여인들의 중재 덕분에 평화적으로 종료되었다.

사비니인들과의 전쟁을 평화 협정으로 마무리한 로물루스는 타티우스와 공동으로 군민을 다스리기로 했다. 이 협정을 맺은 곳을 오늘날까지도 코미티움(comitium)이라 부르는데, 그것은 회담을 의미하는 '코이레(coire)'라는 로마어에서 나온 것이다. 이후 로마는 사비니인들의 이주를 권장하고 이들을 로마 시민으로 받아들여 공동 통치 체제를 수립한다. 로마인들은 팔라티노 언덕(Palatinus) 에 거주하고 사비니인들은 퀴리날레 언덕(Quirinales)에 거주했으며, 카피톨리노 언덕(Capitolinus)을 로마 시의 행정 중심지로 정했다.[9] 사비니인들과 통합한 후 얼마 지나지 않아 타티우스가 죽자 로물루스가 왕이 되어 33년간 로마를 다스렸다. 그의 사후에는 연속해서 세 명의 사비니인 왕들이 로마를 통치했다. 누마 폼필리우스(Numa Pompolius)가 라틴인 로물루스의 뒤를 이어 2대 왕이 되며, 툴루스 호스틸리우스(Tullus Hostilius)와 안쿠스 마르티우스(Ancus Martius)가 그 뒤를 이어 각각 로마의 제3대 왕, 제4대 왕이 되었다. 이어서 세 명의 에트루리아인 왕들이 로마를 다스렸다.

이렇듯 로마의 왕정은 라틴인의 세력만으로 이루어진 것이 아니다. 그것은 세 종족 집단의 공존과 전쟁, 그리고 합병 등의 고통스러운 과정이 있었기에 가능했다. 로마 초창기의 세 종족은 로물루스와 최고신 유피테르를 섬기는 라틴인, 군사 전문가인 에트루리아인, 그리고 땅과 여성들의 소유자인 사비니인이다. 라틴인은 람네스족(Ramnes)이라고도 불렸으며, 에트루리아인들은 그들의 지도자 루큐모의 이름을 따 루케레스족(Luceres), 그리고 사비니인들은 티투스 타티우스(Titus Tatitus)의 이름을 따 티티에스족(Tities)이라 불렸다.

'트리베(tribe)'가 부족을 가리키는 용어로 사용된 것은 왕정 로마의 중추를 이룬 부족(혹은 부족 연합)의 수가 셋이었다는 것을 보여 주는 것이라고도 하나, 정확한 기원은 알 수 없다. 람네스, 루케레스, 티티에스 세 부족은 저마다 10개의 쿠리아를 가지고 있었다. 각 쿠리아의 대표자 30명과 세 종족의 지도자를 합하면 통합 로마의 대표자들은 모두 33명이다. 인도와 이란의 신학에서도 33명으로 구성된 신들 집단이 존재하므로 뒤메질은 이 구조를 인도-유럽어족의 공동 유산이라 주장한다. 로마 건국의 전설들은 훗날 로마가 지중해의 최강대국으로 우뚝 설 수 있었던 것은 상보적 세력 집단인 이들 세 종족의 조화로운 통합 덕분이라고 함축적으로 이야기한다.

2 사비니 여인들의 납치와 타르페이아의 부패

남성들끼리 용맹을 겨루는 전쟁은 남성들의 희생은 물론 여성들의 희생도 강요한다. 전쟁 이전과 전쟁 과정에서, 그리고 전쟁이 끝난 이후에도 여성들의 인권은 여러 형태로 무자비하게 짓밟힌다. 트로이 전쟁이 끝난 후 트로이의 왕비 헤카베는 오디세우스에게 전리품으로 주어지고, 공주 카산드라는 아가멤논이 그녀의 미모에 반해 자신의 노예로 삼아 미케네 궁으로 데려간다. 오디세우스는 고국으로 돌아가던 도중에 헤카베를 놓아주지만, 왕비는 자신의 아들들이 모두 죽은 것을 알고는 미쳐 개가 되었다고 한다. 한편 아가멤논의 궁전에 도착한 카산드라는 아가멤논의 아내 클리타임네스트라에게 독살당하고 만다.

사비니인 여인들의 납치와 타르페이아의 반역 이야기는 라틴족과 사비니족 합병 이전 두 공동체 사이에 있었던 한 전쟁과 관련된 전설들의 일부이다. 둘 다 여성들이 주역으로 등장한다. 하지만 전자의 경우 여인들이 전쟁의 원인이자 동시에 평화 협정의 중재자였다면, 후자는 한 여인의 물질적 탐욕이 자칫 라틴인들의 중심 도시 로마의 존망을 가를 수도 있었던 치명적 부패에 대한 이야기이다. 대다수의 역사가들은 로마 건국 초기의 이 전쟁 에피소드들의 사실성에 의구심을 갖는다. 그러나 신화나 전설은 그 내용의 역사적 진위 여부와 상관없이 작가나 예술가들에게는 종종 창조적 영감의 원천이었으며, 그것을 향유하는 집단 구성원들을 결속시키는 살아 있는 실재였다. 파리스의 헬레네 납치나 하데스의 페르세포네 납치와 마찬가지로 사비니 여인들의 납치 이야기는 훗날 여러 예술가들의 작품 소재가 되었다. 반면 타르페이아의 반역 행위는 정치가나 법률가들이 사회적 죄악에 대한 응징의 범례로 활용했다. 로마 공화정 시기에 살인자, 반역자, 위증자, 그리고 도적질한 노예 같은 중죄인들의 처형은 카피톨리노 언덕 남쪽에 있는 타르페이아의 바위에서 행해졌다. 로마인들은 당시 정치·경제적 중심지였던 포룸(라틴어 Forum Romanum)이 내려다보이는 이곳에서 죄인들을 벼랑 아래로 내던졌는데, 이 바위에 타르페이아라는 이름이 붙은 것은 고대 로마의 역사가나 지식인들이 전하는 어떤 전설 때문이다.

잠시 후 보겠지만 사비니 여인들의 납치와 타르페이아의 반역에 관한 전설은 제3기능과 관련된 것이다. 뒤메질은 제1기능과 제2기능에 대해서는 체계적이고 종합적인 연구를 진행해서 책으로 출간했다. 예컨대 『미트라-바루나(*Mitra-Varuna*)』, 『인도-유럽어족의 지배신들』이 제1기능에 관한 것이라면, 『무사의 길흉화복(*Heur et malheur du guerrier*)』은 제2기능에 관한 연구이다. 하지만 인도-유럽제족의 신화들에서 번영과 다산의 기능만을 집중적으로 조명하는 별도의 작업을 하지 않았다. 그 이유는 제3기능이 "개인과 가족과 사회의 물질적인 번영이라는 개념에 집중되어 있기 때문"이다. 그런데 번영은 풍요, 다산, 건강, 안녕, 평화 등 수많은 물질적 요소들과 그 반대되는 요소들을 포함하고 있고, 게다가 이 요소들 자체가 다른 요소들의 조건이자 결과이므로 제3기능은 제1기능이나 제2기능만큼 추상적이지도, 단순하지도 않다. 비록 제3기능의 여러 면모들을 총체적으로 연구한 저작은 없으나 뒤메질은 제3기능의 가치와 그 기능의 왜곡이 초래한 결과들을 이야기하는 신화들을 여기저기서 다루었다. 이제 사비니 여인들의 납치의 의미와 함께 로마의 퀴리누스, 스칸디나비아의 프레이르, 인도의 드라우파디에 대한 뒤메질의 비교 연구를 통해 제3기능의 여러 면모들을 살펴보겠다.

1   사비니 여인들의 납치, 그리고 로마 최초의 전쟁

티베리우스강 하구로부터 약 22.5킬로미터 떨어진 곳에 위치한 로마는 독립적으로 생활하던 세 부족이 연합하여 하나의 공동체를 형성하면서 만들어졌다. 객관적 사료의 부족으로 이들 세 부족의 통합 과정에 대해 정확히 알 수 없으나, 로마 건국의 전설들은 이 세 부족이 어떻게 하나의 공동체를 이루었는지를 이야기한다. 뒤메질은『고대 스칸디나비아의 신화와 신들』의「타르페이아(Tarpeia)」장에서 이 전설적 에피소드들과 스칸디나비아 신화가 이야기하는 태초의 신들의 전쟁에 관한 에피소드들에서 유사점을 발견했다.

원시 로마의 형성 방식과 스칸디나비아 신들이 사회를 형성한 방식 사이에는 주목할 만한 유사성이 있다. 이 두 경우에 상대편은 민족적이면서 또한 기능적인 집단으로 인식된다. 그래서 마치 이미 전문화되어 형성되어 있던 두 인접 사회가 서로를 보충하며 만반의 요소들을 갖추고 통합된 일체를 구축한 것처럼 보인다. 두 경우 다 밀접한 융합이다. 먼저, 사비니족의 왕 티투스 타티우스의 동료들은 부유한 농경 전문가들이다. 이들과 종교적 숭배 및 정치적 통치로 규정되는 로물루스의 동료들, 그리고 순전히 전쟁 전문가들인 에트루리아의 지도자 루큐모의 동료들이 합병했다.[10] 부와 풍요의 전문가들인 바니르 신들과 마술사이자 통치자인 오딘과 아사-토르, 그리고 투사인 토르의 주위에 있는 아스 신들이 통합된 상황과 유사하다. 또 티투스 타티우스는 자기 종족들을 데리고 로마인들의 터로 가서 정착했고, 로물루스와 같은 자격으로 혼합 사회의 왕이 되었다. 바니르 신들은 그들 집단의 두 주신 뇨르드와 프레이르, 그리고 여신 프레이야를 아스 신들의 세계로 이주시켰다. 이 이주는 먼저 이론적으로는 인질의 자격이었으나, 이들 세 신은 재빨리 동화되어 오딘이 사망하자 뇨르드가 왕위를 계승했고, 그 뒤에는 프레이르와 그의 후손들이 혼합 사회의 왕권을 받았다. 마지막으로 이 두 경우에, 먼저 격렬했던 긴 전쟁이 있었고, 쌍방이 번갈아 가며 승리했으며, 그리고 마침내 이 전쟁은 결코 깨지지 않을 화해 협정으로 끝을 맺었다. 스칸디나비아 신화는 신들의 전쟁이 이후 에시르와 바니르의 갈등에 대해 더 이상 이야기하지 않는다. 이와 마찬가지로 로마의 역사에서도 티투스 타티우스의 사비니인들 혹은 그 후계자들과 로물루스의 초기 동료들 혹은 그 후계자들 사이의 갈등에 대해 들어본 적이 없다. 특히 통합 이후에 귀족들과 평민들 사이의 토론에서 다른 근원, 종족의 다름이 이용된 적이 한 번도 없었다. 마찬가지로 스칸디나비아 신화는 최초의 혹독한 전쟁 이후 차후로 더 이상 아스 신들과 바니르 신들 사이의 갈등을 인지하지 못했다.

이외에 인도 전설에서도 이와 유사한 의미를 담고 있는 이야기를 볼 수 있다. 그 신화는 아슈빈 신이 제사에 받아들여짐으로써 신들의 사회가 최종적으로 형성되었다고 설명한다. 신들의 왕이자 전사인 인드라와 풍요의 신인 쌍둥이 신 아슈빈의 화합은 둘 사이의 심한 알력을 계약으로 마무리한 것이다. 그 후 이 협약은 한 번도 논란거리가 된 적이 없었다. 인드라와 아슈빈 사이의 관계는 갈등에서 선택적 친화력 같은 것으로, 기능적 위계의 차이에도 불구하고 거의 동등한 우정 같은 것으로 변했다.

이 대략적인 유사성 외에도, 우리는 티투스 리비우스의 로마인 이야기와 스노리의 스칸디나비아 이야기의 세부 사항들[11]에서 많은 일치점들을 지적할 수 있다. 로물루스와 사비니인들의 전쟁에 관한 전설과 아스 신들 대 바니르 신들의 전쟁에 관한 전설에서, 두 종족의 갈등이라는 역사적 사건들의 기억들만을 보기를 고집한다면 이들 전설에 내포된 그토록 많은 일치들을 제대로 설명할 수 없다. 이런 의미에서 스칸디나비아 전설에 대한 카를 바인홀트, 헨리크 슈크, 오이겐 모흐크 등이 개진한 느슨한 추론들은 극히 부박하다.

뒤메질은 로마 역사의 초창기에 사비니인들과 전 로마인들 사이에 실재했던 갈등과 그 후의 융합이라는 가설에 대해 그 문제점들을 지적한다.[12] 그는 인간의 역사나 신들의 역사 여기저기서 활용된 것은 바로 조상에 관한 신화이며, 이는 인도-유럽족 시기부터 사회의 3기능 모델이 어떻게 형성되었는지를 설명하고 있다고 역설한다. 그렇기 때문에 인간의 세계에서 형성된 모델이든 신들의 세계의 것이든 이는 별로 중요하지 않다. 뒤메질은 다음과 같이 역설한다.

그러나 그 당시까지 이루어진 여러 비교 시론들에서는 여전히 그 결과의 관점에서만 이 두 신화적 전쟁이 고찰되었다. 어떤 연구자들은 심지어 이런 주장까지도 했다. "그 신화들이 어떤 전쟁에 대해 이야기한다는 것은 확실하나, 그 중력의 중심은 전쟁을 종식한 항구적 협약이다. 그리고 이 협약은 사회적 기능들의 신적 (혹은 서사시의) 수호자들 사이에 정상적인 관계를 설정함으로써 세계와 사회의 현 질서의 토대를 구축했다. 여기에서 전쟁은 오직 협약을 도입하기 위해서만 사용되었음이 확실하다. 마치 창조 신화에서 카오스가 먼저 언급되는 것은 단지 그 이후의 질서를 부각시키기 위해서일 뿐인 것과 마찬가지이다. 신화는 현재의 질서를 유지하는 기능들 간의 논리적 관계들을 드라마틱한 형태로 표현하면서 그것들을 자발적으로 실현하며, 그러고 나서 그 관계들을 여러 재난들로부터 회복한다. 의례들과 제도들 및 도덕적 교훈들의 목적은 단지 이 재난들을 피하는 것이다."[13]

여기에서 의문이 생긴다. 선행 질서는 단지 새로운 질서를 구축하기 위해 파괴되어야 할 전 단계로서만 그 의미와 가치를 지니는가? 카오스는 단지 코스모스를 길어 올리기 위한 마중물에 불과한가? 만일 이런 견해에 동의한다면, 그것은 마치 개인의 일생에서 청소년기를 성인이 되기 위한 전이 과정으로만 설명하는 것과 같아 청소년기는 그 자체로 어떠한 의미나 가치도 갖지 않게 된다. 뒤메질은 이전의 몇몇 연구자들이 앞의 결론에 이르게 된 원인을 지적하는데, 북유럽의 경우는 신화 자료들의 미진한 활용, 그리고 고대 로마의 경우에는 전설적 자료들의 가치에 대한 무지와 선입견이다.

이 두 전설에서 최종적 협정 이전에 일어나는 그 모든 것들에 대해 이런 부주의하고 소극적인 태도를 취하게 된 것은 이중적 감정이 연구자들의 마음에 스며들었기 때문이다. 한편으로는 문자 그대로 에시르 대 바니르 신의 전쟁에 대해 우리가 사용할 수 있는 자료들이라곤 스노리의 매우 개괄적인 문장들, 즉 「윙글링족의 사가」의 4장 앞부분에서 묘사되는 다음과 같은 내용밖에 없다고 가정했다.

바니르 신들과 대적하기 위해 오딘은 자신의 군대를 데리고 진군했다. 하지만 바니르 신들은 저항했고 자기 나라를 방어했다. 양편은 번갈아 가며 승리했다. 서로 상대의 나라를 황폐하게 만들었기에 양편은 모두 심한 손상을 입었다. 그러나 두 집단이 모두 기나긴 전쟁에 넌더리가 났을 때, 그들은 타협을 위해 만나기로 합의했다. 그들은 평화 협약을 맺어 전쟁을 끝내기로 하고 인질을 교환했다. 다른 한편으로는, 로물루스와 타티우스의 전투에 관해 로마인들이 이야기하는 몇몇 세부 에피소드들이 죄다 우리에게 쓸모가 없다고 가정했다. 그것들이 동지중해의 민담들에서 취한 것이든, 아니면 로마 지역과 연관된 것이거나 로마 역사의 실제 사건들이 시간이 지나며 차후에 형성된 것이든 쓸모없기는 마찬가지이다. 이런 상황에서는 그 어떤 것도 비교 연구거리가 되지 않는다는 것은 자명하다.[14]

1941년 이후 뒤메질은 이 두 의견을 재검토할 필요성을 느꼈다. 그는 "사람들은 잘못 이끌어 간 비판들이나 그들의 권한 밖으로까지 밀고 간 비판의 결과들을 지나치게 빨리 수용했다.”라고 판단했다. 뒤메질은 사람들이 이 전쟁 에피소드에서 별로 관심 갖지 않았던 유피테르의 주술적 역할에 주목한다. 이는 스칸디나비아 신화에서 태초의 신들의 전쟁에서 최고신 오딘이 했던 역할과 비슷한 것이다.

(1) 최고신 유피테르에게 호소하다

로마 최초의 전쟁은 사비니인 여인들을 납치한 결과이다. 새 도시 로마는 남성들에 비해 여성들의 수가 적었다. 남녀 성비의 불균형은 도시의 번영과 존속을 보장하지 못하기에 로물루스는 주변 부족들을 축제에 초대하여 사비니인 여인들을 납치하기로 했다. 축제가 한창 고조되었을 때 그는 자신의 동료들과 소년들에게 여인들을 납치하라는 신호를 보냈고, 이에 로물루스의 동료들은 사비니인 여인들을 납치하여 로마로 데리고 갔다. 이 축제가 바로 로물루스가 창시했다고 알려진 콘수스 축제(콘수알리아)이다.

콘수알리아는 고대 로마에서 8월 21일과 12월 15일에 수확의 신 콘수스(Consus, 8월 21일) 혹은 곡물 저장의 신 넵튠(Neptune, 12월 15일)을 기리던 축제이다. 플루타르코스(8월 18일)와 할리카르나소스의 디오니시오스에 따르면 콘수스와 넵튠은 동일 신의 다른 명칭이다. 축제는 매해 8월 21일 팔라티노 언덕과 아벤티노 언덕 사이의 무르키아(Murcia) 골짜기에 있는 대경기장에서 거행되었다. 사람들은 땅에서 콘수스의 제단을 발견하는데, 이 제단은 사전에 땅속에 묻어 둔다. 축제일에 이 제단에 헌주가 바쳐지며, 경마와 노새가 이끄는 전차 경주도 있었다. 이날에는 말과 노새, 나귀들에게 일을 시켜서는 안 되며, 이들을 화환으로 장식했다. 수확한 곡물들은 지하 저장고에 보관되며, 콘수스 사원도 지하에 있다. 이 사당은 일 년 내내 덮개로 가려져 있다가 이날 하루만 덮개가 열린다. 마르스 신도 수확의 보호자로서 초대받아 그에게 경의가 바쳐진다. 로물루스가 창시했다는 콘수알리아의 성격과 사비니 여인들의 납치 모티프는 고대 그리스에서 지하계의 신 하데스가 곡물 신 페르세포네를 납치한 신화적 사건을 상기시킨다.

왕정 로마의 성립 이전에 로마인들과 이웃 부족들과의 전쟁은 여러 차례 있었으나, 한 경우를 제외하고는 대체로 큰 위기 없이 신속히 마무리되었다. 그 한 경우란 납치된 자기 부족의 여인들을 되찾기 위해 사비니인의 왕 티투스 타티우스가 진두지휘했던 전쟁으로, 그것은 사비니인이 서서히 총동원된 기나긴 전쟁이었다. 이 전쟁은 양 진영에 모두 혈족을 둔 사비니 여인들의 중재로 종료되었다. 이후 로마는 사비니인들의 이주를 권장하고 이들을 흡수하여 공동 통치 체제를 수립한다. 로마인들은 팔라티노 언덕에 거주하고 사비니인들은 퀴리날레 언덕에 거주했으며, 카피톨리노 언덕을 로마시의 행정 중심지로 정했다. 라틴인과 사비니인들이 완전히 결합한 후 얼마 지나지 않아 타티우스가 죽자 로물루스가 왕이 되어 그 후 33년간 로마를 다스렸다.

동일한 의미를 지녔으나 반대 방향으로 변화가 일어난 이와 유사한 인도 신화가 있다. 제3기능의 대변자 나사트야 신들은 슈리야야티(Shryayati) 왕의 딸이자 브라만의 부인인 수칸야(Sukanya), 즉 제2기능 및 제1기능과 연루된 인물을 유혹하여 그녀의 남편에게서 납치했다.[15] 이에 대해서는 뒤에서 보다 자세히 다룰 것이다. 반대로 라틴 역사가들이 예시하는 납치 이후와 타협까지의 전쟁 장면들은 주목할 만하며, 스칸디나비아의 사실들과의 유사성으로 인해 이들을 비교하지 않을 수 없게 만든다.

먼저 사비니의 여인들은 그 유자격 대리인들의 행위로 제3기능의 본질과 제1기능의 본질을 규정한다. 물론 한편으로는 루큐모의 에트루리아인들과 연합한 로물루스와 그 동료들, 다른 한편으로는 타티우스의 사비니인들이 대적한 이 전쟁에서 이들 세 무리는 모두 '전투적으로' '용감하게' 잘 싸웠다. 그러나 이 호전적인 무사들이 에트루리아인들과 루큐모의 무훈[16]을 고갈(그는 전투에서 죽었다.)시켰다면, 타티우스와 로물루스는 전투의 기술적 관행을 넘어 각자 초군사적 과정에 호소했다. 이와 같은 방식의 활용은 그들 각자의 본질을 잘 규정하며 그 기능 및 특성에도 매우 잘 부합되므로, 그 역할들이 전도된다는 것은 상상할 수가 없을 것이다. 사비니인 타티우스는 처음부터 금에 의한 타락, 즉 타르페이아의 저속한 타락을 개입시켰다. 그녀는 라틴인들의 방어 체계인 카피톨리누스와 팔라티누스를 사비니인들에게 넘겨주기로 했다. 타르페이아의 반역 이후에 있었던 전투에서 로물루스는 주술을 개입시켰는데, 이는 전쟁의 흐름을 뒤집어 그들을 파멸로부터 구해 주는 '유피테르 스타토르'(Jupiter Stator, 지지자 유피테르(Jupiter the Stayer))의 위대한 공포의 주술이다. 역사가들이 그 전쟁에 대해 알고 있던 것이라곤 이 두 에피소드가 전부이다.[17] 그러나 이런 도식화 자체는 시의적절하게 찾아온 선물이다. 로물루스의 전 치세, 왕조사의 첫 장들이 모두 그렇듯이 그것은 이야기의 뼈대가 되는 3기능 체계를 지나친 과장 없이 포괄한다. 사람들은 부유한 우두머리와 마술을 쓰는 우두머리들의 고유한 원천들이 군사적 토대 위로 솟구쳐 올라와 대립되는 것을 본다.

두 번째 에피소드는 로물루스와 그의 유피테르를 이해하는 데 매우 중요하지만, 우리는 이를 강조하지는 않을 것이다. 이것은 다른 곳에서 여러 번 분석했다.[18] 다만 이 에피소드의 형태와 의미가 「뷜루스파」의 장면과 얼마나 일치하는지를 다시 한번 강조하자. 다음은 티투스 리비우스가 전하는 이야기이다.

어쨌든(타르페이아의 타락 후에) 성채는 사비니인들이 장악했다. 이튿날, 로마 군대가 진열을 갖추어 팔라티노 언덕과 카피톨리노 언덕 사이의 작은 평원에 잠복했을 때, 사비니인들은 즉각 평지로 내려오지 않았다. 이들은 분노와 성벽을 탈환하려는 욕망이 로마인들의 용기를 부추겨 아래로부터 그들을 공격하기를 기다렸다. 양 진영의 제1열이 전투를 시작했다. 사비니인 쪽에서는 메티우스 쿠르티우스(Mettius Curtius)가, 로마인 쪽에서는 호스티우스 호스틸리우스(Hostius Hostilius)가 나섰다. 호스티우스 호스틸리우스는 선두에서 용기와 대범함을 발휘하며 불리한 위치에 있는 로마인들을 북돋우었다. 그가 꼬꾸라지자 로마 군대는 곧바로 사기가 꺾여 대오를 흩트리며 정신없이 도망을 쳤다. 도망자들 무리에 섞여 달아나던 로물루스가 팔라티누스의 옛 문(Porta Mugonia)에 이르러, 하늘을 향해 자신의 무기를 들어 올리며 말했다.

"유피테르 신이시여! 저는 당신이 보여 준 징표들을 믿고 이 팔라티노 언덕 위에 로마 건국의 초석들을 놓았나이다. 성채는 반역으로 이미 사비니인들의 수중에 들어갔나이다. 저들의 군대가 이곳 우리들과 그들을 갈라놓고 있는 골짜기를 넘어 우리를 향해 전진하고 있나이다. 신들과 인간들의 아버지시여! 당신께서 여기 우리로부터 적들을 물리치는 것만은 해 주시옵소서. 로마인들에게서 공포심을 제거해 치욕적인 도주를 멈추도록 해 주시옵소서. 오, 지지자-유피테르여! 당신의 후원이 로마를 구원했음을 후손들이 기억하도록 여기 이곳에 당신의 신전을 건립할 것을 약속합니다."[19]

이렇게 기도한 후 로물루스는 마치 신이 그 기원을 들어주기라도 한 듯이 말했다. "로마인들이여, 참으로 관대하고 위대한 유피테르께서 이제 여러분들에게 도주를 멈추고 전투를 재개하라 명하신다."(리비우스, I, 12, 7)

로마인들은 이를 마치 하늘의 명령처럼 마음에 새겼다. 로물루스는 몸소 선두로 돌진했다. 사비니인들의 선봉에 있던 메티우스 쿠르티우스는 성채 위에서 달려 내려와 지금의 포룸 전역에 무질서하게 흩어져 있던 로마인들을 물리쳤다. 팔라티누스의 문에서 그리 멀지 않은 곳까지 왔을 때, 로물루스는 용맹무쌍한 젊은이들로 구성된 한 군단을 이끌고 그를 덮쳤다. 그때 메티우스는 말을 타고 싸우고 있어서 그를 물리치기가 한결 쉬웠다. 로마인들은 그를 뒤쫓아 퇴각을 재촉했다. 자신들의 왕의 호연지기에 전의가 불타오른 나머지 로마 군단들도 사비니인들을 패주시켰다.[20]

티투스 리비우스의 기록에서는 「뷜루스파」 24절에서 볼 수 있는 세 요소들이 발견되는데, 다만 여기에서는 첫 번째 요소가 세 번째 요소를 드러낸다. 첫째, 사비니인들에 의해 카피톨리움이 점령되고 팔라티누스의 문이 위협받듯이, 아스 신들의 성벽이 돌파되었다. 둘째, 승리에 취한 사비니인들이 적들로부터의 방어 체계 내부인 포룸의 들판에서 싸웠던 것처럼 용맹스러운 바니르 신들은 평원들(혹은 땅)을 짓밟았다. 셋째, 오딘은 적들 위로 마법의 창을 던졌는데, 이 동작은 로물루스가 위대한 전투의 마법사 유피테르에게 했던 간구와 동일한 효과가 있다. 두 경우 다 양측이 번갈아 가며 승리했다는 것은 중요하지 않다. 그렇지만 이 두 경우에서 승리에 가장 근접했던 이들, 적의 위치에 진을 친 이들은 제3기능의 대변자인 사비니인들과 바니르 신들이라는 점에 주목해야 한다. 따라서 이 복잡한 전투의 목적은 삼중적이다. 먼저 양쪽의 용맹과 탁월함, 특히 부유한 사비니인과 부유한 바니르 신들의 용맹과 탁월함을 명백하게 보여 주는 것이다. 다음으로 한쪽 편의 우두머리의 마술을 분명히 설명하는 것이다. 마지막으로 한쪽이 줄곧 승리하는 것이 아니라 교대로 승기를 잡았으므로, 전쟁은 결국 '사회 계약'으로 끝났다는 전통적인 단언을 정당화하는 것이다.

2   타르페이아의 부패

타티우스가 어떻게 먼저 카피톨리움을 점령했는지를 알아보기 위해 티투스 리비우스를 다시 읽어 보자.

"마지막 전쟁은 사비니인들과의 전쟁이었고, 이 전쟁이 단연 제일 중요하다. 실제로 사비니인들이 그때만큼 분노와 열정에 지배된 적이 없었다. 그들은 적개심을 표출하기 전에 그 어떤 낌새도 드러내지 않았다. 그들은 냉정을 유지하며 재차 속임수를 사용했다. 스푸리우스 타르페이우스는 로마 성채의 사령관이었다. 베스타 여신의 여사제인 그의 딸은 타티우스의 금에 매수되어 적들이 광장으로 들어오게 해 주겠다고 승낙했다. 그녀는 제사에 쓸 물을 길으러 성 밖으로 나갔다.

일단 성안으로 들어오자 적들은 방패로 그녀를 눌러 죽였다. 이는 보다 강력한 힘으로 성을 탈취한 것처럼 보이게 하기 위해서일 수도 있고, 반역자들에게 한 언약은 그 어떤 경우건 지켜지지 않는다는 것을 경고하기 위해서일 수도 있다. 전승에 따르면, 일반적으로 사비니인들은 왼팔에 무거운 금팔찌와 몹시 아름다운 보석들로 장식된 반지를 끼고 있었으며, 타르페이아는 그들이 왼팔에 차고 있는 것을 대가로 달라고 요구했다고 한다."[21]

(1) 타르페이아 이야기의 변종들과 그 기원

고대에 이 이야기는 산문으로 또 운문으로, 심지어는 그리스어 운문으로 전해지는 등, 여러 방식으로 수도 없이 진술되었다. 플루타르코스[22]와 할리카르나소스의 디오니시오스[23]는 이 이본의 편린들을 제공한다. 티투스 리비우스가 11장 마지막에 환기시킨 여러 작가들은 이 내용들에서 타르페이아를 로마에 대한 애국심에 불타는 여걸로 변형시켰다. 그녀는 로물루스를 배반하지 않았다. 반대로 타르페이아는 고귀한 행위를 하고자 하는 욕구가 생겨 사비니인들에게 자신이 카피톨리움을 넘겨줄 것처럼 믿도록 덫을 놓았다. 적들에게서 방패를 획득하여 자기 편 군사들에게 넘겨줄 계획으로 사비니인들에게 접근했다. 사비니인들에게 성문을 열어 주는 대가로 그들의 방패를 요구했고, 그럼으로써 정확하게 상황을 미리 알고 있던 로물루스의 공격에 타티우스와 그의 군인들이 무기도 없이 맞닥뜨리게 할 심산이었다. 사비니인들이 이를 짐작했거나, 아니면 타르페이아가 보낸 전령이 로물루스를 배신했기 때문에 이 계획이 실패로 돌아갔는지는 알 수 없다. 그러나 역사가 이야기한 대로 사비니인들은 그녀를 응징했다. 이런 이야기를 믿었던 고대 작가들은 별로 없지만, 할리카르나소스의 디오니시오스는 이 판본이 로마인들이 해마다 타르페이아에게 헌주한다는 놀라운 사실과 잘 맞아떨어진다는 점에 주목했다.[24]

어떤 작가는 타르페이아를 콘수알리아 축제에서 로마인들에게 납치되었던 사비니 여인들 중의 한 여인으로 만들었다. 그 근거는 로물루스의 동료들이 콘수알리아 축제에서 여인들을 납치한 것은 여인들이 부족했기 때문이었는데, 어떻게 타르페이아가 로마인이 될 수 있느냐는 것이다. 마지막으로 타르페이아가 그런 행위를 하게 된 동기가 무엇이었느냐에 대해서도 의견이 갈린다. 모든 역사가와 오비디우스가 보기에 그것은 탐욕, 금의 함정(미끼), 부패이다.(*Fasti*, I, 261) 사랑 때문이라고 말하는 시인들도 몇몇 있다. 성벽 앞에서 종횡무진하는 멋진 타티우스를 본 젊은 여인이 이성을 잃었다는 것이다.

현대인들 역시 이 전설을 설명하려 했다. 특히 종교사 전문가인 고고학자 살로몬 레이나슈(Salomon Reinach)는 이 전설을 멋지게 구축했다.[25] 민담 연구자들은 이와 반대로 이 전설이 로마 고유의 것이 아니라 다른 곳에서 알려진 이야기를 로마인들이 예증한 것임을 보여 주면서 의문을 제기했다. 하지만 크라페(Alexander Haggrty Krappe)는 2차 자료에 대한 변종들의 분류를 확립했다. 그는 타르페이아의 반역 동기의 차이들을 분류하긴 했으나, 고대 변종들의 지리적 분포에 대해서는 결론을 내리지 않았다. 아무튼 한 가지 사실을 상기하자.[26] 고대인들이 말하는 바에 따르면 카피톨리노 언덕은 먼저 타르페이우스 언덕(Tarpeius mons)이라 불리다가 타르퀴니우스 치세 때 카피톨리움이라는 이름으로 대체되었다.[27] 실제로 l 발음이 있는 카피톨리움과 p 발음이 있는 타르페이우스(따라서 타르페이아)는 같은 격의 사비니 형태들이다. 타르페이우스 몬스는 그 언덕의 원래 이름이 아니라 에트루리안 시기 이후, 타르퀴니우스 이후의 이름이다. 카피토디움(Capitodium)이 카피톨리움으로 변형되는 것이 다른 곳에서 확인되는데, 이 경우도 마찬가지이다. 이런 점들로 미루어 볼 때, 타르페이아는 로마 기원의 시기보다 몇 세기 이후의 이름이라는 것이 확실하다.

반역의 수혜자에게 배반당하는 여인 이야기. 당대 사람들은 에게해 주변에 퍼져 있던 상당수의 지역 변종들을 알고 있었다. 먼저 확인된 가장 오래된 변종들 중의 하나는 분명히 그리스와 로마 사이에 완전한 교섭이 있기 이전의 것으로, 메가라에서 전해지던 이야기이다.[28] 바다의 지배자인 크노소스의 미노스(Minos) 왕은 아테네에 대항하기 위해 선단을 이끌고 가 공격하여 니소스(Nisos)가 다스리는 메가라를 함락했다. 니소스는 머리 한가운데 자주색 머리카락이 나 있었는데, 신탁이 이르기를 누군가가 이 머리카락을 뽑기 전에는 그는 죽지 않을 것이라 했다. 아폴로도로스에 따르면 미노스에게 반한 니소스의 딸 스킬라(Scylla)가 그 머리카락을 뽑았다. 하지만 미노스는 도시를 점령한 후에 스킬라의 두 발을 배의 고물에 묶어 익사시켰다. 여기에서 반역의 동기는 사랑으로 대체되었다. 아이스킬로스는 「제주를 바치는 여인들(Choéphores)」에서(V, 612~622) 또 다른 사건과 동기를 암시했다.

"또 하나의 가증스러운 이야기는 적을 위하여 아버지를 죽인 처녀의 살인 이야기. 미노스가 준 크레타의 황금 목걸이에 매수된 그녀, 아버지 니소스가 아무런 의심도 없이 깊이 잠들었을 때, 아비의 불사의 머리를 잘랐으니, 진정 개 같은 여인이로다. 그리하여 헤르메스가 니소스를 지하로 인도했다네."

또 다른 두 지역에도 변이본들이 있다. 하나는 레스보스섬에서 발견된 작자 미상의 것이고, 다른 하나는 트로아드(Troade) 지역의 페다소스(Pédasos)에서 나온 것이다.[29] 호메로스의 한 주석가에 따르면, 이 두 번째 본은 헤시오도스에서 유래했다고 한다. 레스보스와 페다소스에서 침략자는 아킬레우스이고, 반역의 동기는 사랑이다. 레스보스에서 아킬레우스는 결국 자기 군인들에게 그녀를 돌로 쳐 죽이게 했다. 페다소스에서는 응징이 문제시되지 않는다.

낙소스섬의 또 다른 본에서는 이 주제가 전도된 듯하다. 아리스토텔레스, 파르테니오스, 그리고 플루타르코스가 이 이야기를 전해 주는데, 여기에서 처녀는 포위된 자들을 해방시켜 주는 해방자로 등장하며, 마지막에 도시의 정문 앞에서 질식해 죽는다. 그녀의 시체 위로 화환들이 쌓이고, 주민들은 아무런 거리낌 없이 그녀를 지켜 준다.

에페소스본에서는 크레수스의 딸이 키루스에게 자신과 결혼해 달라는 조건으로 도시를 넘겨준다. 키루스 왕은 이 약속을 지키지 않지만, 여인을 응징하지는 않는다. 에페소스의 또 다른 이본에서는 도시를 공격한 적들에게 팔찌를 요구한 처녀가 금에 눌려 죽음을 당했다. 이 이본은 타르페이아의 이야기를 표절한 위작처럼 보인다.

에게해와 동지중해 전역에서 발견되는 이본들 외에 그리스 서쪽 해안가에서 발견되는 또 다른 한 이본에 등장하는 여인은 프테렐라우스(Pterelaus) 왕의 딸 코마이토(Komaithô)이다. 타포스(Taphos)섬[30]의 왕 타피오스는 아들 프테렐라우스가 태어나자 포세이돈에게 아들의 머리 위에 금발을 하나 심어 불멸하도록 해 달라고 부탁했다. 프테렐라우스가 아버지의 뒤를 이어 타포스섬을 다스릴 때, 암피트리온(Amphitryon)이 섬을 공략하러 왔다. 이때 암피트리온을 본 공주 코마

이토가 그에게 반해 자기 아버지 프테렐라우스의 금발 머리카락을 뽑아 침략자에게 넘겨주었다. 프테렐라우스가 죽자 암피트리온은 그가 다스리던 모든 섬들을 장악했으나, 약속을 어기고 코마이토를 처형한 후 전리품을 챙겨 테바이로 돌아갔다.

동지중해와 서지중해의 수많은 지역 변종들 가운데 이탈리아 것은 타르페이아 이야기가 유일하다. 중세에 이란인들은 이 테마를 새롭게 활용했으며, 중세 유럽의 문학에서도 타르페이아 이야기에서 파생된 듯이 보이는 내용들이 주목을 끌기도 했다. 페르시아와 유럽의 이 이야기들을 반역의 수혜자에게 배반당하는 여인 이야기의 변종들로 볼 수 있느냐에 대한 논란이 있다. 이들 이야기와 논란은 지금 우리의 관심사가 아니므로 여기에서 거론하지는 않겠다. 지중해 지역에서 발견되는 고대 변종들로 한정하면, 에게해 주변 어느 지역, 아니면 어떤 섬에서 그 이야기가 만들어져 증식되었던 것이 분명하다. 따라서 앞에서 언급했듯이 타르페이아의 이름은 상대적으로 후대의 것일 뿐 아니라, 그 도식 자체도 그리스에서 유래했다. 다만 이를 인식했다고 해서 모든 걸 다 말한 것이 아니고, 고려해야 할 무언가가 아직 남아 있다. 그것은 왜 로마 건국의 전설에 타르페이아의 부패 이야기가 삽입되었느냐는 물음이다.

(2) 반역자 타르페이아

황금(혹은 사랑)의 덫에 빠져 국가를 반역했다가 그 반역의 수혜자에게 벌을 받는 처녀에 관한 그리스 이야기, 사람들은 어떻게 이 평범한 소설을 다른 모든 것보다 우선적으로 로마 전통들 전체의 특정한 곳에 그 자리를 정해 삽입할 수 있었을까? 그런 삽입이 가능하기 위해서는 첨가해야 할 전설이 기획되어야 할 뿐 아니라, 그 전설의 보완물 (contrepartie)을 찾아 호출해야 할 소환의 어떤 필요성 같은 것이 있다. 로마 건국 전설에 삽입된 그 보완물은 차후에 그것을 차용할 차용자들이 제기할지도 모를 어떤 물음에 대한 답변처럼 보일 필요가 있었다. 그것은 로마의 형성 과정을 전해 주는 후대의 정신에게 그 이전의 온갖 전설적, 신화적 서사들이 암묵적으로 제기했던 도덕적, 혹은 철학적 물음들 중의 하나에 대해 인상적인 답변보다 더 나은 답변, 잘 만들어져 완성된 답변처럼 보일 필요가 있었다. 이 서사 단편의 기저에 있는 철학이 초기 로마의 전설에 이런 유형의 스캔들, 이런 타락을 눈부시게 이용할 것을 요구하며, 또 이 서사의 가장 오래된 형태들이 동일한 의미를 지닌 에피소드, 타르페이아의 에피소드가 그것을 대체할 수 있었던 에피소드를 포함하고 있었다. 그래서 우리는 로마의 시초를 이야기하는 우화에서 타르페이아의 반역과 타락시키는 황금이 최초로 개입되었다는 것을 발견한다.

타르페이아 에피소드가 초기 로마의 전설에 삽입된 것은 명백히 이런 경우이며, 우리는 그 필요, 그 소환이 어떤 내용들로 이루어졌는지를 보았다. 지금까지의 분석이 우리에게 알려 주는 바는 이렇다. 타티우스의 금은 로물루스의 마술을 보완하며, 주술사가 전투의 귀추를 뒤집듯이, 부(혹은 부차적으로 아름다움)는 베스타의 여사제를 타락시킨다. 저마다 특별한 능력, 특별한 기술을 작동시키는데, 이 능력은 그의 힘이기 이전에 먼저 그의 규정 혹은 기능적 규정의 논리적 결과이다. 리비우스는 타르페이아를 매수하기 전에 사비니인들의 왕 타티우스에 대해 이렇게 기술한다. "그의 용의주도함은 술책의 섭리를 물리치지 않았다."[31] 로물루스가 유피테르 신에게 기도한 후, 그는 신이 자신의 소원을 들어주었다는 것을 느꼈다. 로물루스는 자기 동료들에게 유피테르께서 도주를 멈추고 전장으로 돌아가라고 명했다고 말했다. 우두머리들의 행동들은 마치 플롯 곡선의 두 온상처럼 탁월하게 화답한다. 황금과 풍요, 호사, 쾌락이라는 우주적, 사회적 제3기능과의 자연스러운 관계가 리비우스의 저서 11권과 12권에서 드러난다. 스칸디나비아의 사실들과 비교하면 이를 더 분명히 알 수 있다.

　로마의 이런 줄거리 구성과 이에 해당하는 노르딕의 줄거리 구성과의 심오한 일치를 강조하면 더욱더 흥미롭다. 이 두 최초의 전쟁에서, 첫 번째 에피소드에서는 제3기능에 고유한 황금의 퇴폐적 권능이 연출되었다. 굴베이그와 타르페이아가 이 위험스럽기 짝이 없는 현혹의 형태로 등장하고, 그 희생자는 제1기능의 대변자 오딘과 아스 신들, 그리고 로물루스와 그 동료들이다. 물론 로마 서사의 세부 사항들과 노르딕 서사의 세부 사항들을 비교할 수는 없다. 로마의 것은 인도-유럽인들의 전사(前史)와는 다른 곳, 에게 지역에서 취한 것이기 때문이다. 특히 사비니인들은 자신들이 타르페이아(로마인?, 사비니인?)를 타락시킨 후에 이 사건에서 기대했던 이득을 얻었고, 그녀를 처벌해 죽였다. 아스 신들은 바니르 신인 굴베이그를 처형했으나, 황금의 권능인 그녀는 세 번이나 살아나 세계, 특히 여인들의 영혼을 자신의 매력으로 중독시킨다. 반면 타르페이아는 그녀의 비극적 운명이 후세대에게 일종의 경고로 기억되어야 할 예이다. 이러한 차이점들은 자연스럽다. 왜냐하면 타르페이아는 그녀의 광기와 그녀의 죄악, 그리고 그에 대한 속죄, 메가라의 스킬라와 타포스의 코마이토의 죄에 대한 속죄와 아주 흡사한 죄에 대한 속죄의 분명한 형태가 되어야 하기 때문이다. 그러나 인물의 특성들과 상황들의 유사성, 두 행위의 원리들의 유사성은 두드러지나 유사성에만 머물지는 않는다. 타티우스의 전사들이 던진 방패에 눌려 죽은 타르페이아, 오딘의 동료들이 창으로 수없이 찔렸으나 무기 더미 속에서 다시 일어선 굴베이그. 황금에 현혹된 반역자와 시공을 불문하고 인간의 삶에서 시시때때로 확인되는 황금의 권능은 그 운명이 다를 수밖에 없다.

3   성찰들

기능적 가치의 측면에서 보면 바니르 신들의 전쟁 및 사비니인들의 전쟁과 유사한 인도의 전설이 있다. 나사트야는 그야말로 제3기능의 특성인 부패에 좌우되는 쌍둥이 신이다. 이들은 젊고 아름다운 수칸야를 그녀의 남편인 고행자 츠야바나(Cyavana)로부터, 또 그녀의 의무로부터 떼어 내려 애쓴다. 그 내용은 이렇다.

나사트야 신들은 고행자인 그녀의 남편이 아내에게 주지 못하는 쾌락을 제공하겠다고 은밀히 약속한다. 이들은 수칸야의 눈앞에 그녀가 갖지 못한 휘황찬란한 보석들과 번쩍이는 화려한 옷감들을 흔들면서 자신들은 그녀에게 이것들을 줄 수 있다고 말한다.

"아무런 치장도 하지 않은 당신, 우아한 의상을 걸치지도 않고 장신구도 없으나, 고귀한 당신은 놀랍도록 숲을 아름답게 하는구려. 하지만 나무랄 데 없는 신체를 가진 여인이여! 만일 당신이 갖가지 장식물로 치장하고 우아한 옷을 입으면, 지금처럼 온갖 진흙으로 오염된 당신이 아닌 아름다운 여인이 될 것이오."

타르페이아보다 더 의연하고, 사악한 굴베이그보다 더 건전한 젊은 여인은 이에 저항하고, 부패의 유혹은 실패한다. 쌍둥이 신이 다시 수칸야에게 접근하려 하자, 인드라가 나타나 벼락으로 나사트야와 그들의 보호자를 위협한다. 그리고 이 두 번의 실패로 제3기능의 대변자와 상위 기능의 대변자는 마침내 협약을 맺게 되고, 이로 인해 나사트야는 확실하게 신들의 사회에 받아들여진다.[32]

이 인도 전설을 상기하는 것은 부패의 본질적 동기가 그 예견된 곳에 제자리를 잡으면서, 로마 전설 및 스칸디나비아 전설과 얼마나 달리 각색되어 나타나는지를 느끼도록 하기 위해서이다. 또 이와 반대로 이 전설들의 기이한 공통점을 보다 잘 느끼도록 하기 위해서이기도 하다. 스노리와 리비우스 그리고 인도 문헌들에서 (이와 다른 유형의) 아주 유사한 경우가 관찰되는데, 『미트라-바루나』를 접한 독자들은 여기에서 이들 각자의 위치를 알아볼 것이다. 최고의 권한을 가진 애꾸눈과 최고의 권한을 가진 외팔이 쌍에 관한 신화나 전설들의 경우를 비교해 볼 수 있다. 인도는 옛 이미지들을 브라만들만이 관장하는 일들 속으로 흘려 넣으면서 눈이 없는 최고신과 한쪽 팔이 망가진 최고신을 쌍으로 제시하는데, 이는 또 유럽의 전설들에 등장하는 인물들과 비교할 수 있다. 그러나 인물 유형들 속에서, 또 플롯들 속에서 오래전부터 분리되어 있던 영역들 위로 수많은 유사점들이 분명히 나타난다. 스칸디나비아의 두 아스 신 애꾸눈 오딘과 외팔이 티르 그리고 로마의 서사시에서는 키클로페(그리스 신화의 외눈박이 거인) 호라티우스와 왼손잡이 무키우스가 그들이다. 확장되고 체계적인 이 유사점들은 공동 유산의 보존이라는 가설로만 설명될 수 있다. 1940년에 연구된 불구가 된 두 지배자들의 경우에서 그리고 앞에서 결합된 인물들과 개념들의 경우에서 비교 방식의 일치와 주어진 자료들과 결과들의 균형을 세부적으로 확인하는 것은 종교사에 관심이 있는 학생들에게 좋은 실습거리가 될 것이다.

우리는 감히 방법에 대해 말하는 것이므로, 독자는 이 시도로 얻게 되는 이점을 헤아려 보고 싶을 것이다. 이제 더 이상 단지 하나의 단편이 아니고, 또 우리가 고찰하고 비교했던 사비니인들의 전쟁과 바니르신들의 전쟁에 관한 전설들에서 끌어낸 몇몇 편린들도 아니다. 이들 전쟁 이야기는 체계적인 조직 속에서, 전체적으로 고려해야 할 두 전설들이다. 이럴 때 설명의 개연성이 커질 뿐 아니라 그 전설들의 철학적 가치 또한 커진다.

마지막으로 두 가지 점을 분명히 짚고 넘어가자. 사람들은 로마인들이 타르페이아의 망혼에 장례 헌주를 바쳤다는 것을 알고 있다. 부패한 반역자에게 헌주를 바쳤다는 사실은 무엇을 의미하나? 이 물음에 정확히 답변할 수 없으나 두 가지를 생각할 수 있다고 뒤메질은 말한다.

먼저 타르페이아에게 바쳤던 헌주는 고대 로마인들의 망혼관에서 연유했다고 볼 수 있다. 죽은 자는 그 일생이 어떠했건, 완전히 사라지지 않고 이승에 존재감을 드러내려 한다. 하지만 망자의 혼이 관심을 갖는 것은 오직 하나뿐인데, 그것은 살아 있는 이들이 바치는 봉헌물들이다. 이것을 받지 못할 때, 불만가-망자는 살아 있는 자들이 낭패를 겪게 만든다. 죽은 타르페이아는 불멸의 굴베이그가 그러했듯이 실제로 지속적으로 별별 해코지를 다 한다. 고대 사회 곳곳에서 확인되며 상고 시대부터 오늘날까지 동아시아 지역에서 행해지고 있는 조상 제사의 토대가 된 망혼관과 동일한 관념이다.

그러나 어쩌면 보다 감동적인 다른 이유, 로마인들 특유의 심성과 관련된 이유가 있을지도 모른다. 로마는 그의 초기 역사의 죄인들에 대해 어떤 원한도 갖지 않았다. 레무스의 불경죄, 살인마 켈러(Celer), 폭군이 된 로물루스, 조국에 불충했던 호라티아, 부친을 살해했던 호라티우스, 이들은 가혹한 어떤 처벌의 대상이 아니었다. 이들 대부분은 연례 제사를 받는데, 죽은 자는 일반적 관용을 받은 이런 귀신들을 화합시킨다고 생각했던 것 같다. 타르페이아도 그들 중 하나이다. 이 불운한 여인은 특정 권능을 경험적으로 보여 준 예로 간주되었는데, 타티우스의 방패의 현대적 형태인 그 권능 자체는 단지 도덕주의자들의 비난을 받을 수는 있으나, 그럼에도 여전히 도시라는 이 전체적 통합 속에서 한 세계, 한 영혼, 하나의 틀림없는, 그래서 무시할 수 없는 힘을 발휘하는 요소이다. 황금은 하나의 힘이다. 그래서 그 힘의 사용법은 독창적인 어떤 기술을 야기한다. 황금은 풍요라는 밝은 면 외에 타락, 부패라는 어두운 면, 제2분과를 가지고 있다. 일단 이 점을 인정하여 수용해야 한다. 그런 다음 그것을 활용하고, 그 어두운 면을 무력화시켜야 한다. 타티우스는 사비니적인 것들이랄 수 있는, 제3기능의 모든 면모들을 로마로 가지고 오지 않을 수가 없었다. 심지어는 라티움의 모든 길 위에서 행해진 군인들의 도적질에 대한 기이한 관용까지도 가지고 오지 않았는가? 타르페이아, 그녀는 로마 기원의 우화 속에서 바로 그것, 즉 황금의 권능을 예증하는 것으로만 사용되었다. 분리되어 있던 시기들에는 쓸모가 있었으나 통합 후에는 토사구팽당하는 것이 타르페이아의 운명이다. 이 비참한 효용 가치는 일단 종합이 되고 나면, 타티우스와 로물루스의 단일화가 이루어지고 나면, 티티에스족이 루케레스족 및 람네스족과 영구히 연결되고 나면, 여주인공에게 엄밀한 의미에서의 숭배는 아니라 할지라도 최소한 사면, 심지어 감사에 가까운 측은지심 정도는 가져 줄 만하다. 남성 개개인이 청춘의 광기에 사로잡혀 저지른 이런저런 잘못들을 먹고 자라듯이, 반역자 타르페이아에게 바쳐진 장례 공물이 의미하는 것은 바로 성숙 이전의 이 잘못들에 대한 사면이다.

　다른 한편으로 이 시론의 결과들은 앙드레 피가뇰(André Piganiol)이 1916년『로마의 기원에 관한 시론(*Essaie sur les origines de Rome*)』[33]에서 타르페이아적 처형들에 할애한 예리한 성찰들과 연결된다. 타르페이아를 기억하며 죄인을 섹숨 타르페이움(saxum Tarpeium)이라 부르는 바위 위에서 밀어 버리는 이 처형들은 명목상으로 그리고 실질적으로 오로지 평민 재판들의 관할에만 속해 있었다.[34] 평민들이 생산 계급을 계승함에 따라 기원의 우화는 타티우스와 그의 군대, 티티에스족과 동일시되었으므로, 우리는 타르페이아가 제3기능의 보충물로 결합되는 것을 어렵지 않게 이해할 수 있다.

3 민족의 탄생

국가나 왕조, 도시, 부족, 가족 등의 기원에 관한 이야기인 창건 신화 (foundation myth)는 특정 민족이나 공동체의 뿌리를 말해 준다. 뿌리를 이야기한다는 것은 시간과 공간 속에 자신의·위치를 고정시킴으로써 신원증명서를 소유하는 것과 같다. 기원을 이야기하고 나면 자신만의 개성을 갖게 되며, 정신적 인격체로서 국가들(또는 도시, 부족, 가족, 공동체) 사이에서 정당한 권리를 가진 온전한 일원이 된다. 다시 말해 뿌리 찾기란 내적 동질성, 즉 정체성의 확립이며, 이는 곧 개체로서의 존엄성을 획득하는 것이다. 그래서 각 국가(또는 도시, 부족, 가족, 공동체 등)는 정체성 확립의 필요성을 느낄 때 그들의 기원에 대한 이야기를 만들었으며, 동질성이 훼손되어 회복의 필요성을 느낄 때마다 자신들의 뿌리를 상기시키거나 그 의미를 재해석하여 구성원들의 결집을 도모한다.

오늘날 우리가 알고 있는 로마의 초기 역사, 건국 신화라 일컬어지기도 하는 국가의 초기 역사는 공화정이나 제정 로마의 영광을 찬양한 지식인들의 저술들을 통해서이다. 그들은 어떤 방식으로 초창기의 역사를 구축하고자 했을까? 『신화와 서사시 I』(259~336쪽)에서 이에 대한 답변을 찾을 수 있다.

특정 민족이, 아니 보다 정확히 말하면 특정 민족의 지식인들이 자발적인 성찰에 의해서건, 아니면 명성이 드높은 이웃 민족들을 모방해서이건, 초창기를 그려 보겠다는 생각을 하게 되었을 때, 그들은 어떤 방식으로 그 작업을 진행시켰을까? 가용 자료라곤 전설들이나 전설의 단편들밖에 없다. 이것들을 분류하고 배치하여 이전의 것이건 아니면 근래의 것이건 그들에게 강요된 개념적 도식들 속에 위치시켜 통합적 의미를 부여해서 초기 역사를 구축한다. 체계적으로 통합된 이 전설들의 의미는 일반적으로 지식인들이 경험한 사회적 실재를 점차적으로 창작한 것이다.

중국에서는 5행 원리가, 인도-유럽족의 경우는 3기능 구조가 뿌리 깊이 작동하면서 개념적 도식을 지배했다. 사실 이 도식은 세계의 역사이건 인류의 역사건, 아니면 전적으로 국가의 역사건 간에 모든 단계의 역사를 구축하는 데 쓰인다. 장피에르 베르낭(Jean-Pierre Vernant)은 훌륭한 두 연구에서 인종에 관한 헤시오도스의 신화는 이 전통적 도식에 디케(Diké)와 히브리스(hybris)라는 그야말로 그리스적 구조가 결합된 풍부한 변주라는 것을 보여 주었다.[35] 여기에서 디케와 히브리스는 각각 선과 악의 기능으로 윤색되었다. 금(디케)의 종족과 은(히브리스)의 종족은 각각 통치 기능의 두 측면을 표현하며, 동(히브리스)의 종족과 영웅(디케) 종족은 무사 기능의 두 측면을 표현한다. 그리고 마지막으로 철의 종족은 두 부분 집단, 디케에 의해 유지되는 견딜 만한 집단과 히브리스가 생성한 참을 수 없는 집단으로 나뉘는데, 생산 기능의 두 측면인 이 두 집단은 노동과 피로로 낙인이 찍힌다.

헤시오도스가 구축한 신화적 단계는 사회적 기능의 측면을 잘 규정한다. 첫 번째 단계는 왕이 법적, 종교적 활동을 행사하는 통치의 면을, 두 번째 단계는 전사들의 난폭한 폭력이 법도 질서도 없는 지배를 강요하는 군사적 기능의 면을, 세 번째 단계는 생명에 필요한 풍요, 전문적으로 농경이 담당하는 다산과 식량의 기능 면을 규정한다.

이 3분 구조는 틀을 형성하는데, 헤시오도스는 그 범위 내에서 금속 종족의 신화를 재해석했고, 또 이 틀로 인해 그는 영웅들의 에피소드를 완벽히 일관성 있게 종족들의 신화에 통합할 수 있었다. 이렇게 재구축된 이야기 자체는 보다 방대한 신화적 총체 속에 통합되어 그 부분들 각각은 모든 차원의 유연하면서도 엄격한 연결 작용을 통해 저마다 자신의 이야기를 상기시킨다. 이 구조는 일반적인 분류 체계를 반영하므로 이 종족들의 역사는 여러 의미들을 담고 있다. 그것은 연속적으로 이어지는 인류의 시대들을 이야기하면서 동시에 일련의 실재의 근원적 면모들 전체를 상징한다.

마찬가지로 세계의 네 시대에 대한 인도 신화는 3기능 구조, 보다 정확히 말해 수드라 계급이 보충되어 네 계급이 된 세 바르나 위로 배치되었다. 그리하여 각 시대는 이 바르나들 중 하나의 우세로 특징지어진다. 먼저 브라만이, 다음으로 크샤트리아, 그다음에는 바이샤, 그리고 마지막으로 수드라의 우세 순서로 질서가 시나브로 쇠퇴하면서 이어진다.[36]

국가의 역사에 이와 동일한 공식을 활용했던 경우는 이들 외에도 더 있다. 예컨대 피르다우시(Ferdowsi)의 서사시 『샤나메(*Shāhnāmeh, Book of Kings*)』에서는 이란의 전설적 왕들이 묘사된다. 스티그 비칸더는 이란의 역사 구축 전체를 이끌었던 것은 바로 이 공식이었다는 것을 보여 주었다. 악마들의 거대 적들인 피슈다디인들(Pishdinians)[37]의 세 명의 신화적 왕들은 제1기능의 영역에, 속하고, 카야니(Les Kayanides)[38] 무사 왕조는 제2기능의 영역에 속한다. 그리고 제3기능이 전설적 역사의 마지막 네 왕들에게 생기를 불어넣어 준다. 이들 중 앞의 두 왕 러흐라스프(Luhrāsp)와 구슈타스프(Guštāsp)는 그 이름에 아스프(-āsp)가 들어 있으며, 혈연으로 긴밀하게 연관되어 있다. 이들은 인도의 쌍둥이 신 아슈빈을 상기시킨다. 인도에서 이 신은 아나이타(Anāhita) 여신, 혹은 나히드(Nāhīd) 공주와 연결되어 있으므로 "여신에게 봉사하는 쌍둥이"라 불린다. 또 이들 두 왕은 모두 사제의 불과 무사의 불에 대립되는 다양한 제3의 상태의 불들을 합쳐 하나의 불로 만든다.

1   구조화된 통치권 승계

세 기능 구조가 가장 폭넓게 활용된 곳은 스칸디나비아 왕조사이다. 고지(Upland)의 왕들에 이어 노르웨이의 왕들, 윙글링족이라 불렸던 중세 스웨덴의 전설적 왕조는 그 이름을 자신들의 조상인 프레이르 신 윙비-프레이르(Yngvi-Freyr)에서 끌어왔다. 하지만 이 가문의 역사는 프레이르와 함께 시작되지 않는다. 그 이름은 신들의 선사(先史)의 마지막 항에 불과하다. 고지 왕국은 아스 신족의 왕인 마술사이자 전사인 지배자 오딘이 창건했다. 오딘에게서 두 상위 기능들이 다른 그 어느 곳보다도 스칸디나비아에서 보다 밀접하게 결합되어 있다. 프레이르의 아버지인 뇨르드가 오딘의 뒤를 이어 왕위를 계승하는데, 바니르 신족의 주 대변자인 뇨르드와 프레이르는 다산과 번영의 기능을 담당한 위탁자이다. 그리고 뇨르드를 계승한 이가 윙비-프레이르이다.

「윙글링족의 사가」의 처음 몇 장은 한편으로는 오딘 유형, 다른 한편으로는 뇨르드와 프레이르 유형의 차이를 적절하게 강조한다. 오딘에 대해서는 다음 것들만 거론된다. 그의 정복들(4, 5장), 전사-오딘의 재능과 그의 동료들인 야수-전사 베르세르크의 재능(6장), 주술사-오딘의 천부적 재능(7장), 죽은 전사들을 발할라로 인도하는 장례 의식의 확립(8장).

반면 뇨르드에 대해서는 평화와 풍요가 언급된다. "그의 시대는 탁월한 평화가 유지되었으며 갖가지 종류의 수확을 풍부하게 거두었으므로 스웨덴 사람들은 뇨르드가 수확물들과 남성들의 동산(動産)에 대한 힘을 가지고 있다고 믿었다."(9장)

또 프레이르에 대해서는 이렇게 말한다. "그는 자기 아버지처럼 친구들과 수확에서 행운을 누렸다. 그는 웁살라에 거대한 사원을 세우고, 그곳을 수도로 정해 그가 징수하는 모든 세금들을 웁살라로 집중시켰다. 그렇게 해서 '부유한 웁살라'가 시작되어 계속 유지되었다. 그의 시대로부터 '프로디(프레이르의 또 다른 이름)의 평화'가 시작되었으며, 모든 지방에서 풍부한 수확을 누렸다. 스웨덴인들은 이를 프레이르 덕분이라 생각했고, 그래서 프레이르는 그 어떤 신보다 높이 숭배되었다. 그의 치세 동안 그 나라 백성들은 평화와 수확으로 그 이전보다 더 부

유했기 때문이다."(10장)

이 구조는 아주 명료하다. 그렇지만 예컨대 옛 웁살라의 신전에서는 오딘, 토르, 프레이르라는 세 인물의 결합이 개괄하는 신학적 구조와 정확히 일치하지는 않는다. 제3기능의 두 대변인은 뇨르드와 프레이르인데, 이것은 고대의 것일 개연성이 높아서 다른 형태들의 종교 명부에서도 발견된다. 그러나 토르는 나타나지 않은 채 특별히 오딘 혼자서 주술적 통치와 전사적 권능의 기능들을 구현한다.

이 점에서 삭소 그라마티쿠스의『데인인의 사적』첫 두 장은 보다 더 완전하다. 여기에서는 덴마크의 스콜둥족(Skjöldungar)이라는 다른 왕조의 기원이 다루어지는데, 이 왕조의 조상들은 신이 아니다. 그러나 우리가『마하바라타』에서 보여 주었던 것과 아주 흡사한 전위, 즉 신화가 체계적이고 의식적으로 서사시로 전위되었음을 알 수 있다. 초기 네 치세는 아니라 할지라도 적어도 두 번째, 세 번째, 네 번째 치세는 신들이 그 소재를 제공했다. 사실 이 왕조의 창건자이자 명조(名祖)인 스콜두스에 관한 정보를 전해 주는 전승은 극히 빈약하며, 그의 통치는 삭소가 다른 질서의 자료들에 도움을 받아 구축한 것이다. 그는 12세기와 13세기 초의 두 위대한 군주인 대공 발데마르 1세(Valdemar I le Grand)와 법공 혹은 승공 발데마르 2세(Valdemar II le Législateur ou Le Victorieux)의 치적에 따라 왕국을 만들었다. 게다가『데인인의 사적』은 발데마르 2세에게 헌정되었으나 그 찬사의 서문은 발데마르 1세에 대한 것이다. 스콜두스는 이 이상형에 따라 상상되었고 위대한 두 군주 발데마르를 표절했다. 삭소는 이들을 모델로 하여 비시간적으로 스콜두스를 등장시켰지만, 그럼에도 그에게서는 차후에 오는 왕들의 유형들에 비해 통치자의 특성들이 보다 잘 드러난다. 스콜두스는 혁혁한 행적들이나

기행들로 유명한 인물이라기보다는 입법과 덕행들, 특히 자신의 의무를 잘 인지한 군주에게 주어지는 존엄을 갖춘 인물로 나타난다.[39]

실존했던 발데마르 대공들이 세 기능의 신화적 모델 속에서 오딘의 위치를 차지했다면, 그 뒤를 이은 세 군주 그람(Gram), 하딩구스(Hadingus) 그리고 프로토(Frotho, Frode) 치세의 위업들의 본질은 토르, 뇨르드, 프로디(즉 프레이르) 세 신들의 신화에서 차용했다. 그들의 치적들, 그들의 특질이 아닌 치적들이라 말하는 까닭은 삭소(혹은 그의 자료)가 그의 모든 인물들에 대해서 그러했듯이 이들 전설적 군주들에 대해 바이킹 유형을 일반화했고, 이들은 모두 한결같이 바니르 신들의 유형에 별로 적합하지 않는 군사 원정들에 참여했음을 보여 주기 때문이다. 이런 조건을 보류하더라도 신화적 전위는 확실하다.

『데인인의 사적』 2부의 영웅인 제4대 군주 프로토에 대해서는 전위를 입증할 필요가 없다. 그의 이름은 프로디의 라틴어 형태이고 기나긴 프로돈느(Frothones)[40] 시리즈의 첫 번째 인물이다. 삭소는 그가 프로(Fro) 신, 즉 프레이르에 대해 알고 있는 것을 다양한 분량으로 재배치했다.

앞에서 환기시킨 약간의 차이를 보이는 다양한 예들이 동일한 전형(prototype)에서 유래하지는 않았겠지만, 그럼에도 이들은 같은 공식으로 귀결된다. 곳곳에서 특정 역사(민족사, 시대사, 왕조사 등)는 세 기능의 표상들이 하강의 질서에 따라 연대기적으로 계승되는 방식으로 구성되었다. 헤시오도스의 종족들은 세계의 시대를, 이란의 스콜둥족의 왕조사는 1, 2, 3 기능의 인물 순서로, 윙글링족은 1＋2, 3 기능의 인물 순서로 구성되었다. 로마의 기원에 대한 기록들도 마찬가지이다.

보다 정확히 말해서 에트루리아 이전 시기의 네 왕들의 치세를 적은 역사가들도 이와 다른 방식으로 다루지 않았다.

2   로마의 인도-유럽적 유산

1938년 이래 진행한 연구들 덕분에 로마가 보존한 인도-유럽적 유산의 규모와 생명력을 가늠할 수 있게 되었다. 특히 가장 오래된 신학은 주 제관들(flamines maiores)의 신들 트리아드인 유피테르, 마르스, 퀴리누스 주변에 집중되어 있었다.[41] 또 이 신들 집합체가 예시하는 개념 구조와 사회 기능들에 대한 분석은 세 기능과 관련된 인도-유럽적 표상들을 매우 충실하게 확장한다. 이 신학은 고대 로마의 신학이나 그리스에서 유래한 개념들에 부합하면서 그 힘과 현실성을 상실한 후에조차도 소멸하지 않았다. 포에니 전쟁의 시기에 사람들은 말했다. "카르타고는 소의 머리에 의해, 그리고 다음에는 말의 머리에 의해 부와 군사적 영광을 약속받았다. 그러나 로마는 카피톨리움에 있는 인간의 머리에 의해 보다 뛰어난 것, 즉 지배권을 약속받았다."라고. 카르타고와 대적하던 로마인들이 가졌던 이 희망의 정당화는 그 고대 신학이 신뢰를 얻고 있었음을 입증한다. 28년간의 탐구가 정리되어 있는 『고대 로마의 종교』를 읽어 보기를 권한다.[42]

1938년부터 유피테르, 마르스, 퀴리누스 세 신 집단의 의미를 인식하고 나니, 티투스 리비우스의 1~34권의 해석은 새로운 문제들로 채색되어 있다는 것을 알았다. 물론 이 역사와 해석된 신학을 분리하는 것은 불가능하다. 마르스의 아들 로물루스의 성공은 유피테르 혼자서 여러 형태로 보호해 준 덕분이다. 로물루스는 사후(死後)에 퀴리누스 신이 되었다고도 하고, 또는 사비니인의 특정 신이 되었다고도 한다. 누마는 자신의 기반을 세 집단의 주 제관을 창설하는 것에서부터 시작 하며, 또 로물루스와는 다르지만 그도 역시 유피테르의 특별한 보호라 는 혜택을 받는다. 그러나 유피테르는 누마의 후임자 툴루스 호스틸리 우스에게는 벼락을 내리친다. 왕과 신들 간의 이 심원한 관계는 무엇을 의미하는가?

다른 한편으로 그리스 관찰자들에게 강한 인상을 주었으며, 또 할 리카르나소스의 디오니시오스가 길게 설명을 붙인 사실, 즉 로마의 신 들은 모험하지 않는 신들이라는 사실은 1938년 이후 새로운 조명을 받 았다. 가장 오래된 신학은 지적으로 높은 단계의 것이며 그 중추 부분 은 정확히 베다 시대 인도와 스칸디나비아 신학에 상응하므로, 가장 오 래된 로마 신학이 이들 신학처럼 그 신학을 이루는 개념적 관계와 정의 들을 행동으로, 드라마로, 교훈으로 표현하면서 이야기가 수반되지 않 았다는 것은 있을 수 없는 일이다. 작업 가설은 이것에 주목하여 세워 졌다. 비록 로마가 신들의 신화는 가지고 있지는 않지만, 그 반면에 그 들 기원의 위대한 인물들에 대한 풍부한 일련의 전설들을 가지고 있었 다. 이 전설들 중의 일부는 적어도 『리그베다』나 『에다』가 신들에게 부 여하는 모험에 비견될 만한, 또 때로는 그것들 위에 겹쳐 놓을 수 있는 모험들을 인간에게 부여하는 인간의 신화가 아닐 수도 있다. 이렇게 조 명되고 방향이 잡혔을 때 로마의 기원에 대한 전설들의 해석은 빠르게 진전되었다. 먼저 에트루리아인 이전의 네 왕인 로물루스, 누마 폼필리 우스, 툴루스 호스틸리우스와 안쿠스 마르키우스의 전설들에 대한 해 석이 그것이다.

(1) 로마 역사의 시작

로마가 이탈리아의 완전한 최강국이 되었을 때(기원전 4세기~기원 후 3세기 초반까지) 로마의 지식인들은 공식적인 과거를 가져야겠다는 데에 생각이 미쳤다. 민중들 사이에 떠돌던 익명의 무의도적인 풍문, 때로 여러 세대에 걸쳐 확장되어 온 커다란 사건들에 대한 소문들이 이 기획에 크게 기여하지는 않았다. 로마의 과거에 관한 정보를 마련해 주고자 했던 이들은 바로 전문가들, 어떤 필요성을 감지한 전문가들이었다.

그러나 당시 이들 지식인들은 더 이상 자유롭지 않았다. 그들에게 로마는 "영원한 영광 속에 빛나는 찬란한 도시, 이 세상 모든 사람들의 입에 널리 회자되고 있는"[43] 위대한 도시가 아닌가! 이 도시의 초기 역사를 명예롭게 만들고자 했던 역사가나 시인들에게 영광의 유형이 부과되었다. 그것은 우화적 신화들도 아니고 산개(散開)해 있는 서사시의 이야기도 아닌, 기원의 역사, 옛 그리스적 모델에 충실한 '역사적'이라 일컬어지는 유형의 납득할 만한 일련의 이야기들이다.

로마의 청을 받아서인지 아니면 단순히 이미 감지되는 로마인들의 모험의 중요성에 매혹되어서인지는 알 수 없으나, 그리스인들까지도 그 작업에 착수했다. 플루타르코스는 「로물루스의 생애」 앞부분에서 '로마'라는 이름의 유래에 대한 상이한 의견들을 적어 두었다. 그 근거들은 모두 로마라는 이름을 가진 여성과 남성들로, 로물루스는 이들 중의 한 인물일 뿐이다. 하지만 그는 '로마'라는 이름을 로물루스와 연결하여 설명하는 견해를 가장 신빙성 있는 것으로 보았다. 그래서 로마의 기원에 관한 다양한 의견들의 소개에 뒤이어 로물루스의 삶의 시작인 탄생에 관한 서로 다른 견해들도 적었다. 로물루스의 혈통에 관한 몇몇 이야기들은 이탈리아의 가장 큰 도시를 약간 비정상적인 그리스 식민지로 간주하는 것을 용인하는 인위적 장치들이다. 로마보다 빨리 진행된 문명화의 수혜자인 에게해의 지식인들 또는 위대한 그리스의 지식인들이 멋진 미래를 빚느라 정신없이 손을 움직이는 그들의 젊은 사촌들에게 훌륭한 과거를 가져다주는 것은 자연스럽지 않은가? 이 그리스 스승들의 착실한 학생이자 협력자인 로마인들은 그 작업을 책임지고 구현했으며, 이렇게 해서 로마 기원의 역사가 탄생했다.

따라서 이 이야기들은 물론 그에 대한 비판적 주장들까지도 초기 편찬부터 지적 외양을 띠게 되었다. 치세의 길이는 조심스레 기록되었고, 주요 사건들은 날짜가 기록되고 모든 것이 정확하게 장소가 정해졌다. 사건들을 '경이로움'으로부터 벗어나게 하고 '있음직한 것' 쪽으로 방향을 돌리려는 지속적인 노력이 있었다. 특히 로물루스가 마르스의 아들이라는 약간 부자연스러운 탄생을 제외하면, 로마의 역사 시기에 신들이 개입한다면 그것은 오로지 그들이 로마의 건설을 허용하는 듯이 보이는 식으로만 관여한다. 몇몇 징조들, 그 효력들을 인식할 수 있는 신들의 호의나 분노들이 언급되긴 하나, 이것들도 기적이나 신의 현현이 없이 나타난다.

여러 차례 교정된 것으로 보이는 그 작업은 분명 상당한 이본들을 가지고 행해졌을 것이나, 그 흔적은 거의 남아 있지 않다. 왜냐하면 우리가 아는 이 문학의 성격은 일관성과는 다른 어떤 것이기 때문이다. 어떤 대학도, 그 어떤 학술 단체도 그 역사를 인정하지 않는다. 하지만 불운한 이본들은 아주 일찍 박학자들의 색인표 속으로 내던져지고, 그리고 모든 사람에 의해, 곧이어 시인들에 의해 채택되어 대중적이 된

한 판본, 일반적으로 통용되는 한 판본이 도출된다. 그래서 이 역사적 생산의 여정은 이중으로 역설적이다. 이것은 인위적인 지적 작품이지만, 후에 민족의식 속에 뿌리박아 로마인들 긍지의 통합적이고 본질적인 부분이 된다. 다른 한편으로, 로마에서는 서사시가 역사보다 앞서지 않았다. 로마에서 역사는 통제되고 빈약해진 서사시가 아니라 오히려 그 반대이다. 퀸투스 엔니우스[44]를 필두로 해서 후기의 서사시 작가들은 기존의 산문 텍스트들에 리듬과 고상한 형식들을 덧붙이려는 야심밖에 없었다.

그 시대의 문헌들에 따르면 과학적 형태를 갖춘 이 작업은 하나의 원자료 또는 여러 개의 일차 자료들에 의거해서 진행되었다. 그 자료가 어떤 것들인가에 대해서는 의견이 갈라진다. 그러나 주석의 권리들을 제한하면서 모든 것을 지배하는 한 가지 사실이 있는데, 티투스 리비우스와 할리카르나소스의 디오니시오스를 꾸준히 읽으면 우리는 그것을 깨달을 수 있다. 로마 초기의 공식적인 역사, 로물루스에서 안쿠스에 이르기까지의 첫 네 치세의 역사는 통일되고 일관성 있고 구조화된 긴 이야기라는 사실이다. 이 역사는 어떤 의도를 가지고 있기 때문에 그 이야기들의 한 부분이 없어지거나 다르게 방향이 잡히면 곧바로 전체의 균형과 의도가 망가진다. 그것은 옛날에 일어났던 사건들을 이야기한다고 주장한다. 하지만 그 사건들 각각은 그 당시 저마다의 위치에서 특정한 의미를 가지고 있으며, 각 사건은 다른 모든 사건들과 연결되어야 그 의미가 제대로 이해된다. 간단히 말해서, 일반적으로 통용되는 판본에 따르면 로마의 시작에 관한 이야기들은 유의미한 사건들이 연속적으로 계승되는 식으로 조직되어 있다.

공화정 시대와 제정 초기의 로마인들은 위대한 시대의 행운을 누리면서 로마와 로마인들의 위대함을 표현했다.[45] 키케로는 그의『국가론』2권에서, 티투스 리비우스는 그들의 치세들을 소개하면서, 이보다 1세기 후에는 지적인 플로루스가 강렬하게 느꼈던 인상으로 로마와 로마인들의 탁월함을 찬양했다. 키케로는『국가론』(2권, 21)에서 점진적으로 체계가 완비되어 가는 왕조사를 기술했다. 로마 문명의 근간을 이루는 훌륭하고 유익한 것들이 한 왕에서 다른 왕으로 이어지면서 연속적으로 획득되며, 그래서 각각은 특정 왕의 특성과 관련된 혜택으로 규정되었다. 로마의 역사에 대해 본질적인 것만을 말하려 했고 또 그것밖에 할 수 없었던 플로루스는 그의『로마사 개론』에서 왕들의 치적의 본질적인 것들을 세밀하게 서술했다.(1~7권)[46] 반신 로물루스는 현명하게 정치 체제를 확립했고 청년들은 갑작스러운 공격을 물리치기 위해 부족별로 나뉘어 늘 말 위에 올라 진영을 갖추고 있었으며, 연로한 이들은 원로원과 민회를 구성했다. 로물루스의 뒤를 이은 경건하고 신앙심 깊은 누마는 로마인들이 평화로운 종교적 삶을 살도록 제사와 의례, 그리고 사제 조직을 정비했다. 제3대 왕 툴루스 호스틸리우스는 정벌 전쟁을 통해 영토를 확장했고, 제4대 왕 안쿠스 마르키우스는 티베리우스 강가에 교량을 건설하고 오세티아에 항구를 개방하여 장차 무역이 활성화될 수 있도록 했다. 왕조사 서술을 마친 후에 플로루스는 진행을 잠시 멈추고 다시 초기로 되돌아가 로마 민족 유년기의 운명을 찬양한다. 일곱 왕들이 가진 저마다 다른 다양한 재능들이 매 시기마다 합당하게 공화국의 이익과 필요에 부응하며 차례로 제자리를 잡아 배열된 행운(farorum industria)을 찬양한다. 이를 요약하면 네 왕들의 위업들로 로마 창건에 필요한 작업이 마무리되었다. 왕권의 위엄을 드러내는 복식 정비(제5대 왕 타르퀴니우스), 계층별 국세 제도의 확립과 군제 개혁(제6대 왕 세르비우스), 로마 시민들이 지나치게 추한 왕의 행실들에 대한 반작용으로 자유를 갈망(제7대 왕 거만한 타르퀴니우스)하는 등이다. 물론 이들 세 명의 에트루리아인 왕들도 나름대로 로마 공화국에 공헌들을 했으나, 로마는 이미 이것들 없이도 운영될 수 있었다.

플로루스의 이 문장들은 역사가들과 시인들이 상술했던 흔하디흔한 어떤 관념의 주요 윤곽들을 강조하는 것에 불과하다. 티투스 리비우스는 그의 저서 1권에서 초기 네 왕의 변별적인 특성들을 묘사하며, 또 『아이네이아스』 6권에서는 안키세스가 로마의 미래 위인들을 소개한다. 이 묘사와 소개가 근거를 두고 있는 것은 로물루스, 누마, 툴루스, 그리고 안쿠스의 치적들이 각각 로마의 어떤 필요성에 시의적절하고 완벽하게 부응하는, 점진적 창조의 능동적 주체들이자 도구들이었다는 자각이다. 초자연적 지지를 받아 설립된 도시, 숭배와 법률들, 무력과 전술, 그리고 경제적 확산과 인구의 확산, 로마의 존속에 필요한 이 네 가지 요소들은 일관성 있는 전체를 구성하며, 이들은 앞의 순서를 따라 이행될 때에만 유효하게 자기 자리를 채울 수 있다.

라티움에 도달하기 이전에 아이네이아스는 저승으로 내려가 아버지 안키세스를 만난다. 아이네이아스에게 아버지는 후손들에게 영화를 약속함으로써 당시 아들이 처해 있는 비참한 상황들을 위로해 준다. 사람들은 안키세스의 그늘이 드리운 로마의 영광을 듣고 싶었던 것일까?(『아이네이스』, 6권) 안키세스가 아들에게 예시하는 초기 네 왕의 모습은 이렇다.

로물루스(779~783행): 보이느냐, 그(로물루스)의 투구 정수리 위에 자신의 아버지(마르스)처럼 이중의 깃털 장식이 솟아 있는 것이, 마르스가 몸소 자신의 고유한 표지로 삼은 신의 징표가 아니더냐?[47]

내 아들아, 그(로물루스)의 복점에 의해 저 유명한 로마는 그 통치권이 온 대지에 미치고 그 기백이 하늘을 찌를 것이다.

로마는 일곱 언덕을 하나의 성벽으로 에워쌀 것이며, 자손이 흥성할 것이다.

누마(808~811행): 저기 저 조금 떨어진 곳에서 올리브 가지로 만든 관을 쓰고 성물을 들고 있는 자는 누구지? 그래, 백발과 흰 수염을 보니 알겠구나. 그는 가난한 나라의 소도시 쿠레스[48]로부터 왕으로 부름 받아 새로운 법을 제정하여 평화로운 로마를 건설할 왕이로구나.

툴루스(812~815행): 그 바로 뒤를 이을 툴루스는 조국의 평온을 끝내고, 집안에 틀어박혀 있는 시민들, 오랫동안 승리를 맛보지 못한 시민들을 무장시킬 것이다.

제4대 왕 안쿠스는 지나칠 정도로 대중의 기호에 영합하는데, 이런 특성은 제3기능의 성향에 부합된다.

안쿠스(816~817행): 그(툴루스) 바로 뒤를 이을 이, 너무도 야심만만한 안쿠스는 지금도 대중적 인기의 숨결을 과도하게 즐기고 있지.

네 부분으로 된 이 도식 배후에서 변형된 것이나마 실제 역사를 생각해 내기는 불가능하다. 이 전설적 기록들에서 실제 역사를 읽으려 한다면 의문들이 꼬리를 물고 이어진다. 예컨대 이런 물음을 제기할 수 있다. 로마인들은 로물루스의 사후에는 늑대에서 어린 양이 되었고 누마의 사후에는 다시 사나움을 회복하여 훈련된 군인이 되었는데, 두 번이나 완전히 딴판으로 그들의 본성을 바꾸었다는 것을 어떻게 생각해야 하나? 로물루스는 훗날 오만하고 잔인한 폭군이 되어 시민들의 원성을 샀다고 한다. 기원전 8세기의 라티움에서 로물루스에게 귀속된 폭력들 이후에 당연히 있어야 할 이 원한들을 어떻게 누마의 위세만으로 실제로 침묵시킬 수 있었나? 툴루스 치하에서는 젊은 로마가 어떻게 알바의 힘을 파멸시킬 수단들을 가질 수 있었나? 어떻게 제4대 치세부터 로마는 오스티아를 통해 세계의 부를 흡수할 수 있었나?

로마의 역사가와 지식인들이 전하는 기록들은 실제 역사가 아니다. 정반대로 로마 초기 왕조사의 고유한 내용들을 결정한 것은 어떤 도식, 네 위치를 가진 틀이다. 이 네 왕의 유형은 저마다 그 목적과 의미가 동질적인 행위들과 행동들을 끌어 모았으나, 그것들은 가장 다양한 상상력의 원천들에서 길어 올린 것들이다. 초기 네 왕의 위업들을 보다 세밀하게 검토해 보자.

(2) 초기의 네 왕

로마 초기 네 왕의 업적들과 세 종족의 통합을 기록한 '역사적' 자료들을 뒤메질은 "울트라 역사"라 불렀다. 이는 로마 초기의 공식적인 역사로서, 로물루스에서 안쿠스에 이르기까지 첫 네 치세의 역사는 통일되고 일관성 있고 구조화된 긴 이야기이다. 이 이야기의 한 부분이 없어지거나 다르게 방향 잡히면 곧바로 전체의 균형과 의도가 망가진다. 초기 네 왕들에 대한 뒤메질의 연구는 이를 잘 보여 준다. 그는 네 왕들의 업적을 신들의 특성과 비교하면서 이 네 치세의 역사 또한 신화의 전위임을 역설한다.

로물루스와 누마 폼필리우스

로물루스와 누마의 모든 특징들은 가장 외적인 것들과 가장 심층적인 것들까지 통치권의 두 상보적 면모처럼 대립되는데, 둘 다 좋은 모습이다. 이들은 베다 시대 인도에서 최고의 권한을 가진 두 주신 바루나와 미트라처럼 현격하게 대립된다. 1940년 이래 작성했던 주요 대립의 목록을 다시 한번 재현해 보자.[49]

로물루스는 스스로 왕이 되었다. 그는 동생 레무스와 함께 알바 롱가를 떠났다. 할아버지가 살아 계시는 동안 왕위를 물려받고 싶지 않았기에 알바에서 통치권을 갖지 못하고 평민으로 살아간다는 것을 용납할 수 없었기 때문이다.[50] 또 그들 속에는 조상의 불운, 즉 형 누미토르의 왕권을 찬탈한 아물리우스처럼 권력에의 욕망이라는 세습되는 악이 있었기 때문이다.(티투스 리비우스, I, 6, 4) 로물루스는 동생 레무스를 희생시켜 새점〔鳥占〕에서 속임수를 사용했으며, 그 후에 자신이 유일한 우두머리가 되기 위해 동생을 죽였거나 죽게 만들었다. 누마는 로마의 대표들이 로물루스의 뒤를 이어 로마인들의 왕이 되어 달라고 찾아갔을 때, 그들의 청을 거절했다. 자신은 폭력과 전쟁보다는 평화를 사랑하며 신을 경배하는 일로 시간을 보내는 것을 소중하게 생각하므로 장군을 필요로 하는 도시 로마의 왕이 되기에 부적합하다는 것이 그 이유였다. 사절단이 만장일치로 그에게 라틴인과 사비니인 두 종족 간의 화목과 조화를 이루도록 해 달라고 거듭거듭 간청했을 때에야 그는 어쩔 수 없이 왕이 될 것을 수락했다.

두 형제가 새로운 곳에서 도시를 건설하려 했을 때 장소를 두고 의견이 갈라졌다. 로물루스는 로마 쿼드라타, 혹은 스퀘어 로마라 불리는 곳에 도시를 세우고자 했다. 반면 레무스는 자연이 만들어 놓은 천연 요새인 아벤티누스산 위에 있는 평평한 땅을 정했다. 의견이 갈리자 두 사람은 새점을 쳐서 결정하기로 했다. 둘이 거리를 두고 서로 떨어져서 있으니, 레무스가 있는 곳으로는 여섯 마리의 독수리가 날아가고 로물루스가 있는 쪽으로는 그보다 두 배가 많은 독수리가 날아갔다고 한다. 일설에 따르면, 로물루스는 새점에서 속임수를 썼다고 한다.

고대 신화들에서 흔히 보이는 쌍둥이 형제의 갈등은 로물루스와 레무스의 이야기에서도 드러난다. 오비디우스(*Fasti*, IV, 721~862)는 팔릴리아 축제에서의 두 의례를 세밀하게 묘사하는 과정[51]에서 로물루스와 레무스의 갈등과 성벽 건축으로 인한 레무스의 죽음을 비교적 상세히 언급한다.

> 위대한 퀴리누스여, 그대의 행적을 노래할 수 있도록 나를 도와주소서.
> 누미토르의 아우는 이미 벌을 받았고,
> 모든 목자의 무리가 쌍둥이 형제에게 복종하고 있었습니다.
> 두 형제는 농부들을 한데 모아 성벽을 쌓기로 결정하지만,
> 둘 중 누가 성벽을 쌓을 것인지는 확실하지 않습니다.
> "싸울 필요 없다." 하고 로물루스가 말했습니다.
> "새들에 대한 믿음이 크니 우리도 새들을 시험해 보자꾸나."
> 그들은 합의하여 숲이 우거진 팔라티움의 바위에 오르고,
> 다른 한 명은 아침에 아벤티눔의 정상에 오릅니다.

레무스는 여섯 마리를 보고 로물루스는 열두 마리를 잇달아 봅니다.

계약에 따라 로물루스가 도시를 통치합니다.

그가 쟁기로 성벽의 윤곽을 그리기에 적당한 날을 잡습니다.

팔레스의 축제가 다가오고 있었습니다. 그때 일이 시작되었습니다.

단단한 바위가 있는 곳까지 구덩이를 파고 그 바닥에

대지의 열매들과 인근 땅에서 가져온 흙덩이를 던집니다.

구덩이는 흙으로 채워지고 채워진 것 위에는

제단이 세워지고 새 제단에는 불이 붙여집니다.

그러나 그는 쟁기 자루를 잡고 도랑으로 성벽의 윤곽을 표시합니다.

하얀 암소가 눈처럼 흰 황소와 더불어 멍에를 멨습니다.

왕은 이렇게 말했습니다. "내가 도시를 창건하오니, 유피테르이시여,

나의 아버지 마보르스(마르스의 옛 이름)와 어머니 베스타여, 왕림해

주소서.

그리고 청하는 것이 마땅한 그대들 모든 신들도 주목해 주소서.

그대들의 후원으로 이 일이 일어서게 해 주소서.

그것이 긴 세월 동안 존속하며 대지의 여주인으로서 통치하게 해 주

소서.

그 아래 동과 서가 종속되게 해 주소서."

그가 기도하자 유피테르께서 전조를 보내 주시니, 왼쪽에서 천둥을

치시고

왼쪽 하늘에서 벼락을 던지셨던 것입니다.

그러자 시민들이 전조를 반기며 주춧돌을 놓으니

금세 새 성벽이 지어졌습니다.

켈레르가 이 일을 감독했는데, 로물루스 자신이 그를 불러 놓고

이렇게 말해 두었습니다. "켈레르, 자네가 할 일은 성벽이나

내가 쟁기로 만들어 놓은 구덩이를 아무도 넘지 못하게 하는 것이네.

그런 짓을 하는 자는 죽여 버리게."

레무스가 그런 줄도 모르고 나지막한 성벽을 조롱하며 말했습니다.

"이따위 것들이 백성을 안전하게 지켜 줄 수 있을까?"

그는 지체 없이 넘었습니다. 켈레르가 대담한 자를 삽으로 쳤습니다.

그러자 그는 피투성이가 되어 딱딱한 땅바닥 위에 눕습니다.

왕은 이 일을 알게 되자 눈물을 속으로 삼키며 슬픔을 가슴 깊이 묻습니다.

그는 남들이 보는 앞에서 눈물을 보이고 싶지 않아

용기의 본보기를 보이며 말합니다.

"적군은 내 성벽을 이렇게 넘을지어다!"

그러나 그는 장례식을 허용하고 더 이상 눈물을 억제하지 못하니,

감추어졌던 그의 경건함이 이제야 드러납니다.

그는 안치된 관에 마지막으로 입 맞추며 말합니다.

"아우여, 잘 가거라. 나는 너를 그렇게 보내고 싶지 않았는데."

그는 화장을 하려고 시신에 기름을 발랐습니다.

파우스툴루스도 그렇게 했고 악카도 머리를 풀고 그렇게 했습니다.

퀴리테스들[52](그들은 아직 그렇게 불리지 않았습니다.)도 젊은이를 위해

울었습니다.

마침내 눈물겨운 화장용 장작더미 위에 불이 붙었습니다.

대지 위에 승리자의 발을 올려놓고자 한 도시가 일어섭니다.

(당시에는 누가 그것을 믿을 수 있었겠습니까?)

나는 모든 것을 지배하고 영원히 위대한 카이사르 아래 있을지어다.

그리고 너는 가끔 그런 이름을 가진 이를 여러 명 가질지어다.

그리고 정복된 세계 위에 네가 우아하게 군림하게 되면

모든 것이 네 어깨에도 미치지 못하게 되기를!(809~862행)

로물루스는 젊은이 유형이다. 그는 진정 탄생의 순간부터 모험적
인 이력을 시작한다. 전시건 평화 시건 그의 곁에는 늘 켈레레스[53]로
임명된 젊은 동료들이 있는데, 이들과 함께 부족장들과 원로원의 적의
를 궁지에 빠뜨리는 방식으로 통치한다.[54] 로마가 창건된 지 37년째 되
던 해(기원전 717) 7월 14일, 로물루스는 염소의 늪이라 불리는 곳에서
제사를 지내고 있었다. 이날은 '키프로틴 논스'라 불리는 날로, 원로들
과 로마의 수많은 시민들이 제사 의식에 함께 참여하고 있었다. 그때
갑자기 하늘이 어두워지면서 검은 구름이 몰려오고 사나운 비바람이
땅을 뒤흔들었다. 이때 회오리바람에 휩쓸려 로물루스가 사라져 버렸
다. 사람들은 로물루스의 생사를 알 수 없었으며, 그의 시체도 찾을 수
없었다. 기적에 의해서인지 아니면 암살된 것인지는 알 수 없지만 그는
온전한 모습으로 홀연히 사라졌다가 실종 후에 곧바로 그와 같은 고향
알바 출신의 친구 율리우스 프로쿨루스 앞에 생전의 모습보다 훨씬 위
대하고 멋진 모습으로 나타나 말했다.

"내가 인간 세상에서 그만큼 살고 도시를 세웠으니, 다시 하늘로 돌
아감이 마땅하다는 것이 신의 뜻이라네. 로마 사람들에게 용기와 절
제로 인간의 권세가 극치에 이르도록 해 달라고 부탁해 주게나. 나는
퀴리누스 신이 되어 영원히 여러분을 가호할 것이오."(플루타르코스,
「로물루스」, 28~29)

로마인과 사비니인은 저마다 자기 부족 출신이 로물루스의 후임 왕이 되기를 원했다. 왕위를 두고 갈등이 생기자 회의를 열어 로마인들은 사비니인들 중에서 한 사람을 천거하고 사비니인들은 로마인들 가운데 한 명을 천거한 후, 둘 중 한 사람을 왕으로 선정하기로 했다. 부족 회의에서 사비니인 누마 폼필리우스가 왕으로 정해졌다. 당시 사비니인의 도시 쿠레스에 거주하던 누마는 사치와 안락함을 멀리하고, 오로지 영원한 신을 경배하면서 신성한 힘과 자연에 대해 사색하며 생활하고 있었다. 로마에서 두 명의 대표가 찾아와 누마에게 왕이 되어 달라고 했을 때, 그는 사양의 뜻을 표하며 자신은 왕이 되기에 적합지 않다며 그 까닭을 말했다. "저는 신을 경배하는 일로 시간을 보내며, 정의를 사랑하고 폭력을 미워하라고 가르치기 때문입니다." 두 대표의 거듭되는 간청에 누마의 아버지와 마르키우스가 누마를 설득하기 시작했다. 왕권은 사람이 주는 것이 아니라 하늘이 내리는 고귀한 선물이며, 사람들은 이제 전쟁에 싫증이 나 평화를 사랑하고 정의감이 넘치는 왕을 원하게 될 것이라고. 이에 더하여 유피테르의 상스러운 징조까지 나타나자 마침내 누마는 왕권을 수락했다.

원로원의 지명으로 누마에게 왕국이 주어졌을 때 그의 나이는 마흔이었다. 그 이전까지 그는 오랫동안 은거의 삶을 살았다.(플루타르코스, 「누마」, 5, 1; 3, 3) 누마는 왕이 되자 제일 먼저 로물루스가 늘 자신의 주변에 두고 있던 300명의 군사들을 해산시켰고, 이어서 종교 체계를 정비했다. 누마는 사제들(flamonium)을 세 부류로 조직했다. 혹은 창설했다고 한다.(리비우스, I, 20, 1~2) 유피테르와 마르스를 섬기는 사제 플라멘 디알리스와 플라멘 마르시알리스 외에도 사후에 퀴리누스가 된 로물루스를 섬기는 사제를 두어, 이들을 플라멘 퀴리날리스라 불렀다. 또 그는 폰티피케스(Pontifices)라 불리는 제사장들을 두어 역법과 제례를 관장하도록 했다.[55] 그리고 대제사장 폰티펙스 막시무스로 하여금 신의 법을 공포하고 해석해 주도록 했으며 신성한 의식을 주관하게 하게 했다. 누마는 장수하여 여든 살이 넘도록 살았고, 신체가 쇠약해지면서 서서히 늙어 죽었다.(리비우스, 21, 4) 그는 백발과 흰 수염을 가진 왕으로 묘사된다.(베르길리우스, VI, 809) 누마의 장례식 때 원로원 의원들이 장례 침상을 어깨에 올려 운반했다. 그는 언제나 품위(gravitas)의 모델이었다.(클라우디아누스, *Contre Rufin*, I, 114)[56]

로물루스의 모든 활동은 전사적이다. 그는 로마인들에게 사후에 충고했다. "로마인들은 모두 군사학에 전념하여 후세에까지 그 어떤 인간의 권력도 로마 군대에 저항하지 못하도록 할지어다."(리비우스, I, 16, 7) 반면 누마는 로마인들이 전쟁의 습관을 버리도록 하는 것을 자신의 임무로 정했다.(플루타르코스, 「누마」, 8, 1~3) 그의 치세 동안 단 한순간도 평화가 깨진 적이 없었다.(위의 책, 20, 3) 로마에 있는 야누스의 신전에는 두 개의 문이 있었다. 이 문은 전쟁의 시기에는 열어 두고 평화의 시기에는 닫아 두므로, 로마인들은 그 문을 전쟁의 문이라고도 불렀다. 누마의 재위 기간 동안 그 문은 단 하루도 열린 적이 없이 43년 동안 내내 굳게 닫혀 있었다.(플루타르코스) 누마는 평화를 중재하는 사제단 페키알레스(feciales)를 설립했다. 이들의 임무는 대화와 중재로 모든 분쟁을 해결하는 것이었고, 타협의 희망이 전혀 없다고 선언될 때까지는 무기를 들도록 허락하지 않았다.(할리카르나소스의 디오니시오스, II, 72; 플루타르코스, 「누마」, 12, 4~6)

로물루스는 자신의 호위 무사 켈레르를 시켜 동생 레무스를 죽였다. 혹은 자신이 직접 죽였다고도 한다. 또 그는 동료 타티우스의 죽음에 개입했다는 의심을 받는다.(플루타르코스, 「로물루스」, 23, 7~8) 그는 훗날 로마가 되는 아실레우스 신의 신전에 살인자, 채무자, 반항한 노예 등 온갖 도망자들을 받아들였다.(위의 책, 9, 5) 그는 축제를 이용해 사비니인 여인들을 납치했다.(위의 책, 9, 14) 그의 폭력은 원로원 의원들의 적개심을 유발했는데, 로물루스는 그를 암살했을지도 모를 원로원 의원들(위의 책, 27, 14) 못지않게 난폭하다.

로마는 그 시작부터 담대하고 호전적인 기질에 의해 생겨난 도시였다. 더구나 사방에서부터 감당하기 어려운 필사적인 도전이 계속되니, 로마는 끊임없이 전쟁을 치러야 했다. 플라톤의 표현대로 당시 로마는 그야말로 "분노로 불타오르는 도시"였다. 하지만 로마는 이웃 나라들과의 분쟁 속에서 점점 더 강대해졌고, 투쟁과 위험 속에서 오히려 새로운 힘을 얻곤 했다. 제2대 왕 누마는 경건한 종교적 행위를 통해 이렇듯 전투적이고 강철 같은 로마인들을 유순하고 평화롭게 변화시키려 했다.

누마에게는 그 어떤 정념도 없었다. 야만인들이 가치 있게 여기는 폭력은 물론이고 야망 같은 것조차 없었다.(플루타르코스, 「누마」, 3, 6) 그는 로물루스가 동료 타티우스를 죽이게 했다는 의심을 받으므로 왕국을 물려받기를 망설였다. 누마는 자신이 그의 전임자를 죽게 했다는 의심을 받는 위험을 감수하고 싶지 않았다.(위의 책, 5, 4) 그의 지혜는 전염이 되어, 누마의 치세하에서는 폭동도 없었고 음모도 없었다. 그래서 사람들은 혼란도 부패도 없는 삶을 살았다. 누마의 가장 큰 관심사는 정의였다. 그가 로마인들을 전쟁에서 벗어나도록 해 주려 했던 까닭은 전쟁이 불의를 낳기 때문이다.(플루타르코스, 「리쿠르고스와 누마의 비

교」, 2, 2)

종교의 영역에서 로물루스는 기만적이다.(플루타르코스, 「로물루스」, 9, 9) 그가 콘수스 신을 고안해 낸 이유는 단지 콘수알리아 축제를 함정으로 이용하기 위해서였다.(위의 책, 14, 5~11) 누마의 전 일생은 종교에, 종교적인 성실성에 바탕을 두고 있다. 그는 숭배 의식들뿐만 아니라 경건함과 명상의 외적 형태들(플루타르코스, 「누마」, 14, 5~8) 및 거의 모든 성직자 집단들을 제정했다.(위의 책, 14, 7~10) 그리고 자신이 첫 번째 제사장이 되어 사제들을 가르치는 일을 담당했다.(위의 책, 22, 2)

로물루스의 일생에서 여인들, 가족이 차지하는 자리는 거의 없다. 그가 자신의 동료들에게 사비니의 여인들을 납치하게 했던 것은 오로지 로마 민족을 영속시키기 위해서였다. 로물루스는 그중 한 여인 헤르실리아와 결혼했다는 기록을 전하는 것은 몇몇 본에 불과하다.(플루타르코스, 「로물루스」, 14, 15) 그는 일족(一族)을 설립하지 않았기에 자식이 없었거나, 아니면 그의 자식들은 미래가 없었다. 그의 자식들이건 후손들이건 로마의 역사에서 어떠한 역할도 하지 않았다. 훗날 카이사르 가문은 자신의 권리들을 로물루스가 아니라 아이네이아스와 결부시킨다.[57] 물론 로물루스는 사비니의 여인들이 자신들의 부모들을 화해시켰을 때 그 여인들을 명예롭게 대우했다. 그렇지만 납치해 온 사비니인 여인들이 출산을 하지 못하자 무차별적으로 채찍질을 당하는 것을 저지하지 않는다. 오비디우스에 따르면, 여인들을 납치한 후 로마인과 사비니인 사이에 전쟁이 벌어져 로마인들과 결혼한 사비니의 신부들은 자식을 갖지 못했다. 약초도, 기도도, 주문도 효력이 없자 로마인 남편들은 신부들을 데리고 에스퀼리노 언덕 아래에 있는 유노-루키나

(Juno Lucina)의 원림을 찾아가 탄원한다. 이때 들려온 유노 여신의 신탁에 따라, 사비니의 여인들은 숫염소 가죽 끈으로 자신들의 등을 치도록 내맡긴다.[58] 그러나 사실상 로물루스의 이력은 처음부터 끝까지 청년의 이력이며, 그는 부인들을 발판 삼아 로마의 토대를 굳건히 했으나 여인들에게는 가혹하리만치 불공평한 포기의 왕국을 세웠다.(위의 책, 22, 4~5)

플라멘 디알리스[59] 그 이상도 이하도 아니었던 누마는 그의 아내 타티아(Tatia)를 빼고 생각할 수 없다. 타티아가 죽을 때까지 누마는 아내와 13년을 함께 살면서 가정의 모델을 이루었다.(플루타르코스, 「누마」, 3, 7) 그는 타티아로부터, 혹은 합법적인 둘째 부인으로부터 딸을 얻었는데, 그녀가 바로 로마의 경건한 왕 안쿠스의 어머니이다. 또 몇몇 작가들에 따르면, 그의 네 아들은 로마의 가장 저명한 가문들의 선조이다.(위의 책, 7~8) 순진하게도 플루타르코스는 누마가 왕국을 사양하는 이유들을 설명할 때 그의 발언에 제법 정당한 지적을 삽입한다.

"로물루스는 신의 아들이며 신의 특별한 보호를 받고 구조되어 길러졌다고들 합니다. 반면에 당신들도 아시다시피 저는 필멸의 종족에게서 태어나 인간들에 의해 길러졌습니다."(5, 4~5)

이들 두 건국 왕의 대비되는 특성은 사람들이 "편애하는 신들"이라 부를 수 있는 것에서 놀랄 만큼 인상적으로 표현된다. 로물루스가 제정했던 숭배 의식이라곤 두 가지뿐이었는데, 유피테르를 아주 분명하게 명기한 유피테르 페레트리우스(Juppiter Feretrius)[60]와 유피테르 스타토르(juppiter Stator)가 그것이다. 유피테르가 전투들에서, 승리들에서 왕국을 보호하는 수호신이라는 점에서 이 둘은 잘 어울린다. 그리고 두 번째 승리는 통치의 마법, 무대 장치의 변화 덕분이다. 그 어떤 인간적 힘이나 초월적 힘도 이에 거역하면 아무것도 할 수 없으며, 또 이것은 사건들의 예기된 질서, 사건들의 정당한 질서를 전복한다. 반대로 모든 작가들은 누마가 서약의 여신 피데스(Fides)[61]에게 바쳤던 각별한 봉헌을 강조한다. 할리카르나소스의 디오니시오스의 기록에 따르면, "국사(國事)에서건, 개인들 간의 관계에 있어서건 신앙보다 더 고양되고 신성한 감정은 없다. 인간들 중 가장 고귀한 누마는 이 진리를 진정으로 확신하여 피데스 푸블리카(Fides Publica, 공적 신앙)의 성소를 세우고 이 여신의 영광을 위해 다른 신들에게 바쳤던 공적 제사들 못지않은 제사를 제정했다."(II, 75)라고 한다. 또 플루타르코스가 전하는 바에 따르면, 누마는 최초로 피데스 여신의 신전을 건축하여 로마인들에게 가장 위대한 서약인 피데스에 의한 서약을 가르쳤다고도 한다.(「누마」, 16, 1) 티투스 리비우스는 세부적으로 기술한다. "그(누마)는 피데스 여신에게 바치는 연례 제사를 제정했다. 이 제사 때에 대사제 플라멘 디알리스들은 같은 수레를 타고 다함께 협동하여 오른손을 천으로 완전히 가리고 의식을 집전한다."(I, 21, 4)[62]

로물루스의 특징은 반신적이고 신들과의 관계에서는 사후에 퀴리날리스 신이 되었다는 것을 제외하면 유일하게 유피테르와만 관련을 맺는다. 누마의 특징은 전적으로 인간적이고 성직자적이다. 이것이 설명하는 바는 주교 전통이 이 둘 사이에 종교 생활에서 큰 비중을 차지하는 두 부분을 분명하게 할당했다는 것이다.

실제로 코타(Cotta) 주교는 그 어떤 형태의 종교도 소홀히 할 수 없다고 선언했다.[63] 특히 로마인들의 초창기의 종교에서부터 신성한 것들(les sacra)과 징조들(les auspicia)의 두 영역들 중 그 어느 것도 경시되지 않았다. 왜냐하면 "아우스피키아(Auspicia)는 로물루스가, 사크라(Sacra)는 누마가 창설"했기 때문이다. 이 근본적인 구분은 무엇에 부합되는가? 아우스피키아의 기술은 위대한 신이 인간들에게 보내고자 하는 징조들을 받아서 해석하며, 경우에 따라서는 그 징조들을 물리치는 것으로 이루어진다. 사크라의 기술은 숭배 의식, 경의를 표하면서 하는 간청들과 흥정들로 이루어져 있다. 따라서 종교적 거래에서 아우스피키아와 사크라는 두 방향, 두 출발점이다. 아우스피키아는 하늘에서 내려오고, 사크라는 땅에서 올라간다. 현대적 용어 사용을 꺼려하지 않는다면, 인간은 아우스피키아를 대면할 때는 수신자이지만 사크라 앞에서는 송신자이다. 유피테르의 선물인 전자가 반신 로물루스와 결부되고, 후자가 피데스 여신의 신실한 신앙인 누마와 결합된 것은 우연이 아니다.

물론 로물루스의 각 특징과 누마의 각 특징을 근거로 로물루스를 역사적 정황 혹은 그리스적 모델의 창시자(auctor)로 규정하고, 누마를 씨족적 권리를 주장하는 시대착오적 인물로 규정하는 것도 상당히 중요하다. 이런 작업은 꽤 진척되었고, 또 그보다 더 멀리 추진되었다. 하지만 적어도 이 모든 세부 사항들은 두 유형의 왕, 두 유형의 최고 권력의 행위를 대립시키는 전통적 틀 속에, 장기간의 노력으로 도달하게 된 이 혼합 도표 속에 경건하게 채색되었다는 것을 강조하는 것 또한 중요하다. 이들 두 유형 자체는 유피테르의 몇몇 난폭한 다양성(페레트리우스, 스타토르) 속에서, 그리고 피데스의 남성 친족인 디우스 피디우스(Dius Fidius) 속에서 표현된다.

툴루스와 안쿠스

베다 문헌의 상황들로 판단해 볼 때, 인도-유럽제족에게서 두 유형의 통치자의 대립이 신화들을 만들어 낸 경우는 거의 없고 신학적 규정들의 단계에 머물렀다. 따라서 로물루스와 누마 속에서 표현된 이 대립은 로마 고유의 소재들로 살이 붙어 발전되었다. 무사 기능의 대변자 툴루스 호스틸리우스(Tullus Hostilius, 기원전 673~기원전 642년 재위)는 이와는 다르다. 여기에서는 무사 유형의 독특한 전설들이 만들어지는 풍부한 보고가 사전에 존재했다. 또한 베다의 무사 신 인드라의 신화와 무사 왕 툴루스의 무훈 사이에는 매우 연속적이고 완벽한 유사성이 있어, 이는 공통 도식의 가설로밖에 설명할 수 없다.[64]

3대 왕 툴루스는 누마와 달리 매우 호전적인 왕으로 묘사된다. 그의 치세 동안 신생 도시 로마와 유서 깊은 도시 알바 롱가는 서로 상대의 땅에 들어가 소 떼를 훔치곤 하여 불화가 생겼다. 외교적으로 이 문제를 해결하려 했으나 여의치 않자, 이들 두 도시의 대표자 툴루스와 메티우스 푸페티우스(Mettius Fufetius)는 군사 전쟁을 치르지 않고 양측을 대표하는 세 명의 용사를 뽑아 결투하게 하여 그 결과로 승자와 패자를 가리기로 합의했다. 로마 쪽에서는 호라티우스가(家)의 삼형제(Horatii)가, 알바 쪽에서는 쿠리아티우스(Curiatius)가의 삼형제(Curiatii)가 선발된다. 전투 중 호라티이 형제 가운데 2명이 목숨을 잃었고 막내 푸블리우스(Publius)만 살아남았다. 그러나 겁을 먹고 도망가던 푸블리우스는 도중에 몸을 숨겼다가 각기 흩어져 뒤를 쫓는 쿠리아티이 형제를 하나씩 죽여 마침내 승리를 거두었다. 로마 대 알바 롱가의 이 전투에서 승기를 잡은 툴루스 호스틸리우스는 알바 롱가를 로마에 복속시켰다. 그 후 알바 롱가의 독재자 메티우스 푸페티우스가 로마와의 약속을 어기고 몇몇 주변 부족들을 선동하여 로마에 저항하려는 계획을 세우자, 툴루스는 메티우스를 수레에 매달아 양쪽에서 잡아 당기게 하여 죽였다. 툴루스는 알바 롱가를 신전만 남겨 두고 완전히 파괴시킨 후, 그곳 시민들을 로마로 이주시켜 로마 시민권을 주고 귀족들은 원로원 의원으로 받아들였다.

쿠리아티우스가의 삼형제에 대한 호라티우스가의 셋째 푸블리우스의 승리와 메티우스 푸페티우스의 응징은 로마를 신생 로마의 통치권을 위협했던 위기로부터 벗어나게 한다. 전자는 로마가 알바 롱가에 예속되는 것을 막았고, 후자는 로마의 파괴를 막았다. 툴루스 호스틸리우스의 역사를 이루는 밀접히 연동되어 있는 이 두 에피소드는 그 의미들뿐 아니라 구조들에서 인드라의 두 주요 신화를 내포하고 있다. 머리가 셋 달린 비슈와루파(Vishuvarupa)혹은 트리슈라(Trishra)에 대한 인드라와 트리타(Trita)의 승리, 그리고 나무치(Namuci)[65]의 살해 신화가 그것으로, 인도의 서사시 전승은 이들 두 신화를 연속적이고 유관성이 있는 것으로 제시한다.

인도 신화에서 데바 신들과 아수라들은 일반적으로 경쟁 관계를 유지한다. 이 통상적 경쟁의 틀 속에서 머리가 셋 달린 가공할 괴물 비슈와루파가 신들을 위협한다. 하지만 이 괴물은 동료의 아들이거나(『리그베다』) 신들과 사촌 간이며(브라흐마나서와 『마하바라타』), 게다가 브라만이자 신들의 사제이다.(『리그베다』) 인드라가 압티야(Āptya) 삼형제[66] 중 셋째인 트리타에게 이 삼두 괴물을 죽이라고 충동질하자, 트리타는 실제로 그를 죽여 신들을 구한다. 그러나 혈족 살해, 동료 살해, 혹은 브라만 살해인 이 행위는 오염을 내포하고 있는데, 인드라는 그 죄를 트리타에게 (혹은 압티야에게) 전가하고, 이들은 의례를 행함으로써 그 오염을 제거한다. 그 후로 압티야는 온갖 오염들, 특히 모든 희생 제의가 끝난 후에 제물의 출혈로 더럽혀진 오염을 제거하는 일을 전문으로 한다.

　로마와 알바가 서로 통치권을 다투었던 기나긴 갈등을 해결하기 위해 두 진영은 로마의 호라티우스 가문의 삼형제와 알바 롱가의 쿠리아티우스 가문의 삼형제를 대적시키기로 결정했다. 쿠리아티이 중한 명은 호라티우스의 여동생과 약혼했으며, 또 할리카르나소스의 디오니시우스가 의거하는 판본에 따르면 쿠리아티이는 호라티이와 사촌 형제이기도 하다. 전투가 시작되고 얼마 지나지 않아 호라티우스가의 형제는 한 명만 남게 되었고, 살아남은 셋째가 세 명의 적 쿠리아티우스를 죽이고, 통치권을 로마에게 주었다. 디오니시오스의 판본에서 이 혈족 살해는 오염시킬 위험이 있으나, 까다로운 도덕주의자의 지적이 그것을 피한다. 쿠리아티이 형제들이 처음으로 전쟁을 벌일 생각을 용인했으므로 전쟁의 책임은 그들에게 있다고 밝힌다. 그러나 가족의 피에 의한 오염은 또 다른 에피소드로 전이되어 곧 재등장한다. 인도의 서사에서는 이와 유사한 에피소드가 없다. 막내 호라티우스는 여동생이 자기 약혼자를 살해한 것에 대해 그를 저주하자 여동생을 죽였다. 그래서 호라티우스 일족은 이 혈족 살해의 오염을 제거해야 했다. 그리하여 호라티우스가에서는 해마다 속죄제를 지낸다. 군사 원정을 끝마친 달(고대 로마력의 10월)의 초하룻날에 거행된 이 제사 날짜가 시사하는 바가 있다. 그것은 이 속죄들은 전투에서 불가피한 인명 살상으로 오염된 채 로마로 들어오는 로마 군인들과 관계된다는 것이다.

　아수라들의 우두머리 나무치는 최초의 적의 후에 인드라와 평화 협정을 체결했다. 인드라는 낮이건 밤이건, 또 젖은 것이건 마른 것이건 어떤 것으로도 그를 죽이지 않겠다고 약속했다. 어느 날 나무치는 비겁하게도 인드라가 무기력하게 있는 상태를 이용해 그에게서 그의 모든 특권들인 힘과 활력과 소마, 그리고 음식물을 박탈해 버린다. 인드라가 제3기능의 신 사라스와티와 아슈빈을 불러 구원을 청하자, 신들은 그에게 힘을 되돌려주며 자신이 한 말을 지킬 방법을 알려 준다. 인드라는 약속을 어기지만, 그 방법이란 나무치를 여명에 거품으로 죽이기만 하면 된다는 것이다. 여명은 낮도 아니고 밤도 아니며, 거품은 마른 것도 아니고 젖은 것도 아니기 때문이다. 어느 날 황혼 녘에 인드라는 해변에 있는 나무치를 보았다. 그는 거품 속에 자신의 무기 벼락을 숨겨서 경계를 풀고 있는 나무치에게 다가가 그를 향해 벼락을 던져 머리를 잘라 버린다.

쿠리아티우스가의 삼형제가 패배한 후에 알바 롱가 주민들의 우두머리인 메티우스 푸페티우스와 알바는 협정에 따라 툴루스의 지배 아래 놓이게 되었다. 그러나 메티우스는 비밀리에 자기 동맹국을 배반한다. 피데나스 주민들과의 전투에서 그는 자신의 군대와 함께 고지로 퇴각하여 로마인들을 위험에 노출시킨다. 이런 치명적 위험에 처하자 툴루스는 제3기능의 신들, 특히 퀴리날리스 신에게 기원하여 승리자가 된다. 그는 메티우스의 배반을 알아챘으나 모른 척하며, 마치 알바인들을 치하하기 위해서인 양 그들을 친위대 병사로 소환했다. 알바인들이 이를 눈치채지 못하고 달려오자, 툴루스는 메티우스를 급습하여 포획하게 한 후 그를 로마 역사에서 단 한 번밖에 없었던 능지처참이라는 징벌로 죽였다.

이들 신화와 전설들을 통해서 표현되는 것은 무사 기능의 위험들, 필연성들, 연동들에 관한 갖가지 철학이자 또한 이 중추적 기능과 제3

기능과의 관계 및 제1기능의 '신의의 신 미트라(Mitra, Fides)'의 면모와의 관계들에 대한 일관된 관념이다. 제2기능은 자신들의 업무를 수행하기 위해 제3기능을 동원하고, 맹세라는 제1기능의 면모를 별로 존중하지 않으며, 거의 존중할 수가 없다. 행동과 위험에 저당 잡혀 있는 제2기능이 행동을 방해하고, 또 위험들 앞에서 자신을 무장 해제시키는 원칙들을 충실히 지키겠다는 것은 어떻게 수용할 수 있겠는가?

인드라와 최고 기능의 신 바루나의 면모와의 관계, 툴루스와 유피테르의 면모와의 관계는 더 이상 충돌 없이 가지 않는다. 인드라는 바루나를 속이고 심지어 그의 권능을 소멸시킬 수 있다고 자랑하는 베다의 찬가들이 있다. 또 『운문 에다』, 「하르바르드의 노래」는 모욕적인 대화 속에서 오딘과 토르를 대적시킨다. 하르바르드가 해협을 사이에 두고 건너편에 있는 토르를 조롱하며 대화를 주고받는다. 하르바르드는 해협을 건너 달라는 토르에게 정직한 자만 나룻배를 태워 줄 수 있다며 이를 거절한다. 계속 빈정대는 하르바르드에 맞서 토르는 자신의 무용담을 거론하며 맞대꾸한다. 그가 전투에서의 무훈들을 자랑하자, 하르바르드는 여인들을 죽인 행위는 수치스러운 짓이라 힐난한다. 그 대화들 중에는 오딘과 토르의 특성을 비교하는 내용이 있다. "전투에서 죽은 왕들은 오딘이 차지하고 노예의 종족은 토르가 차지할 것이다."[67] 이는 제1기능에 예속된 제2기능의 위치를 비아냥대며 적시하는 것이다. 툴루스로 말하면, 그는 로마에서 살아 있는 파렴치한, 불경한 왕이다. 그 역사의 끝은 유피테르의 끔찍한 보복뿐이다. 지나칠 정도로 오로지 무사적 면모만을 지닌 이 왕, 오랫동안 자신을 무시한 무사-왕에게 위대한 주술의 대가인 유피테르는 앙갚음을 했다. 그의 군대에 역병이 덮쳤으나, 그럼에도 그는 자신이 병에 걸려 오랫동안 고통을 겪으면서도 전쟁을 계속할 수밖에 없었다. 그래서 티투스 리비우스는 이렇게 전한다.

> 그때까지, 신성한 일들에 정신을 쏟는 것이야말로 왕의 위엄에 걸맞지 않다고 생각했던 그는 갑자기 크고 작은 모든 미신들에 빠져들어 백성들에게 헛된 실천들을 퍼뜨리기까지 했다.[68] …… 누마의 책들[69]을 열람하고서 왕은 유피테르 엘리키우스(Juppiter Elicius)[70]를 찬양하는 몇몇 비의들(秘儀)의 비결을 발견했다고 한다. 그는 남몰래 그 의례들을 행했다. 의식이 진행되는 초입에 그랬는지, 아니면 도중에 그랬는지, 그는 신을 불러들일 때 실수를 범했다. 그리하여 신의 모습이 나타나는 것을 보지 못하고 오히려 유피테르의 화를 돋우어 그와 그의 집이 벼락을 맞아 불타 버렸다.[71]

이런 것들은 무사 기능의 불운들이다. 대역죄를 지은 인드라가 툴루스처럼 이런 드라마틱한 말로를 맞지 않았다면, 그것은 그가 신이기 때문이고 또 그의 힘과 그의 업무들은 남성들이 가장 흥미를 느끼는 것으로 남아 있기 때문이다.

네 번째 왕인 안쿠스에 대해 말하자면, 상인이자 평민인 그의 면모들은 차치하더라도, 그의 치세의 서사를 구성하는 것은 모두 타르퀴니우스에게 초점이 맞추어져 로마와 왕을 위해 썼던 그의 부는 타르퀴니우스[72]에게 주역을 맡긴다. 그래서 안쿠스 치세의 서사는 곧 부유한 타르퀴니우스의 도래를 알리는 서사이다. 이는 유녀(遊女) 라렌티아(Larentia)의 사건과 유사하다. 헤라클레스는 유녀 라렌티아가 쾌락을 제공하자 그녀에게 돈 많은 남편을 얻어 주었다. 남편은 죽으면서 그녀에게 거액의 재산을 유산으로 남겨 주고, 그녀는 그것을 로마인들에게 유증했다.[73] 분명 다양한 기원을 가졌을 이 모든 전설들은, 그 기원이 어디이건, 공통 요인이라곤 모두 제3기능, 부와 관용, 유혹과 관능, 건강의 영역에 속한다는 것밖에 없다.

3   역사와 신화

지금까지 확인된 것을 정리해 보자. 초기 네 치세의 각 세목은 세 기능들 중의 한 기능을, 혹은 제1기능의 경우에는 두 반쪽 중 한쪽을 다른 것들과 차별화하여 그 정도를 상당히 확장하여 잘 보여 준다. 그리고 전체는 인도-유럽족의 3기능 도식을 멋들어지게 제시한다.

각 부분 속의 모든 것은 종합을 필요로 하는 방향에 자리 잡으며 잘 조직되어 있다. 이렇게 조직된 서사들의 축척물 아래에서 사실들과 역사적 인물들에 대한 기억을 인식하거나 추정할 수 있을까? 여기에서 중국 역사의 시작을 열었던 오제(五帝)에 대해 그라네(Marcel Granet) 가 말했던 것을 인용하겠다. "물론 왕조들[74]의 역사적 실재나 오제의 역사적 진실성에 대해 어떠한 추측도 하고 싶지 않다. 사실인지 아닌지 는 알 수 없으나, 남아 있는 것이라곤 전설적 자료들밖에 없다." 그라네의 이 지적은 역사학자들의 문체 약관에 대한 경계, 그 자신도 가지고 있던 열정들에 대한 경계라는 것은 확실하다. 우리의 경우, 로물루스, 누마, 툴루스, 심지어 안쿠스까지 그들의 존재 가능성에 대한 유보가 또한 이에 해당된다. 나는 로물루스를 포기하면서 누마를 구할 수 있다고 믿은 스웨덴 고고학자 에이나르 기예르스타드(Einar Gjerstad,

1897~1988)를 존경한다. 그는 이렇게 자문했다. 이 두 창건자는 마치 2
부작의 두 부분처럼 개념적으로 연동되어 있는 것은 아닐까? 만일 우
리가 정확하고 확실한 자료들을 가지고 이 문제를 다룰 수 있다면, 정
말 해야 할 것은 왕의 전설들이라는 서사 제작에 실제 사실에 대한 기
억이 얼마나 들어가기 시작했는지를 규명하는 것이다. 아니 그것은 규
명해야만 할 문제이다. 그 전설적 치적들은 초기 세 왕의 치세 중에 있
었던 것이 아니라는 것은 분명하다. 에트루리아인의 점령, 사건들의 세
부 사항들, 인물들, 심지어 에트루리아인 왕의 수마저도 불확실하긴 하
지만. 그것은 하나의 사실이다. 에트루리아 왕 이전의 마지막 왕인 안
쿠스 통치하에 있었던 첫 번째 타르퀴니우스의 평화적이고 목가적인
도래 이야기, 이것은 외부의 지배를 아마도 덜 평화적으로 준비한 협정
들의 윤색된 흔적을 지니고 있는가? 그럴 수도 있다. 이 경우 안쿠스의
통치는 우화적인 역사와 실제 역사의 어떤 파편이 만났던 최초의 만남
의 장일 것이다. 그러나 이 점에 대해서는 장시간에 걸쳐 토론할 수 있
다. 이것은 개념적 도식에 근거한 어떤 인위적인 전사(前史) 그 자체가
현재와의 연속성이 단절되지 않고 보다 근접된 과거에 결부되어 이 인
접 과거와 합치되어야 할 때 일어나는 일반적 상황이다. 인종들의 경우
에 그 이행은 명료하며, 또 거칠기까지 하다. 철의 종족은 금의 종족이
나 은의 종족, 동의 종족보다 더 인간적이고 더 수긍할 만한 특성들을
가지고 있다. 왕조의 경우에는 이 독특한 지점을 결정하는 것이 보다
더 민감하다. 프레이르의 아들 피욜니르(Fjölnir)가 최초의 인물로 간주
되어야 한다고 하는 윙글링족의 왕조에 대해 스칸디나비아 역사학자
들과 고고학자들은 동의하지 않는다. 분명히 아니다. 피욜니르의 아들
스베이그디르(Sveigðir)는 어떤가? 그것도 아니다. 그럼 스베이그디르

의 아들과 그 손자는? 아운(Aun) 왕까지 내려가야 하나? 아니면 그보
다 더 아래로? 그럴지도 모른다. 하지만 답변은 표류한다.

로마 초기 네 왕의 역사 모두는 명백히 3기능의 도식으로만 설명
된다. 그렇지만 그 나머지를 설명하는 것도 분명 사실들이 아니다. 중
국의 역사 구축에서와 마찬가지로, 거기에는 여러 도식들이 개입했던
것 같다. 다른 두 도식, 즉 로마인 왕들과 사비니인 왕들의 교체, 그리
고 왕들 간의 혈연관계들이라는 두 도식이 개입했던 것은 확실하다. 프
레이저가 폭넓게, 그리고 지나치게 과감하게 다루었던 왕들의 친족 관
계는 1962년에 장 프레오(Jean Préaux)가 보다 엄격하게 검토했다.[75]
로마의 최초의 전쟁에 관한 전설과 연동되어 있는 로마인 왕에서 사
비니인 왕으로의 교체는 이 전쟁과 함께, 그리고 아마도 이 전쟁에 의
해서만 설명될 수 있을 것이다. 이에 대해서는 잠시 후에 보게 될 것
이다.

초기 네 왕들의 기능적 특질을 인식하고 나면 다른 많은 물음들이
제기된다. 이 책의 관점에서 특히 중요한 하나만 특정하자면, 로마에
대해 신들의 신화가 땅 위로 내려온 하강에 대해,『마하바라타』나 삭소
그라마티쿠스의 저서 1권의 방식처럼 신들의 전설이 영웅들의 전설로
바뀌고 뒤이어 신들이 지워진, 신화에서 전설로의 전위에 대해 말해야
하나? 그렇지는 않은 것 같다. 로물루스와 누마가 유피테르의 신화들
에서 신을 벗겨 내고, 툴루스는 마르스를, 안쿠스는 퀴리누스를 대체했
을 가능성이 크다. 마찬가지로 초기 네 왕의 특성들은 이 세 신들을 표
절하여 만들어졌을 가능성이 있다. 만일 언젠가 이 신들에 대한 신화가
있었다면, 기원들의 역사에 관한 통속적 판본이 정해지기 훨씬 이전에
이미 이 위대한 신들은 더 이상 신화를 갖지 못했을 것이 분명하다. 예

로부터 늘 머나먼 공간과 시간보다는 그들의 땅과 시민권에 더 관심이 많았던 로마인들은 신들을 장엄한 탈각 속에 내버려 두고 마침내 모든 신화가 만들어 낸 교훈의 보고에 조상들의 자리를 마련해 주었다.

뒤메질은 오래된 그의 저서 『호라티우스가의 형제들과 쿠리아티우스가의 형제들』(1942)의 2부를 열면서 신들의 자리를 차지한 로마의 조상들에 대해 성찰했는데,[76] 그 내용에서 바뀐 것이라고는 아무것도 없다.

로마는 자신의 신화를 가지고 있었고, 우리는 이를 간직하고 있다. 하지만 이 신화는 환상적이지도 않을뿐더러 우주적이지도 않다. 그것은 국가적이고 역사적이다. 그리스와 인도는 그들이 세계의 기원과 시대들, 카오스와 코스모스, 모든 것을 조직한 신들의 작품과 모험들이라 믿었던 것을 웅장한 이미지들로 발전시켰다. 이에 반해 로마인들은 초기 왕들이 연속적으로 이루었다고 믿은 자신들의 시초와 시기들, 건국과 발전들, 그리고 왕들의 사적과 모험들을 조서 작성하듯 간단하게 기술할 뿐이라 주장한다. 그렇지만 가까운 전망 속에 날짜가 정해져 자리를 잡은 이 이야기들은 상당 부분이 허구이며, 아직 로마가 존재하지도 않았던 때의 유산이다. 그럼에도 이것들은 경이로운 서사들이 그리스인들에게, 그리고 인도인들에게 했던 것과 동일한 역할을 한다. 이 전설들은 의례, 법률, 관습, 그리고 로마 사회를 구성하는 모든 요소들, 로마인들의 특성과 이상, 이 모든 것들을 해명하며 또 그 정당성을 인정한다. 신화의 이런 쓰임새를 무시할 수가 없기 때문에 이 이야기들은 또한 늑대의 아들들에게 그들의 가치를 추인하고 그 운명을 신뢰하면서 그들을 즐겁게 해 주었다. 실질적으로 다른 인도-유럽제족의 신들의 기원 신화(theogony) 및 창조 신화(cosmogony)와 동등한 가치를 갖는 것을 찾아야 한다면, 그것은 티투스 리비우스의 제1권과 제2권에서이다. 이렇게 해독했을 때, 이 모든 왕의 전설들은 재미가 가중된다.

그리스와 로마 신화들 곁에서 아일랜드와 웨일스의 신화들을 고찰했던 이들에게는 로마인들의 이런 독특한 상상력, 독특한 취향이 덜 특이해 보인다. 켈트인들은 그들의 이탈리아 사촌들만큼 멀리 나가지는 않았으나 동일한 길로 들어갔다. 켈트인들 역시 그들이 이야기하고자 했던 것은 자신들이 살았던 구역, 그들 섬의 옛 역사뿐이었다. 아일랜드에서 연속해서 일어난 식민 지배들, 서로 몰아내는 정복들은 헤시오도스와 『마하바라타』가 묘사하는 세계의 시대들에 해당된다. 신들까지도 이 연쇄 속에, 적어도 투아하 데 다난(Tuatha Dé Danann)[77]이라는 집단 명칭에 인도-유럽제족 신들의 이름인 데이오(deiwo-)를 간직하고 있는 존재들이 이 연쇄 속에 삽입되었다. 이들은 마지막 두 번째의 침략을 결행하여 아일랜드 땅에서 생활하며 섬을 방어했고, 패한 후에는 자신들의 땅으로 물러갔다.[78] 이들의 역사는 이방인과의 전투와 협상, 제도와 내부 토론들로 구성된 정치사로, 이 내용들은 그들 이후에 섬을 점령한 밀레시안 종족이 기록할 내용들과 거의 다르지 않다. 간단히 말하면 신화가 서사시 속에 녹아 들어가 국가가 점유한 나라의 실제 삶, 상대적으로 당대와 가까운 삶의 한 단편으로 나타난다. 아일랜드인과 로마인의 이 만남은 또 한편으로는 엄청난 차이에 의해 벌충된다. 이 두 민족이 자신들의 신화들을 위치시키는 인간적 틀의 개념은 전혀 일치하지 않는다. 아일랜드의 방랑 기사들은 용맹무쌍한 방탕함들과 가장 활기 넘치는 지능을 가졌음에도 우리 시대 이전까지 자신들의 섬을 조직할 줄 몰랐다. 이 재기 발랄하고 시적인 아일랜드의 협객들에게는 신적인 것과 인간적인 것이 대립되지 않았으며, 실제로 그 둘은 구별되지도 않았다. 아일랜드인은 초자연 속에서, 언덕의 요정들과 안개 속을 떠다니는 귀신들 가운데에서 살았다. 자신의 씨족이나 심지어 적들 가운데 있을 때조차도 그러했다. 그 누구에게도 불가능한 것은 없으며, 신비한 금기의 망들이 사회와 각 개인의 삶을 까다로운 법과 관습들보다 더 억압적으로(하지만 이들 법과 관습의 정교함은 탁월하다.) 지배한다는 것도 알았다. 계획들의 성공에는 신이(神異)의 선물들과 도움들이 계산들보다 더 큰 몫을 하며, 개개인은 자신들이 생각하는 그런 사람이지만, 또 때때로 다른 존재, 서너 번 재생하면 숲의 동물이 된다는 것을 알았다. 동쪽 바다의 암초를 피하려던 어부들의 배가 느닷없이 죽은 자들의 나라나 산 자들의 나라에 가닿았다가, 그 후 아주 당연히 저주와 우수를 가득 싣고 돌아온다는 것을 알았다. 반대로 천여 년 동안 세계를 라티움의 언덕들에 예속시켜야 했던 농부 군인들에게 인간적인 것은 신적인 것과 엄격히 대립되는 것으로 규정되었다. 인간적인 것은 전적으로 실증적인 것, 있음직한 것, 자연스러운 것, 예측 가능한 것, 규범화할 수 있는 것, 규칙적인 것이다. 따라서 신화들은 인간 사이자 지상의 일들이며, 거기에서 신들의 몫은 거의 없다. 하여 서사들의 본질은 그야말로 인간들 사이에서 계산된 음모들과 정확한 실현들로 옮겨 가는데, 이것들은 사람들이 얼마 후에 스키피오 부자나 그라쿠스 형제,[79] 술라나 카이사르에 대해 이야기하는 것에 비교될 만하다. 삶에서 그렇듯이, 인간성과 신성 간의 소통은 한편으로는 제사와 간구들, 다른 한편으로는 전조와 경이들을 통해서가 아니면 거의 일어나지 않을 것이다. 죽은 조상들이 삶에 어떤 방식으로 개입하는지 정확히 알 수가 없다. 단지 상상할 수 있을 뿐이다. 죽음들은, 실제로 그러하듯이,

모방해야 할 범례들이나 장례 행렬에서 손에 들어야 할 상상된 것들로서만 소통에 개입한다. 여기에서 유출되는 비합리적인 것들은 법학자이자 연대기학자 성향을 가진 이 민족이 그 밀물 앞에 경건하게 세울 줄 알았던 방파제들에 의해 억제된다.

4 로마의 세 구성 요소

새 시대의 등장은 기존 지평의 동요와 쇄락을 전제로 하므로 늘 갈등과 고통이 있게 마련이다. "로마는 하루아침에 이루어지지 않았다."라고 말하듯이 대제국 로마도 예외는 아니다. 로물루스가 이탈리아반도의 신생 도시 로마의 초대 왕이 되기 전 그는 여러 차례 전쟁을 치러야 했다. 그중 가장 길고도 격렬했던 것은 그가 이끄는 라틴인들이 군사 전문가들인 에트루리아인과 함께 티투스 타티우스의 사비니인들을 상대로 싸웠던 전쟁이다. 오랜 기간 지속된 이 전쟁은 마침내 평화 협정으로 마무리되고, 그 후 라틴인들과 사비니인들은 통합 공동체를 이루어 로물루스와 타티우스는 공동으로 통치한다.

거듭 강조하지만 합병 이후에 라틴인과 사비니인 사이에 심각한 갈등이 생겨 평화 협정이 깨진 적이 있었다거나, 한 집단 출신의 왕의 치세 동안 다른 집단이 소외되거나 핍박받았다는 이야기는 고대 기록 어디에서도 찾아볼 수 없다. 이렇듯 초기 로마 왕들의 전설에 따르면 로마 왕정의 시작과 지속은 서로 다른 세 부족(tribus)의 온전한 화합처럼 보인다. 뒤메질은 세 부족의 결합 전설에 내포된 이데올로기는 인도, 스칸디나비아, 아일랜드의 경우와 비교한다. 스칸디나비아의 경우는 앞에서 살펴보았고, 아일랜드와의 비교는 켈트 신화 자체에 대한 지식과 기본적인 역사 문화적 이해가 전제되어야 하므로 분량의 제한으로 인해 여기에서는 생략하겠다.

1   인도의 신들과 아슈빈

집단 신이거나 개별 신인 미트라-바루나, 인드라, 그리고 쌍둥이 아슈빈, 인도 베다 문헌의 세 기능의 이 신들은 조화로운 한 사회를 형성한다. 특히 찬가들에서 아슈빈 신과 상위 신들과의 우호, 협조를 방해하는 것은 아무것도 없다. 이 우호적 공모는 힘든 시기들을 보낸 후에 획득되어 진행되었다는 가설을 세울 수 있게 해 주는 것도 아무것도 없다. 하지만 후기 문헌들은 어떤 전승을 알고 있는데, 이에 상응하는 이란인들의 한 전승이 그 인도 전승의 태고성을 확증한다. 후기의 이 전승에 따르면, 아슈빈들은 늘 기품 있는 신의 사회에 속해 있지는 않았다.[80] 다른 곳에서 이를 시사한 바 있으므로, 이제 그것에 좀 더 주의를 기울여 고찰할 필요가 있다.

어느 날 두 아슈빈 신이 아름다운 수칸야 여왕이 목욕하는 현장을 덮쳤다. 늙은 고행자 츠야바나와 혼인한 수칸야는 신부들의 모델이었다. 그 당시 아슈빈 신들은 불완전한 신이었다. 그들에게는 다른 신들

494

이 마시던 불사의 음료 소마를 마시는 것이 허락되지 않았으며, 하늘
보다 인간들이 기거하는 땅 위에서 생활하는 때가 더 많았다. 그녀를
설득하기 위해 신들은 불로 으름장을 놓기도 하고 다른 일상적인 방
법들을 시도해 보기도 했지만 소용이 없었다. 그래서 신들은 전략을
바꾸었다. 그들은 말했다. "우리는 신들의 걸출한 의사 데바비샤그바
라우(devabhiṣagvarau)이니 당신의 늙어 빠진 남편에게 젊음과 아름
다움을 되찾아줄 것이오. 하지만 그 후 당신은 그를 선택하든지, 아니
면 우리 둘 중 하나를 선택하든지 새 남편을 선택해야 할 것이오." 그
녀는 츠야바나와 상의했고, 남편의 조언에 따라 신들의 제안을 수락
했다. 그러나 그녀와 그녀의 남편 그 누구도 자신들을 기다리는 함정
을 눈치채지 못했다. 회춘해서 멋진 모습이 된 츠야바나가 외출을 하
자 아슈빈들은 그를 호수에 빠뜨렸다. 그러고는 츠야바나가 입었던
것과 비슷한 의상을 입고 장신구를 걸쳐 그와 분간하기 어려운 용모
를 하고 수칸야 앞에 나타났다. 그 가련한 여인은 운명에 맡기고 남편
을 결정해야 했으나 사랑은 온갖 기적들을 가능하게 했다. 그녀는 자
신의 직관을 믿고 한 인물을 지적했는데, 바로 다름 아닌 그녀의 남편
이었다. 건강한 도박꾼 아슈빈들은 고집부리지 않았다.

그러나 츠야바나는 은혜를 모르는 사람이 아니었다. 그는 그때까지
인드라가 아슈빈에게 소마를 마시는 것을 허락하지 않았다는 것을 알
고 있었다. 이런 형태의 신화에서 신들의 왕으로 등장하며 소마를 마
시는 것은 신들의 특권이자 특성 같은 것이다. 츠야바나는 자신에게
젊음과 아름다움을 되찾아준 은인들에게 말했다.

"인드라의 뜻에는 반하지만, 나는 당신들이 소마를 마실 수 있도록
해 주겠소."

그는 대규모의 소마 제사를 조직했다. 불멸의 음료가 준비되고, 그가 아슈빈 신들에게 막 소마 주를 바치려는 찰나였다. 그때 인드라가 나타나 그를 제지했다.

"이들 두 나사트야는 소마 주를 받을 자격이 없다. 그것이 나의 생각이다. 그들은 하늘에서 신들의 의사들이라 이런 영광을 누릴 자격이 없다."

츠야바나는 이에 항의하며 아슈빈을 찬양하면서 그들은 신이라고 단언했다. 인드라는 고집을 꺾지 않았다.

"그들은 두 의사이고 두 장인이다. 그들은 자신들이 원하는 형태를 취해 인간들의 세상을 돌아다닌다. 그런 자들이 어떻게 소마를 마실 가치가 있겠는가?"

갈등이 심해졌다. 인드라는 두 아슈빈에게 소마를 건네는 츠야바나의 손에 벼락을 내려칠 준비를 한다. 그러나 고행자는 무한한 힘을 가지고 있었다. 츠야바나는 인드라를 마비시키고 금욕을 통해 생긴 힘으로 거대한 괴물을 만들었다. 괴물은 아가리를 하늘에서 땅까지 열어 모든 것을 집어삼킬 듯이 위협했다. 그 괴물은 마다(Mada, 취기)이다. 인드라는 항복했다. 그는 자신이 벼락을 내려치려 했던 것은 단지 고행자에게 자신의 힘을 보여 주는 기회를 제공하기 위해서였던 것처럼 속인다. 그러고는 그때부터 아슈빈들에게 신들과 동등하게 소마 주를 마실 권리가 있음을 인정했다. 이제 츠야바나가 괴물 마다를 파멸시키기만 하면 된다. 츠야바나는 괴물을 자르고 또 잘라 네 토막을 내어서 술, 여인, 주사위, 그리고 사냥 속에다 그것을 하나씩 숨겼다.[81]

이 이야기의 기능적 구조는 분명하게 나타난다. 처음에 한쪽에는 번개를 내리치는 인드라 주위에 상위 신들이 있고, 다른 한쪽에는 이 신들에게 의사로 또 장인(karmakarau)으로 봉사하는 방식으로만 관계를 맺고 있는, 그렇지만 인간들에게는 친숙하고 은혜를 베푸는 아슈빈 신들이 있다. 결국에는 이 구분이 사라져 신들의 사회는 이 '봉사족'이 합병됨으로써 완성된다. 어떻게 합병되는가? 두 종류의 신만 존재하는 것이 아니다. 제3의 능력자, 상위 신들보다 더 우월한 인간 고행자 츠야바나가 있다. 바로 이 인물이 좋은 결말을 강요했다. 두 종류의 신과 신성한 인간이 그들의 본질을 제대로 보여 줄 기회를 가졌다. 이들은 각기 자신의 본성이 지닌 방법에 의지했다. 호색적이고 정직한 아슈빈은 츠야바나의 늙음을 치유해 젊고 아름다운 모습으로 변화시켜 그의 아내에게 되돌려주었다. 왕이자 무사인 인드라는 자신만의 무기인 벼락을 휘둘렀다. 츠야바나의 고행이 없었다면 이 무기에 대항할 수 없었을 것이다. 그러나 츠야바나는 아슈빈과 연합하여 인드라가 휘두르는 벼락 무기의 힘을 무력화시킴과 동시에 형태를 창조하는 자신의 주술로 이 최고의 무기를 방해한다. 츠야바나가 창조한 형태는 그의 보호자들의 기능에 잘 어울리는데, 그것은 바로 '취기'이다.

만일 모든 신 배우들과 인간 배우들을 구별하지 않고 고려한다면, 우리는 제1기능과 제3기능의 제휴는 제2기능을 이길 수 있다고 말할 것이다. 그러나 곧바로 배우들은 동질적이지 않다는 것을 역설해야 한다. 제휴가 아무리 막강해도 인간의 주술은 제1기능을 인드라의 벼락과 같은 식으로 표현하지 않으며, 또 아슈빈의 의술은 다른 두 가지를 표현한다. 신들의 제왕인 인드라, 신들 사이에서 제2기능뿐 아니라 제1기능을 표상하는 인드라에 대항하는 아슈빈을 예우하는 자는 제1기능의 신들이 아니다. 여기에서 인간은 두 신들 집단 중 한 집단의 일시적인 보조자에 불과하다. 그래서 그가 좋은 결말을 요구했을 때, 그는 취하는 쪽도 아니며 주는 쪽도 아니다. 그는 게임 밖에 머물러 은둔해 있으면서 신들의 관계를 바꾸는 것에 만족한다. 신들보다도 강한 고행자, 신적 권능들의 효과를 휘젓는 이런 고행자 개념은 인도 고유의 것이다. 그래서 인도-이란적인 것으로 간주해야 함직한 이 전설 속의 고행자 개념은 인도인들, 베다기 이후의 인도인들이 도입한 요소임에 틀림없다. 보다 오래된 형태에서는 아슈빈 자신들이 취기 괴물을 부추김으로써 상위 신들을 자신들과 혼합하도록 이끌어 갔을지도 모른다.

어쨌든 이 이야기의 의미는 이렇다. 보다 낮은 기능의 신들은 오직 동의에 의해서만 독특한 한 단체로서 보다 상위 기능의 신들과 결합하는데, 이때 동의는 하위 기능신 집단이 자체적으로, 아니면 동맹을 통해 이루어진다. 먼저 상위 기능의 신들과 하위 기능의 신들 집단은 각자 자신의 본성에 적합한 방법으로 상대를 파멸시키겠다고 위협하여 갈등이 생기나 마침내 합의 끝에 합성이 이루어진다.

이 표상은 스칸디나비아인들에게서 다른 각본과 함께 발견되므로 인도-유럽제족 사이에서 이미 유포되어 있던 것일 개연성이 있다.[82] 부, 다산, 쾌락의 특성을 가진 바니르 신들, 위대한 주술과 군사력을 가진 아스 신들, 신화들 전체는 아스 신들이라는 명칭이 신들을 총칭할 정도로 이 두 신족이 밀접하게 연관되어 있는 것으로 보여 준다. 그렇긴 하나 특별한 어떤 신화가 최초의 국면을 드러내 준다. 먼저 이 두 신들 집단은 분리되어 병존하다 치열한 전쟁을 치르며 서로 맞서 싸우게 된다. 번갈아 가며 전투에서 승리했으나 어느 한쪽도 결정적인 승기를 잡지 못하자 결국 평화 협정을 체결했을 뿐 아니라 합병하기로 결정했다.

스칸디나비아 신화의 이런 플롯과 인도인의 그것을 구별해 주는 몇 가지 특징들이 있다. 스칸디나비아의 줄거리에서 갈등은 인도의 경우처럼 인드라와 아슈빈이라는 두 개별 신 사이에서 생기는 것이 아니라 두 군대, 두 신족 사이에서 생긴다. 제3기능의 대변자들이 그들보다 상위 기능이 가진 특권들에 한몫 끼기를 요구해서 유발된 갈등이 아니다. 오히려 그 반대로 상위 기능들이 제3기능의 신들을 정복하여 그들을 굴복시키려는 욕망에 사로잡혀 그 집단을 공격함으로써 촉발되었다. 특히 인도에서와 마찬가지로 스칸디나비아에서도 두 집단 중 기능에 따라 한편이 우세해진 후에는 다른 한편의 우세가 이어지기는 하나, 이것들이 전개되는 에피소드들은 실질적으로는 다르다. 네 토막 난 괴물마다의 토막이 숨겨진 곳은 술, 여인, 주사위, 사냥이다. 이는 우리가 주색잡기라 일컫는 분야와 관련된 것으로, 과거에는 모두 남성들을 현혹하여 중독시키는 일종의 마약 같은 것들이다. 마다가 사람을 취하게 하는 '취기'라면, 굴베이그는 "황금의 취기", 물질적 탐욕의 대상인 부, 풍요이다. 또 인드라가 벼락을 내리친다면, 오딘은 투창을 던진다. 이러한 차이점에도 불구하고 이들 신화의 두 도식은 동일한 구조와 동일한 의미를 갖는다. 로마의 기원에 관한 전설에서 그 유명한 전쟁 에피소드, 이어서 원로마인과 사비니인들의 합병에서도 동일한 관념이 작동했다.

『마하바라타』가 신적 인물들의 구조에서 출발했다면, 로마와 덴마크의 최초의 왕들의 역사를 기록한 로마인 연대기 작가 삭소 그라마티쿠스는 개념 구조에서 출발했다.

2   원로마인, 사비니인, 에트루리아인:
로물루스, 타티우스, 루큐모

  단편적인 몇몇 고고 유물들 외에는 사료가 없는 탓에 로마 기원 전후 몇 세기에 일어났던 실제 사건들이 어떠했는지 정확히 알 수 없으나, 로마의 연대기 속에서건 「윙글링족의 사가」 속에서건 이 사건들을 포괄하는 것은 온전한 사회에 대한 전통적 도식이다. 이 도식은 초기의 기능적 왕들의 사건들 속에 밀접하게 결부되어 두 전통들, 동일 형태와 동일 의미를 가진 복합적 전체를 생산한다.

  로물루스 대 타티우스의 전쟁과 이 전쟁을 종결했던 합병의 구조는 로마인들 자체가 고전기까지 최소한 그 구조의 본질에 대해 충분히 분명하게 의식하고 있었기에, 그만큼 더 쉽게 인식된다. 전 에트루리아기의 네 왕들의 분절된 특성들처럼 이 전쟁과 합병의 구조는 고대 작가들과 역사가 및 시인들의 서사들을 계속해서 주의 깊게 읽어 보면 충분히 인식할 수 있다.

  그 줄거리 구성은 간단하다. 로마는 로물루스에 의해 그야말로 의례적으로 창건되었고 사회적으로 조직되었다. 사람들은 건국일을 정확히 알고 있으며 해마다 그날을 경축한다. 그러나 이 초기의 설립은 여인들이 없는 도시, 부의 축복을 누리는 이웃이 업신여기는 부족함이 많은 도시에서 시작하여 미래가 없다. 그래서 로물루스는 사비니인들 및 그 동맹군들과 전쟁을 치르고, 그리고 전쟁 후 여러 민족적 요소들을 혼합함으로써 로마에 부족한 것을 보충해야 했다. 로물루스의 동료들인 원로마인들, 티투스 타티우스의 사비니인들, 그리고 로물루스의 요청을 받아 전쟁 초반부터 지원군으로 참여한 루큐모의 에트루리아 군단이 참여한 민족 전쟁이 그것이다. 이 전쟁의 당사자들은 스칸디나비아의 아스 신들과 바니르 신들처럼 인간화되고 역사화된 신학적 이름들이 아닌 역사적으로 실재했던 지리적 명칭에 따라 라틴인, 사비니인, 에트루리아인이라는 이름의 세 민족이다. 엄밀히 말하면 민족이라기보다 특정 지역을 중심으로 그 주변에 거주했던 부족들의 연합체이다. 동시에 스칸디나비아 신들의 전쟁처럼 초기 로마의 이 전쟁은 세 기능의 관점으로 설명되는 기능적 전쟁이다. 드라마틱하게 말하자면 에트루리아인들이 개입하지 않는 판본의 요지는 로물루스와 그 동료들은 '처음에' 제1기능과 제2기능이 갖추어져 있었고, 사비니인들은 제3기능의 위탁자들이다. 세 부족이 모두 등장하는 변이본에서는 로물루스와 그 동료들은 제1기능으로, 에트루리아인들은 제2기능으로, 사비니인들은 제3기능으로 특징지어진다.

'처음'이라 말했는데, 이는 사실 주어진 자료들 전체, 즉 이본들을 모두 대조하여 도출한 정황이라는 뜻이다. 그러나 이것이 낭송되는 상황에 따라 또는 낭송자의 의도가 개입하여 개악은 아니라 할지라도 변질되지 않았을 가능성은 매우 희박하다. 특정 상황들은 작가에게 보다 많은 창작의 자유를 허용하는데, 초기 로마의 전설들을 이야기하는 텍스트는 이런 것뿐이다.

사건을 이야기하는 이들은 특히 연대기 작가의 직접적 계승자인 역사가들이다. 그런데 이들에게 중요한 것은 전쟁을 이야기할 때 우여곡절 끝에 도달하는 행복한 결말을 생동감 있게 묘사하는 것이지, 미래에 일어날 전투들의 상이한 초기 상황들을 강조하는 것이 아니다. 게다가 스노리가 말했듯이 이 전쟁은 아스 신들과 바니르 신들이 번갈아 가며 승리했기에 승자도 패자도 없고 약자도 강자도 없는 것처럼, 양편에다 명예로운 사건이어야 한다. 두 당사자 모두 로마의 형성에 기여했기 때문이다. 그 결과 제2기능의 상이한 면들, 즉 전쟁의 가치와 전사들의 능력을 한쪽 편에만 몰아주고 나머지 다른 한편을 배제하기는 불가능하다. 사비니인들은 서로 싸웠는데, 그것도 실제로 원로마인들처럼, 또 때에 따라서는 에트루리아인들 못지않게 유능하게 잘 싸울 필요가 있었다. 바니르 신족의 상황 역시 마찬가지이다. 이 신들의 특성은 통상적으로 풍요 및 평화에 대한 강렬한 염원으로 규정된다. 타키투스는 『게르마니아』에서 이미 네르두스(Nerthus)의 평화를 말하고,[83] 「윙글링족의 사가」에서는 뇨르드와 프레이르-프로디의 평화가 언급된다. 하지만 바니르 신들은 토대 전쟁(la guerre de fondation)[84]이 지속되는 바로 그 시기에는 군사적 재능을 발휘하여 제2기능의 전문가인 아스 신족의 재능과 막상막하의 균형을 유지한다. 그러나 이 비정상은 로마에서보다 스칸디나비아에서 덜 심각하다. 바니르 신들의 전문 분야는 그들의 신학에서 분명하게 규정되며, 또 이 경우를 제외하고 신화 전체에서 끊임없이 확인된다. 반면 실제 역사에서 실존했던 사비니족은 어떤 기능이건 기능적 집단의 틀을 벗어난다. 그들은 경건하면서도 미신적이고, 용감하며, 땅의 노동과 결부되어 있다.[85] 다행히도 고대 역사가들이 진술하는 거대 이야기들의 몇몇 세부 사항들, 전쟁의 에피소드들 자체, 종교적 토대들, 그리고 평화의 결말에 뒤따르는 사건들이 모두 일치하여 이 혼란을 명료하게 정리한다.

기원의 역사를 기록한 고대 로마의 지식인들 중 역사가들만 통일 로마의 위대함을 보여 주고자 했던 것이 아니다. 시인들 역시 그 시대의 사람들이 로마 왕정 건설에 기여한 주요 인물들이 표현하는 기능적인 의미에 대해 분명한 의식을 가지고 있었다. 로마의 기원을 이야기하는 문헌들은, 그것이 역사의 형태를 취하건 전설이나 문학의 형태를 취하건, 모두 팍스 로마나의 이데올로기를 전파하는 민족 서사였다. 뒤메질은 『신화와 서사시 I』의 「국가의 탄생(Naissance d'un peuple)」 후반부에서 이를 뒷받침해 주는 작업들을 로마 시인 섹스티우스 프로페르티우스(Sextius Propertius, 기원전 50~기원전 16?)의 『비가(Élegie)』, 그리고 베르길리우스의 서사시 『아이네이스』의 연구를 통해 보여 준다. 그는 서사시의 후반부 6~12권에 등장하는 여러 인물들의 특성들을 분석하면서 베르길리우스의 저작 의도를 구체적 사례들을 통해 보여 준다. 라티움에 도착하여 새 도시 라비니움을 건설하기 전에 아이네이아스는 아내를 얻기 위해 투르누스가 지휘하는 적군들과 사생결단의 전쟁을 해야만 했다. 뒤메질은 이 전쟁과 로마 건국을 위해 로물루스가 치렀던 사비인들과의 전쟁의 전개 양상에서의 유사성을 포착했다. 세밀하게 천착하는 그 작업들의 중요성에도 불구하고 분량의 제한으로 여기에서 그 내용들을 소개하지는 않겠다. 대신 1~6권에 나타난 베르길리우스의 저작 의도와 자유분방한 개정 작업을 먼저 살펴보고, 이어서 로물루스의 로마 건국과 아이네이아스의 라비니움 건설의 이야기에서 포착되는 동일한 이데올로기를 환기시키는 정도로 후반부의 내용을 검토하겠다.

3 『아이네이스』, 팍스 로마나의 이데올로기를 전파하는 민족 서사

'아우구스투스의 영광(Pax Augusta)'을 노래하고자 했던 시인 베르길리우스는 『아이네이스』를 통해 트로이보다 더 부강한 제2의 트로이, 즉 로마의 건국이 신들의 뜻에 따라 일찍부터 예정되어 있었음을 역설한다. 이를 각인시키기 위해 그는 서사시의 처음부터 패망한 트로이의 성에서 그의 일족을 이끌고 패주하는 아이네이아스의 후손들의 운명을 노래하는 것으로 시작한다.

"무구들과 한 남자를 나는 노래하노라. 그는 운명에 의해 트로이의 해변에서 망명하여 최초로 이탈리아와 라비니움의 해안에 닿았으나, 육지에서도 바다에서도 하늘의 신들의 뜻에 따라 수없이 시달림을 당했으니, 잔혹한 유노가 노여움을 풀지 않았던 것이다. 그는 전쟁에서도 많은 고통을 당했으나 마침내 도시를 세우고 라티움 땅으로 신들을 모셨으니, 그에게서 라틴족과 알바의 선조들과 높다란 로마의 성벽들이 생겨났던 것이다."

시인은 서두에서 전반부와 후반부의 내용들을 미리 암시하고 있다. 전반부 1~6권은 신들의 뜻에 따라 수 세기 전부터 준비된 로마의 운명과 아에네아스가 라티움에 정착하기까지의 고난의 과정을 노래한다. 트로이 → 트라키아(트라케) → 델로스 → 크레타 → 스트로파데스 섬 → 시킬리아(에트나, 드레파눔) → 카르타고 → 시킬리아(드레파눔, 에릭스) → 쿠마이 → 라티움이 아이네이아스가 7년의 유랑 기간 동안 거쳐 갔던 곳들이다. 아이네이아스 일행의 이 도정은 트로이 전쟁이 끝난 후 오디세우스와 그 동료들의 10년간의 귀향 도정과 유사하다. 물론 오디세우스 일행은 이탈리아를 거친 후 카르타고보다 더 먼 지중해의 서쪽 끝 칼립소의 동굴이 있는 지브롤터해협까지 유랑한 후 이타케로 되돌아가며, 3년의 시간 차는 이 여정의 차이를 반영한 듯하다. 후반부는 7년간의 유랑 후에 마침내 라티움에 정착하여 에트루리아인 투르누스와의 전쟁 끝에 아이네이아스가 승리하기까지의 과정을 묘사한다.

(1) 아이네이아스의 운명

트로이인들에 대한 헤라(유노)의 적개심은 트로이 왕국의 몰락 이후에도 계속된다. 그녀는 "부당하게도 자신의 아름다움을 모욕한 파리스의 심판을 뼛속 깊이 기억하며"[86] 아이네이아스의 운명이 실현되지 않도록 하려 했고, 신들도 막지 못할 운명이라면 그 시기가 최대한 지체되도록 방해했다. 그러나 『일리아드』에서 자주 볼 수 있었던 아테나(미네르바)의 활약과 적개심으로 뭉친 헤라와 아테나의 협력은 이 서사시에서는 보이지 않는다. 아프로디테(베누스)는 아이네이아스의 어머니의 자격으로 상황들에 개입하여 아들의 운명이 실현되도록 도와준다. 헤라의 첫 번째 방해 공작은 아이네이아스 일행의 함선들이 풍랑에 밀려 바다 위를 이리저리 떠돌아다니게 하는 것이었다.

아이네이아스의 시련들

왕궁 내부로 밀려든 그리스군의 전사들이 궁을 불태우고 약탈을 자행하는 와중에 아이네이아스는 트로이의 성물들과 가문의 수호신인 페나테스(Penates)[87] 신상들을 챙긴 후 아버지 안키세스를 업고 일족과 함께 성을 빠져나오는 데 성공한다. 베르길리우스는 헥토르의 입을 빌려 트로이가 아이네이아스에게 자신의 성물들과 페나테스 신들을 아이네이아스에게 맡겼다고 말한다.[88] 탈출구를 찾아가며 정신없이 도망치는 도중 불행히도 아이네이아스의 아내 크레우사는 행방불명이 되어 버리는데, 얼마 후 그녀의 환영과 그림자가 아이네이아스 앞에 나타나 앞으로 겪게 될 남편의 험난한 유랑과 그의 함선들이 정박할 최종 종착지를 암시해 준다.

"긴 망명이 당신의 운명이며, 당신은 망망대해를 쟁기질해야 한다. 당신은 헤스페리아(Hesperia, 서쪽 나라)로 가게 될 것이다."[89]

서쪽 나라가 정확히 어디를 가리키는지 알지 못했던 아이네이아스 일행은 트로이의 서북쪽에 위치했던 트라키아로 향했다. 트라키아는 오래전부터 트로이와 우호적이었고, 두 왕국의 페나테스 신들도 서로 동맹을 맺고 있었다. 그러나 트로키아의 왕은 신의를 중시하는 인물이 아니었다. 트로이가 완전히 포위당하는 것을 보고 왕국의 몰락을 예감했던 프리아모스 왕이 아들 폴리도로스를 커다란 금괴와 함께 몰래 트라키아 왕에게로 보내 생명을 보존하도록 했다. 그런데 트로이가 패하자 탐욕스러운 왕은 폴리도로스를 살해하고 그의 황금을 차지했다. 이런 사실을 모른 채 트라키아에 정착하기 위해 제사 준비를 하던 아이네이아스는 불길한 전조를 보았다. 제단을 덮기 위해 뽑은 나무의 뿌리에서 핏방울이 뚝뚝 떨어져 대지를 피로 더럽히는 것이었다. 잠시 후 둔덕 깊숙한 땅속에서 폴리도로스의 망령이 자신의 신분을 밝히며 이 잔혹한 나라, 이 탐욕스러운 해안을 떠나라고 말했다. 자신들이 어디로 가야 할지 전조를 보여 달라는 아이네이아스의 기도에 유피테르가 응답했다.

"너희들은 옛 어머니를 찾도록 해라. 그곳에서 아이네이아스의 집안과 자식들의 자식들과 그들에게서 태어난 자식들이 온 세상을 지배하게 될 것이니라."[90]

이에 안키세스는 크레타가 트로이인들의 조상 테우케르족의 요람이라고 말하고, 아이네이아스 일행은 황급히 함선에 올라 크레타로 향한다. 크레타에 도착한 트로이인들은 부지런히 새 땅을 경작하고 각 가정들에게 집을 정해 주고 법을 세웠다. 그러나 가뭄으로 인해 역병과 기아에 시달려 정착 첫해부터 사람들이 죽어 갔다. 아이네이아스는 델로스의 아폴론 신전으로 사람을 보내 신탁을 구하도록 했다. 밤이 되자 아이네이아스가 구출해 준 프리기아의 페나테스 신상들이 아폴론의 신탁을 전해 준다. 그라키아인들[91]이 헤스페리아라 부르는 곳은 크레타가 아니라 바로 이탈리아이며 그곳에서 트로이인들의 선조 다르다노스가 탄생했다는 것이다.[92]

아이네이아스 일행이 이탈리아를 향해 뱃머리를 돌렸으나 그들을 태운 함선들은 망망대해의 심연에서 어둠과 폭풍우를 만나 스트로파데스섬들의 한 해안에 불시착했다. 그곳에서 한 예언녀의 입을 통해 아이네이아스 일행이 겪을 또 다른 고난에 대해 들었다. 약속된 도시에 성벽을 두르기 전에 무서운 허기를 만나 식탁의 가장자리를 갉아 씹어 먹게 될 것이라는 비참한 미래이다.[93] 또 트로이 출신의 한 예언자로부터 바다와 육지를 떠돌아다니는 유랑은 아직 끝나지 않았으며, 기나긴 노고의 종착지가 될 도시의 풍경들과 쿠마이에서 신들린 예언녀를 만나게 될 것이라는 사실을 듣게 된다.

다시 함선에 몸을 실은 트로이인들은 바다 북풍에 휩쓸려 시킬리아의 북서 해안의 드레파눔(드레파논)에 정박하게 되고, 고난 가득했던 긴 여정에 지칠 대로 지친 안키세스가 그곳에서 아이네이아스의 곁을 영원히 떠난다. 아이네이아스의 시련의 전환점이다. 온갖 고생과 근심을 덜어 주던 아버지를 여읜 아이네이아스는 이제부터 모든 일들을 스스로 판단하고 결단해야 하는 고독한 영웅의 삶을 살아야 한다. 약속의 땅 헤스페리아에 언제 도착할지, 앞으로 또 어떤 고난에 직면해야 할지 미래는 여전히 불투명하다. 아이네이아스 일행은 펠로폰네소스반도의 몇몇 해안 도시들을 거쳐 카르타고로 들어간다.

아이네이아스의 운명 속에 포획된 포에니 전쟁

여기에서 시인의 영감을 자극하는 것은 귀향길의 오디세우스가 오기기아섬에서 요정 칼립소와 7년 동안 사랑을 나눈 이야기이다. 호메로스가 오디세우스에게 그랬듯이 베르길리우스는 카르타고에 정박한 아이네이아스에게도 시련의 와중에 사랑의 달콤함을 선물하는 것을 잊지 않는다. 물론 이런 정황도 미래의 로마의 영광을 위해 예정되어 있던, 세상을 지배하게 될 로마를 위해 불가결한 기회로 활용한다. 카르타고의 여왕 디도는 아이네이아스를 왕궁으로 영접하여 그의 이야기를 듣는 순간부터 가슴에 사랑의 불꽃이 훨훨 타오른다. 제2의 트로이를 건설할 토대를 구축할 아이네이아스의 운명의 방해꾼 유노에게 이는 놓쳐서는 안 되는 절호의 기회이다. 제우스를 잠재우기 위해 헤라 여신이 아프로디테 여신에게 도움을 청했듯이, 카르타고의 여왕 디도와 아이네이아스의 결합을 위해 유노가 베누스에게 협력을 부탁한다. 사랑을 만드는 일에 사랑의 여신이 빠질 수 없고 디도와의 사랑 또한 아이네이아스의 운명이라, 두 여신은 함께 그 운명의 화폭을 정교하게 수놓는다.[94] 그리하여 상사병에 걸려 명예심도 내팽개친 디도의 염원은 일시적으로 이루어졌으나, 유피테르는 아이네이아스의 운명을 결코 잊지 않고 있다.

최고신은 메르쿠리우스(그리스의 헤르메스)를 그에게 보내 자신의 왕국과 운명을 잊었다고 꾸짖는다. 오기기아의 칼립소가 영원한 부와 권력을 약속하며 오디세우스를 자신 곁에 붙들어 두려 할 때, 아테나와 제우스가 헤르메스를 보내 그녀를 꾸짖으며 그를 놓아주라고 했던 것과 유사한 상황이 카르타고에서 재연된다. 물론 다른 점도 있다. 신의 메시지를 전해들은 요정 칼립소는 여신과 인간의 사랑을 질투하는 신들에게 불만을 느꼈음에도 신의 뜻을 거역할 수 없기에 기꺼이 오디세우스를 놓아준다. 반면 여인 디도는 카르타고를 떠나려는 아이네이아스 일행을 향해 광란의 상태에 빠져 저주의 말, 카르타고와 로마의 미래의 운명을 내뱉는다.

> 티로스인들이여, 그대들은 그의 씨족들과 앞으로 태어날 그의 모든 자손을 미워하여 나의 망령에게 그런 선물을 보내도록 하시오. 두 민족 사이에는 사랑도 맹약도 없게 하시오. 나의 유골에서는 어떤 복수자가 일어서 다르다노스 백성들이 정착할 때마다 불과 칼로 그들을 괴롭힐지어다. 지금도 앞으로도, 우리에게 그런 힘이 생길 때마다, 비노니, 해안이 해안과 대결하고, 바다와 바다가 대결하며, 무구들이 무구들과 대결할지어다. 두 민족은 그들 자신은 물론이고 그들의 자손들도 싸울지어다.[95]

디도가 내뱉은 저주는 바로 미래의 포에니 전쟁(혹은 페니키아 전쟁, 라틴어 Bella Punica)이다. 주지하듯이 기원전 264년에서 기원전 146

년 사이에 로마는 최대 라이벌이자 적이었던 카르타고와 세 차례에 걸쳐 지중해의 패권을 두고 전쟁을 치렀다. 베르길리우스는 이 전쟁이 아이네이아스의 운명의 잔혹한 고리, 디도의 절절한 사랑을 거부하고 떠날 수밖에 없었던 아이네이아스의 운명에서 비롯된 것으로 이야기한다. 그리스와 로마의 전승에 따르면 디도는 페니키아 지역의 한 도시 티로스의 왕 피그말리온(Pygmalion)의 여동생이다. 오빠 피그말리온이 그녀의 부유한 남편 시카에우스(Sychaeus)를 죽이자 신변의 위협을 느낀 그녀는 아프리카로 도주해 카르타고를 건국했다고 한다.[96] 카르타고의 세력이 커지자 디도에게 도시를 건설할 땅을 마련하는 데 일조한 그 지역 통치자 라르바스(Larbas)가 그녀에게 청혼했다. 디도는 첫 남편에게 한 약속, 정절을 지키겠다는 약속을 핑계로 청혼을 거절했으나 거듭되는 강압적 요구를 견디다 못해 불타는 장작더미 위에서 칼로 자결해 스스로의 몸을 불태워 삶을 마감했다.

그리스와 로마의 전승이 전하는 디도의 이 죽음 장면을 베르길리우스는 사랑의 배신으로 광란의 상태에 빠진 여인의 복수의 수단으로 활용한다. 하지만 정절의 표상이었던 디도에 대한 죄책감이 생겼던 것일까? 시인은 정숙하고 현명했던 여왕이 자신의 목숨은 물론 왕국의 미래도 아랑곳하지 않는 정념의 화신으로 변신한 것에 대한 변명도 사전에 준비한다. 여왕의 동생 안나를 등장시켜 그 역할을 맡긴다. 아이네이아스에 대한 상사병으로 밤을 지새운 디도에게 안나는 높이 치솟을 페니키아의 영광과 사랑을 포기하고 사는 젊은 여인의 가혹한 운명을 상기시키며 아이네이아스와의 결혼을 부추긴다. 억압된 욕망의 빗장을 풀어주는 안나의 말들, 그녀가 갈망하던 바였으나 차마 입 밖으로 내지 못해 여동생이 대신해 주었던 그 말들은 디도의 "망설이

는 마음에 희망을 주며 염치의 족쇄를 풀어주었다."라고 시인은 말한다.(4권, 55)

트로이의 여인들을 두고 떠나는 아이네이아스

화염으로 불타고 있는 성벽을 뒤로한 채 카르타고를 떠난 아이네이아스 일행은 안키세스를 묻은 곳, 시킬리아의 포구에 다시 정박한다. 아버지의 장례를 지낸 지 1년이 되었기에 아이네이아스는 그의 혼백에 인사를 드리고 싶었기 때문이다. 트로이의 남성들이 페나테스 신들을 불러 승마와 모의 전투로 의식을 치르고 있는 동안, 원한이 가시지 않은 유노가 또 다른 음모를 꾸민다. 그녀는 트로이 여인들이 모여 있는 외딴 해안으로 이리스를 보낸다. 헤라의 명을 받은 이리스는 트로이 명문가의 한 여인으로 변신하여 더 이상의 고난의 여정을 거부하고 트로이인 아케스테스가 환대해 주는 그곳 드레파눔에서 정착하자고 선동한다. 여인들이 함선에 불을 지르고 있다는 소식을 듣고 아스카니우스와 아니네아스가 달려왔다. 광란의 상태에서 제정신으로 돌아온 여인들은 부끄러움을 느꼈으나 격앙되었던 마음은 누그러지지 않았다. 이 상황을 정리해 주는 것은 안키세스의 환영의 목소리이다.

네 백성들 가운데서 가장 용감한 젊은이들을 골라 이탈리아로 가도록 하여라. 거기 라티움 땅에서 너는 사납고 야만적인 부족을 전쟁으로 제압해야 한다.(5권, 729~731)

트로이의 여인들이 시킬리아에서 더 이상 항해를 하지 않겠다고 선언했기에 아이네이아스와 그의 동행자들은 이제 여인들을 두고 약속의 땅으로 가야 한다. 여인들이 없는 상태에서 도시를 건설해야 하며, 그 과업을 이루기 위해 전쟁을 치러야만 하는 그의 운명은 기시감이 느껴진다. 여인들을 얻기 위해 사비니인들과 전쟁을 치른 후 신생 도시 로마의 토대를 굳건히 한 머나먼 후손 로물루스의 운명과 비슷하다. 뒤메질은 아이네이아스의 이런 상황을 로물루스가 치른 사비니인들과의 전쟁에서 표절했다고 지적한다. 베르길리우스가 빚어내는 라비니움의 탄생은 이미 몇 세기 전부터 연대기 작가들이 로마의 탄생에 관해 이야기했던 것과 일치한다. 이주, 난입, 최초의 진지를 구축할 곳의 주민들이 이방인들을 받아들여야 한다. 여인들이 없거나 부족한 건국 영웅, 이는 고국을 떠나 낯선 땅에서 나라를 세우는 영웅들의 숙명인 듯하다. 보다 정확히 말하면 이방의 땅에서 새로운 나라를 건설하는 영웅들의 전설에서는 동일한 사회 기능적 구조가 발견된다.

뒤메질은 이 구조가 인도-유럽어족의 공동 유산이라 역설하지만 인도-유럽어족에 속하지 않는 고대 국가의 창건 전설에서도 포착된다. 예컨대 고구려의 건국자 주몽은 세 친구 오이, 마리, 협보와 함께 동부여를 떠나 졸본에 정착한다. 어머니 유화는 동부여의 왕궁을 떠난 아들이 굶주리지 않도록 비둘기 한 쌍에게 곡식 종자를 먹여 아들에게 날려 보낸다. 활을 쏘아 비둘기를 잡은 주몽은 비둘기의 배 속에 들어 있던 곡식 종자들로 농사를 지어 기근을 해결한다. 그러나 이것만으로는 나라를 세우기에 부족하다. 그는 졸본 부여 왕의 딸 소서노와 결합하여 영토와 부를 확보하고, 왕이 죽자 그 뒤를 이어 졸본 부여의 왕이 되어 세력을 확장하여 고구려를 건국한다. 제1기능의 영웅 주몽과 제2기능 집단인 그의 무사 친구들 오이, 마리, 협보, 그리고 식량을 제공하는 어머니 유화로 이루어진 이 집단은 1, 2, 3기능이 작동하는 사회이다. 하지만 초기에 3기능의 위탁자는 너무 먼 곳에 있어 미약하게 작동하기에 미래가 불투명하다. 그러나 소서노와의 결합으로 3기능이 강화되어 부와 영토가 확실하게 겸비됨으로써 주몽은 새로운 나라 고구려를 건국하게 된다.

비둘기는 로마에서 아이네이아스의 어머니 비너스 여신의 새이다. 쿠마이에 도착했을 때, 아이네이아스는 홀로 에우보이아의 동굴로 무녀 시빌라를 찾아갔다. 시빌라는 헤스페리아에서 아이네이아스가 세울 미래의 도시 이름을 명시하는 아폴론의 신탁을 전해 준다. 트로이인들은 라비니움으로 들어갈 것이나, 그 이후 여러 차례의 전쟁과 숱한 고통들을 겪을 것이라고 말함으로써 방랑의 끝과 함께 시작될 새로운 고난을 일러 준다. 아이네이아스는 카르타고에 도착하기 전에 임종했던 아버지 안키세스를 만나게 해 달라고 부탁한다. 이에 시빌라는 저승으로 내려가는 것은 어렵지 않으나 다시 이승으로 돌아가기 위해서는 트라비아의 숲에서 황금 가지와 그 열매를 찾아 포르세피나(그리스의 페르세포네)에게 바쳐야 한다고 말한다. 어디에서 황금 가지와 열매를 구할 수 있는지 알 길 없는 아이네이아스에게 비둘기 한 쌍이 하늘에서 내려와 그에게 길을 인도한다. 비둘기는 그의 어머니 베누스의 새로, 이 고비에서 자신을 버리지 말아 달라는 아들의 간구에 대한 어머니 여신의 보살핌이다. 대기를 비행하던 새들이 얼마 후 두 종류의 잎을 가진 나무 위에 내려앉았다.

그 나무에서는 가지들 사이로 이색적인 황금빛이 반짝이고 있었다. 마치 겨우살이가 그것이 자라는 나무에 씨 뿌려진 것이 아님에도 겨울 숲에서 싱싱한 잎을 피우며 노란 열매로 둥근 나무 밑동을 휘감듯이, 그늘을 드리운 떡갈나무 위의 황금빛 열매는 꼭 그런 모습이었고, 금박 잎은 꼭 그처럼 미풍에 바스락거렸다.(6권, 204~209)

고대 로마의 여러 전설들에 등장하며 프레이저가 그의 대작『황금 가지』의 제목을 거기에서 차용했던 이 황금 가지는 그리스 신화와 북유럽 신화에 등장하는 황금 사과와 동일한 의미를 지닌다. 그리스 신화에 따르면 서쪽 땅 헤스페리아에는 황금 사과나무가 자라고 있으며, 헤스페리데스 세 자매가 그 나무를 돌보고 있다. 이를 소유하는 자는 불사를 누리게 된다는 황금 사과는 헤라(유노), 아테나(미네르바), 아프로디테(베누스) 세 여신의 갈등을 불러왔다. 또 스칸디나비아 시의 신 브라기의 아내 이둔이 보관하여 관리하던 황금 사과를 거인 트야치에게 도둑맞아 더 이상 황금 사과를 먹지 못하게 된 아스 신들이 젊음을 유지하지 못하고 노인이 되어 버렸다. 황금 사과와 황금 가지, 이들은 꺼져 가는 생명체에 생명력을 불어넣어 되살아나게 하는 황금빛 태양의 열매이다.

떡갈나무를 숙주로 하여 기생하는 겨우살이는 나무에 잎이 무성한 봄, 여름, 가을에는 보이지 않으나 잎들이 떨어지고 앙상한 가지만 드러내는 겨울이 되면 마치 새집처럼 그 모습을 드러낸다. 그 열매는 죽음의 계절 겨울에 노란 황금빛을 띠며 나무를 장식한다. 그래서 차갑고 어두운 저승을 방문하고 이승으로 되돌아오기 위해서는 겨우살이의 황금 열매와 잎이 필요하며, 전임 사제를 죽여 그의 뒤를 이어 숲의 왕이 되고자 하는 도망친 노예는 네미 성역의 황금 가지를 꺾어 가져와야만 결전의 기회가 주어진다.[97] 스칸디나비아 신화에서 발드르의 어머니 프리그 여신은 겨우살이 나무의 약속을 받지 못한 탓에 아들 발

514

드르의 죽음을 막지 못했다.

어머니 여신이 보내 준 비둘기의 도움 덕분에 황금 가지와 열매를 구해 포르세피나 여신에게 바친 후 시빌라와 함께 지하로 내려가 안키세스를 만난 아이네이아스는 마침내 자신의 운명을 분명히 보았다. 그곳에서 라비니움의 계승자인 로마의 영광들이 그의 눈앞에 펼쳐졌다. 트로이의 기나긴 암흑, 여러 해 동안의 불확실한 항해, 신탁들과 경이들, 가까스로 벗어난 카르타고의 여왕 디도의 유혹, 이 모든 것이 다 의미가 있었다. 그것은 프리아모스 왕국이 그들의 근원지인 아우소니아(라티움 지역)에 다시 돌아와 마침내 도달한 이 약속의 땅 이탈리아에서 번창하기 위한 시련들이었다. 아이네이아스에게 안키세스가 미래의 로마를 보여 주며 말한다.

"내 아들아, 그의 복점에 의해 저 유명한 로마는 그 통치권이 온 대지에 미치고 그 기백이 하늘을 찌를 것이다. 로마는 일곱 언덕을 하나의 성벽으로 에워쌀 것이며, 자손이 흥성할 것이다."(6권, 781~785)

안키세스는 "언젠가는 넓은 하늘 아래로 나가게 되어 있는 이울루스의 모든 자손들", 후대에 이름을 남긴 명문가의 자손들의 위업을 거론하며, 제국 로마를 열 아우구스투스를 찬미한다. 그는 '신의 아들' 아우구스투스가 로물루스에 이어 "라티움의 들판에 또다시 황금시대를 열 것"이라고 알려 준다.(6권, 789~794) 베르길리우스는 안키세스의 입을 빌려 아우구스투스의 로마와 그 속주들에 대한 통치 원리를 로마제국의 법률, 평화, 관용 혹은 전쟁으로 요약한다. 속주들에 대해서도 로마법을 적용하여 평화의 시대를 구축하고, 상대에 따라 관용과 전쟁을 달리 적용하는 것이 로마 황제 아우구스투스의 통치술(art)이다.

"오! 로마인이여, 이것이 네 (통치) 기술이니라.

제국의 권위로써 여러 민족들을 다스리며, 법령들로써 평화를 구축하고,

굴복한 자들에게는 관용을 베풀고, 불손한 자들은 전쟁으로 길들여라.[98]

마음속에 다가올 명성에 대한 욕망의 불길을 간직한 채 아이네이아스는 아버지에게 작별 인사를 하고 저승을 빠져나왔다. 트로이인들을 태운 함선들은 낯선 포구에 정박했다. 허기를 달래기 위해 그들은 밀가루로 얇은 빵을 구워 풀밭 위에 놓고, 그것을 식탁 삼아 그 위에 들판의 과일들을 쌓아 올려 먹기 시작했다. 먹을 수 있는 것은 닥치는 대로 먹었으나 허기가 가시지 않아 그들은 빵-식탁마저 뜯어먹었다. "아니 우리는 식탁마저 먹어 치우는 것인가요?"라는 이울루스의 목소리를 듣는 순간 그들은 마침내 약속된 운명의 땅 라티움에 도착했음을 깨달았다.[99] 스트로파데스섬의 한 예언녀와 지하계의 아버지 안키세스가 알려 준 그 땅(7권, 120~128)이다. 그러나 유노의 적개심으로 인해 "테우케르 백성들에게는 또다시 이방의 신부가, 이방인과의 결혼이 모든 고통의 원인"이 된다고 시빌라가 예언하지 않았던가.(6권, 93~94) 마지막 시련인 줄 알았던 허기는 약속의 땅에서 펼쳐질 새로운 운명의 시련들을 알리는 전주곡이었다.

전반부 여섯 권이 느리고도 힘겹게 알게 된 이 임무를 단계별로 묘사한다면 7권부터는 또다른 임무가 부과된다. 아이네이아스는 이제 자신의 운명을 완수해야만 한다. 그러나 신들의 마지막 전조가 그가 기다리던 장소를 드러내 보여 주기 전에, 그는 자신이 혼자서 로마 건국의

토대를 굳건히 할 수 없음을 깨달았다. 라티움 땅에 도착했을 때, 그는 루툴리족의 왕 투르누스에 협조하는 적대 세력과 맞서 싸워야 했다. 협력자들이 필요했고, 그들과 함께 그 일에 착수해야만 했다. 협력자들은 각 개인의 운명에 따라 아이네이아스를 도왔다. 적대자 투르누스는 자신의 적 아이네이아스의 운명을 즉시 알았고, 루툴리족에게는 그 운명을 저지할 방책이 없다는 것도 알았다. 하지만 그는 쉽게 포기하지 않고 행동하는 부족의 우두머리이다. 협력자들도 적대자들도 모두 자신의 임무에 충실했다. 각 개인의 운명, 그들의 열정과 무훈들 대부분은 미래에 헛된 죽음을 맞게 된다.

7~12권에 등장하는 수많은 운명들 중 대부분은 신들의 저주로 인한 소멸과 파멸들뿐이다. 이들 중 세 인물은 예외인데, 모두 트로이인들의 로마 건국에 없어서는 안 될 역할을 수행한다. 긴 여정 끝에 마침내 라티움 지역에 도착하여 포이보스 아폴론의 축제들을 세우게 될 아이네이아스와 트로이인들의 제1기능적 운명, 라티누스 왕과 라티움 주민들의 제3기능적 운명, 카에레의 왕 타르콘의 제2기능적 운명이 그것이다.

아이네이아스는 자신에게 주어진 이중의 의무를 온전히 의식하고 있다. 한편으로는 자신이 지킨 페나테스 신들과 관련된 일리온의 의식들을 유지하는 것이다. 다른 한편으로는 이탈리아에 새로운 나라, 몇 번의 변형을 거쳐 로마가 되어 세상을 지배하게 될 나라를 세우는 것이다.

(2) 열리고 수렴하는 세 운명: 아이네이아스, 라티누스, 타르콘

아이네이아스 일행이 이탈리아 땅에 첫발을 내디뎌 식탁을 뜯어 먹은 곳은 라티누스 왕이 다스리는 지역이다. 신들이 연로한 왕 라티누스의 외아들을 천국으로 데려간 탓에 라티움은 그의 사후에 외동딸 라비니아가 그의 뒤를 이어야 할 상황이었다. 라티누스는 황금이 많고 인색하지 않은 왕이나 그의 왕국은 기울어지는 집이었던 것이다.[100] 라비니아는 용맹한 루툴리족의 왕 투르누스와 혼약이 되어 있었다. 투르누스는 아버지로부터 왕국을 물려받았으나 손수 함락한 많은 도시들을 가지고 있는 강력한 왕이었기에 라티누스의 부인 아마타는 딸과 투르누스와의 결혼을 통해 라티누스의 영광과 왕국의 안녕을 지키고 싶었다. 하지만 아이네이아스와 조우한 뒤로 라티누스 왕의 마음은 흔들리기 시작한다. 첫눈에 그가 사윗감으로 마음에 들었기 때문이 아니라, 신탁의 예언과 하늘의 수많은 전조들을 통해 딸의 운명, 그녀가 투르누스와 결혼하게 되지 않을 것이라는 운명을 사전에 알고 있었기 때문이다. 아이네이아스가 라티누스 궁으로 사절단을 보내 왕에게 트로이인들을 받아 줄 것을 요청했을 때, 왕은 파우누스(Paunus, 그리스의 Pan)의 신탁이 예고한 운명을 말한다. 어느 날 라비니아의 머리카락에 불이 붙은 것을 보고 라티누스 왕이 아버지 파우누스에게 신의 뜻(fatum diuum)을 물었을 때 들은 운명이다.

내 아들아, 네 딸을 라틴인과 결혼시키지 않도록 하고, 이미 준비되어 있는 결혼을 믿지 말지어다. 라티움에 다가올 운명이란 이방에서 이방인들이 와서 사위가 될 것인즉, 그들이 자신들의 피로 우리의 이름을 별들에 이르게 할 것이니라. 그리고 그 자손들은 태양이 두 대양 사이에서 응시하는 모든 것을 자신들의 발아래 굴복시켜 그 지배하에 두는 것을 보게 될 것이다.[101]

아이네이아스의 사절단이 도착했을 때, 라티누스 왕은 오래된 파우누스의 신탁을 이리저리 저울질했다. 그러나 트로이인들이 바람과 파도에 떠밀려 어쩌다 라티니족의 땅에 오게 된 것이 아니라 운명에 따라 이곳에 정착하게끔 예정되어 있었음을 사절단이 역설하자, 왕은 아이네이아스 일행을 흔쾌히 받아들이기로 결심했다. 그는 "라티누스가 왕인 동안에는, 그대들에게 비옥한 농경지와 트로이의 부가 부족한 일은 없을 것"이며, 아이네이아스를 사위로 삼을 것이라 선언했다.[102] 하지만 라티니족과 테우케르족의 첫 조우에서 만들어진 화합의 분위기는 유노의 개입으로 반전된다. 파리스의 심판 이후로 트로이인들에게 적개심을 가진 여신, 혼인의 여신 유노는 아이네이아스의 이 운명을 저지하기 위해 저승의 어둠에서 재앙을 가져다주는 복수의 여신들 중 알렉토(Alecto)를 불러내 방해 공작을 한다. 음모는 세 단계로 기획되어 실행된다. 먼저 왕비 아마타의 분노에 불을 질러 혼약 파기의 원흉 아이네이아스에게 원한을 품게 하고, 투르누스 왕이 명예를 지키기 위해 트로이인들과 전쟁을 하도록 부추기며, 화친을 맺은 두 종족을 분열시켜 불화를 겪게 하는 것이다.[103]

맹세를 지키지 않는 자를 응징하는 복수의 여신 알렉토는 유노의 명을 받고 곧바로 왕비를 찾아간다. 여신은 화친을 깨고 전쟁의 씨앗을 뿌리라고 부추기면서 올올이 뱀으로 된 자신의 머리카락을 한 올 뽑아 아마타의 몸속을 돌아다니게 한다. 뱀독이 몸속 깊숙이 돌아다니자 왕비는 발광하여 라티니족의 어머니들에게 숲속으로 들어가 바쿠스의 비의에 참가하자고 외치며 돌아다니고, 라티움의 여인들이 이에 화답하여 가정을 버리고 숲속으로 들어간다. 왕비의 광기가 라티누스의 계획과 왕궁을 엉망진창으로 만들어 놓았으니 다음 목표물은 투르누스이다.

알렉토는 곧장 루툴리족의 성벽을 향해 날아갔다. 그녀는 유노 신전의 한 늙은 여사제의 모습으로 투르누스 앞에 나타났다. 노파는 약혼녀를 이방인에게 뺏긴 투르누스의 자존심을 건드리며 전쟁을 통해 그의 강력함을 보여 주라고 선동한다. 노파의 모습을 본 용맹스러운 투르누스는 전쟁과 평화는 남자들에게 맡겨 두고 신전으로 돌아가 신상들이나 지키라고 대꾸한다. 그러자 알렉토는 노여움에 불타 자신의 본모습을 드러내고, 복수의 여신의 머리에서 대가리를 쳐든 뱀 두 마리를 보자 냉철한 이성을 마비시키는 공포심이 투르누스의 마음을 지배했다. 광기와 원한, 그리고 전쟁에의 욕망에 사로잡힌 투르누스는 "라티누스 왕을 향하여 진격하라고 지시했고, 무구들을 갖추어 이탈리아를 지키고 적군을 국경 밖으로 쫓아내라고 명령했다."(7권, 412~471)

복수의 여신이 투르누스를 격분시키는 것으로 만족한다면 자신의 고유 임무를 완수하지 못할 수도 있다. 투르누스가 약혼녀 라비니아를 되찾을 수 있으려면 무엇보다도 라티누스 왕과 아이네이아스가 맺은 화친에 균열을 내야만 한다. 알렉토는 해안에서 사냥을 하고 있는 아이네이아스의 아들 이울루스를 향해 급히 날아갔다. 여신은 이번에는 약간 다른 방식, 운명의 다른 형태인 우연처럼 보이는 방식을 사용하는데, 인간이 아닌 이울루스의 개 떼들에게 광기를 불어넣어 들판을 돌아다니던 수사슴을 공격하게 했다. 그 사냥감은 라티누스 왕의 가축 떼를 돌보는 티르수스의 아들들과 딸 실비아가 정성껏 돌보던 수사슴이었다. 분노한 티르수스가 뿔 나팔을 불어 라티움의 농부들을 불러 모으고, 트로이의 젊은이들도 아스카니우스를 돕기 위해 모여들었다. 개와 사슴이 불러일으킨 불화로 갈라진 두 진영은 참혹한 싸움을 치름으로써 화친을 뒤흔드는 유노의 방해 공작에 일조한다.(7권, 475~544) 라티움의 원로들이 라티누스 왕에게 전쟁의 문을 열어 달라고 요청했으나 왕은 이를 수락하지 않고 몸을 숨겨 버린다. 복수의 여신이 개입할 수 있는 여지가 없는 상황이 되자 다시 유노가 개입한다. 그녀는 라티누스 왕을 대신해 전쟁의 문을 활짝 열어젖혔다.

전쟁을 알리는 암호와 나팔 소리가 들리자 여러 부족들이 동맹군으로 전쟁에 참여한다. 한편에는 루툴리족의 투르누스, 에트루리아인의 포학한 왕 메젠티우스, 사비니인 클라우수스, 볼키스족의 여전사 카밀라 등 여러 지역의 왕과 장수들이 전사들을 무장시켜 모여들었다. 투르누스의 혈기왕성한 연설이 라티움의 젊은이들을 흥분시켜 광기로 내몰았기에 그들은 열광하여 투르누스에게 충성을 맹세했다.(7권, 647~8권, 16)

이 소식을 들은 트로이인들의 지도자는 이리저리 생각해 보았으나 뾰족한 방책을 찾지 못하고 결국 신들에게 도움을 간구한다. 노령의 라티누스 왕 외에는 지지자를 갖지 못한 아이네이아스에게 이번에는 티베리우스강의 신이 전조를 보내고, 또 그의 협력자를 알려 준다. 바로 팔란테움의 왕 에우안드로스이다. 그는 그리스 아르카디아 지방에서 이탈리아로 이주해 와 팔라티움에 도시를 세운 탓에 라티움의 부족들과 끊임없이 전쟁을 치르고 있었다. 에우안드로스가 그리스에 있을 때, 여행 중이던 안키세스를 만난 적이 있었다. 헤어질 때 에우안드로스는 안키세스로부터 리키아의 화살들이 가득 든 훌륭한 화살통과 금실로 짠 전사의 외투와 황금 재갈 한 쌍을 선물 받았다. 싸울 상대는 라티니족, 게다가 멋진 선물에는 답례가 따르는 법이다. 아이네이아스가 그를 찾아왔을 때, 협력을 요청하는 이가 안키세스의 아들임을 안 에우안드로스는 기꺼이 동맹군을 보내겠다고 약속했다. 하지만 노령의 라티누스 왕과 미약한 병력을 가진 자신의 조력만으로는 투르누스 진영과 대항하기에는 역부족이다. 강력한 군사력을 가진 또 다른 협력자가 필요한데, 에우안드로스는 '수많은 왕국을 가진 강력한 백성들'을 아이네이아스 편이 되도록 하겠다고 말한다.

> 당신의 위대한 명성에 비해 전쟁에서 그대를 도울 우리의 병력은 참으로 미약하오. 한편으로 우리는 에트루리아의 강으로 둘러싸여 있고, 다른 한편으로는 루툴리족이 우리를 압박하고 있어 성벽 주위에서는 그들의 무구 소리가 울려 퍼지고 있소. 하나 나는 수많은 왕국을 가진 강력한 백성들을 그대 편으로 만들어 줄 것이요. 예기치 않은 우연이 우리에게 구원의 수단을 보여 주었소, 그대는 운명의 부름을 받고 이곳에 온 것이오.[104]

에우안드로스는 아이네이아스에게 강력한 백성들을 아이네이아스의 동맹이 되도록 하는 것은 아이네이아스 일족과 자신의 왕국을 모두 구하는 구원의 수단이라고 말했다. 에우안드로스는 자신이 가진 취약한 군사력을 벌충하기 위해 아이네이아스와 에트루리아인들의 지도자 타르콘을 엮어 주려 한다. 예기치 않은 우연이 아르카디아 출신 에우안드로스를 트로이인들을 돕게 했고, 역설적이게도 적진으로 피신한 에트루리아인들의 왕 메젠티우스가 에트루리아의 왕 타르콘을 아이네이아스 편에 서게 했다.

베르길리우스는 강력한 백성들인 에트루리아인들이 아이네이아스의 편이 될 이유를 끌어들인다. 에트루리아인들은 오랫동안 번영을 누렸으나 메젠티우스가 왕이 되자 오만한 권력과 무구들을 앞세워 독재를 자행한 탓에 폭압 속에서 서서히 죽어 가고 있었다. 참다못한 시민들이 무장봉기하여 그의 왕궁을 에워싸며 불을 지르자, 메젠티우스는 루툴리족에게로 도망가 투르누스의 보호를 받으며 지냈다. 그러자 에트루리아인들 전체가 그를 응징하기 위해 투르누스에게 전쟁을 선포한다. 에트루리아인들이 출발을 서두를 때 연로한 복점관이 그들의 운명을 예언하며 의분에 가득 찬 에트루리아인들에게 이탈리아인이 아닌 이방 출신의 지도자를 찾아 메젠티우스를 응징하라고 말한다.

"오, 마이오니아의 걸출한 젊은이들이여,[105] 옛 영웅들의 용맹이 만개한 꽃이자 힘이여! 의로운 분노가 그대들을 전쟁터로 내몰고 있고, 메젠티우스는 그대들의 타오르는 노여움을 사 마땅하오. 이탈리아인이 이토록 위대한 부족 연합을 지휘한다는 것은 있을 수 없는 일이오. 그대들은 이방 출신 지도자들을 찾으시오."[106]

전쟁을 준비하는 에트루리아 군대에게 이방인을 군 통수권자로 삼으라는 것이 신들의 뜻이라니! 에트루리아 군대가 메젠티우스를 응징하는 전쟁에 선뜻 나서지 못하자 타르콘이 그리스의 아르카디아 출신인 팔라티움의 왕 에우안드로스에게 사절단을 보내 자신들의 왕이 되어 달라고 부탁한다. 그러나 에우안드로스는 자신에게 제공된 에트루리아인의 왕권을 자신의 외아들 팔라스에게 주지 않고 아이네이아스가 취하도록 한다. 아들이 이탈리아 여인의 피를 받았기에 신들의 뜻에 적합한 인물이 아니라 판단했기 때문이다.

"타르콘은 내게 사절단과 함께 왕국의 왕관과 왕홀을 보내고 권력의 표장을 맡기면서, 나더러 자신들의 진영으로 와서 티르레니아(Tyrrhenia, 에트루리아)의 왕권을 인수하라 했소. 하지만 나는 세월의 무게로 기력이 쇠약해진 굼뜬 늙은이, 무훈을 세울 만큼 강한 힘도 없는 노인이라 그 지휘권을 받아들일 수가 없소. 내 아들이 사비니인 제 어머니에게서 이탈리아의 피를 일부 물려받지 않았다면 나는 그 애더러 그 통수권을 가지게 했을 것이오. 그대는 나이와 근원이 운명에 부합하며 신들의 뜻이 요구하고 있는 사람이니 나아가 그 과업을 맡도록 하시오. 가장 용감한 지도자여! 당신은 트로이인들과 이탈리아인들의 우두머리가 될 것이오."[107]

에우안드로스는 에트루리아인의 통솔권에다 자신의 정예 기병 200명과 함께 그의 희망이자 왕국의 미래인 아들 팔라스도 아이네이아스에게 동료로 주었다. 운명에 순응하는 팔라테움 왕의 우호적 제안에 아이네이아스는 한동안 깊은 생각에 잠겼다. 그때 하늘에서 유피테르의 천둥소리가 들리며 번개가 번쩍였고 에트루리아인들의 나팔 소리가 요란하게 울려 퍼지는 듯했다. 트로이의 영웅은 그것이 어머니가 보낸 약속 이행의 전조임을 깨닫고는 에우안드로스의 청을 받아들였다. 아이네이아스는 에트루리아 진영으로 가 타르콘을 만났고, 신탁의 뜻에 따라 타르콘은 자신의 군대를 아이네이아스의 군대와 합쳐 동맹을 맺었다.

이방의 땅에서 강력한 토착 부족의 왕 투르누스와의 결전을 앞둔 아이네이아스에게도 이제 협력자들이 생겼다. 그에게 영토와 딸을 제공하는 라티누스 왕과 전사 부족의 꽃이자 힘인 젊은 무사들을 이끌고 이방인에게 지배권을 위임한 타르콘이 그들이다. 이리하여 운명이 결합시킨 세 기능의 연합군과 루툴리족의 동맹군 사이에서 본격적인 전쟁이 개시된다. 양 진영의 우두머리는 아이네이아스와 투르누스이다.

(3) 운명이 이끄는 아이네이아스와 운명에 저항하는 투르누스의 결전

세 인물 아이네이아스, 라티누스, 타르콘을 제외하면 전쟁에 참여한 대다수의 장수들 개개인의 운명, 그들의 열정과 무훈들 대부분은 아이네이아스와 투르누스의 대결에서 특별한 역할을 하지 못하고 소멸하는 닫힌 운명으로 귀결된다. 그들에 비해 투르누스는 좀 더 복합적인 인물이다. 그는 적장 아이네이아스의 운명을 알고 있었고 루툴리족에게는 그것을 저지할 방책이 없다는 것도 알았다. 그러나 그는 쉽게 굴복하지 않고 과감하게 행동하는 인물이다.

나는 저 프리기아인들이 떠들어 대는 소위 운명이라는 것들, 공허한 신탁들을 무서워하지 않소. 트로이인들이 비옥한 아우소니아의 땅에 닿는 순간 운명들도 베누스의 보호도 충분히 베풀어졌던 것이오. 그에 맞서 나에게도 나의 운명이 있으니, 그것은 내게서 신부를 빼앗은 무도한 족속을 무쇠로 몰살하는 것이오.(9권 133~138)

투르누스는 에우안드로스의 아들 팔라스를 죽이고 그에게서 취한 전리품, 가공할 장면이 새겨진 칼 띠에 만족해하며 기고만장했다. 신들의 신탁을 두려워할 줄 모르는 자에 대해 시인은 "행운에 도취되면 인간의 마음은 운명과 자신의 미래사를 알지 못한 채 절제할 줄을 모른다."라고 경고하며 투르누스의 비극적 운명을 예고한다. 그는 혼약을 어긴 라티누스 왕과 자기 여인을 빼앗아 가려는 아이네이아스와 그를 돕는 이들을 몰살하는 것이야말로 자신의 운명이며, 자신의 의지와 용기가 아이네이아스의 운명을 이겨 내리라는 환상을 품었다. 그러나 11권 마지막에 용감한 여전사 카밀라의 죽음 후에는 계속되는 그의 잘못된 행동들에 대해 유피테르가 내리는 가혹한 결정들을 받아들였고, 지체 없이 자신의 운명에 다가가는 죽음의 발걸음을 내딛었다. 그는 자신의 누이로 변해 전쟁에 개입하려는 여신에게 말했다.

누이여, 이제 끝났소. 운명들이 보다 더 강력하니 더 이상 나를 말리지 마오. 나는 신들과 잔혹한 행운의 여신이 나를 부르는 곳으로 가기로 했소.(12권 676~678)

올림푸스에서 아이네이아스와 투르누스의 결전을 내려다보고 있던 유피테르가 유노에게 아직도 더 할 일이 있느냐고 묻는다. 육지와 바다에서 트로이인들의 가정을 망치면서 그만큼 괴롭혔으면 충분하니 더 이상 어떤 시도도 하지 말고 이제 아이네이아스의 운명의 시련을 끝내자는 것이다. 그러자 유노는 라티움과 그 후손들의 위엄을 위해 마지막 부탁을 한다.

그들이 혼인을 통해 평화를 확립하고 법과 조약으로 하나로 결합하게 되면, 그대는 이 나라의 토박이들인 라티니족이 옛 이름을 바꾸지 못하게 하시고, 그들이 트로이인들이 되거나 테우케르 백성들로 불리지 못하게 해 주세요. 그들이 나라의 말과 복장을 바꾸지 못하게 해 주세요. 라티움이 존속하게 하시고, 알바인들이 수 세기 동안 왕이 되게 하시고, 로마의 지파가 이탈리아인들의 용기에 의해 강력해지게 해 주세요. 트로이는 무너졌으니, 그 이름과 함께 사라지게 하세요.[108]

비록 기원의 혈통은 그리스로부터 유래했으나 '위대한 로마'는 그리스인들의 문화의 계승자가 아니라 라틴인과 이탈리아인들이 일구어 온 문화를 향유해야 한다. 이것이 베르길리우스가 『아이네이스』의 마지막 부분에서 유노의 입을 빌려 역설하는 것이다. 최고신 유피테르와 유노가 더 이상 운명을 지체시키지 않기로 합의했으니, 이제 아이네이아스와 투르누스가 마지막으로 신들의 뜻을 완수하기 위해 각자의 역할을 해야 한다. 운명, 신들의 뜻, 전조, 신탁, 이들은 다양한 이름을 가지나 결국은 동일한 것이다. 인간의 운명은 신들에게서 나오고, 신들은 운명을 나타내는 전조들을 보여 주며 또 자신들의 뜻을 신탁을 통해 알려 준다. 운명과 신탁을 비웃었던 운명을 믿고 수많은 시련을 견뎌 낸 후 신적 무기를 갖춘 아이네이아스를 투르누스가 어찌 이기겠는가?

서사시 8권에서 베누스 여신은 투르누스와의 결전을 앞둔 아들을 위해 훌륭한 무구들을 만들어 달라고 대장장이 신 불카누스(그리스의 헤파이스토스)에게 부탁했다. 베누스 여신의 부탁을 받은 대장장이 신은 깃털 장식이 달리고 불을 내뿜는 무시무시한 투구와 죽음을 안겨 주는 칼과 핏빛 청동으로 만든 단단하고 거대한 흉갑, 은과 금으로 만든 정강이 보호대, 그리고 창과 방패를 만들어 주었다. 그중 가장 경탄을 금치 못하는 것은 방패였다. 불의 주인은 거기에 미래의 이탈리아의 역사적 사건들과, 아스카니우스에게서 비롯될 가문의 모든 씨족들과 그들이 치르게 될 전쟁들도 촘촘히 새겨 넣었다. 그는 또 마르스의 초록 동굴 안에서 어미 늑대의 젖을 빨고 있는 쌍둥이 형제들의 모습을 새겨 넣었다. 그 옆에는 원형 경기장 안에서 경기가 개최되던 도중에 사비니인들의 딸들이 납치되는 장면을 덧붙였다. 춤추는 살리이들(salii)과 벌거벗은 루페르키들, 누마 왕 치세 때 하늘에서 떨어진 방패 안킬레(ancile)도 새겨 넣었다.[109] 뱃고물에 우뚝 서서 이탈리아인들을 싸움터로 인도하는 아우구스투스 카이사르(옥타비아누스)와 그의 친구이자 후원자인 아그리파가 의기양양하게 대열을 이끄는 장면, 달마티아(오늘날의 크로아티아해협 지역)에 대한 승리(기원전 34~33년), 악티움 해전에서의 승리(기원전 31년), 알렉산드리아에서의 승리(기원전 30년)에 대한 3중의 개선식을 올리는 카이사르와 패배한 부족들의 긴 행렬도 방패에 새겨 넣었다.[110]

　베르길리우스가 묘사하는 아이네이아스의 방패는 호메로스가 『일리아드』에서 언급한 '아킬레우스의 방패'에서 차용했음이 분명하나 방패에 새겨진 장면은 판이하다. 아가멤논에게 분노한 아킬레우스가 전쟁에서 손을 떼겠다고 선언을 하고는 자신의 막사에서 침거한다. 그가 부하들과 함께 전쟁에서 손을 떼자, 그리스 진영에는 재앙이 몰려들었다. 트로이 성 앞에서 벌어진 세 번의 전투에서 그리스군은 참담한 패배를 맛보게 된 것이다. 공격자였던 그리스인들은 어느새 수세로 돌아섰고, 10년 동안 성안에 갇혀 그리스의 공격을 막기에만 급급했던 트로이인들은 성 밖으로 나와 진을 치기 시작했다. 그리스군은 프리아모스의 아들들 가운데 가장 용맹스러운 전사 헥토르의 공격을 당해 낼 재간이 없었다. 트로이의 병사들은 바다에 정박한 그리스 함대에 불을 지르고, 무기를 바다로 던져 버리기에 이르렀다. 아킬레우스의 반쪽과도 같은 친구이자 부하였던 파트로클로스가 보다 못해 자신을 전투에 내보내 달라고 청했다. 불길을 보고 마음이 약해진 아킬레우스는 파트로클로스에게 자신의 창과 방패를 주고 자기 갑옷을 손수 입혀 주면서 군대 앞에 서도록 했다. 파트로클로스가 이끄는 군대는 곧 헥토르와 맞닥뜨렸으나 아폴론이 개입한 탓에 파트로클로스는 헥토르와의 일대일 전투에서 무참히 죽고 말았다. 헥토르는 파트로클로스가 지니고 있던 아킬레우스의 무구들을 가져갔다. 가장 절친한 친구의 죽음을 접한 아킬레우스의 슬픔은 극에 달했고, 둘도 없는 친구 파트로클로스를 죽인 헥토르에 대한 복수심에 불타올랐다. 그는 전장에 복귀하기로 결심했다. 아무리 탁월한 전사라 할지라도 맨몸으로 전장에 나설 수는 없는 법이다. 테티스 여신은 헥토르와의 결전을 앞둔 아들을 위해 헤파이스토스에게 방패와 투구, 복사뼈 덮개가 달린 아름다운 정강이 보호대와 가슴받이를 만들어 달라고 부탁했다. 헤파이스토스는 불멸의 청동과 주석과 값진 황금과 은을 불 속에 집어넣어 먼저 크고 튼튼한 방패를 만들었는데, 사방에다 교묘한 장식을 새겨 넣고 가장자리에는 번쩍번쩍 빛나는 세 겹의 테를 두르고, 은으로 된 멜빵을 달았다. 방패 자체는 다섯 겹이었는데, 대장장이 신은 그 안에다 훌륭한 솜씨로 여러 가지 교묘한 형상들을 만들었다. 그는 대지와 하늘과 바다와 해와 달, 그리고 하늘을 장식하고 있는 온갖 별들을 새겨 넣었다. 또 필멸하는 인간들의 도시 두 개에다 재판, 전쟁, 곡물과 포도 농사로 분주한 농부들, 사냥, 혼례식, 축제 장면 등 인간사의 모든 활동들을 새겨 넣었다. 방패

의 맨 가장자리 부분은 해, 달, 별들이 목욕하러 들어가는 장엄한 대양 오케아노스를 새겨 넣었다.[111]

신이 만들어 준 무구를 들고 아이네이아스가 투르누스와 대적했을 때, 그가 던진 치명적인 투창이 적장의 넓적다리 한가운데를 관통했다. 무릎을 꺾으며 땅에 쓰러진 투르누스는 자신의 만용이 죽음을 불러왔음을 깨닫는다. 격분한 아이네이아스의 도전에 패배를 직감해서가 아니다. 투르누스는 '유피테르의 적의'에 두려움을 느껴 아이네이아스의 운명을 인정하지 않을 수가 없었다. "이것은 나의 자업자득이니, 그대에게 관용을 빌지는 않겠소. 그대의 행운을 이용하도록 하시오."라고 말하며 그는 아이네이아스에게 라비니아를 양보할 테니 이제는 자신을 증오하지 말아 달라고 부탁했다.

"그대가 이겼소. 그리고 내가 패배하고 손 내미는 것을 아우소니아인들이 보았소. 라비니아는 그대의 아내요. 그대는 더 이상 증오하지 마시오!"

투르누스가 팔라스를 죽이고 취한 전리품 칼 띠가 아니었다면, 아이네이아스는 투르누스에 대한 증오심을 거두고 그토록 용감한 적장을 가족에게 돌려보내 주었을지도 모른다. 그러나 그는 쓰러진 투르누스의 어깨 위에서 자기 동족 팔라스의 빛나는 무구를 보고 말았다. 소속된 가문이 생명의 안전을 보장하는 울타리였기에 로마인들은 동족을 죽인 원수에 대해서는 반드시 복수하고야 만다. 피의 복수의 여신이 장구한 세월 동안 강한 힘을 발휘하게 했던 그리스인과 로마인들의 옛 관행이다.

투르누스는 죽기 전에 마지막으로 적에게 측은지심을 불러일으키는 두 가지를 부탁했다. 하나는 자신의 무사 귀환을 기다리는 가족들을 위해서, 다른 하나는 이제 곧 저승으로 갈 자신을 위한 배려를 호소했다. 그는 자신의 늙은 아버지 다우누스를 불쌍히 여겨 목숨은 빼앗더라도 시신을 가족들에게 돌려주기를 간청했다. 이 장면은 헥토르의 시체를 되돌려 받기 위해 밤중에 아킬레우스를 찾아가 탄원하는 프리아모스 왕을 상기시킨다. 아킬레우스는 헥토르를 죽이고서도 분이 풀리지 않아 그 시신을 전차에 매달아 끌고 다닌 후 먼지 속에 나뒹굴도록 내버려 두었다. 신의 전령이 늙은 프리아모스 왕에게 감정에 지배 받는 젊은 무사 아킬레우스의 마음을 움직이는 법을 알려 주었다. 아들의 시신을 되돌려 받기 위해 왕은 아킬레우스를 찾아가 무릎을 꿇고 죽은 아들의 피 냄새가 나는 아킬레우스의 손에 키스를 했다. 프리아모스는 자식의 귀환을 기다리는 아킬레우스의 아버지, 자신과 동년배이며 슬픈 노령의 문턱에 있는 펠레우스를 상기시키며 헥토르의 장례라도 치르게 아들의 시체를 돌려 달라고 간청했다. 아킬레우스는 고향에 있는 노령의 아버지를 떠올리고는 늙은 프리아모스를 일으켜 세우고, 둘은 하염없이 눈물을 흘린다. 젊은이는 늙은 아버지와 죽은 친구를 위해서 울고, 늙은이는 죽은 아들을 위해 울었다. 슬픔으로 가득 찬 아킬레우스는 헥토르의 시신을 아버지에게 돌려보내기로 마음먹었다.[112] 그러나 이방의 땅에 터전을 잡으려는 아이네이아스에게는 적에 대한 동정보다는 동족 살해에 대한 복수가 우선이다.

　운명을 인정하며 증오를 거두어 달라고 간청하는 투르누스의 말에 잠시 마음의 동요를 느꼈던 아이네이아스의 마음에 분노의 불길이 타올랐다. 격노한 아이네이아스는 팔라스의 살해자인 투르누스를 가슴 깊숙이 칼로 찔러 피의 복수를 하고야 만다. 베르길리우스는 혈족 살해에 대한 아이네이아스의 복수심을 강조하면서 마지막 간청을 거부당한 투르누스의 원혼이 지하로 내려가는 것으로 서사시의 마지막을 장식한다.

"지금 그대는 내 전우에게서 벗긴 이 전리품을 두르고서 여기에서 벗어나기를 바라는 것인가? 지금 이 가격은 팔라스가 그대를 죽이는 것이며, 팔라스가 살해자인 그대에게 피의 복수를 하는 것이다. 격노한 그는 적의 가슴 깊숙이 칼을 찔렀다. 그러자 투르누스의 사지가 싸늘하게 풀리며 그의 목숨이 신음 소리와 함께 불만에 가득 차 지하의 그림자들에게로 내려갔다."

베르길리우스가 아이네이아스의 방패에 로마 민족의 고난과 영광의 역사를 담았다면, 호메로스는 아킬레우스의 방패에 우주와 인간 삶의 총체적 모습을 담았다. 아킬레우스는 친구 파트로클로스의 죽음에 분노해 적장을 죽였고, 운명에 따라 이방의 땅에서 나라를 세우려 했던 아이네이아스는 혈족의 죽음에 분노해 적장에게 피의 복수를 했다. 호메로스가 『일리아드』의 마지막을 아카이아인 아킬레우스가 죽인 헥토르의 장례식으로 마무리 지었다면, 『아이네이스』는 트로이인 아이네이아스가 죽인 투르누스의 죽음으로 막을 내린다. 공동체에 대한 헌신보다는 개인의 명예를 더 소중히 여기는 그리스인, 개인보다는 가문을 중시하며 국가에 대한 헌신을 최고의 덕목으로 간주했던 로마인들. 『일리아드』와 『아이네이스』는 곳곳에서 이런 차이점을 드러내며 전쟁의 종결을 암묵적으로 표현했다.

투르누스가 죽자 적대적인 두 세력은 마침내 혼인을 통해 평화 협정을 체결한 후 하나가 되고, 아이네이아스는 라티누스 왕의 딸 라비니아와 결혼하여 아내의 이름을 딴 새 도시 라비니움을 건설한다. 라티니족의 왕이 죽은 후 아이네이아스는 그 뒤를 이어 트로이인들과 아우소니아 지역을 포함한 그 주변의 여러 부족들이 결합된 라틴인들의 왕이 된다. 라틴인의 로마가 이탈리아를 대표하는 국가가 되었을 때, 시인들은 아우소니아를 더 이상 이탈리아 서남 해안 지역을 가리키는 용어가 아니라 이탈리아 전역을 지칭하는 용어로 확대 사용한다.

여인(결여된 제3기능의 측면)을 얻기 위한 불가피한 전쟁, 이 전쟁에서의 승리를 위해 두 적대 집단이 각자 동맹군을 규합하여 길고도 힘든 전쟁이 이어지고, 전쟁 후 대 화합이라는 상황들의 전개는 그의 먼 후손 로물루스가 로마를 건국하는 과정에서 겪는 과정과 흡사하다. 이는 아이네이아스의 라비니움 건설에 관한 이야기와 로물루스의 로마 건설 전설에 동일한 3기능 이데올로기가 작용했음을 시사한다. 뒤메질은 『아이네이스』 6~12권의 내용을 천착하면서 그 시대의 사람들이 로마 왕정 건설에 기여한 세 주요 인물 로물루스, 루큐모, 티투스 타티우스가 표상하는 기능적인 의미뿐 아니라 아이네이아스, 라티누스, 타르콘이 대변하는 기능적 의미에 대해 분명한 의식을 가지고 있었음을 보여 준다. 결국 로마의 기원을 이야기하는 문헌들은, 그것이 역사의 형태를 취하건 전설이나 문학의 형태를 취하건, 모두 위대한 로마의 이데올로기를 전달하는 '인간에 대한 신화'인 셈이다.

"로마는 하루아침에 이루어지지 않았다."라고 후대인들은 거듭 말한다. 로마의 연대기 작가들, 철학자들, 시인들이 로마의 초기 역사를 그렇게 보이도록 세밀하게 공들여 묘사했기 때문이다. 하루아침에 이루어진 국가나 왕조가 어디 있으랴마는, 후대인들은 마치 주문에 걸리기라도 한 듯 로마의 고대 지식인들이 구축한 이데올로기를 반복하며 로마의 영광에 현혹된다.

동아시아인들에게 삼재(三才) 개념은 오래전부터 우주의 구성 요소를 천지인(天地人) 셋으로 구별하여 인식했던 사유의 기본 도식이다. 또 음양, 오행이라는 2분법과 5분법은 우주, 사회, 인간의 상호 관계 및 작용 원리를 설명했던 전통적 인식의 틀이었다. 이 개념들은 오늘날에도 한의학, 친환경 농업, 역술, 풍수지리 같은 몇몇 분야에서는 여전히 그 골격을 이루는 구성 요소들의 관계와 작용 원리를 설명하는 지배적인 인식 틀로 작용하고 있다. 하지만 이것들은 이제는 의식의 차원에서 우리의 사유를 지배하는 도식이 아니라 집단 심성의 저변에 가라앉아 있다가 문학이나 예술을 통해 무의식적으로 의도치 않게 불쑥불쑥 튀어나온다.

뒤메질은 3기능 이데올로기를 인도-유럽어족의 조상들이 공유했던 사유의 틀 중의 하나로 간주했다. 인도-유럽어족의 옛 신화들과 종교 및 신학 체계, 사회 조직들에서 볼 수 있는 이 3기능 모델은 현대 사회에서는 몇몇 문학적 단편들을 제외하고는 더 이상 발견되지 않기에 3기능 이데올로기가 어떻게 의식의 구조로 존속하는지 알 수 없다. 물론 이 이데올로기는 동아시아인들의 음양, 오행 개념처럼 더 이상 의식적이고 지배적인 인식의 틀로 작용하지는 않지만 현대 사회에서도 생명력을 가지고 굳건히 존속한다.

존 F. 케네디는 로버트 프로스트를 추모하는 연설에서 이렇게 말했다. "군사 권력에 대한 도덕적 억제력을, 부가 지혜를, 그리고 권력이 국가의 목적 의식을 동반하는 미래를 나는 기대합니다. 비단 힘뿐만이 아니라 그 문명 때문에 전 세계로부터 존경받는 미국을 기대합니다." 도덕적 억제력이 결여된 군사력, 국가의 목적 의식을 망각한 정부, 불의하게 축적되거나 지혜롭지 못하게 사용되어 순환되지 못하는 부. 뒤메질의 기능 이데올로기로 표현하면, 이것들은 오용되거나 남용된 세 기능이다. 하지만 미국인들은 자신들이 존경하는 전직 대통령의 연설을 마음에 새겨 실행으로 옮기지 못했던 것일까? 2001년 9월 11일 뉴욕의 세계무역센터 건물이 폭파되어 무너져 내리는 장면을 전 세계인들이 TV로 목도했다. 이 테러를 주도한 것으로 알려진 알카에다의 애초 목표물에는 세계무역센터 쌍둥이 빌딩 외에 미 국방부의 펜타곤과 백악관도 포함되어 있었다. 만일 알카에다의 계획이 처음 기획했던 대로 성공했다면, 9·11 테러 사건은 미국이라는 거대 국가의 몰락을 보여 주고자 했던 상징적 사건이었을 것이다. 이들 건물은 각기 한 국가의 지속과 안녕에 필수불가결한 부와 군사력, 그리고 통치력이 유기적으로 작동하는 기능적 구조물을 대표하기 때문이다.

조앤 롤링은 『해리 포터』에서 각 기능에 고유한 특성을 거론한다. 마법 학교에 입성한 학생들은 마법의 분류 모자를 쓰고 자신의 자질에 따라 반을 배정받는다. 용기와 대담성 그리고 기사도 정신을 갖춘 용감한 사람들이 모이는 그리핀도르, 현명하고 사려 깊은 지혜와 지식이 있는 사람들이 모이는 레번클로, 의롭고 성실하고 진실하며 인내로써 노고를 마다하지 않는 사람들이 모이는 후플푸프, 목적 달성을 위해 수단과 방법을 가리지 않는 재간꾼들이 모이는 슬리데린이 그것들이다. 이들은 각기 순서대로 제2기능, 제1기능, 그리고 마지막 두 반은 각자 농부와 상인의 특성을 상기시키므로 제3기능을 대변하는 집단이다. 이는 21세기 대중문화의 분석에서 뒤메질의 3기능 이데올로기라는 분석 틀이 여전히 유효하게 적용될 수 있음을 시사한다.

복잡하게 분화된 사회를 3기능 이데올로기라는 지나치게 단순화된 분석 틀로 통찰한다는 비판을 받을 수 있으나, 이처럼 기능적 고찰은 상이한 문화 현상의 비교를 가능하게 하고 시공의 간극을 없애 준다. 이것이 상이함을 배제하기는커녕 오히려 차이점에 대해 성찰하게 하는 실마리가 될 수도 있다. 예컨대 제2기능의 경우, 고대에는 신체적, 물리적 힘이 중요시되었다면 현대에는 고성능 무기가 그 자리를 차지한다. 그래서 제2기능의 오용은 종종 초강대국의 무기 수출과 관련된 방산 비리의 형태로 나타난다. 또 고대 신화에서 주로 여성이 제3기능의 구현자로 표상되곤 했다면, 오늘날에는 현대 신화라 할 수 있는 영화나 드라마에서 대개 금융계와 대기업, 고층 빌딩 같은 것이 제3기능의 표상물로 등장하곤 한다. "권력이 시장으로 넘어갔다."라는 언설은 전근대 사회의 제1기능, 제2기능, 제3기능으로 하강하는 위계적 지배질서가 아닌 제3기능의 비대화와 제1기능의 약화라는 현대 사회, 금권의 강력한 지배라는 현대 사회의 특징을 말해 준다.

플라톤은 인간의 혼은 추리적 부분, 격정적 부분, 욕구적 부분의 세 부분으로 구성된다고 보았다. 추리적 부분은 숙려, 분별, 지혜를 지닌 부분으로, 혼 전체를 위하여 숙고를 하며 지배하는 것이 어울리는 부분이며, 격정적(또는 氣概的) 부분은 추리적 부분을 보조하여 추리적 부분이 숙고하여 결정한 바를 그 지시에 좇아 용기 있게 실행하는 것이 어울리는 부분이며, 욕구적 부분은 추리적 부분과 기개적 부분의 조종에 복종하는 것이 어울리는 부분이라고 설명한다. 플라톤은 추리적 부분이 우세한 사람은 수호자 내지 통치자로 적합하고, 격정적 성향이 우세한 사람은 무사로 적합하며, 욕구적 부분이 우세한 사람은 농·공·상인으로 적합하다고 말했다.[1] 그러나 오늘날에는 창의적이고 통합적인 지혜, 그리고 용기는 통치자들뿐 아니라 부를 창출하는 기업인들과 노동자들에게 더욱더 요구되는 자질이다. 물리적 노동력이 재화나 용역을 생산하는 시대는 이미 지나갔다. 디지털 시대인 21세기는 지적 창조력이 더 중요하고 생산에 크게 영향을 미치므로 특히 경제 영역에서 모험심과 용기, 그리고 창의력이 필요하다.

뒤메질은 1925년부터 터키 이스탄불에 6년간 체류했다. 그 기간 동안 만난 코카서스인들과의 교류 덕분에 신화는 죽어 있는 고대의 화석이 아니라 현재에도 생생히 살아 작용하는 고대 유물임을 깨닫게 되었다고 그는 말한다. 새로운 언어를 접하면 늘 그랬듯이, 그는 다양한 코카서스어를 배우면서 그들이 남긴 신화들을 분석했다. 뒤메질의 비교신화학에서 이란 지역과 그 주변에 거주했던 스키타이족과 그 후손의 일부인 오세트족을 비롯해 코카서스인의 신화는 방법론의 면에서나 개별 신화 연구의 면에서나 무시하지 못할 비중을 차지한다. 그러나 이 책에서는 이들의 신화와 문명에 대한 필자의 무지와 지면의 제한으로 인해 그 연구들을 다룰 수가 없었다. 가장 아쉬운 점은 고대 이란의 신화를 다루지 못한 것이다. 고대 이란의 신학에서는 종말론적 신화와 하오마(haoma) 제사에서 불리는 33명의 라투 신들(Ratus)이 확인된다. 3기능 이데올로기 외에도 뒤메질이 인도-유럽족의 공통 유산으로 간주하는 것들이다.

구체적 사례들의 연구에서도 마찬가지이다. 이 책에는 그가 분석한 개별 사례들에 대한 비판적 성찰이 결여되어 있다. 필자는 물론 대다수의 다른 신화학자들에게도 이 일은 감당하기 어려운 과업이다. 인도-유럽제족의 신화라는 그의 연구 대상이 워낙 방대한 탓에 제한된 지역의 언어학적, 문헌학적 지식만으로는 뒤메질의 연구 전반에 대한 비판적 성찰 작업을 하기가 쉽지 않다. 하지만 그의 분석 도구 자체에 대해서는 구체적으로 문제점이 지적되기도 했으므로, 이 내용은 앞에서 간단히 언급했다. 뒤메질이 자신의 연구 중에 직접 거론하는 선행 연구가 있을 경우, 지역-주제별 연구에서 그 내용을 소개했다.

고대 신화에 대한 이해는 단지 고대 문명과 정신에 대한 이해로만 머물지 않는다. 오늘날의 문화 창조자들에게 신화가 창조적 상상력의 원천이 되고 있다면, 위대한 신화학자들의 연구 결과물은 시공을 넘어서서 인간과 사회에 대한 깊은 통찰력을 제공한다. 오늘날 '신화 열풍'이라는 전 지구적 문화 유행 탓에 여러 분야의 전문가나 학자들은 물론 일반 대중들도 세계 신화의 스토리를 아는 정도로 만족하지 못하고 신화학자들의 연구서에 눈길을 돌리며 다양한 신화들을 보다 깊이 이해하려 한다. 하지만 내용의 깊이와 문화적 다양성의 면에서 볼 때 국내의 신화서 출판 경향은 이런 욕구를 충족시켜 주기에는 아직 부족하다. 세계 여러 종교들의 경전 속에서 발견되는 신들의 이야기, 『일리아드』,

『마하바라타』, 『에다』, 『아이네이스』, 『길가메시 서사시』 등은 오늘날에도 끊임없이 재해석되며 새로운 문화를 창출하는 인류의 위대한 고전으로 간주된다. 그럼에도 이들에 대한 이해는커녕 접근조차 쉽지 않다. 등장인물들의 낯선 이름들, 고대 종교들과 그 종교가 태동하여 개화한 역사적 배경에 대한 지식의 부족이 이를 가로막기 때문일 것이다.

인도-유럽어족의 다양한 역사·문화적 컨텍스트를 고려하면서 비교 연구를 행한 뒤메질의 작업들은 신화에 보다 쉽게 접근할 길을 열어 주는 길잡이 역할을 할 뿐 아니라 이미 알고 있는 신화들을 보다 깊이 이해하도록 해 줄 것이다. 그렇기 때문에 비록 뒤메질의 연구 전반에 대한 비판적 성찰이 결여되어 있음에도, 이 책은 문화계와 인문학계뿐 아니라 일반 대중들에게도 인간 정신의 깊이와 다양성을 이해하는 데 도움이 되리라 예상한다.

주(註)

프롤로그

1 이 명칭은 『아베스타』에서 페르시아인들이 자신들을 'airya(고귀한 사람)'로, 또 베다
　에서 인도인들이 자신들을 'arya'라 불렀던 데서 유래한다.

2 Émile Durkheim, Les formes élémenraires de la vie religieuse(Paris: Le Livre de
　Poche, 1991), pp. 146~171. 이 내용은 졸저, 『신화, 신들의 역사 인간의 이미지』(책
　세상, 2004), 34~36쪽에서 소개한 것이다.

3 Émile Durkheim, 위의 책, p. 165.

4 위의 책, 같은 곳.

5 Georges. Dumézil, Entretien avec Didier Eribon(Paris: Gallimard, 1987), p. 42.

6 Georges. Dumézil, Mythe et épopée I(Paris: Gallimard, 1986)(1968 초판), p. 10.

7 위의 책, p. 11.

8 위의 책, p. 16.

9 위의 책, p. 12.

10 위의 책, p. 13.

11 위의 책, p. 14.

12 유피테르 숭배 의례들을 감독하는 제사장이다.

13 플라민(flamines)은 플라멘(flamen)의 복수형이다. 15명의 사제들로 구성된 주 제관
　들은 폰티프(pontiff)라고도 불렸다. 각 집단의 수장인 대제사장(pontifex maximus)

은 관련 신의 이름을 따 각각 Flamen Dialis(Jupiter), Flamen Martialis(Mars), Flamen Quirinalis(Quirinus)라 지칭되었다.

14 이탈리아 중북부 페루시아(오늘날의 움브리아주 페루자) 지역에 거주했던 고대 부족이다. 페루시아는 에트루리아 12개 도시 동맹 가운데 하나였다.

15 앞의 책, 같은 곳.

16 헤로도토스, 박광순 옮김, 『역사(상)』 제4권(범우사, 1996), 371~372쪽.

17 *Mythe et épopée I*, pp. 457~484.

18 사제의 불 파르나바그(Farnabag), 무사의 불 구시나스프(Gushnasp), 목축·경작자의 불 부르진 미르(Burzin Mihr).(베스타 S. 커티스, 임웅 옮김, 『페르시아 신화』(범우사, 2003), 37쪽)

19 Mircea Eliade, *A History of Religious Ideas: From the Stone Age to the Eleusinian Mysteries* vol. I(Chicago & London: The University of Chicago Press, 1982), 193쪽.

20 *Mythe et épopée I*, p. 15.

21 위의 책, 같은 곳.

22 오늘날에는 성(聖)을 다른 이데올로기들이 대체했다고 뒤메질은 말한다. 위의 책, p. 48.

23 위의 책, p. 67.

24 Bruce Lincoln, "Dumézil's German War God", *Theorizing Myth: Narrative, Ideology, and Scholarship*(Chicago & London: The University of Chicago Press), pp. 121~137; 브루스 링컨, 김윤성·최화선·홍윤희 옮김, 『신화 이론화하기: 서사, 이데올로기, 학문』(이학사, 2009), 207~232쪽.

25 평생을 통해 뒤메질과 친밀한 교분을 가졌던 네덜란드의 얀 데 브리(Jan de Vries, 1890~1964, 게르만 언어학자이자 신화학자)는 게르만 숭배주의자이며 나치 선전당국이 운영했던 네덜란드 문화부의 마지막 장관이었다. 또 뒤메질의 막역한 동료이자 50년 동안 그의 사고에 영향을 끼쳤던 스웨덴의 스티거 비칸더(Stig Wikander, 1908~1983, 인도-이란 언어학자이자 종교사가)가 관여한 간행물이 히틀러와 프랑코에 우호적이었고 반유대주의에 가까운 잡지였다는 점 등이다. 위의 책.

26 브루스 링컨, 앞의 책, p. 211쪽.

27 Scott Littleton, *The New Comparative Mythology: An Anthropological Assement of the Theories of Georges Dumézil*(Berkerly: University of California Press, 1966)(3d ed. 1982); 브루스 링컨, 앞의 책, 211~212쪽에서 재인용.

1부 그리스 신화

1   앙드레 보나르(André Bonard), 김희균 옮김, 『그리스인 이야기(*Civilisation Grèque*)
    1-3』, 호메로스에서 페리클레스까지』(책과함께, 2011), 29쪽.

2   Georges Dumézil, *L'oublie de l'homme et l'honneur des dieux*(Paris: Gallimard,
    1985), pp. 15~30.

3   아프로디테를 말한다.

4   전쟁의 여신.

5   우리말 번역본(천병희 옮김, 『일리아드』(도서출판 숲, 2007))에는 "아레스의 사랑을
    받는"으로 되어 있다.

6   파리스를 말한다.

7   『일리아드』, 3권, 414~417행.

8   앞에서 이미 보았듯이, 그리스 진영은 야전의 군대라 1기능과 2기능만 온전한 형태로
    나타나고 3기능에서는 쾌락의 형태와 농경의 형태는 나타나지 않고 부만이 전리품의
    형태로 환원되어 나타난다고 뒤메질이 말했다. 그런데 이제 3기능에 속하는 또 다른
    형태인 건강의 영역이 메넬라오스를 치료하기 위해 나타남을 말한다.

9   트로이가 다르다넬스해협을 통과하는 험난한 항로를 피해 육로 수송을 가능케 해 주
    는 전략적 요충지였기 때문에 아카이아인이 이곳을 차지하려고 전쟁을 일으켰다는
    주장이 있다.(빅토르 베라르) 그러나 아카이아인은 트로이에 정착하겠다는 생각은 없
    었고, 단지 대규모의 약탈을 위해 전쟁을 계획했다는 주장도 있다. 후자는 트로이 발
    굴 작업을 통해 밝혀졌다. 트로이는 아카이아인의 약탈로 잿더미가 되어 그 후 몇 세
    기 동안 폐허로 남았다. 그들은 아카이아 왕들 중에서 가장 강력했던 아가멤논의 지
    휘 아래 동지중해에서 가장 번영하고 있던 도시 가운데 하나인 트로이를 대대적으
    로 약탈한다는 엄청난 계획을 둘러싸고 뭉쳤던 것이다. Pierre Lévêque, *La Naissance
    de la Grèce*(France: Gallimard, 1986); 최경란 옮김, 『그리스 문명의 탄생』(시공사,
    1995), 38쪽.

10 디오도로스는 기원전 1세기에 지중해 최대의 섬 시칠리아에서 태어났다. 지리적 여
    건으로 인해 이 섬은 그리스, 이집트, 로마의 각축장이었다. 기원전 8세기에 시칠리
    아의 동부 지역은 그리스 식민 도시인 시라쿠사의 지배 아래 있었고, 서부 지역은 카
    르타고가 통치했다. 로마 제국 초기에 지중해의 지배권은 로마가 장악했으므로, 디오
    도로스가 태어나던 시기에 이 섬은 로마의 지배 아래 있었다. 그는 시칠리아를 벗어
    나 이집트와 유럽, 아시아를 여행한 후 로마에 정착하여 40권으로 된 『역사 총서(*La
    Bibliothèque historique*)』를 편찬했다. 이 중 1~6권은 트로이 전쟁 이전의 신화적 시
    대에 대한 내용들로 이루어져 있다. 3권까지는 이집트, 아시아, 아프리카인들에 관해
    기술하며 4~6권은 그리스 상고대에 대해 서술하고 있다.

11 Diodore, *La Bibliothèque historique*, Ⅳ, 9, 2~3.

12 헤라클레스는 키가 4완척이나 되고 두 눈에서는 불이 번쩍였으며, 활을 쏘든 창을 던지든 빛나가는 법이 없었다고 한다.(아폴로도로스, 천병희 옮김, 『원전으로 읽는 그리스 신화』(숲, 2004), 129쪽)

13 이 부분은 *Mythe et Epopée Ⅱ*, pp. 118~119의 내용 중 'Hèra, Athèna, Héracles'라는 소제목 아래의 'Naissance d'Héracles(헤라클레스의 탄생)' 부분이다. 뒤메질이 디오도로스에서 인용한 내용은 그대로 번역했기에 인용 부호를 사용했으나, 이 내용에 이어지는 뒤메질의 설명은 필자가 이해를 돕기 위해 쉽게 풀어쓰고 설명을 추가한 부분이 있어 인용 부호를 생략했다.

14 Émile Durkheim, *op. cit.*, p. 165.

15 제우스의 첫 번째 아내는 메티스(Metis, 지략의 신)이다. 다음으로 제우스는 테미스(Themis, 질서의 신), 에우리노메(Eurynome, eurys(광활한)＋nomos(목초지, 법)), 므네모시네(Mnemosyne, 아홉 뮤즈를 낳은 기억의 여신), 그리고 마지막으로 헤라와 결혼한다. 또 데메테르(Demeter, '대지')와 결합하여 페르세포네(Persephone, 황금빛 이삭의 여신)를, 레토(Leto)와 관계를 가져 아폴론과 아르테미스를 낳는다. 많은 토착 여신들과 특정 능력을 가진 여신들을 자신의 것으로 만드는 제우스의 신화들은 펠라스고이족이 살았던 땅을 그리스인들이 지배하여 자신들의 신앙 체계를 확립하는 정치적, 종교적 과정을 반영한다는 것이 그리스 신화 연구자들의 일반적인 견해다.

16 Diodore, *op. cit.*, Ⅳ, 9, 4~8.

17 헤라클레스가 태어난 지 여덟 달이 되었을 때, 헤라는 아기를 죽이려고 거대한 뱀 두 마리를 아기 침대에 가져다 놓았다. 놀란 알크메네가 남편 암피트리온을 향해 도와달라고 소리치자, 자고 있던 아기가 일어나 그 뱀들을 손으로 잡아 죽였다.

18 이 신화집의 국역본으로 『원전으로 읽는 그리스 신화』와 『(아폴로도로스) 신화집』이 있다. 고대 그리스 신화와 영웅 전설들을 개략적으로 집대성한 이 신화집은 오랫동안 기원전 2세기 알렉산드리아에서 활동하던 아테나이 출신의 대학자 아폴로도로스가 편찬한 것으로 알려져 왔다. 그러나 19세기 말부터 이 책은 아폴로도로스가 죽은 지 한두 세기 후에 점진적으로 편집된 것으로 볼 수밖에 없다는 주장이 설득력 있게 제기되었다. 그래서 오늘날에는 위작의 의미가 추가되어 『위(僞)-아폴로도로스 신화집』이라 불린다. 이에 대한 자세한 내용은 Diller Aubrey, *The Text History of the Bibliotheca of Pseudo-Apollodorus*, pp. 296~313 참조.

19 여기까지의 내용은 *Mythe et Epopée Ⅱ*, pp. 119~121에서 Ⅱ. Place d'Héraclès par rapport à la première et à la deuxième fonction, et notamment par rapport aux deux déesses qui y président(제1기능과 제2기능과 관련된, 특히 그 기능들을 주재하는 두 여신과 관련된 헤라클레스의 위치)라는 소제목 아래의 내용들을 번역, 정리한 것이다.

20 이 내용은 『마하바라타』에서 유디스티라가 라자수야 의식을 거행하는 과정을 이야기하는 마디 속에 포함되어 있다.

21 헤라클레스의 과오들에 관한 내용은 주로 *Heure et Malheur du Guerrier*의 2부, "Les Trois Péchés du Guerrier"(무사의 세 가지 죄)의 "IV. Les trois péchés de Śiśupāla, de Starcatherus, d'Héraclès"(pp. 97~105)에서 발췌한 것이다. 여기에서 뒤메질은 세 영웅, 인도의 시슈팔라, 스칸디나비아의 스타르카테루스, 그리스의 헤라클레스의 기능적 죄를 비교하는데, 그중 헤라클레스의 세 가지 죄에 관한 부분(pp. 99~105)을 정리한 것이다. 뒤메질의 분석에 대한 이해를 돕기 위해 필자가 관련 신화들을 요약하여 추가하기도 했다.

22 Diodore, *op. cit.*, IV, 10, 6과 11, 1.

23 *Ibid*, IV, 31, 1~4.

24 Sophocles, *Trachiniae*, str. 269~280.

25 Diodore, *op. cit.*, IV, 37, 4~38.

26 여인들의 납치나 불륜은 생산력, 혹은 생명의 침해나 왜곡이므로 뒤메질은 이를 제3기능의 영역에 대한 침해나 왜곡으로 설명한다.

27 헤라클레스의 전설에서만 "영웅의 세 가지 죄"라는 테마가 발견되는 것은 아니다. 『무사의 길흉화복』에서 뒤메질은 인도-유럽제족의 여러 신화와 영웅의 전설들을 비교 분석해 다음의 결론에 이른다. 강한 인간에 관한 무수한 전설들을 만들어 내는 데 사용되었던 일반적인 틀은 "영웅의 세 가지 죄"로, 이는 인도-유럽어족의 세 기능 중의 한 기능 원리에 대해 범해졌던 것이다.

28 조르주 뒤메질, 『인간의 망각과 신들의 명예(*L'oublie de l'homme et l'honneur des dieux*)』, 71쪽.

29 축복, 은총을 뜻하는 grace는 그리스어 카리테스(Charites, Charis의 복수형)의 라틴어 표기인 gratiae에서 유래했다. 고대 그리스의 시인들은 카리스(Charis)를 불의 장인 헤파이스토스의 아내로 묘사한다.(호메로스, 『일리아드』, 18권, 382~383행)

30 '세 종류의 불'과 '헤라클레스의 유산 증여'의 내용들은 주로 『인간의 망각과 신들의 명예』, 71~79쪽에서 발췌하여 정리한 것이다. "Trifunctionalia"(51~60) 중 "56. Mort et Testamment d'Héraclès"pp. 71~79)의 내용들이다.

31 『위-아폴로도로스 신화집』에 따르면 헤라클레스를 불태울 장작불에 불을 지핀 이는 필록테테스가 아니라 그의 아버지 포이아스이다. 고대 그리스 신화와 영웅 전설들의 보고라 할 수 있는 이 신화집은 고대 그리스의 역사가이자 문법학자인 아테네의 아폴로도로스(기원전 180~기원전 120)가 편찬한 것으로 알려져 왔다. 그러나 그리스 문헌학자들 사이에서 그 이름이 잘못 차용되었다는 주장이 설득력을 얻게 되면서 오늘날에는 위-아폴로도로스로 표기되는 경향이 있다. 이 신화집의 국역본으로는 『아폴로도로스 신화집』과 『원전으로 읽는 그리스 신화』가 있다.

32 *Ibid.*, 727~729.

33 Sophocles, *Philoctetes*, str. 798~801.

34 *Ibid.*, str. 1418~1427.

35 Diodore, *op. cit.*, IV, str. 38, 3~5.

36 *ibid.*, str. 39, 1.

37 뒤메질은 수사학자이자 풍자 시인인 루키아노스(Lucianos)를 인용하지만, 참조 판본을 명기하지 않았다. 기원전 146년 코린토스 전투에서 로마가 승리한 후 그리스의 도시들은 로마의 지배 아래 놓인다. 루키아노스는 기원전 120년에 시리아 사모사타에서 출생해 기원전 180년 이후 아테네, 혹은 이집트에서 사망한 것으로 알려져 있으므로, 그가 활동하던 때는 로마가 그리스를 지배하던 시기였다.

38 뒤메질 이후에 소리의 신으로서의 아폴론을 집중적으로 심도 있게 성찰한 작업들이 이루어졌다. Marcel Detienne, *Apollon le couteau à la main*, coll. *Bibliothèque des sciences humaines*(Paris, Gallimard, 1998); Philippe Monbrun, *Les voix d'Apollon: l'arc, la lyre et les oracles*(Rennes, Presses universitaires de Rennes, 2007).

39 리시는 베다 찬가의 작곡자이자 음송자이다. 영원불멸의 진리인 베다를 기억하고 노래하므로 흔히 현자로도 번역된다. 리시들은 고행을 통해 신들에 버금가는, 때로 신들을 능가하는 영적 능력을 지니므로 고행자나 은둔자를 가리키기도 한다. 일반적으로 일곱 리시(saptarṣi)가 많이 언급되지만, 33명의 리시가 『리그베다』의 33신들(*Rig Veda*, 7. 4. 2)의 찬가들을 창작한 것으로 설명되기도 한다. 전자는 베다 시의 7각운 및 베다 제사(yajña)에서 바쳐지는 7가지 공물과 결합되며, 후자는 천상, 대기, 지상 삼계(三界) 각 영역마다 존재하는 11명의 신들(3×11)에 대한 찬가 33개와 연관된다.(Alexandre Langlois, *Rig-Véda, ou Livre des hymnes*(Maisonneuve et Cie, 1870) (1st. ed.), *La Librairie d'Amérique et d'Orient*(Paris: Jean Maisonneuve, 1984)(2nd. ed.))

40 메소포타미아 북부에서 하투샤 남부에 위치했던 미타니 왕국은 기원전 16세기 후반에 세워져 독립 왕국으로 지속되다 기원전 1300~1332년에 히타이트 왕 수플리울리마에 의해 무너졌다. 초기 미타니 왕국의 통치자들은 인도 베다에 등장하는 고유 명사를 차용하여 이름을 지었다. "전차 전사"를 가리키는 마리야누(Maryannu)가 미타니의 지배 계급을 이루었고 비인도-유럽어족인 후르리안(Hurrian)이 그 백성이었다. 말 조련 기술서인 『키쿨리(*Kikuli*)』 텍스트에는 말, 전차, 전투 기술, 말 조련 기술 관련 언어들이 고대 인도어로 남아 있고, 그중 대부분은 인도-유럽에서 기원한 것들이다. 마리야누의 어근은 고대 인도어에서 "젊은 (전차) 전사"를 가리키는 marya 또는 "전차 전사(marut)"로 추정된다.(크리스토퍼 벡위드 지음, 이강한·류형식 옮김, 『중앙 유라시아 세계사: 프랑스에서 고구려까지』(소와당, 2014), 103~113쪽 참조)

41 히타이트 제국의 수도는 하투샤였다. 오늘날 터키 앙카라에서 동쪽으로 250km 떨

어져 있는 보아츠칼레가 바로 고대 하투샤였다. 하투샤는 1906년부터 시작된 고고학자들의 발굴 작업으로 세상에 알려졌다. 당시 이 지역의 지명은 보아츠쾨이였으나 1982년에 보아츠칼레로 바뀌었다.

42　브라만(brahmán)이 남성 명사로 사용되면 브라만 사제를, 중성일 때는 브라만 사제가 음송하는 기도를, 대문자 브라만(Brahman)은 현상계 배후의 궁극적인 실재를 가리킨다.

43　베다서를 연구하는 언어학자들과 문헌학자들은 『리그베다』 제10권의 송가들을 제1권~제9권의 송가들보다 후기의 것이라 판단한다.

44　'호메로스풍(homérique)'이라는 수식어가 붙은 까닭은 호메로스의 서사시 『일리아드』와 『오디세이아』와 동일한 육각 운율(hexamètre dactylique)의 시들로 구성되어 있기 때문이다. 고대 그리스의 여러 신들에게 바쳐진 호메로스풍의 찬가들은 기원전 7세기에서 기원후 4세기에 걸쳐 편찬된 것들이다. 이들 중 가장 오래된 것은 헤시오도스 시대의 것으로 추정되는 『데메테르 여신에게 바쳐진 찬가(Hymne homérique à Déméter)』이다.

45　고대 그리스 신화에서 넥타르와 암브로시아는 둘 다 신들의 음료로 묘사되기도 하나, 이 송가에서는 전자는 음료로, 후자는 음식으로 구분하고 있다.

46　『일리아드』 1권, 43~49행에서 아폴론 신을 섬기는 사제 크리세스는 그리스 동맹군의 총사령관 아가멤논이 자신의 딸을 차지한 것에 노하여 아폴론에게 그를 응징해 달라고 부탁한다. "포이보스 아폴론이 그의 기도를 듣고 마음속으로 노하여 활과 양쪽에 뚜껑이 달린 화살통을 메고 올림포스의 꼭대기에서 달려 내려갔다. 그가 움직일 때, 성난 그의 어깨 위에서는 화살들이 요란하게 울렸다. 그가 다가가는 모습은 마치 밤이 다가오는 것과도 같았다. 그가 함선들에서 떨어진 곳에 앉아 화살을 날려 보내자 그의 은궁(銀弓)에서 무시무시한 소음이 일었다."

47　Hymne homérique à Apollon, V, 146~150, 156~164. 이 찬가의 번역본들에는 행만 표시되어 있어 뒤메질이 밝힌 출처와 일치하지 않았다. 그가 참조한 판본을 확인할 수 없어 그의 표시를 그대로 옮긴다.

48　『일리아드』, 1권, 600행; 1권, 64행.

49　『일리아드』, 24권. 603~610행에서는 니오베의 아들과 딸의 수가 각 6명씩 12명으로 언급된다. 그러나 『위-아폴로도로스 신화집』에서는 남녀 각 7명씩 모두 14명으로 언급되며, 이들 중 아들 한 명, 딸 한 명이 피의 복수의 참화에서 살아남았다고 한다.

50　칼리마코스는 알렉산드리아(알렉산더 대왕이 이집트 북부에 세운 항구 도시)의 도서관과 프톨레미(마케도니아의 왕)의 궁정에서 일했다.

51　Callimaque, Hymne à Delos, V, 225, 260~265; G. Dumézil, Apollon sonore et autre essais, p. 29에서 재인용.

52　위의 책, p. 30.

53 한글 번역본: 헤로도토스, 『히스토리아』, 제4권, 387쪽.

54 위의 책, 388~389쪽.

55 앞에서 인용했듯이, 아폴론이 움직일 때는 성난 그의 어깨 위에서는 화살들이 요란하게 울렸다.

56 우주 만물을 수로 설명하려 했던 피타고라스주의자들에게서 유래한 음악 이론이다. 이 이론에 따르면, 조화로운 수들의 비례 관계가 우주를 지배하며 천구의 일곱 행성 사이의 거리는 음악적 비례에 따라 배치되어 있다. 플라톤을 시작으로 고대 그리스의 몇몇 철학자들, 특히 아리스토텔레스는 이 '우주의 조화' 이론을 입증하려 했다.

57 『리그베다』에서 루드라는 바람 또는 폭풍의 신이며, 사냥의 신으로 표현된다. 그 이름의 어근 'rud'는 '소리치다', '울부짖다'를 뜻하므로 루드라는 '포효하는 자'로 번역되기도 한다.

2부 스칸디나비아 신화

1 994년 노르웨이의 올라프 1세가 기독교를 승인했고, 1015년에 올라프 2세가 노르웨이를 통일한 후 기독교로 개종시켰다.

2 카를 짐록, 임한순·최윤영·김길웅 옮김, 『북유럽 신화, 에다: 게르만 민족의 신화, 영웅 전설, 생활의 지혜』(서울대 출판문화원, 2004, 2015).

3 『에다 이야기』(이민용 옮김, 을유문화사, 2013)로 번역된 이 국역본은 『운문 에다』 중 「길파기닝」만을 번역한 것이다.

4 「윙글링족의 사가」에 따르면, 인류가 거주하던 둥근 지구가 여러 갈래로 찢어져 나뉘면서 지구를 둘러싸고 있던 대양도 갈라져 나갔다. 북동쪽으로 흘러간 긴 물줄기는 흑해라 불렸고, 거기에서 또 세 갈래로 나뉘어 흘러갔다. 흑해의 동쪽 부분은 아시아라 불렸고, 서쪽 부분은 유럽이라 부르는 이도 있었고 에네아(Enea)라 부르는 이도 있었다. 흑해의 북쪽은 위대한 스웨덴 혹은 차가운 스웨덴이라 불렸다.

5 그리스 신화에서도 얼룩소가 등장한다. 예컨대 미노스 왕의 가축 떼 중에는 삼색의 암소가 한 마리 있었다.(아폴로도로스, 『신화집』, 3권, 3) 고대 메소포타미아에서 하늘 황소는 춘분을 알려 주는 별자리였다.

6 『운문 에다』에서는 라그나뢰크르(Ragnarøkkr, 신들의 황혼)로 표현된다.

7 오딘의 아들 브라기는 시인들의 신이다. 스칸디나비아에서는 시를 '브라기의 숨', 시인을 '브라기의 사람'이라 칭하기도 한다. 브라기의 아내 이둔(Idun)은 그리스 신화의 헤스페리데스의 세 자매처럼 영생의 과일인 황금 사과를 관리한다.

8 스칸디나비아 문헌들에 따르면 덴마크의 많은 전설적 왕들이 프로디(고대 노르웨이어 프로드(Fróðr)라는 이름으로 등장한다. 스노리는 프로디를 스콜드의 아들로 소개하

며, 아우구스투스 황제와 동시대인으로 설명한다. 프로디의 위업은 프레이르 신의 특성들과 관련되므로 이 이름은 프레이르 신에서 유래했을 가능성이 크다는 것이 통설이다.

9 신화학 초창기에 신화의 기원을 설명하는 여러 이론들이 있었는데, 유헤메루스(Euhemers 혹은 Evemerus)의 이름을 딴 유헤메리즘(Euhemerism)도 그중 하나이다. 기원전 4세기의 그리스 신화 작가인 유헤메루스는 신들이란 뛰어난 영웅이나 조상들이 사후에 신격화된 존재들이라 주장했다.

10 이외에도 스노리는 자신의 선조로 여기는 유명한 북유럽 음유 시인이자 농부, 전사인 에길(Ægil)의 삶을 다룬 『에길 사가』 등을 집필했다.

11 Georges Dumézil, *Du mythe au roman, La saga de Hadingus et autres essais*(Paris: PUF, 1987), chap. II "Hadingus et Le Dieu Vane Njörðr", pp. 29~46.

12 예언녀 혹은 무녀를 뵐바(Völva)나 발라(walla)라 불렀으므로 「뵐루스파(뵐바의 노래)」는 예언녀의 노래이다.

13 독일 문헌학자 카를 뮐렌호프(1818~1884)는 1841년 베를린에서 소포클레스 연구로 박사 학위를 취득했다. 그 후 킬(Kiel) 대학교에서 게르만어와 게르만 문학 및 신화를 가르치다 베를린으로 돌아와 게르만 문헌학 교수로 재직했다.

14 고대 스칸디나비아 시에서는 켄닝아르(kenningar, 단수는 kenning)라 부르는 다양한 우회 어법들이 사용되었다.

15 흐롤프 크라키가 퓌리스벨리르에서 스웨덴 왕의 부하들의 주의를 따돌리기 위해 금을 뿌렸다는 전설에서 유래했다.

16 시구르드의 전설에서 파프니르가 큰 뱀(또는 용)으로 변해 동굴 속에 황금을 숨기고 그 위에 앉아 지키고 있다.

17 프레이야가 머나먼 여행을 떠난 남편 오드르를 찾지 못해 흘리는 눈물이 황금이고, 그 눈물이 떨어진 나무는 호박이 되었다고 해서 '프레이야의 눈물'은 황금이나 호박을 가리킨다.

18 토르의 아내 시프는 금발 미인이었다. 어느 날 로키가 모기로 변신해 시프의 방에 숨어 들어가 아름다운 금발을 전부 잘라 버렸다. 이에 화가 난 토르가 광분하여 묠니르로 로키를 위협하자, 로키는 드베르그 드발린을 시켜 금실로 진짜 머리칼처럼 자라는 가발을 만들어 주었다.

19 아스와 반 두 신족 집단의 전쟁은 일반적으로 *Æsir-Vanir War*로 표기되므로 이 두 신족 사이의 전쟁은 문헌에 따른 상이한 표기와 무관하게 에시르-바니르 전쟁으로 표현하겠다.

20 그리스 신화에서 신을 능멸하거나 신의 영역에 도전했던 오만한 인간을 응징하는 복수의 여신이다. 또 다른 복수의 여신 에리니에스(Erinyes)는 혈족을 모멸하는 죄를 지은 자를 복수하는 '피의 복수'의 여신이다. 신 앞에서의 오만함(hubris)과 살인이나 강

간, 특히 근친 살해나 근친상간 등의 사회적 죄악은 고대 그리스 비극의 주요 테마였다. 비극 작가들이 활동하던 시기에는 네메시스와 에리니에스는 뚜렷이 구별되지 않았다.

21 오드르(Óðr, 격정적인 자)에 대해서는 스노리가 알려 주는 정보, "그는 긴 여정의 길을 떠났다."라는 것 외에는 알려진 바가 없다. 스노리는 오딘의 기나긴 여정을 이야기하고 있으므로 오드르는 오딘의 별명으로 간주된다.

22 20명으로 구성된 페키알, 즉 조약관들은 이웃 공동체 간에 체결된 조약을 보존하는 보관소 역할을 했으며, 조약 위반에 대해 권위 있는 판단을 내리며 필요에 따라 선전 포고나 강화를 시도할 수 있었다.

23 *Folklore Follows Communications*, LI.

24 *Folklore Follows Communications*, LI과 LVII.

25 국역본에서는 35절로 표시되어 있다.

26 「Ynglinga Saga」, X.

27 『운문 에다』, 「뵐루스파」, 8절.

28 아이슬란드의 여러 사가 중 하나이다. 뒤메질은 이 사가의 저자를 스노리로 표기했으나, 이 사가의 저자는 불분명하므로 이 스노리가 스노리 스투를루손인지는 알 수 없다. 아이슬란드에는 먼저 노르웨이계 바이킹이 들어갔으나 훗날 덴마크계 바이킹(데인인)이 그 섬을 점령했다.

29 *Mythes et dieux des Germains*, p. 27; *Mitra-Varuna*(1940), pp. 32 et suiv; *Jupiter, Mars, Quirinus*, I, pp. 80 et suiv.

30 우랄어족에 속하는 한 어파로 핀란드어, 헝가리어, 에스토니아어 등이 이에 속한다.

31 시베리아 동부 지역, 몽골, 만주 등의 퉁구스족이 사용하는 언어군이다.

32 고대 켈트족, 갈리아족 사이에서 종교, 교육, 사법 기능을 담당했던 집단이다.

33 슬라브족의 코미타투스(commitatus)에 해당된다. 중앙 유라시아의 문화 복합체의 초기 형식에서 가장 핵심적인 요소는 정치적 종교적 리더인 영웅적 군주와 그의 코미타투스이다. 코미타투스는 목숨 걸고 주군을 지키기로 맹세한 주군의 친구들인 전사 친위 부대이다. 코미타투스의 존재는 중앙 유라시아 전역에서 매장지의 발굴물이나 문헌을 통해 확인된다. 이른 시기의 인도 문헌 『리그베다』에서 바람의 신 마루트(marut)는 인드라의 코미타투스이다. 코미타투스 구성원들의 주군에 대한 맹세는 고대 스키타이족의 자료에서, 또 중세의 『몽골 비사』에서도 확인된다.(크리스토퍼 벡위드 지음, 이강한·류형식 옮김, 『중앙 유라시아 세계사 프랑스에서 고구려까지』(2014, 소와당), 「프롤로그—영웅과 그의 친구들」, 45~89쪽 참조)

34 조로아스터교(혹은 배화교)를 일컫는다. 선악이 엄격히 구별되는 윤리적 이원론의 세계관을 가진 이 종교는 선신 아후라 마즈다(Ahura Mazda)가 창조신으로 등장하므로 마즈다교(Mazdaism)라고도 불린다. 종말의 때에 아후라 마즈다는 악한 영 앙그라 마

이뉴(Angra Mainyu)와 싸워 승리하고, 파멸된 세계는 새롭게 재탄생한다.

35 1073~1076년에 브레멘의 아담(Adam of Bremen, 1043?~1081년?)이 쓴 이 사적은 함부르크-브레멘의 기독교화 과정과 그 주교들에 관한 이야기가 주 내용을 이룬다. 788년 빌레하도가 처음으로 주교좌를 설치했을 때부터 작가인 아담과 동시대인이었던 아달베르트 주교공 때까지를 다루고 있다. 이 기간은 바이킹 시대 전체(8세기 말~11세기 중반)와 일치하며, 그래서 중세 북유럽의 역사를 가늠할 수 있는 중요한 사료 중 하나로 손꼽힌다. 주교들이 스칸디나비아에 기독교를 전파하는 과정의 이야기들이 묘사되는 과정에서 당시 비기독교 노르드인들이 신봉했던 바이킹의 신들이 언급되며, 또 노르드인의 북아메리카 발견이 언급되기도 하다. 이 책은 작성된 후 오랫동안 파묻혀 있다가 16세기에 덴마크 소뢰 수도원의 도서관에서 발굴되어 빛을 보게 되었다.

36 한자 동맹은 13~17세기에 북부 독일과 발트해 연안의 여러 도시들이 상인들 간의 상호 교류를 원활히 하기 위해 형성한 길드나 도시 연맹이다.

37 고대 노르드어로는 프레위르(Freyr), 고대 노르웨이어는 프레이르(Freyr), 노르웨이어는 프뢰위(Frøy), 스웨덴어는 프뢰(Frö), 그리고 덴마크어는 프레이(Frej)로 표기와 발음이 약간씩 다르다.

38 『헤임스크링글라』, 「윙글링족의 사가」에 따르면 프레이르의 아버지 뇨르드는 스웨덴의 왕이고, 그의 사후에 프레이르가 왕이 되어 웁살라에 거대한 신전을 짓는다. 그의 치세 동안에는 평화가 지속되고 사람들은 풍요를 누렸기에 "프로디의 평화"가 인구에 회자된다. 그러나 『산문 에다』, 「길파기닝」에서는 프로디는 윙글링족에 속하는 것이 아니라 덴마크의 스콜둥족에 속한다. 오딘의 아들 스콜드가 당시 고트란드라 불렸던 지역(오늘날의 덴마크)을 다스렸고, 그곳에 왕궁을 건설했다. 스콜드의 아들은 프레들레이프이고, 프레들레이프의 아들이 프로디이다. 프로디는 로마의 아우구스투스 황제가 평화를 가져다주던 시대에 아버지 프레들레이프로부터 왕위를 물려받았다. 프로디는 북유럽 왕들 중 가장 강력했기 때문에 사람들은 평화를 "프로디의 평화"라 불렀다고 한다.

39 원시 게르만어(Proto-German) wōđanaz는 형용사 wōđaz(선견지명이 있는)에서 유래했다.

40 기원전 121년 로마 공화정은 오늘날의 프랑스 남부와 네덜란드 남부, 벨기에, 룩셈부르크, 스위스 서부, 독일 서부 지역을 침략하여 켈트족의 문화를 로마화시키기 시작했다. 갈리아 전쟁을 거쳐 로마 제국 시대에 이르러 이들 지역은 제국의 통치 아래 놓이게 된다. 이 과정에서 켈트인들의 만신전에서 주요 위치를 점했던 신들은 로마인들의 신과 동일시되는데, 아일랜드에서 루(Lugh 혹은 Lug), 웨일스에서는 루구스(Lugus)라 불렸던 신은 로마의 메르쿠리우스와 동일시되었다. 아일랜드의 신화에 따르면, 투아하 데 다난의 멤버였던 젊은 전사 영웅 루는 왕이자 구세주이다.

41 Jan de Vries, *Altegermanische Religionsgeschichte*, pp. 33~34.

42 *Ibid.*, pp. 84~85.

43 *Ibid.*, p. 49, 78.

44 *Ibid.*, p. 41.

45 고대 중국의 신선 사상에서 볼 수 있는 우화등선(羽化登仙) 개념에서 이와 흡사한 관념을 볼 수 있다. 신선이란 자기 육신을 지상에서 남겨 두고 새처럼 가벼운 영혼은 하늘로 올라가 신선이 된 사람을 일컫는다. 지상에 남겨 둔 육신의 허물을 시해(尸解)라 칭했다.

46 게르마니아는 율리우스 카이사르 이후 라인강 동쪽 지역을 가리키는 라틴어 지명이다.

47 룬 문자의 시대에 대해서는 Jan de Vrie, *ibid.*, pp. 74~75 참조.

48 「하바말」140절은 아홉 노래를 거론하지만, 147~165절은 18개의 노래를 이야기한다.

49 J. de Vries, *Altgermanish Religionsgeschichte* II(2nd ed.), p. 87. furor에 대해서는 *ibid.*, pp. 94~95.

50 타키투스에 따르면 하리는 몸에 문신을 하고 검은 방패를 든 게르만 무사들이다. 이들은 야습을 감행하여 상대 병사들을 공포로 몰아넣으므로 유령 전사들이라 불린다.(*Germania*, 43장)

51 『리그베다』 10장, 14절, 7행.

52 J. de Vries, 동물로의 변신에 대해서는 *op. cit.*, p. 60, 엄청난 추격에 대해서는 *ibid.*, p. 64.

53 바루나에 의해 행사되는 질서의 원리 리타(과정, 혹은 길)는 정확히 이집트의 마아트(maat) 및 수메르의 메(me)에 해당된다. 마아트나 메처럼 리타는 세계의 질서, 우주적 질서만이 아니라 제사의 질서, 도덕적 질서도 가리킨다.

54 *Mythe et Épopée* I, pp. 208~237; *Mythe et Épopée* III, pp. 64~66, 87~95.

55 기독교 개종 이후 중앙 집권적인 왕정이 탄생할 때까지, 바이킹 왕은 입법권을 갖지 못했다. 유일한 입법 기관 알팅(Alþing, 'All-thing')에서 바이킹의 생활에 관한 모든 결정을 내렸다. 알팅은 다단계로 구성되었다. 면 단위에서 (적어도 스웨덴과 덴마크에서는) 팅은 고정된 소유지를 가지고 있는 자유민으로 구성되었으며. 여러 면의 대표들이 모여 주 단위의 팅을 구성했다.

56 달을 집어삼키기 위해 마니(Mani)가 모는 달 수레를 뒤쫓는 늑대가 하티(Hati, 증오)이며, 마니의 누이 솔(Sol)이 모는 해 수레를 뒤쫓는 늑대는 스쾰(Sköll, 조롱)이다. 스쾰과 하티는 힌두 신화의 라후(Rahu) 또는 케투(Ketu)에 해당된다. 라후가 불사의 음료 암리타를 얻기 위해 쉬지 않고 해와 달을 추격하여 마침내 이들을 붙잡아 그 일부를 집어삼켰을 때, 비슈누 신이 그의 머리를 잘랐다.

57 '레딩에서 풀려나다', 혹은 '드로미에서 탈출하다'라는 표현은 어떤 일을 격렬하게 수행하고 난 후에 사용하는 속담들이다.

58 『운문 에다』에서는 "신들의 운명", 『스노리 에다』에서는 "신들의 황혼"으로 표현된다.

59 이하는 「뷜루스파」에서 묘사되는 라그나뢰크의 징조들이다.

60 헤리얀은 오딘의 별명이다. 『운문 에다』, 「그림니르의 노래」 36절에서는 "발키리가 되어 세상을 두루 다니는 헤리얀의 처녀들"의 이름이 열거된다.

61 이 이야기는 울프 우가손(Ulfr Uggason)이 발드르의 장례에 대해 논한 후스드라파 (Húsdrápa)의 구절들을 부연한 것처럼 보인다.

62 『산문 에다』, 「길파기닝」, 35~36장.

63 국역본 『에다, 게르만 민족의 신화 영웅 전설, 생활의 지혜』(임한순·최윤영·김길응 옮김, 서울대 출판부, 2004)에서는 "동쪽에서 와 방패를 치켜드니"라고 번역되었다. 『왕실 필사본(Codex Regius)』에서는 동쪽이 아니라 북쪽에서 왔다고 되어 있다. 흐림 은 서리 거인이므로 왕실 필사본이 올바로 표현했다고 생각된다.

64 「뷜루스파」, 44~52절.

65 오딘의 별명으로 '강력한 신'을 의미한다.

66 「길파기닝」, 51절.

67 『헤임스크링글라』, 8장.

68 「길파기닝」, 51절.

69 Rudolf Simek, *Dictionary of Northern Mythology*, tr. Angela Hall(Cambridge: Brewer, 1993, repr. 2000), pp. 186~187.

70 「길파기닝」, 34절

71 「로키의 조롱」, 15~32절.

72 *Loki*, pp. 53~59.

73 중고지 독일어로 기록된 서사시 「니벨룽의 노래」(독일어: Nibelungenlied) 또는 「니벨 룽겐의 노래」는 게르만족의 대이동 시기인 5~6세기경부터 전승되다 1220년경에 궁 정 서사시로 정리되어 현재까지 전해진 것으로 추정된다. 장, 단편 모두 합쳐 30여 종 의 사본들이 있다.

74 『산문 에다』, 「스칼드스카파르말」, 39~41절.

75 『운문 에다』, 「파프니르의 노래」.

76 원문에 Oin으로 되어 있으나 주석가들은 Odin의 오식으로 간주한다.

77 『운문 에다』, 「그리피르의 예언(Gripisspa)」, 11, 13절.

78 『운문 에다』, 「레긴의 노래(Reginsmál)」, 5절.

79 고대 노르드어로 아틀라(Atla), 라틴어로 아틸라(Attila), 중세 게르만어로 에첼이라 불 렸던 인물(406~453)은 서로마 제국과 동로마 제국이 가장 두려워했던 훈족의 마지 막 왕이다.

80 『운문 에다』, 「신(新)아틀라의 노래(Atlamal)」, 104~105절.

81 『운문 에다』, 「고(古)아틀라의 노래(Atlakvida)」, 27절.

82 소설 『반지의 제왕』은 옥스퍼드 머튼 대학의 영어학 교수이자 작가였던 존 로널드 루엘 톨킨(John Ronald Reuel Tolkien, 1892~1973)이 고대 북유럽 신화 안드바리의 반지에서 영감을 얻어 12년(1937~1949)에 걸쳐 완성한 인고의 작품이다. 1954년에서 1955년 사이에 3부작으로 출판된 이 판타지 소설은 21세기 초에 영화화되어(『반지의 제왕: 반지 원정대』(2001), 『반지의 제왕: 두 개의 탑』(2002), 『반지의 제왕: 왕의 귀환』(2003)) 전 세계적으로 알려졌다. 1999년 아마존닷컴에서 실시한 고객 조사에서 이 소설은 최고의 "세기의 책"으로 뽑혔으며, 2003년 BBC의 빅 리드(Big Read) 조사에서는 "영국인에게 가장 사랑받는 책"으로 선정되었다. 톨킨은 그의 사망 한 해 전인 1972년에 대영 제국 3등급 훈장(CBE)을 받았다.

83 「길파기닝」, 42절.

3부 인도의 대서사시 『마하바라타』

1 범어(梵語)로 한역되는 고전 산스크리트어는 기원전 4세기경 문법학자 파니니(Paniny)가 베다 문헌의 산스크리트어를 새로운 문법 체계를 가진 산스크리트어로 발전시킨 인도 고전어이다.

2 심재관은 「인도 서사시의 연구 동향: 고전 서사시와 민간 구전 서사시 사이의 긴장」(《구비문학 연구》 15호, 한국구비문학회, 2002, 1, 219~250쪽)에서 인도 서사시의 전승 양식들 및 분야별 연구 경향들을 잘 정리하여 소개한 바 있다.

3 정확한 시기를 알 수 없으므로 통상적으로 기원전 1500~500년이 베다 시대로 일컬어진다.

4 사회 계급을 가리키는 초기 용어 바르나는 원래 색(color)을 의미하는 단어이다.

5 『리그베다』는 주로 찬양과 봉헌의 송가들로 된 "찬송 절구(讚頌節句)의 베다"이다.

6 『야주르베다』는 탄원, 기도, 간구에 사용된 것들이다.

7 『사마베다』는 운율이 있는 영창(詠唱)을 모아 놓은 것으로, 주로 소마공희(soma sacrifice)에서 가창(歌唱) 사제가 사용했으며 가사는 주로 『리그베다』에서 빌려 온 것이다.

8 베다 시대 초기에는 세 종류의 베다만 인식되었으므로 『아타르바베다』는 후기(기원전 1200~1000년)에 추가된 것으로 간주된다. 공포, 근심, 분노, 증오, 육체의 고통, 또 그것을 치유하려는 인간의 노력 등 『리그베다』에서는 대체로 소홀히 취급되었던 일상적 삶의 경험들을 매우 오래된 여러 가지 주문(呪文)에 담아 표현하고 있다.

9 네 종류의 베다는 또 저마다 「상히타」(Samhita, 기도 주문인 만트라), 「브라흐마나」(Brahmana, 제의 지침서), 「아란야카」(Aranyaka, 희생 제의를 해석한 산림서(山林書)), 「우파나샤드」(Upanishad, 가까이 앉다, 명상적 사색서)의 네 부분으로 이루어져

있다.

10 『리그베다』, 제3만다라, 59숙타. 『리그베다』는 총 10개의 만다라(mandala)로 구성되어 있으며, 각 만다라는 또 여러 개의 시구들로 표현된 많은 송가(숙타(sukta))들로 이루어져 있다. 앞으로 만다라는 권으로, 숙타는 장으로, 숙타의 시구들은 절로 표시하겠다.

11 『리그베다』, 1권, 154장.

12 위의 책, 10권, 92장, 9절.

13 위의 책, 2권, 33장.

14 위의 책, 2권, 92장, 6절.

15 『리그베다』에서 '열 왕들의 전쟁'(dāśarājñā, "The Battle of the Ten Kings")이 언급된다.(7권 18장 33절; 7권 83장. 4~8절)

16 순사(sati) 제도는 시바의 아내 사티(Sati)의 자발적인 화장(tapas, 우리 내면의 태양열)과 관련된다고 한다.

17 지혜의 화신으로, 제신들의 높은 사제이며 정신적 지도자이다. 신들에게 탄원하는 사제이다. 고대 인도인들은 그가 기도문을 음송할 때 그 행위가 발휘하는 신성한 힘이 신들의 마음을 움직여 기도하는 사람에게 호의를 베풀도록 한다고 믿었다.

18 '스스로 선택하는 결혼'이라는 의미에서 이렇게 부른다. 고대 인도의 율법서들에 따르면, 본래 이러한 결혼 형태는 결혼 적령기에 이른 딸을 가진 부모가 3년 동안(일부 율법서에 따르면 3개월 내에) 딸의 남편감을 찾지 못할 때, 여자 스스로가 남편을 찾는 방식이다. 이 경우 딸은 자신이 가족으로부터 받은 패물을 돌려주어야 하고, 또한 남편이 될 사람은 여자의 집에 혼수금이나 지참금(sulka)을 줄 필요가 없는데, 이것은 딸에 대해 여자의 부모가 그 보호 권한을 다 했기 때문이다.

19 시바의 배우자 파르바티(Parvati, 산스크리트어로 산(山)을 가리키는 낱말 중 하나)나 우마(Uma, 빛)의 이름에서는 우호적인 성격이 느껴진다. 이들은 다산과 헌신, 신성한 힘을 가져다주는 여신이다. 그러나 두르가(Durga, 접근 불가능한 존재)나 찬디(Chandi, 난폭한 이)는 해골 목걸이를 한 칼리와 함께 사악하고 두려운 성격을 보여주는 시바의 배우자들이다.

20 G. Dumézil, 앞의 책, 238쪽.

21 *Le Mahabart et le Bhagavat du Colonel De Polier*, presénté par Georges Dumézil (Paris, Gallimard, 1986), p. 35.

22 『바가바드 기타』, 1장 1의 주, 75쪽.(함석헌 주석, 한길사, 1996(2003 5쇄))

23 『마하바라타』, 1권, 123장, 4754~4768.

24 위의 책, 1권, 123장, 4769~4776.

25 베다의 우주관에 따르면 우주는 하늘-하늘과 땅의 사이(대기)-지하의 삼계로 이루어져 있다.

26 앞의 책, 1권, 123장, 4777~4832.

27 위의 책, 1권, 123장, 4836~4852.

28 베다 문헌에서 소마(soma), 이란의 『아베스타』 경전에서 하오마(haoma)는 제사에서 신들에게 바쳤던 불멸의 음료(amrita)로, 원시 인도-이란의 소마(sauma)에서 유래한 것으로 추정된다. 여러 종류의 제사들 중 소마 제사는 며칠 또는 여러 해 동안 거행되었다.

29 간다르바는 천상의 음악을 연주하는 음악의 신으로, 천상의 무희들인 압사라들(Apsaras)의 남편이다.

30 비슈누의 여섯 번째 아바타르이다.

31 위의 책, 1권, 148장, 5839~5840.

32 위의 책, 2권, 66장, 2256.

33 위의 책, 9권, 59장, 3287~3295.

34 위의 책, 15권, 1장, 27; 3장, 60~75.

35 창조주 브하흐마(Brahma)의 손자로, 재물의 신이자 야크샤(Yaksha)들의 우두머리이다. 불교의 사천왕 중 수미산의 북방을 수호하는 다문천왕(多聞天王)의 원형이다. 베다 문헌에서 야크샤는 사악한 정령들로 나타난다.

36 조로아스터교에서 야자타는 숭배를 받는 신성한 존재나 대상을 총칭하는 용어이다. 예컨대 미트라, 아흐리만(Ahriman), 아후라 마즈다는 야자타에 속하는 신들이다. 다에바는 초기 경전 『가타(Gatha)』에서는 제사에서 숭배를 받는 신적 존재나 대상이었으나 후기 조로아스터교에서는 더 이상 제사를 받지 못하는 악신의 성격을 띤 존재들로 위상이 격하된다. 악신 앙그라 마이뉴(Angra Mainyu)는 다에바에 속한다.

37 앞의 책, 3권, 33~36장 1265~1430; 52장, 2037~2051.

38 아르주나는 판다바의 공동 부인 드라우파디 외에 세 명의 왕족 여인 치트랑가다, 수바드라, 울루피를 아내로 맞이했다. 수바드라는 크리슈나의 여동생으로, 홀로 겪은 유배 생활이 만들어 준 인연이다.

39 히딤비는 라크샤사 히딤바(Hidambā)의 여동생이다. 지하계에 군림하나 태양이 떠오르면 힘이 더욱 강해지는 라크샤사는 거대한 위장과 독성이 있는 손톱을 가지고 둔갑술에 능한 식인 마귀로, 불교에서 12천 중 남서 영역을 수호하는 나찰(羅刹)의 원형이다.

40 (뒤메질) "Pandavasagam……", p. 34(JMQ IV, p.46) 이란 신화에서 용을 죽인 영웅 게르샤스프(Garshāsp)와 『아베스타』에서 케레사스파라는 이름으로 등장한다.

41 아그네야(Agneya)의 여성형은 아그네이(Agneyi)로, 불의 신 아그니의 딸이다.

42 『마하바라타』, 1권, 132장, 5270~5274.

43 『마하바라타』에서 드라우파디와 그녀의 오빠 드리스타듐나는 제단의 불꽃 속에서 태어난 것으로 이야기된다.

44 하인리히 치머(Heinrich Zimmer), 이숙종 옮김, 『인도의 신화와 예술』(대원사, 2002), 206~207쪽.

45 숲속에서 행하는 고행과 명상을 통해 현상계 배후의 근원적 실재에 다가가고자 했던 욕구에 부응하여 베다서의 정수를 집성한 문헌이 바로 『우파니샤드』이다. 베다 시기의 마지막인 기원전 6~7세기경부터 편찬된 것으로 추정되며, 베다의 끝 또는 베다의 결론이라는 뜻에서 『베단타(Vedanta)』라고도 불린다. 『베단타』의 등장은 사제들이 주도하는 제사가 일반 대중들은 물론이고 해탈을 추구하는 자들도 구원에 이르게 해 주지 못한다는 것을 깨달은 시대정신을 반영하기에 초기 힌두교에 대한 종교 개혁의 낌새를 엿볼 수 있다.

46 『마하바라타』, 1권, 66장, 2774~2776; 15권, 30장, 818~835.

47 위의 책, 1권, 3장, 4382~4405.

48 위의 책, 3권, 302~306, 16998~17220.

49 마테르 마투타는 라티움 원주민들이 숭배하던 여신으로, 훗날 로마의 여명의 신 오로라(그리스의 에오스(Eos))와 동일시되었다. 라티움 지역에는 마테르 마투타를 숭배하던 곳이 여러 곳에 있었는데, 그중 가장 유명한 곳이 사트리쿰(Satricum)에 위치했던 신전이다. 로마의 마테르 마투타 신전은 포룸 보아리움(Forum Boarium)에 있었다. 이 신전은 세르비우스 왕이 처음 건설했고 기원전 396년 카밀루스(Marcus Furius Camillus)가 중수했다고 한다. 오비디우스에 따르면, 포룸 보아리움의 신전에서 거행되었던 마테르날리아 축제에서는 마테르 마투타 여신에게 황금빛 케이크를 바쳤다.(오비디우스 지음, 천병희 옮김, 『로마의 축제들』(숲, 2010), 332쪽)

50 베다 문헌에서 태양신을 가리키는 용어들은 20개가 넘는다. 『리그베다』의 7명의 집단 신 아디트야에 속하는 바루나, 미트라, 수리야, 찬드라(Chandra), 아그니, 인드라, 카마데바(kamadeva) 외에도 비슈누, 사비타(Savita, 태양 수레를 모는 자), 푸샨(Pushan), 바스카르(Bhaskar, 빛을 만드는 자), 디바카르(Divakar, 낮을 만드는 자), 비바스반(Vivasvān), 라비(Ravi, 불새) 등이 있다. 이들 중 최고의 태양신은 단연 '지고의 빛'을 나타내는 수리야다.

51 그리스에서 헤라클레스가 겪는 12가지 난사들 중 게리온의 소 떼를 몰고 오기까지의 과정에서 볼 수 있는 헤라클레스와 헬리오스의 관계에서도 영웅과 태양의 결투가 나타난다. 여행 중 헤라클레스는 햇볕이 너무 따갑게 내리비치자 태양신 헬리오스를 향해 화살을 겨눈다. 그러자 헬리오스가 그의 용기에 감탄하여 자신이 오케아노스를 건널 때 사용하는 황금 잔을 헤라클레스에게 주었다. 태양신 헬리오스는 동쪽에서 서쪽으로 갈 때는 네 마리의 말리 끄는 마차를 타고 움직이나 서쪽에서 동쪽으로 갈 때는 황금 잔을 타고 오케아노스를 건넌다. 일출의 태양은 하늘을 달리고 일몰의 태양은 대양(오케아노스)을 건너야 한다고 생각했으므로, 낮의 태양의 탈것과 밤의 태양의 탈것을 구별했음을 알 수 있다. 태양의 탈것을 배로 표현했던 고대 이집트인들도 낮

의 태양이 타는 배와 밤의 태양이 타는 배에 각기 다른 명칭을 사용했다. 낮의 태양선은 아테트(또는 만테트, 마테트), 밤의 태양선은 안테트(또는 세크테트, 셈크테트)라 불렀다.

52 두르요다나와 비마에게 철퇴 무술을 가르쳐 준 무예 스승이다. 바수데바(Vasudeva)와 로히니(Rohini) 여신의 아들로 쟁기를 손에 쥐고 왼쪽 어깨 위로 들고 있다. 크리슈나의 형인 발라라마는 일반적으로 세샤(Sesha)의 화신으로 간주되며, 때로 비슈누 신의 여덟 번째 아바타르인 산카르샤나(Sankarshana)의 화신으로 간주되기도 한다. 베다 시대에는 농경과 풍요의 신으로 간주되었다.

53 크리슈나 다르마, 박종인 옮김, 『마하바라타』 3권(나들목, 2008), 286, 294, 326쪽.

54 『마하바라타』, 8권, 90장, 4736~4762.

55 『리그베다』, I, 160.

56 문자 그대로 만신(Viśve-devāḥ, all-gods)을 의미하는 비슈베데바는 『리그베다』에서 여러 번 언급된다. 인드라 신을 중심으로 모여 있는 신들로 묘사되기도 하고(『리그베다』, 3권 54장, 17) 보다 구체적으로 천상, 대기, 지상의 각 11명의 신들인 33신으로 설명되기도 한다.(K. C. Singhal · Roshan Gupta, *The Ancient History of India, Vedic Period: A New Interpretation*(Atlantic Publishers and Distributors), P. 150) 후기 힌두교에서는 아홉 종류의 집단 신들(Ganadevatas) 중 한 집단 신이다.

57 집단 신 아디트야의 수는 문헌에 따라 달리 나타난다. 『리그베다』에서는 일곱 아디트야가 언급되기도 하고 여덟 아디트야가 언급되기도 한다. 일곱 아디트야는 바루나, 미트라, 아리야만(Aryaman), 바가(Bhaga), 안샤(Anśa or Amśa), 다트리(Dhatri), 인드라이고, 여덟 아디트야는 여기에 마르탄다(Mārtanda)가 추가된다. 후기 힌두교 문헌 『바가바타 푸라나』에서는 12아디트야가 언급된다. 바루나, 미트라, 아리야마(Aryama), 바가, 암슈만(Amshuman), 다타(Dhata), 인드라, 파르잔냐(Parjanya), 혹은 사비트리(Savitr), 트바슈타(Tvashtha), 비슈누, 푸샤(Pushya), 비바스반(Vivasvan)이 그들이다. 열두 아디트야의 우두머리는 비슈누이다. 후기 힌두교 문헌에서 단수 아디트야는 태양신을 의미하고, 그래서 수리야와 동일시된다. 베다서와 『바가바드 기타』를 번역한 프랑스인 산스크리트어 학자 아벨 베르게뉴(Abel Henri Joseph Bergaigne, 1838~1888)는 아디트야를 지배신으로 간주했다.

58 베다 문헌들의 주석가로 출생 연대는 알 수 없고 1937년에 사망한 것으로 알려져 있다. 막스 뮐러가 인도의 경전들을 번역할 때, 그는 사야나의 주석들을 참조해 『리그베다』를 번역했다.

59 *Taittiriya Brahmana*, I, 7, 10; *Taittiriya Samhita*, IV, 4, 8 등.

60 루이 르누(Louis Renou) 역시 같은 의견이다. *Études védiques et paninéennes*, XV (1966), p. 7 et 24, RV., I, 115, 5 et V, 81, 4.

61 우주적, 사회적, 도덕적, 의례적 질서의 원리인 리타는 고대 중국의 도(道), 고대 이집

트의 마아트(maat) 수메르의 메(me)와 유사한 개념이다.

62 『사타파타 브라흐마나』, IV, 5, 1, 6; 『타이트레야 브라흐마나』 I, 6, 5, 5; Sylvain Lévi, *La Doctrine du sacrifice dans les Brāhmanas*(1891), p. 154.

63 『리그베다』 VII, 82, 5~6에 대한 겔드너(Geldner)의 주석을 보라.

64 『사타파타 브라흐마나』, IV 1, 4, 2와 3; II 5, 2, 34 등.

65 *Les Dieux des Indo-Européens*(1952), p. 59~67.

66 독일인 파울 티머(1905~2001)는 산스크리트어 베다 문헌에 정통한 인도학 연구자이다. 1928년 괴팅겐 대학교에서 인도학 박사 학위를 받은 그는 1988년에 베다 문헌들과 인도 고전 문헌에 대한 지식을 엄청나게 확대시킴으로써 인도 사상사 연구의 토대를 굳건히 한 공적을 인정받아 쿄토 상(예술과 문헌학 분야)을 수상했다. 1984년 재단법인 이나모리 재단이 시작한 쿄토 상은 과학, 기술, 문화 분야에서 현저한 공적이 있는 사람에게 수여되는 국제 상으로, 수상 부문은 첨단 기술 부문, 기초 과학 부문, 사상 예술 부문으로 나뉘어 있다. 1998년 사상 예술 부문에서 백남준이 수상했다.

67 여기에서 이 토론을 재개하지는 않겠다. 인도-유럽족의 지배신들을 천착한 책에서 이를 재론하게 될 것이다.

68 "나는 피테라들(조상들) 중의 아리야만이다."(『마하바라타』, VI, 34, 1233)

69 뒤메질은 여기에서 그의 논문 "La transposition des dieux souverains en héro dans le Mahabharata(마하바라타에서 부지배신들의 영웅으로의 전위)"(*Indo-Iranian Journal*, III(1959), p. 1~16)를 폭넓게 활용한다.

70 공자의 이상향인 대동(大同) 사회, 고대 중국의 초기 도가들이 역설했던 성왕(聖王)의 도(道)인 무위지치(無爲之治)도 이와 흡사하다.

71 구역, 지역을 뜻하는 파구스(pagus)의 복수형.

72 플루타르코스, 『영웅전』, 「리쿠르고스와 누마의 비교」.

73 『리그베다』(I, 154, 1)에서는 지상을 재어 나누고, 거대한 보폭으로 삼계를 가로지르는 비슈누의 위대한 행적을 찬미한다. 반면 『사타파타 브라흐마나』에서는 비슈누의 세 걸음을 보다 구체적으로 묘사한다. 첫 번째 발걸음으로 지상을, 두 번째 걸음으로 대기를, 세 번째 걸음으로 천상을 가로질렀다고 한다.

74 "Les pas de Krsna et l'exploit d'Arjuna(크리슈나의 발걸음과 아르주나의 무훈)", *Orientalia Suecana*, V(1956), P. 183~188.

75 수레바퀴 형상의 원반은 비슈누 신이 손에 들고 있는 네 가지 상징물 중 하나이다. 이것들은 비슈누 신의 특성을 드러내는 것으로, 나머지 세 지물은 곤봉(철퇴)과 연꽃, 소라이다.

76 바이슈라바나의 문자적 의미는 '바이슈라바(Vaiśrava)의 아들'이다. 『라마야나』에서 바이슈라바의 아들 쿠베라(Kubera)로 등장하므로 쿠베라와 동일시된다. 바이슈라바의 어근 vi-śru는 '명료하게 듣다'를 뜻한다. 불교 전통에서 바이슈라바나는 사대천왕

중 북방을 수호하는 천왕으로, 수많은 가르침에 귀를 열어 듣는 특성으로 인해 다문 천왕(多聞天王)으로 번역되었다.

77 "(창조주) 프라자파티(Prajāpati)가 자신의 딸 우샤스(새벽)과 근친상간을 했다. 그리하여 신들이 이를 응징할 누군가를 찾았다. 그러나 신들 가운데서는 찾을 수가 없었다. 신들이 모두 가장 가공할 형태들을 가지고 그곳에 모였다. 신들이 가져온 것을 함께 모으니 거기서 신(루드라)가 태어났다."

78 드로나는 천상의 신 브리하스파티의 일부가 태를 빌리지 않고 바라드와자의 아들 드로나로 태어났다. 비슈마는 명사수였으며 천상과 지상의 모든 무술에 능했던 드로나를 카우라바와 판다바의 무술과 지혜를 가르치는 스승으로 삼았다.

79 후기 힌두교에서 칼리는 시바 신의 부인으로 등장한다. 그녀는 종종 해골 목걸이를 하고 손에 칼과 피를 뚝뚝 흘리는 머리를 들고 있는 모습으로 묘사된다.

80 오늘날 시바 신은 인도 대중들에게 가장 사랑을 받는 신들에 속한다. 후기 힌두교의 한 종파 시바교(Shaivism) 전통 속에서 이 신의 위치가 격상된 데서 그 이유를 찾을 수 있겠지만, '시바'라는 이름 자체가 '상서로운 존재'를 의미하고 베다서에서도 그는 마하데바로 일컬어진다. 이는 시바 신이 자신의 처소에 보관하고 있는 온갖 종류의 약초들의 치유력에서 기인했을 수도 있다.

81 『리그베다』에서는 아그니를 "분노한 뱀"이라 일컫는다.(I, 79, 1)

82 『마하바라타』 제1권에서는 서사시에 등장하는 모든 인물들의 전생이 이야기된다. 입과 귀를 통해 전해지던 이야기들이 수집되어 문서화될 때는 서두에서 기술되는 내용들은 해당 텍스트가 집대성되어 편찬될 당시의 문명과 사상들을 반영하고 있다. 이는 시공을 불문하고 확인되는 사실이다.

83 창시자 차라투스트라의 이름을 따 조로아스터교(Zoroastrianism)라고도 하며, 불을 신성시하는 특성이 부각되어 동아시아 지역에서는 배화교(拜火敎)라고도 불린다. 조로아스터교는 베다 시대 아리아인의 종교와 그 뿌리가 같으나 고대 이란 지역에서 차라투스트라의 등장, 인도-유럽족의 진입, 그리고 내부에서의 종교 개혁을 겪으면서 다양한 형태로 발전된다. 그러나 이런 변화에도 불구하고 선악의 투쟁에 의한 종말 개념은 어떤 형태에서건 존재한다.

4부 로마 건국의 전설들

1 프리츠 하이켈하임, 김덕수 옮김, 『하이켈하임 로마사』(현대지성사, 2017), 55쪽.

2 17세기 말에 출간된 드라이든(Dryden)의 번역서에는 플루타르코스의 생애가 기술되어 있다. 아서 휴 클러프는 프랑스인 다시에르(Dacier)의 번역본에 첨부된 플루타르코스의 생애는 여러모로 아주 훌륭하다고 평한다.(플루타르코스, 이성규 옮김, 『플루타

르코스 영웅전 전집 상』(현대지성사, 2016), 20쪽.

3   위의 책, 54쪽.

4   친구 파트로클로스의 죽음 후 전장으로 복귀한 아킬레우스는 그 누구보다도 프리아
     모스의 아들 헥토르와 대결하고자 열망했다. 그러나 백성들을 부추기는 아폴론이 아
     이네이아스를 격려하여 아킬레우스와 맞서게 하며 그에게 고귀한 용기를 불어넣었
     다. 그리하여 "가장 용감한 두 전사가 서로 싸우기를 열망하며 양군의 중앙에서 마주
     치니, 그들은 곧 안키세스의 아들 아이네이아스와 고귀한 아킬레우스였다."(『일리아
     드』, 20권, 157~160절)

5   『일리아드』, 20권, 306~308절.

6   아이네이아스가 아킬레우스와 마주했을 때, 그는 자신들이 모두 반신반인의 혈통임
     을 상기시킨다. "우리는 죽게 마련인 인간들이 전하는 이야기를 듣고 서로 상대방의
     혈통과 부모를 잘 알고 있다. 하나 그대는 내 부모를 본 적이 없고, 나도 그대의 부모
     를 보지 못했다. 사람들이 말하기를, 그대는 나무랄 데 없는 펠레우스의 아들이며 머
     리를 곱게 땋은 바다의 딸 테티스가 그대의 어머니라고 한다. 하나 나로 말하면, 고
     매한 안키세스의 아들로 태어났음을 자랑으로 여기며, 내 어머니는 아프로디테이
     다."(위의 책, 20권, 203~209절)

7   『하이켈하임 로마사』, 298쪽.

8   아스카니우스의 어머니가 누구인지에 대해서는 두 가지 설이 있다. 하나는 아이네이
     아스와 라비니우스와의 사이에서 생긴 아들이라는 설이고, 다른 하나는 아이네이아
     스가 트로이에 있을 당시 아내 크레우사와의 사이에서 생긴 아들이라는 설이다. 후자
     의 이름은 이울루스인데, 아스카니우스는 이울루스의 다른 이름이라고도 한다.

9   로마인과 사비니인이 합병한 후 국명은 로마로 정하고, 로마 시민을 사비니의 주요
     도시 쿠레스의 이름을 따 퀴리테스(Quirites)라 불렀다.(맥세계사편찬위원회 지음, 남
     은숙 옮김. 『로마사』(느낌이 있는 책, 2014), 27쪽)

10   Properce, IV, 1, 9~32, *Jupiter, Mars, Quirinus*, I, 136쪽 이후에, *Jupiter, Mars, Quiri-
     nus*, II, 86쪽 이후 "Naissance de Rome"에서 주해했다.

11   *Jupiter, Mars, Quirinus*, I, pp. 162~166.

12   "Naissance de Rome", *Jupiter, Mars, Quirinus*, II, III, pp. 128~193,

13   "Tarpeia", *Mythes et dieux de la Scandinavie ancienne*, p. 11.

14   *Ibid.*

15   cf. *Naissance d'archanges*, pp. 179~180.

16   에트루리아 왕조는 기원전 7세기에 로마를 장악하면서 영토를 확장하기 시작했다.
     에트루리아인들은 우수한 무기와 전략 덕분에 기원전 6세기 후반에는 그 세력이 절
     정에 달해 이탈리아의 동서 해안의 다른 여러 종족들보다 우위를 점했다. 이들은 몇
     몇 용사들 위주로 전투를 벌이기보다는 대오를 갖추어 전투를 벌였다. 훗날 로마인들

은 에트루리아인들의 이런 전쟁 방식을 터득함으로써 주변 종족들에게까지 그 세력을 급속히 팽창해 갈 수 있었다.(프리츠 하이켈하임, 『하이켈하임 로마사』, 48~49쪽) 공화정 시기의 역사가들과 시인들이 초기의 세 종족들 중 특히 에트루리아인들의 무훈을 부각시킨 까닭을 알 수 있다.

17 예컨대 플로루스(Publius Annius Florus)의 *Abrégé de l'histoire romaine* I, 1에 요약되어 있는 내용들은 이 에피소드들에 관한 것이다.

18 *Mitra-Varuna*(1940), pp. 32 et suiv.; *Jupiter, Mars, Quirinua*, I, pp. 78 et suiv..

19 전쟁이 끝난 후 로물루스는 팔라티노 언덕의 정문 바로 밖 포로 로마나(Foro Romano)에 유피테르-스타토르의 신전을 지었다고 한다. 그러나 문의 위치를 정확히 알지 못하므로 이 신전의 정확한 위치도 모른다. 기원전 164년에 유노 레기나(Juno Regina) 신전과 함께 건축된 유피테르-스타토르의 신전은 네로의 치세 동안에 있었던(64년 7월) 대화재로 불타 버렸다.

20 티투스 리비우스, 『고대 로마(*Antiquité romaine*)』(trad. G. Baillet), I, 12, 1~9.

21 위의 책, I, 11, 5~9.

22 『플루타르코스 영웅전 전집』1, 「로물루스의 생애」, 93~94쪽.

23 티투스 리비우스, 앞의 책, II, 38~40.

24 앞의 책, III, 40.

25 *Cultes, mythes et religions*, III(1908), pp. 223~253(1905~1923)(rééd. Robert Laffont, 1996).

26 cf. *Naissance de Rome*, p. 153.

27 『플루타르코스 영웅전 전집』1, 「로물루스의 생애」.

28 『아폴로도로스 신화집』, III, 15, 8, cf. Frazer 편, t, II(1921), p. 117.

29 『일리아드』, 24권 35. 베네투스 A(Venetus A)의 주석에 요약되어 있다.

30 타포스는 그리스 북서 이오니아해의 아카르나니아(Akarnania) 맞은편 코린토스만 입구에 위치해 있던 섬이다.

31 티투스 리비우스, 앞의 책, I, 11, 6.

32 cf. *Naissance d'archanges*, pp. 159 이하.

33 역사가이자 고고학자였던 앙드레 피가뇰(1883~1968)은 스트라스부르와 소르본 대학교의 교수였고, 1942년에 콜레주 드 프랑스의 교수가 되어 로마 문명에 대한 강좌를 진행했다. 「로마의 기원에 관한 시론」은 그의 박사 학위 논문으로 1917년에 책으로 출간되었다. 『로마의 기원에 관한 시론』, 149쪽 이하.

34 로마 공화정 시기에 라티움 언덕 남쪽 봉우리에 있던 타르페이아의 바위는 살인자, 반역자, 위증자, 도적질한 노예들을 처형했던 처형지였다.

35 "Le mythe hésiodique des races, essaie d'analyse structurale", *Revue de l'Histoire des Religions*(1960), p. 21~54. 이 글은 *Mythe et Pensée chez les Grecs*(1965), p.

19~47에서도 볼 수 있다. "Le mythe hésiodique des races, sur un essaie de mise au point", *Revue de Philologie*, XL(1966), p. 247~276.

36 *Rāmāyāna*, VII, 74, 8~28; *Mahābhārata*, VI, 10, 389~395.

37 이란의 서사시 『샤나메』와 조로아스터교의 경전 『아베스타』에 따르면, 피슈다디 왕조는 아리아인이 이란에 세운 최초의 왕조이다.

38 『샤나메』는 피슈다디 왕조, 카야니 왕조, 아슈카니 왕조, 사산 왕조의 네 왕조의 역사에 대해 이야기하고 있다. 앞의 두 왕조는 전설적 왕조이며, 뒤의 두 왕조는 역사적으로 실재했던 왕조이다. 물론 그렇다고 해서 아슈카니 왕조와 사산 왕조에 대한 『샤나메』의 내용이 모두 사실적 역사에 해당된다고 볼 수는 없다.

39 cf. G. Dumézil, *Du mythe au roman*, pp. 11~124.

40 프로디(프레이르)의 혈통을 이어받은 바이킹족의 왕들을 일컫는다.

41 flamines은 flamen의 복수형이다. 15명의 사제들로 구성된 주 제관들은 폰티프(pontiff)라고도 불렸다. 각 집단의 수장인 대제관(pontifex maximus)은 관련된 신의 이름을 따 각각 Flamen Dialis(Jupiter), Flamen Martialis(Mars), Flamen Quirinalis(Quirinus)라 지칭되었다.

42 G. Dumézil, *La religion romaine archaïque, avec un appendice sur la religions des Êtrusques*(Paris: Payot, 1966),(2° éd, 1974).

43 Plutarque, *Vies des hommes illustres, Romulus*, trad. Alexis Pierron(Charpentier, 1853).

44 퀸투스 엔니우스(Quintus Ennius, 기원전 239~기원전 169)는 고대 로마 초기의 시인이자 극작가이다. 그는 이탈리아 남동부 루디아 출신으로, 젊은 시절부터 그리스적 교양을 깊게 몸에 익혀 항상 그리스 문학을 기초로 삼아 로마 문학을 향상시키려 애썼다. 특히 호메로스에 심취하여 그의 시 양식을 도입했고, 로마사를 읊은 대서사시 『연대기』에서는 스스로를 제2의 호메로스라 칭하면서 로마의 위대함을 찬미하고 그 사명을 설파했다. 또 수많은 비극을 저술하고 수상적(隨想的)인 풍자시 사투라를 창시했으며, 만물의 본성에 관한 철학적 고찰의 시(詩)도 만드는 등 다방면으로 활동하여 후대의 시인들에게 커다란 영향을 끼쳤다. 그래서 이탈리아인들은 그를 '로마 문학의 아버지'라 부른다.

45 플루타르코스는 파비우스와 디오클레스를 차용하며 로물루스와 레무스가 아물리우스를 죽이고 누미토르에게 왕국을 되돌려주는 과정을 이렇게 서술한다. "강대한 로마가 어떤 신성한 기원이 없었다면, 오늘날과 같이 이렇게 엄청난 영광을 누리거나 이토록 위대하고 예외적인 위치에 도달하지 못했을 것이라는 점을 생각해 본다면, 전혀 믿지 못할 이야기는 아니라고 할 수 있다."

46 푸블리우스 안니우스 플로루스(Publius Annius Florus)는 1세기 후반과 2세기 초에 활동한 로마의 역사학자이자 시인으로, 2세기 라틴 문학에 상당한 영향을 미친 많은

아프리카 작가들 중 최초의 작가이다. 플로루스는 주로 리비우스에 근거해 로마의 성립부터 아우구스투스 시대까지의 역사를 간결하게 묘사하면서 로마의 위대함을 찬양했다.

47 로마 왕정 시대의 국왕(rex)은 군대의 수장이자 최고 신관이며 동시에 재판관이었다. 그러나 실질적으로 나라를 지배할 권력과 민정을 다스릴 대권은 갖지 못했다. 왕은 성대한 자리에서 금으로 된 관을 쓰고 자주색 망토를 둘렀다. 손에는 독수리 문양의 지팡이를 들고 어깨에는 도끼에 막대기를 대고 둘러싸서 묶은 파스케스(Fasces)를 멨다. 파스케스는 절대 권위의 상징물로, 훗날 전제 정치, 독재의 대명사가 되었다.(맥세계사편찬위원회, 『로마사』, 34쪽)

48 로마 북동쪽에 거주하던 사비니인들의 중심 도시이다.

49 *Mitra-Varuna*, p. 29~32; 2e éd.(1948), p. 58~65.

50 Plutarque, *Vies parallèles des hommes illustres, Romulus*, 9, 1.

51 오비디우스, 천병희 옮김, 『로마의 축제들』(숲, 2010), 238~245쪽.

52 고대 로마의 시민들을 가리키는 옛 이름.

53 로물루스는 300명의 젊은 무사들로 구성된 친위대를 두었다고 하는데, 이들을 켈레레스(Celeres, "빠른 자")라 부른다.(티투스 리비우스, I, 16)

54 플루타르코스, 「로물루스의 생애」, 26~27; 티투스 리비우스, I, 15.

55 폰티피케스는 모두 8명으로, 역법과 제사 관련일 뿐 아니라 티베리우스강에 다리를 놓거나 철거하는 등의 일을 담당했던 측량 기술자들이었다. 이 후자의 기능에서 그 이름이 파생되었기에 우리말로 목교관으로 번역되기도 한다.

56 클라우디우스 클라우디아누스(Clau-dius Claudianus, 365~404년?)는 이집트 알렉산드리아에서 태어나 고전 작가들의 저서를 읽으며 라틴어를 익힌 로마 시인이다.

57 기원전 44년 율리우스 카이사르가 암살되자 그의 양자 가이우스 옥타비아누스가 카이사르의 후계자로 지명된다. 옥타비아누스의 본명은 가이우스 옥타비우스 투리누스(Gaius Octavius Thurinus)였으나, 카이사르의 양자로 입적된 후 가이우스 율리우스 카이사르 옥타비아누스(Gaius Julius Caesar Octavianus)로 개명했다. 옥타비아누스는 기원전 27년 로마 제국 최초의 황제가 되어 다시 카이사르 디비 플리비우스 아우구스투스라는 호칭을 사용했다. 옥타비우스는 부유한 기사 계급 출신인 옥타비우스와 아티아(Atia) 사이에서 태어났다. 아티아는 율리우스 카이사르의 누나 율리아(Iulia)와 그녀의 남편 아티우스 발부스(Marcus Atius Balbus)의 딸이다. 카이사르와 아우구스투스가 속했던 율리아가(家)는 자신들의 가계가 옛날 트로이에서 탈출해 온 아이네이아스의 아들 이울루스(Iulus, 일명 아스카니우스)에게서 비롯되었다고 했다.

58 오비디우스, *Fasti*, II, 425~452. 여인들이 숫염소 가죽 끈으로 자신의 등을 치게 하는 풍속은 당시 로마의 다산 기원 의식의 한 형태를 묘사하는 것으로 볼 수 있다.

59 유피테르 신을 섬기는 제사장 플라멘 디알리스는 아버지와 어머니가 모두 파트리키

이 명문 귀족인 자제만이 될 수 있었다. 이들은 뾰족한 모양의 다소 우스꽝스러운 모자를 써야 하며 깎은 손톱과 발톱은 불에 태워서 처리해야 하고, 그가 가는 곳에는 늘 진수성찬이 차려져 있어야 한다. 하지만 이들은 로마시 밖으로 외출하는 것이 허용되지 않았으며, 이외에도 많은 금기들을 준수해야 했다. 그런 탓에 플라멘 디알리스는 정치에 야심이 있는 사람은 기피하는 성직 중 하나였다.

60 'Feretrius'의 의미는 불분명하다. 라틴어 동사 'ferire(타격을 가하다)'에서 기원한 것으로 보면 유피테르-페레트리우스는 타격을 가하는 유피테르를 뜻한다. 이와 달리 동사 'ferre(전리품, spoila optima)를 바치다'에서 기원했을 경우는 적장의 소지품을 봉헌 받는 유피테르를 가리킨다. 고대 로마에 유피테르 페레트리우스의 신전이 있었는데, 로마인들은 적장을 벤 후 그에게서 무기와 갑옷 등의 전리품을 거두어 유피테르 신에게 바쳤다.

61 성실과 정직, 맹세, 즉 로마인들의 도덕적 순수성을 관장하는 여신으로, 유피테르와 밀접한 관계가 있다.

62 실제로 피데스 여신이 카피톨리노 언덕에 있는 유피테르 신전 근처에 세워진 사원에 모셔진 때는 기원전 254년이고, 이 여신이 '피데스 푸블리카'라 불렸던 시기도 누마의 시대보다 훨씬 후기이다. 로마 시대 후기에 피데스 여신은 조약 문서들 외에도 다른 국가 문서들의 수호신으로 간주되어 이 문서들은 여신의 사원에 보관되었다.

63 키케로, 『신들의 본성에 관하여(De natura deorum)』, III, 2.

64 이 비교 검토는 뒤메질의 저서 『무사의 길흉화복, 인도-유럽제족의 무사 기능의 신화적 면모들(Heur et malheur du guerrier: Aspects mythiques de la fonction guerrière chez les Indo-Européens)』(초판 1969)의 전반부 내용이다.(1989, pp. 16~61) 이 연구는 먼저 『호라티우스가의 형제들과 쿠리아티우스가의 형제들(Les Horace et les Cuirases)』(1942)에서 접근했던 문제를 다른 관점에서 다시 다루었다. 고등사범학교의 인식론 서클이 출간하는 《분석 평론(Cahiers pour l'analyse)》(7)과 『신화에서 소설로(Du mythe au roman)』(1967)에서 행한 비교 연구에서 고대 이란과 관련된 중요한 내용이 보완되었다.

65 나무치는 인드라가 아수라의 우두머리인 브리트라를 죽일 때, 브리트라를 편든다. 브리트라가 죽은 후에는 나무치가 아수라의 수장이 된다.

66 '아파스(Apas, 물)의 아들'을 뜻하는 '압티야'는 세 명으로, 에카타(Ekata), 드비타(Dvita), 트리타(세 번째)가 그들이다. 『리그베다』에서 트리타는 인드라가 트와슈트리, 브리트라, 발라와 싸울 때 그를 돕는다.

67 『운문 에다』, 「하르바르드의 노래」, 24.

68 플루타르코스에 따르면, 툴루스 호스틸리우스는 처음 왕이 되었을 때 누마 왕을 비웃었고, 종교적 봉헌은 겁쟁이들이나 하는 짓이라 조롱했다고 한다. 그러나 전쟁 도중 병에 걸리자 미신에 빠져들었는데, 그가 실행했던 의식들은 누마 왕이 행하던 것들과

는 전적으로 다른 종류의 것이었다고 한다.

69 플루타르코스는 안티움의 발레리우스를 인용하면서 누마의 사후에 그의 관 속에 12 권의 종교 서적과 12권의 그리스 철학 서적을 넣어 매장했다고 기록한다.

70 엘레키우스(Elicius)의 의미는 분명하지 않다. 고대 작가들의 저서에서 유피테르에게 붙여진 이 명칭은 5번밖에 언급되지 않는다. 아벤티노 언덕에 유피테르 엘레키우스 에게 헌정된 제단이 있었다는 진술이 있으나, 그의 신전이나 조상(彫像)은 어디에서 도 발견되지 않는다.(Maryon Ayer Rubins, *"A New Interpretation of "Jupiter Elicius""*, *Memoirs of the American Academy in Rome* Vol. 10(1932), University of Michigan Press, pp. 85~102)

71 리비우스, 『로마사』, I권, 31절, 6~8행.

72 제5대 왕 루키우스 타르퀴니우스 프리스쿠스를 말한다.

73 12월 23일에 거행되었던 라렌탈리아 축제(Larentalia)는 가정의 수호신 아카 라렌티 아(Acca Larentia)를 기념하는 축제이다. 아우구스투스는 이 축제를 1년에 두 번 행하 도록 명했다. 라렌티아의 정체에 관해서는 여러 설이 있다. 로물루스와 레무스를 데 려다 키운 목자 파우스툴루스의 아내라는 설, 안쿠스가 로마의 왕이었을 때, 헤라클 레스가 자신의 신전을 지키던 관리와 주사위 놀이를 하여 이긴 선물로 받은 여인이라 는 설, 루파(lupa, 암늑대)라 불렸던 창녀라는 설 등이 그것이다.

74 하, 상, 주 삼대의 왕조들을 말한다.

75 *Le Pouvoir et le Sacré, Annales du Centre d'études des religions*(Université de Bru-xelles, 1962), pp. 103~122(La sacralité du pouvoir royal à Rome).

76 *Les Horace et les Curiaces*(La Pléiade, Gallimard, 1942)(2ème. éd. 2002), pp. 64~68.

77 '투아하 데'는 아일랜드가 기독교화되기 전에 숭배되던 신들을 가리키는 용어였다. 고대 아일랜드어에서 '투아하(tuatha)'는 '투아흐(tuath, 사람, 부족, 민족)'의 복수 형이고, '데(dé)'는 '디아(día, '신·여신' 또는 '초자연적 존재')'의 소유격이다. 다난 (Danann)의 의미는 분명하지 않다. 고대 메소포타미아의 하늘 신 아누(Anu)의 소유 격이 '아난(Anann)'인 것처럼, 일반적으로 다난은 하늘 신을 가리키는 다누(Danu)의 여성 소유격으로 간주된다. 이 의견을 수용하면 '투아하 데 다난'은 '하늘 여신의 종 족'이라는 뜻이다.

78 아일랜드 신화에 따르면 투아하 데 다난은 한때 에린(Erin) 땅을 점유했던 네메드인의 후손으로, 이들은 에린의 북쪽 혹은 남쪽의 네 도시에서 왔다고 한다. 그들은 밀레드 의 아들들인 밀레시안의 침략을 막지 못해 결국 에린을 내주고 자신들의 땅으로 돌아 가게 된다. 에린은 아일랜드어 '에이린(Éirinn)'에서 파생된 히베르노 영어 단어이다. 에이린은 아일랜드를 가리키는 아일랜드어 '에이레(Éire)'의 여성형이다. 1798년 아 일랜드 혁명 당시에 "아일랜드여 영원하라."라는 뜻의 '에린 고 브라'(Erin Go Bragh;

정확하게는 'Éirinn go brách')가 슬로건으로 쓰였다. 아일랜드 신화에 따르면, 밀레시
안들이 투아하 데 다난 신족의 에리우 여신을 에이린이라 불렀다고 한다.

79 기원전 2세기 공화정 시대 로마에서 활동한 정치가 티베리우스 그라쿠스와 가이우스
그라쿠스를 말한다. 이들의 아버지는 집정관을 지낸 티베리우스 셈프로니우스 그라
쿠스(대 그라쿠스)였고 어머니는 제2차 포에니 전쟁의 영웅인 스키피오 아프리카누
스의 딸 코르넬리아 아프리카나였다. 이들 형제는 아버지를 일찍 여의고 홀어머니 밑
에서 교육을 받으며 자랐다.

80 뒤메질, 『대천사들의 탄생(Naissance d'Archanges)』(1945), pp. 159~160. 이란인의
전설은 『사타파타 브라흐마나(SatapathaBréāhmaṇa)』, IV, 1, 5에서 발견되는 형태
외에도 츠야바나 전설이 취하는 서사시 형태의 태고성을 보증한다.

81 『마하바라타』, 3권, 123~125, 10345~10409.

82 이는 『로마의 인도-유럽적 유산(L'Héritage indo-européen à Roma)』(1949), pp.
127~142에서, 또 『고대 로마의 종교(La religion romaine archaïque)』(1967), pp.
78~84(2판, pp. 87~88)에서 되풀이된 내용이다. 그리고 『게르만인들의 신들(Les
Dieux des Germains))』(1959), pp. 8~29에서 요약되었다. 삭소 그라마티쿠스가 다룬
이 전설에 대해서는 『신화에서 소설로(Du mythe au roman)』(1970), pp. 95~105와
『고대 로마의 종교』, p. 83(2판, p. 87)의 주 1을 보라.

83 타키투스는 『게르마니아』 40장에서 7개의 부족으로 구성된 수에비(Suebi)족에 대해
증언한다. 지모(地母)신 네르두스를 숭배하는 이 부족들은 전쟁에 나가지 않으며 무
기를 손에 쥐지도 않으며 평화와 평온을 누리며 살고 있다고 기록했다.

84 'la guerre de fondation'은 스칸디나비아의 경우에는 신들 사회의 지속을 위한 세 기
능 요소들을 갖추기 위한 전쟁으로 해석했으므로 '토대 전쟁'으로, 로마의 경우는 국
가의 건설에 필요한 기능적 요소들의 확보를 위한 전쟁이므로 '건국 전쟁'으로 번역하
는 적합할 것 같다.

85 뒤메질은 『로마의 탄생(Naissance de Rome)』(1944)에서 라틴 문헌에 나타난 에트루
리아인의 다면성에 대한 내용을 언급한 바 있다.

86 『아이네이스』, 1권, 25.

87 성물들과 페나테스 신상들은 말하자면 유교 문화권에서 왕조의 제기들과 조묘에 모
셔져 있는 일곱 조상들의 신위 같은 것이다.

88 『아이네이스』, 2권, 294.

89 위의 책, 2권, 773.

90 위의 책, 3권, 96~98.

91 그라키아는 그리스의 라틴어 이름이다.

92 앞의 책, 3권 147~168. 트로이인들은 선조의 이름을 따 다르다노스의 자손들이라고
도 불린다.

93 위의 책, 3권, 250~257.

94 위의 책, 4권, 105~128.

95 위의 책, 4권, 622~629. 그리스어로 티로스, 오늘날 아랍어로 티레(Tyre)라 불리는 도시는 레바논 남부에 위치한 큰 항구 도시이다.

96 기원전 9세기 말부터 그리스인들은 이탈리아 남부 지역에 식민 도시들 마그나 그라키아(Magna Graecia)를 개척했다. 이 이전부터 페니키아인들은 이탈리아 남부와 북아프리카 여러 지역들로 해상 교역로를 확대하기 시작했다. 시킬리아와 카르타고(오늘날의 튀니지)는 그 식민 도시들에 속했다. 기원전 8세기경에는 이탈리아의 에트루리아인, 그리스인, 페니키아인이 서지중해의 패권을 두고 서로 경쟁했다.

97 제임스 프레이저, 『황금 가지』.

98 위의 책, 6권, 851~853.

99 위의 책, 7권, 115~123.

100 위의 책, 12권, 22, 59.

101 위의 책, 7권, 96~101. 여기에서 두 대양이란 로마를 중심으로 한 지중해의 양쪽, 즉 동지중해와 서지중해를 가리킨다. 로마인들의 로마가 세계의 중심이라 생각했다.

102 위의 책, 7권, 261~273.

103 위의 책, 7권, 324~472.

104 위의 책, 8권 472~477.

105 마이오니아(Maeonia, 그리스 Maionia)는 리디아의 옛 이름이다. 고대 에트루리아인들의 기원에 대한 문제는 일찍부터 논쟁의 대상이었고 현재도 마찬가지이다. 헤로도토스는 최초의 에트루리아인들을 소아시아의 뤼디아 지방에서 기근을 피해 이주해 온 이민자들로 기술한다.(『역사』, 1권, 94쪽) 반면 할리카르나소스의 디오니시오스는 에트루리아인들을 이탈리아 본토 사람이었다고 진술한다.(『고대 로마사(Rhōmaïk Arkhaiología)』, 1권, 25~30쪽)

106 『아이네이스』, 8권, 499~503.

107 위의 책, 8권, 505~513.

108 위의 책, 12권 822~828.

109 오비디우스에 따르면 안킬레는 유피테르 신이 제국의 확실한 담보로 누마 왕에게 내려 보낸 방패로, 타원형의 양 옆 허리 부분이 잘려 나간 8자 형의 방패이다. 이 방패는 마르스 신의 사제들인 12명의 살리이들과 관련되어 있다. 귀족 가문의 청년들로 구성된 살리이 사제들은 매년 3월(마르스의 달)에 안킬레 방패를 들고 카르멘 살리아레(Carmen saliare)를 노래하면서 껑충껑충 뛰며 시내를 한 바퀴 돌았다고 한다. 뒤메질은 살리이 사제들을 두 집단으로 구별하며, 각 집단이 거행하는 의례를 전쟁의 개폐 시기와 관련된 것으로 해석한다. 전쟁의 문을 여는 때인 3월 19일(Agonium Martiale)의 의례는 앙킬리아 무베레(ancilia movere, 안킬레를 옮기다), 문을 닫는 10월 19일

(Arimilustrium)에 거행되는 의례는 안킬레 콘데레(ancile, 안킬리아를 숨기다)라고 언급된다.

110 『아이네이스』, 8권, 620~729.

111 『일리아드』, 18권, 478~608.

112 위의 책, 24권, 14~583.

에필로그

1 플라톤, 『국가』, 4권.

찾아보기

조르주 뒤메질,
인도-유럽 신화의 비교 연구

그리스, 스칸디나비아, 인도, 로마의 신화들

1판 1쇄 찍음 2018년 12월 20일
1판 1쇄 펴냄 2018년 12월 30일

지은이 김현자
발행인 박근섭, 박상준
펴낸곳 (주)민음사

출판등록 1966. 5. 19. (제16-490호)
주소   서울시 강남구 도산대로1길 62 (신사동)
          강남출판문화센터 5층 (06027)
대표전화 515-2000 팩시밀리 515-2007
www.minumsa.com

한국어 판 ⓒ 김현자, 2018. Printed in Seoul, Korea
ISBN 978-89-374-3958-2 (93210)

이 책은 2014년 한국연구재단에서 저술출판사업비를 지원받아 연구한 저술임.
(과제번호: 2014S1A6A4027452)